SCRIPTORVM CLASSICORVM

BIBLIOTHECA OXONIENSIS

OXONII

E TYPOGRAPHEO CLARENDONIANO

This booke is a Scoolemaſter to thoſe that are wiſe,
But not to fond fooles that learning deſpiſe,
A Juwell it is, who liſte it to reede,
Within it are Pearells precious in deede.

(ex cod. Isid. Etym. in Bibl. Coll. S. Trin.
Cantabrig. 368, fol. 146 v.)

ISIDORI
HISPALENSIS EPISCOPI

ETYMOLOGIARVM SIVE ORIGINVM

LIBRI XX

RECOGNOVIT
BREVIQVE ADNOTATIONE CRITICA INSTRVXIT

W. M. LINDSAY

IN VNIVERSITATE ANDREANA LITTERARVM HVMANIORVM PROFESSOR

TOMVS I

LIBROS I–X CONTINENS

OXONII

E TYPOGRAPHEO CLARENDONIANO

Oxford University Press, Walton Street, Oxford OX2 6DP

London New York Toronto
Delhi Bombay Calcutta Madras Karachi
Kuala Lumpur Singapore Hong Kong Tokyo
Nairobi Dar es Salaam Cape Town
Melbourne Auckland

and associated companies in
Beirut Berlin Ibadan Mexico City Nicosia

Oxford is a trade mark of Oxford University Press

Published in the United States
by Oxford University Press, New York

ISBN 0 19 814619 1

First edition 1911
Reprinted 1957, 1962, 1966, 1971, 1985

Printed in Great Britain by
Antony Rowe Ltd,
Chippenham

PRAEFATIO EDITORIS

Hic habes, lector benevole, Etymologiarum editionem inchoatam potius quam omnibus numeris absolutam, quam cur sic tibi offerre ausus sim, immo hercle coactus sim, paucis primum exponam. Scito igitur me ante aliquot annos dum, Grammatica Latina antiquissimisque scriptoribus Latinis occupatus, pleniorem notitiam de citationibus eorum apud Isidorum desidero, lectiones antiquiorum codicum undique congessisse eo animo ut congestas Kueblero editionem Etymologiarum paranti traderem ; deinde paulatim rei amore captum plurimas lectiones ex aliis locis Etymologiarum addidisse, quae documento essent qualis fuisset διασπορά libri Isidoriani per monasteria Europae, et quibus insignibus diversae codicum familiae inter se essent discernendae. Denique, postquam Kueblerus consilium edendi libri abiecerat, forte fortuna contigit ut Ottonianam editionem cum codice Wolfenbuettelano accuratissime a Iosepho Klein collatam ex bibliopola antiquario emerem, certiorque factus brevi fore ut codex Toletanus publici iuris phototypice expressus fieret, ambitiosiora inii consilia, et nactus occasionem itineris palaeographicorum studiorum causa per plerasque bibliothecas Europae facti, codices Etymologiarum omnes, qui quidem octavi aut incipientis noni saeculi essent, inspexi et quot potui lectiones exscripsi. Nam in Etymologiarum codicibus adhibendis ille profecto laudandus est,

      qui redit in fastos et virtutem aestimat annis,

cum antiquissimus quisque maxime interpolatoris manu careat.
    Cum igitur satis compertum haberem codicum Isidorianorum

tres, neque plures, esse familias, et plenum testimonium antiquissimi testis et e secunda et e tertia familia praesto haberem,
sensi me oportere ea quae congesseram publici iuris facere, ut,
si nihil aliud, viri docti haberent cur lectiones Arevalianas
exciperent, contemnerent Ottonianas. Vnum defuit tam plenum
primae familiae testimonium quam reliquarum. Quod mihi
benevolentissime suppeditavit Kueblerus, qui codicum meliorum ex hac familia duorum mihi accuratam descriptionem in
manus tradidit.

Maluissem sane hanc materiam aliis transferre, si qui iustam
editionem, omnibus qui ubique sunt codicibus inspectis, indagatis Isidori fontibus, diligentissime perpensa doctrina Isidoriana, aut facere vellent aut promittere se facturos; sed
veritus sum ne res ad Graecas Kalendas differretur, proverbii
veteris non oblitus :

Ne tu aliis faciendam trade, factam si quam rem cupis.

Et quamquam ad ipsa verba Isidori de rebus theologicis,
mathematicis, ecclesiasticis, ceteris eiusmodi investiganda et
tempus mihi omnino defuit et animus, visus sum mihi posse
ex tribus illis archetypis formam libri Isidoriani illam saltem
quae exeunte saeculo septimo divulgata est, satis fideliter
coicere. Nec me quidem paenitet, cum non tantopere Isidorus
ipse quam doctrina antiqua in Hispania tum temporis superstes
momentum habere videatur; neque Frontonianae citationi
(ap. Etym. XV. II. 46) alienae fortasse ab Isidoro, quippe quae
nonnisi in tertiae familiae codicibus appareat, locum idcirco
minus libenter praebeo. Subscribant igitur alii 'recensuimus';
ego potius 'emendavi ad archetypos codices III.'

Quorum archetyporum rationem sic habeto. Tres sunt
familiae codicum, quarum primam, quia interpolationibus fere
caret et e codicibus maximam partem in monasteriis Francorum
adservatis constat, 'Francicam sive integram' nominavi;
alteram, cuius codices Casini, Veronae, Bobii plerumque
extitisse videntur, et multa praetermisisse, multa coartasse,
'Italicam' appellavi, sive 'contractam'; tertiam autem 'Hispa-

nicam sive interpolatam.' Qui igitur codices ex tribus illis familiis adhibiti sint, nunc accipe:

α Familiae I (Francicae sive Integrae),

A Ambrosianus L 99 sup., saec. viii⁰ Bobii scriptus, habet partem primam Etymologiarum, i. e. libb. I–X. Saepe cum *K* (vide infra) conspirat, nonnumquam quia ambo antiqui sunt testes, saepius quia *A*, Bobii scriptus, aliquid ex altero Bobiensi codice mutuatus est.

B Bernensis 101, saec. ix^i–x^i, olim fortasse Floriacensis (nam 'fuit Petri Danielis'), habet libb. I–XX. Huius codicis et sequentis lectiones Kueblero acceptas refero.

C Leidensis Voss. lat. F. 74, saec. ix^i–x^i, quem Gruterus ex Suffridi Sixtini libris comparasse videtur (cf. Molhuijsen 'De Navorscher,' 1899, pp. 587–591). Hic codex, duorum scribarum opus, quorum alter partem primam Etymologiarum, i. e. libb. I–X, alter partem secundam, i. e. libb. XI–XX, conscripsit, textum hic illic 'mixtum' exhibet, utpote, ni fallor, ex exemplari descriptus quod in quibusdam libris ex codice familiae tertiae, in quibusdam ex codice familiae secundae correctum erat. Ipse quoque correctorum manus, quas plerumque neglexi, passus est.

D Basileensis F. III. 15, saec. viii⁰ exeunte Fuldae scriptus, habet libros II–XIX. Corrector ex ipso exemplari hausisse videtur.

E Parisiensis lat. 13028, saec. viii⁰ exeunte Corbeiae scriptus, habet libros XVI–XX et in fine voluminis librum IV. Cum Basileense cognatus esse videtur.

F Weilburgensis, Gymn. bibl. 3, saec. ix^i, olim 'Sancti Florini Sconaugie,' habet partem alteram, i. e. libros XI–XX, amisso fine (XX. IX. 1 *Compositum est*–XX fin.). De hoc codice scripsit R. Gropius (progr. Weilburg. 1889, 1893).

G Sangallensis primus (231–232), saec. ix^i–x^i, habet libros I–XX.

H Harleianus (Mus. Brit., Harl. lat. 2686), saec. ix[i] exeuntis, habet libros I–XX.

I Bruxellensis II. 4856, olim Andaginensis (Sancti Huberti in Arduenna), saec. viii[i] ex., habet libros I–X, amissa parte (VIII. xi. 45–IX. 1). Adhibui per lib. X. Ex aliis libris pauca mihi impertivit v. d. van den Gheyn.

Bern. Bernensis 263, saec. ix[i], habet in foll. 1–14[r] lib. V Etymologiarum.

Bern. extr. Bern. 611, saec. viii[i], habet quaedam ex Etymologiis extracta.

Bern. frag. Bern. AA 90 (23), folium unum, saec. viii[i], habet XV. 1. 28–39.

Col. Coloniensis 83[II], saec. viii[i] ex., habet in foll. 215[v]–217[v] XVI. xxv–xxvii; etiam in foll. 15 sqq. Isidori librum de numeris, a libri III[i] Etymologiarum parte non alienum (cf. Berl. Phil. Woch. 30, 1144).

Eins. frag. Einsidl. 365 (42), folium unum, saec. viii[i], habet I. vii. 27–viii. 3.

Harl. extr. Harleianus lat. 3034, saec. viii[i], habet extracta ex libb. XV, XX, aliis.

Mon. Monacensis (olim Frisingensis) 6250, Frisingae, ni fallor, saec. ix[o] scriptus, habet libros I–XX.

Monac. frag. Monac. 29051, continet fragmenta varia Etymologiarum, inter quae duo (XV. ii. 45–iv. 7 et XI. i. 134–ii. 6 cum ii. 36–37) saec. viii[i] sunt. Eorum primum semiuncialem scripturam Anglosaxonicam exhibet; ambo videntur S. Emmerami Ratisbonensis fuisse.

Reg. Coll. Reginae, Oxonii, 320, saec. ix[i] ex., de quo Clarkius meus quaedam mihi impertivit. (Cf. Nettleship 'Lectures and Essays' 1, 359.)

Rem. Remensis 426, 'liber ecclesiae sancti Theoderici,' saec. ix[i] ex., habet partem primam Etymologiarum, i. e. libros I–X.

Sang. extr. Sangallensis 913, saec. viii[i]–ix[i], habet in pp. 105–115 quaedam ex Etym. I. iii–iv satis indiligenter extracta.

Trin. Coll. S. Trinitatis, Cantabrigiae, 368, anno 833 litteris Anglosaxonicis minusculis scriptus, incipit a V. xxxiii. 1 *-mi non ex solis circulo*, desinit in IX. vii. 28 *genus esse deorum.*

Voss. 82 Leidensis Voss. lat. F. 82, saec. ix^i. Hic codex, quem non inspexi, perraro citatus est.

Praeterea inspexi, sed non adhibui hos codices: Bern. 36, saec. x^i–xii^i; Caesenatem (Malatest.) XXI, 5, 'saec. ix^i'; Einsidl. 167, saec. x^i; Escorial. L. III. 33, olim Gandensem, saec. x^i, qui habet in fol. 72 excerpta ex lib. XIX 'de Navibus'; Leidens. 114, olim Remensem, saec. ix in., qui habet in foll. 1–8 IX. vi. 23–29; Mettens. 179, saec. x ex., qui libb. I–XX habet (desunt tamen I. 1–xxxix. 6 med.) et cum *DE* cognatus esse videtur; Schaffhusens. (Minist. bibl.) 42 et 43, saec. xii^i, quorum ille libb. I–X, hic libb. XII–XX continet; Wolfenbuettel. 473 (= Weissenburg. 2), saec. xii^i; Wolfenbuettel. Helmstedt. 455 (fol. 1), saec. ix^i, quod fragmentum V. xxxii–xxxiv continet. Vidi etiam Bern. 224, saec. x, qui cum *B* fere conspirat, et hic illic testem citavi.

Fragmentum libri I (iii. 9–ix. 5), saec. viii^o, ut videtur, litteris insularibus scriptum, quod est in bibliotheca Fischeriana, benevolentissime mihi descripsit v. d. Samuel Brandt.

Primae familiae, cuius sunt modo non omnes quotquot extant codices, singulas adunationes investigare Herculeus labor est. Plurimos quidem libros ad recensionem Etymologiarum sub rege Recesvintho factam (cf. ad V fin.) redire docuit Mommsenus ('Chronica Minora,' pp. 411 sqq). De ceteris expectemus donec Traubii discipulus, C. H. Beeson, ea publicaverit quae de dispersione codicum Isidorianorum per gentes Europae facta collegit.

β Familiae II (Italicae sive Contractae),

K Karolinus, quem dicunt, codex, olim Bobiensis nunc Wolfenbuettelanus (474 = Weissenburg. 64), scriptus saec. viii^o ineunte, ut videtur, vel saltem medio, minuscula illa scriptura quae in Italia septemtrionali in usu erat, habet libros I–XX. De quo codice cum Kueblerus (Herm. 25, 497) plenissime disputaverit, satis habeo unum illud monere, nequis correctionibus iis (v. g. ' ut clemens ' I. vii. 25), quas per librum I adspersit manus saec. x^i, quidquam momenti attribuat. Quae hic illic correctiones in reliquis libris apparent ex ipso exemplari haustae sunt.

L Vat. lat. 5763, eodem tempore ex eodem exemplari in eodem scriptorio [1] cum K scriptus, quod declarant folia eorundem librorum antiquorum palimpsesta in utroque codice adhibita, habet Etym. I. iii. 9–V. xxx. 17.

M Cavensis 23, Casini, ut videtur, intra annos 778–797 scriptus [2], incipit a lib. I, cap. x *inde ergo dictum*, desinit in XX. ii. 2 *confortetur*, quem locum sequuntur duo quaterniones, qui XVII. ix. 43 *idem et orchis*–XIX. xxi. 7 continent, errore huc translati. Deest pars libri VII^i (ii. 1– viii). Aliena hic illic inculcata sunt, ut post III. lxv aliqua ex Plinii Nat. Hist. lib. II *Existunt stellae et in mari*, etc. (cf. ad VI. xvii. 5).

N Carolsruhensis (Aug. LVII), olim Augiensis, saec. viii^o in Italia septemtrionali, fortasse Veronae [3] scriptus, habet XIII. vi. 2–XX. fin.

O Sangallensis alter (233), saec. ix^o in. in S. Galli scriptorio exaratus, habet libb. VI–VIII, XII–XX.

P Sangallensis tertius (235), eodem fere tempore in eodem scriptorio ortus, habet libb. XII–XX.

Par. extr. Parisiensis (lat. 7530), saec. viii^o ex. Casini vel Beneventi scriptus (cf. Loew l. c.), habet aliquot extracta ex libb. I et V Etymologiarum.

---

[1] Bobiensi, ni fallor. Nam quamquam Boniprandus quidam saeculo undecimo, id quod versus sui in fol. 1 codicis Vaticani testantur, ' obtulit hunc librum . . . Columbae,' facilius crediderim restitutum esse ab eo Bobiensem librum casu vel dolo abstractum quam alibi uspiam ortum fuisse hoc ' par nobile fratrum.'

[2] Cf. Loew (' Die ältesten Kalendarien aus Monte Cassino,' 1908).

[3] Cf. Holder (' Mélanges Chatelain,' pp. 634–643), qui codicis historiam et scribarum inscitiam diligentissime indagavit

Phill. Berolinensis (Phillippsianus 1831), saec. viii⁰–ix⁰ Veronae scriptus, habet inter alia partem lib. III et XIII.
Intra familiam secundam duae factiones esse videntur; nam
cum *K* facit *L* (etiam *OP?*) contra *MN Par. extr. Phill.*

γ Familiae III (Hispanicae sive Interpolatae),

T Toletanus, qui dicitur, nunc Matritensis (Tol. 15. 8),
nuper phototypice expressus Leidae (Sijthoff., 1909),
cui saeculo (viii⁰ an ix⁰?) sit referendus vix constat,
nam de palaeographia Visigothica 'adhuc sub iudice
lis est.' Habet libros I–XX.

U Escorialensis primus (T, olim Q, II. 24), ex exemplari
anno 743 (vel 733) facto descriptus, ipse potius decimi
saeculi aut exeuntis noni esse videtur. Habet libros I–XX.

V Escorialensis alter (&. I. 14) antiquior est, sed caret I–III.
XX. 12 *violenter emittit sonos* et parte libri VIⁱ (VIIIⁱ 6
sola–XVI. 9 *principe*).

W Escorialensis tertius (P. I. 7), 'Adefonsi principis liber,'
i. e. Adefonsi IIⁱ (795–843), nisi quidem est Adefonsi IIIⁱ
(866–910), habet libros I–XX.

X Sangallensis quartus (237), saec. ixⁱ–xⁱ, habet libros I–XX.

Ovet. extr. Codex Ovetensis, qui dicitur, Escorialensis R. II. 18,
in parte ea quae minusculis litteris ante annum 779 scripta
est, plurima sane ex libb. IX, XIV excerpsit, sed tam
libere commutata et decurtata (v. g. IX. 11. 28 'Madai
a quo medi existunt') ut ad idonei testis partes rarius
quam vellem accedat.

De familia tertia illud monendum, non deesse locos ubi
codices *TW* hinc, *UV* illinc artius cohaerere videantur,
v. g. I. IV. 17, ubi verba *potestatem autem natura dedit
voluntas ordinem*, in summa margine exemplaris scripta,
in mediam paragraphum 16 (post illud *habeatur*) inculcata
sunt in *TW* (quae tamen etiam in proprio loco in *T*
iterata apparent).

Denique de proarchetypo illo, unde tres archetypi codices

trium familiarum deducti sunt, pauca sunt disputanda. Fuit profecto, sicut ipse ille liber quem Isidorus Braulioni transmisit, 'codex inemendatus,' vitiis passim maculatus. Variarum enim lectionum vestigia plurima habemus, aut in margine positarum (v. g. VIII. v. 12) aut in ipso contextu (v. g. XVII. iii. 18); necnon inchoatorum locorum, v. g. I. xv, ubi nil nisi titulus lemmatis DE LITTERIS APVD GRAMMATICOS extitisse videtur; necnon lacunarum, repetitionum, mille denique vitiorum. Saepissime igitur dubitatio oritur utrum confusio ea, quae in proarchetypo erat, Isidoro ipsi an scribae nesciocui sit attribuenda; v. g. in II. xxix. 11–12, ubi decimae speciei definitionis id exemplum appositum est, *ut si quaeratur quid sit triens*, etc., quod revera undecimae est, undecimae autem speciei exemplum illud quod revera est decimae. Equidem plerumque, citra legentium incommodum, Isidorum ipsum in errore fuisse credere malui, et citationes scriptorum (v. g. Terentii, ad II. xxx. 12; Lucretii, ad IX. v. 3) et locos ex auctoribus prave excerptos (v. g. II. xxiv. 12, ubi Cassiodorus scripserat *nihil generatur contra naturam in vita*, Isidorus autem haud scio an male intellexerit *invita*) inemendatos exhibui, quae vera sunt in apparatum criticum relegavi.

Orthographiam etiam Isidorianam semper posthabui legentium commodo neque saepius formas nimis inusitatas velut *sinixtra* (XI. i. 68 'quasi sine dextra'), *externus* dies (V. xxx. 20 'quod sit extraneus'), *captus* pro cattus (XII. ii. 38 'a captura'), *h* barbare omissum (v. g. *ostem* XV. vii. 4; *aeros* X. 2) vel adiectum (v. g. *honerosus* X. 117), *e* protheticum (v. g. *escarus* XII. vi. 30), *i* protheticum (v. g. *iscurra* X. 152), *e* pro *i* (v. g. *erundo* XII. vii. 70), *e* pro ae (v. g. *mestus* X. 174), *b* pro v (v. g. *cabare* XII. i. 42), innumera alia eiusmodi in textum admisi nisi necessitate coactus, ut in nominibus morborum in lib. IV (v. g. *disinteria* vii. 36, 'dis enim divisio est'). Neque enim habeo cur credam Isidorum ipsum in hac re constantem fuisse, quippe qui ipsa verba fontium suorum (v. g. *Graii* XIV. vi. 19, ex Solino translatum) exscribere solitus sit. Spero quoque propediem et de orthographia et de grammatica nostri scriptoris fusius disputatum iri.

In rebus igitur orthographicis et grammaticis me in huiusmodi editionis apparatu critico non religiosius immoratum esse nemo vitio dabit; illud fortasse iure obicietur, quod fontes Isidori, quoniam mihi lex ea imposita est ut brevitati in apparatu summopere consulerem, nisi hic illic emendationis causa non indicaverim; quippe qui plurimi, non omnes (neque ipse omnes exploratos habeo), in editione Arevaliana adnotati sint. Tu igitur, lector benevole, cum Arevalianis adnotationibus hoc libro meo qualicumque utere feliciter. Nam ad Arevalianam editionem meam quantum potui adcommodavi; quin etiam hic illic (v. g. V. XXXI. 5–7) vitiosum paragraphorum ordinem relinquere malui quam citationes apud lexicographos magno cum virorum doctorum incommodo conturbare[1].

W. M. LINDSAY.

Dabam Andreapoli
   die S. Andreae MCMX.

[1] Post haec scripta accuratius de tota ratione edendi libri Isidoriani alibi ('Class. Quart.' 5, 42) disputavi.

xiii

AVCTORES

Arev. = editio Arevaliana (revera ex Grialiana derivata) in
        Mignii Patrologia Latina

Otto = editio Ottoniana in Lindemanni Corp. Gramm. Lat.

Schwarz = H. Schwarz ' Observationes criticae in Isid. Hisp.
        Origines.' Hirschberg, 1895

Dressel = H. Dressel ' De Isidori Originum Fontibus.'
        Turin, 1874

Klussmann = M. Klussmann ' Excerpta Tertullianea in Isid.
        Hisp. Etymologiis.' Hamburg, 1892

Sadée = L. Sadée ' Ueber Freiburger Fragmente einer
        Handschrift der Etymologiae des Isid. Hisp.'
        Freiburg, 1883

Schenk = A. Schenk ' De Isid. Hisp. de Nat. Rer. libelli
        fontibus.' Iena, 1909

SIGLA CODICVM

α = Familiae I codices

A = Ambrosianus L 99 sup., saec. viii
B = Bernensis 101, saec. ix-x
C = Leidensis (Voss. lat. F. 74), saec. ix-x
D = Basileensis F. III. 15, saec. viii ex.
E = Parisiensis lat. 13028, saec. viii ex.
F = Weilburgensis (Gymn. bibl. 3), saec. ix
G = Sangallensis primus (231-232), saec. ix-x
H = Harleianus lat. 2686, saec. ix ex.
I = Bruxellensis II. 4856, saec. viii ex.
Bern. = Bernensis 263, saec. ix
Bern. extr. = Bernensis 611, saec. viii
Bern. frag. = Bernensis AA 90 (23), saec. viii
Col. = Coloniensis 83^{II}, saec. viii ex.
Eins. frag. = Einsidlensis 365 (42), saec. viii
Harl. extr. = Harleianus lat. 3034, saec. viii
Mon. = Monacensis 6250, saec. ix
Monac. frag. = Monacensis 29051, saec. viii
Reg. = Coll. Reginae, Oxonii, 320, saec. ix ex.
Rem. = Remensis 426, saec. ix ex.
Sang. extr. = Sangallensis 913, saec. viii-ix
Trin. = Coll. S. Trinitatis, Cantabrigiae, 368, saec. ix
Voss. 82 = Leidensis (Voss. lat. F. 82), saec. ix

β = Familiae II codices

K = Karolinus Wolfenbuettelanus (Weissenburg. 64), saec. viii in.
L = Vaticanus lat. 5763, saec. viii in.
M = Cavensis 23, saec. viii ex.
N = Carolsruhensis (Aug. LVII), saec. viii
O = Sangallensis alter (233), saec. ix in.
P = Sangallensis tertius (235), saec. ix in.
Par. extr. = Parisiensis lat. 7530, saec. viii ex.
Phill. = Berolinensis (Phillippsianus 1831), saec. viii-ix

γ = Familiae III codices

T = Toletanus Matritensis (Tol. 15. 8), saec. viii ex. (?)
U = Escorialensis primus (T. II. 24), saec. ix ex. (?)
V = Escorialensis alter (&. I. 14), saec. ix (?)
W = Escorialensis tertius (P. I. 7), saec. ix in. (?)
X = Sangallensis quartus (237), saec. ix-x
Ovet. extr. = Ovetensis Escorialensis (R. II. 18), saec. viii

codd. = $BCKT$, quorum universas lectiones per totum opus (cf. ad init. libri XVII), quoties a textu discrepant, in apparatu exhibui

PRAEMISSA

EPISTOLAE

A

[In Christo domino et dilectissimo filio Braulioni archediacono
Isidorus.

Dum a mihi litteras, karissime fili, suscipis, eas pro amico am-
5 plectere non moreris. Ipsa est enim secunda inter absentes consolatio ut, si non est praesens quod diligitur, pro eo litterae conplexentur.
Direximus tibi anulum propter nostrum animum et pallium pro ami-
citiarum nostrarum amictu, unde antiquitus hoc traxit vocabulum.
Ora igitur pro me ; inspiret tibi Dominus ut merear adhuc in hac
10 vita videre te, et, quem maestificasti abeundo, aliquando iterum
laetifices te praesentando. Quaternionem regularum per Mauren-
tionem primic[l]erium direximus. De cetero autem obto tuam semper cognoscere salutem, dilectissime mihi domine et karissime fili.]

B

15   [In Christo karissimo et dilectissimo Braulioni archediacono
Isidorus.

Quia non valeo te perfruere oculis carnis, perfruar saltem al-
loquiis, ut ipsa mihi sit consolatio incolomem litteris cognoscere
quem cupio videre. Vtrumque bonum esset si liceret ; sed vel mente
20 de te reficiar, si corporali obtutu non valeo. Dum pariter essemus,
postulavi te ut mihi decada sextam sancti Augustini transmitteres.
Posco ut quoquo modo me cognitum eum facias. Misimus vobis
Synonimarum libellum, non pro id quod alicuius utilitatis sit, sed quia
eum volueras. Commendo autem hunc puerum ; commendo et me-
25 met ipsum, ut ores pro me misero, quia valde langueo et infirmitatibus
carnis et culpa mentis. In utroque tuum praesidium posco, quia per
me nihil mereor. De cetero peto ut, dum vita comite portitori ad
nos regredi fuerit oportunitas, vestris nos iubeatis laetificare eloquiis.]

Epistolas A et B om. αβ. Contuli TU   6 quod] qui *U*   con-
plectentur *T*   11 letifice *U*[1] : -ca *U*[2]   13 fili *om. U*   17 perfrui *U*
perfruer *T* (*vix Isidorus*)   saltim *T*   18 sit mici *U*   22 cuim] ei *T*

ISIDORI

I

Domno meo et Dei servo Braulioni Episcopo Isidorus.

Omni desiderio desideravi nunc videre faciem tuam, et utinam aliquando inpleret Deus votum meum, antequam moriar. Ad praesens autem deprecor ut commendes me Deo orationibus tuis, ut 5 et in hac vita spem meam inpleat et in futuro beatitudinis tuae consortium mihi concedat. Et manu sua. Ora pro nobis, beatissime domne et frater.

II

Domno meo et vere domino Christique electo Isidoro Episcoporum 10 summo Braulio servus inutilis sanctorum Dei.

O pie domne et virorum praestantissime, sera est inquisitio et tarde data mihi scribendi optio, quia peccatis meis ingruentibus non modo sterilitatis vel inopiae malo, verum etiam luis et hostilitatis, quominus inquirerem, horribili sum praepeditus incursu. Nunc au- 15 tem etsi mille necessitatibus, mille curis adstrictus post longum miseriae tempus veluti ab inprobi soporis, ut ita dixerim, gravedine suscitatus istius meae suggestionis affatibus dependere praesumo salutis obsequium, et cordis et corporis humilitate prostratus, inprecans excellentissimam tuae beatitudinis potestatem, ut peculiarem famu- 20 lum, quem pio illo sacrae dignationis intuitu semper habuisti susceptum, usque in finem habere iubeas commendatum. Nam ego, Christus novit, gravi dolore discrucior, quod emenso tempore tam prolixo vel nunc vestrum non mereor videre conspectum. Sed spero in illum, qui non obliviscitur misereri, nec repellit in finem, quia 25 exaudiet precem pauperis et vestro me miserum repraesentat aspectui. Suggero sane et omnimoda supplicatione deposco ut librum Etymologiarum, quem iam favente Domino audivimus consummatum, promissionis vestrae memores servo vestro dirigere iubeatis, quia, ut mihi conscius sum, magna ibi ex parte servi tui postulatione sudasti, 30 et ideo in me primum existe munificus, sic in sanctorum coetibus et felix habearis et primus. Gesta etiam synodi, in qua Sintharius

Epistolae I–IV *desunt in C*   I–III ut accepi pittacium tuum *desunt in B*
2 episcopo *om. T (non U)*   4 implere *K*   4–5 votum . . . Deo *om. U¹*
5 me *om. K*   ut et] ut *K*   6 futura *K*   10 meo *om. K*   11
sanctorum] servorum *K*   12 ex tarde *U*   13 nunc modo *A*   16
si mille] simile *K*   18 depreendere *T*   20 et ut p. tuum (*expunct.*)
f. *K*   21 semper *om. U¹*   24 nunc *om. K*   no mereor *K*   26
exaudiat *T*   30 conscius sum *AK* : sum conscius *TU*   32 in quo *T*

examinis vestri igne etsi non purificatus invenitur, tamen decoctus, quaeso ut vestro instinctu a filio vestro domino rege nobis dirigantur cito. Nam et nostra eius sic flagitavit gloriam suggestio, quia multum in concilio pro investiganda opus est veritate. De cetero [creatoris]
5 altissimi pietatem efflagito, ut coronam beatitudinis vestrae pro integritate fidei et statu ecclesiae suae longo tempore praecipiat conservare, meque inter oblatrantia praesentis mundi varia et innumerabilia discrimina munitum reddat tuae intercessionis gratia ac reconditum in gremium memoriae tuae tutum ab omni tempestate peccati
10 oratu vestro efficiat trinitas sacratissima. Et manu sua. Ego servus Domini Braulio Isidoro in Domino fruar te lucerna ardens et non marcescens.

III

Domino [meo] et dei servo Braulioni Episcopo Isidorus.

15 Quia te incolomem cognovi, gratias Christo egi, et utinam cuius cognovi salutem, in hoc corpore aspicerem et visionem. Quid autem mihi evenit pro peccatis meis manifestabo, quia non fui dignus tua perlegere eloquia. Statim enim ut accepi pittacium tuum, puer regius ad me venit. Dedi cubiculario meo illum pittacium et confestim am-
20 bulavi ad principem, ut postea perlegerem et rescriberem. Reversus de palatio regis non solum scripta tua non inveni, sed etiam quidquid aliud in cartis fuit, periit. Et idcirco, scit Dominus, luxi meritum meum, quia non perlegi eloquium tuum. Sed rogo ut, quaecumque occasio venerit, rescribe mihi et gratiam verbi tui non auferas, ut,
25 quod ex meo delicto perdidi, iterum gratia tua recipiam. Et manu sua. Ora pro nobis, beatissime domne.

IV

Domno meo et vere domino Christique electo Isidoro Episco- porum summo Braulio servus inutilis sanctorum Dei.

30 Solet repleri laetitia homo interior ac spiritalis, quum inquisitione fungitur amantis. Ob id velle meum est, mi domine reverentis-

1 exanimis *K*   2 i. et filio *K*   dirigatur *K*   3 nostrae *K*
eius *om. T*   gloria *KT* (?)   4 creatoris *hab. TU* : *om. AK*   8
discrimentia *K*   9 tutum] tuum *T¹*   10 sua] vestra *U*   11 Do-
mini] domino *TU*   14 meo *hab. TU* : *om. AK*   16 Quid] quia *A*
17 evenit mihi *A*   19 cubiculari *U*   21 etiam et q. *U*   23 perlegi]
per eli *K*   25 dilecto *K* : delecto *B¹*   26 domne beatissimae *K* : d.
om. U   30 insitione *U¹*

sime, nisi culparum maceria [mearum] obsistat, et benigne te inqui-
sitionem meam amplectere et querellarum calumniam patienter
accipere. Vtrumque enim ago : et officium inquisitionis persolvo et
tibi contra te causarum mearum necessitates dirigo. Quod ut beni-
gnissime auditui tuo admittas, [in] ingressu huius dictionis portuque 5
prostratus peto a culmine vestri apostolatus. Et quamquam vacillet
calumniae obiectio ubi lacrimarum est intercessio, quum lacrimae
non sint signa calumniae, tamen sint opto et lacrimabiles calumniae
et calumniabiles lacrimae ; sed utrumque pro licentiosa amoris
praesumptione, non autem pro arrogantiae temeritate. Sed iam 10
causam exordiar. Septimum, ni fallor, annum tempora gyrant, ex
quo memini me libros a te conditos Originum postulasse, et vario
diversoque modo et praesentem me frustratum esse et absenti nihil
inde vos rescripsisse, sed subtili dilatione modo necdum esse per-
fectos, modo necdum esse scriptos, modo meas litteras intercidisse 15
aliaque multa opponens ad hanc usque diem pervenimus et sine
petitionis effectu manemus. Ob hoc et ego vertam preces in querellam, ut, quod supplicatione nequivi, vel calumniis lacescendo
valeam adipisci. Saepe namque solet mendico prodesse vociferatio.
Quocirca cur, quaeso te, mi domine, non tribuas quod rogaris ? Vnum 20
scias : non dimittam quasi fingens me nolle negata, sed quaeram et
instanter quaeram, quousque aut accipiam aut eliciam, piissimo Re-
demptore iubente : ' Quaerite et invenietis,' et adiciente : ' Pulsate
et aperietur vobis.' Quaesivi et quaero, etiam pulso ; unde et clamito ut aperias. Nam huius me argumenti solatur inventio, quia 25
qui contempsisti postulantem, exaudias forte calumniantem. Hinc
et ego scientiae tuae ingero, nec stulti iactatione novi aliquid sug-
gerere insipiens perfecto praesumo. Non tamen erubesco inperitus
disertissimo loqui apostolici memor praecepti, quo praeciperis 'libenter sufferre insipientem.' Quamobrem accipe clamores calumniae. 30
Cur, rogo, talentorum distributionem et cibariorum dispensationem
tibi creditam hucusque retentas ? Iam solve manum, inpertire

---

1 mearum *hab.* TU : *om.* AK   2–17 patienter accipere ... ego vertam
preces *desunt in* B   5 in *hab.* TU : *om.* AK   dictationis U   7
obiectio U : oblectio (-iec-?) T : abiectio AK   11 ni TU : nisi K
12 memini me A¹U : me memini K : me *om.* T   14 descripsisse T :
discrepsisse U   15 n. scriptos K : n. esse scr. TU   18 supplicationem
K   lucesciendo K   19 nam TU   medico T   25 me *post* argumenti U (T *n. l.*)   27 scienti U (T *n. l.*) B¹   tua TU   stulti KT :
stulta BU   novi] nobis U (T *n. l.*)

famulis, ne inopia pereant famis. Nosti quid creditor veniens reposcat
a te. Non minuetur tibi, quidquid dederis nobis. Memor esto
parvis panibus multitudinem satiatam et superasse reliquias frag-
mentorum magnitudinem panum. An putas donum tibi conlatum
5 pro te solummodo esse datum? Et vestrum est et nostrum ; commune est, non privatum. Et quis dicere vel insanus praesumat ut
privato tuo gaudeas, qui de commune tantum inculpabiliter gaudere
scias ? Nam quum tibi Deus oeconomiam thesauri sui et divitiarum,
salutis, sapientiae et scientiae tenere concesserit, cur larga manu
10 non effundis quod dando non minuis ? An quum in membris superni
capitis unusquisque quod non accepit, sic in altero possideat ut
alteri, quod habet, possidendum sciat, tu forsitan ideo nobis parcus
existis, quia quod mutue a nobis resumas, non invenis ? Sed si
' habenti das,' tantillae mercedis fructum reportas. Sin vero ' non
15 habenti tribuisti,' praeceptis evangelicis satisfacis, ut ' reddatur tibi
in retributione iustorum.' Proinde [et] ego remordeor conscientia eo
quod in me nihil communicabile boni sentiam, quoniam iubemur ' per
caritatem servire invicem ' et 'unusquisque quam accepit gratiam
in alterutrum illam administrare, sicut boni dispensatores multi-
20 formis gratiae Dei,' atque ' unicuique sicut divisit Deus mensuram
fidei in una compage membrorum,' debet eam ceteris partibus com-
municare, quia ' haec omnia operatur unus atque idem Spiritus,
dividens singulis, prout vult.' Sed ad unum ac peculiare subsidium,
quod praemisi, recurro, ad inportunitatem scilicet, amicam amicitia
25 destitutis ac nulla membrorum honestorum gratia decoratis. Idcirco audi vocem meam, tot interiacentibus terris : 'redde, redde,
quod debes.' Nam servus es, servus Christi et Christianorum, ut
illic sis maior omnium nostrorum, et quam nostri causa tibi conla-
tam praesentis, gratiam sitientibus animis scientiaeque fame cruciatis
30 inpertire non dedigneris. Non sum saltim pes, qui ad iniuncta dis-

1 famulis K : familiis BTU 2 minetur B^1 : minuitur K 4
magnitudine K 5 vestrum (om. Et) U 8 oeconomiam] hec
omnia T divinarum K 9 sapientiam et scientiam U 10 minues
B^1 membri K superni] summi T (non U)   11 accipit B^1K
12 possedendo K^1 13 quia] que K^1 14 tantillae tantum ille mercidis
K : tantillae tantum inde mercidis A : tantilli mercedis U si vero TU
15 tribuis BTU : tribuisti AK reddat K 16 perinde U et
ego TUB : ego KA remordo U 17 eo quo B^1 bonis BU
sententiam K 21 eam] cum K 24 promisi T inoportuni-
tatem K amicitiae K 27 servus alt. om. A 30 iniuncta]
iuncta T (non U)

currens possim alvo ecclesiae, membrorum scilicet iudici, obedien-
tiae discursu parere, nec principatui capitis imperanti obsequendo
placere. Quin etsi de inhonestioribus membris me esse sciam, sufficiat quia, quae [te] constat a capite percepisse, per me est dignum
egerere, nec te me non egere quamvis minimum, Christi tamen san- 5
guine redemtum. Nam 'nec dicit caput pedibus, non estis mihi
necessarii,' quoniam 'quae videntur membra corporis infirmiora esse,
necessariora sunt, et quae putantur ignobiliora esse, his honorem
abundantiorem circumdamus, et quae inhonestiora sunt nostra maiorem honestatem habent.' Sic itaque creator noster ac dispensator 10
cuncta moderatur, ut, quum in altero alteri dona divina, quae in se
non percipit, possidenda tribuuntur, caritas cumuletur. Denique
tunc bene multiformis gratia dispensatur, quando acceptum donum
et eius, qui hoc non habet, creditur, quando propter eum, cui inpen-
ditur, datum putatur. Hoc Apostoli capitulum a nobis in parte prae- 15
missum, obtime novit prudentia sanctitatis vestrae huic rei congruere
totum. Et quidquid summatim tetigit, ea procul dubio nosse melius
latet nullum. Itaque hoc solum superest, quod et magno opere peto,
ut praestes postulata, et si non pro me, saltim pro ipsa caritate divinitus inpertita, pro qua iubemur et nosse et praestare omnia, et sine 20
qua nihil sunt omnia. Sed et si qua superflua, si qua negligenter, si
qua minus humiliter aut inutiliter potius effudi quam dixi, cuncta
quaeso benigne suscipias, cuncta ignoscas, cuncta ores ut Deus ig-
noscat. Ergo et hoc notesco, libros Etymologiarum, quos a te, domino meo, posco, etsi detruncatos conrososque iam [a] multis haberi. 25
Inde rogo ut eos mihi transcriptos, integros, emendatos et bene co-
aptatos dignemini mittere, ne, raptus aviditate in perversum, cogar
vitia pro virtutibus ab aliis mereri. Ego autem opto, quamvis nullius egeas et ultroneae dicantur putere mercedes, ut dignatio vestrae
benignitatis imperet nobis in id quod possumus et valemus, tantum 30
ut obsequio nostro utaris, immo caritate, quae Deus est, perfruaris.
His igitur expletis erant mihi quaestiones de sacris divinisque paginis, quarum mihi expositionem cordis vestri lumen aperiret, si tamen

1 scilicet et iud. *T*   2 principatu *K*   3 sufficiat *ex* -am *K*
4 te *hab. BTU* : *om. AK*   5 nec . . . egere *om. T* (*non U*)   9 qui
inh. *K*   14 eius . . . habet *TU* : eis . . . habent *AK* : ei . . . habet *B*
15 promissum *KT* (*non U*)   22 aut utiliter *U* : *om. T*¹   effundi *K*
dixi] debui *B*   24 aethimoliarum *T*   25 iam a *TU* : *om. B*¹ :
iam *AK*   haberi] habere comperimus *A*   28 mereri *AK* : sumere
(-mm-) *BTU*   29 putere *BTU* : turpere (*i. e.* torp-) *K*   33 lumet *K*

et nobis iubes resplendere et divinae legis obscura reserare. Nec,
si ista, quae peto, percepero, de illis silebo; sed viam reseras capiendae fiduciae quum in hac prima fronte non me confodieris stimulis verecundiae et ignaviae meae locum dederis veniae, quodque
5 diligebas quamlibet inmerito non iusseris reprobare; quia ignominio-
sum valde videtur ac vile, si necdum satiatus quis caritate ab eo,
quem amabat, invenitur recedere. Obsequio autem meae servitutis
dependo iura salutis, et quaeso pietatem sanctissimae vestrae potestatis ut pro me orare digneris, quatenus cotidie fluctuantem ani-
10 mam malis tuo intercessu lucreris et ad portum aeternae tranquilli-
tatis deducas, erutam a miseriis et ab scandalis. Dulce mihi fuit diu
ad te loqui, quasi coram positus vultum viderem tuae faciei. Ideo
nec verbositatem carui et temeritatem fortassis incurri. Sed aut hoc,
aut aliud agere debui, tantum ut, quod noluisti per humilitatem,
15 saltim tribuas per tumultuantem inprobitatem. Ecce quantum audaciae dedit mihi gratia vestrae benevolentiae. Et ideo, si quid in
hoc displicuerit, sibi inputet, quae tantum amat ut timorem tollat.
Nam ' perfecta caritas foris mittit timorem.' Speciali quoque gratia
fretus speciali domino, in quo vires sanctae ecclesiae consistunt, sug-
20 gero ut, quia Eusebius, metropolitanus noster, decessit, habeas
misericordiae curam, et hoc filio tuo, nostro domino, suggeras, ut
illum illi loco praeficiat, cuius doctrina et sanctitas ceteris sit vitae
forma. Hunc autem filium praesentem beatissimae potestati vestrae
per omnia commendo, et tam de his, quae hic suggessimus, quam
25 etiam de his, quae supra questi fuimus, eloquio vestro per eum in-
lustrari mereamur.

V

Domino meo et Dei servo Braulioni Episcopo Isidorus.

Tuae sanctitatis epistolae me in urbe Toletana invenerunt.
30 Nam permotus fueram causa concilii. Sed quamvis iussio prin-

---

1 leges K 2 si tista K via A capiendo U 3 con-
foderis A 4 ignabia mea U 7 autem *om.* B^1 8 depende K
10 malis U: a malis T^2: in malis B: alis AT^1: aliis K 11 et scandalis
(*om.* ab) TU 13 carui AK: ca∗ui B^1: cabui (*i. e.* cavui) TU (*fort.
recte*)   14 aliud BTU: illud K tantum TU: tamen BK quia
noluisti B^1 17 qui tantum U 21 ut illum] ut utilem TU 22 doctrinae s. U 26 mereamur. AMEN DEO GRATIAS K 29 urbem
toletanam TU: urbe tolettena A: urbe tolletaena K 30 q. me iussio
. . . rem. adm. B^1

cipis in itinere positum remeare me admonuisset, ego tamen, quia propinquior eram praesentiae ipsius quam regressionis, malui potius cursum itineris non intercludere. Veni ad praesentiam principis; inveni praesentem diaconem tuum; per eum eloquia tua suscipiens amplexus sum et legi, et de salute tua Deo gratias egi 5 desiderio omni desiderans, quamvis debilis atque fessus, fiduciam tamen habere per Christum in hac vita visendi te, quia ' spes non confundit per caritatem, quae diffusa est in cordibus nostris.' Codicem Etymologiarum cum aliis codicibus de itinere transmisi, et, licet inemendatum prae valitudine, tamen tibi modo ad emen- 10 dandum studueram offerre, si ad destinatum concilii locum pervenissem. De constituendo autem episcopo Terraconensi non eam, quam petistis, sensi sententiam regis. Sed tamen et ipse adhuc ubi certius convertat animum, illi manet incertum. Peto autem ut pro meis peccatis apud Dominum existere intercessor digneris, ut im- 15 petratu tuo deleantur delicta mea et remittantur facinora. Item manu sua. Ora pro nobis, beatissime domne et frater.

VI
Domino et filio Sisebuto Isidorus.

En tibi, sicut pollicitus sum, misi opus de origine quarundam 20 rerum ex veteris lectionis recordatione collectum atque ita in quibusdam locis adnotatum, sicut extat conscriptum stilo maiorum.

1 in it.] in *om. U*   3 excludere *K*   4 diaconem presentem *TU*
5 sum] suum *B*[1]   deo de salute tua *B*   6. desideri omni *K*   quamvis] quam *K*   7 videndi *B*[1]*C*   11 statueram *C*   12 autem *om. K*   13 petistis *ABCK* : petitis *TU*   16-17 Item ... frater *om. C*[1]*K*
17 domine et frater *B* : domine et egregie frater *U* : domine frater *T* : domne frater *H*   18 *Epistolam om. C*   19 Domino et filio sisebuto isidorus *A* : Domino meo et dei servo braulioni episcopo isidorus *HTU*.
Tit. om. BK ; *sed in B praecedunt haec*, Incipiunt libri isidori iunioris spalensis episcopi ad braulionem episcopum missi ; *in K haec*, Incipiunt libri ysidori epalensis episcopi ad braulium caesaraugustanum episcopum velud (*pro* vel ad) sesibutum suum scilicet dominum et filium scribtis. *In A epistola bis occurrit, primum post hanc praefationem*, Incipiunt libri isidori spalensis episcopi ad bralionem caesaraugustanum episcopum scripti, *deinde post titulum iam memoratum. In H sequuntur epistolam haec*, Incipit liber isidori iunioris spalensis episcopi ad braulionem caesaragustanum episcopum vel ad sesebutum regem   20 tibi] vobis *K* quarundarum r. *T*   22 constructum *B*

⟨INDEX LIBRORVM⟩

[Vt valeas quae requiris cito in hoc corpore invenire, haec tibi, lector, pagina monstrat de quibus rebus in libris singulis conditor huius codicis disputavit, id est in libro:

Indicem om. K (*B n. l., C n. l.*)   id est in libro primo pars prima ı *T* (*qui tantummodo 'partis primae,' i. e. libb. I-X, indicem hic exhibet*). *Partem alteram ex Mon. Reg. hausi·*

ISIDORI

XVII. De Culturis Agrorum, de Frugibus universi generis, de Vitibus et Arboribus omnis generis, de Herbis et Holeribus universis.

XVIII. De Bellis et Triumphis ac Instrumentis Bellicis, de Foro, de Spectaculis, Alea et Pila.

XIX. De Navibus, Funibus et Retibus, de Fabris Ferrariis et Fabricis Parietum et cunctis Instrumentis Aedificiorum, de Lanificiis quoque, Ornamentis et Vestibus universis.

XX. De Mensis et Escis et Potibus et Vasculis eorum, de Vasis Vinariis, Aquariis et Oleariis, Cocorum, Pistorum, et Luminariorum, de Lectis, Sellis et Vehiculis, Rusticis et Hortorum, sive de Instrumentis Equorum.]

⟨CAPITVLA LIBRORVM⟩

Haec capitula librorum quae huc congessi apparent in codd. in initio sui quodque libri vel partis libri I ii. disciplinis *BCT*: artibus *K* iii-iv. iii. De gramm. De part. orat. iv. De vo. et litt. *K* x. De not. vulg. et al. rer. *hab. BC*: *om. KT* xiii. *om. K*[1] xxv. xxvi. De vocabulo historiae. xxvii. De primis auctoribus historiarum. xxviii. De utilitate historiae. xxix. De generibus historiae *C*

CAPITVLA LIBRORVM

II A i. et eius *K*   ii. artis *om. K*   iii. oratoris *om. K*   ix. De soloecismis (*om.* rhet.) *K*   xviii. cola et commata (coma-) *BCT* : cola comma *K*   xix. cavendis *om. K*   II B vi. De per. Arist. vii. Prevatio (*i. e.* Praefatio) periermeniarum *T*   vii. viii. De sillogismis dialecticis.   ix. De modis sillogismorum *T* : xxviii. De formis sill. xxix. De modis sill. ipotheticorum *C*   viii. x. De divisione sillogismorum *T*

ISIDORI

III B *om. BK*   iii. geom. *om.* C   III C iv. trib. part.] part. huius T
vii. voc.] nuncupatur C   viii. rhythm.] arithmetica T   III D i. De
astronomia C   iii. instituribus T^1 : scriptoribus BC   x. *om. CK*
xvii. conexionibus T^1 (conve- T^2) id est art. (*pro* arc-?) *om. K*   xviii. duobus (*sic*) *hab. BK* : *om. CT*   xix. cae. fac. CT   xxii. ciceli K (*pro*
cycli?)   xxix. De defectu so. K   xxx. id est locis *hab. CT* : *om. BK*

---

xxxviii. sid. . . . astr. *om.* T   siderumque B   xliii. intervallo T
xliv. et quod . . . stat. *hab.* CT : *om.* BK   rad. . . . fiunt *om.* C   xlvi.
precedentis T   stell.] et retro K   xlvii. stell. quibus ex causis
nomen acceperunt T   xlix. id est . . . reliqua *om.* K   Arctos *om.* T
cometes CT   Lucifer *om.* T   IV iii. eius *om.* B   v. corporibus
K : *om.* B : corporum C   viii. De alocipia B   ix. et med. *om.* B
xi. med. *om.* B   xii. et ung. *om.* B   xiii. De medicina K   V A iii.
Quod K

ISIDORI

---

vi. *ante* v. *K*   vii. militiae *K*   x. sit *hab. BK* : *om. CT*   xii. Quid
sit sen. *K*   xvii. rodis (-iis) *BCT* : rudibus *K*   xxi. debet *T*   xxiv.
strumentibus *K*   xxvii. De penibus in le. constitis *T*   V B viii. anni
om. T   xi De seculi etatibus *T*   xii. discretione *B*   VI ii. sacrorum *K*
iv–viii. *om. T*   v. adduxerunt *K*   vi. instituerunt *C* ; invenerunt
instituerunt *K*   ix. ceris *om. CT*   ix. De caeris. x. De cartis.
xi. De pergamenis *B* : ix. De car. et per.   x. De ceris.   xi. De cartis.
xii. De pergamenis *C*

---

x. *om.* *T*: xii. De lib. conf. xiii. De librorum voc. xiv. De librariis et eorum instrumentis *BC* VII vi. nomen *K* xiii. *om.* *K* IX i. vii. De ling. gent. viii. Cuius modi lingua Deus in principio sit locutus vel in futuro *K* viii. *om. BC. Et est revera lib. X* XI (XII) vii. animalibus *K*

ISIDORI

XIII iii–iv. *om. K*   iv. De caelo capitula ·iiii· *B, Ea sic apparent in T,*
De caelo, De partibus caeli, De circulis caeli, De aere   v. *om. T* (*sed
cf.* iv)   viii. De arcu. De pluviis *T*   x–xii. Liber XIIII.   1 De aquis.
2 De diversitate aquarum.   3 De maris nomina.   4 De occeano.   5 De
mediterreneo mare.   6 De sinibus maris.   7 De aestibus et fretis.   8
De lacis et stagnis.   9 De abisso et reliquis aquarum nominibus.   10 De
flum.   11 De di. *T*   x. et mari *om. B*   XIV vii. *hab. BK: om. CT*
viii. locorum] terrae *BK* (*cf. ad* ix)   ix. terrae *om. BK*   XVI iii.
vulgariis *T*   vii. viridibus *T*   ix. De purp. gemmis *K*   x. De cand.
gemmis *K*   xi. De nig. gemmis *K*

xii. De var. gemmis *K*   xxi–xxv. *om. K*   xxii. stagno *codd.*
XVII *non contuli BC*   i. rusticanorum *K*   ii. culturis *T*   **XVIII** i.
De bellis et triumphis *K* : i. De bellis.   ii. De triumfis *T*   ii. cap.] era *T*
(*et ita in seqq.*)   iii. *om. K*   v. 3 ornamento *BK*   5 obolis *K*
7 auguriis *B*

v. 10 Quiquis accurrunt *T*   13 sultoribus *K*   vi. 10 patruo vocatur *C*
vii. *Capitula. Deest C*   5 laqueatoris *T*   6 velitisus *T*   8 exercitatione *T*   viii. galea *C Capitula. Deest C*   XIX i. De nav.
ii. De part. nav. et armam., capitula IV, 1 de velis, *etc. BK: deest C*
ii. De fabrorum fornace *BK*   iii. 8 picturis *T*   iv-v. *om. K*: De instr.
aed. et lig., capitula II *B*

vi. 2 in lege *om.* *T*   7 in usu] usui *T*   8 *post* 9 *BK*[1]   vii–x. *intra capitulum* vi (*sub numeris* 11–14) *includunt CKT*   XX iv. potariis *C* v. et aq. *om.* *K* : et aquac *C*   vii. et pist. *om.* *K*   ix. luminarium *K* : luminum *C*

ETYMOLOGIAE I–X

ISIDORI
HISPALENSIS EPISCOPI

ETYMOLOGIARVM SIVE ORIGINVM

LIBER I

DE GRAMMATICA

De disciplina et arte. Disciplina a discendo nomen I
accepit : unde et scientia dici potest. Nàm scire dictum a
discere, quia nemo nostrum scit, nisi qui discit. Aliter dicta
disciplina, quia discitur plena. Ars vero dicta est, quod artis **2**
5 praeceptis regulisque consistat. Alii dicunt a Graecis hoc tractum esse vocabulum ἀπὸ τῆς ἀρετῆς, id est a virtute, quam
scientiam vocaverunt. Inter artem et disciplinam Plato et **3**
Aristoteles hanc differentiam esse voluerunt, dicentes artem
esse in his quae se et aliter habere possunt ; disciplina vero est,
10 quae de his agit quae aliter evenire non possunt. Nam quando
veris disputationibus aliquid disseritur, disciplina erit : quando
aliquid verisimile atque opinabile tractatur, nomen artis habebit.

De septem liberalibvs disciplinis. Disciplinae libera- II
lium artium septem sunt. Prima grammatica, id est loquendi
15 peritia. Secunda rhetorica, quae propter nitorem et copiam
eloquentiae suae maxime in civilibus quaestionibus necessaria
existimatur. Tertia dialectica cognomento logica, quae disputationibus subtilissimis vera secernit a falsis. Quarta arithme- **2**
tica, quae continet numerorum causas et divisiones. Quinta
20 musica, quae in carminibus cantibusque consistit. Sexta geo- **3**

2 unde] ut *K*   dictum est a *K*   5 constat *T*   8 hanc esse
differentiam *T*   9 disciplina vero est *C* : disciplina vero esse *B* : disciplinam vero esse (*eras.*) *K*¹: disciplinam vero est *T*   11 aliquid veris
disputationibus *B*   erit] est *T*   12 nomina *T*   20 carminibus et
cantibus *K*

metrica, quae mensuras terrae dimensionesque conplĕctitur.
Septima astronomia, quae continet legem astrorum.

III   DE LITTERIS COMMVNIBVS. Primordia grammaticae artis
litterae communes existunt, quas librarii et calculatores sequuntur.   Quarum disciplina velut quaedam grammaticae artis 5
infantia est; unde et eam Varro litterationem vocat.   Litterae
autem sunt indices rerum, signa verborum, quibus tanta vis est,
ut nobis dicta absentium sine voce loquantur.   [Verba enim per
2 oculos non per aures introducunt.]   Vsus litterarum repertus
propter memoriam rerum.   Nam ne oblivione fugiant, litteris 10
alligantur.   In tanta enim rerum varietate nec disci audiendo
3 poterant omnia, nec memoria contineri.   Litterae autem dictae
quasi legiterae, quod iter legentibus praestent, vel quod in
4 legendo iterentur.   Litterae Latinae et Graecae ab Hebraeis
videntur exortae.   Apud illos enim prius dictum est aleph, 15
deinde ex simili enuntiatione apud Graecos tractum est alpha,
inde apud Latinos A.   Translator enim ex simili sono alterius
linguae litteram condidit, ut nosse possimus linguam Hebraicam
omnium linguarum et litterarum esse matrem.   Sed Hebraei
viginti duo elementa litterarum secundum Veteris Testamenti 20
libros utuntur; Graeci vero viginti quattuor.   Latini enim inter
utramque linguam progredientes viginti tria elementa habent.
5 Hebraeorum litteras a Lege coepisse per Moysen: Syrorum
autem et Chaldaeorum per Abraham.   Vnde et cum Hebraeis
et numero et sono concordant, solis characteribus discrepant. 25
Aegyptiorum litteras Isis regina, Inachis filia, de Graecia veniens
in Aegyptum, repperit et Aegyptiis tradidit.   Apud Aegyptios
autem alias habuisse litteras sacerdotes, alias vulgus; sacerdo-

---

1 terrae *om.* TA^1C 4 liberalii T: liberarii C^1 8 Verba . . . introducunt *hab.* $TUWX$: *om.* $ABCGK$ *Sang. extr.*   9 introducunt TW:
introducuntur X: introeunt U 10 rerum est T (*non* W)   11 dici
CTW audiendum K 12 retineri K 13 praestent] prevent
U *ut vid.* (*non* W)   15 prius] primum *suprascr.* A^2: primus primum
Sang. extr.   16 *ante* enuntiatione 5-6 *litt. eras.* K 18 possemus B
19 et] ac C 20 duobus elementis T: duobus numeris U 21 enim]
autem C *Sang. extr.*   27 et *om.* T

tales ἱερὰς, πανδήμους vulgares.   Graecarum litterarum usum
primi Phoenices invenerunt ; unde et Lucanus (3, 220):

> Phoenices primi, famae si creditur, ausi
> mansuram rudibus vocem signare figuris.

5 Hinc est quod et Phoeniceo colore librorum capita scribun- 6
tur, quia ab ipsis litterae initium habuerunt.   Cadmus Age-
noris filius Graecas litteras a Phoenice in Graeciam decem et
septem primus attulit; A.B.Γ.Δ.E.Z.I.K.Λ.M.N.O.Π.P.C.T.Φ.
His Palamedes Troiano bello tres adiecit H. X. Ω.   Post
10 quem Simonides Melicus tres alias adiecit Ψ. Ξ. Θ.   Y litteram 7
Pythagoras Samius ad exemplum vitae humanae primus formavit; cuius virgula subterior primam aetatem significat, incertam quippe et quae adhuc se nec vitiis nec virtutibus dedit.
Bivium autem, quod superest, ab adolescentia incipit : cuius
15 dextra pars ardua est, sed ad beatam vitam tendens : sinistra
facilior, sed ad labem interitumque deducens.   De qua sic
Persius ait (3, 56) :

> Et tibi qua Samios deduxit littera ramos,
> surgentem dextro monstravit limite callem.

20 Quinque autem esse apud Graecos mysticas litteras.   Prima Y, 8
quae humanam vitam significat, de qua nunc diximus.   Secunda
Θ, quae mortem [significat].   Nam iudices eandem litteram Θ
adponebant ad eorum nomina, quos supplicio afficiebant.   Et
dicitur Theta ἀπὸ τοῦ θανάτου, id est a morte.   Vnde et habet
25 per medium telum, id est mortis signum.   De qua quidam :

> O multum ante alias infelix littera theta.

Tertia T figuram demonstrans Dominicae crucis, unde et 9
Hebraice signum interpretatur.   De qua dictum est in Eze-

---

1 πανδήμους] -os αβγ   2 invenerunt ... Phoenices *om. C*[1]   3 primi
famae *A* : magni famae *K* : primi magni *BCTUW (ex* magni (*suprascr.*
primi) *in archetypo* ?)   sic cr. *U (non W)*   aut si *T (non UW)*   5 in-
scribuntur *C* : ∗∗ scribuntur *K* : scribantur *T Sang. extr.*   7 a *CK* : e *T*:
et *B*[1]   9 His. . . Ω. *om. B*[1]   H. X. Ω. . . . adiecit *om. T*[1]   Post quem
autem sim. *B*   10 Melicus *Arev.* : miles *BCTUW* : *om. A* : *in K 6 litt.
erasae*   adiecit *AK*[1] *ut vid.* : addidit (-ded-) *BCUW*   ψ ξ θ *CT* : ξ ψ θ *B* :
ξ θ ψ *K*   13 se adhuc *B*   20 aput gregos *K*   22 mortem significat
TU : mortem *ABCK*   25 mortis] morsus *C*[1]

chielo angelo (9, 4): ' Transi per medium Ierusalem, et signa
thau in frontes virorum gementium et dolentium.' Reliquas
vero duas summam et ultimam sibi vindicat Christus. Ipse
enim principium, ipse finis, dicens ' Ego sum A et Ω.' Con-
currentibus enim in se invicem A ad Ω usque devolvitur, et 5
rursus Ω ad A replicatur, ut ostenderet in se Dominus et initii
10 decursum ad finem et finis decursum ad initium. Omnes autem
litterae apud Graecos et verba conponunt et numeros faciunt.
Nam Alpha littera apud eos vocatur in numeris unum. Vbi
autem scribunt Beta, vocatur duo; ubi scribunt Gamma, voca- 10
tur in numeris ipsorum tres; ubi scribunt Delta, vocatur in
numeris ipsorum quattuor; et sic omnes litterae apud eos nu-
11 meros habent. Latini autem numeros ad litteras non conputant,
sed sola verba componunt, excepto I et X littera, quae et figura
crucem significat et in numero decem demonstrat. 15

IV   DE LITTERIS LATINIS. Latinas litteras Carmentis nympha
prima Italis tradidit. Carmentis autem dicta, quia carminibus
futura canebat. Ceterum proprie vocata [est] Nicostrate.
2 Litterae autem aut communes sunt aut liberales. Communes
dictae, quia multi eas in commune utuntur, ut scribere et legere. 20
Liberales, quia eas tantum illi noverunt, qui libros conscribunt
3 recteque loquendi dictandique rationem noverunt. Litterarum
duplex modus est: dividuntur enim principaliter in duas partes,
in vocales et consonantes. Vocales sunt quae directo hiatu
faucium sine ulla conlisione varie emittuntur. Et dictae vocales, 25
quod per se vocem inpleant, et per se syllabam faciant nulla

---

1 angelo] per angelum C   2 frontibus KL : fontes C¹   virorum
om. KL   10 duo gamma vocant KL   11 tres] tria TUW   in
numeris ipsorum om. K¹   13 ad litteras] a literis K¹   14 Pro excepto (-is)... demonstrat *haec sunt in TUW*, excepto aliquae quae numeros
figura demonstrant, ut C pro centum, D pro quingentis (-tos T), I pro
uno, L pro quinquaginta, T pro mille, V pro quinque, et X (littera *add.*
UW) quae in figura crucem significat et in numero decem demonstrat
    exceptis AK *Mon.* : -tas B¹ : exapto C¹ (*non Rem.*)   litteris AK :
-ras B (*non Rem. Mon.*)   quae et figuram A¹K¹ : quae et in figura BC
Rem. P : quae in figura γ (*vid. supra*) *Mon.*¹   18 est *hab. TU* : *om.*
ABCKLW Sang. extr.   nicostrata W   19 autem *om. T*   aut *om.* C¹
20 quia] quod K¹ *ut vid.* L   et *om.* K¹   21 direpto C¹   25 mittuntur T

adhaerente consonante. Consonantes sunt, quae diverso motu linguae vel inpressione labrorum efficiuntur. Et vocatae consonantes quia per se non sonant, sed iunctis vocalibus consonant. Haec in duabus partibus dividuntur: in semivocalibus et in 4 5 mutis. Semivocales dictas eo, quod quiddam semis de vocalibus habeant. Ab E quippe vocali incipiunt, et desinunt in naturalem sonum [ut F, L, M et ceterae]. Mutae autem dictae, quia nisi subiectis sibi vocalibus nequaquam erumpunt. Si enim eis extremum vocalis detraxeris sonum, inclusum litterae 10 murmur sonabit [ut B, G, D et ceterae]. Vocales autem et semivocales et mutas a veteribus sonas et semisonas et insonas dictas. Inter vocales autem I et U apud Grammaticos varias 5 habent significationes. Nam modo vocales sunt, modo semi- 6 vocales, modo mediae sunt. Vocales ideo sunt, quia solae 15 positae syllabas faciunt et aliis consonantibus coniunguntur. Consonantes ideo habentur, quia interdum habent post se vocales in hisdem syllabis constitutas, ut ' Ianus,' 'vates,' et habentur pro consonantibus. Mediae [autem] idcirco dicuntur, 7 quoniam naturaliter solae medium sonum habent, ut ' illius,' 20 ' unius.' Coniunctae aliis pinguius sonant, ut 'Ianus,' 'vanus.' Solae enim aliter sonant, aliter iunctae. I vero propterea interdum duplex dicitur, quia quotienscumque inter duas vocales invenitur, pro duabus consonantibus habetur, ut 'Troia.' Geminatur enim ibi sonus eius. V quoque littera proinde inter- 8 25 dum nihil est, quia alicubi nec vocalis nec consonans est, ut quis. Vocalis enim non est, quia I sequitur ; consonans non est, quia Q praecedit. Ideoque quando nec vocalis, nec consonans est, sine dubio nihil est. Eadem et digammon a Graecis vocatur, quando sibimet aliisque vocalibus iungitur : quae ideo

---

2 labrorum BT: labiorum K^1C 3 quia] quod B iunctae C 5 dictas] dictae T quidam T^1 7 ut f l m et ceterae *hab.* TU: *om.* $ABCK$ 8 quia *ex* quod B 9 detraxerit B 10 ut b g d et ceterae *hab.* TU: *om.* BCK 14 mediae (*om.* sunt) K^1L 17 iano KL et *om.* T 18 autem *om.* K^1L^1T: *hab.* ABC 19 illius unus AT: ilus unus BC 20 ut ... sonant *om.* B^1 21 enim *om.* K^1L^1 24 ibi] sibi C 25 ut quis V. e. n. est *om.* K^1: V. e. n. est q. I *om.* L^1 27 quando] quia K^1 29 vocatur $BCTU$: appellatur KL

digammon dicitur, quia duplex est instar F litterae, quae duplicem Gammam habet, ad cuius similitudinem coniunctas vocales digammon appellari grammatici voluerunt, ut ' votum,' ' virgo.'

9 Inter semivocales autem quaedam liquidae dicuntur propterea, quia interdum in una syllaba postpositae aliis consonantibus 5 deficiunt et a metro excluduntur. Ex quibus duae apud Latinos liquescunt L et R, ut ' fragor,' ' flatus.' Reliquae M et N apud 10 Graecos liquescunt : ut ' Mnestheus.' Decem et septem autem Latinis litteris vetus scriptura constabat. Vnde et legitimae nominantur illa ratione, scilicet vel quod ab E vocali incipiunt 10 et in mutum sonum desinunt, ut sunt consonantes, vel quod a suo sono incipiunt et in vocalem E desinunt, ut sunt mutae [et 11 sunt A.B.C.D.E.F.G.I.L.M.N.O.P.R.S.T. et U]. H autem littera pro sola aspiratione adiecta postea est. Vnde et a plerisque aspiratio putatur esse, non littera, quae proinde aspi- 15 rationis nota dicitur, quia vocem elevat. Aspiratio enim est sonus uberius elatus, cuius contraria est prosodia, sonus aequa- 12 liter flexus. K litteram Salvius ludimagister pri[m]us Latinis adiecit, ut in sono discrimen faceret duarum litterarum C et Q ; quae ideo supervacua dicitur, quia exceptis ' Kalendis ' super- 20 13 flua iudicatur : per C enim universa exprimimus. Q litteram nec Graeci resonant, nec Hebraei. Exceptis enim Latinis hanc nulla alia lingua habet. Haec prius non erat. Vnde et ipsa supervacua est vocata quia per C cuncta veteres scripserunt. 14 X littera usque ad Augusti tempus nondum apud Latinos erat, 25

1 est ad instar K ex corr. L   3 votum ex vocatum C   4 dicuntur] ducuntur (-ant-?) T   5 positae T   6 apud latinos liquidae semper r et l L: apud (deinde ras.) r et l K¹   10 vel om. U   quod] quia K¹L 11 ut sunt . . . desinunt om. U   quod] quia K¹L   12 desinunt CK : desinant BT   et sunt . . . et U hab. TU: om. BCK   13 autem om. K¹L   14 adiecta postea est BC Sang. extr.: adiecta posita est T fort. recte : posita est K¹L   15 adspiratio * * esse putatur L : adsp. putatur (om. esse) K¹ : putatur aspiratio esse B   16 dicitur adspirationis nota KL   17 cuius] cui AK¹L   18 Salvius] salustius recc.   prius T : postea C   19 ut in (om. L¹) sono du. l. discrimen (discretionem L) fac. KL   c et g T   20 quae om. C¹   supervacuae K¹ ut vid. T quia] quod K¹L   21 Nam et q nec K¹ ut vid. L   nec greci nec ebrei resonant T   25 x litt. ad aug. temporis T¹

[et digne hoc tempore, quo Christi nomen innotuit, quod per eam, quae crucis signum figurat, scriptitatur,] sed pro ea C et S scribebant, unde et duplex vocatur, quia pro C et S ponitur, unde et ex eisdem litteris conpositum nomen habet. A Graecis **15**
5 [autem] duas litteras mutuavit Latinitas, Y et Z, propter nomina scilicet Graeca, et haec apud Romanos usque ad Augusti tempus non scribebantur, sed pro Z duas S ponebant, ut 'hilarissat'; pro Y vero I scribebant. Vnicuique autem litterae tria acci- **16** dunt: nomen, quomodo vocetur; figura, quo caractere signetur;
10 potestas, quae vocalis, quae consonans habeatur. A quibusdam et ordo adicitur, id est quae praecedit, quae sequitur, ut A prior sit, subsequens B. A autem in omnibus gentibus ideo prior est litterarum, pro eo quod ipsa prior nascentibus vocem aperiat. Nomina autem litterarum gentes ex sono propriae linguae de- **17**
15 derunt notatis oris sonis atque discretis. Nam postquam eas animadverterunt, et nomina illis et figuras inposuerunt: figuras autem partim ex placito, partim ex sono litterarum formaverunt: ut puta I et O, quarum uni sicut exilis sonus, ita tenuis virgula, alterius pinguis sonus, sicut et plena figura. Potestatem autem
20 natura dedit, voluntas ordinem et apicem. Inter figuras littera- **18** rum et apicem veteres dixerunt, apicem dictum propter quod longe sit a pedibus, et in cacumine litterae adponatur. Est

1 et digne ... scriptitatur (scriptatur *U*) *hab.* γ (= *TUX*): *om.* αβ   2
sed] dudum autem *TUX* et *om. B* (*non Rem. Mon.*)   4 eisdem *ex* eis *KL*
5 autem *T*: *om. BCK¹L*   duo *TU* (*non W*)   literis duas *K*   mut.
Lat. *om. T¹*   7 hilarissat] vulgarissat *ex* ✱✱✱✱arissat *KL*   8 i scribe-
bant] scri. h (n *U*) et a *TU*: i ponebant *B* (*non Rem. Mon.*). *Quae in* γ
apparent, ea licet huc referre, iscribebant (*i. e.* i scribebant) K̄Ā (*i. e.* capitulum, *sc.* novum)   autem *om. KL*   accedunt *K¹C¹*   9 quomodo] quo
K¹L   vocatur *L*   10 qua v. qua c. *A*   habeatur. A quibusdam
(*cf. infra ad* 19)   11 ad. litterarum id est *T*   precedet *T*   12 subse-
quens] sequens *TB* (*non A*)   A littera in *K¹L*   prior] prima *K¹ ut
vid. L*   13 prior] prius *K¹L*   16 animadvertunt *ex* adverterunt *KL*
figura inp. *K*   17 autem *om. K¹L*   18 unius *L*   virgula] figura
KL: figura (*oblitter.*) virgula *C*   19 sicut et] sic et *L*: sicut *TC¹*   pot.
au. n. d. v. o. α (= *A²BC*: pot. n. d. v. au. o. *A¹*): pot. n. v. au. o. d. β
(= *KL*). *Cum α consentit* γ, *sed turbae factae sunt* (*de quibus vide Praefationem*)   20 figuram *W*   21 apices *A² in ras. BCKL*: apicem *TUW*
distinxerunt *CB marg.*   apicem *om. B¹*   22 adponitur *C*

enim linea iacens super litteram aequaliter ducta. [Figura autem, qua tota littera scribitur.]

V   DE GRAMMATICA. Grammatica est scientia recte loquendi, et origo et fundamentum liberalium litterarum. Haec in disciplinis post litteras communes inventa est, ut iam qui didicerant 5 litteras per eam recte loquendi rationem sciant. Grammatica autem a litteris nomen accepit. Γράμματα enim Graeci litteras 2 vocant. Ars vero dicta est, quod artis praeceptis regulisque consistat. Alii dicunt a Graecis hoc tractum esse vocabulum ἀπὸ τῆς ἀρετῆς, id est a virtute, quam scientiam vocaverunt. 10 3 Oratio dicta quasi oris ratio. Nam orare est loqui et dicere. Est autem oratio contextus verborum cum sensu. Contextus autem sine sensu non est oratio, quia non est oris ratio. Oratio 4 autem plena est sensu, voce et littera. Divisiones autem grammaticae artis a quibusdam triginta dinumerantur, id est, 15 partes orationis octo : vox articulata, littera, syllaba, pedes, accentus, positurae, notae, orthographia, analogia, etymologia, glossae, differentiae, barbarismi, soloecismi, vitia, metaplasmi, schemata, tropi, prosa, metra, fabulae, historiae.

VI   DE PARTIBVS ORATIONIS. Partes orationis primus Aristo- 20 teles duas tradidit, nomen et verbum ; deinde Donatus octo definivit. Sed omnes ad illa duo principalia revertuntur, id est, ad nomen et verbum, quae significant personam et actum. 2 Reliquae adpendices sunt et ex his originem trahunt. Nam pronomen ex nomine nascitur, cuius officio fungitur, ut 'orator 25 ille.' Adverbium de nomine nascitur, ut 'doctus, docte.' Participium de nomine et verbo, ut 'lego, legens.' Coniunctio vero et praepositio vel interiectio in conplexu istarum cadunt. Ideo et nonnulli quinque partes definierunt, quia istae superfluae sunt. 30

1 Figura. . . scribitur *hab.* γ (= *TUWX*) (adscribitur *U*)   5 didicerunt *K*[1]*T*   7 enim *om. K*[1]   11 dicta *om. K*   quasi] quod sit *K*[1] 14 voce sensu *K*[1]   15 triginta partes din. *T* : xxvii din. *C*   17 notae *om. CK*[1]   etymologia *om. T*   18 metaplasmi scemata *K*   19 tropus *C* : tropus *an* tropis *K*[1] *inc.*   hist. fab. *KL*   22 referuntur *B*[1] id est *om. K*[1]   29 Ideo et] et *om. K* (*non L*)   partes orationis d. *AB*[2]   definiunt *U*

DE NOMINE. Nomen dictum quasi notamen, quod nobis VII
vocabulo suo res notas efficiat. Nisi enim nomen scieris, cognitio rerum perit. Propria nomina dicta quia specialia sunt.
Vnius enim tantum personam significant. Species propriorum
5 nominum quattuor [sunt] : praenomen, nomen, cognomen,
agnomen. Praenomen dictum eo, quod nomini praeponitur, ut
' Lucius,' ' Quintus.' Nomen vocatum, quia notat genus, ut 2
' Cornelius.' Cornelii enim omnes in eo genere. Cognomen,
quia nomini coniungitur, ut ' Scipio.' Agnomen vero quasi
10 accedens nomen, ut ' Metellus Creticus,' quia Cretam subegit.
Extrinsecus enim venit agnomen ab aliqua ratione. Cognomentum autem vulgo dictum eo, quod nomini cognitionis causa
superadiciatur, sive quod cum nomine est. Appellativa nomina 3
inde vocantur, quia communia sunt et in multorum significa-
15 tione consistunt. Haec in viginti octo species dividuntur, ex quibus corporalia dicta, quia vel videntur vel tanguntur, ut 'caelum,'
' terra.' Incorporalia, quia carent corpus ; unde nec videri nec 4
tangi possunt, ut ' veritas,' ' iustitia.' Generalia, quia multarum 5
rerum sunt, ut ' animal.' Nam et homo et equus et avis ani-
20 mal sunt. Specialia, quia partem demonstrant, ut 'homo.' Species 6
enim animalium homo. Principalia, quia primam positionem ha- 7
bent, nec aliunde nascuntur, ut ' mons,' ' fons.' Derivativa eo, 8
quod ex alio nomine deducantur, ut a monte ' montanus.' Di- 9
minutiva, quia minuunt sensum, ut ' Graeculus,' ' scholasticulus.'
25 Sono diminutiva, quia sic sonant sicut diminutiva, sed intel- 10
lectu principalia sunt, ut ' tabula,' ' fabula.' Tota Graeca, quia 11
ex toto Graece declinantur, ut ' Callisto.' Sic enim [et] Graecus
et Latinus dicit. Tota Latina, quia ex toto in Latinum ver- 12
tuntur. Graecus dicit ' Odysseus,' Latinus ' Vlixes.' Media 13
30 dicta quia ex parte Graeca sunt, ex parte Latina. Eadem et

1 dictum est quasi *KC ex corr.*   2 faciat K^1 *ut vid.*   5 sunt *hab.*
BC : *om.* K^1T praenomen . . . agnomen *om.* K^1 7 eo quod
notat *B*   10 qui cretam *T*   14 quod c. sint K^1 15 viginti et octo
B   17 corpore *BCK*   19 equus] pecus *T*   animalia *K*   23 ex]
ab *K*   26 fabula tabula *K*   27 enim et gr. *CT*   28 in latino *K* :
latinum (*om.* in) *T*   29 dixit *K* (*non Par. extr.*)   30 sunt et ex p. *T*

notha, quia corrumpunt ultimas syllabas manentibus prioribus,
ut apud Graecos 'Alexandros,' 'Menandros'; apud nos 'Alexander,' 'Menander.' Dicta autem notha, quemadmodum no-
14 thus dicitur quisquis de dispari genere nascitur. Synonyma,
hoc est plurinomia, eo quod sit in pluribus nominibus sig- 5
nificatio una, ut 'terra,' 'humus,' 'tellus.' Idem enim sunt
15 omnia. Homonyma, hoc est uninomia, eo quod sit in uno
nomine significatio plurima, ut 'tumulus,' nunc mons brevis,
nunc tumens tellus, nunc sepulchrum. Est enim in uno no-
16 mine significatio diversa. Relativa dicta eo, quod ad aliam 10
17 referantur personam, ut 'magister,' 'dominus,' 'pater.' Illa
autem quae dicuntur ad aliquid qualiter se habentia, a contraria significatione dicta sunt, ut 'dexter.' Dici enim dexter
18 non potest, nisi sinister fuerit. Porro qualitatis nomina ex eo
dicta, quia per ea qualis quisque sit ostenditur, ut 'sapiens, 15
19 'formosus,' 'dives.' Quantitatis, quia a mensura trahantur, ut
20 'longus,' 'brevis.' Patronymica dicuntur eo, quod trahuntur
a patribus, ut 'Tydides' Tydei filius, 'Aeneius' Aeneae filius,
21 quamvis et a matribus et a maioribus ducantur. Ctetica, id
22 est possessiva, a possessione, ut 'Evandrius ensis.' Epitheta, 20
quae Latine adiectiva vel superposita appellantur, eo quod ad
inplendam sui significationem nominibus adiciantur, ut 'magnus,' 'doctus.' Adicis ea personis, ut 'magnus philosophus,'
23 'doctus homo,' et plenus est sensus. Actualia ab actu descendunt, ut 'dux,' 'rex,' 'cursor,' 'nutrix,' 'orator.' Gentis a gente 25
24 veniunt, ut 'Graecus,' 'Romanus.' Patriae a patria descendunt,
ut 'Atheniensis,' 'Thebanus.' Loci a loco, ut 'suburbanus.'
25 Verbialia dicuntur, quia de verbo nascuntur, ut 'lector.' Par-
26 ticipalia, quae sic sonant sicut participia, ut 'legens.' Verbis

---

1 quia] quae *K*   4 de *om. K*[1]   6 idem enim *a* (= *C* : id enim *B* :
idem *A*) γ (= *T* : id enim *U*) ι idem ergo β (= *K Par. extr.*)   11 referuntur *C*   15 per ea *BK* : per eam *CT*   16 trahuntur *K*   19 et a
maioribus *om. K*[1]   Ctethica *T*[2] : Thetica *BC* : Thedica *K* : Tethica
T[1]   24 discindunt ab actu *K*[1]   25 orator *add. K*[2]*L*[2]   § 25 *ante*
§ 24 *KL*[1] *ut vid.*   28 quia] quae *K*   29 legens *ABCK*[1] *ut vid.*
Par. extr. (*L*[1] *n. l.*) *TUW* : demens (clemens) *dett.*   Verbi similia
BK

similia, a verbi similitudine dicta, ut 'contemplator.' Nam et
verbum est imperativi modi, futuri temporis, et nomen, quia
conparationem recipit. Haec omnes species a nominum appellatione descendunt. Secunda pars nominis conparatio. Con- **27**
5 paratio dicta quia ex alterius conparatione alterum praefert.
Cuius gradus tres sunt : positivus, conparativus, [et] superlativus. Positivus dictus quia primus ponitur in conparationis
gradu, ut 'doctus.' Conparativus ab eo, quod conparatus posi-
tivo praefertur illi, ut 'doctior'; plus enim novit quam doctus.
10 Superlativus eo, quod conparativo superferatur, ut 'doctissi-
mus'; plus enim scit quam doctior. Genera dicta sunt quod **28**
generent, ut masculinum et femininum. Cetera nomina non
sunt genera, sed hoc nominum ratio et auctoritas voluit. Neu-
trum dictum quia nec hoc est nec illud, id est nec masculinum
15 nec femininum. Commune dictum quia duobus generibus nomen unum communicat, ut 'hic' et 'haec canis.' Cui con- **29**
trarium est epicoenon, quia utrumque sexum sub uno genere
enuntiat, ut 'hic piscis.' Est enim incerti sexus, quod nec
natura nec oculis discernitur, sed sensus tantum peritia. Omne
20 genus dictum, quia cunctis generibus servit : masculino et
feminino, [et] neutro et communi et omni. Numerus vocatus **30**
quia per eum vel singularia vel pluralia nomina ostenduntur.
Figura, quia vel simplicia vel conposita sunt. Casus a cadendo **31**
dicti ; per eos enim inflexa nomina variantur et cadunt. Nomi-
25 nativus casus dictus quia per eum aliquid nominamus, ut 'hic
magister.' Genetivus, quia per eum genus cuiuscumque quaerimus, ut 'huius magistri filius,' vel quod rem significamus, ut

---

1 verbis T 3 recepit KC^1 4 Conparatio *alt. om. K*   6 sunt tres K
pos. conp. et sup. B^1 : pos. conp. sup. CK : pos. sup. et conp. T 7
primus] prius T 8 gradu] gradus T 9 illi *om. B*   12 generent
$BCTU$: generantur AK nom. *om. T*   non . . . vol. *om. K^1*   13 hominum *A rev.*   rat. ut auct. C^1 14 id est *om. K^1*   15 nomen unum]
nominum K^1C 16 communicat] significat T Cuius T 17 epic.
epic. est quia C^1 sexum . . genere *om. K^1*   18 incertus B 21
et n. et comm. BT : n. et comm. C : n. comm. K 23 Figura . . . sunt
post § 31 K 24 dictus *ut vid. K^1* : dicti sunt C cadent K^1 27 vel
quod . . . mag. liber *om. K^1A^1*

32 'huius magistri liber.' Dativus, quia per eum nos dare alicui
aliquid demonstramus, ut 'da huic magistro.' Accusativus,
quia per eum aliquem accusamus, ut 'accuso hunc magistrum.'
Vocativus, quia per eum aliquem vocamus, ut 'o magister.'
Ablativus, quia per eum nos auferre aliquid cuiquam signifi- 5
33 camus, ut 'aufer a magistro.' Hexaptota nomina dicta eo, quod
per sex casus varietates habent, ut est 'unus.' Pentaptota,
quod tantum in quinque casibus variantur, ut 'doctus.' Te-
traptota, quod tantum in quattuor casibus declinentur, ut 'lateris.' Triptota, quod tantum in tribus, ut 'templum.' Diptota, 10
quod tantum in duobus, ut 'Iuppiter.' Monoptota, quod uno
tantum casu utuntur, ut 'frugi.'

VIII   DE PRONOMINE. Pronomen dictum, quia pro vice nominis ponitur, ne fastidium faciat nomen ipsud dum iteratur.
Nam cum dicimus, 'Vergilius scripsit Bucolica,' addimus pro- 15
nomen, 'ipse scripsit Georgica'; sicque varietas significationis
2 et fastidium tollit et ornatum inducit. Pronomina autem aut
finita sunt, aut infinita. Finita pronomina dicta eo, quod
definiunt certam personam, ut 'ego'; me enim statim intelligis.
Infinita dicuntur, quia non sunt certae personae. De absen- 20
tibus enim dicitur et incertis, ut 'quis,' 'quae,' 'quod.' Minus
quam finita appellantur quia commemorationem faciunt notae
personae, ut 'ipse,' 'iste.' Certum est enim de quo dicitur.
3 Possessiva vocantur eo, quod aliquid nos possidere ostendunt.
Nam dum dico 'meus,' 'tuus,' definio aliquid meum esse, vel 25
tuum. Relativa dicuntur, quia ad interrogationem referuntur,
ut 'quis est?' respondetur, 'is est.' Demonstrativa, eo quod

1 magistri liber *TU*: magistri *BC*   eum nos aliquem *C*   nos *om.*
B   2 ut . . . magistro *om. K¹*   9 declinentur *CT*: declinantur
B : *om. K¹*   12 tantum uno casu *K*   15 bucolicam *B¹T*   16
georgicam *B¹T*   17 et fast. *BC Eins. frag. T* : et *om. K¹*   19
def. ut ego me en. certam personam int. (*om.* statim) *K¹*: def. cert.
pers. ut ego me en. cert. pers. i. (*om.* statim) *A*   21 et incertis *om.*
TU   quae quod *om. K¹*   22 quia] quae *K*   24 eo *om. K*   aliquid
nos *TC*: nos aliquid *KB*   25 dum *om. K¹*   meum] nomen *C¹*   26
quia interrogatione *K*   27 respondetur *B¹C¹K¹*: respondit *T*   his
C¹K¹ : hic *T*

habent demonstrandi significationem. Aliquem enim praesentem his demonstramus, ut 'hic,' 'haec,' 'hoc': quae tria
et articuli nominantur. Articuli autem dicti, quod nominibus 4
artantur, id est conligantur, cum dicimus 'hic orator.' Inter
5 articulum autem et pronomen hoc interest, quod articulus tunc
est, quum nomini coniungitur, ut 'hic sapiens.' Cum vero
non coniungitur, demonstrativum pronomen est, ut 'hic et
haec et hoc.' Omnia autem pronomina aut primogenia sunt 5
aut deductiva. Primogenia dicta sunt quia aliunde originem
10 non trahunt. Haec viginti et unum sunt. Finita tria : 'ego,'
'tu,' 'ille.' Infinita septem : 'quis,' 'qualis,' 'talis,' 'quantus,'
'tantus,' 'quotus,' 'totus.' Minus quam finita sex : 'iste,' 'ipse,'
'hic,' 'is,' 'idem,' 'sui.' Possessiva quinque : 'meus,' 'tuus,'
'suus,' 'noster,' 'vester.' Reliqua autem deductiva dicuntur,
15 quia ex istis deducta atque conposita existunt, ut 'quispiam,'
'aliquis,' et reliqua.

DE VERBO. Verbum dictum eo, quod verberato aere sonat, IX
vel quod haec pars frequenter in oratione versetur. Sunt autem
verba mentis signa, quibus homines cogitationes suas invicem
20 loquendo demonstrant. Sicut autem nomen significat personam, ita verbum factum dictumque personae. In persona verbi
agentis et patientis significatio est. Nam 'scribo' personae
factum est. Item 'scribor' personae factum indicat, sed eius
a quo patitur. Verborum genera duo sunt : grammaticorum 2
25 atque rhetorum. Grammaticorum in tria cadunt tempora :
praeteritum, instans, futurum, ut 'fecit,' 'facit,' 'faciet.' Rhetorum autem universa oratio verba dicuntur veluti, 'verbis bonis
nos cepit,' 'verba bona habuit,' ubi non tantum verba, quae in
tria cadunt tempora, sed universa oratio est. Verborum species

---

1 demonstrandi *K*[1] *ut vid. T* : demonstrantis *BC*   3 et *om. K*[1]
Art. . . . orator *om. U*   4 cum] sicut *T*[1]   5 autem *om. K*   6
iungitur *BT*   7 non] nomini *T*   pronomen] nomen *T*[1]   hic
haec hoc *K*[1]   8 sunt aut ded. *KC* : aut ded. sunt *TB*   10 non]
nomine *T*   14 noster et vester *B*   17 sonet *B*   22 scribo agentis
personae *T*   24 potitur *C*[1]   26 instans] presens *T*   28 cepit] accipit
C   non] nomen *T*

sunt formae, modi, coniugationes, et genera [et tempora].
3 Formae verborum inde dictae eo, quod nos ad unamquamque
rem informent. Per has enim ostendimus quid agamus.
[Nam] Meditativa dicta est a meditantis sensu, ut 'lecturio,' id
est legere volo. Inchoativa post meditationem ab inchoantis 5
indicio, ut 'calesco.' Frequentativa a saepius agendo, ut 'le-
ctito,' 'clamito.' Formae enim sensum tenent, modi declinationem. Nam nescis quid sit declinatio, nisi prius didiceris
4 quid sit sensus. Modi dicti ab eo, quemadmodum sint in suis
significationibus. Indicativus enim modus dicitur, quia signi- 10
ficationem habet indicantis, ut 'lego.' Inperativus, quia sonum
habet inperantis, ut 'lege.' Optativus, quia per ipsum aliquid
agere optamus, ut 'utinam legerem.' Coniunctivus, quia ei
coniungitur aliquid, ut locutio plena sit. Nam quando dicis
'cum clamem,' pendet sensus ; quod si dicam 'cum clamem, 15
5 quare putas quod taceam?' plenus est sensus. Infinitus [modus]
dicitur eo, quod tempora definiens personam verbi non definit,
ut 'clamare,' 'clamasse.' Cui si adiungas personam : 'clamare
debeo, debes, debet,' fit quasi finitum. Inpersonalis dicitur,
quia indiget personam nominis vel pronominis, ut 'legitur' : 20
addes personam 'a me,' 'a te,' 'ab illo,' et plene sentitur. Sed
infinitus modus personam tantum verbi eget : inpersonalis vero
6 vel pronominis personam vel nominis. Coniugatio dicitur eo,
quod per eam ad unum sonum multa coniungantur. Docet
enim in quam syllabam exeat futurum tempus, ne per inperitiam 25
quis dicat 'legebo' pro 'legam.' Harum prima et secunda
mittunt futurum tempus in 'bo' et in 'bor,' tertia in 'am'
7 et in 'ar.' Genera verborum ideo dicta, quia gignant. Nam

1 et genera *BCTU* : genera et tempora *AK*   2 inde *om. K*
unamquemque *CT*   3 quod ag. *U*   4 nam *hab. TU : om. BCK*
est *om. K*[1]   5 ab *om. K*   6 iudicio *K*   10 enim *om. B*[1]
quod *B*[1] : qui *K*   sign. hab. ind. *BC* (indicandi *B*) : ind. sign. hab.
K : sign. hab. (*om.* ind.) *TU*   12 imperandi *B*   14 quando] quum
T   15 dicam] dicat *B*   16 Infinitivus *K*   modus *hab. AK* :
om. BCTU   17 personas *K*   19 finitus *K*   20 personam *K* :
persona *BC* : personas *T*   21 addes *B*[1]*T* : addis *CK*   24 multa *om.*
K[1]   26 horum *C*[1]*T*   27 mittunt *om. T*   28 nam] nomina *T*

activo adicis R et gignit passivum; rursum passivo adimis R et
parit activum. Ipsa autem activa dicuntur quia agunt[ur], ut 'ver-
bero,' [et] passiva, quia patiuntur, ut 'verberor'; neutralia, quia
nec agunt nec patiuntur, ut 'iaceo,' 'sedeo.' His si R litteram
5 adicis, non sonant Latine. Communia dicuntur quia et agunt
et patiuntur, ut 'amplector.' Haec similiter, deposita R littera,
Latina non sunt. Deponentia vero dicuntur, quia deponunt futuri
temporis participium a significatione passiva, quod exit in 'dus,'
ut 'gloriandus.'

10 DE ADVERBIO. Adverbium dictum est eo, quod verbis ac- X
cedat, ut puta, 'bene lege.' 'Bene' adverbium est, 'lege' verbum.
Inde ergo dictum adverbium, quod semper verbo iunctum
adinpleatur. Verbum enim solum sensum inplet, ut 'scribo.'
Adverbium autem sine verbo non habet plenam significatio-
15 nem, ut 'hodie.' Adicis illi verbum, 'hodie scribo,' et iuncto
verbo inplesti sensum.

DE PARTICIPIO. Participium dictum, quod nominis et XI
verbi capiat partes, quasi particapium. A nomine enim vindicat sibi genera et casus, a verbo tempora et significationes, ab
20 utrisque numerum et figuram.

DE CONIVNCTIONE. Coniunctio dicta, quod sensus sen- XII
tentiasque coniungat. Haec enim per se nihil valet, sed in
copulatione sermonum quasi quoddam exhibet glutinum. Aut
enim nomina sociat, ut 'Augustinus et Hieronymus': aut verba,
25 ut 'scribit et legit.' Vna autem vis omnium, sive copulent,
sive disiungant. Copulativae autem coniunctiones dictae eo, 2
quod sensum vel personas coniungant, ut 'ego et tu eamus ad
forum.' Ipsud 'et' sensum coniunxit. Disiunctivae dictae,
quia disiungunt res aut personas, ut 'ego aut tu faciamus.'

1 passivo *om.* K^1 demis B^1 2 paret B^1 quia aguntur C^1T: ab
actu B^1: quia agunt K 3 et *hab.* CK: *om.* BT 5 latine K:
latina BC^1T 7 non] nomina T vero *om.* K 10 eo *om.* K^1
accidat T 11 bene legi T: *om.* C legi CT 13 inplet] K^1 *n. l.*   15
et iuncto] adiuncto K 17 quod] quia K 18 capit K^1 sibi vindicat
T 20 utrisque BC: utroque K: utrique T 22 coniunget K^1:
coniungant T enim *om.* K^1 24 sociant BC 26 dictae coni.
K^1 27 sensus K^1 ut ego] aut ego C

Subiunctivae dicuntur, quia subiunguntur, ut 'que.' Dicimus
enim 'regique hominique Deoque'; non dicimus, 'que regi,
3 que homini.' Expletivae dictae, quia explent propositam rem,
ut puta, 'si hoc non vis, saltim illud fac.' Communes nominantur, quia ubivis ponuntur [et subiunguntur], ut 'igitur hoc 5
4 faciam,' 'hoc igitur faciam.' Causales dicuntur a causa eo,
quod aliquid cogitent facere, ut puta, 'occido illum, quia habet
aurum'; causa est. Rationales dicuntur a ratione, qua quisque
utitur in faciendo, ut 'quomodo eum occidam, ne agnoscar?
veneno an ferro?' 10

XIII   DE PRAEPOSITIONE. Praepositio dicta, quod nominibus
praeponatur et verbis. Accusativae et ablativae praepositiones
a casibus, quibus serviunt, dictae. Loquellares vero, quia lo-
quellis, id est verbis semper cohaerent, nec aliquid valent solae
positae, ut 'di,' 'dis.' Coniunctae vero verbis figuram faciunt, 15
ut 'diduco,' 'distraho.'

XIV   DE INTERIECTIONE. Interiectio vocata, quia sermonibus
interiecta, id est interposita, affectum commoti animi exprimit,
sicut cum dicitur ab exultante 'vah,' a dolente 'heu,' ab iras-
cente 'hem,' a timente 'ei.' Quae voces quarumcumque lingua- 20
rum propriae sunt, nec in aliam linguam facile transferuntur.

XV   DE LITTERIS APVD GRAMMATICOS. [Quot sint articulatae
voces. Et dicta littera quasi legitera, eo quod legentibus iter
praebeat vel in legendo iteretur.]

XVI   DE SYLLABA. Syllaba Graece, Latine conceptio sive con- 25

---

1 quia subi. ut que *om.* K^1 2 enim... dicimus *om.* T   3 *post* que
homini *add.* que deo K^2L^2 Expletivae... illud fac *om.* C^1 pre-
positam T   4 saltim] vel T   nominantur *ABCTU*: vocantur K
5 ponuntur B^1K *ut vid.* TU: praeponuntur AC   et sub. ACK: *om.* B^1TU
ut... faciam *om.* K^1 7 cogunt *Arev.*   8 quia quisque T   10 ferro
an ven. C   11 d. eo quod K   nom.... verbis *om.* K^1 12 praepo-
nantur C^1 acc. autem et K   13 vero *om.* T   16 distrao T: distraho
B: distruo *AKU*   19 heu... Quae *om.* K^1 21 sunt in aliam linguam
non f. L $(K^1$ *n. l.*)   22-24 *om.* ACGKL: *hab.* TU: *tit. solum hab.* B:
tit. et haec iam in principio huius operis disputatum est W   22 Quod
TU   sit U   23 vocis TU   et T: ut U   de voce et litteris
iam hoc supra dixit T^2 *marg.* (*cf. Praefationem*)   25 conplexio]
conexio B^1

plexio dicitur. Nam syllaba dicta est ἀπὸ τοῦ συλλαμβάνειν τὰ
γράμματα, id est a conceptione litterarum. Συλλαμβάνειν enim
dicitur concipere. Vnde vera illa est syllaba, quae ex pluribus
nascitur litteris. Nam unam vocalem pro syllaba abusive, non
5 proprie dici, quae non tam syllaba dicenda est quam ratio
temporum. Syllabae autem aut breves sunt, aut longae, aut
communes. Breves vocatae, quia numquam produci possunt. 2
Longae, quia semper producuntur. Communes autem, quia
pro scribentis arbitrio cum necessitas cogit et producuntur et
10 corripiuntur. Lege Donatum. Ideo autem syllabae longae
brevesque dicuntur, quia per varias vocum moras aut dupla aut
simpla spatia temporis habere videntur. Dipthongae syllabae
Graeco nomine dictae, quod in eis binae vocales iunguntur.
Ex his apud nos veras esse quattuor: 'ae,' 'oe,' 'au,' 'eu.' 3
15 'Ei' vero apud maiores tantum celebrata fuit. Syllaba autem
apud metricos ideo semipes nominatur, quod sit dimidius pes.
Nam pes duabus constat syllabis. Cum ergo syllaba una est,
quasi dimidius pes est. Dionysius Lintius syllabarum omnium
singulas formas aptissimas fecit, et ob id statua honoratus est.
20 DE PEDIBVS. Pedes sunt, qui certis syllabarum tempori- XVII
bus insistunt, nec a legitimo spatio umquam recedunt. Pedes
dicti eo, quod per ipsos metra ambulent. Nam sicut nos pedibus incedimus, ita metra quasi pedibus gradiuntur. Pedes
autem omnes centum viginti quattuor sunt: disyllabi quattuor,
25 trisyllabi octo, tetrasyllabi sedecim, pentasyllabi triginta duo,
hexasyllabi sexaginta quattuor. Vsque ad quattuor autem
syllabas pedes dicuntur, reliqui syzygiae vocantur. Ipsi autem 2
pedes habent speciales causas nominum, quare ita vocentur.

---

1 συλλαβεῖν (sillabin) *TU*   2 id est *om*. *K*¹   sillaba enim *T*
3 conc. dicitur *K*   vere *KC*   6 autem *om*. *K*¹   8 semper producuntur *CK* : numquam corripi possunt *BT*. *Huc fortasse referendum
illud* quia numquam *in* xvii. 1 (*inter* quattuor *et* trisyllabi) *in C*   9 cogit
om. *K*¹   11 quia] quod *ut vid*. *K*¹   13 iungantur *B*   14 esse que quattuor *T*   15 tantummodo cel. *K*   16 ideo s. n. quod *ABTU* : s.n. eo
quod *K* : ideo s. n. eo quod *C*   17 syllabis constat *K*   18 quasi *om*.
*K*¹   Lintius *Isid*.: Λίνδιος *Strabo, alii*   26 ad qu. syll. (*om*. autem) *C*
27 vocantur . . . dicuntur *K*¹ *ut vid*.   28 vocantur *B*¹*K*¹ *ut vid*.

Pyrrichius dictus est, quia hic assidue vel in certamine, vel in
ludo puerili saepius frequentabatur. Spondeus dicitur quia
tractim sonat. Nam spondeus tractus quidam dicitur, id est
sonus, qui fundebatur circa aures sacrificantum. Vnde et hi,
qui tibias canebant in sacris gentilium, spondiales nominaban- 5
3 tur. Trochaeus vero ab eo dictus est, quod celerem conversionem faciat cantilenae, et quasi rota velociter currat in metris.
4 Τροχός enim Graece rota dicitur. Iambus dictus est eo, quod
ἰαμβόζειν Graeci detrahere dixerunt. Huiusmodi enim carmine
omnes invectiones vel detractiones inplere poetae sunt soliti. 10
Dictum autem nomen ab eo, quod veluti venenum quodam-
5 modo maledicti aut livoris infundat. Tribrachys qui et cho-
rius appellatur, dictus tribrachys, quia sit ex tribus brevibus.
6 Molossus dictus a saltatione Molossorum, quam exercuerunt
7 armati. Anapaestus. [Appellatur quia remissionibus et ludis 15
8 hic pes magis dicatus est.] Dactylus a digito dictus, quod a
longiori modo inchoans in duos desinit breves. Sic et iste pes
iuncturam unam habet longam et duas breves. Vnde et manus
9 oppansa palma dicitur, et pendentes digiti dactili. Amphibra-
chys, quod in utraque parte brevem habeat, longam in medio 20
10 interiacentem. Βραχύς enim brevis dicitur. Amphimacrus,
quod duae hinc inde longae habent in medio inclusam brevem.
11 Μακρός enim longus dicitur. Bacchius appellatus est eo, quod
12 eo pede Bacchia, id est Liberi sacra celebrabantur. Anti-
bacchius vel Palimbacchius dictus quia iteratus a Bacchio est. 25
13, 14 Proceleumaticus, quod sit ad celeuma canentium aptus. Di-

---

2 lusu K^1 5 tibias BT: tubis CK spondiale B: σπονδαῦλαι $Otto$
7 in metris currat B 8 est $om.$ K^1 9 iambozim (-in) $codd.$
huius enim modi K 10 inventiones B: intentiones T (*non UW*)
11 au. hoc nomen T 12 maledicti aut aliquo ligoris CK^1 *ut vid.* (*sed
licquoris*)   13 quia sit] quasi K^1 § 7 *om.* K^1: Anapaestus
solum hab. A^1C: Anap. appellatur (-tus) ... dicatus est *hab.* $TUWX$:
Anapestus repercussus interpretatur quia videlicet dactilo sono reciproco
obloquitur. greci autem anapestum repercussionem dicunt B. In *A marg.*
manu satis antiqua haec scripta sunt dictus a repercussione. apellatur quia
remissionibus et ludis hic pes magis dicatus est   19 pansa K^1 21
iacentem K 23 app. est grece eo K^1: dictus est eo B 24 celebrabant K 26 celeumam BT

spondeus autem et ditrochaeus et diiambus dicti quod geminis
constant iambis, spondeis vel trochaeis. Antispastus, quod sit 15
ex contrariis syllabis, ex brevi et longa, ex longa et brevi. Cho- 16
riambus vero, quia ex hoc pede conpositum carmen choris aptis-
5 simum sit. Ionici sane propter numerorum inaequalem sonum 17
dicti. Habent enim binas longas syllabas binasque correptas.
Paeones dicti ab inventore. [Constant enim ipsi ex una longa 18
et tribus brevibus, quae longa iuxta nomina eorum variatim est
constituta.] Epitriti vocati quod semper tres longas habeant 19
10 syllabas et unam brevem. Syzygiae autem sunt pentasyllabi et 20
hexasyllabi pedes; et dictae apud Graecos συζυγίαι quasi quaedam declinationes. Sed hi non sunt pedes, sed appellantur
pentasyllabi et hexasyllabi, quia ultra quinque et sex syllabas non
procedunt. Vnde non oportet in carmine has syllabas quod-
15 libet excedere nomen, ut 'Carthaginiensium,' 'Hierosolymitano-
rum,' et 'Constantinopolitanorum.' Accidunt unicuique pedi 21
arsis et thesis, id est elevatio et positio vocis. Neque enim iter
pedes dirigere poterunt, nisi alterna vice leventur et ponantur,
ut 'arma': 'ar' elevatio est, 'ma' positio. In his duobus per divi-
20 sionem pedes legitimi colliguntur. Aequa divisio est quotiens
arsis et thesis aequali temporum divisione caeduntur. Dupla, 22
quotiens ex his unum alterum duplo vincit. Sescupla vero est,
quotiens unum alterum sescuplo superat. In simpla enim eius
parte unus plus invenitur: in dupla unus minus habetur. Se-
25 scum enim dimidium dicitur. Triplum est, quando maior pars
ter continet totum minus, id est tria et unum. Epitritum est,
quando minus continetur a maiore, ⟨et⟩ eius tertia pars. Caeduntur vero pedum membra vel per aequalitatem vel per duplum
vel per sescuplum vel per triplum vel per epitritum.

1 gemini *K*   3 ex longa *om. C*   5 numerum *T*   6 enim
om. K[1]   longas binas *T*   7-9 constant... constituta *hab.* γ (= *TU*):
om. a (= *BC*) β (= *K*)   9 habent *K*   10 et hexasyllabi *om. C*[1]   11 et
dictae] dictae *K*[1]   quasi *om. K*[1]   13 qui ultra *K*[1] (*non B*)   14 non
om. B   carmine has] carminibus *K*[1]   18 potuerunt *BT*   22 altero *K*[1]
23 enim] est *C*[1]   24 habeatur *T*   sexcum *BK*[1]: sesquum *T*:
sexcuplum *C*   25 triplum enim est *T*

23 Partimus ergo in aequa hos :

Spondeum, − −   Pyrrhichium, ∪ ∪
Dactylum, − | ∪ ∪   Anapaestum, ∪ ∪ | −
Dispondeum, − − | − −   Proceleumaticum, ∪ ∪ | ∪ ∪
Diiambum, ∪ − | ∪ −   Ditrochaeum, − ∪ | − ∪   5
Antispastum, ∪ − | − ∪   Choriambum, − ∪ | ∪ −

24 Item dupla partimus hos pedes :

Trochaeum, − | ∪   Iambum, ∪ | −
Molossum, − | − −   Tribrachym, ∪ | ∪ ∪
Ionicum maiorem, − − | ∪ ∪   Ionicum minorem, ∪ ∪ | − −   10

25 [Vnus vero est tantum qui tripla partitione dividitur, quae est maxima atque ideo minimis metris adest.]

Amphibrachys, ∪ | − ∪

26 Sescupli autem sunt hi :

Amphimacrus, − | ∪ −   Bacchius, ∪ − | −   15
Antibacchius, − | − ∪   Paeon primus, − | ∪ ∪ ∪
Paeon secundus, ∪ − | ∪ ∪   Paeon tertius, ∪ ∪ | − ∪
Paeon quartus, ∪ ∪ ∪ | −

27 Restant, quos epitrita partitione dividimus :

Epitritus primus, ∪ − | − −   Epitritus secundus, − ∪ | − −   20
Epitritus tertius, − − | ∪ −   Epitritus quartus, − − | − ∪

Sunt igitur aequi [quidem] decem, dupli vero sex, triplus unus, sescupli septem, epitriti quattuor. Vnus vero tantum est qui tripla partitione dividitur, quae est maxima atque ideo minimis
28 metris adest. Numerus autem syllabarum in pedibus a duabus usque ad sex protenditur; ulterius enim non procedit, quia usque ad sex syllabas tenduntur pedes. Tempora in pedibus sunt, ut

7 Item] ita B   11 Vnus . . . adest hab. γ (= T) : om. αβ (cf. ad § 27 infra)   partione T   19 partione KT   22 sunt igitur equi decim A   s. i. quindecim B : s. i. relequi decem C : s. i. qui decem M : s. quidem aequi decem K : sunt igitur aequi (eq.) quidem decem TU   23–25 unus vero . . . metris adest post quattuor γ (= TU) : unus vero . . . dividitur post triplus unus et quae est . . . adest post septem α (= ABC) β (= KM)   23 ep. quat. fiunt M   qui] quia K (non M)   24 partione K (non M) T (non U)   dividetur TU   minime dett. 25 Septemumerus T (non U) (VII pro N)   autem om. K¹   ped. ad sex. ult. non K¹   duobus BT   26 protenduntur T   procedunt T

quanta unusquisque pes habeat. Resolutio est pedum, quando pro una longa duae breves ponuntur, aut pro duabus longis quattuor breves, ut (Virg. Aen. 2, 17):

Sectaque intexunt abiete costas.

5 'Abiete' nunc resolutio est spondei in proceleumatico, in qua resolutione semper synaloepham sequitur Vergilius. Ex una **29** autem longa duae breves fiunt: ex duabus autem brevibus longa numquam fit. Findi enim solida possunt, solidari scissa non possunt. Figura est, cuius nota syllabae agnoscuntur. Vbi
10 enim circuli partem inferiorem bis positam aspicis, pyrrhichius est, ‿‿; ubi I geminam iacentem, spondeus, ――. Nam nota brevis inferior semicirculus est; nota longa I iacens est. Metra in pedibus accidunt, ut a trochaeo trochaicum, a dactylo **30** dactylicum, a iambo iambicum, de quibus paulo post dicen-
15 dum est.

DE ACCENTIBVS. Accentus, qui Graece prosodia dicitur XVIII [ex Graeco nomen accepit]. Nam Graece πρός, Latine 'ad,' ῳδή Graece, Latine 'cantus' est. Hoc enim nomen de verbo ad verbum expressum est. Latini autem habent et alia nomina.
20 Nam accentus et tonos et tenores dicunt, quia ibi sonus crescit et desinit. Accentus autem dictus, quod iuxta cantum sit, si- **2** cut adverbium quia iuxta verbum est. Acutus accentus dictus, quod acuat et erigat syllabam, gravis, quod deprimat et deponat. Est enim contrarius acuto. Circumflexus, quia de acuto
25 et gravi constat. Incipiens enim ab acuto in gravem desinit, atque ita dum ascendit et descendit, circumflexus efficitur. Acutus autem et circumflexus similes sunt. Nam uterque levant **3** syllabam. Gravis contrarius videtur ambobus. Nam semper deprimit syllabas, cum illi levent, ut (Lucan. 1, 15):
30 Vnde venit Titan, et nox ibi sidera condit.

---

1 unusquis B   3 quattuor breves ponuntur a (= B: aut ... ponuntur om. propter homoeotel. C)   11 I] unam K: om. T   geminum K
12 semicirculus (om. est) K¹   14 post om. B   16 Accentus qui om. K¹   17 ex ... accipit hab. BC: om. K¹T   πρός ... Graece om. K   ad ... Latine om. T (non U)   18 cantus dicitur K
19 est expressum K   20 ubi K¹   22 adv. iuxta verb. (om. quia et est) K¹   25 et gravi ... acuto om. T¹   28 amb. vid. K¹
29 ut est unde T   30 ibi BK ut vid. T: ubi C

'Vnde' hic gravis est.   Minus enim sonat quam acutus et cir-
4 cumflexus.   Monosyllaba autem pars orationis si naturaliter
brevis est, ut 'vir,' aut positione longa, ut 'ars,' acutum accentum habebit.   Si vero naturaliter longa, ut 'res,' circumflexum.
Disyllaba pars orationis si priorem naturaliter longam habet et 5
ultimam brevem, circumflectitur, ut 'Musa'; aliter acuitur.
Trisyllaba pars orationis si mediam brevem habet, ut 'tibia,'
tunc primam acuimus.   Si vero naturaliter longam habet secundam et ultimam brevem, ut 'Metellus,' tunc mediam circum-
5 flectimus.   Tetrasyllaba autem [pars orationis] et pentasyllaba 10
ratione trisyllabarum retinentur.   Gravis accentus cum uno
accentu poni potest in dictione una, cum utrisque numquam ;
ut ['Catullus'].   In conposita dictione unus accentus est.
6 Accentus autem reperti sunt vel propter distinctionem, ut (Virg.
Aen. 8, 83) : 'Viridique in litore conspicitur sus,' ne dicas 15
'ursus'; vel propter pronuntiationem, ne dicas 'meta' breviter
et non producta ⟨A⟩ 'meta'; vel discernendae ambiguitatis
causa, ut 'ergo.'   Nam cum producitur 'go,' causam significat ;
cum corripitur, coniunctionem.

XIX   DE FIGVRIS ACCENTVVM.   Figurae accentuum decem sunt, 20
quae a grammaticis pro verborum distinctionibus adponuntur.
ʼΟξεῖα, id est acutus accentus, linea a sinistra parte in dexteram
2 partem sursum ducta, fit ita : Βαρεῖα, id est gravis, linea a summo
3 sinistrae in dexteram deposita, fit ita :` Περισπωμένη, id est cir-
4 cumflexus, linea de acuto et gravi facta, exprimitur ita :^ Μακρός, 25
5 id est longa, virgula iacens est ita : — Βραχύς, id est brevis, pars
6 est circuli inferior, iacens ita : ⏝ Ὑφέν, id est coniunctio, quia

---

1 enim] autem *K*   4 .habebit] habet *K*   9 ut metellus tunc
α (=*BC* : *A*¹ *n. l.*: ut Romanus tunc *A*²) β (=*K*¹) : ut cethegus ut metellus tunc *T*   media circumflectitur *K* (*non A*)   10 pars
orationis *hab.* β (=*KL*²: *L*¹ *om.* tetr. . . . retinentur): *om.* α (=*ABC*)
γ (=*T*)   11 retinetur *K*   12 utriusque *C*   13 ut α (=*BC*) β
(=*K*) : ut catulus γ (=*TU*²: catullus *U*¹)   16 vel pronuntiatione *K*
21 dictionibus *K*   22 id est] idem *K*   23 partem *om. K*¹
a su. sinistrae in dexteram *B* : a su. dexterae in sinistram α (=*AC*) γ
(=*TU*) : a dextera in sinistra *K*¹ (*Isidori error subesse potest*)   25 ita
om. K   27 est *prius om. K*   quia] qui *K*¹

duo verba conectit, subiecta virgula versui circumflexa, fit ita: ⌣

Diastole, id est distinctio, quae e contrario separat, dextra pars **7**
circuli supposita versui, fit ita: ⌐ Apostrophus pars item cir- **8**
culi dextra et ad summam litteram adposita, fit ita:), qua
5 nota deesse ostenditur in sermone ultima vocalis, ut 'tribunal''
pro 'tribunale.' Δασεῖα, quod interpretatur aspiratio, id est ubi **9**
H littera poni debet, tali figura notatur: ⊢ Ψιλή, quod interpreta- **10**
tur siccitas, sive purum, id est, ubi H littera esse non debet, tali
nota ostenditur: ⊣ Quorum duorum accentuum figuram Latini **11**
10 ex ipsa littera aspirationis fecerunt.   Vnde si coniungas has,
fecisti eandem aspirationis notam.   Rursus si medium eius apicem scindis, δασεῖαν et ψιλήν facis.

De positvris.   Positura est figura ad distinguendos sen- **XX**
sus per cola et commata et periodos, quae dum ordine suo
15 adponitur, sensum nobis lectionis ostendit.   Dictae autem
positurae vel quia punctis positis adnotantur, vel quia ibi vox
pro intervallo distinctionis deponitur. Has Graeci θέσεις vocant,
Latini posituras.   Prima positura subdistinctio dicitur; eadem **2**
et comma.   Media distinctio sequens est; ipsa et cola.   Vltima
20 distinctio, quae totam sententiam cludit, ipsa est periodus; cuius,
ut diximus, partes sunt cola et comma; quarum diversitas punctis
diverso loco positis demonstratur.   Vbi enim initio pronuntia- **3**
tionis necdum plena pars sensui est, et tamen respirare oportet,
fit comma, id est particula sensus, punctusque ad imam litteram
25 ponitur; et vocatur subdistinctio, ab eo quod punctum subtus,
id est ad imam litteram, accipit.   Vbi autem in sequentibus iam **4**
sententia sensum praestat, sed adhuc aliquid superest de sententiae plenitudine, fit cola, mediamque litteram puncto notamus;
et mediam distinctionem vocamus, quia punctum ad mediam
30 litteram ponimus.   Vbi vero iam per gradus pronuntiando **5**

1 fit ita *om. K*[1]   2 quae contraria separat *K* : quae contrario
s. *B*   5 deesse] de S *ut vid. T*   6 quod] quoque *K*   **8**
id est] sive *B*   10 iungas *B*[1]   19 sequens est cola ipsa est
media distinctio *K*   21 commata *K*   22 enim in initio *K*
23 sensus *BC*   26 accipit *B*[1]*C*[1]*K*[1]   28 punctum *T*   30 vero
om. K

plenam sententiae clausulam facimus, fit periodus, punctumque
ad caput litterae ponimus; et vocatur distinctio, id est disiunctio,
6 quia integram separavit sententiam. Hoc quidem apud oratores.
Ceterum apud poetas ubi in versu post duos pedes syllaba re-
manet, comma est, quia ibi post scansionem praecisio verbi facta 5
est. Vbi vero post duos pedes de parte orationis nihil superest,
colon est. Totus autem versus periodus est.

XXI   DE NOTIS SENTENTIARVM. Praeterea quaedam scripturarum notae apud celeberrimos auctores fuerunt, quasque antiqui
ad distinctionem scripturarum carminibus et historiis adposue- 10
runt. Nota est figura propria in litterae modum posita, ad
demonstrandam unamquamque verbi sententiarumque ac versuum rationem. Notae autem versibus adponuntur numero
2 viginti et sex, quae sunt nominibus infra scriptis. ※ Asteriscus
adponitur in his quae omissa sunt, ut inlucescant per eam 15
notam, quae deesse videntur. Stella enim ἀστήρ dicitur Graeco
3 sermone, a quo asteriscus est dirivatus. — Obolus, id est, virgula iacens, adponitur in verbis vel sententiis superflue iteratis,
sive in his locis, ubi lectio aliqua falsitate notata est, ut quasi
sagitta iugulet supervacua atque falsa confodiat. Sagitta enim 20
4 Graece ὀβελός dicitur. ÷ Obolus superne adpunctus ponitur
in hisdem, de quibus dubitatur utrum tolli debeant necne ad-
5 poni. [Falsitate notatum est.] ÷ Lemniscus, id est, virgula
inter geminos punctos iacens, opponitur in his locis, quae sacrae
Scripturae interpretes eodem sensu, sed diversis sermonibus 25
6 transtulerunt. Y Antigraphus cum puncto adponitur, ubi in
7 translationibus diversus sensus habetur. ※— Asteriscus cum
obolo. Hanc proprie Aristarchus utebatur in his versibus, qui
8 non suo loco positi erant. ⌐ Paragraphus ponitur ad separan-
das res a rebus, quae in conexu concurrunt, quemadmodum in 30

3 quidam T 4 versum BK^1 4-6 syllaba . . . duos pedes
om. C 5 quia . . . facta est om. T 8 De his notarum formis, cf. Keil
'Gramm. Lat.' vii, p. 533   9 auctores om. B^1 antiqui om. B
10 distinctiones K 18 verb. vel in sent. K 19 quasi sagitte T
21 ὀβελός] obolus codd.   punctus T 22 in his K adp. om.
Arev.   23 fals. not. est hab. γ (= T) : om. α (= BC) β (= KL)
26 opponitur T

Catalogo loca a locis et [regiones a] regionibus, in Agone praemia a praemiis, certamina a diversis certaminibus separantur.

⌐ Positura est figura paragrapho contraria et ideo sic formata, 9
quia sicut ille principia notat, ita ista fines a principiis separat.

5 ☉ Cryphia, circuli pars inferior cum puncto, ponitur in his locis, 10
ubi quaestio dura et obscura aperiri vel solvi non potuit.

Ɔ Antisimma ponitur ad eos versus quorum ordo permutandus 11
est.   Sic et in antiquis auctoribus positum invenitur.   Ɔ Anti- 12
simma cum puncto ponitur in his locis ubi in eodem sensu
10 duplices versus sunt, et dubitatur qui potius eligendus sit.

> Diple.   Hanc scriptores nostri adponunt in libris ecclesia- 13
sticorum virorum ad separanda vel [ad] demonstranda testimonia
sanctarum Scripturarum.   > Diple περὶ στίχον.   Hanc pri[m]us 14
Leogoras Syracusanus posuit Homericis versibus ad separationem
15 Olympi a caelo.   ⪼ Diple περιεστιγμένη, id est cum geminis 15
punctis.   Hanc antiqui in his opponebant quae Zenodotus
Ephesius non recte adiecerat, aut detraxerat, aut permutaverat.
In his et nostri ea usi sunt.   ⪢ Diple ὀβολισμένη interponitur 16
ad separandos in comoediis vel tragoediis periodos.   ⊥ Aversa 17
20 ὀβολισμένη, quotiens strophe et antistrophus infertur.   ⪡ Adversa 18
cum obolo ad ea ponitur quae ad aliquid respiciunt, ut (Virg.
Aen. 10, 88):

> Nosne tibi Phrygiae res vertere fundo
> conamur? nos? an miseros qui Troas Achivis
> 25   obiecit?

⪦ Diple superne obolata ponitur ad conditiones locorum ac 19

<hr>

1 regiones a *hab. CK* : *om. BT*   3 est *ex* et *KL*   4 illa *T*
5 ponunt *C¹*   6 potest *B*   § 11 *om. B¹*   7 eos *om. T*   perm- *ex*
praem- *KL*   8 invenimus *K¹L¹ ut vid.* (*non A*)   12 ad *hab. KL¹* :
om. BCT   13 script. sanct. *K* (*non A*)   περὶ στίχον] peri-
sticon *T* : persticon *B¹*: plecticon *C*: persticon *ex* praesticon (prest.)
KL : per(peri?)stincon *A* : περὶ στιγμήν *Otto*   prius *K¹L* (*non A*)
15 peristigmene *codd.* (perstigmen *T* : perstrigimene *A*)   16 appone-
bant *CK* (*non A*)   17 aut permutaverat *om. T*   18 obolismene *codd.*
(bol- *A*)   19 ⊥ *T* : ⪡ *B* (*C¹ n. l., A¹ n. l.*) : ⊥ *KLA²*   20 ⪡ α
(=*BCA²* : *A¹ n. l.*) β (=*KL*) : ⊦ *T*   Adversa *KL¹T* : Aversa
ABC   23 .tibi fluxas frigeres *B*   24 animiseros *T*

20 temporum personarumque mutatas. ⊃< Diple recta et adversa
superne obolata ponitur ·finita loco suo monade, significatque
21 similem sequentem quoque esse. ✗ Ceraunium ponitur quotiens multi versus inprobantur, nec per singulos obolatur; κεραύνιον
22 enim fulmen dicitur. ⚡ C⟨h⟩risimon. Haec sola ex voluntate 5
23 uniuscuiusque ad aliquid notandum ponitur. ⚘ Phi et Ro, id
est φροντίς. Haec, ubi aliquid obscuritatis est, ob sollicitudinem
24 ponitur. ϒ Anchora superior ponitur ubi aliqua res magna
25 omnino est. ⚓ Anchora inferior, ubi aliquid vilissime vel incon-
26 venientius denuntiatum est. ⌒ Coronis nota tantum in fine 10
27 libri adponitur. ǀ Alogus nota [quae] ad mendas adhibetur.
28 Fiunt et aliae notulae librorum pro agnoscendis his quae per
extremitates paginarum exponuntur, ut, ubi lector in liminare
huiusmodi signum invenerit, ad textum recurrens eiusdem sermonis vel versiculi sciat esse expositionem, cuius similem super- 15
iacentem notam invenerit.

XXII DE NOTIS VVLGARIBVS. Vulgares notas Ennius primus
mille et centum invenit. Notarum usus erat ut, quidquid pro
con[ten]tione aut [in] iudiciis diceretur, librarii scriberent con-
plures simul astantes, divisis inter se partibus, quot quisque 20
verba et quo ordine exciperet. Romae primus Tullius Tiro
Ciceronis libertus commentus est notas, sed tantum praepo-
2 sitionum. Post eum Vipsanius, Philargius, et Aquila libertus
Maecenatis alius alias addiderunt. Deinde Seneca, contractu

---

1 personarumque mutatas *om.* K^1L^1 (*non A*) adversa KL : aversa
$ABCT$ 2 apponitur B (*non A*) significante A 4 obo-
lantur C^1 (*non A*) T (*non U*) ceraunium *codd.* 6 aliquod
KL (*non A*) 9 omnino non est T^2 (T^1 *n. l.*) invenientius K^1 :
invenientibus L^1 (*non A*) 10 ⌒ KL : ∫ B (A^1 *n. l.*, C^1 *n. l.*): Γ
T : ⌒ A^2 11 ponitur A ǀ A (*et ita fere KL*) : 7 B : *signum
deest in* C : ǀ T quae *hab.* KL : *om.* $ABCT$ 13 ut lector inl.
cum hui. K^1L (*non A*) 14 recurrens] invenerit B (*non A*) 18
pro contione *dett.* 19 aut iudicis T : aut in iudicis (-iis) A^1BC : aput
(-ud) iudices KL : apud in iudices A^2 librariis T 20 astantes
A : adstantes CK : stantes BT quot] quod *codd.* 21 exciperent
KL (*non A*) 22 commentus T : commentatus $ABCK$ preposi-
tionem K^1L^1 (*non A*) 23 vipsánius (amn *an* ann *incert.*) T : virsanius
U : vipersamnius A^1B : vipsamnius C : vir samnius KLA^2 filargius
codd. (*etiam A*) 24 alius *om.* K^1 contractu $ABCT$: contractus
K^1 : contractos L

omnium digestoque et aucto numero, opus efficit in quinque milia. Notae autem dictae eo, quod verba vel syllabas praefixis characteribus notent et ad notitiam legentium revocent ; quas qui didicerunt proprie iam notarii appellantur.

5 DE NOTIS IVRIDICIS. Quaedam autem litterae in libris XXIII iuris verborum suorum notae sunt, quo scriptio celeris breviorque fiat. Scribebatur enim verbi gratia per B et F 'bonum factum,' per S et C 'senatus consultum,' per R et P 'respublica,' per P et R 'populus Romanus,' per D et T 'dumtaxat,' per 10 supinam W litteram ' mulier,' per P secundum naturam ' pupillus,' per ꟼ verso capite ' pupilla,' per unum K 'caput,' per duo KK iuncta ' calumniae causa,' per I et E ' iudex esto,' per D et M 'dolum malum.' Cuius generis plurimas consimiles notas 2 in libris antiquis invenimus. Has iuris notas novicii impe-15 ratores a codicibus legum abolendas sanxerunt, quia multos per haec callidi ingenio ignorantes decipiebant, atque ita iusserunt scribendas in legibus litteras, ut nullos errores, nullas ambages afferant, sed sequenda et vitanda aperte demonstrarent.

DE NOTIS MILITARIBVS. In breviculis quoque, quibus mili- XXIV 20 tum nomina continebantur, propria nota erat apud veteres, qua inspiceretur quanti ex militibus superessent quantique in bello cecidissent. T Tau nota in capite versiculi posita superstitem designabat ; ϴ Theta vero ad uniuscuiusque defuncti nomen

---

1 efficit *AKTU* : effecit *BC*   3 notent *BCTU* : notant *AKL*[1] et *TUB* : ut *KL*[1]*C* : ut et *A*   6 iuris *om.* *K*[1] (*non A*)   quod inscriptio *KL ante corr.* (*non A*): quos scriptio *T* (*non U*)   brevisque *K*[1]*L* (*non A*)   7 enim] autem *KL* (*non A*)   per b et per f *T*   8 consultus *ACT*   10 sup. W litt. *T* : sup. M litt. *ABCKL*. *Sed post* mulier *est* W *in KL* (*non in A*)   secundum naturam *om.* *K*[1]*L*[1] (*non A*) 11 per A (*vel* a) verso *codd.* (*sed* per p averso *B*)   12 KK] Kappa (ca-) a (= *ABC*) γ (= *TU*)   iuncta] vincta *C* (*non A*) : *om.* β (= *KL*)   esto] est *A*   14 invenimus *KL* : inveniuntur *ABCT*   has] huius *T* : idus *C*[1] 15 abolenda *T*   qua *T*   in multos *C*[1]   per has *KL*   16 callide (-dae) *KLA*[1]   17 conscribendas *T*   18 demonstrarent *A* β (= *K* : -ret *L*): demonstrent *BCT*   20 propria . . . veteres *post* inspiceretur *K* : *add. in marg.* *L*[2]   22 cecidissent] occisi essent *KL* (*non A*)   Tau *om.* K (*non L*)   in capite] incipiente *KL ante corr.*   versiculo *KL ante corr.*   23 nomina ponebatur *T* : nomen ponebatur *KL* (*non A*)

apponebatur.   Vnde et habet per medium telum, id est mortis
signum.   De qua Persius ait (4, 13) :

> Et potis est nigrum vitio praefigere theta.

2 Cum autem inperitiam significare vellent, Labda littera usi sunt,
sicut mortem significabant, cum ponebant Theta ad caput.   In 5
stipendiorum quoque largitione propriae erant notae.

XXV   DE NOTIS LITTERARVM.   Notas etiam litterarum inter se
veteres faciebant, ut quidquid occulte invicem per scripturas
significare vellent, mutue scriberent.   Testis est Brutus, qui in
his litteris ea quae acturus erat notabat, ignorantibus aliis 10
2 quid sibi vellent haec litterae.   Caesar quoque Augustus ad
filium, ' quoniam,' inquit, ' innumerabilia accidunt assidue quae
scribi alterutro oporteat et esse secreta, habeamus inter nos
notas si vis tales ut, cum aliquid notis scribendum erit, pro
unaquaque littera scribamus sequentem hoc modo, pro a b pro 15
b c et deinceps eadem ratione ceteras; pro z autem littera redeun-
dum erit ad duplex a a.'   Quidam etiam versis verbis scribunt.

XXVI   DE NOTIS DIGITORVM.   Sunt quaedam et digitorum notae,
sunt et oculorum, quibus secum taciti proculque distantes con-
loquuntur.   Sicut mos est militaris, ut quotiens consentit exer- 20
citus, quia voce non potest, manu promittat.   Alii, quia voce
2 non possunt, gladiorum motu salutant.   Ennius de quadam in-
pudica (Naev. Com. 75) :

> — Quasi in choro pila
> ludens da[ta]tim dat sese et communem facit.   25
> Alium tenet, alii adnutat, alibi manus
> est occupata, alii pervellit pedem,

---

4 inper. *LK* (-a *K*) *B Rem.*: inpuritiam *UC*[1] : inpueritiam *T Mon.*[1]
Quae ad inperitiam (u *suprascr.*) *refero*   lauda *KL* : lauta *B*   5 significant *KL*   8 scriptura *K*   9 qui in his l. *T* : quibus in l. *K* :
quibus in his *A*[1]*BC*[1]   12 quoniam] quot *K*   incidunt *ABC*
13 alterutrum *codd.*: ad al. *dett.*   et *om. K*   nos *om. T*   14 notas]
nostras *A*[1]   si vis] sibi *T*   notis] nobis *K*   15 hoc modo *om.*
K   17 scribebant *K*   19 tacito *T*   22 votu sic ludunt
K (*pro* saludant)   quodam *K*   25 dadatim *L* : datim *M Rem.*[1]
(*fort. recte*) (*non Mon.*)   data *U*   26 alii adnotat α (= *ABC*[1]): alium
adnotat β (= *KL*[1]: aum notat *M*): alii adnutat γ (= *TU* : alii nutat *V*) *Mon.*:
alii adnotat *ex* ali adnutat *Rem.*   manum *T*   27 pervellet *A Rem.*[1]

alii dat anulum [ex]spectandum, a labris
alium invocat, cum alio cantat; adtamen
aliis dat digito litteras.
Et Salomon (Proverb. 6, 13): 'Annuit oculo, terit pede, digito
5 loquitur.'

DE ORTHOGRAPHIA. Orthographia Graece, Latine recta **XXVII**
scriptura interpretatur. [Orto enim recte, graphia scriptura dicitur.] Haec disciplina docet quemadmodum scribere debeamus. Nam sicut ars tractat de partium declinatione, ita ortho-
10 graphia de scribendi peritia, utputa 'ad,' cum est praepositio,
D litteram; cum est coniunctio, T litteram accipit. 'Haud,' **2**
quando adverbium est negandi, D littera terminatur et aspiratur
in capite; quando autem coniunctio [disiunctiva] est, per T litteram sine aspiratione scribitur. 'Apud'' praepositio per D **3**
15 scribitur, sicut 'ad patrem,' quoniam veteres saepe 'apud' pro
'ad' usi sunt [duabus ex eis mediis litteris subtractis]. Inter- **4**
dum autem aliae litterae in locum aliarum litterarum rite ponuntur. B et P litteris quaedam cognatio est. Nam pro 'Burro'
dicimus 'Pyrrhum.' C et G [litterae] quandam cognationem
20 habent. Nam dum dicimus 'centum,' [et] 'trecentos,' postea
dicimus 'quadringentos,' G ponentes pro C. C et Q similiter
cognatio est. Nam 'huiusce' per C, 'cuiusque' per Q scribimus.
'Cum' autem praepositio per C scribenda est; si autem adverbium fuerit, per Q. Dicimus enim 'quum lego.' 'Deus' per
25 E solam: 'daemon' per AE dipthonga est notandus. 'Equus,' **5**
quod est animal, per E solam scribendum. 'Aequus,' quod est

1 anolum *KL* (*non M*): anullum *ex* am nullum *ut vid. A* ex-
pectandum a (= *AB*: sp. *C*) β (= *KL ex corr. M*): spectandum γ
(= *TUW*) 2 adtamen *BM* γ (= *TUW*) 3 alii *TU* (*non W*):
alis *A¹* 4 annuet *K* teret *C¹KTW*: terret *A* 7 inter-
pretatur] dicitur *U* orto . . . dicitur *hab.* B (recta) *TU*: *om. CK¹*
9 sicut *om. K¹* 12 est *om. T* 13 disiunctiva *hab. K*: *om. B
et* (*cum* est) *C*: *ras. in A*: ua *ut vid. T* 15 sicut ad pa. *T*: sicut
apud (-t) pa. *BCK* apud pro ad *B*: apud pro adverbio *CKT* 16
duabus . . . subtr. *om. K¹* 18 burro *T*: byrro *B*: birro *AC*: birrum *K*
19 litterae *hab. K*: *om. ABCT* 20 dum *om. K* et *hab. BC*:
om. KT 21 quadrigentos *K*: quadragentos *A* 25 diptongon
C: -go *ut vid. K¹* (*etiam in sequentibus paragraphis*) 26 sola *BT*
scribendus *K*

iustus, per AE dipthonga scribendum. 'Exsul' addito S debet
scribi, quia exsul dicitur qui extra solum est. 'Exultat' melius
sine S littera scribitur. Nam cum ipsa X ex C et S constat,
6 quomodo, cum in ea sit, rursus ei additur alia? 'Aequor' per
7 dipthonga scribendum, quia ab aqua est nomen factum. 'For- 5
sitan' per N scribendum in fine, quia integrum eius est 'si forte
8 tandem.' 'Fedus,' quod est deformis, per E solam scribendum
[est] : 'foedus' quod est pactum, cum O et E dipthonga scriben-
9 dum. 'Formosus' sine N scribitur, quia a forma vocatur. [Sive
etiam a formo, id est calido ; calor enim sanguinis efficit pul- 10
critudinem.] 'Gnatus,' quod est filius, per G scribendum, quia
10 facit generatus. H, quae aspirationis littera est, in Latino tantum
vocalibus iungitur : ut 'honor,' 'homo,' 'humus' [humilitas].
Aspiratur autem et consonantibus, sed in Graecis et Hebraeis
nominibus. 'Heus' autem et 'heu' interiectiones per H scri- 15
11 bendae. I littera inter duas vocales constituta, bis scribi quidam existimabant, ut in 'Troia' et 'Maia.' Hoc ratio non permittit. Numquam enim tres vocales in una syllaba scribuntur.
Sed I littera inter duas vocales constituta pro duplici habetur.
12 'Id' pronomen neutri generis per D scribitur, ab eo quod est 'is, 20
ea, id,' quia facit 'idem.' Quod si verbum est tertiae personae,
13 per T notabitur, ab eo quod est 'eo, is, it,' [quia facit] 'itur.' K
litteram antiqui praeponebant quotiens A sequebatur, ut 'kaput,'
'kanna,' 'kalamus.' Nunc autem 'Karthago' et 'kalendae' per
eandem tantum scribuntur. Omnia autem Graeca nomina qua- 25
14 licumque sequente vocali per K sunt scribenda. 'Laetus' per

---

1 addita K 3 constet cum in ea sit cur rursus K 5 scribitur
K 6 si *om.* KC (*non* A^1)   7 sola BKT scribendum est CK :
est scribendum A^2 : scribendum BT 8 cum oe BC scribitur K
9 scribitur a ($=ABC$) γ ($=TUW$): scribendum M : scribendum est K
Sive... pulcr. *hab.* γ ($=TU$): *om.* a ($=BC$) β ($=KM$)   10 color TU
12 fecit B^1 generatur T (*i.e.* -tor?)   H quoque asp. nota est K
13 humilitas *hab.* T : *om.* BCK 14 autem *om.* K 15 nominis T
16 litteram *et* constitutam CT quidam scribi T 17 ut troia
et m. K : ut in troia m. K 18 unam syllabam K 21 faciunt
idem T 22 notabimus C quia facit itur ABC : *om.* T : quia facit
om. K 24 et *om.* T 25 omnia... scribenda *om.* T 26 sunt
om. K Laetus . . . facit *post* sumpsit calamitas KL

dipthonga scribitur, quia laetitia a latitudine vocata est, cuius e
contrario est tristitia, quae angustiam facit. L autem litteram
interdum pro D littera utimur, ut 'latum' pro 'datum' et 'calami-
tatem' pro 'cadamitatem'; a cadendo enim nomen sumpsit cala-
5 mitas. 'Maxumus' an 'maximus,' et si qua similia sunt qualiter 15
scribi debeant quaesitum est. Varro tradit Caesarem per I eiusmodi verba enuntiare solitum esse et scribere. Inde propter
auctoritatem tanti viri consuetudinem factam, ut 'maximus,'
'optimus,' 'pessimus' scribatur. 'Malo' per unum L scriben- 16
10 dum, quia est 'magis volo.' 'Malle' per duo LL, quia est 'magis
velle.' 'Nolo' quoque per unum L; [et] 'nolle' per duo.
'Nolo' enim 'nevolo' est; 'nolle,' 'nevelle.' 'Os' si vultum aut 17
ossum significat per O solam scribendum est; si personam, H
praeponenda est. 'Ora' finium per O; 'hora' dierum per H 18
15 scribendum. 'Onus,' si de onere venit, O sola scribendum; si
de honore, cum H aspiratione. 'Praepositio' et 'praeterea' 19
per dipthonga scribendum. 'Pene' vero, quod est coniunctio,
per E; 'poena,' quod est supplicium, per OE. Q littera tunc 20
recte ponitur, cum illi statim U littera sequitur, et alia quaelibet
20 una pluresve vocales iunguntur, ita ut una syllaba fiat. Cetera
per C scribuntur. 'Quae' pronomen cum A scribendum; 21
'que' coniunctio sine A. 'Quid' per D litteram scribitur, cum
pronomen est; per T, cum verbum: cuius positio est prima

1 Laetus vel laetitia a latitudine vocatur et ideo per diptongo scribendum
cui contraria tr. quae angustam f. β (= KL: contr. est tr. L ex corr.)
2 est om. A¹   autem om. KLT (non UW)   li. interdum
utimur pro d KL   3 fort. lautum pro dautum   5 Ma. enim an
ma. A   et . . . sunt om. K   6 debeat K   tradit CKT: tradidit
AB   7 verbum K   scribi K   inde om. B   9 per unam
litteram l quod est (om. scribendum) K   10 malle . . . velle om. K
duas ll T   11 unam l velle et nolle K: unum l et nolle T: unum l nolle
ABC   12 nec volo . . . nec velle K   aut os sign. A¹K   13
sola codd. (-lam C)   est om. K   personam . . . scribendum si
om. KL¹ (non M)   15 per o sola T (non UW)   scribendum est
si T (non UW)   16 aspiratione om. KLM   17 scribendum] om.
C (non A)   scribendum est si de onore (hon- m. 2) quod est coniunctio T   18 poena vero quod K   per o et e scribendum est T
19 illa K (non A)   subsequitur KC (non A)   quamlibet T   21
per c littera scribuntur K   scribitur K   23 prima est K

'queo, quis, quit,' et in conpositione 'nequeo, nequis, nequit.'

22 'Quod,' quando pronomen est, per D [est] scribendum; quando numerus, per T, quia 'totidem' per T scribitur. 'Quotidie' per

23 Q scribendum, non per C, ut sit 'quot diebus.' R littera communionem habet cum S littera. Itaque apud anticos 'honos,' 5

24 'labos,' 'arbos' dicebatur, nunc 'honor,' 'labor,' 'arbor.' 'Sat' per T scribi oportet, quia integrum eius facit 'satis.' 'Sed' per D oportet scribi. Apud anticos enim sed 'sedum' dicebatur;

25 nos finales duas litteras abscidimus. 'Tamtus,' sicut et 'quamtus' in medio M habebant. 'Quam' enim et 'tam,' unde et 10

26 'quamtitas,' 'quamtus,' 'tamtus.' 'Vae' interiectio cum A scri-

27 bendum ; 've' coniunctio sine A. Xp̄s, quia Graecum est, per

28 X scribendum. Ita et 'Xrisma.' Y et Z litteris sola Graeca nomina scribuntur. Nam cum 'iustitia' sonum Z littera exprimat, tamen, quia Latinum est, per T scribendum est. Sic 15

29 'militia,' 'malitia,' 'nequitia,' et cetera similia. In dubiis quoque verbis consuetudo veterum erat ut, cum eadem littera alium intellectum correpta, alium producta haberet, longae syllabae apicem adponebant ; utputa 'populus' arborem significaret, an hominum multitudinem, apice distinguebatur. Sic et ubi lit- 20 terae consonantes geminabantur, sicilicum superponebant, ut 'cella,' 'serra,' 'asseres.' Veteres enim non duplicabant litteras, sed supra sicilicos adponebant ; qua nota admonebatur lector geminandam esse litteram.

XXVIII   DE ANALOGIA. Analogia Graece, Latine similium conpa- 25 ratio sive proportio nominatur. Cuius haec vis est ut, quod dubium est, ad aliquid simile, quod non est dubium, refera-

1 et in . . . nequit *om. K*   2 est *hab. KL : om. BCT*   quando numerus *A¹BCTU* : quando adverbium numeri *KL*   3 quia . . . scribitur *om. KL*   4 communem *T*   5 cum *om. B*   cum s idemque aput latinos *K*   6 arbos labos *K*   arbor labor *K*   10 m]n *T* de qua enim et tam veniunt *T* : quam et tam (*om.* enim) *K*   11 quantitas et quantus et tantus *T*   scribendum *A* : scribenda *BCT* : scribitur *K*   12 *i.e.* Christus   13 scribendum est *T* litteris *om. K*   14 z litterae *B*   exprimitur *T*   15 sic *BCT* : sicut *K*   16 malitia *om. T¹*   nequitia *om. K*   dubis *A¹* : duobus *K* 17 cum] hec *K*   22 litteras *om. T*   24 geminatam *K*   26 proportio *B¹* : propositio *K¹ ut vid. T* : praepositio *C*   27 dubium non est ref. *K*

tur, et incerta certis probentur. Octo autem modis conparatio analogiae colligitur : id est qualitate, conparatione, genere, numero, figura, casu, extremitatibus similium syllabarum, et similitudine temporum. Si quid de iis unum defuerit, iam non est **2** 5 analogia, id est similitudo, sed est anomalia, id est extra regulam, ut 'lepus' et 'lupus.' Totum convenit, sed dissentiunt casu ; facit enim 'lupi,' 'leporis.' Nam regulariter est, dum quaeris utrum 'trames' masculinum sit an femininum, similis est illi in omni declinatione 'limes,' et erit masculinum. Item 'funis' si **3** 10 incerti generis esse credis, similis est illi 'panis' in declinatione, et erit masculinum. Item ex conparatione positivorum, ut si dicas 'doctus,' 'magnus': positivi sunt et sui similes. Fit et per diminutionem, utputa 'funem' masculinum esse funiculus ostendit, sicut 'marmor' neutri esse generis marmusculum in- 15 dicat. Nam quod genus in principalitate est, id esse solet in **4** diminutione. Sed hoc non semper, ut 'pistrinum,' 'pistrilla.' Sed quia scire debemus ex positione [id est primitivo] declinationem, ex diminutione genus colligere.

DE ETYMOLOGIA. Etymologia est origo vocabulorum, cum **XXIX** 20 vis verbi vel nominis per interpretationem colligitur. Hanc Aristoteles σύμβολον, Cicero adnotationem nominavit, quia nomina et verba rerum nota facit exemplo posito ; utputa 'flumen,' quia fluendo crevit, a fluendo dictum. Cuius cognitio saepe **2** usum necessarium habet in interpretatione sua. Nam dum vi- 25 deris unde ortum est nomen, citius vim eius intellegis. Omnis enim rei inspectio etymologia cognita planior est. Non autem omnia nomina a veteribus secundum naturam inposita sunt, sed quaedam et secundum placitum, sicut et nos servis et possessionibus interdum secundum quod placet nostrae voluntati 30 nomina damus. Hinc est quod omnium nominum etymologiae **3**

6 casus K^1 8 illi *om.* B^1 9–11 Item ... masculinum *om.* B^1
9 funis inc. gen. si esse *ut vid.* K^1 10 sim. illi est KC 12 sunt
ut sui KC fit per T 13 funiculum T: finiculus C 15 est
om. K^1 16 non] nomen T 17 id est primitivo *hab.* K : *om.*
BCT 20 vis *om.* T 22 proposito K^1 23 dictus $C^1 T$
24 in *om.* K 26 rei *om.* T 27 sec.] per KP (*non* A)
28 quaedam secundum (*om.* et) K

non reperiuntur, quia quaedam non secundum qualitatem, qua
genita sunt, sed iuxta arbitrium humanae voluntatis vocabula
acceperunt. Sunt autem etymologiae nominum aut ex causa
datae, ut ‘ reges ’ a [regendo et] recte agendo, aut ex origine, ut
‘ homo,’ quia sit ex humo, aut ex contrariis ut a lavando ‘ lutum,’ 5
dum lutum non sit mundum, et ‘ lucus,’ quia umbra opacus
4 parum luceat. Quaedam etiam facta sunt ex nominum derivatione, ut a prudentia ‘prudens’; quaedam etiam ex vocibus, ut a
garrulitate ‘ garrulus ’; quaedam ex Graeca etymologia orta et
5 declinata sunt in Latinum, ut ‘silva,’ ‘ domus.’ Alia quoque ex 10
nominibus locorum, urbium, [vel] fluminum traxerunt vocabula.
Multa etiam ex diversarum gentium sermone vocantur. Vnde
et origo eorum vix cernitur. Sunt enim pleraque barbara nomina
et incognita Latinis et Graecis.

XXX   DE GLOSSIS. Glossa Graeca interpretatione linguae sortitur 15
nomen. Hanc philosophi adverb[i]um dicunt, quia vocem illam,
de cuius requiritur, uno et singulari verbo designat. Quid enim
illud sit in uno verbo positum declarat, ut : ‘ conticescere est
2 tacere.’ Item (Virg. Aen. 10, 314) :

Latus haurit apertum.   20

‘ haurit, percutit.’ Item cum ‘ terminum ’ dicimus ‘ finem,’ aut
‘ populatas ’ interpretamur esse ‘ vastatas,’ et omnino cum unius
verbi rem uno verbo manifestamus.

XXXI   DE DIFFERENTIIS. Differentia est species definitionis,
quam scriptores artium de eodem et de altero nominant. 25
Haec enim duo quadam inter se communione confusa, coniecta
differentia secernuntur, per quam quid sit utrumque cognoscitur ; ut cum quaeritur quid inter regem sit et tyrannum,

2 sed arbitrio *K*[1]   3 nomina ut ex *T*   4 regendo et *hab. T* :
om. BCK   5 lotus dum lotum *BC* : lotum dum lotus *K*[1] : lot— dum
lutum *T*   9 gragulus garrulus *B* : graculus *Arev.*   10 de. in *T*
latino *K*   ut] et *B*   .   silva] sillaba *C*[1]   11 vel *om. CT* : *hab.*
BK   12 ex *B* : e *K* : et *T* : et de *C*   ge. *om. T*   16 hoc *K*
17 de qua *Arev.*   20 aurit *codd.*   22 populatus *et* vastatus *T*
omnino] omnium *C*[1]   25 altero] alio *T*   26 quadam *ex* quaedam
A : quaedam *C* : quidem *K*   confusus *C*[1]   27 secernuntur *BC* :
secernitur *KT*   28 et tyrannum … sit *om. C*[1]

adiecta differentia, quid uterque sit definitur, ut 'rex modestus
et temperatus, tyrannus vero crudelis.' Inter haec enim duo
differentia cum posita fuerit, quid sit utrumque cognoscitur.
Sic et cetera.

5 DE BARBARISMO. Barbarismus est verbum corrupta littera XXXII
vel sono enuntiatum. Littera, ut 'floriet,' dum 'florebit' dicere
oporteat ; sono, si pro media syllaba prima producatur, ut 'late-
brae,' 'tenebrae.' Appellatus autem barbarismus a barbaris
gentibus, dum latinae orationis integritatem nescirent. Vnaquae-
10 que enim gens facta Romanorum cum opibus suis vitia quoque
et verborum et morum Romam transmisit. Inter barbarismum **2**
autem et barbarolexim hoc interest, quod barbarismus in verbo
latino fit, dum corrumpitur ; quando autem barbara verba latinis eloquiis inferuntur, barbarolexis dicitur. Item quando in
15 prosa vitium fit sermonis, barbarismus vocatur ; quando in metro, metaplasmus dicitur. Barbarismus autem fit scripto et pro- **3**
nuntiatione. Scripto quattuor modis : si quis in verbo litteram
vel syllabam adiciat, mutet, transmutet, vel minuat. Pronuntiatione autem fit in temporibus, tonis, aspirationibus et reliquis
20 quae sequuntur. Per tempora quippe fit barbarismus, si pro **4**
longa syllaba brevis ponatur, aut pro brevi longa. Per tonos,
si accentus in alia syllaba commutetur. Per aspirationem, si
adiciatur H littera ubi non debet, aut detrahatur ubi esse
oportet. Per hiatum, quotiens in pronuntiatione scinditur ver- **5**
25 sus antequam conpleatur, sive quotiens vocalis vocalem sequitur, ut 'Musae Aonides.' Fit barbarismus et per motacismos,
[iotacismos] et labdacismos. Motacismus est, quotiens M litte- **6**
ram vocalis sequitur, ut 'bonum aurum,' 'iustum amicum' ; sed

2 crudelis interpretetur *B*   enim *om. K¹C*   3 fuerint *T*
sit inter utrumque *T*   4 sic et cetera *om. C*   6 dici *B*
8 appellatur *K*   10 Romanorum] romanis subdita *T*   operibus *K*
11 Romam] romani *T*   12 autem *om. K*   13 fit] sit *K¹*   autem]
vero *T*   14 inseruntur *CT*   barbarolexis est (*seq. ras.*) *K¹*
16 autem *om. K*   18 minuet *T*   19 autem fit *om. K¹*   aspiratio-
nibus] adnuntiationibus *T*   20 quippe] quidem *K*   23 adiciatur]
addatur *K*   24 in *om. K¹*   27 iotacismos (et iot. *B²*) *hab. B* :
om. CKT

hoc vitium aut suspensione M litterae, aut detractione vitamus.

7 Iotacismus est, quotiens in iota littera duplicatur sonus, ut 'Troia,'
'Maia'; ubi earum litterarum adeo exilis erit pronuntiatio, ut
8 unum iota, non duo sonare videantur. Labdacismus est, si pro
una L duo pronuntientur, ut Afri faciunt, sicut 'colloquium' 5
pro 'conloquium'; vel quotiens unam L exilius, duo largius pro-
ferimus. Quod contra est; nam unum largius, duo exilius pro-
9 ferre debemus. Conlisio est, quotiens novissimae syllabae finis
in alterius principio est, ut 'matertera.'

XXXIII DE SOLOECISMIS. Soloecismus est plurimorum verborum 10
inter se inconveniens conpositio, sicut barbarismus unius verbi
corruptio. Verba enim non recta lege coniuncta soloecismus
est, ut si quis dicat 'inter nobis' pro 'inter nos,' aut 'date ve-
2 niam sceleratorum' pro 'sceleratis.' Dictus autem soloecismus
a Cilicibus, qui ex urbe Solo⟨e⟩, quae nunc Pompeiopolis appella- 15
tur, profecti, cum apud alios commorantes suam et illorum linguam vitiose inconsequenterque confunderent, soloecismo nomen
dederunt. Vnde et similiter loquentes soloecismos facere dicun-
3 tur. Soloecismus autem apud poetas schema dicitur, quotiens
in versu necessitate metri factus invenitur. Cum autem non 20
4 invenitur necessitas, permanet soloecismi culpa. Soloecismus
fit duobus modis: aut per partes orationis, aut per accidentia.
Per partes orationis, si alteram partem pro altera ponamus, utputa si praepositiones adverbiis adplicemus. Per accidentia fit,
id est per ea quae acciduntur partibus, utputa per qualitates, 25
per genera et numeros, figuras et casus. Per ista igitur omnia
5 fiunt soloecismi, sicut Donatus exposuit. Fiunt praeterea ex
plurimis modis. Nam Lucilius centum genera soloecismorum

2 sonus *om. T*   ut Troia] vero ia *C¹*   3 arum (*i. e.* harum) *T*
adeo *om. K¹*   4 videatur *BC*   si] quotiens *T*   5 uno
BC   pronuntiantur *T*   6 pro conloquio *BCT*   unum l *BC*
7 quod] quia *K*   10 primorum *K*   13 data *T*   15 Cilicibus]
civilibus *B*   16 propheti *T*   17 -que confunderent *om. T*
22 per accidentia partibus orationis per par. or. *A*   24 propositiones
adverbia *T*   25 acciduntur *AT*: accedunt (-cid-) *BCK*   partibus
orationis utputa *CK* (*non A*)   qual. gen. (*om. per*) *BC*   26 gen. numerum (*om. et*) *K*   27 ex *CK*: ut *T*: *om. B*   28 lucius *T*

dixit, quos omnes vitare potius quam sequi debet qui regulam recte loquendi tenere studet.

DE VITIIS. Vitia apud Grammaticos illa dicuntur, quae XXXIV in eloquio cavere debemus. Sunt autem haec : barbarismus, 5 soloecismus, acyrologia, cacenphaton, et reliqua. Barbarismus **2** est corruptio verbi unius. [Vt si tertiam syllabam quis producat in 'ignoscere.'] Soloecismus conpositio vitiosa verborum. **3** [Vt si aliquis dicat 'inter hominibus' pro 'inter homines.'] Acyrologia non propria dictio, ut (Lucan 2, 15) : **4**

10 　　　　　　　Liceat sperare timenti.

Proprium est autem timenti formidare, non sperare ; et (Virg. Aen. 5, 287) :

　　　　　　　Gramineo in campo.

Proprium est 'graminosum' dicere campum, non 'gramineum.'
15 Cacemphaton dictio obscena vel inconposite sonans. Obscena, **5** ut (Virg. Aen. 1, 579) :

　　　　　　　His animum arrecti dictis.

Inconposita, ut (Virg. Aen. 2, 27) :

　　　　　　　Iuvat ire et Dorica castra.

20 Mala enim fuit conpositio ab ea syllaba incipere, qua superior finierat. Pleonasmos adiectio unius verbi supervacua, ut (Virg. **6** Georg. 2, 1) :

　　　　　　　Hactenus arvorum cultus et sidera caeli.

Neque enim alibi nisi in caelo sunt sidera. Perissologia adie- **7**
25 ctio plurimorum verborum supervacua, ut (Deuteron. 33, 6) : 'vivat Ruben et non moriatur': dum non sit aliud vivere quam non mori. Macrologia longiloquium, res non necessarias con- **8** prehendens, ut (Liv. frag. 64 M.) : 'Legati non inpetrata pace retro unde venerant domum reversi sunt.' Tautologia, idem- **9**
30 loquium ut (Virg. Aen. 1, 546) :

---

1 debemus (*om.* qui … studet) *K*　　2 student *B*　　3 cap. 34-37 *om.* β (= *KLM* : *non P*). *Contuli ABCT*　　6 ut si … ignoscere *hab.* γ (= *TUW*): *om.* α (= *ABC*)　　8 ut si … homines *hab.* γ (= *TUW*) : *om.* α (= *ABC*)　　pro *W* : propter *TU*　　9 Ac. est inpropria *B*　　17 recti *T* (*non UW*)　　19 et videre dor. *A*　　21 finiebat *T* (*non UW*) 24 enim *om. A*　　25 verborum *om. A*[1]　　26 sit] sonet *C*　　29 venerunt *CW*　　idemloquium γ (= *TUW*) *C*[1] : idem eloquium α (= *ABC*[2])

Si fata virum servant, si vescitur aura
aetherea, neque adhuc crudelibus occubat umbris.

Totum enim quod repetitur una·res est, sed crebro sermone
10 adnuntiata. Eclipsis est defectus dictionis, in quo necessaria
verba desunt, ut (Virg. Aen. 4, 138):   5

Cui pharetra ex auro:

11 deest enim 'erat.' Tapinosis est humilitas, statum rei magnae
dictis infirmans, ut (Virg. Aen. 1, 118):

Apparent rari nantes in gurgite vasto.

12 'Gurgitem' posuit pro 'mare.' Cacosyntheton, vitiosa conpo- 10
sitio verborum, ut (Virg. Aen. 9, 609):

— Versaque iuvencum
terga fatigamus hasta.

13 Amphibolia, ambigua dictio, quae fit aut per casum accusativum,
ut illud responsum Apollinis ad Pyrrhum (Enn. Ann. 179):   15

Aio te, Aeacida, Romanos vincere posse.

In quo non est certum, quem in ipso versu monstraverit esse
14 victorem. Fit et per incertam distinctionem, ut (Virg. Aen. 1,
263):

Bellum ingens geret Italia.   20

Incerta distinctio, utrum 'bellum ingens,' an 'ingens Italia.'
15 Fit et per commune verbum, ut : 'Deprecatur Cato, calumnia-
tur Cicero, praestolatur Brutus, dedignatur Antonius'; nec ostenditur in hac ambiguitate utrum ipsi alios, an alii ipsos deprecati
16 sunt aut calumniati. Fit et per homonyma, quo uno nomine 25
multa significantur, ut 'acies,' et non addas aut ferri, aut oculorum, aut militum.

XXXV   DE METAPLASMIS. Metaplasmus Graeca lingua, Latine
transformatio dicitur. Qui fit in uno verbo propter metri neces-
2 sitatem et licentiam poetarum ; cuius species istae sunt. Pro- 30
thesis adpositio in principio verbi, ut ['gnato' pro 'nato' et

---

1 virorum *B*   8 dictus *T*   14 aut *om. T*   16 eacida *U* : acida
*B*¹ : eacidam *AT* : eacide *C*¹   18 distinctionem] definitionem *T*
24 an alii ipsos *om. T*   25 sint *AT* (*non U*)   omonima *B* : -mam
AC : -mum *T*   26 ut f. *T*   31 gnato ... tulit *om. C*¹ : et tet. pro
tu. *om. AC*²

'tetulit' pro 'tulit']. Epenthesis adpositio in medium, ut (Virg. Aen. 3, 409):

[Maneant in relligione nepotes,
pro 'religione'] ['relliquias' pro 'reliquias,' 'induperator' pro
5 'inperator']. Paragoge adpositio in finem, ut ['admittier' pro 3
'admitti'] ['magis' pro 'mage' et 'potestur' pro 'potest'].
Aphaeresis abscisio de principio, ut 'temno' pro 'contemno.'
Syncope abscisio de medio, ut 'forsan' pro 'forsitan.' Apocope
abscisio de fine, ut 'sat' pro 'satis.' Ectasis, productio contra 4
10 naturam, ut [(Virg. Aen. 1, 499): 'exercet Diana choros'].
[(Virg. Aen. 1, 2): 'Italiam fato,' quum 'Italiam' correpte dici
debeat]. Systole correptio contra naturam, ut [(Virg. Aen. 6,
773): 'urbemque Fidenam,' cum prima syllaba produci debet].
[Vt quum dicimus 'Orion' correpte, dum producte dici oportet.]
15 Diaeresis discissio syllabae in duas, ut [(Virg. Aen. 9, 26): 'dives
pictai vestis,' pro 'pictae'] [(Enn. Ann. 33): 'Albai longai,'
pro 'Albae longae']. Episynaloephe conglutinatio duarum [sylla- 5
barum] in unam, ut ['Phaethon' pro 'Phaëthon'] ['Neri' pro
'Nereï,' 'aeripedem' pro 'aëripedem']. Synaloephe conlisio
20 vocalium adiuncta vocalibus, ut [(Virg. Aen. 9, 1):

Atque ea diversa penitus dum parte geruntur].
Ec⟨th⟩lipsis conlisio consonantium cum vocalibus, ut [(Virg. Aen. 6
1, 3):

Multum ille et terris iactatus et alto].

1 ut (*om. cett.*) C¹ : ut maneant in rellegione nepotes pro religione *AB*:
ut relliquias pro reliquas induperator pro inperator *T*   5 ut (*om. cett.*)
C¹ : ut admittier pro admitti *B* (*A fere*) : ut magis pro maie et potestur
(*ex pro-*) pro potest *T*   7 Auferens *T*   8 S. est absc. *AB*
10 ut (*om. cett.*) C¹ : ut exercet (-tur *B*) diana choros (co-) *AB* : ut italiam
fato quum italiam correptam dici debeat *T*   12, 13 Syst. ... debet *om.* C¹
ut urbemque fidenam cum prima syllaba produci debet (-beat *B*) *AB*:
ut quum dicimus orion correpte dum producte dici oporte—*T*   15 ut
(*om. cett.*) C¹ : ut dives pictai vestis pro pictae *A* : ut albai longai pro
pictae *B* : ut albai longai pro albe longe *T*   17 Ep. est congl. *A*   syllabarum *hab. AC* : *om. BT*   18 ut (*om. cett.*) C¹ : ut foeton *A* : ut
f‖eton pro faeton *B* : ut feton pro faeton meri pro nerei eripide pro
euripide *T. Cf. Donat. p. 396 K.*   20 vocalium] vocabulum *T*
ut (*om. cett.*) C¹ : ut atque ea diversa penitus et reliqua *A* : ut atque
aeque ea diversa penitus et cetera *B* : ut atque ea diversa penitus dum
parte geruntur *T*   22 Ellipsis est conl. *A*   ut (*om. cett.*) C¹ : ut
multum ille terris iactatus et alto *AB* : ut multum ille et terris *T*

Antithesis contrapositio litterae pro alia littera, ut ['inpete' pro
'impetu'] ['olli' pro 'illi']. Metathesis transpositio litterae, ut
7 ['Thymbre' pro 'Thymber'] ['Evandre' pro 'Evander']. Inter
barbarismum et figuras, hoc est Latinam et perfectam elocutio-
nem, metaplasmum esse, qui in uno sermone fit oratione vitiosus. 5
Item inter soloecismum et schema, id est perfectam sermonum
conexionem, figura est, quae fit contextu sermonum oratione
vitiosa. Ergo metaplasmi [et] schemata media sunt et discernuntur peritia et inperitia. Fiunt autem ad ornatum.

XXXVI DE SCHEMATIBVS. Schemata ex Graeco in Latinum elo- 10
quium figurae interpretantur, quae fiunt in verbis vel sententiis
per varias dictionum formas propter eloquii ornamentum. Haec
2 dum multae sint apud Grammaticos, istae inveniuntur. Pro-
lempsis est praesumptio, ubi ea, quae sequi debent, anteponun-
tur, ut (Virg. Aen. 12, 161):   15
Interea reges ingenti mole Latinus.
Debuit enim sic dicere: 'Interea reges ingenti mole,' et statim
adicere, quod sequitur: 'procedunt castris,' deinde dicere:
'Latinus,' etc.; sed facta est pro ornamento praesumptio rei, et
qui sequi debuerunt reges interpositi sunt in septem versibus, et 20
postea additum est: 'Procedunt castris.' Inde et praesumptio,
3 quia anteposita sunt quae sequi debuerunt. Zeugma est clausula, quum plures sensus uno verbo clauduntur, quae fit tribus
modis. Nam aut in primo, aut in postremo, aut in medio id
verbum ponitur, quod sententias iungit. In primo, ut (Lucil. 25
139):
Vertitur oenophoris fundus, sententia nobis.

1 pro alia... litterae *om. C*   ut inpete pro impetu *A* : ut olli pro illi
TUG : ut inpete pro inpetu et olli pro illi *B Bern.* 224   2 ut (*om. cett.*)
*C*¹ : ut timbre pro timber *AB* : ut ebandre pro evander et timbre pro timber
T   4 hoc interest *A*   5 sit rat. vitiorum *A* : fit ratione vitiosus *BC*
7 ratione *ABC*   8 metaplasmi (-ma *B*) et schemata (sce-) *ABC* :
metaplasmi scemata *T*   sunt que et *A*¹   9 et inperitia *om. C*¹
12 distinctionum *T* (*non U*) *BC* (*non A*)   13 sunt *TU*   16 Latinus *om. C*
Latinus... ingenti mole *om. T* (*non U*)   17 interea... mole *om. A*
19 et ceteri *A*¹*CT* : et ceteras *B*¹ : et cetera *A*²   orn. carminis pr. *T*
20 debuerat *A*   21 inde et *BCU* : inde *A*¹ : proinde et *T*   22
quia debuerunt (*om.* sequi) *A*

In medio [ut] (Enn. Ann. 329):
> Graecia Sulpicio sorti data, Gallia Cottae.

In postremo, [ut] (Ter. Andr. 68):
> Namque hoc tempore
> 5   obsequium amicos, veritas odium parit.

Hypozeuxis est figura superiori contraria, ubi in singulis sensibus **4**
propria unicuique clausula est, ut (Virg. Aen. 10, 149):
> Regem adit et regi memorat nomenque genusque.

Syllempsis est in dissimilibus clausulis aut pluralis dictio singulari **5**
10 verbo finita, ut (Virg. Aen. 1, 553):
> Sociis et rege recepto,

aut singularis dictio plurali verbo expleta, ut (Virg. Ecl. 1, 81):
> Sunt nobis mitia poma,
> et pressi copia lactis.

15 Supra enim 'sunt' dixit. Hic debuit dicere: 'est et pressi copia
lactis.' Fit autem Syllempsis non solum per partes orationis, **6**
sed et per accidentia partibus. Nam ubi et pro multis unus et
pro uno multi ponuntur, Syllempsis est. Pro multis unus, ut est
illud (Virg. Aen. 2, 20):
20   Vterumque armato milite conplent,

cum non uno, sed multis militibus. Item pro uno multi, ut in
Evangelio (Matth. 27, 44): 'Latrones qui crucifixi erant cum eo
improperabant,' ubi pro uno uterque inducitur blasphemasse.

Anadiplosis est, quando ab eodem verbo quo prior versus finivit, **7**
25 sequens versus incipit, ut est illud (Virg. Ecl. 8, 55):
> Certent et cygnis ululae, sit Tityrus Orpheus,
> Orpheus in silvis, inter delphinas Arion.

Anaphora est repetitio eiusdem verbi per principia versuum pluri- **8**
morum, ut (Virg. Aen. 3, 157):
30   Nos te Dardania incensa tuaque arma secuti,
> nos tumidum sub te permensi classibus aequor.

---

1 in medio ut *T* : in medio *ABC*   2 sortita *A*¹ : sorte data *TU*
3 in postremo ut *T* : in postremo *AB* : in postrema ut *C*   8 adiit
*A*¹ *ut vid. BT*   11 socii sed *T*   12 pl. v. expl.] singulari verbo finita
T   18 ut pro multis *A*¹ *ut vid. C*¹   20 armatum *A*¹   21 ut] et *C*¹
22 cum eo cr. er. *AB* : cr. er. cum eo *CT*   26 cigni' *A*¹*B*   ignis
ulule si tirus orfeus in silvis *T*   30 incessa aque *C*¹
1182   F

9 Epanaphora est in uno versu per principia sensuum eiusdem verbi repetitio, ut (Virg. Aen. 7, 759):

>   Te nemus Anguitiae, vitrea te Focinus unda,
>   te liquidi flevere lacus.

10 Epizeuxis in uno sensu congeminatio verbi, ut (Virg. Aen. 4, 660): 5

>   Sic sic iuvat ire per umbras.

11 Epanalempsis est sermonis in principio versus positi eiusdem in fine replicatio, ut est illud (Juven. 14, 139)

>   Crescit amor nummi quantum ipsa pecunia crescit.

12 Paronomasia est in significatione diversa dictio pene ipsa, ut illud: 10 'Abire an obire te convenit?' id est exulem fieri, an mori.

13 Schesis onomaton multitudo nominum coniunctorum quodam ambitu copulata, ut:

>   Nubila, nix, grando, procellae, fulmina, venti.

14 Paromoeon est multitudo verborum ex una littera inchoantium, 15 quale est apud Ennium (Ann. 109):

>   O Tite tute Tati tibi tanta tyranne tulisti.

Sed bene hoc temperat Virgilius, dum non toto versu utitur hanc figuram, ut Ennius, sed nunc in principio versus tantum, ut est illud (Aen. 1, 295):   20

>   Saeva sedens super arma;

nunc autem in fine, ut (Aen. 3, 183):

>   Sola mihi tales casus Cassandra canebat.

15 Homoeoptoton est, quum plurima nomina per unum casum denuntiantur, ut illud (Virg. Aen. 12, 903):   25

>   Sed neque currentem, sed nec cognoscit euntem,
>   tollentemque manu saxumque inmane moventem.

16 Homoeon teleuton est, quum uno modo verba plurima finiuntur,
17 ut (Cic. Catil. 2, 1): 'abiit, abcessit, evasit, erupit.' Polyptoton est, cum diversis casibus sententia variatur, ut (Pers. 3, 84):   30

>   Ex nihilo nihilum, ad nihilum nil posse reverti.

---

3 te vitrea C   4 fluere T   5 Epizeusis est in A   7 Apana-
lemsis A   10 Paranomasia B : Paranamosia C¹ : Paronomia T   17
Tati] taie BTU   27 manu T : in manus A : in manu B : manus C¹
28 plurima om. A   31 reverti] redire T

et (Pers. 5, 79):

Marci Dama. — Papae! — Marco spondente, recusas?
Marcus dixit. — Ita est. — Adsigna, Marce, tabellas.

Hirmos est sententia continuatae orationis tenorem suum usque 18
5 ad ultimum servans, ut (Virg. Aen. 1, 159):

> Est in secessu longo iocus, insula portum,

ct reliqua. Hinc enim in longum vadit sensus usque ad illud
(Virg. Aen. 1, 165):

> Horrentique atrum nemus inminet umbris.

10 Polysyntheton est dictio multis concatenata coniunctionibus, ut 19
(Virg. Georg. 3, 344):

> Tectumque, laremque,
> armaque, Amicleumque canem.

Dialyton vel asyntheton est figura, quae e contrario sine con- 20
15 iunctionibus solute ac simpliciter effertur, ut: 'Venimus, vidimus,
placuit.' Antitheton, ubi contraria contrariis opponuntur et 21
sententiae pulchritudinem reddunt, ut illud (Ovid, Met. 1, 19):

> Frigida pugnabant calidis, humentia siccis:
> mollia cum duris: sine pondere habentia pondus.

20 Hypallage, quotienscumque per contrarium verba intelleguntur, 22
ut (Virg. Aen. 3, 61):

> Dare classibus Austros,
> cum ventis naves demus, non navibus ventos.

De tropis. Tropos Graeco nomine Grammatici vocant, XXXVII
25 qui Latine modi locutionum interpretantur. Fiunt autem a pro
pria significatione ad non propriam similitudinem. Quorum
omnium nomina difficillimum est adnotare, sed ex omnibus
Donatus tredecim usui tradenda conscripsit. Metaphora est 2
verbi alicuius usurpata translatio, sicut cum dicimus 'fluctuare
30 segetes,' 'gemmare vites,' dum in his rebus fluctus et gemmas
non invenimus, in quibus haec verba aliunde transferuntur. Sed

---

2 Dama] damia *C*   recurras *CT*   3 aut signa *T*   9 orrentique... umbris *AB*: horrentique... umbrae *C*: orrentique... umbra *T*
12 remque *T*   14 D. valesindeton *T*   e *om. A*   23 navem *T*
25 a *om. T*   26 ad non] et non ad *A*   27 omnia nom. *C*   28
tradens *A*

hae atque aliae tropicae locutiones ad ea, quae intellegenda sunt,
propterea figuratis amictibus obteguntur, ut sensus legentis ex-
3 erceant, et ne nuda atque in promptu vilescant. Fiunt autem
metaphorae modis quattuor : ab animali ad animale, ut :

Aligeros conscendit equos.　　　　　5

Metaphorice loquens miscuit quadrupedi alas avis, et (Virg. Ecl.
6, 80) :

Quo cursu deserta petiverit ;

miscuit volatili cursum quadrupedis. Ab inanimali ad inanimale, ut　　　　　　　　　　　　　　　　　　　　　　　　10

Pontum pinus arat, sulcum premit alta carina.

Miscuit usum terrae aquis, dum arare et sulcum premere ad
4 terram pertineat, non ad mare. Ab inanimali ad animale, ut 'flori-
da iuventus' : miscuit flores inanimales iuventuti, quae animam
habet. Ab animali ad inanimale, ut :　　　　　　　　　　15

Tu, Neptune pater, cui tempora cana crepanti
cincta salo resonant, magnus cui perpete mento
profluit Oceanus, et flumina crinibus errant.

Mentum enim, tempora et crines non ad Oceanum pertinent,
5 sed ad homines. Sic et alia rerum nomina de alio genere in 20
aliud genus decentissime decoris gratia transferuntur, ut oratio
perornetur. Metaphora autem aut partis unius est, ut 'fluctuare
segetes' (non potes dicere 'segetare fluctus'), aut antistropha
est, id est reciproca, ut 'remigium alarum.' Nam et alae navium
6 et alarum remigia dicuntur. Catachresis est alienae rei nomen 25
adpositum. Haec et a metaphora differt, quod illa vocabulum
habenti largitur, haec, quia non habet proprium, alieno utitur,
ut (Virg. Georg. 2, 131) :

Faciemque simillima lauro ;

1 ad ea quae] atque ad T　　　　2 sensum C　　　　4 ab animalia T
5 aligos T　　　6 quadripedes alas avi A　　　11 arat C : erat A^1BT
12 miscunt A　　　arare] mare T　　　13 ab inanimalia T　　　14
qui BT　　　15 habeat T　　　ab inanimali ad animale T　　　17 perpete
C : perpeti $ABTU$　　　18 floruit oceanum A　　　criminibus TU　　　20
Sicut al. T　　　in alium A　　　22 partis *om.* A^1　　　23 potest T
24 nam et alas . . . dicunt A　　　25 aliena T　　　26 haec eo A : et eo
BC : hec et T　　　defertur A　　　29 simillimam AB

et (Virg. Aen. 5, 157) :

    Centaurus ; nunc una ambae iunctisque feruntur
    frontibus, et longa sulcant vada salsa carina ;
dum facies et frons tantundem animalium et hominum sit.
5 Quod nomen si poeta navi non adposuisset, quod proprium
eidem parti diceret, non haberet. Metalempsis est tropus a prae- 7
cedente quod sequitur, ut (Pers. 3, 11) :

    Quaeve manus cartae nodosaque venit arundo.

Nam per manum verba, per arundinem litterae significatae sunt.
10 Metonymia, transnominatio ab alia significatione ad aliam 8
proximitatem translata. Fit autem multis modis. Aut enim
per id, quod continet, id, quod continetur, ostendit, ut ' theatra
plaudunt,' 'prata mugiunt,' dum illic homines plaudunt, hic boves
mugiant ; aut contra per id, quod continetur, id, quod continet,
15 ut (Virg. Aen. 2, 311) :

    Iam proximus ardet
    Vcalegon ;

dum non ille, sed domus eius arderet. Item per inventorem id, 9
quod inventum est, ut (Ter. Eun. 732) :

20   Sine Cerere et Libero friget Venus ;

et (Virg. Aen. 9, 76) :

    Conmixtam Vulcanus mittit ad astra favillam.

Vult enim per Cererem frumenti inventricem intellegere panem,
per Liberum inventorem vitis vinum, per Venerem libidinem,
25 per Vulcanum ignem. At contra per inventum inventorem demonstrat, ut (Plaut. frag. 159) :

    Vinum precamur,

pro Libero, qui vinum apud Graecos invenit. Item per efficien- 10
tem, id quod efficitur, sicut ' pigrum frigus,' quod pigros homines
30 faciat, et ' timor pallidus,' eo quod pallidos homines reddat. At
contra per id quod efficitur, efficiens, ut (Virg. Aen. 5, 817) :

2 unam *A*[1] *ut vid.* *T*   iunctique *T*   3 saxa *A*[1] *ut vid.* *BT*
5 quod . . . adp. *om.* *C*   quid pr. *C*   6 est *om.* *B*   7 ut
om. *A*   8 quave *T*   cartae] oraste *T*   10 Metono. est trans. *T*
transmutatio *A*   12 quod continetur *post* ost. *T*   13 hom. plau-
dant *B*   18 eius ardet *A*   29 hom. pigros *B*

Iungit equos auri genitor spumantiaque addit
   frena feris.

'Spumantia frena' dixit, cum utique non ipsa faciant spumas,
11 sed equus, qui ea gerit, spumis conspargat infusis. Antono-
masia est pro nomine, id est vice nominis posita, ut 'Maia 5
genitus' pro Mercurio.   Qui tropus fit modis tribus : ab animo,
ut (Virg. Aen. 5, 407) :

   Magnanimusque Anchisiades ;

a corpore, ut (Virg. Aen. 3, 619) :

   Ipse arduus ;   10

extrinsecus, ut (Virg. Aen. 1, 475) :

   Infelix puer atque inpar congressus Achilli.

12 Epitheton, supra nomen.   Praeponitur enim proprio nomini, ut
'alma Ceres,' (Virg. Georg. 1, 470) :

   Obscenique canes, inportunaeque volucres.   15

Inter antonomasiam autem et epitheton hoc differt, quod an-
tonomasia pro vice nominis ponitur, epitheton autem numquam
est sine nomine.   Quibus duobus tropis vel vituperamus ali-
13 quem, vel ostendimus, vel laudamus. Synecdoche est conceptio,
cum a parte totum, vel a toto pars intellegitur.   Eo enim et per 20
speciem genus, et per genus species demonstratur [sed species
pars est, genus autem totum].   A toto enim pars intellegitur, ut
(Virg. Aen. 6, 311) :

   Quam multae glomerantur aves, ubi frigidus annus
      pontum fugat.   25

Non enim totus annus frigidus est, sed pars anni, id est hiems.
At contra a parte totum, ut (Virg. Aen. 2, 256) :

   Flammas cum regia puppis
      extulerat.

Vbi non solum puppis, sed navis, et non navis, sed qui in ea, et 30
14 non omnes, sed unus flammas extulit.   Onomatopoeia est no-

---

1 auri genitor *BCGT Mon.* : auri (*seq. ras.*) *A*[1] : aurigator *U* addidit *T*
5 maie (male ?) *A*[1]*T*   13 Ep. est supra *T* : Ep. supraposito *A*[1] (-tum
A[2])   proponitur *T*   20 vel toto *T*   21 sed . . . totum *om. T*
22 a *om.* C   24 annus *om.* *A*[1]   26 frig. sed pars an. hiemps *A*
29 extulerat] et exsul erat *T*   30 p. et navis *T*

men adfictum ad imitandum sonum vocis confusae, ut 'stridor valvarum,' 'hinnitus equorum,' 'mugitus boum,' 'balatus ovium.' Periphrasis est circumloquium, dum res una plurimis verbis **15** significatur, ut (Virg. Aen. 1, 387) :

5   Auras vitales carpit.

Significavit enim per copulationem verborum unam rem, hoc est vivit.   Hic autem tropus geminus est.   Nam aut veritatem splendide producit, aut foeditatem circuitu evitat.   Veritatem splendide producit, sicut (Virg. Aen. 4, 584 ; 9, 459) :

10   Et iam prima novo spargebat lumine terras
         Tithoni croceum linquens Aurora cubile.

Vult enim dicere : 'iam luciscebat,' aut : 'dies ortus erat.' Foeditatem circuitu devitat, sicut (Virg. Aen. 8, 405) :

         Placitumque petivit
15   coniugis infusus gremio.

Hoc enim circuitu evitat obscenitatem et decenter ostendit concubitum.   Hyperbaton transcensio, cum verbum aut sententia **16** ordine commutatur.   Huius species quinque : anastrophe, hysteron proteron, parenthesis, tmesis, synthesis.   Anastrophe **20** est verborum ordo praeposterus, ut : 'litora circum,' pro circum litora.'   Hysteron proteron sententia ordine mutata ut **17** (Virg. Aen. 3, 662) :

         Postquam altos tetigit fluctus, et ad aequora venit.

Antea enim ad aequora venit, et sic tetigit fluctus.   Parenthesis, **18** **25** ubi interponimus sententiam nostram, qua ex medio remota integer sermo perdurat, ut (Virg. Aen. 1, 643) :

         Aeneas (neque enim patrius consistere mentem
         passus amor) rapidum ad naves praemittit Achaten.

[Est enim ordo : Aeneas rapidum praemittit Achaten.]   Nam **30** illud in medio parenthesis est.   Tmesis est sectio unius nominis **19** per interpositionem verborum, ut (Virg. Aen. 1, 412) :

4, 5 significatur . . . carpit *om. A*¹   8 circuit *T*   14 placidumque *CT*   15 gremio per membra soporem hoc *A*   17 est transcensio *T*
18 cuius sp. q. sunt *T*   19 proteron *om. T*   20 est *om. BC*
21 prot. est sent. *T*   24 antea . . . venit *om. T*   venit ad aequora *A*
29 est enim . . . Achaten *hab. B : om. AC*¹*TU*   31 pro interpositione *B*

Multum nebulae circum dea fudit amictum,
20 pro 'circumfudit.' Synthesis[est], ubi ex omni parte confusa sunt
verba, ut illud (Virg. Aen. 2, 348) :

> Iuvenes, fortissima frustra
> pectora, si vobis audendi extrema cupido est   5
> certa sequi, quae sit rebus fortuna videtis.
> Excessere omnes aditis arisque relictis
> dii, quibus inperium hoc steterat; succurritis urbi
> incensae; moriamur et in media arma ruamus.

Ordo talis est : ' Iuvenes fortissima pectora, frustra succurritis 10
urbi incensae, quia excesserunt dii. Vnde si vobis cupido
certa est me sequi audentem extrema, ruamus in media arma
21 et moriamur.' Hyperbole est excelsitas fidem excedens ultra
quam credendum est, ut (Virg. Aen. 3, 423) :

> Sidera verberat unda;   15

et (Virg. Aen. 1, 107) :

> Terram inter fluctus aperit.

Hoc enim modo ultra fidem aliquid augetur, nec tamen a tramite
significandae veritatis erratur, quamvis verba quae indicantur
excedant, ut voluntas loquentis, non fallentis appareat. Quo 20
tropo non solum augetur aliquid, sed et minuitur: augetur, ut
' velocior Euro ': minuitur, ut ' mollior pluma,' ' durior saxo.'
22 Allegoria est alieniloquium. Aliud enim sonat, et aliud intellegitur, ut (Virg. Aen. 1, 184) :

> Tres litore cervos   25
> conspicit errantes.

Vbi tres duces belli Punici, vel tria bella Punica significantur.
Et in Bucolicis (3, 71) :

> Aurea mala decem misi,

id est ad Augustum decem eglogas pastorum. Huius tropi 30

---

1 fundit *BT*   amictu *A*   2 est *om. BC*   5 audiendi *T*
7 excrescere *T* ad. aurisque *T*: ad. aditisque *B*: aditisque *A*[1]   11 dii
quibus hoc imperium steterat unde *B*   12 audientem *T*   15 undas
TC[1]   18 aug. ali. *B*   19 qua indicatur *B*[1]*C*   21 sed et minuit
A[1]   22 euro *ABC* (*ex* auro a): aura *T*   27 significantur *ante*
vel *T*

plures sunt species, ex quibus eminent septem: ironia, antiphrasis, aenigma, charientismos, paroemia, sarcasmos, astysmos. Ironia **23** est sententia per pronuntiationem contrarium habens intellectum. Hoc enim tropo callide aut per accusationem, aut per
5 insultationem aliquid dicitur, ut est illud (Virg. Aen. 1, 140):

> Vestras, Eure, domos; illa se iactet in aula
> Aeolus, et clauso ventorum carcere regnet.

Et quomodo aula, si carcer est? Solvitur enim pronuntiatione. Nam carcer pronuntiatio est: iactet et aula ironia est; et totum
10 per contrariam pronuntiationem adnuntiatur per ironiae speciem, quae laudando deridet. Antiphrasis est sermo e contrario in- **24** tellegendus, ut 'lucus,' quia caret lucem per nimiam nemorum umbram; et 'manes,' id est mites (quum sint inmites) et modesti, cum sint terribiles et inmanes; et 'Parcas' et 'Eumenides,'
15 Furiae quod nulli parcant vel benefaciant. Hoc tropo et nani Athlantes et caeci videntes et vulgo Aethiopes argentei appellantur. Inter ironiam autem et antiphrasim hoc distat, quod ironia pro- **25** nuntiatione sola indicat quod intellegi vult, sicut cum dicimus omnia agenti male: 'Bonum est, quod facis'; antiphrasis vero
20 non voce pronuntiantis significat contrarium, sed suis tantum verbis, quorum origo contraria est. Aenigma est quaestio ob- **26** scura quae difficile intellegitur, nisi aperiatur, ut est illud (Iudic. 14, 14): 'De comedente exivit cibus, et de forte egressa est dulcedo,' significans ex ore leonis favum extractum. Inter allego-
25 riam autem et aenigma hoc interest, quod allegoriae vis gemina est et sub res alias aliud figuraliter indicat; aenigma vero sensus tantum obscurus est, et per quasdam imagines adumbratus. Charientismos est tropus, quo dura dictu gratius proferuntur, uti **27** cum interrogantibus, 'numquid nos quaesierit aliquis?' respon-
30 detur: 'Bona Fortuna.' Vnde intellegitur neminem nos quaesisse.

---

6 Eure] eruere *T*   domus *A¹B*   11 An. sermo (*om.* est) *A*
12 per] pre (*i. e.* prae) *T*   13 quum sint inmites *om.* (*propter homoeotel.?*) a (= *ABC*)   14 parcaes *C*   16 eziopes *T*   appellantur *ABC*: vocantur *T*   19 omnia *T*: homini *ABC*   20 sign.]
vocat *T*   21 Enigma qu. (*om.* est) *A¹*   25 allegoriae *Arev.* :
-ria *codd.*   vis] *vel* bis   geminata *A*   27 obumbratus *A* :
adumbratur *T*   28 uti *AT* : veluti *C*: ut *B*   29 respondentur *T*

28 Paroemia est rebus et temporibus adcommodatum proverbium
Rebus, ut : ' Contra stimulum calces,' dum significatur adversis
resistendum. Temporibus, ut : ' Lupus in fabula.' Aiunt enim
rustici vocem hominem perdere, si eum lupus prior viderit.
Vnde et subito tacenti dicitur istud proverbium : ' Lupus in 5
29 fabula.' Sarcasmos est hostilis inrisio cum amaritudine, ut (Virg.
Aen. 2, 547) :

> Referes ergo haec, et nuntius ibis
> Pelidae genitoris ; illi mea tristia facta
> degeneremque Neoptolemum narrare memento. 10

30 Huic contrarius est Astysmos, urbanitas sine iracundia, ut illud
(Virg. Ecl. 3, 90) :

> Qui Bavium non odit, amet tua carmina, Maevi,
> atque idem iungat vulpes et mulgeat hircos.

Id est : qui Bavium non odit, pro poena ei contingat ut diligat Mae- 15
vium. Fuerunt autem Maevius et Bavius poetae pessimi, et inimici
Vergilii. Qui hos ergo diligit, faciat quae contra naturam sunt,
31 id est, iungat vulpes et mulgeat hircos. Homoeosis est, quae
Latine interpretatur similitudo, per quam minus notae rei per
similitudinem eius, quae magis nota est, panditur demonstratio. 20
Huius species sunt tres : icon, parabolae, paradigma, id est
32 imago, conparatio, exemplum. Icon est imago, cum figuram rei
ex simili genere conamur exprimere, ut (Virg. Aen. 4, 558) :

> Omnia Mercurio similis, vocemque coloremque
> et crines flavos et membra decora iuventa. 25

Congrua enim est similitudo de specie, cuius persona inducitur.
33 Parabola conparatio ex dissimilibus rebus, ut (Lucan. 1, 205) :

> Qualis in arvis
> aestiferae Libyae visus leo comminus hostem
> consedit ; 30

ubi leoni Caesarem conparavit, non ex suo, sed ex alio genere

---

1 est *om.* B   2 ut *om.* T : aut C   4 viderit prior A   6
iurisio T   9 tristitia T   10 de genereque T   11 ut est
illud A   18 hoc est B   et *om.* A   23 ut per omnia B
28 qualibus T   arvis A² : armis A¹BCT   29 est fere
libiae B   31 alieno B

similitudinem faciens. Paradigma vero est exemplum dicti vel **34** facti alicuius aut ex simili aut ex dissimili genere conveniens eius, quam proponimus, rei, ita : 'Tam fortiter periit apud Hipponem Scipio quam Vticae Cato.' Similitudo autem tribus **35** 5 modis fit : a pari, a maiore, a minore. A pari (Virg. Aen. 1, 148) :

> Ac veluti magno in populo cum saepe coorta est
> seditio ;

a maiore ad minus (Lucan. 1, 151) :

> Qualiter expressum ventis per nubila fulmen ;

10 a minore ad maius (Virg. Aen. 6, 119) :

> Si potuit manes arcessere coniugis Orpheus,
> Threicia fretus cithara fidibusque canoris ;

quasi dicat, re parva et brevi, id est, si ille cithara fretus, ego pietate.

15 DE PROSA. Prosa est producta oratio et a lege metri so- **XXXVIII** luta. Prosum enim antiqui productum dicebant et rectum. Vnde ait Varro apud Plautum 'prosis lectis' significari rectis ; unde etiam quae non est perflexa numero, sed recta, prosa oratio dici-tur, in rectum producendo. Alii prosam aiunt dictam ab eo, 20 quod sit profusa, vel ab eo, quod spatiosius proruat et excurrat, nullo sibi termino praefinito. Praeterea tam apud Graecos **2** quam apud Latinos longe antiquiorem curam fuisse carminum quam prosae. Omnia enim prius versibus condebantur ; prosae autem studium sero viguit. Primus apud Graecos Pherecydes 25 Syrus soluta oratione scripsit ; apud Romanos autem Appius Caecus adversus Pyrrhum solutam orationem primus exercuit. Iam exhinc et ceteri prosae eloquentia contenderunt.

DE METRIS. Metra vocata, quia certis pedum mensuris **XXXIX** atque spatiis terminantur, neque ultra dimensionem temporum 30 constitutam procedunt. Mensura enim Graece μέτρον dicitur.

1 est vero *B*   2 conveniens] ita (*in ras.*) veniens *T*²   3 quem *CA*¹ *ut vid.*   ut ita *BC ex corr.*   4 scipium que (*corr.* qua) mutice *T* 6 ac] haec *C*¹   13 illa *T*   *cap.* 38. *Aliorum codicum lectiones reperies apud Wilmanns 'de Varronis lib. gramm.,' p.* 204   16 unde etiam ait *K*   17 significare *K*¹   18 perplexa *T*   19 *om.* prosam *A* 20 profusam *T*   22 anteriorem *K*   25 Syrus] suus *T*   solutam orationem *T*   27 eloquentia (-am *m.* 2) condiderunt *K*   28 Metrica *B*

2 Versus dicti ab eo, quod pedibus in ordine suo dispositi certo
fine moderantur per articulos, quae caesa et membra nominantur.
Qui ne longius provolverentur quam iudicium posset sustinere,
modum statuit ratio· unde reverteretur ; et ab eo ipsum versum
3 vocatum, quod revertitur.   Huic adhaeret rythmus, qui non est 5
certo fine moderatus, sed tamen rationabiliter ordinatis pedibus
currit ; qui Latine nihil aliud quam numerus dicitur, de quo est
illud (Virg. Ecl. 9, 45) :

> Numeros memini, si verba tenerem.

4 Carmen vocatur quidquid pedibus continetur : cui datum no- 10
men existimant seu quod carptim pronuntietur, unde hodie
lanam, quam purgantes discerpunt, ' carminare ' dicimus : seu
5 quod qui illa canerent carere mentem existimabantur.   Metra
vel a pedibus nuncupata, vel a rebus quae scribuntur, vel ab
inventoribus, vel a frequentatoribus, vel a numero syllabarum. 15
6 A pedibus metra vocata, ut dactylica, iambica, trochaica.   A trochaeo enim trochaicum metrum nascitur, a dactylo dactylicum ;
sic et alia a suis pedibus.   A numero, ut hexametrum, penta-
metrum, trimetrum.   Nam senarios versus nos ex numero pedum vocamus.   Hos Graeci, quia geminos feriunt, trimetros 20
dicunt.   Hexametros autem Latinos primum fecisse Ennius
7 traditur; eosque 'longos' vocant.   Ab inventoribus metra appellata dicuntur, ut Anacreonticum, Sapphicum, Archilochium.
Nam Anacreontica metra Anacreon conposuit ; Sapphica Sap-
pho mulier edidit ; Archilochios Archilochus quidam scripsit ; 25
Colophonios Colophonius quidam exercuit.   Sotadeorum quoque repertor est Sotades genere Cretensis.   Simonidia quoque

2 moderantur *ABCT* : metiantur *K*   3 possit *B*   4 rev.] *K*[1] *n. l.*
ipsum *K*[1]*T* : ipso *BC*   5 vocatum dicunt quod *B*   rev.] *K*[1] *n. l.*
6 certo *om. K*[1]   7 est] et *B*   9 numeros] numerum *K*[1]   11 seu
om. K   pronuntietur *K* : pronuntiatur *T* : pronuntiaretur *BC*   13
existimantur *K*[1]   17 a dact. dact. *om. K*[1]*L*[1]   18 alia suis *K*[1]
20 feriunt *T* : ferunt *BCK*   21 dicunt] vocant *C* (*non A*)   autem
apud lat. *T*   22 vocant *A*[1]*CKL* : vocat *TUB*   24 Anacreon] ana-
creonticus *K*   25 arcilogios arcilocus q. *T* : arcilocius arcilocus q. *C*[1]
(*B*[1] *n. l.*) : archilocus q. archiloica *K*[1] *ut vid.*   26 colofonios colofonius
q. *T* : colofoni** colofonius q. *B* : celofonius celofonica q. *C*[1] : colofinicus
q. colofonica *K*   sotadicorum *B*

metra Simonides poeta lyricus conposuit. A frequentatoribus, **8**
ut Asclepiadia. Non enim ea Asclepius invenit, sed proinde
ita vocata quod ea idem elegantissime [et frequentissime] usus
sit. A rebus quae scribuntur, ut heroicum, elegiacum, buco- **9**
5 licum. Heroicum enim carmen dictum, quod eo virorum
fortium res et facta narrantur. Nam heroes appellantur viri
quasi aerii et caelo digni propter sapientiam et fortitudinem.
Quod metrum auctoritate cetera metra praecedit ; unus ex omnibus tam maximis operibus aptus quam parvis, suavitatis et
10 dulcedinis aeque capax. Quibus virtutibus nomen solus obti- **10**
nuit, ut heroicum vocaretur ad memorandas scilicet eorum res.
Nam et prae ceteros simplicissimus habetur constatque duobus
[pedibus], dactylo et spondeo, ac saepe pene vel ex hoc vel ex
illo ; nisi quod temperantissimus fit utriusque mixtura quam si
15 instruatur a singulis. Omnibus quoque metris prior est. Hunc **11**
primum Moyses in cantico Deuteronomii longe ante Pherecyden
et Homerum cecinisse probatur. Vnde apparet antiquiorem
fuisse apud Hebraeos studium carminum quam apud gentiles,
siquidem et Iob Moysi temporibus adaequatus hexametro versu,
20 dactylo spondeoque, decurrit. Hunc apud Graecos Achatesius **12**
Milesius fertur primus conposuisse, vel, ut alii putant, Pherecydes Syrus. Quod metrum ante Homerum Pythium dictum
est, post Homerum heroicum nominatum. Pythium autem **13**
vocatum volunt eo, quod hoc genere metri oracula Apollinis
25 sint edita. Nam cum in Parnaso Pythonem serpentem in vindictam matris sagittis insequeretur, accolae Delphici hoc illum
metro hortati sunt, dicentes, ut ait Terentianus (1591 K.),

---

2 enim *om.* K^1　　　　asclepidius B　　　3 vocata esse quod K
ea idem *ACT* : eadem BK　　　elegantissime A^1 : diligentissime K　　et
frequentissime *hab.* TB : *om.* ACK　　8 unum T　　9 tam max. oper.
om. T　　suabitatibus T : suavitates K^1　　10 dulcidines K^1　　11
eorum] eroum B　　12 ceteros $B^1 T$: ceteris CK　　13 pedibus *hab.*
BT : *om.* CK^1　　14 temperatissimus fit KB : temperantissime fuit T
quasi instruantur T　　16 deuteronomium $C^1 T$　　longe autem ante
$C^1 K^1$ *ut vid.*　　19 extra metro versus T : exametro versum B　　20
Ach.] Hecataeus *A rev.* (*ex Strabone*)　　21 Milesius *om.* K^1　　24 volunt
om. K^1　　hoc *om.* K^1　　25 vindicta K : victoriam T　　26 ille K
27 orati BK^1 *ut vid.*

14 [ἰὴ παιάν, ἰὴ παιάν, ἰὴ παιάν]. Elegiacus autem dictus eo, quod
modulatio eiusdem carminis conveniat miseris. Terentianus
hos elegos dicere solet, quod clausula talis tristibus, ut tradunt,
15 aptior esset modis. Hic autem vix omnino constat a quo sit
inventus, nisi quia apud nos Ennius eum prior usus est. Nam 5
apud Graecos sic adhuc lis Grammaticorum pendet, ut sub iudice res relegata sit. Nam quidam eorum Colophonium quendam, quidam Archilochum auctorem atque inventorem volunt.
16 Bucolicum, id est pastorale carmen, plerique Syracusis primum
conpositum a pastoribus opinantur, nonnulli Lacedaemone. 10
Namque transeunte in Thraciam Xerxe rege Persarum, cum
Spartanae virgines sub hostili metu neque egredi urbem neque
pompam chorumque agrestem Dianae de more exercerent, turba
pastorum, ne religio praeteriret, eundem inconditis cantibus
celebrarunt. Appellatur autem Bucolicum de maiori parte, 15
quamvis opilionum caprariorumque sermones in eis et cantica
17 inserantur. Hymnos primum David prophetam in laudem Dei
conposuisse ac cecinisse manifestum est. Deinde apud gentiles
prima Memmia Timothoe fecit in Apollinem et Musas, quae
fuit temporibus Ennii longe post David. Hymni autem ex 20
18 Graeco in Latinum laudes interpretantur. Epithalamia sunt
carmina nubentium, quae decantantur ab scholasticis in honorem sponsi et sponsae. Haec primum Salomon edidit in laudem Ecclesiae et Christi. Ex quo gentiles sibi epithalamium
vindicarunt, et istius generis carmen adsumptum est. Quod 25
genus primum a gentilibus in scenis celebrabatur, postea tantum in nuptiis haesit. Vocatum autem epithalamium eo, quod
19 in thalamis decantetur. Threnos, quod Latine lamentum vocamus, primus versu Ieremias conposuit super urbem Hierusalem

1 *Graeca hab.* T: *om.* BCK   4 esse BC (*cf. Ter.* 1799) : est T Hoc
K : Hinc T   5 eo pr. us. sit K   6 lis CT : lex BK   7 religate T
quendam *om.* K¹   8 quidam *om.* T   9 carmen *om.* K   10 a laced. T
11 nam K¹   13 qorumcumque T   16 quam viso T   et *om.* K
19 timotoe BC : timotae K : timothe T   20 autem *om.* T¹   26
cenis C¹   celebratur B¹K : celebrabantur T   27 haesit] erit K
29 versus T   orbem C¹ : *om.* K

[quando subversa est] et populum [Israel] quando [subversus
est et] captivus ductus est. Post hunc apud Graecos Simonides
poeta lyricus. Adhibebantur autem funeribus atque lamentis :
similiter et nunc. Epitaphium Graece, Latine supra tumulum. **20**
5 Est enim titulus mortuorum, qui in dormitione eorum fit, qui
iam defuncti sunt. Scribitur enim ibi vita, mores et aetas eorum. Poesis dicitur Graeco nomine opus multorum librorum, **21**
poema unius, idyllion paucorum versuum, distichon duorum,
monostichon unius. Epigramma est titulus, quod in Latinum **22**
10 superscriptio interpretatur; ἐπί enim super, γράμμα littera vel
scriptio dicitur. Epodon in poemate clausula brevis est. Di- **23**
ctum autem epodon, quod adcinatur ad speciem elegiaci, ubi
praemisso uno longiore, alter brevior conponitur, atque in singulis quibusque maioribus sequentes minores quasi clausulae
15 recinunt. Clausulas autem lyrici appellant quasi praecisos **24**
versus integris subiectos, ut est apud Horatium (Epod. 2, 1) :

Beatus ille, qui procul negotiis,
deinde sequitur praecisus :

Vt prisca gens mortalium ;

20 sic et deinceps alterni, quibus aliqua pars deest, et ipsi praecedentibus similes, sed minores. Centones apud Grammaticos **25**
vocari solent, qui de carminibus Homeri seu Vergilii ad propria
opera more centonario ex multis hinc inde conpositis in unum
sarciunt corpus, ad facultatem cuiusque materiae. Denique **26**
25 Proba, uxor Adelphi, centonem ex Vergilio de Fabrica mundi
et Evangeliis plenissime expressit, materia conposita secundum versus, et versibus secundum materiam concinnatis. Sic
quoque et quidam Pomponius ex eodem poeta inter cetera stili

1 quando subv. est ... Israel ... subv. est et *hab. T : om. BCK*   4
super *K*   5 quidam def. *C*¹   7 multorum librorum] tumolorum *K*
10 vel inscriptio *T*   11 poemata *T* : poematae *C*   est *om. K*
dictum ... quod *om. K*   12 adcinatur *BCA*¹ *ut vid. T* : adsimilatur
autem *K*   elegiacam quibus pr. *K*   14 quos clausula *K*   15
retinunt *T*   20 sic deinceps *T*   23 centunario *K*¹ : cente-
nario *BCT*   24 corpus ... materiae *om. C*¹   a facultate *K*
25 uxor ... plenissime *om. K*¹ : uxor ... Evangeliis *om. A*¹   27 con-
cinnantis *T*   28 pompinus *T*

sui otia Tityrum in Christi honorem conposuit : similiter et de Aeneidos.

XL   DE FABVLA.   Fabulas poetae a fando nominaverunt, quia non sunt res factae, sed tantum loquendo fictae. Quae ideo sunt inductae, ut fictorum mutorum animalium inter se conlo- 5 quio imago quaedam vitae hominum nosceretur. Has primus invenisse traditur Alcmeon Crotoniensis, appellanturque Aeso-

2 piae, quia is apud Phrygas in hac re polluit. Sunt autem fabulae aut Aesopicae, aut Libysticae. Aesopicae sunt, cum animalia muta inter se sermocinasse finguntur, vel quae animam non 10 habent, ut urbes, arbores, montes, petrae, flumina. Libysticae autem, dum hominum cum bestiis, aut bestiarum cum homini-

3 bus fingitur vocis esse conmercium. Fabulas poetae quasdam delectandi causa finxerunt, quasdam ad naturam rerum, nonnullas ad mores hominum interpretati sunt. Delectandi causa 15 fictas, ut eas, quas vulgo dicunt, vel quales Plautus et Terentius

4 conposuerunt. Ad naturam rerum fabulas fingunt, ut ' Vulcanus claudus,' quia per naturam numquam rectus est ignis, ut illa triformis bestia (Lucret. 5, 903) :

Prima leo, postrema draco, media ipsa Chimaera :   20

id est caprea, aetates hominum per eam volentes distinguere ; quarum ferox et horrens prima adolescentia, ut leo ; dimidium vitae tempus lucidissimum, ut caprea, eo quod acutissime vi-

5 deat ; tunc fit senectus casibus inflexis, draco. Sic et Hippocentauri fabulam esse confictam, id est hominem equo mixtum, 25 ad exprimendam humanae vitae velocitatem, quia equum constat

6 esse velocissimum. Ad mores, ut apud Horatium mus loquitur muri et mustela vulpeculae, ut per narrationem fictam ad id quod agitur verax significatio referatur. Vnde et Aesopi tales sunt

1 titirem (tyt-) codd. (K¹ n. l.)   honore BK   de om. C   4 res
om. K¹   5 victorum C¹ : vict‖‖ K¹   multorum C¹ : a multorum K¹ :
mutorumque T   se om. K¹   inter se conl. om. T   7 alcimon CT :
alcinon K¹ : al**mon B   appellaturque KT : quae appellantur B
isopiae (hys-, -ie) BKT : hesopicae C   8 his BCT   9 isopiae (bis) K
16 ficta sunt eas T   17 fing. fab. C   18 ut illud T   20 ipsa om. T
21 capra K   23 tempus vitae K   ut om. C¹   capra K   24
inflexis casibus T   ut draco B   26 ad] unde T   28 vulpice T

fabulae ad morum finem relatae, vel sicut in libro Iudicum (9, 8)
ligna sibi regem requirunt et loquuntur ad oleam et ad ficum et ad
vitem et ad rubum; quod totum utique ad mores fingitur ut ad
rem, quae intenditur, ficta quidem narratione, sed veraci signi-
5 ficatione veniatur. Sic et Demosthenes orator fabulam usus est 7
adversus Philippum, qui cum ab Atheniensibus postularet ut
sibi decem oratores darentur, et discederet, finxit ille [hanc]
fabulam qua dissuaderet, dicens lupos aliquando pastoribus,
quorum diligentiam decipere voluissent, suasisse ut in amici-
10 tiam convenirent, ea tamen condicione, ut si canes, in quibus
erat causa iurgiorum, iure illis traderentur : adnuisse pastores et
in spem securitatis dedisse canes, quos ovium suarum vigilan-
tissimos custodes habebant. Tunc lupi, adempta omni formidine, omne quod in gregibus illis erat, non pro satietate tantum,
15 verum etiam pro libidine laceraverunt. Philippum quoque
principes populi postulare, quo facilius possit opprimere spolia-
tam custodibus urbem.

DE HISTORIA. Historia est narratio rei gestae, per quam XLI
ea, quae in praeterito facta sunt, dinoscuntur. Dicta autem
20 Graece historia ἀπὸ τοῦ ἱστορεῖν, id est a videre vel cognoscere.
Apud veteres enim nemo conscribebat historiam, nisi is qui
interfuisset, et ea quae conscribenda essent vidisset. Melius
enim oculis quae fiunt deprehendimus, quam quae auditione
colligimus. Quae enim videntur, sine mendacio proferuntur. 2
25 Haec disciplina ad Grammaticam pertinet, quia quidquid dignum memoria est litteris mandatur. Historiae autem ideo
monumenta dicuntur, eo quod memoriam tribuant rerum gestarum. Series autem dicta per translationem a sertis florum invicem conprehensarum.

---

3 vitem ad rubum *T*   4 quam int. *K*   f. quadam ratione *T*
5 est et adv. *K*   6 adversum *BT*¹ *ut vid.*   7 ut desceret *K*
hanc *hab.* *B* : *om.* *KT* : hinc (*om.* fab.) *C*¹   8 qua dissuaderent *T* :
quam desuaderet *K* : qua suaderet *B*   11 et *om.* *T* : ut *K*   12 in
spe sec. dedissent *K*   13 fortitudine *T*   14 sagacitate *K*   16
quod fac. *BC*   premere *K*¹   18 est *om.* *K*¹   19 praeteritum
BCT   gesta *BK*¹ *ut vid.* : facta *CT*   dinuscantur *K*   22 quae
scribenda erant *K*   24 collegimus *BK*   25 quia quod dignum
memoriae li. comendatur *K*   29 conprehensorum *T*
1182   G

XLII   Dᴇ ᴘʀɪᴍɪs ᴀᴠᴄᴛᴏʀɪʙᴠs ʜɪsᴛᴏʀɪᴀʀᴠᴍ. Historiam autem apud nos primus Moyses de initio mundi conscripsit. Apud gentiles vero primus Dares Phrygius de Graecis et Troianis historiam edidit, quam in foliis palmarum ab eo conscriptam
2 esse ferunt. Post Daretem autem in Graecia Herodotus hi- 5 storiam primus habitus est. Post quem Pherecydes claruit his temporibus quibus Esdras legem scripsit.

XLIII   Dᴇ ᴠᴛɪʟɪᴛᴀᴛᴇ ʜɪsᴛᴏʀɪᴀᴇ. Historiae· gentium non inpediunt legentibus in his quae utilia dixerunt. Multi enim sapientes praeterita hominum gesta ad institutionem praesentium 10 historiis indiderunt, siquidem et per historiam summa retro temporum annorumque supputatio conprehenditur, et per consulum regumque successum multa necessaria perscrutantur.

XLIV   Dᴇ ɢᴇɴᴇʀɪʙᴠs ʜɪsᴛᴏʀɪᴀᴇ. Genus historiae triplex est. Ephemeris namque appellatur unius diei gestio. Hoc apud nos 15 diarium vocatur. Nam quod Latini diurnum, Graeci ephemerida
2 dicunt. Kalendaria appellantur, quae in menses singulos dige-
3 runtur. Annales sunt res singulorum annorum. Quaequae enim digna memoriae domi militiaeque, mari ac terrae per annos in commentariis acta sunt, ab anniversariis gestis annales 20
4 nominaverunt. Historia autem multorum annorum vel temporum est, cuius diligentia annui commentarii in libris delati sunt. Inter historiam autem et annales hoc interest, quod historia est eorum temporum quae vidimus, annales vero sunt eorum annorum quos aetas nostra non novit. Vnde Sallustius ex· 25 historia, Livius, Eusebius et Hieronymus ex annalibus et historia
5 constant. Item inter historiam et argumentum et fabulam interesse. Nam historiae sunt res verae quae factae sunt; argumenta sunt quae etsi facta non sunt, fieri tamen possunt; fabulae vero sunt quae nec factae sunt nec fieri possunt, quia 30 contra naturam sunt.

2 primum *T*   5 fe. es. *K*   autem *om. T*   historicus *Arev.*   7 qu. *om. K*[1]   11 in storiis *T*   13 praescrutantur *C*[1]   14 Nam genus *K* 15 namque] enim *K*   16 dia. greci autem e. *K* (*mediis om.*)   17 singulis *T*   diriguntur *AK*   18 quaeque *BC* : queque *KT*   19 digne *T* ac] et *TK*[1] *ut vid.*   21 Storie *T*[1]   22 est] et *T*   diligentiam *BT* 24 videmus *BK*   26 hist. Liv.] historialibus *codd.* : *corr. Dressel.* (*ex Serv. ad Aen.* 1, 373)   28 interesse *BT* : interest *CK*   historia est *K* : storiae est *C*[1]   facta *T*   29 argumentum *K*

LIBER II

DE RHETORICA ET DIALECTICA

DE RHETORICA EIVSQVE NOMINE. Rhetorica est bene I
dicendi scientia in civilibus quaestionibus, [eloquentia copia] ad
persuadendum iusta et bona. Dicta autem Rhetorica Graeca
appellatione ἀπὸ τοῦ ῥητορίζειν, id est a copia locutionis. Ῥῆσις
5 enim apud Graecos locutio dicitur, ῥήτωρ orator. Coniuncta 2
est autem Grammaticae arti Rhetorica. In Grammatica enim
scientiam recte loquendi discimus; in Rhetorica vero percipimus
qualiter ea, quae didicimus, proferamus.

DE INVENTORIBVS RHETORICAE ARTIS. Haec autem disci- II
10 plina a Graecis inventa est, a Gorgia, Aristotele, Hermagora,
et translata in Latinum a Tullio videlicet et Quintiliano [et
Titiano], sed ita copiose, ita varie, ut eam lectori admirari in
promptu sit, conprehendere inpossibile. Nam membranis reten- 2
tis quasi adhaerescit memoriae series dictionis, ac mox repositis
15 recordatio omnis elabitur. Huius disciplinae perfecta cognitio
oratorem facit.

DE NOMINE ORATORIS ET PARTIBVS RHETORICAE. Orator III
est igitur vir bonus, dicendi peritus. Vir bonus consistit natura,
moribus, artibus. Dicendi peritus consistit artificiosa eloquentia,
20 quae constat partibus quinque : inventione, dispositione, elocu-
tione, memoria, pronuntiatione, et fine officii, quod est aliquid
persuadere. Ipsa autem peritia dicendi in tribus rebus consistit : 2
natura, doctrina, usu. Natura ingenio, doctrina scientia, usus

---

2 scientia] sententia *KM*   eloquentia copia *hab. TU* : *om. BCKM*
3 iusta] ius *M* : iustitia *K*   bona dicta dicta au. *K* (*non M*) : bona in
rerum personarumque negotia e causa (*pro* negotio et c.) dicta au. *B*
4 *vel ὰ. τ. ῥητορεύειν* : apoturetoresin (-rhe-, -reth-) *BCTU* : apo to
rethores *K*   6 autem] enim *B*   artis *BT* : arte *C¹*   enim *om. K*
11 et Titiano *hab. BC Rem.¹ H* (tat-): *om. KMTU Mon.¹*   13 promptu]
-tum *KTU*   14 adheriscet memoriis *K*   repositi *K*   19 el. consistit quinque partibus *K*   22 dicendi *ABCT* : loquendi *K*   23 usu . . .
doctrina *om. C¹*   usu ads. *BCT*

G 2

adsiduitate. Haec sunt enim quae non solum in oratore, sed in unoquoque homine artifice expectantur, ut aliquid efficiat.

IV DE TRIBVS GENERIBVS CAVSARVM. Genera causarum tria sunt, deliberativum, demonstrativum, iudiciale. Deliberativum genus est, in quo de quibuslibet utilitatibus vitae, quid aut debeat 5 aut non debeat fieri, tractatur. Demonstrativum, in quo lauda-
2 bilis persona aut reprehensibilis ostenditur. Iudiciale, in quo de ipsius personae facto aut poenae aut praemii sententia datur. Dictum autem iudiciale eo, quod iudicet hominem, et sententia sua ostendat utrum laudabilis praemio dignus sit, aut certe reus 10
3 condemnari liberarique supplicio. Deliberativum genus vocatur eo, quod de unaquaque re in eo deliberatur. Huius genus duplex est, suasio et dissuasio, id est de expetendo et fugiendo, id est
4 de faciendo et non faciendo. Suasoria autem in tribus locis dividitur: honesto, utili, et possibili. Haec differt aliquid a deli- 15 berativa, quia suasoria eget alteram personam, deliberativa interdum et apud se agit. In suasoria autem duae sunt quae
5 plus valent: spes et metus. Demonstrativum dictum, quod unamquamque rem aut laudando aut vituperando demonstrat. Quod genus duas habet species: laudem et vituperationem. 20 Laudis ordo tribus temporibus distinguitur: ante ipsum, in ipsum,
6 post ipsum. Ante ipsum, ut (Virg. Aen. 1, 605):

> Quae te tam laeta tulerunt
saecula?

In ipsum, ut (Virg. Aen. 1, 597): 25
> O sola infandos Troiae miserata labores.

Post ipsum, ut (Virg. Aen. 1, 607):
> In freta dum fluvii current, dum montibus umbrae
lustrabunt,
> semper honos nomenque tuum laudesque manebunt. 30

1 enim sunt *K*   3 Modi c. tres s. *K*   5 est *om.* *C*[1]   debet a. n. debet *K*: debet a. n. debeat *A*   7 in quo de ipsius] eo quod ei prius *K*: in quo ei prius *A*   8 premiis sent. *T*   9 iudices *K* 11 liberarive *dett.*: deliberaturque *K*   12 unaqueque *T*   13 sua. est *K* de *om. K*   expetendo *T*: expectando *ABK*: spectando *C*   id est de fac. *om. K*   14 divitur *K*   15 possessibili *T*   17 int. apud *C* 21 ante hominem in homine post hominem *B*   22 Ante hominem *B* 25 in homine *B*   26 troia *K*   27 post hominem *B*   28 umbra *T*

Pari ordine e contrario et in vituperatione hominis haec forma **7**
servanda est, ante hominem, in hominem, post hominem. Locus
communis ad demonstrativum vituperationis genus pertinet.
Quod tamen ab eo in aliquo differt. Nam vituperatio, quae
5 contraria est laudis, specialiter in certam facientis personam
adhibetur. Communis vero locus generaliter in facti crimen **8**
praeponitur. Vnde et communis locus dicitur, quia absente
persona non tam in hominem, quantum in ipsum crimen ex-
ponitur. Omne enim vitium non in uno tantum, sed etiam
10 commune in plurimis invenitur.

DE GEMINO STATV CAVSARVM. Status apud Rhetores V
dicitur ea res, in qua causa consistit, id est constitutio. Graeci
autem statum a contentione στάσιν dicunt. Latini autem non
solum a pugna, per quam expugnent propositionem adversarii,
15 sed quod in eo pars utraque consistat. Fit autem ex intentione
et depulsione. Status autem causarum sunt duo : rationalis et **2**
legalis. De rationali oriuntur coniectura, finis, qualitas, translatio. De fine iudicialis et negotialis. De iudiciali absoluta et
adsumptiva. De adsumptiva concessio, remotio criminis, relatio
20 criminis, conpensatio. De concessione purgatio et deprecatio.
Coniecturalis status est cum factum, quod alio obicitur, ab alio **3**
pernegatur. Definitivus status est, cum id, quod obicitur, non
hoc esse contenditur, sed quid illud sit adhibitis definitionibus
adprobatur. Qualitas est, dum qualis res sit quaeritur : et
25 quia de vi et genere negotii controversia agitur, constitutio
generalis appellatur. Translatio est cum causa ex eo pendet, **4**
quod non aut is agere videtur, quem oportet, aut non apud

---

1 vituperationem *T* hominum *K* 2 ante ipsum in ipso post
ipsum *B* 4 in aliquod *BCT*.(*i. e.* in aliquot ?) 5 in certam *ABC* :
interdum *K* : ad incertam *T* persona *K* 6 crimine *dett.* 7 qui
T : quod *K* absentem personam *K* 8 non tantum *BC* : non tamen
(tn̄) *A* : tantum *K* : notam *T* in hom.] in unum *B* quantum]
quam *T* 10 pluribus *K* 12 dicitur *om. C* ea] et *K*
constet *K* 14 adversariis quod in corpar *K* 15 consistit *K*
17 legalis (-les) *ABCT* : causalis *K* coniunctura *T* 18 obsoluta
et absumptiva *K* 19 criminis relatio *om. K* 21 est *om. K* alii *K*
22 quum id obicitur non hoc esse quod dicitur sed *T* 25 genera *K*
27 op. ⟨aut non cum eo qui op.⟩ *Cassiod.* aut non ap. qu.] aut quis *K*

quos, quo tempore, qua lege, quo crimine, qua poena oporteat.
Translativa constitutio, quod actio translationis et commuta-
5 tionis indigere videtur. Iudicialis est, in qua aequi et recti
natura et praemia aut poenae ratio quaeritur. Negotialis est,
in qua quid iuris ex civili more et aequitate sit consideratur. 5
Adsumptiva est, quae ipsa ex se nihil dat firmi ad recusationem,
6 [foris autem aliquid defensionis adsumit]. Concessio est, cum
reus non ad id, quod factum est, defendit, sed ut ignoscatur
postulat. Quod nos ad poenitentes probavimus pertinere.
Remotio criminis est cum id crimen, quod infertur ab se et ab 10
sua culpa, vi et potestate in alium reus demovere conatur.
7 Relatio criminis est, cum ideo iure factum dicitur, quod aliquis
ante iniuria lacessitus sit. Conparatio est, cum aliud aliquod
alterius factum honestum aut utile contenditur, quod ut fieret,
8 illud, quod arguitur, dicitur esse conmissum. Purgatio est, 15
cum factum quidem conceditur, sed culpa removetur. Haec
partes habet tres: inprudentiam, casum, necessitatem. Deprecatio est, cum et peccasse et consultu peccasse reus confitetur,
et tamen ut ignoscatur postulat. Quod genus perraro potest
9 accidere. Item ex legali statu haec oriuntur, id est scriptum 20
et voluntas, leges contrariae, ambiguitas, collectio sive ratiocinatio et definitio legalis. Scriptum et voluntas est, quando
verba ipsa videntur cum sententia scriptoris dissidere. Legis
contrariae status est, quando inter se duae leges aut plures dis-
crepare noscuntur. Ambiguitas est, cum id, quod scriptum est, 25
duas aut plures res significare videtur. Collectio vel ratiocinatio
est, quando ex eo, quod scriptum est, aliud quoque, quod non

---

2 const. dicitur quod *T* et commodationis *K*: *om.* *C*[1] 3 videatur *K*
quo *K* 4 et] aut *K* praemii *K* pena *T* 5 qua *om. K* et]
ex *K* 7 foris...ads. *hab. TUB*: *om. KC*[1] adsumit *TU*: adsu-
munt *B* 8 reus non ad id quod f. est *T*: reus non id quod f. est *BCU*:
alio aliquod f. non est *K* 11 demovere *BCTU*: transferre *K* 13
iniuriam *K* 14 quo ut *C* 15 dicitur *om. T*[1] 18 cum pecc. *K*
20 scr. est et vol. *A*: scr. et vol. est *BC* 21 legi *K* contraria
K: *om. A* 22 scr. est ut vol. q. *K* 23 videtur c. s. scriptor *K*
desidere *A*: discidere *K* 25 q. est scriptum *K* 26 duas aut
...scriptum est *om. B (non Bern.* 224) videntur *T* 27 scr.
aliud *K*

scriptum est, invenitur. Definitio legalis est, cum vis quasi in
definitiva constitutione, in quo posita sit, quaeritur. Status ergo 10
tam rationales quam legales a quibusdam certius decem et octo
connumerati sunt. Ceterum secundum Rhetoricos Tullii decem
5 et novem reperiuntur propterea, quia translationem inter rationales principaliter adfixit status. Inde se ipse etiam Cicero
reprehendens translationem legalibus statubus adplicavit.

DE TRIPERTITA CONTROVERSIA. Tripertita controversia iuxta VI
Ciceronem aut simplex est, aut iuncta. Et si iuncta erit, conside-
10 randum est utrum ex pluribus quaestionibus iuncta sit, an ex
aliqua conparatione. Controversia simplex est, quae absolutam
continet unam quaestionem hoc modo : Corinthiis bellum indicamus, an non ? Iuncta est ex pluribus quaestionibus, in qua 2
plura quaeruntur hoc pacto : Vtrum Carthago diruatur, an
15 Carthaginensibus reddatur, an eo colonia deducatur ? Ex conparatione, utrum potius, aut quid potissimum quaeritur, ad hunc
modum : Vtrum exercitus in Macedoniam contra Philippum
mittatur, qui sociis sit auxilio, an teneatur in Italia, ut quam
maximae contra Hannibalem copiae sint ?

20 DE QVATTVOR PARTIBVS ORATIONIS. Partes orationis in VII
Rhetorica arte quattuor sunt : exordium, narratio, argumentatio,
conclusio. Harum prima auditoris animum provocat, secunda
res gestas explicat, tertia fidem adsertionibus facit, quarta finem
totius orationis conplectitur. Inchoandum est itaque taliter, 2
25 ut benivolum, docilem, vel adtentum auditorem faciamus : benivolum precando, docilem instruendo, adtentum excitando.
Narrandum est ita, ut breviter atque aperte loquamur ; argu-
mentandum est ita, ut primum nostra firmemus, dehinc adversa

---

1 legalis est aliud quoque quod non scriptum est cum vis *B*   cum vis
quasi] cum quis *K*   2 qua *BCT*   3 connumerati xviii certum sec. *K*
6 principalem adf. statum *K*   adflixit *B*   7 statutibus (*pro* -tu- *suprascr.* ti) *C¹T* : statum huius *K*   13 Iuxta *A*   14 diruatur *C* :
dirivatur *BKT*   15 an ea col. ded. *C¹* : an in col. diducatur *K*
16 utr. potius an potissimum qu. *K*   ad hunc . . . mittatur *om. C¹*
18 sociis sit] successit *K*   ut] aut *K*   19 c. sinit *B* : copia sit *K*   21
sunt id est ex. *T*   23 fidem *om. K*   finis *K*   24 conplectit *T*
25 docebilem *K*   adtentum *om. K*   auditore *K*   aùd. . . . instruendo
om. C¹   27 ita brev. *T*   aperte] a parte *C¹*

confringamus; concludendum ita, ut concitemus animos audientis inplere quae dicimus.

VIII   De qvinqve modis cavsarvm. Species causarum sunt quinque : [id est] honestum, admirabile, humile, anceps, obscurum. Honestum causae genus est, cui statim sine oratione 5 nostra favet animus auditoris. Admirabile, a quo est alienatus animus eorum, qui audituri sunt. Humile est, quod neclegitur
2 ab auditore. Anceps est, in quo aut iudicatio dubia est, aut causa honestatis et turpitudinis particeps, ut benivolentiam pariat et offensam. Obscurum, in quo aut tardi auditores sunt, aut 10 difficilioribus ad cognoscendum negotiis causa cernitur inplicata.

IX   De Syllogismis. Syllogismus Graece, Latine argumentatio appellatur. Argumentatio autem dicta est, quasi argutae mentis oratio, qua inventum probabile exequimur. Syllogismus 15 igitur est propositionis et adsumptionis confirmationisque extrema conclusio aut ex ambigentis incerto, aut ex fiducia
2 conprobantis. Constat enim tribus partibus : propositione, adsumptione, conclusione. Propositione, ut puta, ' quod bonum est, turpem usum habere non potest.' Consensit audiens ; ad- 20 sumpsit ille 'pecunia turpem usum habet.' Concluditur, 'ergo
3 pecunia bonum non est.' Syllogismis autem non solum rhetores, sed maxime dialectici utuntur, licet Apostolus saepe proponat, adsumat, confirmet atque concludat : quae, ut diximus, propriae
4 artis Dialecticae et Rhetoricae sunt. Syllogismorum apud rhe- 25 tores principalia genera duo sunt : inductio et ratiocinatio. In-

1 concl. est ita *K*   animum *K*   3 quinque sunt *K*   4 id est hab. *BT*: *om. CK*   6 a quo est *CT*: eo quod est *BK Bern.* 224 alienatus] adtentus *B ante corr.* *C*¹ *ut vid.*   7 nec legitur *CKT* 8 dubia est *om. K*   9 benivolentia pariat offesam *T*: benivole pariet offensa *K*: benivolentiam pariet offensam *C*¹   10 in qua aut *B*¹*K*: aut in quo *T*   11 cognoscendam *B*¹*C*¹   negotii *BC*¹: -tium *KT*   13 Soloecismus *K*   14 app. *BCT*: dicitur *K*   arg. men. or.] argumenti ratio *C*¹ 15 quia *K*   exequitur *T*   18 ads. concl. prop. *K* : *om. C*   19 Propositione *om. K*   20 turpe usu *K*   21 turpe usum *KT* concl. enim pec. bo. nomen esse *K* : concl. enim pec. bo. est *C ante corr.* 23 maximi *K*   24 propria *dett.*

ductionis membra sunt tria : prima propositio, secunda inlatio, quae et adsumptio dicitur, tertia conclusio. Inductio est, quae **5** rebus non dubiis captat adsensionem eius, cum instituta est, sive inter philosophos, sive inter rhetores, sive inter sermocinantes. Propositio inductionis est, quae similitudines concedendae rei necessario unius inducit aut plurium. Inlatio inductionis est, **6** quae et adsumptio dicitur, quae rem, de qua contenditur, et cuius causa similitudines habitae sunt, introducit. Conclusio inductionis est, quae aut concessionem inlationis confirmat, aut quid ex ea conficiatur declarat. Ratiocinatio est oratio, qua id, de quo est quaestio, conprobatur. Ratiocinationis modi sunt duo. **7** Primus enthymema, qui est inperfectus syllogismus atque rhetoricus. Secundus epichirema, qui est inrhetoricus et latior syllogismus. Enthymema igitur Latine interpretatur mentis **8** conceptio, quem inperfectum syllogismum solent artigraphi nuncupare. Nam in duabus partibus eius argumenti forma consistit, quando id, quod ad fidem pertinet faciendam, utitur, syllogismorum lege praeterita, ut est illud : ' Si tempestas vitanda est, non est igitur navigandum.' Ex sola enim propositione et conclusione constat esse perfectum, unde magis rhetoribus quam dialecticis convenire iudicatum est. Enthymematis mem- **9** bra sunt quinque : primum convincibile, secundum ostentabile, tertium sententiale, quartum exemplabile, quintum collectivum. Convincibile est, quod evidenti ratione convincitur, sicut fecit **10** Cicero pro Milone (79): ' Eius igitur mortis sedetis ultores, cuius vitam si putetis per vos restitui posse, nolitis.' Ostenta- **11** bile est, quod certa rei demonstratione constringit, sicut Cicero

2 quae ads. *T* : quae et sumptio *K* 3 captis *K* cum quo inst. *Cassiod.*
4 sive *tert.*] et *K* 6 unus *T* : unum *K* plurimum *KT* : -marum
Cassiod. 8 cause *T* habitae . . .inductionis *om. K* 9 ut quid *K*
10 Ratioc. . . . conprobatur *om. T*[1] (*non U*) § 7 *om. A* : *post* § 8 *BCD*
KTU 12 primus *om. D* 13 in rethoricis *CK* latior] latinus *T*
14 latine *om. K* 15 quem *BCDU* : quae (*pro* quem *suprascr.* a ?) *KT*
15 improfecto solocismon *K* 16 nuncupari *B* eius *om. K*
18 preterit *K* 19 et conclusione *hab. K* : *om.* BC *Bern.* 224 *T*
20 consistat *T* mag. de r. *K* 21 Enthimemagi *K* : Enthimema
magis *B* 22 primum *om. C*[1] 25 s. ultorem *K* : sedet stultores *T*
26 noletis *K* (*i. e.* nolletis ?) 27 constringitur *K*

in Catilina (1, 2) : 'Hic tamen vivit, immo etiam in senatum venit.' Sententiale est, quod sententia generalis adducit, ut apud Terentium (Andr. 68) :

Obsequium amicos, veritas odium parit.

12 Exemplabile est, quod alicuius exempli conparatione eventum 5 simile conminatur, sicut Cicero in Philippicis (2, 1) : 'Te miror, Antoni, quorum exempla imitaris, eorum exitus non pertime-

13 scere.' Collectivum est, cum in unum quae argumentata sunt colliguntur, sicut ait Cicero pro Milone (41) : 'Quem igitur cum gratia noluit, hunc voluit cum aliquorum querella. Quem iure, 10 quem loco, quem tempore non est ausus : hunc iniuria, alieno

14 tempore, cum periculo capitis non dubitavit occidere.' Praeterea secundum Victorinum enthymematis est altera definitio ex sola propositione, sicut iam dictum est, quae ita constat: Si tempestas

15 vitanda est, non est navigatio requirenda. Ex sola adsumptione, 15 ut est illud : Si inimicus est, occidit ; inimicus autem [est]. Et

16 quia illi deest conclusio, enthymema vocatur. Sequitur epichi-rema, descendens de ratiocinatione latior et executior rhetoricis syllogismis, latitudine distans et productione sermonis a dialecti-cis syllogismis, propter quod rhetoribus datur. Hic autem con- 20 stat modis tribus. Primus modus tripertitus est, secundus quad-

17 ripertitus, tertius quinquepertitus. Tripertitus epichirematicus syllogismus est, qui constat membris tribus, id est propositione, adsumptione, conclusione. Quadripertitus est, qui constat ex membris quattuor : prima propositione, secunda adsumptione 25 et una propositionis sive adsumptionis coniuncta, tertia pro-

18 batione et conclusione. Quinquepartitus itaque est, qui constat ex membris quinque, id est prima propositione, secunda eius pro-

1 vivit vivit immo B^1 : vi. vi. etiam *Bern.* 224   senatu *BKT*
2 adducit *T* : addicit *BC* : adicit *T*   4 parat *K*   6 similem *CT*
7 quor. ex. imit.] quare mea exempla meditaris *K*   8 unum] um *K*
argumenta *K* : argumentati *T*   9 colligitur *T*   quae ig. C^1
10 aliquibus quer. C^1 14 prepositione *T*   dictus est qui *K*   16
inimicos occ. (*om.* est) *K* (*non M*)   est hab. *BCT* : *om. AK*
18 de ratione B^1 latior ut *B*   la. exsecutio rhetorici syllogismi *Halm*
(*ex Cassiod.*)   21 trip. sec. (*om.* est) *C*   quadr. est tert. quinq. est *T*
23 qui] quod *K*   prop-] praep- C^1 (*ter*)   25 primo positione *T*
26 prop. vel ads. adiuncta *K* : propositione sive ads. et iuncta *A*   28
sec. prob. (*om.* eius) *K*

batione, tertia adsumptione, quarta eius probatione, quinta conclusione. Hunc Cicero ita facit in arte Rhetorica (de Inv. 1, 12):
' Si deliberatio et demonstratio genera sunt causarum, non possunt recte partes alicuius generis causae putari. Eadem enim res
5 alii genus, alii pars esse potest; eidem genus et pars non potest,'
vel cetera, quousque syllogismi huius membra claudantur.

DE LEGE. Lex est constitutio populi, quam maiores natu X
cum plebibus sancierunt. Nam quod Rex vel Imperator edicit,
constitutio vel edictum vocatur. Institutio aequitatis duplex est,
10 nunc in legibus, nunc in moribus. Inter legem autem et mores
hoc interest, quod lex scripta est, mos vero est vetustate probata
consuetudo, sive lex non scripta. Nam lex a legendo vocata,
quia scripta est. Mos autem longa consuetudo est, de moribus 2
tracta tantundem. Consuetudo autem est ius quoddam mori
15 bus institutum, quod pro lege suscipitur, cum deficit lex; nec
differt scriptura an ratione consistat, quando et legem ratio commendet. Porro si ratione lex consistat, lex erit omne iam quod 3
ratione constiterit, dumtaxat quod religioni congruat, quod disciplinae conveniat, quod saluti proficiat. Vocata autem consue
20 tudo, quia in communi est usu. Omnis autem lex aut permittit 4
aliquid, ut ' vir fortis petatpraemium ': aut vetat, ut ' sacrarum
virginum nuptias nulli petere liceat ': aut punit, ut ' qui caedem
fecerit, capite plectatur.' Factae sunt autem leges, ut earum 5
metu humana coherceatur audacia, tutaque sit inter inprobos
25 innocentia, et in ipsis inprobis formidato supplicio refrenetur
nocendi facultas. Legis enim praemio aut poena vita moderatur

---

3 si] sive C^1 4 recta K caus. alic. gen. K 5 ali genus T:
alii generis C^1 eidem . . . non potest om. C^1 idem BK 6 vel
BCT: et K membra] verba B (non Bern. 224)   Cap. x edidit
Kuebler (Herm. 25, 505 sqq.), q. v.   8 edicit BCT: ededit K 10
autem om. K (non A)   11 quod] quia B mos vero vet. K 13
quia] quae K: qua C^1 14 tracta tan.] tractadem T eius quodam K
15 per legem suscipitur K deficit lex non defert scr. A: defecerit
lex non defecit scr. K 16 conmendat CT 17 Porro rationem T
constat BC 18 dumtaxat aut vitat quod KC^1 (cf. § 4)   20 quia]
quod K communis T autem $ABCTU$: enim KM promittit
KM 21 vetat] vitat K 22 puniat C^1 23 autem] hoc K
earum] erum T^1 24 cohercetur K 25 ut et ips. K 26
Legis . . . humana in finem § 4 transponit Kuebler (cf. V. XIX)

6 humana. Erit autem lex honesta, iusta, possibilis, secundum naturam, secundum consuetudinem patriae, loco temporique conveniens, necessaria, utilis, manifesta quoque, ne aliquid per obscuritatem in captionem contineat, nullo privato commodo, sed pro communi civium utilitate conscripta.   5

XI   DE SENTENTIA. Sententia est dictum inpersonale, ut (Ter. Andr. 68) :

> Obsequium amicos, veritas odium parit.

Huic si persona fuerit adiecta, chria erit, ita : ' offendit Achilles Agamemnonem vera dicendo,' ' Metrophanes promeruit gratiam 10
2 Mithridatis obsequendo.' Nam inter chrian et sententiam hoc interest, quod sententia sine persona profertur, chria sine persona numquam dicitur. Vnde si sententiae persona adiciatur, fit chria ; si detrahatur, fit sententia.

XII   DE CATASCEVA ET ANASCEVA. Catasceua est confirma- 15
tio propositae rei. Anasceua autem contraria superiori est. Revincit enim non fuisse, aut non esse, quod natum, aut factum, aut dictum esse proponitur ; ut si quis Chimaeram neget fuisse,
2 aut fuisse confirmet. Inter haec et thesin hoc interesse, quod thesis, quamvis et ipsa habeat disputationem in utramque par- 20
tem, tamen incertae rei quasi quaedam deliberatio vel cohortatio est. Catasceua autem et anasceua in his rebus, quae verisimiles
3 non sunt, sed pro veris proponuntur, plerumque versantur. Anasceuae prima divisio est inconveniens et mendacium. Inconvenientis species sunt, quod inhonestum est et quod inutile. Item 25
inhonestum tractatur aut in dictis aut in factis. In dictis, ut si qui indecora et non respondentia auctoritati dixisse dicatur ; velut si aliqui infamet Catonem illum Censorium, iuventutem
4 illum ad nequitiam et luxuriam cohortatum. In factis, ut si qui

2 pro consuitudinem *K*   4 captione *K*   nullo probato *C*[1]   8
parat *K*   9 crian *BCK* : criminum *T*   10 agamemnon *T*   11
obsequendum *K*   crian (*ter*) *codd.*   13 sententia p. *B* : p. sententia *T*
15 confirmatiopposite *T*[1]   19 aut fuisse *om. KC*[1]   inter est *K*
21 incerta rei quos quadam *K*   liberatio *Arev.*   quoartatio (co-) *BC*[1]*T*
22 q. similes *K*   23 versis *K*   ponuntur *BK*   24 inconvenientes
sp. *C*[1]*T*   27 auctoritate *BC*   28 infamet *T*   iuvetem *T*
29 illam *BC*   courtatum *K* : coartatum *BT*

abhorrens aliquid a sanctimonia et nomine suo fecisse dicatur ;
ut est fabula de adulterio Martis et Veneris. Mendacium tres
habet species : incredibile, quod factum non esse credatur, ut
adolescentem, qui de Siculo litore ingredientes Africam classes
5 viderit. Inpossibile est ut Clodius insidias Miloni fecerit et **5**
idem occisus sit a Milone. Contrarium est ; nam si insidias
fecit, occidit. Occisus est ; non fecit insidias. Haec distributio
in contrarium reformata catasceua prodeerit. [Vt gradus omnes
constituamus, honestum, utile, verisimile, possibile, consenta-
10 neum, vel ex diverso inhonestum, inutile, parum verisimile, inpossibile, contrarium.] Oportebit tamen principia sic ordinare,
ut aut credendum esse veterum auctoritati, aut fabulis fidem non
habendam esse dicamus. Et ad id postremum in anasceua re- **6**
quiramus, ne quid aliud significare voluerint, qui ista finxerunt :
15 ut Scyllam non marinam, sed maritimam'feminam, nec succin-
ctam canibus, sed rapacem aliquam et inhospitalem venientibus
extitisse.

De Prosopoeia. Prosopoeia est, cum inanimalium et per- XIII
sona et sermo fingitur. Cicero in Catilina (1, 27) : ' Etenim si
20 mecum patria mea, quae mihi vita mea multo est carior, loqueretur, dicens,' et cetera. Sic et montes et flumina vel arbores lo- **2**
quentes inducimus, personam inponentes rei quae non habet
naturam loquendi ; quod et tragoedis usitatum et in orationibus
frequentissime invenitur.

25 De Ethopoeia. Ethopoeiam vero illam vocamus, in qua XIV
hominis personam fingimus pro exprimendis affectibus aetatis,
studii, fortunae, laetitiae, sexus, maeroris, audaciae. Nam cum
piratae persona suscipitur, audax, abrupta, temeraria erit oratio :

2 adterio *K*   3 non est esse *K*   4 egred. *Arev.*   classem *T*
5 viderit *BK* : videret *CT*   fecerit eodem occisus est *K*   7 occisus
est... insidias *om. T*   8–11 ut gradus ... contrarium *hab. TU* (inpossibile
om. U) : *om. BCKM*   11 tam. et pr. *K*   ordinari *B*   12 uterum
A : utrum *K*   auctoritate *AK* : -tem *C*   fidem *om. K*   13 id
om. K   14 voluerit *BK* : voluerunt *C*   16 sed rap. *T* : sit **rap.**
C[1] : seu rap. *B* : sive rap. *K* : severa pacem *A*   aliquem *T*
18 inan. pers. *K*   20 mul. et car. *T*   21 vel] et *K*   23 quod]
quam *B*   us. est et *B*   rationibus *T*   25 in quam *BCT*   26
effectibus *T*   28 percipitur *C*[1]

cum feminae sermo simulatur, sexui convenire debet oratio:
iam vero adolescentis et senis, et militis et imperatoris, et parasiti
2 et rustici et philosophi diversa oratio dicenda est. Aliter enim
loquitur gaudio affectus, aliter vulneratus. In quo genere dictionis illa sunt maxime cogitanda, quis loquatur et apud quem, de 5
quo et ubi et quo tempore: quid egerit, quid acturus sit, aut quid
pati possit, si haec consulta neclexerit.

XV   DE GENERIBVS QVAESTIONVM. Genera quaestionum duo
sunt, quorum unum est finitum, alterum infinitum. Finitum
ὑπόθεσις Graece, Latine causa dicitur, ubi cum certa persona con- 10
2 troversia est. Infinitum, quod Graece θέσις, Latine propositum
nominatur. Hoc personam non habet certam, nec inest[in]aliqua
certa circumstantia, id est, nec locus, nec tempus. In causa
vero certa omnia sunt, unde quasi pars causae est propositum.

XVI   DE ELOCVTIONE. Iam vero in elocutionibus illud uti opor- 15
tebit, ut res, locus, tempus, persona audientis efflagitat, ne
profana religiosis, ne inverecunda castis, ne levia gravibus, ne
lasciva seriis, ne ridicula tristibus misceantur. Latine autem et
2 perspicue loquendum. Latine autem loquitur, qui verba rerum
vera et naturalia persequitur, nec a sermone atque cultu prae- 20
sentis temporis discrepat. Huic non sit satis videre quid dicat,
nisi id quoque aperte et suaviter dicere; ne id quidem tantum,
nisi id quod dicat et facere.

XVII DE TRIMODO DICENDI GENERE. Dicenda sunt quoque sum-
missa leniter, incitata graviter, inflexa moderate. Hoc est enim 25
illud trimodum genus dicendi: humile, medium, grandiloquum.
Cum enim magna dicimus, granditer proferenda sunt; cum parva
2 dicimus, subtiliter; cum mediocria, temperate. Nam in parvis

2 imp. paras. *K*   3 diversa *om. C*[1]   ratio *BC*   5 quem vel
de quo et quo temp. *K*   6 qui digerit *A* : quid erit *K*   qui dicturus *B*
9 alterum inf. *om. C*[1]   finitum *om. K*   10 Graece *om. K*   12
certam non habet *T*   nec in eis aliquam certam circumstantiam *K*
14 undique si *T*   positum *B*   15 in *om. KC*[1]   uti oportit vel
oportebit *K*   16 flagitet *K*   17 religioni *K*   20 a *om. K*
presenti *K*   21 temporibus *B*   huic *BT*: hinc *CK*   videri *B*
22 tantum dicere n. *T*   23 ni *A*   et fecerit *K*: et facete *Arev.*
24 summa *K*   25 hoc enim illud *T*: hoc est illud *K*

causis nihil grande, nihil sublime dicendum est, sed leni ac pedestri more loquendum. In causis autem maioribus, ubi de
Deo vel hominum salute referimus, plus magnificentiae et ful-
goris est exhibendum. In temperatis vero causis, ubi nihil **3**
5 agitur ut agat, sed tantummodo ut delectetur auditor, inter
utrumque moderate dicendum est : sed et quamvis de magnis
rebus quisque dicat, non tamen semper granditer docere debet,
sed summisse, cum docet ; temperate, cum aliquid laudat vel
vituperat ; granditer, cum ad conversionem aversos animos pro-
10 vocat. Vtenda tamen verba in summisso genere sufficientia, in
temperato splendentia, in grandi vehementia.

De colo, commate, et periodis. Conponitur autem in- XVIII
struiturque omnis oratio verbis, comma et colo et periodo.
Comma particula est sententiae. Colon membrum. Periodos
15 ambitus vel circuitus. Fit autem ex coniunctione verborum
comma, ex commate colon, ex colo periodos. Comma est iun- **2**
cturae finitio, utputa (Cic. Mil. 1) : ' Etsi vereor, iudices,' ecce
unum comma ; sequitur et aliud comma : ' ne turpe sit pro for-
tissimo viro dicere,' et factum est colon, id est membrum, quod
20 intellectum sensui praestat ; sed adhuc pendet oratio, sicque
deinde ex pluribus membris fit periodos, id est extrema sententiae
clausula : ' ita veterem iudiciorum morem requirunt.' Periodos
autem longior esse non debet quam ut uno spiritu proferatur.

De vitiis litterarvm et verborvm et sententiarvm XIX
25 cavendis. Praeterea purum et honestum oratoris eloquium
carere debet omnibus vitiis tam in litteris, quam in verbis, quam
etiam in sententiis. In litteris, ut iunctura apta et conveniens **2**
sit ; et sic observandum, ne praecedentis verbi extrema vocalis

1 lenia ped. *T*   2 autem *om. K*   3 magnificentia et f. *A* :
magnificentia f. *K*   4 excellendum *K*   7 docere] dicere *K*   8
doceat *T*   9 conversationem *T*   conv. utenda adversos *K*
10 tamen] tantum *K*   12 et instruitur *B*   13 ratio *T*   comma
cola periodis *K* : comma et colon periodon *C*   14 in periodos amb.
TC¹   17 etsi] et re *K* : si *B*   18 seq. ... comma *om. K*   20
intellectum est sensum *K*   21 id *om. K*   est *om. C¹*   22
clausa *T*   mortem *C¹*   23 non *om. K*   25 oratori *K*
28 sic] sit *KT*

in eandem vocalem primam incidat verbi sequentis, ut ' feminae Aegyptiae.' Quae structura melior fit, si consonantes vocalibus adplicantur. Trium quoque consonantium, quae in se incidentes stridere et quasi rixare videntur, vitanda iunctura est, id est, R, S, X, ut : 'ars studiorum,' 'rex Xerxes,' 'error Romuli.' 5 Fugienda est et consonans M inlisa vocalibus, ut ' verum enim.'

XX DE IVNCTVRIS VERBORVM. In verbis quoque cavenda sunt vitia, ut non inpropria verba ponantur, quae Graeci Acyrologian vocant. Amanda est ergo proprietas, sic tamen ut aliquando propter humilitatem sordidi aut spurci vocabuli translatis nomi- 10 nibus sit utendum, non tamen longe accitis, sed ut veris proxima

2 et cognata videantur. Fugienda etiam Hyperbata longiora, quae fieri sine aliorum sensuum confusione non possunt. Ambiguitas quoque et vitium illud cavendum, cum quidam iactatione elo- quentiae ducti, quod uno aut duobus verbis significare poterant, 15 interpositis inanibus vocibus longa et circumflexa ambage con-

3 cludunt : quod vitium Perissologia[n] vocatur. Cui contrarium criminis vitium est et brevitatis studio etiam necessaria verba furari. Fugienda sunt quoque, sicut in litteris et verbis, ita et in sententiis vitia, quae inter prima Grammaticorum studia 20

4 cognoscuntur. Sunt autem Cacemphaton, Tautologia, Ellipsis, Acyrologia, Macrologia, Perissologia, Pleonasmos et his similia. At contra orationem extollit et exornat †energia tum† Emphasis, quae plus quiddam quam dixerit intellegi facit ; ut si dicas : ' Ad gloriam Scipionis ascendit,' et Vergilius (Aen. 2, 262) : 25
Demissum lapsi per funem.

1 prima K ut *om.* T^1 2 structura DU^2 : instructura $ABCGIK$: instructuram TU^1 *ut vid.* melior . . . consonantium quae (que) $BDGITU$: menantium quae (que) AK : consonantium C^1 *Versus quadra- ginta fere litterarum in archetypo exciderat* 3 in se incidentes $DGTU$: se incidentes B : insicidentes AC^1K 5 studiosorum K 6 vocabi- libus C^1 9 ut non aliq. BK 10 sorditis aut sporcis vocalibus K : sor- didis aut porci vocabuli A : sordidis aut spurcis vocabulis C 11 vires B 12 cognita T 14 quoque vit. T 15 dicti K uno aut CK : unius aut B : unius vel T 16 circumplexa B 17 vocantur K^1T (*pro* vocatur *corr.* vocant) 18 est crim. vit. B et brev. studium KC^1 : ut brev. studium B : brev. studio T 19 fugiendum est K (*non* A) ita in sent. vit. atque int. T : ita et in sent. vitaque int. A 21 noscuntur C (*non* A) ellemsis (ele-, -mpsis) *codd.* (enilimsis A) 23 rationem K (*non* A) inergia tamen fasis BCK : i. t. facit T : energia tu men fassis A 25 *vel* ascendet 26 dimisum l. A : demissu lapsis K

Cum enim dicit lapsi, altitudinis imaginem suggerit. Huic contraria virtus est, verbis minuere quae natura sua magna sunt.

DE FIGVRIS VERBORVM ET SENTENTIARVM. Augetur et XXI ornatur oratio etiam figuris verborum ac sententiarum. Nam 5 quia directa et perpetua oratio fatigationem atque fastidium tam dicendi quam audiendi creat, flectenda est et in alias versanda formas, ut et dicentem reficiat, et ornatior fiat, et iudicem diverso vultu audituque deflectat. E quibus plurimae superius a Donato in schematibus artis Grammaticae adnotatae sunt. Vnde 2 10 tantum illa hic interponi oportuit, quae in poemate aut numquam aut difficulter fiunt, in oratione autem libere. [Anadi- 3 plosis est congeminatio verborum, ut (Cic. Catil. 1, 2): 'hic tamen vivit, vivit, etiam in senatum venit.' Climax est gradatio, 4 cum ab eo, quo sensus superior terminatur, inferior incipit, ac 15 dehinc quasi per gradus dicendi ordo servatur, ut est illud Africani : ' ex innocentia nascitur dignitas, ex dignitate honor, ex honore imperium, ex imperio libertas.' Hanc figuram nonnulli catenam appellant, propter quod aliud in alio quasi nectitur nomine, atque ita res plures in geminatione verborum trahuntur. 20 Fit autem hoc schema non solum in singulis verbis, sed etiam in contexione verborum, ut apud Gracchum : 'pueritia tua adulescentiae tuae inhonestamentum fuit, adulescentia senectuti dedecoramentum, senectus reipublicae flagitium.' Sic et apud Scipionem : ' vi atque ingratis coactus cum illo sponsionem feci, 25 facta sponsione ad iudicem adduxi, adductum primo coetu damnavi, damnatum ex voluntate dimisi.' Antitheta, quae 5 Latine contraposita appellantur : quae, dum ex adverso ponuntur, sententiae pulchritudinem faciunt, et in ornamento locu-

---

1 altitudinis imaginem *K* : altitudinem imaginis *ABCT* sugeret *A* : suggereret *C*[1]   4 etiam *om. K*   5 et] ac *K*   6 dicendi quam audiendi *BK* : dicenti quam audienti *C* : dicendi quam audienti *T* plectenda *T*   7 ut dic. *T*   ornatio *A*   9 Vnde et t. *T*   10 q. autem po. *C*[1]   §§ 3–48 *om. AC*[1] *Rem.*[1] *Mon.*[1] *KM* : *hab. BC*[2]*DGTU*. *Contuli BC*[2]*DT*   11 Item anad. *BC*[2]*D* : Anad. *TU*   13 vivit (*alt.*) *om. BC*[2]*H Bern.* 224   senatu *TU* : senatura *BDH Bern.* 224   18 propter quam *B*   aliud *om. C*[2]   quasi *om. C*[2]   21 adul. . . . fuit *om. D* 22 senectutis *B*   23 decoramentum *T*   senectutis *B*   24 ingratis *Arev.* : gratis *codd.* (*etiam U*)

tionis decentissima existunt, ut Cicero (Catil. 2, 25): 'ex hac
parte pudor pugnat, illinc petulantia; hinc pudicitia, illinc stuprum; hinc fides, illinc fraudatio; hinc pietas, illinc scelus; hinc
constantia, illinc furor; hinc honestas, illinc turpitudo; hinc
continentia, illinc libido; hinc denique aequitas, temperantia, 5
fortitudo, prudentia, virtutes omnes certant cum iniquitate,
luxuria, ignavia, temeritate, cum vitiis omnibus; postremo copia
cum egestate; bona ratio cum perdita; mens sana cum amentia;
bona denique spes cum omnium rerum desperatione confligit.'
In huiusmodi certamine ac praelio, huiusmodi locutionis orna- 10
mento liber Ecclesiasticus usus est, dicens (33, 15): 'contra
malum bonum, et contra mortem vita: sic contra pium peccator:
et sic intuere in omnia opera altissimi, bina et bina, unum contra

6 unum.' Synonymia est, quotiens in conexa oratione pluribus verbis
unam rem significamus, ut ait Cicero (Catil. 1, 8): 'nihil agis, 15
nihil moliris, nihil cogitas.' Et item (Catil. 1, 10): 'non feram,
7 non patiar, non sinam.' Epanodos, quam regressionem nostri
vocant (Cic. Ligar. 19): 'principium dignitas erat pene par; non
8 par fortasse eorum, quae sequebantur.' Antapodosis, quotiens
media primis et ultimis conveniunt [ut est] (Cic. c. cont. Metell. 20
frag. 5): 'vestrum iam hoc factum reprehendo, patres conscripti,
non meum, ac pulcherrimum quidem factum: verum, ut dixi,
9 non meum, sed vestrum.' Paradiastole est, quotiens id, quod
dicimus, interpretatione discernimus (cf. Rutil. Lup. 1, 4): 'cum
te pro astuto sapientem appellas, pro inconsiderato fortem, pro 25
10 inliberali diligentem.' Antanaclasis est, quae eodem verbo contrarium exprimit sensum. Querebatur quidam de filio, cum
mortem suam expectaret, respondente: 'non expecto, immo
11 peto, inquit, ut expectes.' Antimetabole est conversio verborum,
quae ordine mutato contrarium efficit sensum: 'non ut edam vivo, 30

7 luxuriac T^1: luxuria cum T^2 9 confl. huiusm. T 11 usus
est *om.* T 12 vitam BDT 13 omni B 16 et *om.* C^2 18 dignitatis D (*non H*)   19 inpar T sequebatur T 20 ut est *hab.* T: *om.*
BC^2D 21 vestrum] usum (usu) BD (*pro* usm, *i. e.* vestrum)   22 non
eum BCD ac] a B quidum (-am?) T 23 vestrum] usum D
id] hic T 29 est *om.* D (*non H*)

sed ut vivam edo.' Et illud (Cic. Phil. 4, 8) : 'si consul Antonius,
Brutus hostis : si conservator reipublicae Brutus, hostis Antonius.' Exoche (Cic. Mil. 59) : 'Quis eos appellavit ? Appius. **12**
Quis produxit ? Appius.' Nunc figuras sententiarum, quas ope- **13**
5 rae pretium sit cognoscere, persequamur. Sententia est dictum **14**
inpersonale, ut (Ter. Andr. 68) :

> Obsequium amicos, veritas odium parit.

Huic si persona fuerit adiecta, Chria erit, ita : ' offendit Achilles
Agamemnonem vera dicendo.' 'Metrophanes promeruit gratiam
10 Mithridatis obsequendo.' Nam inter chriam et sententiam hoc
interest, quod sententia sine persona profertur, chria sine persona numquam dicitur. Vnde si sententiae persona adiciatur,
fit chria ; si detrahatur, fit sententia. Sententiarum species mul- **15**
tae. Aliae enim sunt indicativae, aliae sunt pronuntiativae, ut
15 (Virg. Aen. 4, 373) :

> Nusquam tuta fides ;

aliae imperativae, ut (Virg. Aen. 4, 223) :

> Vade, age, nate, voca Zephyros, et labere pinnis.

Aliae admirativae (Virg. Aen. 1, 11) :

20 > Tantaene animis caelestibus irae ?

Aliae conparativae (Lucil. iv. frag. ?) : **16**

> Si vinco et pereo, quid ibi me vincere praestat ?

Aliae superlativae, quae cum aliquo motu animi et indignatione
promuntur (Virg. Aen. 3, 57) :

25 > Quid non mortalia pectora coges,
> auri sacra fames !

Aliae interrogativae [ut] (Virg. Aen. 8, 113) : **17**

> Iuvenes, quae causa subegit
> ignotas temptare vias ?

30 > Quid genus, unde domum ? Pacemne huc fertis, an arma ?

---

§ 13 *om. H* (*supposito titulo* DE FIGVRIS VERBORVM ET SENTENTIARVM)
5 pr. est *D*   persequamur *T*: persequemur *BC²D*   9 agamemnon *T*
11 numquam sine persona *C²*   13 multae sunt *BC²*   18 lebare *T*
23 que qum vel quo motu *T*   27 ut *hab. T*: *om. BC²D*   28 iube
neque cau. *T*   causas obegit *D*   30 domus *C²*

18 Aliae responsivae, ut 'illinc,' 'istinc.' Aliae deprecativae, ut
(Virg. Aen. 6, 365):

>   Eripe me his, invicte, malis !

Aliae promissivae, ut (Virg. Aen. 1, 257):

>   Parce metu, manent inmota tuorum.   5

Aliae concessivae quae inpulsione prohibeant, ut (Virg. Aen.
4, 381):

>   I, sequere Italiam ventis, pete regna per undas.

Quae tamen ne non intellecta sit persuasio, permixta sunt aliqua
quae vetent latenter, ut 'ventis,' 'per undas.'   10

Aliae demonstrativae, ut : 'en,' 'ecce.' Aliae optativae, ut
(Virg. Aen. 8, 560):

>   O mihi praeteritos referat si Iuppiter annos.

19 Aliae derogativae, ut : 'nequaquam.' Aliae, quae cum exclama-
tione proferuntur, ut (Petron. 68):   15

>   Quis furor, o cives, pacem convertit in arma ?

Et Cicero (Cat. 1, 9): 'O dii inmortales, ubinam gentium
20 sumus ?' Aliae exhortativae, cum ad sententiam provocamus, ut
(Virg. Aen. 8, 364):

>   Aude, hospes, contemnere opes.   20

21 Aliae dehortativae, cum a contrario vitio peccatoque reduci-
22 mus. Sunt et adfirmativae, ut : 'quidni,' 'quippe.' Praeceptivae,
ut (cf. Virg. Georg. 1, 299):

>   Nudus ara, sere nudus, et habebis frigore messes.

23 Vetativae, ut (Virg. Georg. 2, 299):   25

>   Neve inter vites corylum sere, neve flagella
>   summa pete.

24 Negativae, ut : 'non,' 'minime.' Sunt et mirativae, ut (Hieronym.
epist. ad Rust. 4, 6) 'Papae ! vivere non licet, et fornicare libet ?'

25 Dolentis, [ut] (cf. Ovid, Heroid. 5, 149):   30

>   Ei mihi, quod nullus amor est sanabilis herbis.

---

5 inmeta *DT*   10 *vix* ut ven. pete regna per (p. r. per *in archetypo*)
14 denegativae *D* (*non H*)   17 ubinam] ubi iam *T*   20 audeo
ospes *T* : aut spes *BD*   21 a contrario a vitio *D* : a contrariis a
vitio *T*   26 corallum *B*   28 miserative *T*   29 vinere *D*   30 ut
om. *BC²T ante corr.* : *hab. DT ex corr.*   31 nullis *dett.*   est om. *D*
servis (*ex* -vus) *D*

Flentis [ut]. Similitudinis, sic (Virg. Aen. 5, 588) :
    Vt quondam Creta fertur Labyrinthus in alta.
Admonentis [ut]. Inridentis [ut]. Gementis [ut]. Exhortativae
[ut]. Consolativae [ut]. Conmiserantis [ut]. Quorum quot
5 sunt figurae, tot et in pronuntiando voces. Sunt et Amphidoxae, **26**
quarum pars honesta est, pars inhonesta, ut (Ovid, Met. 2, 53) :
                    Non est tua tuta voluntas :
    magna petis, Phaëthon.
Sunt et aliae, procatalempsis, cum id, quod nobis obici poterat, **27**
10 ante praesumimus ad diluendum, ut (Cic. Div. in Caec. 1) :
' Si quis vestrum iudices, aut eorum, qui adsunt, forte mirantur.'
Sunt et aporiae, dubitatio simulantis nescire se quae scit, aut
quomodo dicatur. Koeno⟨no⟩sis autem dicitur conmunicatio **28**
consilii cum iudicibus aut adversariis, ut si dicas : ' Vos consulo,
15 iudices, aut vos adversarii, quid me facere convenerit, aut quid
vos facturi fuissetis.' Paradoxon est, cum dicimus inopinatum **29**
aliquid accidisse, ut Flacco Cicero (cf. Flacc. 1) : ' Cuius laudis
praedicator esse debuerit, eius periculi deprecatorem esse
factum.' Epitrope, id est permissio, cum aliqua ipsis iudi- **30**
20 cibus aut adversariis permittimus aestimanda, ut Calvus in
Vati[ci]nio : ' Perfrica frontem, et dic te digniorem qui praetor
fieres quam Catonem.' Parrhesia est oratio libertatis et fiduciae **31**
plena (Cic. Mil. 72) : ' occidi non Spurium Maelium,' et cetera.
Qua figura caute utendum est, ut Cicero : praemisit enim factio-
25 nem. Ethopoeia est, cum sermonem ex aliena persona in- **32**
ducimus, ut pro Caelio Tullius facit Appium Caecum cum Clo-
dia loquentem. Energia est rerum gestarum aut quasi gesta- **33**
rum sub oculis inductio, de qua locuti iam sumus. Metathesis **34**

---

1 flentis ut sim. *T*: ut *om.* *BC²D*   2 laberintus *BDT*   3–4 ut
(*sexies*) *hab.* *T*: *om.* *BC²D*   7 tua tua vol. *D*   8 macina *C²*
11 nostrum *T*: usum *BD*   miratur *C²*   13 Qui non osis *codd.*
communicatióne *D*   15 iudices *BC²D* : reges *T*   aut] ut *T*
convenit *TC²*   16 fustis *C²*   18 depredicatorem *D* : predicatorem *T*
19 ipsius *T*   20 aut] ut *B*   21 vaticinio (*pro* Vatinio) *codd.*
(*etiam U*)   dicta dig. *T*   22 ficret *T*   fiducia *T*   24 permisit *T*
rationem *D* (*non H*)   25 ex] et *T*   26 cum clodio *T*   27
Enargia *Halm*   28 inductionem *T*

est, quae mittit animos iudicum in res praeteritas aut futuras, hoc modo : ' Revocate mentis ad spectaculum expugnatae miserae civitatis, et videre vos credite incendia, caedes, rapinas, direptiones, liberorum corporum iniurias, captivitates matronarum, trucidationes senum.' In futurum autem anticipatio eorum, 5 quae dicturus est adversarius, ut Tullio pro Milone, cum mittit animos iudicum in eum reipublicae statum, ⟨qui⟩ futurus est,

35 etiamsi occiso Milone Clodius viveret. Aposiopesis est, cum id, quod dicturi videbamur, silentio intercipimus (Virg. Aen. 1, 135) :

Quos ego, sed motos praestat conponere fluctus. 10

36 Epanalempsis est digressio : ' Tulit calor me dicendi et dignitas rerum paulo longius quam volebam, sed redeo ad causam.'

37 Anamnesis est commemoratio eius rei, quod oblitos fuisse nos

38 fingimus. †Aparisis† est, cum id, quod in animos iudicum quasi

39 deposueramus, opportune reposcimus. Aetiologia est, cum pro- 15

40 ponimus aliquid, eiusque causam et rationem reddimus. Characterismus, descriptio figurae alicuius expressa, ut (Virg. Aen. 4, 558) :

Omnia Mercurio similis, vocemque coloremque

et crines flavos et membra decora iuventa. 20

᾽Αθροισμός, cum plures sensus breviter expeditos in unum locum coacervant, et cum quadam festinatione decurrit, ut Cicero (Cic. Catil. 3, 1) : ' Rempublicam, Quirites, vitamque omnium vestrorum, bona, fortunas, coniuges, liberosque vestros,' et cetera.

41 Ironia est, cum per simulationem diversum quam dicit intellegi 25 cupit. Fit autem aut cum laudamus eum quem vituperare volumus, aut vituperamus quem laudare volumus. Vtriusque exemplum erit, si dicas amatorem reipublicae Catilinam, hostem

42 reipublicae Scipionem. Diasyrmos ea, quae magna sunt, verbis

1 futuras *om.* T^1 : futurum *ut vid.* T^2 2 misera T (*non U*) : miseri B
6 tullio B : tullium DT : tullius C^2 7 amicos D qui *hab.* C^2
f. esset si *Arev.*   12 ad *om.* D 13 quam D (*non H*)   14
Aparasis T : Apaetesis *edd.*   20 iuventae C^2 21 ᾽Αθροισμός] Litrismos *codd.*   22 coacervat C^2DH 23 vitam quem T nostrorum T:
usum horum (*ex* orum) D : vestrum C^2 24 vestros D^2 (D^1 *n. l.*) : tuos T
27 aut vit. . . . volumus *om.* D vituperemus T

minuit, aut minima extollit. †Efon† est, quotiens in eodem sensu **43**
diutius immoramur: 'Cui tandem pepercit? cuius amicitiae
fidem custodivit? cui bono inimicus non fuit? quando non aut
accusavit aliquem, aut verberavit, aut prodidit?' Epangelia est **44**
5 promissio, qua iudicem adtentum facimus, pollicentes nos aliqua
magna aut minima dicturos. Prosopopoeia est, cum inanimalium **45**
et persona et sermo fingitur. Cicero in Catilina (1, 27): 'etenim
si mecum patria mea, quae mihi vita mea multo est carior,
loqueretur dicens,' et cetera. Parathesis est, cum quasi deponi- **46**
10 mus aliquid inperfectum apud memoriam iudicum, repetituros
nos dicentes, cum oportunum fuerit. Peusis, id est soliloquium, **47**
cum ad interrogata ipsi nobis respondemus. Synaeresis est, cum **48**
differimus aliquid, petentes ut aliud interim nos permittant
dicere].

15 DE DIALECTICA. Dialectica est disciplina ad disserendas **XXII**
rerum causas inventa. Ipsa est philosophiae species, quae Logica
dicitur, id est rationalis definiendi, quaerendi et disserendi potens. Docet enim in pluribus generibus quaestionum quemadmodum disputando vera et falsa diiudicentur. Hanc quidam **2**
20 primi philosophi in suis dictionibus habuerunt; non tamen ad
artis redegere peritiam. Post hos Aristoteles ad regulas quasdam
huius doctrinae argumenta perduxit, et Dialecticam nuncupavit,
pro eo quod in ea de dictis disputatur. Nam λεκτόν dictio dicitur.
Ideo autem post Rhetoricam disciplinam Dialectica sequitur,
25 quia in multis utraque communia existunt.

DE DIFFERENTIA DIALECTICAE ET RHETORICAE ARTIS. **XXIII**
Dialecticam et Rhetoricam Varro in novem disciplinarum libris

1 extollet *DT* Efon ... immoramur] ut est illud *T* Epimone
Arev.: Hyphe *Otto* 2 emoramur *BD* cui tamen pep. *B*
amihitie *T* 4 prodit *T* 6 dicturos *BC²D* (*ex* -rus): dicentes *T*
7 catilinam *C²* 9 Paratisis *codd.*: Paraetesis *Eckstein* 11 id *om.*
C²DH soliloquii *D* 12 respondimus *DT* Sinerosis *codd.* 13
nos] non *B* 14 *post* dicere *add.* inter figuras sententiarum *BG* 16 est
a phil. *K* 18 enim que in *T* 19 diiudicentur (dei-) *ABCT*: iudi-
cemus *K* quidam *KT*: quidem *BC* 20 habuerint *T* 21 redigere
codd. 22 argumenta] aucmenta *K* 23 ea de *BC ex corr. T*: eadem
KC ante corr. nam ... dicitur *om. T* 24 ideo] in ço *T* 25 quia
BCT: quod *K* in multis *BC ex imultis) T*: multis *K* utrique *dett.*

tali similitudine definivit : ' Dialectica et Rhetorica est quod in manu hominis pugnus adstrictus et palma distensa : illa verba

2 contrahens, ista distendens.' Dialectica siquidem ad disserendas res acutior : Rhetorica ad illa quae nititur docenda facundior. Illa ad scholas nonnumquam venit : ista iugiter procedit in forum. 5 Illa requirit rarissimos studiosos : haec frequenter et populos.

3 Solent autem Philosophi antequam ad isagogen veniant exponendam, definitionem Philosophiae ostendere, quo facilius ea, quae ad eam pertinent, demonstrentur.

XXIV   DE DEFINITIONE PHILOSOPHIAE. Philosophia est rerum 10 humanarum divinarumque cognitio cum studio bene vivendi coniuncta. Haec duabus ex rebus constare videtur, scientia et

2 opinatione. Scientia est, cum res aliqua certa ratione percipitur ; opinatio autem, cum adhuc incerta res latet et nulla ratione firma videtur, utputa sol utrumne tantus quantus videtur, an maior sit 15 quam omnis terra : item luna globosa sit an concava, et stellae utrumne adhaereant caelo, an per aerem libero cursu ferantur : caelum ipsum qua magnitudine, qua materia constat : utrum quietum sit et immobile, an incredibili celeritate volvatur : quanta sit terrae crassitudo, aut quibus fundamentis librata et suspensa 20

3 permaneat. Ipsud autem nomen Latine interpretatum amorem sapientiae profitetur. Nam Graeci φιλο- amorem, σοφίαν sapientiam dicunt. Philosophiae species tripertita est : una naturalis, quae Graece Physica appellatur, in qua de naturae inquisitione disseritur : altera moralis, quae Graece Ethica dicitur, in qua de 25 moribus agitur : tertia rationalis, quae Graeco vocabulo Logica appellatur, in qua disputatur quemadmodum in rerum causis vel

4 vitae moribus veritas ipsa quaeratur. In Physica igitur causa quaerendi, in Ethica ordo vivendi, in Logica ratio intellegendi

2 illa . . . distendens om. T   3 ita C¹   4 illa ABCT : ea K
5 ista] ita C¹T¹   7 exponendum B   9 ad eadem B   demonstrarentur K   11 divinarumque om. K   cum studio om. K   bene
vivendi om. T   12 contrare C   14 firmata K   16 terra sol
item K   18 quam mag. KT   qua om. K : quam T   constet BC
19 quieta K   20 quibus] quis T : in quibus C   21 interpraetatur
amor K   22 profitctur] interpetratur T   28 vita mores T   quaeritur A

versatur. Physicam apud Graecos primus perscrutatus est
Thales Milesius, unus ex septem illis sapientibus. Hic enim ante
alios caeli causas atque vim rerum naturalium contemplata ratione suspexit, quam postmodum Plato in quattuor definitiones
5 distribuit, id est Arithmeticam, Geometricam, Musicam, Astronomiam. Ethicam Socrates primus ad corrigendos conponendos- 5
que mores instituit, atque omne studium eius ad bene vivendi
disputationem perduxit, dividens eam in quattuor virtutibus
animae, id est prudentiam, iustitiam, fortitudinem, temperantiam.
10 Prudentia est in rebus, qua discernuntur a bonis mala. Forti- 6
tudo, qua adversa aequanimiter tolerantur. Temperantia, qua
libido concupiscentiaque rerum frenatur. Iustitia, qua recte
iudicando sua cuique distribuunt. Logicam, quae rationalis 7
vocatur, Plato subiunxit, per quam, discussis rerum morumque
15 causis, vim earum rationabiliter perscrutatus est, dividens eam
in Dialecticam et Rhetoricam. Dicta autem Logica, id est
rationalis. Λόγος enim apud Graecos et sermonem significat et
rationem. In his quippe tribus generibus Philosophiae etiam 8
eloquia divina consistunt. Nam aut de natura disputare solent,
20 ut in Genesi et in Ecclesiaste : aut de moribus, ut in Proverbiis
et in omnibus sparsim libris : aut de Logica, pro qua nostri
Theoreticam sibi vindicant, ut in Cantico canticorum, et
Evangeliis. Item aliqui doctorum Philosophiam in nomine et 9
partibus suis ita definierunt : Philosophia est divinarum humana-
25 rumque rerum, in quantum homini possibile est, probabilis
scientia. Aliter : Philosophia est ars artium et disciplina disciplinarum. Rursus : Philosophia est meditatio mortis, quod magis convenit Christianis qui, saeculi ambitione calcata, conversatione disciplinabili, similitudine futurae patriae vivunt. Philo-

1 est *om.* C^1 3 alias K vim] viam K rerum *om.* T cont.
rat.] contemplatione T 6 ad corrigendosque mores T 7 eius *om.* K
10 est *om.* K a qua T : quae K 11 qua *prius*] quia T : quam K
12 concupiscentieque T^1 : concupiscentiae atque K qua] quia TC^1
20 et eccl. K 21 pro quam C (*non* A) : quam K 22 theoloicam
AK canticis cant. TB 23 philosophorum K 25 proba-
bilibus T

sophia dividitur in duas partes : prima inspectiva ; secunda
10 actualis. Alii definierunt Philosophiae rationem in duabus consistere partibus, quarum prima inspectiva est, secunda actualis.
Inspectiva dividitur in tribus modis, id est prima in naturalem ;
secunda in doctrinalem ; tertia in divinam. Doctrinalis dividitur 5
in quattuor, id est, prima in Arithmeticam, secunda Musicam,
11 tertia Geometriam, quarta Astronomiam. Actualis dividitur in
tribus, id est, prima in moralem, secunda dispensativam, tertia
civilem. Inspectiva dicitur, qua supergressi visibilia, de divinis
aliquid et caelestibus contemplamur, eaque mente solummodo 10
12 inspicimus, quoniam corporeum supergrediuntur obtutum. Naturalis dicitur, ubi uniuscuiusque rei natura discutitur, quia nihil
generatur in vita : sed unumquodque his usibus deputatur, in
quibus a creatore definitum est, nisi forte cum voluntate Dei
13 aliquod miraculum provenire monstratur. Divinalis dicitur, 15
quando aut ineffabilem naturam Dei, aut spiritales creaturas ex
14 aliqua parte, profundissima qualitate disserimus. Doctrinalis dicitur scientia, quae abstractam considerat quantitatem. Abstracta
enim quantitas dicitur, quam intellectu a materia separantes,
vel ab aliis accidentibus, ut est par, inpar, vel ab huiuscemodi, 20
in sola ratiocinatione tractamus. Cuius species sunt quattuor :
15 Arithmetica, Geometrica, Musica, Astronomia. Arithmetica est
disciplina quantitatis numerabilis secundum se. Geometrica est
disciplina magnitudinis inmobilis et formarum. Musica est disciplina quae de numeris loquitur qui ad aliquid sunt, his qui 25
inveniuntur in sonis. Astronomia est disciplina, quae cursus

---

1 prima inspectiva secunda actualis T : prima in spectivam secunda in
actualem BC : primam inspectivam secundam actualem K 3 est
om. K 4 primam . . . secundam . . . tertiam T 5 sec. doct.
item tert. BC divinalem K 6 sec. in mus. tert. in geom. quar. in
astr. T 8 mortalem B dispensationem B : in dispensativam T
tertiam civilem $Cass.$ 9 inspectativa d. quia supergressibilia T de
dis A : divinis K 10 ex cael. A : excellentibus K 13 cf. Praef.
15 dic. $ABCT$: est K 16 q. vel ineff. K 17 Doctrinaliter T 18 abs.
autem quant. K 19 sperantes C^1 : separatur B 20 vel pr.] ne K
vel alia hu. $Cass.$ 21 tractamur C^1 23 q. n. s. s. om. B est om. T
24 disciplina om. K magn. inm. et form. $ABCT$: cuius magnitudinis
in modis et in formis K 25 de om. K qui T : quae BCK
26 sonibus T

caelestium siderumque figuras contemplatur omnes, et habitudines stellarum circa se et circa terram indagabili ratione percurrit. Porro actualis dicitur, quae res propositas operationi- 16 bus suis explicat. Cuius partes sunt tres, moralis, dispensativa 5 et civilis. Moralis dicitur, per quam mos vivendi honestus adpetitur, et instituta ad virtutem tendentia praeparantur. Dispensativa dicitur, cum domesticarum rerum sapienter ordo disponitur. Civilis dicitur, per quam totius civitatis utilitas administratur.

DE ISAGOGIS PORPHYRII. Post Philosophiae definitiones, XXV 10 in quibus generaliter omnia continentur, nunc Isagogas Porphyrii expediamus. Isagoga quippe Graece, Latine introductio dicitur, eorum scilicet qui Philosophiam incipiunt : continens in se demonstrationem primarum rationum de qualibet re quid sit, suaque certa ac substantiali definitione declaretur. Nam posito 2 15 primo genere, deinde species et alia, quae vicina esse possunt, subiungimus ac discretis communionibus separamus, tamdiu interponentes differentias, quousque ad proprium eius de quo quaerimus signata eius expressione perveniamus, ut puta : Homo est animal rationale, mortale, terrenum, bipes, risu capax. Genus 3 20 animal cum dictum est, substantia hominis declarata est. Est enim ad hominem genus animal, sed quia late patebat, adiecta est species, terrenum : iam exclusum est id quod aut aethereum aut humidum [suspicabatur]. Differentia vero, ut bipes, quae propter animalia posita est quae multis pedibus innituntur. 25 Item rationale, propter illa quae ratione egeant : mortale autem

1 siderum atque fig. T: siderum fig. K   om. sed T   2 indagabilis K   3 quae res . . . dicitur om. (propter homoeotel.) AKL : hab. BCDTU   proposita superationibus T (non U)   4 explicat BC: explicare contendit DU: explicare contenditur T   10 nunc . . . exp. om. L¹   13 quod sit K   14 sua quae BC   ac] hanc C¹   definitione ABCT: ratione K   declaratur CK : -rans Schwarz   nam posito usque ad xxvi. 3 eius definitionem post xxvi. 10 posita sunt K   posito] prepositio T   15 alia quae] aliquae A   16 communionibus BCT: commonitionibus A: communibus K   17 propriam ut vid. T: propria K   18 signata eius exp. AB : signata exp. C: signa eius exp. T : signa exp. K   19 risus CK   An. c. d. e. A : Genus c. d. e. an. T: An. c. d. e. esse K   20 subsistentia K   21 hominum K   22 aereum K   23 suspicabatur hab. T: om. BCK   bip. quod B   24 positum T   quod mul. B   25 illa quod B

4 propter id quod angelus [non] est. Postea discretis atque seclusis
adiectum est proprium in parte postrema [risus capax] : est enim
solum hominis, quod ridet. Sic perfecta est omni ex parte
definitio ad hominem declarandum. Cuius disciplinae definitionem plenam existimaverunt Aristoteles et Tullius ex genere 5
5 et differentiis consistere. Quidam postea pleniores in docendo
eius perfectam substantialem definitionem in quinque partibus,
veluti membris suis, diviserunt. Quarum prima est de genere,
secunda de specie, tertia de differentia, quarta de proprio, quinta
6 de accidenti. Genus, ut animal. Est enim vocabulum generale 10
et commune omnium animam habentium. Species, ut homo.
Est enim specialitas, qua separatur a ceteris animantibus. Differentia, ut rationale, mortale. His enim duobus differt homo a
7 ceteris. Cum enim dicitur rationale, discernitur ab inrationa-
libus mutis, quae non habent rationem. Cum [dicitur] mortale, 15
discernitur ab angelis, qui nesciunt mortem. Proprium, ut risibile.
Homo est enim quod ridet, et hoc praeter hominem nullius animalis est. Accidens, ut color in corpore, doctrina in animo.
8 Haec enim temporum varietate et accidunt et mutantur : et est
ex omnibus his quinque partibus oratio plenae sententiae, ita : 20
Homo est animal rationale, mortale, risibile, boni malique capax.
Sic etiam in omni oratione substantiali tamdiu interponere debemus species et differentias, quam diu seclusis omnibus, quae hoc
idem esse possunt, ad id perveniatur, ut proprietas iam certa
9 teneatur. Isagogas autem ex Graeco in Latinum transtulit 25
Victorinus orator, commentumque eius quinque libris Boetius
edidit.

XXVI   DE CATEGORIIS ARISTOTELIS. Sequuntur Aristotelis cate-
goriae, quae Latine praedicamenta dicuntur : quibus per varias

---

1 propter id quod angelus non est *T*: propter id quod angelus est
AC : propter id quod non angelus est *B* : propter angelos *K*   2 pro-
prium] primum *K*   risus capax *hab. K*: *om. ABCT*   3 quo *K*   omni
K : omnis *BCT*   8 velut in membr. *BC*   10 accedentia *T*   12
quae sep. *K*   13 a ceteris *om. B*   14 rationale mortale *B*
15 mut. qui *TC*[1]   dicitur *hab. T*: *om. ABCK*   17 enim *om. K*
pr. hom. hoc *K*   ullius *C*[1]   18 ut *om. K*   20 his *om. K*
22 ratione substantiae *K*   24 idem *BCT*: item *K*   26 commentumque *om. K*   29 quae] quod *B*   quibus] cuius *C*

significationes omnis sermo conclusus est. Instrumenta cate- **2**
goriarum sunt tria, id est prima aequivoca ; secunda univoca ;
tertia denominativa. Aequivoca sunt, quando multarum rerum
nomen unum est, sed non eadem definitio, ut leo. Nam quan-
5 tum ad nomen pertinet, et verus et pictus et caelestis leo dicitur ;
quantum ad definitionem pertinet, aliter verus definitur, aliter
pictus, aliter caelestis. Vnivoca sunt, quando duarum aut pluri- **3**
marum rerum unum nomen est et definitio, ut vestis. Nam et
birrus et tunica et nomen vestis possunt accipere et eius de-
10 finitionem. Ergo hoc univocum in generibus esse intellegitur,
quia et nomen et definitionem dat formis suis. Denominativa, **4**
id est derivativa, dicuntur quaecumque ab aliquo solo differentiae casu secundum nomen habent appellationem, ut a bonitate
bonus, et a malitia malus. Categoriarum autem species decem **5**
15 sunt, id est substantia, quantitas, qualitas, relatio, situs, locus,
tempus, habitus, agere et pati. Substantia est, quae proprie **6**
et principaliter dicitur, quae neque de subiecto praedicatur,
neque in subiecto est, ut aliqui homo vel aliqui equus. Secundae autem substantiae dicuntur, in quibus speciebus illae,
20 quae principaliter substantiae primo dictae sunt, insunt atque
clauduntur, ut in homine Cicero. Quantitas est mensura, per **7**
quam aliquid vel magnum vel minus ostenditur, ut longus, brevis.
Qualitas est, ut qualis sit, orator an rusticus, niger aut candidus.
Relatio est, quae refertur ad aliquid. Cum enim dicitur filius,
25 demonstratur et pater. Haec relativa simul incipiunt. Namque
servus ac dominus uno tempore exordium nominis sumunt, nec
aliquando invenitur dominus prior servo, nec servus domino.
Alterum enim alteri praeesse non potest. Locus est ubi sit, in **8**

2 id est *om. K*   equivoca est *T*   3 rerum *om. T*   5 nomina
pert. *T*   ver. pict. et cel. ut leo *T*   7 du. hinc aut *C¹*   plurimum
T : plurium *B*   8 ut] et *C¹*   10 esse] est *K*   11 dant *BCT*   12 id est
der. *om. K*   diffirentias *K*   13 casu] ca *C¹* : *om. K*   17 de
subiecto *BCT* : subiectio *K*   18 in *om. K*   aliqui homo *BCT* :
aliquis *K*   vel] ve *K*   19 speciebus illae quae *BCT* : species
illae *K*   20 primo] pro modo *K*   insunt *om. T*   21 Quant. ad
mensuram *K*   22 magnum *ABCT* : maius *K*   23 qual. est qual.
sit or. aut rust. *K*   25 haec et relativus *BC*   28 alterum *BCT* : alter *K*

foro, in platea. Loci autem motus partes sex habet, dextram
et sinistram, ante et retro, sursum atque deorsum. Partes quoque istae sex duo habent [id est, situm et tempus. Situm, ut]
longe et prope. Tempus, ut : heri, hodie. Porro situs a posi-
9 tione dictus, ut quis aut stet, aut sedeat, aut iaceat. Habitus ab 5
habendo aliquid dictus, ut habere scientiam in mente, virtutem
in corpore, circa corpus vestimentum, et cetera, quae ad habendi
10 modum, designato a doctoribus numero, conprehenditur. Iam
vero agere et pati ab agentis et patientis significatione consistunt.
Nam scribo vocis actum habet, quoniam facientis rem indicat. 10
Scribor patientis est, quoniam pati se ostendit. In his enim
novem generibus, quorum exempli gratia quaedam posita sunt,
vel in ipso substantiae genere, quod est οὐσία, innumerabilia
reperiuntur. Nam et ea quae intellectu capimus, id ad alterutrum horum decem praedicamentorum sermone vulgamus. 15
11 Plena enim sententia de his ita est : Augustinus, magnus orator,
filius illius, stans in templo, hodie, infulatus, disputando fatigatur.
Vsia autem substantia est, id est proprium, quae ceteris subiacet ; reliqua novem accidentia sunt. Substantia autem dicitur
ab eo, quod omnis res ad se ipsam subsistit. Corpus enim 20
12 subsistit, et ideo substantia est. Illa vero accidentia, quae in
subsistente atque subiecto sunt, substantiae non sunt, quia non
13 subsistunt, sed mutantur ; sicut color vel forma. De subiecto
autem et in subiecto quasi de ipso et in ipso. Vbi enim
dicitur de subiecto, substantia est, quasi dicatur de substantia. 25
Vbi autem dicitur in subiecto, accidentia sunt, id est, quae
accidunt in substantia ; ut quantitas, qualitas, vel figura. De
subiecto igitur genera et species, in subiecto accidentia sunt.

1 sex partes T 3 sex $om.$ K id est . . . situm ut $hab.$
T : $om.$ $ABCK$ 4 tempus . . . hodie $om.$ K hodie eri C : odie et
eri T 8 a doctoribus $ABCT$: ab auctoribus K 10, 11 quoniam . . .
quoniam BCT : quoniam . . . quando K : quando . . . quoniam A
12 novem] vocis K 13 in $om.$ T ipsa subst. genera K 14
ad $om.$ K alterutrum AK : alterum BCT 16 Plena . . . ita est
$om.$ K : $add.$ in $marg.$ A : $hab.$ $BCTU$ 17 inflatus T 18 id est
$om.$ K : id et C^1 subiaceat K : subiacent C^1 20 ad ipsa K
corp. en. subs. $om.$ K 22 subiecta K quia non] quae K
25 substantiae quasi K 27 et quant. et qual. K 28 igitur] autem T

Ex his novem accidentibus tria intra usiam sunt, quantitas [et], qualitas et situs. Haec enim sine usia esse non possunt. Extra usiam vero sunt locus, tempus et habitus; intra et extra usiam sunt relatio, facere et pati. Appellatas autem categorias con- **14** 5 stat, quia non possunt nisi ex subiectis agnosci. Quis enim quid sit homo possit agnoscere, nisi aliquem hominem sibi ponat ante oculos, quasi subiectum nomini? Hoc opus Aristo- **15** telis intellegendum est, quando, sicut dictum est, quidquid homo loquitur, inter decem ista praedicamenta habentur. Proficiet 10 etiam ad libros intellegendos, qui sive Rhetoribus sive Dialecticis adplicantur.

De perihermeniis. Sequitur dehinc liber Perihermenias **XXVII** subtilissimus nimis, et per varias formas iterationesque cautissimus, de quo dicitur: Aristoteles, quando Perihermenias 15 scriptitabat, calamum in mente tinguebat. Praefatio Periher- **2** meniarum. Omnis quippe res, quae una est et uno significatur sermone, aut per nomen significatur, aut per verbum: quae duae partes orationis interpretantur totum, quidquid conceperit mens ad loquendum. Omnis enim elocutio conceptae rei 20 mentis interpres est. Hanc Aristoteles, vir in rerum expres- **3** sione et faciendis sermonibus peritissimus, Perihermeniam nominat, quam interpretationem nos appellamus; scilicet quod res mente conceptas prolatis sermonibus interpretetur per cataphasin et apophasin, id est adfirmationem et negationem. Per 25 adfirmationem, ut homo currit; per negationem, ut homo non currit. In his itaque Perihermeniis supra dictus philosophus **4** de septem speciebus tractat, id est de nomine, de verbo, de oratione, de enuntiatione, de adfirmatione, de negatione, de contradictione. Nomen est vox significativa secundum placi- **5**

1 tria *om.* T   et *hab.* BCT: *om.* K   3 us. relatio T   4 facere *ABCT*: agere K   autem *om.* K   5 enim *om.* K   7 nomini] homini T   8 sicquando T: quoniam A   9 habetur *dett.*: *om.* K   proficiat AK   10 qui] quod K   11 adponuntur B   16 et] ut T   18 duae] ductae C¹   concepit BC   19 eloquendum BC   20 mente C   vir in] vim K   22 qua nos interp. T   quod] qui T   23 concepta T   probatis K   interpretentur T: interpretantur K   24 et apophasin *om.* T   Per *om.* T   28 ratione T

tum, sine tempore, cuius nulla pars est significativa separata, ut
Socrates. Verbum est, quod significat tempus, cuius pars nihil
extra significat, sed semper eorum, quae de altero dicuntur,
nota[t], ut cogitat, disputat. Oratio est vox significativa, cuius
partium aliquid separatum significativum est, ut Socrates dis- 5
putat. Enuntiativa oratio est vox significativa de eo quod est
6 aliquid vel non est, ut Socrates est, Socrates non est. Adfir-
matio est enuntiatio alicuius de aliquo, ut Socrates est. Negatio
est alicuius ab aliquo, ut Socrates non est. Contradictio est
adfirmationis et negationis oppositio, ut Socrates disputat, 10
7 Socrates non disputat. [Haec omnia in libro Perihermeniarum
minutissime divisa et subdivisa tractantur, quarum rerum definitiones hic breviter sufficiat intimasse, quando in ipso conpetens
explanatio reperitur. Vtilitas] Perihermeniarum haec est, quod
ex his interpretamentis syllogismi fiunt. Vnde et analytica 15
pertractantur.

XXVIII   DE SYLLOGISMIS DIALECTICIS. Sequuntur dehinc Dialectici syllogismi, ubi totius eius artis utilitas et virtus ostenditur;
quorum conclusio plurimum lectorem adiuvat ad veritatem in-
vestigandam tantum, ut absit ille error decipiendi adversa- 20
2 rium per sophismata falsarum conclusionum. Formulae categoricorum, id est praedicativorum syllogismorum, sunt tres.
3 Primae formulae modi sunt novem. Primus modus est, qui
conducit, id est, qui colligit ex universalibus dedicativis dedicativum universale directim, ut: ' Omne iustum honestum : 25
4 omne honestum bonum: omne igitur iustum bonum.' Secundus
modus est, qui conducit ex universalibus dedicativis et abdi-
cativis abdicativum universale directim, ut : ' Omne iustum

---

3 extra significativa sed K dicitur K 4 nota est ut *Arev.*
5 sign. sep. est K : sep. significatum est T 7 ut Socr. . . . non est
om. K Adf. est adnuntiatio K 8 de]ab K ut sogrates neg. K
11–14 Haec . . . Vtilitas *hab. TU*: *om. ABCK*   13 sufficiet U 14
explanatio T: clamatio U hoc est quod A 15 analetica BKT: ana-
lectica C 16 pertractatur B 17 Sequitur K 18 tot. dialectice
artis utilitatis et T 19 qu. clusio primum K 21 sofismatas KT
24 conducit] concludit *Cassiodorus* (*et Isid.* ?)   25 directum CK (*non A*)
ut omne iustum ut omne iustum K 26 omne ig. ius. bo. *om.* K 27
dedicativa et abdicativa *Cassiod.* (*et Isid.* ?)   28 directum *codd.*

honestum : nullum honestum turpe : nullum igitur iustum turpe. Tertius modus est, qui conducit ex dedicativis particulari et 5 universali dedicativum particulare directim, ut : ' Quoddam iustum honestum : omne honestum utile : quoddam igitur 5 iustum utile.' Quartus modus est, qui conducit ex particulari 6 dedicativa et universali abdicativa abdicativum particulare directim, ut : ' Quoddam iustum honestum : nullum honestum turpe : quoddam igitur iustum non est turpe.' Quintus modus 7 est, qui conducit ex universalibus dedicativis particulare dedi- 10 cativum per reflexionem, ut : ' Omne iustum honestum : omne honestum bonum : quoddam igitur bonum iustum.' Sextus 8 modus est, qui conducit ex universali dedicativa et universali abdicativa abdicativum universale per reflexionem, ut : ' Omne iustum honestum : nullum honestum turpe : nullum igitur turpe 15 iustum.' Septimus modus est, qui conducit ex particulari et 9 universali dedicativo dedicativum particulare per reflexionem, ut : ' Quoddam iustum honestum : omne honestum utile : quod- dam igitur utile iustum.' Octavus modus est, qui conducit ex 10 universalibus abdicativa et dedicativa particulare abdicativum 20 per reflexionem, ut : ' Nullum turpe honestum : omne honestum iustum : quoddam igitur turpe non est iustum.' Nonus modus 11 est, qui conducit ex universali abdicativa et particulari dedi- cativa abdicativum particulare per reflexionem, ut : ' Nullum turpe honestum : quoddam honestum iustum : quoddam igitur 25 iustum non est turpe.' Formulae secundae modi sunt quattuor : 12 Primus modus est, qui conducit ex universalibus dedicativa et abdicativa abdicativum universale directim, ut : ' Omne iustum honestum : nullum turpe honestum : nullum igitur turpe iustum.'

1 null. hon. tur. *om.* K   3 (*et* 7) directum CK   4 qu. ig. ius. ut. *om.* K 5 quod cond. T   6 abd. ded. *codd.*   8 ig. turpe ius. n. e. t. T   9 qui ducet K (*non A*)   diductivum per K   10 ut *om.* K   *In fine* § 7 de abdicativo universale ex reflexione ut omne iustum honestum omne honestum bonum quoddam igitur bonum iustum *add.* KL   12 et in un. K 13 abdic. univ. *om.* K   om. ius. omne hon. T   14 ig. iustum turpe T 15 et] ad AC¹K   16 dedicativum *om.* K   20 honestum (*prius*) *om.* K   21 Nonus igitur mo. K   22 est *om.* A   23 ded. *codd.*   25 se- cundi CK   26 est *om.* K   27 directum *codd.*   28 null. tur. hon. *om.* K

13 Secundus modus est, qui conducit ex universalibus abdicativa
et dedicativa abdicativum universale directim, ut : ‘Nullum
turpe honestum : omne iustum honestum : nullum igitur turpe
14 iustum.’ Tertius modus est, qui conducit ex particulari dedicativa et universali abdicativa abdicativum particulare directim, 5
ut : ‘Quoddam iustum honestum : nullum turpe honestum :
15 quoddam igitur iustum non est turpe.’ Quartus modus est,
qui conducit ex particulari abdicativa et universali dedicativa
abdicativum particulare directim, ut : ‘Quoddam iustum non
est turpe : omne malum turpe ; quoddam igitur iustum non est 10
16 malum.’ Formulae tertiae modi sunt sex. Primus modus est,
qui conducit ex dedicativis universalibus dedicativum particulare
tam directim quam reflexim, ut : ‘Omne iustum honestum :
omne honestum iustum : omne iustum bonum : quoddam igitur
17 honestum bonum, quoddam bonum honestum.’ Secundus modus 15
est, qui conducit ex dedicativis particulari et universali dedicativum ex particulari directim, ut : ‘Quoddam iustum honestum :
omne iustum bonum : quoddam igitur honestum bonum.’
18 Tertius modus est, [qui conducit] ex dedicativis universali et
particulari dedicativum particulare directim, ut : ‘Omne iustum 20
honestum : quoddam iustum bonum : quoddam igitur hone-
19 stum bonum.’ Quartus modus est, qui conducit ex universali
dedicativa et [particulari] abdicativa abdicativum particulare
directim, ut : ‘Omne iustum honestum : nullum iustum malum :
20 quoddam igitur honestum non est malum.’ Quintus modus 25
est, qui conducit ex dedicativa particulari et abdicativa universali abdicativum particulare directim, ut : ‘Quoddam iustum
honestum : nullum iustum malum : quoddam igitur honestum

2 directum K 5 abd. part. dir. *om.* K directum AC 6 quiddam C^1KT 7 quiddam CKT turpe non est iustum K 8 part.
dedicativa et un. abd. ded. part. *codd.*   9 directum CK ut *om.* T
quiddam T 10 qoddam T 11 tertii CK 12 conduxit B univ.
dedic. K 13 directum KT reflexum KT 16 est *om.* K 17 ex
particulare T: et particulare C (*non A*) : particulare A *rev.* (*ex Cassiodoro*)
directum K (*non A*)   honestum . . . igitur *om.* AK 19 qui
conducit *hab.* T: *om.* BCK 20 ded.] abdicativum T directum
codd.   22 est *om.* K 23 et] ut C: ex K particula abd. abd. K:
particulatim abdicativum T 24 (*et* 27) directum K 28 ig. iustum
non *codd.*

non est malum.' Sextus modus est, qui conducit ex dedicativa **21**
universali et abdicativa particulari abdicativum particulare
directim, ut : ' Omne iustum honestum : quoddam iustum non
est malum : quoddam igitur honestum non est malum.' Has **22**
5 formulas categoricorum syllogismorum qui plene nosse desiderat,
librum legat qui inscribitur Perihermenias Apulei, et quae sub-
tilius sunt tractata cognoscet. Distincta enim atque considerata
ad magnas intellegentiae vias lectorem, praestante Domino,
utiliter introducunt. Nunc ad Hypotheticos syllogismos ordine
10 sequenti veniamus. Modi syllogismorum Hypotheticorum, qui **23**
fiunt cum aliqua conclusione, sunt septem. Primus modus est :
' Si dies est, lucet : est autem dies : lucet igitur.' Secundus
modus est : ' Si dies est, lucet : non lucet : non est igitur dies.'
Tertius modus est ita : ' Non et dies est et non lucet : atqui dies
15 est : lucet igitur.' Quartus modus est ita : ' Aut dies est, aut **24**
nox : atqui dies est : nox igitur non est.' Quintus modus est
ita : ' Aut dies est, aut nox : atqui nox non est : dies igitur est.'
Sextus modus est ita : ' Non et dies est et non lucet : dies autem
[est] : nox igitur non est.' Septimus modus est ita : ' Non dies **25**
20 et nox : atqui nox non est : dies igitur est.' Modos autem
Hypotheticorum syllogismorum si quis plenius nosse desiderat,
librum legat Marii Victorini qui inscribitur de Syllogismis
Hypotheticis. Hinc ad Dialecticas definitionum species acce- **26**
damus, quae tanta dignitate praecellunt ut possint indiciorum
25 aperte manifestationes et quaedam indicia dictionum ostendere.

DE DIVISIONE DEFINITIONVM EX MARII VICTORINI LIBRO **XXIX**

2 particulatim dir. *T*   3 directum *K*   ut o. i. h. q. igitur i. n. c. m.
(*om. rell.*) *A*   non est ... honestum *om. K*   4 non est malum *om. C*[1]
7 enim] autem *T*   8 magnam intelligentiae (*ex* -am) viam *K*
10 sequenti *BCT* : requirendi *K* : currente *Cassiod.*   Hypotheticorum
om. AK   11 pr. mo. si *K*   12 sec. est *K*   13 non ig. dies *C*[1]
14 mod. ita *K*   non est dies est et *BCT* : non dies dies est et *K* : non
dies est dies est et *A*   luceat *A*   atqui . . . lucet *om. A*   etqui
C[1]*K* : atque *T*   15 Quart. mod. ita aut dies aut nox *C*   16 autqui *K* :
atque *C*[1]*T*   quint. mod. ita *K*   17 autqui *K* : atque *C*[1] : at quia (*ex*
adqui) *T*   dies ig. (*om.* est) *B*   18 sext. mod. ita *CK*   non est
dies est et *codd.*   19 est *hab. CT* : *om. B*[1]*K*   Sept. mod. ita *K*
non dies est nox *K*   20 atque *C*[1]*T* (*ex* adque)   22 sylogismis et
epytheticis *K*   24 possent *T*   25 aperi *B*[1] (-ire *B*[2])

1 2

ABBREVIATA. Definitio est Philosophorum, quae in rebus exprimendis explicat quid res ipsa sit, qualis sit, et quemadmodum membris suis constare debeat. Est enim oratio brevis uniuscuiusque rei naturam a communione divisam propria significatione concludens. Divisio definitionum in partes quin- 5 decim habetur. Prima species definitionis est οὐσιώδης, id est substantialis, quae proprie et vere dicitur definitio, ut est: ' Homo animal rationale, mortale, sensus disciplinaeque capax.' Haec enim definitio per species et differentias descendens venit ad proprium, et designat plenissime quid sit homo. Secunda 10 species definitionis est, quae Graece ἐννοηματική dicitur, Latine notio nuncupatur, quam notionem communi, non proprio nomine possumus dicere. Haec isto modo semper efficitur: ' Homo est, quod rationali conceptione ⟨et⟩ exercitio praeest animalibus cunctis.' Non enim dixit quid est homo, sed quid 15 agat, quasi quodam signo in notitiam devocato. In ista enim et in reliquis notitia rei profertur, non substantialis explicatio declaratur; et quia illa substantialis est, definitionum omnium obtinet principatum. Tertia species definitionis est, quae Graece ποιότης dicitur, Latine qualitativa vocatur: quia ex 20 qualitate nomen accepit pro eo quod quid, quale sit id, quod sit, evidenter ostendit. Cuius exemplum tale est: ' Homo est, qui ingenio valet, artibus pollet et cognitione rerum, aut quod agere debet eligit, aut animadversione quod inutile sit contemnit.' His enim qualitatibus expressus ac definitus homo 25 est. Quarta species definitionis est, quae Graece ὑπογραφική, Latine a Tullio descriptio nominatur, quae adhibita circuitione dictorum factorumque rem, quae sit, descriptione declarat.

---

2 qualis sit *om. K* et *om. T* 3 in memb. *K* 4 commune div. proprie *T* 5 partibus *K* 7 ut *om. K* 8 rat. et mort. *K* 12 notitio *T* 14 conc. et ex. *Cassiod.* 15 non dixit quidem homo *K* 16 quasi summus (sumus) quodam *BK* signum ad notitia advocato *K* in ista *T* : ista *BCK* 17 explic. decl. *post* subst. est *K* : *om. A* 18 et *om. KA* est *om. B* 19 diffinitionum *K* 20 qualitat.] qualitas *KT* (*non A*) 21 pro eo quicquid qua. *B* : pro eo quod quis qualis *K* : quid *om. T* 23 pollet cogn. *T* aut quod] atque *B¹* 24 adversione *K* utile *T* 25 expressis *T* finitus *K* est homo *K* 27 quod adh. *B* 28 discrepatione decl. *K*

Quaeritur enim quid avarus sit, quid crudelis, quid luxuriosus,
et universa luxuriosi, avari, crudelis natura describitur; ut, si
luxuriosum volumus definire, dicimus: Luxuriosus est victus
non necessarii, sed sumptuosi et onerosi appetens, in deliciis
5 adfluens, in libidine promptus. Haec et alia definiunt luxuriosum,
sed per descriptionem definiunt. Quae species definitionis
oratoribus magis apta est quam Dialecticis, quia latitudines
habet, quae similitudo in bonis rebus ponitur et in malis.
Quinta species definitionis est, quam Graece κατὰ [ἀντί]λεξιν, 6
10 Latine adverb[i]um dicimus. Haec vocem illam, de cuius re
quaeritur, alio sermone designat, uno ac singulari; et quodammodo quid illud sit in uno verbo positum, uno verbo alio
declarat, ut: ' Conticescere est tacere.' Item cum terminum
dicimus finem, aut populatas interpretatur esse vastatas. Sexta 7
15 species definitionis est, quam Graeci κατὰ διαφοράν, nos per
differentiam dicimus. Scriptores vero artium de eodem et de
altero nominant, ut cum quaeritur quid intersit inter regem et
tyrannum, adiecta differentia, quid uterque sit definitur; id est,
rex est modestus et temperans, tyrannus vero inpius et inmitis.
20 Septima species definitionis est, quam Graeci κατὰ μεταφοράν, 8
Latini per translationem dicunt, ut Cicero in Topicis (32):
'Litus est, qua fluctus eludit.' Hoc varie tractari potest. Modo
enim ut moneat, modo ut designet, modo ut vituperet aut laudet.
Vt moneat: ' Nobilitas est virtutis maiorum apud posteros
25 sarcina.' Vt designet: ' Apex est arx corporis.' Vt laudet:
' Adulescentia est flos aetatis.' Vt vituperet: ' Divitiae sunt
brevis vitae longum viaticum.' Octava species definitionis est, 9
quam Graeci κατὰ ἀφαίρεσιν τοῦ ἐναντίου, Latini per privantiam

contrarii eius, quod definitur, dicunt : ' Bonum est, quod malum
non est. Iustum est, quod iniustum non est,' et his similia.
Hoc autem genere definitionis uti debemus, cum contrarium
notum est, ut : ' Si bonum est quod prodest cum honestate, id
10 quod tale non est malum est.' Nona species definitionis est, 5
quam Graeci κατὰ ὑποτύπωσιν, Latini per quandam imagina-
tionem dicunt, ut : ' Aeneas est Veneris et Anchisae filius.'
Haec semper in individuis versatur, quae Graeci ἄτομα appel-
11 lant. Decima species definitionis est, quam Graeci κατὰ
ἀναλογίαν, Latini iuxta rationem dicunt ; ut si quaeratur quid sit 10
animal, respondeatur : ' Vt homo.' Rem enim quaesitam praedictum declarabit exemplum. Hoc est autem proprium defini-
12 tionis, quid sit illud quod quaeritur declarare. Vndecima
species definitionis est, quam Graeci κατ᾽ ἐλλειπὲς ὁλοκλήρου
ὁμοίου γένους, Latini per indigentiam pleni ex eodem genere 15
dicunt. Vt si quaeratur quid sit triens, respondeaturque : ' Cui
13 bessis deest ut sit assis.' Duodecima species definitionis est,
quam Graeci κατὰ ἔπαινον, id est, per laudem, ut Tullius pro
Cluentio (146) : ' Lex est mens et animus et consilium et sententia civitatis.' Et aliter (Cic. Phil. 2, 113) : ' Pax est tranquilla 20
libertas.' Fit et per vituperationem, quam Graeci ψόγον vocant,
ut (ibid.) : ' Servitus est postremum malorum omnium, non
14 modo bello, sed morte quoque repellenda.' Tertiadecima species
definitionis est, quam Graeci κατὰ τὸ πρός τι, Latini ad aliquid
vocant, ut est illud : ' Pater est, cui est filius.' ' Dominus est, cui 25
15 est servus.' Quartadecima species definitionis est κατὰ τὸν ὅρον,
ut Cicero in Rhetoricis (Inv. 1, 42) : ' Genus est, quod plures am-
16 plectitur partes.' Item ' Pars [est], quae subest generi.' Quinta-

---

1 quo def. *T*   1–2 malum ... quod *om. K*   2 et hec sunt similia *K*
4 ut] et *T*   prode est *T* : est prodest *K*   6 quondam *B*   8 dividuis *T*
9–17 *de turbato ordine in codd. vid. Praef.*   10 vocant lat. iustam rationalem di. *K*   12 *vel* declaravit   14 oloclerii homo genus (*sim.*) *codd.*
16 triens] tresis *C Mon.¹* : thesis *B Rem. (non ADM)*   17 *vel* bes : versis
M : bis *CW Mon.¹* : bilis *T* : vis *BD* : his *AK*   arsis *ABDKTH*
(*non M Rem.¹ Mon.¹*)   23 repellenda est *B*   def. spec. *K*
25 pater cui *K* (*non M*) : p. cuius *B*   filius *om. K*   26 est def. *K*
catatontus *K* : catatonrus *BC* : cathatonfus *T* : *corr. dett.*   28 est hab.
BT : *om. CK*

decima species definitionis est, quam Graeci κατὰ αἰτιολογίαν,
Latini secundum rei rationem vocant, ut : 'Dies est sol supra
terras, nox est sol sub terris.' Scire autem debemus praedictas
species definitionum Topicis merito esse sociatas, quoniam inter
5 quaedam argumenta sunt positae, et nonnullis locis commemorantur in Topicis. Nunc ad Topica veniamus, quae sunt
argumentorum sedes, fontes sensuum et origines dictionum.

DE TOPICIS. Topica est disciplina inveniendorum argumen- XXX
torum. Divisio Topicorum, sive locorum ex quibus argumenta
10 dicuntur, triplex est. Nam alia in eo ipso, de quo agitur, haerent ;
alia, quae dicuntur effecta, quae quodammodo ex rebus aliis tracta
noscuntur ; alia, quae adsumuntur extrinsecus. Argumenta, quae
in eo ipso, de quo agitur, haerent, in tribus divisa sunt. Prima,
a toto ; secunda, a parte ; tertia, a nota. Argumentum a toto, 2
15 cum definitio adhibetur ad id, quod quaeritur, sicut ait Cicero
(Marcell. 26) : 'Gloria est laus recte factorum magnorumque in
republica fama meritorum.' A partibus est argumentum, cum 3
is, qui se defendit, aut negat factum, aut factum esse iure
defendit. A nota est argumentum, cum ex vi nominis argu- 4
20 mentum aliquod eligatur, ut Cicero (Pis. 19) : 'Consulem,
inquam, quaerebam, quem in isto maiali invenire non poteram.'
Effecta argumenta sunt, quae quodammodo ex rebus aliis tracta 5
noscuntur. Sunt autem numero quattuordecim ; id est, primum
a coniugatis argumentum est, cum declinatur a nomine et fit
25 verbum, ut Cicero Verrem dicit everrisse provinciam ; vel nomen
a verbo, cum latrocinari dicitur latro. Nomen est a nomine ;
Terentius (Andr. 218) :

Interceptio est amentium, haud amantium ;

1 est *om.* C^1 2 rei *om.* K dies sol AK supra BCK : super
A : per T 5 comm. topicis K 10 ducuntur C^2 11 eff. quodammodo T 12 al. q. adsum. *om.* K 14 a partibus *Cassiod.* (?)   18 defendi
abnegat aut factum esse K iure *dett.* : in re $ABKT$: in se C^1 19 ex
sui BKT 20 eligatur AB *ex corr.* K : eligitur B *ante corr.* T : dicitur
C : elicitur *dett.*   21 mali T 22 Et facta K : Affecta A *rev.* (*ex Cassiod.*)
23 tredecim *Cassiod.*   primum coniugationis K 24 et *om.* T
25 dicit] dictae C^1 averisse T : eversisse BK : evertisse C omen
a ver. K : nomina verborum T 26 cum a latr. K a nomine] a verbo K
28 interceptio *codd.* (*etiam A*)   aut *codd.* (*etiam A*)

dummodo distet unius appellationis postremitas, in alia vocis
6 declinatione formata.   Secundum argumentum a genere est,
cum de eodem genere sententia dicitur, ut Vergilius (Aen. 4,
569) :

Varium et mutabile genus. 5

7 Tertium ab specie argumentum est, cum generali quaestioni
fidem species facit, ut (Virg. Aen. 7, 363) :

> Non sic Phrygius penetrat Lacedaemona pastor.

A simili argumentum est, quando rebus aliquibus similia proferuntur (Virg. Aen. 10, 333) : 10

> Suggere tela mihi : non ullum dextera frustra
> torserit in Rutulos, steterunt quae in corpore Graium
> Iliacis campis.

8 A differentia argumentum est, quando per differentiam aliqua
separantur, ut Vergilius (Aen. 10, 581) : 15

> Non Diomedis equos, nec currum cernis Achillis.

A contrariis argumentum dicitur, quando res discrepantes
sibimet opponuntur, ut Vergilius (Aen. 9, 95) :

> Mortaline manu factae inmortale carinae
> fas habeant, certusque incerta pericula lustres, 20
> Aeneas ?

9 A consequentibus argumentum dicitur, quando positam rem
aliquid inevitabiliter consequitur, ut Vergilius (Aen. 1, 529) :

> Non ea vis animo, nec tanta superbia victis.

Ab antecedentibus argumentum est, quando aliqua ex his, 25
quae prius gesta sunt, conprobantur, ut Cicero pro Milone
(44) : 'Cum non dubitaverit aperire quid cogitaverit, vos
10 potestis dubitare quid fecerit ?' A repugnantibus argumentum
est, quando illud, quod obicitur, aliqua contrarietate destruitur,
ut Cicero (Deiot. 15) : 'Is igitur non modo de tali periculo 30

---

1 distat *K*   appellatione *K*   2 est et cum *K*   7 ut *om. T*
8 sicut *AK*   frigus *K*   9 aliquid sim. *K*   11 non nullum *ABCT*:
nullum *K*   12 quae *om. T*   19 inmortali car. *T*: inmortalis car. *K*
20 lustris *K*: lustret *C*²   24 nonne habis an. *T*   anima *C*¹   ne *K*
victus *K*   27 debitaberit *T*   aper. . . . cog. *om. AKL*   quid *C*: id
quod *T*: id *BD*   28 potentis *KL*   ferit *AKL (non D)*   29 obiecit
A: abicitur *C*¹   alia *C*

liberatus, sed honore amplissimo ditatus, domi te interficere
voluisset.' A coniugatis argumentum est, cum contra proba- 11
biliter ostenditur quid sit ex re quaque venturum, ut Vergilius
(Aen. 8, 147):

5   Nos si pellant, nihil adfore credunt,
    quis omnem Hesperiam [penitus] sua sub iuga mittant.
A causis argumentum est, quando consuetudine communi res 12
quaeque tractatur, ut Terentius (Andr. 582):

    Ego nonnihil veritus sum dudum abs te cavere, ne faceres
10   quod vulgus servorum solet, dolis ut me deluderes.
Ab effectis argumentum est, cum [ex] his, quae facta sunt,
aliquid adprobatur, ut Vergilius (Aen. 4, 13):

          Degeneres animos timor arguit.
A conparatione argumentum est, quando per conlationem perso- 13
15 narum sive causarum sententiae ratio sub inputatione formatur,
ut Vergilius (Aen. 10, 81):

      Tu potes Aenean manibus subducere Graium,
    nos aliquid contra Rutulos iuvisse nefandum est?
Item argumenta quae ducuntur extrinsecus, quae Graece 14
20 ἀτέχνους, id est artis expertes vocant, ut est testimonium. Testimonium vero constat re. Haec dividitur [in] quinque modis: 15
id est, primo ex persona, secundo ex naturae auctoritate, tertio
ex temporibus auctoritatum, quarto ex dictis factisque maiorum,
quinto ex tormentis. Tertius ergo superior modus, qui est ex
25 temporibus, in octo species derivatur. Prima ingenio, secunda
opibus, tertia aetate, quarta fortuna, quinta arte, sexta usu,

1 liberatur K   2 controbabiliter (-pab-) ABT   3 quae sit K
5 pellunt K   adforte C¹: afore C²   6 quin dett.   penitus hab. K:
om. BCT   mittat K   7 consuetudini T: consuitudinis K   com-
munionis quoque tractantur K   8 quae B¹   9 nihil om. K (non A)
du K: dum A   10 solet et doles ut me diluderis K   et me B
11 ex hab. CT: om. BK   14 arg. a conp. K   conlocationem BCK:
conloquutionem A   15 firmatur T   17 aeneas K   gaium T
18 iuves sine fandum K: invisere fandum B   19 dicuntur C¹K   quos
T   20 atecnos (-chn-) KT: tecnos (-gn-) BC   testimonio vestro K
21 constat re CT: constare BK   in hab. K: om. BCT   22 naturae
auctoritatem C: natura auctoritatem T: natura aut auctoritate K   23 auctoritatem T   24 modus superior K: superius est M   ex om. C¹

septima necessitate, octava concursione fortuitorum. Testimonium omne est, quod ab aliqua externa re sumitur ad faciendam fidem. Persona non qualiscumque est quae testimonii pondus habet ad faciendam fidem, sed morum probitate
16 debet esse laudabilis. Naturae auctoritas est quae maxime 5 virtute consistit. Testimonia multa sunt quae adferant auctoritatem: id est, ingenium, opes, aetas, fortuna, ars, usus, necessitas et concursio rerum fortuitarum. A dictis factisque maiorum petitur fides, cum priscorum dicta factaque memorantur. A tormentis fides praebetur, post quae nemo creditur velle mentiri. 10
17 Ea vero quae tractantur in tempore, quia suis nominibus plana sunt, definitionem non indigent. Memoriae quoque condendum est Topica oratoribus, Dialecticis, poetis et iurisperitis communiter quidem argumenta praestare; sed quando aliquid specialiter probant, ad Rhetores, poetas, iurisperitosque perti- 15 nent; quando vero generaliter disputant, ad philosophos attinere
18 manifestum est. Mirabile plane genus operis, in unum potuisse colligi, quidquid mobilitas ac varietas humanae mentis in sensibus exquirendis per diversas causas poterat invenire, conclusum liberum ac voluntarium intellectum. Nam quocumque se 20 verterit, quascumque cogitationes intraverit, in aliquid eorum, quae praedicta sunt, necesse est cadat ingenium.

XXXI   DE OPPOSITIS. Contrariorum genera quattuor sunt, quae Aristoteles ἀντικείμενα, id est opposita vocat, propter quod sibi velut ex adverso videntur obsistere, ut contraria; nec tamen 25 omnia quae opponuntur sibi contraria sunt, sed omnia a contrario opposita sunt. Primum genus est contrariorum, quod iuxta Ciceronem diversum vocatur, pro eo quod tantum con-

1 concursi *M*: concursio *BCK*   2 ab] ex *KM* (*non A*)   3 persona .... ad fac. fid. *om. KL* (*non M*)   5 Natura *KL*   est quae] quae sunt *B*   maxima *CKLT*   6 consistat *C*[1]   10 quae homo *A*: honorem *KL* dicitur *KL* (*non A*)   vel m. *KL* (*non A*): esse m. *T*   11 vero *om. KL* tractant *A*   quae suis *A*: quibus vis *KL*   14 et quando aliqui *C*[1] 15 rectores *T*   16 disputantur *K*   19 poterant *T*   conclusum *KL*: conclusio *BCT*   21 averterit *T*   intraverint *K*   23 sunt quattuor *T*   24 composita *KL* (-np-)   25 existere *KL* (exs-)   28 diversim *KL*   sibi contrarie *T*

trarie sibi opponuntur, ut non eorum sint quibus opponuntur,
ut sapientia stultitia. Quod genus in tres species dividitur. **2**
Nam sunt quaedam eius quae medium habent ; et sunt quaedam quae sine medio sunt ; et quaedam sunt quae habent
5 medium et tamen sine nomine sunt, nisi utrumque ei vocabulum creet. Candidum et nigrum medium habent, quia inter
eos saepe color pallidus vel fuscus invenitur. Sine medio sunt, **3**
quotiens unum de duobus accidit, ut sanitas vel infirmitas.
Horum nihil est medium. Ea autem quorum media sine
10 nomine sunt, ut felix infelix, medium habent non felix. Secundum genus est relativorum, quae ita sibi opponuntur ut ad se
conferantur, sicut duplum simplum. Hoc solum oppositorum **4**
genus ad se refertur. Non est enim maius, nisi ad minus
referatur ; et simplum, nisi ad duplum. Nam relativum relativo
15 ita opponitur ut hoc ipsum, quod opponitur, aut eius sit, cui
opponitur, ⟨aut ad id⟩ quocumque modo referatur. Dimidium
enim opponitur duplo, eiusque dupli medium est, sed ita illi
opponitur ut eius sit, cui opponitur. Sic et parvum opponitur **5**
magno, ita ut ipsud parvum ad magnum, cui opponitur, sit
20 parvum. Nam superiora quae dicuntur contraria ita sibi
opponuntur ut eorum non sint, quibus opponuntur, nec ad ea
quocumque modo referantur ; siquidem iniquitas iustitiae ita

2 stultitie T 3 quae medium quae sine medio sunt T hab. et
quaedam sunt K 5 ei] uno T 6 creet et K : daret et C^1
7 fuscus] fagus K 8 unum *om.* T e K san. et inf. B
10 infelix felix K 12 simplum *om.* A Hoc *om.* K 13 fertur
K : referuntur T est enim CT : enim est B : est A : enim K minus]
simplum K 14 rel. ipsi rel. K 15 quodquod (*corr.* quotquot)
opponitur (*seq. ras. sex litt.*) T aut eius ... opponitur *om.* K : aut
eius quod opp. AC : aut est quod opp. B : aut eius cui opp. D : aut
contra (*pro* eius) cui opp. quod opp. H 16 aut ad id *om. codd.*
quodcumque TB (*non DH* : quaecumque A 18 parum (*ter*) CDT
Sit et si parvum parvum ad magnum cui opponitur sit parvum opponitur
et magno ita ut ipsud A : Sic etsi parvum parvum ad magno ita ut
ipsum parum ad magnum cui opponitur sit parum B : Sic et si parvum
opponitur magno et si magnum ita ut parvum ad magnum cui opponitur
sit parvum K : Sic et si parvum ipsum opponitur et magno ita ut ipsum
parvum ad magnum ad magnum cui opponitur sit parvum H (*non D*)
21 sint] sit K quibus] que T nec ad ... referantur *om.* T nec]
non K

contraria est ut non eiusdem iustitiae iniquitas sit, aut ad illam
6 sit iniquitas. Tertium genus est oppositorum habitus vel orbatio.
Quod genus Cicero privationem vocat, qua ostendit aliquid
quempiam habuisse, unde privatus est. Cuius species sunt
tres : quarum prima est in re, secunda in loco, tertia in tem- 5
pore congruo. In re, ut caecitas visio. In loco, ut caecitatis
et visionis in oculis locus est. In tempore congruo, ut infan-
tem non dicere sine dentibus eum, cui dentes adhuc aetas parva
negavit. Non enim est privatus dentibus, quos nondum habuit.
7 Quartum vero genus ex confirmatione et negatione opponitur, 10
ut Socrates disputat, Socrates non disputat. Haec a superioribus ideo differt, quod illa singillatim dici possunt, haec nisi
conexe dici non possunt. Quod genus quartum apud Dialecticos
multum habet conflictum, et appellatur ab eis valde oppositum,
8 siquidem et tertium non recipit. Nam ex illis quaedam habere 15
tertium possunt, ut in contrariis candidum et nigrum. Tertium
eius nec candidum nec nigrum, sed fuscum vel pallidum. In
relativis quoque, ut multa et pauca. Tertium eius nec multa
nec pauca, sed mediocria. In habitu vel orbatione, ut visio et
caecitas. Tertium eius, nec caecitas nec visio, sed lippitudo. 20
Hic ergo legit, non legit : tertium nihil habet.

---

1 ad *om.* *T*   3 qua. ost. al. *om.* *AK*   qua] quia *T*   ostendet *CT*
4 quempiam] quiddam *K* : quidam *A*   habuisset *A*   6 in re ut cecitas
et visionis in clusis locus est (*rell. om.*) *K* (*non A*)   caecitas . . . loco ut
om. *C*[1]   in loco cecitatis *B*   7 et vis. *om.* *B*[1]   in oc.] oc. *A* : *om.* *B*[1]
8 dent. cum eum *K*   adhuc *om.* *K*   9 enim *om.* *K*   10 ex] et
C[1] : est ex *T*   11 Socr. non disp. *om.* *K* (*non A*)   12 ideo] id *T*
13 conexa *K*   14 habeat confictum *K*   ab eius *K*   15 quidam *BT*
16 tertiam *K*   cand. et nigr. est *T* : canditum nigro *K*   17 vel] et *B*
18 et multa *BK*   20 lippido *K*   21 leget (*bis*) *ABCT*   nihil] nunc *A*

LIBER III

DE MATHEMATICA

Mathematica Latine dicitur doctrinalis scientia, quae abstractam considerat quantitatem. Abstracta enim quantitas est,
quam intellectu a materia separantes vel ab aliis accidentibus, ut
est par, inpar, vel ab aliis huiuscemodi in sola ratiocinatione
5 tractamus. Cuius species sunt quattuor : id est Arithmetica,
Musica, Geometria et Astronomia. Arithmetica est disciplina
quantitatis numerabilis secundum se. Musica est disciplina
quae de numeris loquitur, qui inveniuntur in sonis. Geometria
est disciplina magnitudinis et formarum. Astronomia est disci-
10 plina quae cursus caelestium siderum atque figuras contemplatur omnes atque habitudines stellarum. Quas disciplinas
deinceps paulo latius indicamus, ut earum causae conpetenter
possint ostendi.

De vocabvlo arithmeticae disciplinae. Arithmetica I
15 est disciplina numerorum. Graeci enim numerum ἀριθμόν dicunt. Quam scriptores saecularium litterarum inter disciplinas
mathematicas ideo primam esse voluerunt, quoniam ipsa ut sit
nullam aliam indiget disciplinam. Musica autem et Geometria 2
et Astronomia, quae sequuntur, ut sint atque subsistant istius
20 egent auxilium.

De avctoribvs eivs. Numeri disciplinam apud Graecos II
primum Pythagoram autumant conscripsisse, ac deinde a Nico-
macho diffusius esse dispositam ; quam apud Latinos primus
Apuleius, deinde Boetius transtulerunt.

2 considerat] significat *B*   3 sep. aut ab *K*   4 par et inp. vel in
al. *K*   6 artimedica disc. quantitas (*ex* quantas) *K*   8 geometrica
disc. *K*   9 magn.] similitudinis *C Vercellensis* 202   11 at. omn. *BCT*
et habitudinis st. qui disc. *K*   15 dicunt *ABT* : vocant *CK*   16 qua
scr. lit. saec. *K*   18 indicat *K*   21 Numeros vel num. disc. *K*
22 aucupant *T* : nuncupant *C ante corr.*   23 diffusus *T*

III   QVID SIT NVMERVS. Numerus autem est multitudo ex unita-
tibus constituta. Nam unum semen numeri esse, non numerum.
Numero nummus nomen dedit, et a sui frequentatione vocabulum indidit. Vnus a Graeco nomen trahit; Graeci enim unum
2 ἕνα dicunt: sic duo et tres, quos illi δύο et τρία appellant. Quattuor vero a figura quadrata nomen sumpserunt. Quinque autem
non secundum naturam, sed secundum placitum voluntatis vocabulum acceperunt ab eo, qui numeris nomina indidit. Sex
3 autem et septem a Graeco veniunt. In multis enim nominibus
quae in Graeco aspirationem habent, nos pro aspiratione S ponimus. Inde est pro ἕξ sex, [et] pro ἑπτά septem, sicut pro her-
pillo herba serpillum. Octo vero per translationem, sicut illi
4 et nos: ita illi ἐννέα, nos novem: illi δέκα, nos decem. Dicti
autem decem a Graeca etymologia, eo quod ligent et coniungant
infra iacentes numeros. Nam δεσμός coniungere vel ligare apud
eos dicitur. Porro viginti dicti quod sint decem bis geniti, U
pro B littera posita. Triginta, quod a ternario denario gignan-
5 tur: sic usque ad nonaginta. Centum vero vocati a cantho,
quod est circulum; ducenti a duo centum. Sic et reliqui usque
ad mille. Mille autem a multitudine, unde et militia, quasi
multitia: inde et milia, quae Graeci mutata littera myriada
vocant.

IV   QVID PRAESTENT NVMERI. Ratio numerorum contem-
nenda non est. In multis enim sanctarum scripturarum locis
quantum mysterium habent elucet. Non enim frustra in laudibus Dei dictum est (Sap. 11, 21): 'Omnia in mensura et
2 numero et pondere fecisti.' Senarius namque [numerus] qui

2 nam unum numerum (om. rell.) KL   semen numeri CDB[1] ut vid.
T[1] ut vid.: semel numeri AB[2]: semel numerum T[2]   non numeri T:
numerum B   3 nummus] numerus K   sua   4 unum mono di. K
5 quos] quod B   δύο] dia codd.   6 vero fig. B   11 inde est]
id est T[2] (om. T)   et hab. K: om. BCT   13 ἐννέα] nea codd.   14 ct]
er C[1]   15 inf. iac. num. om. K: num. om. A   17 a ternarius T:
ternario K   gignatur T   18 vocatum T   canto C: cantu BKT Col.
19 circulus B (non Col.)   reliquis T: reliqua B   21 milia] militia K
quae om. K   myriada K: -des BT: -das Col.: miridia C[1]   22 vocantur
T   23 numeri C   continenda AK   24 sacrarum K   25 habent
licet enim K   26 om. mens. K   27 numerus hab. K: om. BCT

partibus suis perfectus est, perfectionem mundi quadam numeri
[sui] significatione declarat. Similiter et quadraginta dies, quibus Moyses et Helias et ipse Dominus ieiunaverunt, sine numerorum cognitione non intelleguntur. Sic et alii in scripturis 3
5 sacris numeri existunt, quorum figuras nonnisi noti huius artis
scientiae solvere possunt. Datum est etiam nobis ex aliqua
parte sub numerorum consistere disciplina, quando horas per
eam dicimus, quando de mensuum curriculo disputamus,
quando spatium anni redeuntis agnoscimus. Per numerum 4
10 siquidem ne confundamur instruimur. Tolle numerum in
rebus omnibus, et omnia pereunt. Adime saeculo conputum,
et cuncta ignorantia caeca conplectitur, nec differri potest a
ceteris animalibus, qui calculi nesciunt rationem.

DE PRIMA DIVISIONE PARIVM ET INPARIVM. Numerus V
15 dividitur in [his] paribus et inparibus. Par numerus dividitur
in his: pariter par, pariter inpar, et inpariter par. Inpar numerus dividitur in his: primum et simplum, secundum et conpositum, tertium mediocrem; qui quodammodo primus et in-
compositus est, alio vero modo secundus et conpositus est.
20 Par numerus est, qui in duabus aequis partibus dividi potest, 2
ut II, IV et VIII. Inpar vero numerus est, qui dividi aequis partibus nequit, uno medio vel deficiente vel superante, ut III, V,
VII, IX et reliqui. Pariter par numerus est, qui secundum 3
parem numerum pariter dividitur, quousque ad indivisibilem
25 perveniat unitatem; ut puta LXIV habet medietate XXXII, hic
autem XVI, XVI vero VIII, octonarius IV, quaternarius II, binarius
unum, qui singularis indivisibilis est. Pariter inpar est, qui 4

2 sui *hab. BT : om. CK*   5 fig. numeri sine notitia h. a. sc. so. non
po. *K* (*non A Col.*)   6 aliqua] magna *T* (*non Col.*)   8 dicimus *K* :
discimus *BCT*   q. m. curricula supputamus *T*   curricula *K* (*et fort.
Isid.*) : curriculis *B*   10 confundantur *K*   11 adimes calculo *K*
(*non A*)   13 nescit *T*   15 his *hab. KLA : om. BCDTU*   paribus
... in his] *om. A*   partibus *KL*   et in inparibus *BU*¹ *ut vid.*   16 pariter par *om. KL*   par pariter *om. T* (*non U*)   par. Inpar *om. KLA*
17 pr. simp. sec. conp. tert. med. *T*   secundum inconpositum *C*¹
18 inconp. alio *T* : conpositus alio *K* : conp. est alio *BC*   19 est *om. K*
22 med. ut def. *K*   23 Pariter *om. K*   25 perveniant *K* : pervenit *T*
sex. et quatt. *T* : sex. quatt. *BC* : LXIIII *K*   habent *K*   trig. et duos *BC*
26 octo et octonarius *BC*   27 singulis *AK*   inpar] par *K*

in partes aequas recipit sectionem, sed partes eius mox indis-
secabiles permanent, ut VI, X et XXXVIII, L. Mox enim hunc
numerum divideris, incurris in numerum quem secare non
5 possis. Inpariter par numerus est, cuius partes etiam dividi
possunt, sed usque ad unitatem non perveniunt, ut XXIV. Hi 5
enim in medietatem divisi XII faciunt rursumque in aliam medietatem VI, deinde in aliam tres; et ultra divisionem non recipit
sectio illa, sed ante unitatem invenitur terminus, quem secare
6 non possis. Inpariter inpar est, qui ab inpari numero inpariter
mensuratur, ut XXV, XLIX; qui dum sint inpares numeri, ab in- 10
paribus etiam partibus dividuntur, ut septies septeni XLIX et
quinquies quini XXV. Inparium numerorum alii simplices sunt,
7 alii conpositi, alii mediocres. Simplices sunt, qui nullam aliam
partem habent nisi solam unitatem, ut ternarius solam tertiam,
et quinarius solam quintam, et septenarius solam septimam. 15
His enim una pars sola est. Conpositi sunt, qui non solum
unitate metiuntur, sed etiam alieno numero procreantur, ut
novem, XV et XXI. Dicimus enim ter terni, et septies terni, ter
8 quini, et quinquies quini. Mediocres numeri sunt, qui quodammodo simplices et inconpositi esse videntur, alio vero modo 20
et conpositi; [ut] verbi gratia, novem ad XXV dum conparatus
fuerit, primus est et inconpositus, quia non habet communem
numerum nisi solum monadicum: ad quindecim vero si conparatus fuerit, secundus est et compositus, quoniam inest illi
communis numerus praeter monadicum, id est ternarius nu- 25
merus; qui⟨a⟩ novem mensurat ter terni, et quindecim ter quini.
9 Item parium numerorum alii sunt superflui, alii diminutivi, alii
perfecti. Superflui sunt, quorum partes. simul ductae pleni-

---

1 partem eius T indesecabiles BCT: indissectabiles K 2 enim
ut T^2 hunc] unum T 3 incurres C num. alium q. T^2 quae K
secare] dividere B 4 poteris T 5 hic e. in medietate divisus K
9 quia ab $K \cdot (non\ A)$ 11 et sept. K: usepties T septem codd. :
corr. Schwarz   quadraginta novem $T\ ex\ corr.$: quadragies est nonus K:
quadraes nonus BC 12 viginti quinque $T\ ex\ corr.$: xxv K: vies quinque
(-qui) BC 17 alieno] ab alio K 18 et om. K xxi K: vig. unus
B: vig. et uno $C^1 T$ 19 sunt numeri T: numerus est K 21 ut
hab. BT: om. CK 22 est et] erum T^1 quia] quod K 24 est et]
est om. T^1: et om. K 25 propter K 26 qui codd.

tudinem suam excedunt, ut puta duodenarius. Habet enim partes quinque: duodecimam, quod est unum; sextam, quod duo; quartam, quod tria; tertiam, quod quattuor; dimidiam, quod sex. Vnum enim et duo, et tria, et quattuor, et sex simul ducta
5 XVI faciunt et longe a duodenario excedunt: sic et alii similes plurimi, ut duodevicesimus, et multi tales. Diminutivi numeri 10 sunt, qui partibus suis computati minorem summam efficiunt, utputa denarius, cuius partes sunt tres: decima, quod est unum; quinta, quod duo; dimidia, quod quinque. Vnum enim et
10 duo et quinque simul ducta octonarium faciunt, longe a denario minorem. Similis est huic octonarius, vel alii plurimi qui in partes redacti infra consistunt. Perfectus numerus est, qui suis 11 partibus adinpletur, ut senarius; habet enim tres partes, sextam, tertiam, [et] dimidiam: sexta eius unum est, tertia duo, dimidia
15 tres. Haec partes in summam ductae, id est unum et duo et tria simul eundem consummant perficiuntque senarium. Sunt autem perfecti numeri intra denarium VI, intra centenarium XXVIII, intra millenarium CCCXCVI.

DE SECVNDA DIVISIONE TOTIVS NVMERI. Omnis numerus VI
20 (1) aut secundum se consideratur, (2) aut ad aliquid. (1) Iste dividitur sic: alii enim sunt aequales, alii inaequales. (2) Iste dividitur sic: alii sunt maiores, alii sunt minores. Maiores dividuntur sic: multiplices, superparticulares, superpartientes, multiplices superparticulares, multiplices superpartientes. Mi-
25 nores dividuntur sic: submultiplices, subsuperparticulares, subsuperpartientes, submultiplices subsuperparticulares, submultiplices subsuperpartientes. Per se numerus est, qui sine relatione 2 aliqua dicitur, ut III. IV. V. VI, et ceteri similes. Ad aliquid

2 quod est primum s. q. est secundam quarta quod est tertia tert. q. est quarta quod est sexta K 4 sex] sextam B^1: sexta B^2 6 plurimi similes T Diminutivi BC: Diminuti KT 7 summam *om.* T 8 unum] prima K 9 quod sunt duo K 12 infra] in summa K 13 partes tres K 14 et *hab.* BC: *om.* KT unum sunt T 16 perficiuntque numerum senarium K 20 ad aliquid . . . aequales *om.* AKL 21 iste (*alt.*)] sed T (*non* U)   22 alii minores B 25 subsuperparticulares (*prius*)] subparticulares T: superparticulares B 27 subsuperpartientes (*alt.*)] superpartientes B

numerus est, qui relative ad alios conparatur; ut verbi gratia ɪv ad ɪɪ dum conparatus fuerit, duplex dicitur [et multiplex], vɪ ad ɪɪɪ, vɪɪɪ ad ɪv, x ad v; et iterum ɪɪɪ ad unum triplex, vɪ ad

3 ɪɪ, ɪx ad ɪɪɪ et ceteri. Aequales numeri dicuntur, qui secundum quantitatem aequales sunt, ut verbi gratia ɪɪ ad ɪɪ, ɪɪɪ ad ɪɪɪ, x ₅ ad x, c ad c. Inaequales numeri sunt, qui ad invicem conparati inaequalitatem demonstrant, ut ɪɪɪ ad ɪɪ, ɪv ad ɪɪɪ, v ad ɪv, x ad vɪ; et universaliter maior minori aut minor maiori

4 huiusmodi dum conparatus fuerit, inaequalis dicitur. Maior numerus est, qui habet in se illum minorem numerum, ad quem 10 conparatur, et aliquid plus; ut verbi gratia quinarius numerus trinario numero fortior est, eo quod habet quinarius numerus in se trinarium numerum et alias partes eius duas, et reliqui tales.

5 [Minor numerus est, qui continetur a maiori, ad quem conparatur, cum aliqua parte sui, ut ternarius ad quinarium. Con- 15 tinetur enim ab eo cum duabus partibus suis.] Multiplex numerus est, qui habet in se minorem numerum bis, aut ter, aut quater, aut multipliciter; ut verbi gratia ɪɪ ad unum dum conparati fuerint, duplex est; ɪɪɪ ad unum, triplex; ɪv quadru-

6 plex, et reliqui. Econtra submultiplex numerus est, qui intra 20 multiplicem continetur bis, aut ter, aut quater, aut multipliciter; ut verbi gratia unus a ɪɪ bis continetur, a ɪɪɪ ter, a ɪv quater, a

7 v quinquies, et ab aliis multipliciter. Superparticularis numerus est, dum fortior continet intra se inferiorem numerum, circa quem conparatur, similiter et unam partem eius; ut verbi gratia 25 ɪɪɪ ad ɪɪ dum conparati fuerint, continent intra se ɪɪ et alium unum, qui media pars est duorum; ɪv ad ɪɪɪ dum conparati fuerint, continent in se ɪɪɪ, et alium unum, qui est tertia pars

2 et multiplex *hab.* CKTU: *om.* B   5 ɪɪ ad ɪɪ *om.* K   6 qui invicem K   7 v ad ɪv *om.* K   8 maior minoris K   at minor maiori T: *om.* K (*non* A)   9 dum *om.* AK   11 conparatur (·rat A) ad aliquid KA   12 numero *om.* K (*non* A)   in se quin. num. C numerus *om.* D   13 numerum *om.* CD   partes *om.* K (*non* A) 14 Minor numerus... partibus suis *hab.* BCTU: *om.* ADKL   16 enim *hab.* TU: *om.* BC   17 in se illum min. B   numerum *om.* K 18 et multiplic. et ver. K   21 cont. ut bis K   24 inter se B   inf. num. cont. int. se K   25 conparantur B   simpliciter *Col.*   26 duo et... in se *om.* C¹   27 ad ɪɪɪ] aut tres B   28 continet B

trium. Iterum v ad iv dum conparati fuerint, habent in se
quaternarium numerum, et alium unum, qui quarta pars esse
dicitur quaternarii numeri, et ceteri tales. Superpartiens nu- **8**
merus est, qui in se inferiorem numerum totum continet, et
5 super hoc alteras partes eius ii, aut iii, aut iv, aut v, aut alias ;
ut verbi gratia v ad iii dum conparati fuerint, habent in se
quinarius numerus trinarium, et super hoc alias partes eius ii ;
vii ad iv dum conparati fuerint, habent in se iv, et alias iii
partes eius ; ix ad v dum conparati fuerint, habent in se v, et
10 alias iv partes eius. Subsuperpartiens numerus est, qui con- **9**
tinetur in numero superpartienti cum aliquibus partibus suis
duabus aut tribus aut pluribus ; [ut] verbi gratia iii continentur a v cum aliis ii partibus suis ; v a ix cum iv partibus suis. Subsuperparticularis numerus est minor, qui con- **10**
15 tinetur in fortiori numero cum alia una parte sua, aut media,
aut tertia, aut quarta, aut quinta ; ut verbi gratia ii ad iii, iii ad
iv, iv ad v, et ceteri. Multiplex superparticularis numerus est, **11**
qui, dum conparatus ad inferiorem sibi numerum fuerit, continet
in se totum inferiorem numerum multipliciter cum aliqua parte
20 eius ; ut verbi gratia v ad ii dum conparati fuerint, continent in
se bis ii, iv, et unam partem eius ; ix ad iv dum conparati
fuerint, continent in se bis iv, viii, et unam partem eius. [Sub- **12**
multiplex [sub]superparticularis numerus est qui, dum ad fortiorem sibi numerum conparatus fuerit, continetur ab eo multi-
25 pliciter cum alia una parte sua ; ut verbi gratia ii ad v dum
conparati fuerint, continentur ab eo bis cum una parte sua.]
Multiplex superpartionalis numerus est, qui dum conparatus ad

4 qui se *T*   5 alia sunt ver. *T*   6 fuer. conpar. *K*   habet *BCT*
ex corr.   7 quin. num. *om. K*   ternarium numerum et *K*   8 conpari
T   alias partes ⟨*om.* iii⟩ *T*   9 ix] viii *K*   10 alias iii (*om.* partes
eius) *K* : alias partes eius quattuor *T*   Superpartiens *T*   11 suis
om. K   12 ut *hab. K* : *om. BCT*   13 quinque ad viiii *K* : **v** ad viiii *C*
14 suis ⟨*ult.*⟩ *om. K*   § 10 *post* § 7 *TU et fort. Isid.* (*non Col.*)   17 ceteris
K   Submultiplex particularis *BCDK* (*non U*)   18 conparatur *CDK*
20 ut verbi ... § 12 partibus eius *om. KL*   ut *om. B*   11] iii (tres)
BCTU   21 ix ad iv ... *cap.* vii, § 1 discreti sunt *om.* *U¹*   22 viii
om. BC¹   Submultiplex subs. . . . parte sua *hab. T* : *om. BCDK*
24 continet eum *T* : *correxi ex Cassiod.*   27 Submultiplex superparticularis *CD* : Multiplex superpartiens *B fort. recte*   conparatur *T*

inferiorem sibi numerum fuerit, continet eum multipliciter cum
aliis partibus eius; ut verbi gratia VIII ad III dum conparati
fuerint, continent in se bis III, cum aliis II partibus eius; XIV
ad VI dum conparati fuerint, continent intra se bis VI cum aliis
II partibus eius; [XVI ad VII dum conparati fuerint, conti- 5
nent eum bis cum aliis II partibus eius; XXI ad IX dum conparati fuerint, continent intra se bis IX cum aliis III partibus
13 eius]. Submultiplex superpartionalis numerus est, qui dum
ad fortiorem sibi conparatus fuerit, continetur ab eo multipliciter cum aliquibus partibus suis; ut verbi gratia III ad VIII 10
continentur bis cum II partibus suis; IV ad XI continentur bis
cum III partibus suis.

VII   DE TERTIA DIVISIONE TOTIVS NVMERI. Numeri (1) aut
discreti sunt, (2) aut continentes. Iste dividitur sic: (1) linea-
les, (2) superficiosi, (3) solidi. Discretus numerus est, qui 15
a discretis monadibus continetur, ut verbi gratia III. IV. V.
2 VI. et reliqui. Continens numerus est, qui coniunctis monadibus continetur; [ut] verbi gratia ternarius numerus in magnitudine intellegatur, id est in linea, aut spatium aut solidum dicitur
3 continens: similiter quaternarius et quinarius numeri. Linea- 20
lis numerus est, qui inchoans a monade linealiter scribitur
usque ad infinitum. Vnde alpha ponitur pro designatione linearum, quoniam haec littera unum significat apud Graecos
4 (*sequitur figura*). Superficialis numerus est, qui non solum
longitudine, sed et latitudine continetur, ut trigonus, quadratus, 25

1 eum] cum D   2 VIII ad IIII *BC*   4 ad VI] ad VII K^1: ad XVI
BCDT   5 XVI ad ... duabus partibus eius *om.* AL: XVI ad ... tribus
partibus eius *om.* K^1 XVI] XXVI K^2 ad VII C: ad VIII K^2: ad IIII
BDT   continent continent eum intra se bis octo cum D: continent
intra se bis octo cum K^2 6 duabus partibus ... cum aliis *om.* K^2 XXI
ad IX] XII ad VIII B: XXII (viginti duo) ad VIII $ACDL$: XXII ad VII T
continent *om.* T 7 bis IX] bis octo *BCDT*   III *om.* D.   8 super-
rationalis K: supraportionalis T (*non Col.*)   10 part. eius ut K 11 continentur (*prius*) *om.* K 13 aut (*prius*)] divisiones T 16 III ad
IIII V ad VI CK (ad *pro* a) (*non Col.*)   17 qui] quia (qui a) CT 18 ut
hab. K: *om.* *BCT*   num. si in T 19 id est in l. T *Col.*: id est l.
BC: id linea K 20 numerus B §§ 3-6 *figurarum varietates in
codd. persequi nolo*   22 finitum K 23 quoniam] quam (*vel* quum) T
24 est] et T 25 altitutudine K

quinqueangulus vel circulatus numeri, et ceteri, qui semper in
plano pede, id est superficie continentur. Trigonus numerus
est ita (*seq. figura*). Quadratus numerus est ita (*seq. figura*).
Quinqueangulus ita (*seq. figura*). Circularis numerus est ita, **5**
5 qui dum similiter multiplicatus fuerit, a se inchoans ad se convertitur, ut verbi gratia quinquies quini xxv, ita (*seq. figura*).
Solidus numerus est, qui longitudine et latitudine vel altitudine
continetur, ut sunt pyramides, qui in modum flammae consur-
gunt, ita (*seq. figura*). Cubus, ut sunt tesserae, ita (*seq. figura*). **6**
10 Sphaerae, quibus est aequalis undique rotunditas, ita (*seq.
figura*). Sphaericus autem numerus est, qui a circulato numero
multiplicatus a se inchoat et in se convertitur. Quinquies
quini xxv. Hic circulus dum in se ipsum multiplicatus fuerit,
facit sphaeram, id est quinquies xxv cxxv.

15   DE DIFFERENTIA ARITHMETICAE, GEOMETRIAE ET MVSI- VIII
CAE. Inter Arithmeticam [autem] et Geometriam et Musicam
hoc interest, ut media invenias. In Arithmetica primo sic
quaeris. Coniungis extrema, et dividis, et facis medium :
utputa fac extrema esse vi et xii, simul iungis et faciunt x et
20 viii ; partiris media et facis ix, quod est analogicum arithmeticae, ut medius quot monadibus superat primum, his superetur
ab extremo. Superant enim ix vi tribus monadibus, his superatur a xii. Secundum geometriam vero ita quaeris. Extrema **2**
multiplicata tantum faciunt, quantum et media duplicata, ut-
25 puta vi et xii multiplicata facient septuagies dipondius, media
viii et ix multiplicata tantundem faciunt. Secundum musi- **3**

1 quinqueangolis *K* : quinqueangularis *T*   et cetera *K*   2 continetur *K*   trigonius numerus ita *T*   4 quinqueangulis *T* : quinque-
angulatus *CK*   5 simili *T*   revertitur *K*   6 xxv] vicies quinquies *K* : vies quinquis *B* : vies quinquies *C* : sexies (*pro* vies) quinquis *T*
et est ita *K* : et ita *T*   7 et lat. vel alt. *Cassiodorus* : et lat. *K* : et alt.
BCT Col.   10 quibus aeq. *K*   equali undique runditas *C*   12 et ad
se revertitur *K*   13 xxv (*prius*)] vicies quinquies *K* : vies quinquis
BC : bies quinquis *T*   16 autem *hab. BT* : *om. CK*   17 mediam *T*
invenies *BT*   primum *K*   si qu. *B*   18 facies med. *K*   19 insi-
mul *K*   x viii *K*   20 mediam et faciunt *K*   analogiaticum (*ex
anag-) K* : analogium *BC¹*   21 monadibus] monadies *BT* : nonadies
C¹ : monadae *K*   primus *codd.*   24 tantum ... multiplicata *om. C¹*
dupl.] multiplicata *dett.*   25 facient *K* : faciet *BC* : faciunt *T*   depondies
K   26 viiii et viiii *T*

cam ita : Qua parte superat medius primum, eadem parte superatur medius ab extremo. Vtputa VI et VIII ; duabus partibus
superant, quae duae partes tertia media, VII[I], superatur ab ultima nona.

IX   Qvot nvmeri infiniti existvnt. Numeros autem in- 5
finitos esse certissimum est, quoniam in quocumque numero
finem faciendum putaveris, idem ipse non dico uno addito
augeri, sed quamlibet sit magnus, et quamlibet ingentem multitudinem continens, in ipsa ratione atque scientia numerorum
2 non solum duplicari, verum etiam multiplicari potest. Ita vero 10
suis quisque numerus proprietatibus terminatur, ut nullus eorum
par esse cuicumque alteri possit. Ergo et dispares inter se
atque diversi sunt, et singuli quique finiti sunt, et omnes infiniti
sunt.

X   De inventorivs Geometriae et vocabvlo eivs. Geo- 15
metriae disciplina primum ab Aegyptiis reperta dicitur, quod,
inundante Nilo et omnium possessionibus limo obductis, initium terrae dividendae per lineas et mensuras nomen arti dedit.
Quae deinde longius acumine sapientium profecta et maris et
2 caeli et aeris spatia metiuntur. Nam provocati studio sic coepe- 20
runt post terrae dimensionem et caeli spatia quaerere : quanto
intervallo luna a terris, a luna sol ipse distaret, et usque ad
verticem caeli quanta se mensura distenderet, sicque intervalla
ipsa caeli orbisque ambitum per numerum stadiorum ratione
3 probabili distinxerunt. Sed quia ex terrae dimensione haec 25
disciplina coepit, ex initio sui et nomen servavit. Nam geome-

1 ita qua] itaque *codd.* (*etiam* A): itaque qua *dett.*   parte C : partes
ABT: partem K   primam C¹   2 media ad extrema K (*non* A)
3 superantur B (A n. l.)   VII] VIII (octo) AB : et octo C : octus T :
octabus K   superantur K   5 Numerus ATU ; Numerum K (*non* D)
autem] hoc K   infinitum K : -tus A   7 idem *om.* C¹   non dico]
nomodico T¹ *ut vid.*   8 ingenti multitudine K   9 in *om.* K   numerum
K   11 propria aetatibus B   13 divisi T   singulari C¹   15 Geo-
metricae C : Geometrica A : Geometrica est K   16 d. quae pr. K
17 undante ABC   omnibus K   positionibus A   18 dividentur B
nomen arti] numeri K (*non* A)   19 perfecta C¹ : *om.* K (*non* A) :
vel provecta   20 sic *om.* K   21 et *om.* K   24 studiorum T
25 quae A   26 accepit K : accipit A   nam] tam K

tria de terra et de mensura nuncupata est. Terra enim Graece
γῆ vocatur, μέτρα mensura. Huius disciplinae ars continet in se
lineamenta, intervalla, magnitudines et figuras, et in figuris dimensiones et numeros.

5   DE QVADRIPERTITA DIVISIONE GEOMETRIAE. Geometriae XI
quadripertita divisio est, in planum, in magnitudinem numera-
bilem, in magnitudinem rationalem, et in figuras solidas. Planae 2
figurae sunt, quae longitudine et latitudine continentur, quae
sunt iuxta Platonem numero quinque. Numerabilis magnitudo
10 est, quae numeris arithmeticae dividi potest. Magnitudines 3
rationales sunt, quorum mensuram scire possumus, inrationales
vero, quorum mensurae quantitas cognita non habetur.

    DE FIGVRIS GEOMETRIAE. Figurae solidae sunt, quae lon- XII
gitudine, latitudine et altitudine continentur, ut est cubus, cuius
15 species quinque in plano. Quarum prima circulus est figura
plana, quae vocatur circumducta ; cuius in medio punctus est,
quo cuncta convergunt, quod centrum geometriae vocant, Latini
punctum circuli nuncupant (sequitur figura). Quadrilatera 2
figura est in plano quadrata ; quae sub quattuor rectis lineis
20 iacet, ita (seq. figura). Dianatheton grammon figura plana,
[ita] (seq. figura). Orthogonium, id est rectiangulum figura
plana. Est enim triangulum et habet angulum rectum (seq.
figura). Isopleuros figura plana, recta et subter constituta (seq.
figura). Sphaera est figura in rotundum formata, partibus cun- 3
25 ctis aequalis (seq. figura). Cubus est figura propria solida, quae

1 de terra om. K (non A)   nuncupata ABCT: vocata K   enim om. K
2 disciplina K   3 magnitudinis BK   figura et in figuras K   5 Geom.
om. C   7 rationabilem K   8 quae et l. K : qui ex l. M   11 mensuram . . . quorum om. T   inrationavilis K   12 cognita om. K
13 long. et lat. cont. B   14 huius T   15 q. plano (ex prima plano)
pede prima circ. est fig. ita (seq. fig.) circulus est figura plana K   17 qui
cu. convergent K   geometrici K   18 circulum punctum T   nunc.
plano pede DK : nunc pl. pe. ita B   20 iacet plano pede T   gr.
plano pede fig. pl. K (non M) : gr. fig. pl. plano pede T   21 ita hab.
BK: om. CMT   rectianguli T   figura . . . enim triangulum om. M
fig. vel triangulum pl. K   23 const. plano pede T (non U)   24 est
om. K   25 equalis in solidum T (non U : aequalibus C   propria
om. T (non U)

4 longitudine, latitudine et altitudine continetur (*seq. figura*). Cy-
lindrus est figura quadrata, habens superius semicirculum (*seq.*
5 *figura*). Conon, figura quae ab amplo in angustum finit, sicut
6 orthogonium (*seq. figura*). Pyramis est figura, quae in modum
ignis ab amplo in acumen consurgit; ignis enim apud Graecos 5
7 πῦρ appellatur (*seq. figura*). Sicut autem infra X omnis est
numerus, ita intra hunc circulum omnium figurarum concluditur ambitus (*seq. figura*). Prima autem figura huius artis punctus est, cuius pars nulla est. Secunda linea, praeter latitudinem
longitudo. Recta linea est, quae ex aequo in suis punctis 10
iacet. Superficies vero, quod longitudines et latitudines solas
habet. Superficiei vero fines lineae sunt, quorum formae ideo
in superioribus decem figuris positae non sunt, quia inter eas
inveniuntur.

XIII   DE NVMERIS GEOMETRIAE. Numeros autem secundum 15
Geometriam ita quaeris. Extrema quippe eius multiplicata
tantum faciunt, quantum et media duplicata: utputa VI et
XII multiplicata faciunt septuagies dipondius, media VIII et IX
multiplicata tantundem faciunt.

[XIV   EXPOSITIO FIGVRARVM INFRA SCRIPTARVM. Alia ratio in 20
motu stellarum similiter octo figuris colligitur: aut quod diametra sint aut quadrata aut trigona aut hexagona aut asyndeta
aut simul aut circumferens, id est superferens aut superfertur.
Diametra sunt quando quinque signa intersunt. Tetragona,
quando duo. Hexagona, quando unum. Asyndeton, quando 25
nullum. Simul, quando in eadem particula sunt. Superferens,
quando supervenit aut actum facit. Superfertur quando ante-
2 cedit. Trigona, quando tria media. Item secundum rationem
aliam sunt octo differentiae, id est: signum, partes, fines, con-

1 latitudine *om.* T (*non U*)   cont. in solibum in solidum CT (*non U*)
5 in amplo B   surgit AT   enim *om.* K (*non A*)   6 πῦρ] pirum
(*ex* prum) T: pirim A: phirin C: pirin B: phyrin K   7 intra uno
circulo B¹C¹ (*non A*)   8 punctus cuius C¹   10 que per ex equo (*ex
quo*) T   11 quod]quae B   12 superficiei] superficies *codd.* (*etiam A*)
13 intra BC   17 multiplicata K (*non A*)   *cap.* XIV hab. (*cum figuris*)
γ: *om.* αβ   20 scriptarum] scripturarum T   23 superferens aut
superf.] sufferens (*ut vid.*) aut circumfertur T   *vel* superfertor   29 alia
T   finesqueoventu (*ut vid.*) retrogradus T

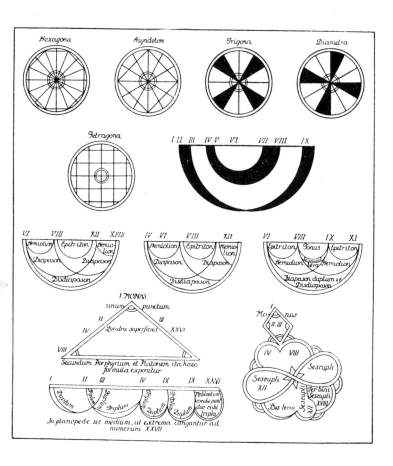

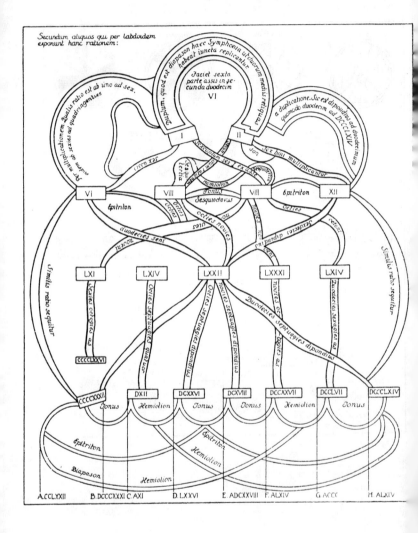

Secundum aliquos qui per labdoidem
exponunt hanc rationem:

Duplum, quod est diapason haec Symphonia utriusque medii retinetur
habeat iuncta replicantur

Faciet sexta
parte assis in se-
cunda duodecim
VI

Fuidem ab sexies ad quadringenties
Per multiplicationem aqualis ratio est ab uno ad sex.

a duplicatione. Sic est dipondius ad duodecimam
quomodo duodecim ad DCCCLXIV

I   II

Sex bini multiplicantur

VI   VIII   Sesquioctavus   VIII   Epitriton   XII

Epitriton

Sesquioctavus

Tonus

Hemiolion

duodecies seni

Similis ratio sequitur

LXI   LXIV   LXXII   LXXXI   LXIV

Similis ratio sequitur

CCCCLXXVI

CCCCXXXII   DXII   DCXXVI   DCXVIII   DCCXXVII   DCCLVII   DCCCLXIV

Tonus   Hemiolion   Tonus   Tonus   Hemiolion   Tonus

Epitriton

Epitriton

Hemiolion

Diapason   Hemiolion

A.CCLXXII   B.DCCCXXXI C.AXI   D.LXXVI   E.ADCXXVIII   F.ALXIV   G.ACCC   H.ALXIV

ventu, retrogradu an recto itinere, latitudo et longitudo. Ratio 3
interioris formae. Posset huius loci talis quaestio nasci. Cum
in ordine numeri prius VIII sint, hic prius IX posuit, quoniam
in ratione arithmeticae vel geometriae plus sunt VIII quam IX.
5 VIII enim cubus est vel solidum, id est corpus quod plus invenire non potest. IX vero superficies sunt, id est res quae plena
non est, sed indigeat perfectionem. Hic duo cubi, id est duae 4
soliditates, hoc modo inveniuntur. Senarius primus perfectus
est ; dividitur enim paribus numeris sic : sexta per as ; in tertia
10 per dupondios ; ter bini, sex ; in dimidium, id est bis terni, sex.
Aliud quod ita dividas per pares numeros invenies, quod a proposito conveniens sit. Inter primum in ordine, id est X, qui 5
propter primum perfectum numerum cum primo versu multi-
plicans sexies noveni, LIV ; novies seni, LIV. †Facitque materia
15 tot partes habuisse cognoscitur non inmerito duobus,†⟨e⟩quibus
habet unum in tali ordine : I, II, III, IV, IX, VIII, alios simul
XXVII.]

DE MVSICA

DE MVSICA ET EIVS NOMINE. Musica est peritia modu- XV
20 lationis sono cantuque consistens. Et dicta Musica per derivationem a Musis. Musae autem appellatae ἀπὸ τοῦ μάσαι,
id est a quaerendo, quod per eas, sicut antiqui voluerunt, vis
carminum et vocis modulatio quaereretur. Quarum sonus, 2
quia sensibilis res est, et praeterfluit in praeteritum tempus in-
25 primiturque memoriae. Inde a poetis Iovis et Memoriae filias
Musas esse confictum est. Nisi enim ab homine memoria
teneantur soni, pereunt, quia scribi non possunt.

3 hic prius U : hinc p. T   7 hic duo cubi] fort. hi duo cubi   9 per
as] per has T   11 a proposito] fort. ad propositum   16 alius simul T
Figuras quemadmodum in T exhibentur reddidit Arevalus, coll. 869-72
19 peritia om. K non A⟩   20 dicta] inde K : dicta ex deleta A
21 μάσαι] maso CT : mason ABK : muson Col. : μῶσθαι Arev. (ex Plat.
Cratyl. 406 A   22 vel quod T   23 quaeritur K : quaeretur C
24 so. ex sensibili re est pr. K non A⟩   25 memoria K   filia
musica esse K   26 hominis T ex corr.   memoriae K

XVI DE INVENTORIBVS EIVS. Moyses dicit repertorem musicae
artis fuisse Tubal, qui fuit de stirpe Cain ante diluvium. Graeci
vero Pythagoram dicunt huius artis invenisse primordia ex
malleorum sonitu et cordarum extensione percussa. Alii Linum
Thebaeum et Zetum et Amphion in musica arte primos claruisse 5
2 ferunt. Post quos paulatim directa est praecipue haec disciplina et aucta multis modis, eratque tam turpe Musicam nescire
quam litteras. Interponebatur autem non modo sacris, sed et
omnibus sollemnibus, omnibusque laetis vel tristioribus rebus.
3 Vt enim in veneratione divina hymni, ita in nuptiis Hymenaei, 10
et in funeribus threni, et lamenta ad tibias canebantur. In
conviviis vero lyra vel cithara circumferebatur, et accubantibus
singulis ordinabatur conviviale genus canticorum.

XVII QVID POSSIT MVSICA. Itaque sine Musica nulla disciplina potest esse perfecta, nihil enim sine illa. Nam et ipse mun- 15
dus quadam harmonia sonorum fertur esse conpositus, et caelum
ipsud sub harmoniae modulatione revolvi. Musica movet af-
2 fectus, provocat in diversum habitum sensus. In proeliis quoque tubae concentus pugnantes accendit, et quanto vehementior
fuerit clangor, tanto fit ad certamen animus fortior. Siquidem 20
et remiges cantus hortatur, ad tolerandos quoque labores musica
animum mulcet, et singulorum operum fatigationem modulatio
3 vocis solatur. Excitos quoque animos musica sedat, sicut de
David legitur, qui ab spiritu inmundo Saulem arte modulationis
eripuit. Ipsas quoque bestias, necnon et serpentes, volucres 25
atque delphinas ad auditum suae modulationis musica provocat.
Sed et quidquid loquimur, vel intrinsecus venarum pulsibus

---

1 dixit *K*   3 vero *om. T*   4 extensarum percussura *K*
9 solemniis omnibus l. *K*: sollemnibusque l. *T*   10 enim] vero *T*
11 threna *K*   lam. a tibiis vero ly. (can. in con. *om.*) *K*: lam. ad tibi
vivis vero l. *A*   13 ordinabantur *K*: ornabatur *A*   14 nulla *om. K*
(*non A*)   16 sonorum *om. K* (*non A*)   17 ipsum compositum sub *K*
(*non A*)   armonia *T.*   17 effectus *B*   19 concentus dat quantum
veh. *K* (*non A*)   20 tantum *K* (*non A*)   animus] miles *K* (*non A*)
siq. rimiges milites ca. hortantur *K*   21 quosque *K*   22 mulcet
ABCT: tollit *K*   modolatione *K*   23 solvitur *C¹*   Excitatos *B*
24 quia ab *C*   26 ad audiendum *T*   musica *om. K*   27 et *om. T*
cursibus *K*

commovemur, per musicos rythmos harmoniae virtutibus probatur esse sociatum.

DE TRIBVS PARTIBVS MVSICAE. Musicae partes sunt tres, XVIII
id est, harmonica, rythmica, metrica. Harmonica est, quae
5 decernit in sonis acutum et gravem. Rythmica est, quae requirit incursionem verborum, utrum bene sonus an male co-
haereat. Metrica est, quae mensuram diversorum metrorum 2
probabili ratione cognoscit, ut verbi gratia heroicon, iambicon,
elegiacon, et cetera.

10 DE TRIFORMI MVSICAE DIVISIONE. Ad omnem autem XIX
sonum, quae materies cantilenarum est, triformem constat esse
naturam. Prima est harmonica, quae ex vocum cantibus constat. Secunda organica, quae ex flatu consistit. Tertia rythmica, quae pulsu digitorum numeros recipit. Nam aut voce 2
15 editur sonus, sicut per fauces, aut flatu, sicut per tubam vel
tibiam, aut pulsu, sicut per citharam, aut per quodlibet aliud,
quod percutiendo canorum est.

DE PRIMA DIVISIONE MVSICAE QVAE HARMONICA DICITVR. XX
Prima divisio Musicae, quae harmonica dicitur, id est, modulatio
20 vocis, pertinet ad comoedos, tragoedos, vel choros, vel ad omnes
qui voce propria canunt. Haec ex animo et corpore motum facit,
et ex motu sonum, ex quo colligitur Musica, quae in homine vox
appellatur. Vox est aer spiritu verberatus, unde et verba sunt 2
nuncupata. Proprie autem vox hominum est, seu inrationa-
25 bilium animantium. Nam in aliis abusive non proprie sonitum
vocem vocari, ut ' vox tubae infremuit ', (Virg. Aen. 3, 556) :

Fractasque a litore voces.

1 probatur om. C¹   4 qua decernunt K   5 requiritur K   6 in-
cursione K : ın concursione Cassiod. (et Isid. ?)   7 est om. C   mensura K   8 eroico iambico vel elegiaco K   11 qui K   12 cantibus]
canticum K   13 consistit] constat K   rithmetica K : arithmetica
C¹   14 quae ex p. d. sonum recepit K (non A)   Nam aut a voce
K : Nam a voce A   15 aut a flatu K : aut flatus AT   tubam]
tubula T   vel tibiam om. AK   17 quod] quid K (non A)   20 tra-
coedos choros K   21 fac. ex mo. K   23 aer per spiritum T
24 propriae au. vocis hom. sunt seu K (non A)   rationabilium K :
inrationalium BC¹   25 animantium BC (ex -atium) T : vel animalium
K : animum vel animantium A   27 a litore C¹ : ab litore T : ad littore B :
litore K

Nam proprium est ut litorei sonent scopuli, et (Virg. Aen. 9, 503):

At tuba terribilem sonitum procul aere canoro.

Harmonica est modulatio vocis et concordantia plurimorum
3 sonorum, vel coaptatio. Symphonia est modulationis tempera- 5
mentum ex gravi et acuto concordantibus sonis, sive in voce,
sive in flatu, sive in pulsu. Per hanc quippe voces acutiores
gravioresque concordant, ita ut quisquis ab ea dissonuerit, sensum auditus offendat. Cuius contraria est diaphonia, id est
4 voces discrepantes vel dissonae. Euphonia est suavitas vocis. 10
5 Haec et melos a suavitate et melle dicta. Diastema est vocis
6 spatium ex duobus vel pluribus sonis aptatum. Diesis est
spatia quaedam et deductiones modulandi atque vergentes de
7 uno in altero sono. Tonus est acuta enuntiatio vocis. Est enim
harmoniae differentia et quantitas, quae in vocis accentu vel tenore 15
consistit : cuius genera in quindecim partibus musici diviserunt,
ex quibus hyperlydius novissimus et acutissimus, hypodorius
8 omnium gravissimus. Cantus est inflexio vocis, nam sonus
9 directus est; praecedit autem sonus cantum. Arsis est vocis
elevatio, hoc est initium. Thesis vocis positio, hoc est finis. 20
10 Suaves voces sunt subtiles et spissae, clarae atque acutae. Per-
spicuae voces sunt, quae longius protrahuntur, ita ut omnem
11 inpleant continuo locum, sicut clangor tubarum. Subtiles voces
sunt, quibus non est spiritus, qualis est infantium, vel mulierum,
vel aegrotantium, sicut in nervis. Quae enim subtilissimae cor- 25
12 dae sunt, subtiles ac tenues sonos emittunt. Pingues sunt voces,

1 sonum K litore sonant B^1 : litorie sonant C^1 : litorei sonant T :
litora sonant K 3 ad tubam C^1 : adtulit T : *om. K*   sonum K cano
K : sanorum C^1 5 coaptatio] quod apta in K modulationis *om. K*
7 flatu vel pulsu K per . . . grav.] lyrasque propter voces agutiam
graviumque K (*non A*)   9 cuius BCT : cui K 12 ablata K (*non A*)
13 *fort.* did.   atque] aut K 15 voce acc. C^1 16 musicae (-ce) BCT
17 et agutissus A : *om. K*   18 gratissimus B 19 vocis (*alt.*) *om.*
K (*non A*)   20 hoc est finis *om. K* (*non A*)   21 subtiles . . . voces
sunt *om.* KLA clarae BCT : hilarae (*corr.* -res) D 22 ita tomnem K
23 continuo K : continuum BCT 24 inf. mul. vel egr. K (*non A*) :
inf. vel mul. egr. T (*non U*)   25 verbis K enim] inter K : *om.* A^1
conditae A 26 sunt *om. K*

quando spiritus multus simul egreditur, sicut virorum. Acuta
vox tenuis, alta, sicut in cordis videmus. Dura vox est, quae
violenter emittit sonos, sicut tonitruum, sicut incudis sonos, quotiens in durum malleus percutitur ferrum. Aspera vox est 13
5 rauca, et quae dispergitur per minutos et indissimiles pulsus.
Caeca vox est, quae, mox emissa fuerit, conticescit, atque suffo-
cata nequaquam longius producitur, sicut est in fictilibus. Vinnola est vox mollis atque flexibilis. Et vinnola dicta a vinno,
hoc est cincinno molliter flexo. Perfecta autem vox est alta, 14
10 suavis et clara : alta, ut in sublime sufficiat ; clara, ut aures
adinpleat ; suavis, ut animos audientium blandiat. Si ex his
aliquid defuerit, vox perfecta non est.

DE SECVNDA DIVISIONE, QVAE ORGANICA DICITVR. Secunda XXI
est divisio organica in his, quae spiritu reflante conpleta in
15 sonum vocis animantur, ut sunt tubae, calami, fistulae, organa,
pandoria, et his similia instrumenta. Organum vocabulum est 2
generale vasorum omnium musicorum. Hoc autem, cui folles
adhibentur, alio Graeci nomine appellant. Vt autem organum
dicatur, magis ea vulgaris est Graecorum consuetudo. Tuba 3
20 primum a Tyrrhenis inventa, de quibus Vergilius (Aen. 8, 526) :

Tyrrhenusque tubae mugire per aethera clangor.

Adhibebatur autem non solum in proeliis, sed in omnibus festis
diebus propter laudis vel gaudii claritatem. Vnde et in Psalterio
dicitur (81, 4) : 'Canite in initio mensis tuba, in die insignis
25 sollemnitatis vestrae.' Praeceptum enim fuerat Iudaeis ut
in initio novae lunae tuba clangerent, quod etiam et hucusque faciunt. Tibias excogitatas in Phrygia ferunt : has diu 4

2 vox est ten. *K*   3 sonum quotiens *K* : sonos sicut quotiens *C*
4 malleis *K*   5 pauca *TV*   dissimiies *K*   7 vinnola *ACT* :
vinnolata *BK*   8 vox vox *K*   vinnola *ABCT* : vinnolata *K*·
iuno *C*   9 hec est *T* : id est *K*   est *om. K*   10 ut sublimis
sufficiat *A* : ut in sublime efficiat *K*   11 inpleat *T*   animum *K* :
-mus *A*   blandiatur *K* (*non A*)   12 est *KT* : erit *ABC*   14 con-
plecta *A*   conpl. et in sonu *K* (*non A*)   18 adh.] debentur *B*
21 tyrrinesque tu. *K*   aera *TUV* (*non W*)   22 adhibeatur (-dib·)
*B*¹ *C*   23 laudes *K*   psalmo *K* (*non A*)   24 dicitur *om. C*
25 nostre *T*   enim *om. C*   ut initium *K* : ut initio *B*   26 tubam
K : tube *T*   et] ad *K* : *om. T*   27 excogitasse *B*

quidem funeribus tantum adhibitas, mox et sacris gentilium.
Tibias autem appellatas putant, quod primum de cervinis tibiis
cruribusque hinnulorum fierent, deinde per abusionem ita
coeptas vocari etiam quae non de cruribus ossibusque essent.
5 Hinc et tibicen, quasi tibiarum cantus. Calamus nomen est 5
proprium arboris a calendo, id est fundendo voces vocatus.
6 Fistulam quidam putant a Mercurio inventam, alii a Fauno,
quem Graeci vocant Pan. Nonnulli eam ab Idi pastore Agri-
gentino ex Sicilia. Fistula autem dicta, quod vocem emittat.
7 Nam φῶς Graece vox, στόλια missa appellatur. Sambuca in 10
musicis species est symphoniarum. Est enim genus ligni fra-
8 gilis, unde tibiae conponuntur. Pandorius ab inventore vocatus. De quo Vergilius (Ecl. 2, 32):

> Pan primus calamos cera coniungere plures
> instituit, Pan curat ovis oviumque magistros.   15

Fuit enim apud gentiles deus pastoralis, qui primus dispares
calamos ad cantum aptavit, et studiosa arte conposuit.

XXII   DE TERTIA DIVISIONE, QVAE RYTHMICA NVNCVPATVR.
Tertia est divisio rythmica, pertinens ad nervos et pulsum, cui
dantur species cithararum diversarum, tympanum quoque, cym- 20
balum, sistrum, acetabula aenea et argentea, vel alia quae me-
tallico rigore percussa reddunt cum suavitate tinnitum et cetera
2 huiuscemodi. Citharae ac psalterii repertor Tubal, ut praedictum est, perhibetur. Iuxta opinionem autem Graecorum
citharae usus repertus fuisse ab Apolline creditur. Forma 25
citharae initio similis fuisse traditur pectori humano, quo uti
vox a pectore, ita ex ipsa cantus ederetur, appellatamque eadem

3 fierent] fuerint *K*   per] post *B*   5 hic *T*: hec *K*   cantor *dett.*
Cal. autem no. *T*   6 canendo *T*   8 pan vo. *K*   ab Idi *om. K*:
abii a *M*: avi *A*   pastores *T (non U)*   9 exicilicia *U*   quod]
quae *B*   emicat *B*   10 fos grece vox stolia missa greci appellantur
T: grece fyx oris fistola appellatur latine musa *K*: grece fos vox istolia
lisa appellatur *A*: fos grece vox stolia missa grece appellatur *C*   11 est
(*prius*) *om. K*   afrigalis *K (non A)*   12 un. et tib. *K (non A)*
15 magister *BC¹K (etiam T¹?)*   16 en. gentilis de. *K*   17 cal. cantus
apt. *K*   19 pulsus *BK*   20 citharum (cy-, cita-) *CKT*   21 quae
metallico] atque alia quo *K (non A)*   22 repercussa *B*   25 *post*
creditur *sequuntur* (LXXI. 39-40) sed et gentilium . . . merito perculerunt
KL (non A)   26 quo *BCT*: qua *K*

de causa. Nam pectus Dorica lingua κιθάρα vocari. Paulatim **3**
autem plures eius species extiterunt, ut psalteria, lyrae, barbitae,
phoenices et pectides, et quae dicuntur Indicae, et feriuntur a
duobus simul. Item aliae atque aliae, et quadrata forma vel
5 trigonali. Chordarum etiam numerus multiplicatus, et conmu- **4**
tatum genus. Veteres autem citharam fidiculam vel fidicem
nominaverunt, quia tam concinunt inter se chordae eius, quam
bene conveniat inter quos fides sit. Antiqua autem cithara
septemchordis erat. Vnde et Vergilius (Aen. 6, 646):
10   Septem discrimina vocum.
Discrimina autem ideo, quod nulla chorda vicinae chor- **5**
dae similem sonum reddat. Sed ideo septem chordae, vel
quia totam vocem implent, vel quia septem motibus sonat
caelum. Chordas autem dictas a corde, quia sicut pulsus est **6**
15 cordis in pectore, ita pulsus chordae in cithara. Has primus
Mercurius excogitavit, idemque prior in nervos sonum strinxit.
Psalterium, quod vulgo canticum dicitur, a psallendo nomina- **7**
tum, quod ad eius vocem chorus consonando respondeat. Est
autem similitudo citharae barbaricae in modum Δ literae; sed
20 psalterii et citharae haec differentia est, quod psalterium lignum
illud concavum, unde sonus redditur, superius habet et deorsum
feriuntur chordae, et desuper sonant. Cithara vero concavita-
tem ligni inferius habet. Psalterium autem Hebraei decachor-
don usi sunt propter numerum Decalogi legis. Lyra dicta **8**
25 ἀπὸ τοῦ ληρεῖν, id est a varietate vocum, quod diversos sonos
efficiat. Lyram primum a Mercurio inventam fuisse dicunt, hoc
modo. Cum regrediens Nilus in suos meatus varia in campis
reliquisset animalia, relicta etiam testudo est. Quae cum putre-
facta esset, et nervi eius remansissent extenti intra corium, per-

---

1 de causa] decus *KB ex corr.*   κιθάρα] citaram *B* : citharam *CT* :
cythara *K*   5 simultiplicati sunt et co. *B* : multiplicatus est non mutatum
K   6 autem *om. T*   8 fide *B¹*   sit] desit *T in ras.*   aput antiquos
cith. *K (non A)*   11 Discrimen *K*   12 simili sonu *K*   vel *(prius) om. T*
13 quod totam voce impletur *K*   modis *B*   16 in nervis so. extrinexit *K*
17 quod *om. KA*   18 consonandum *T*   21 illum *K ante corr. T (T²?)*
23 autem] vero *K (non A)*   24 decalogum *BCK*   25 ληρεῖν] lirin
codd. (cf. VIII. VII. 4)   28 quae] qui *K*   29 extenti] extedit *T*

cussa a Mercurio sonitum dedit ; ad cuius speciem Mercurius
lyram fecit et Orpheo tradidit, qui eius rei maxime erat studio-
9 sus. Vnde existimatur eadem arte non feras tantum, sed et
saxa atque silvas cantus modulatione adplicuisse. Hanc musici
propter studii amorem et carminis laudem etiam inter sidera 5
suarum fabularum conmentis conlocatam esse finxerunt. Tympanum est pellis vel corium ligno ex una parte extentum. Est
10 enim pars media symphoniae in similitudinem cribri. Tympanum autem dictum quod medium est, unde et margaritum
medium tympanum dicitur ; et ipsud, ut symphonia, ad virgulam 10
11 percutitur. Cymbala acitabula quaedam sunt, quae percussa
invicem se tangunt et faciunt sonum. Dicta autem cymbala, quia
cum ballematia simul percutiuntur; cum enim Graeci dicunt σύν,
12 βαλά ballematia. Sistrum ab inventrice vocatum. Isis enim regina
Aegyptiorum id genus invenisse probatur. Iuvenalis (13, 93) : 15

Isis et irato feriat mea lumina sistro.

Inde et hoc mulieres percutiunt, quia inventrix huius generis
mulier. Vnde et apud Amazonas sistro ad bellum feminarum
13 exercitus vocabatur. Tintinabulum de sono vocis nomen habet,
14 sicut [et] plausus manuum, stridor valvarum. Symphonia vulgo 20
appellatur lignum cavum ex utraque parte pelle extenta, quam
virgulis hinc et inde musici feriunt, fitque in ea ex concordia
gravis et acuti suavissimus cantus.

XXIII   DE NVMERIS MVSICIS. Numeros autem secundum musicam ita quaeris. Positis extremis, utputa VI et decas dipon- 25
dius, vides quot monadibus superetur VI a XII, et est VI

---

3 existimatur (*ex* extim-) *T*: et estimatur *BC*: et existimatur *K*
eandem artem *K*   4 sillabas *T*   ca. et modolatio *K*   5 studium
T   6 continentis *T*   conlocatum *K*   7 extentum *BCT*:
tectum *K*   8 enim *om.* *C*[1]   10 et ipsa sym. *K*   § 11 *om.* *K* (*non A*)
13 cum ballematia *ACHTU Bern.* 224 : ciballa ematica *B* : cum ballematiis
V ut vid.   simul . . . ballematia *om.* *A*   percutiunt *H*   ci enim *B*
grecus dicitur *H*   σύν, βαλα] cimbala *codd.* : cum balle ✶✶✶✶ alii *V*:
cimbale *Rem.*[1] (*pro* συμβαλεῖν?)   perc. Gr. en. cimbala ball. dicunt *D*
16 visis et ir. fe. mea limena *K*   17 unde *B*   18 mul. extetit
un. *KC*   et *om.* *K*   19 vocabitur *B*[1]   20 et *hab.* *BCT*: *om.*
K   21 lignum est cavum *K*.   quam virgula *K* : quod vergilius *B*
23 gravi et acuti *T*: gravi et aguto *K*   24 Num. au. musicae *K* (*non A*)
25 positi *K*   26 sex ad duodecim *T*

monadibus : ducis per quadratum, sexies seni faciunt xxxvi.
Coniungis extrema illa prima, vi ad xii, simul efficiunt xviii.
Partiris tricies sexies per decas octo, efficit dipondius.   Hos
iungis cum summa minore, id est sexies, erunt viii et erit
5 medium inter vi et xii.   Quapropter viii superant vi duabus
monadibus, id est tertia de vi, et superantur viii a xii quattuor
monadibus, tertia portione.   Qua parte ergo superat, eadem
superatur.   Sed haec ratio quemadmodum in mundo est ex 2
volubilitate circulorum, ita et in microcosmo in tantum praeter
10 vocem valet, ut sine ipsius perfectione etiam homo symphoniis
carens non constet.   Eiusdem musicae perfectione etiam metra
consistunt in arsi et thesi, id est elevatione et positione.

DE ASTRONOMIA

De Astronomiae nomine.   Astronomia est astrorum lex, XXIV
15 quae cursus siderum et figuras et habitudines stellarum circa se
et circa terram indagabili ratione percurrit.

De inventoribvs eivs.   Astronomiam primi Aegyptii XXV
invenerunt.   Astrologiam vero et nativitatis observantiam
Chaldaei primi docuerunt. Abraham autem instituisse Aegyptios
20 Astrologiam Iosephus auctor adseverat.   Graeci autem dicunt
hanc artem ab Atlante prius excogitatam, ideoque dictus est
sustinuisse caelum.   Quisquis autem ille fuit, motu caeli et 2
ratione animi excitatus per temporum vices, per astrorum ratos
definitosque cursus, per intervallorum spatia moderata, con-
25 sideravit dimensiones quasdam et numeros, quae definiendo
ac secernendo in ordinem nectens Astrologiam repperit.

2 vi et xii K 3 decus octo K: decus octus BCT efficiet
depondius C: efficiunt dipondium K 4 summam minorum T id
est *om.* K (*non* A)   sexies (-xis) erunt $ABCT$: sex et sunt K
erunt med. K 6 de vi K: de sexis BCT superantur C: superant
BT: superat K 7 eadem] ea K 8 Sed ad hec K est *om.* B
10 vo. velut sine K 11 consistat eius mus. B 12 in arsis et thesis
(te-) *codd.*   15 sid. ac fig. C 20 adseverat BCT: edisserit K 25 et
om. BC 26 ac secernendo *om.* KL (*non* A)

L 2

XXVI   DE INSTITVTORIBVS EIVS. In utraque autem lingua diversorum quidem sunt de astronomia scripta volumina, inter quos tamen Ptolemaeus rex Alexandriae apud Graecos praecipuus habetur : hic etiam et canones instituit, quibus cursus astrorum inveniatur.   5

XXVII   DE DIFFERENTIA ASTRONOMIAE ET ASTROLOGIAE. Inter Astronomiam autem et Astrologiam aliquid differt. Nam Astronomia caeli conversionem, ortus, obitus motusque siderum continet, vel qua ex causa ita vocentur. Astrologia vero partim 2 naturalis, partim superstitiosa est. Naturalis, dum exequitur 10 solis et lunae cursus, vel stellarum certas temporum stationes. Superstitiosa vero est illa quam mathematici sequuntur, qui in stellis auguriantur, quique etiam duodecim caeli signa per singula animae vel corporis membra disponunt, siderumque cursu nativitates hominum et mores praedicare conantur.   15

XXVIII   DE ASTRONOMIAE RATIONE. Astronomiae ratio modis plurimis constat. Definit enim quid sit mundus, quid [sit] caelum, quid sphaerae situs et cursus, quid axis caeli et poli, quae sint climata caeli, qui cursus solis et lunae atque astrorum, et cetera.   20

XXIX   DE MVNDO ET EIVS NOMINE. Mundus est is qui constat ex caelo, [et] terra et mare cunctisque sideribus. Qui ideo mundus est appellatus, quia semper in motu est ; nulla enim requies eius elementis concessa est.

XXX   DE FORMA MVNDI. Forma mundi ita demonstratur. 25 Nam quemadmodum erigitur mundus in septentrionalem

1 In ... sunt *om. B*   autem *om. A*   3 tamen *om. K Phill.* 1831 : add. *A² in ras.*   4 etiam] et *K (non A)*   5 invenitur *A*   7 autem *om. KL (non A)*   8 conversio est or. subitus *K*   9 vocetur *K* : vocantur *A*   vero *om. K (non A)*   10 sup. est] plurastitiosa *A* 11 temporumque *C (non A)*   12 qui] quibus *T*   13 caeli *om. T* 14 singule *T*   15 praedicere *B (non A)*   16 modibus pluribus *K* : modis pluribus *Phill.* 1831 *(non A)*   17 sit *hab. AK Phill.* 1831 : *om. BCT*   18 axes caeli *B* : axecelii *T*   et poli *om. T*   19 quid sint *AT* : quae sunt *C*   qui] quid *KA*   atque *om. A*   21 iş *om.* *KA* : his *T* : hic *BC*   22 et *hab. T* : *om. ABCK*   ideo *BCT* : idcirco *KA*   23 inmotus *B (non A)*   24 elementa *C* : elementi *K (non A)*   25 Forma *KT* : Formatio *BC* : Forma vero *A*   monstratur *KA*   26 erigitur] est *K Phill.* 1831 *(non A)*.

plagam, ita declinatur in australem. Caput autem eius et quasi facies orientalis regio est, ultima pars septentrionalis est.

DE CAELO ET EIVS NOMINE. Caelum philosophi rotun- XXXI dum, volubile atque ardens esse dixerunt; vocatumque hoc 5 nomine, eo quod tamquam vas caelatum inpressa signa habeat stellarum. Distinxit enim eum Deus claris luminibus, et inplevit 2 sole scilicet et lunae orbe fulgenti, et astrorum micantium splendentibus signis adornavit. Hoc autem Graece οὐρανὸς dicitur ἀπὸ τοῦ ὁρᾶσθαι, id est a videndo, eo quod aer per-10 spicuus sit et ad speculandum purior.

DE SPHAERAE CAELESTIS SITV. Sphaera caeli est species XXXII quaedam in rotundo formata, cuius centrum terra est ex omnibus partibus aequaliter conclusa. Hanc sphaeram nec principium habere dicunt nec terminum, ideo quod in rotun-15 dum, quasi circulus, unde incipiat vel ubi desinat non facile conprehendatur. Philosophi autem mundi septem caelos, id 2 est planetas, globorum consono motu introduxerunt, quorum orbibus conexa memorant omnia, quos sibi innexos et velut insertos versari retro, et [e] contrario ceteris motu ferri 20 arbitrantur.

DE EIVSDEM SPHAERAE MOTV. Sphaerae motus duobus XXXIII axibus volvitur, quorum unus est septentrionalis, qui numquam occidit, appellaturque Boreus; alter Australis, qui numquam videtur, et Austronotius dicitur. His duobus polis moveri 2 25 sphaeram caeli dicunt, et cum motu eius sidera in ea fixa ab oriente usque ad occidentem circuire, septentrionibus breviores gyros iuxta cardinem peragentibus.

1 et om. K Phill. 1831 (non A)   2 pars ultima K Phill. 1831 (non A) 4 voc. . . . quod om. K Phill. 1831 (non A)   5 eo] et T   6 eum om. K Phill. 1831 (non A)   nominibus A   et inplevit om. K Phill. 1831 : et om. A   7 solis TK Phill. 1831 (non A)   scil. lun. A 8 hic ABT   9 a om. K (non A)   eo] et B (non A)   persp. sit] praescussit A   14 ideo] id est C (non A)   quod om. B¹ (non A) 15 quasi . . . incipiat om. A   16 conpraehenditur B (non A)   autem om. K (non A)   17 glob. . . . introd.] dixerunt A   18 conmemorant T quae ibi innexa vel inserta K (non A)   19 e om. ACK : hab. BT certis T   motus ABC¹ : motibus KT   23 occidit . . . numquam om. A app. Bor. om. K Phill. 1831   25 commotu BA : ob motu K   26 usque occidente K (non A)

XXXIV   DE EIVSDEM SPHAERAE CVRSV. Sphaera caeli ab oriente et occidente semel in die et nocte vertitur viginti quattuor horarum spatiis, quibus sol cursum suum super terras et sub terras sua volubilitate concludit.

XXXV   DE CELERITATE CAELI. Tanta celeritate sphaera caeli 5 dicitur currere ut, nisi adversus praecipitem eius cursum astra currerent, qui eam remorarent, mundi ruinam faceret.

XXXVI   DE AXE CAELI. Axis est septentrionis linea recta, quae per mediam pilam sphaerae tendit ; et dicta axis quod in ea sphaera ut rota volvitur, vel quia ibi plaustrum est.   10

XXXVII   DE CAELESTIBVS POLIS. Poli sunt circuli, qui currunt per axem. Horum alter est Septentrionalis, qui numquam occidit, appellaturque Boreus ; alter Australis, qui numquam videtur, et Austronotius dicitur ; et dicti poli quod sint axium cycli ex usu plaustrorum, a poliendo scilicet nominati ; sed polus 15 Boreus semper videtur, Austronotius numquam, quia dextra caeli altiora sunt, pressa Austri.

XXXVIII   DE CARDINIBVS CAELI. Cardines caeli extremae partes sunt axis. Et dictae cardines eo, quod per eos vertitur caelum, vel quia sicut cor volvuntur.   20

XXXIX   DE CONVEXIS CAELI. Convexa autem caeli extrema eius sunt, a curvitate dicta, ut est illud :

      Convexum quotiens cludit nox humida caelum.

Convexum enim curvum est, quasi conversum seu inclinatum, et in modum circuli flexum.   25

XL   DE IANVIS CAELI. Ianuae caeli duae sunt, oriens et occasus. Nam una porta sol procedit, alia se recipit.

1 or. ad occidentem *A*   2 et in nocte *KA*   3 suum *om. T*   super *AKT* : supra *BC*   terra *K* : -am *A*   subter *C* (*non A*)   4 terra *K* : -am *A*   6 currere *ABCK Col.* : voibi (-ui) *TUV*   astra currerent *om. K Phill.* 1831 (*non A*)   8 Axis caeli est *A*   -onis *AC* : -onalis *BKT*   quae *om. A*   11 per axis medium *K* (*non A*)   14 et (*alt.*) *om. K* (*non A*)   cicli *ABC* : caeli (ce-) *KT*   17 pressa *om. K Phill.* 1831 (*non A*)   18 extremas p. *C* : extrema parte *K* (*non A*)   19 dicti *KA*   20 cor *BCT* : cardo *K* : currum *A*   22 unde est *T* : ut (*om.* est) *C* (*non A*)   24 enim *om. K Phill.* 1831 (*non A*)   25 circuli *T* : circum *ABCK Phill.* 1831   26 oriens (hor-) *BCT* : ortus *AK Phill.* 1831   27 alia *ABCT* : altera *K Phill.* 1831

DE GEMINA FACIE CAELI. Facies caeli vel caput orientalis XLI
regio, ultima septentrionalis. De qua Lucanus (4, 106):

Sic mundi pars ima iacet, quam Zona nivalis
perpetuaeque premunt hiemes.

5 DE QVATTVOR PARTIBVS CAELI. Climata caeli, id est XLII
plagae vel partes, quattuor sunt, ex quibus prima pars orientalis
est, unde aliquae stellae oriuntur. Secunda occidentalis, ubi
nobis aliquae stellae occidunt. Tertia septentrionalis, ubi sol
pervenit in diebus maioribus. Quarta australis, ubi sol per-
10 venit noctibus maioribus. Oriens autem ab exortu solis est 2
nuncupatus. Occidens, quod diem faciat occidere atque
interire. Abscondit enim lumen mundo et tenebras superin-
ducit. Septentrio autem a septem stellis axis vocatus, quae
in ipso revolutae rotantur. Hic proprie et vertex dicitur eo
15 quod vertitur. Meridies autem vocata, vel quia ibi sol facit 3
medium diem quasi medidies, vel quia tunc purius micat aether.
Merum enim purum dicitur. Sunt et alia septem climata 4
caeli, quasi septem lineae ab oriente in occidentem, sub quibus
et mores hominum dispares atque animalia specialiter diversa
20 nascuntur, quae vocata sunt a locis quibusdam famosis ; quorum
primum est Merois, secundum Syene, tertium Catachoras, id
est Africa, quartum Rhodus, quintum Hellespontus, sextum
Mesopontum, septimum Borusthenes.

DE HEMISPHAERIIS. Hemisphaeria dimidia pars sphaerae XLIII

---

1 Facies caeli vel *om. K Phill.* 1831 (*non A*)   3 quam] quia *A*
zona] sola *ABTV* : sole *Phill.* 1831 : sulae *K* : solae *C*¹   4 hiemis
BK : yems *T*   5 Cardines cae. *A*   7 occ. est ubi *T*   8 occident *A*
9 qu. autem aust. *T*   10 noctibus] in occidentibus *K Phill.* 1831 (*non
A*)   minoribus *K* (*non A*) : maioribus (ai *in ras.*) *Phill.* 1831
autem *om. K Phill.* 1831 (*non A*)   11 dies *K Phill.* 1831 (*non A*)
12 mundus *K* (*non A*)   13 septemtrion *A* : septentrionalis *K Phill.* 1831
vocatur *K* (*non A*)   qui *B* : quaeque *A*   14 eo quod vert. *om.
K Phill.* 1831 (*non A*)   15 vocatur quia *K* : vocatus qui *Phill.* 1831
16 diem *om. C* (*non A*)   17 enim] autem *K* (*non A*)   parum d. *C*¹ :
d. pu. *A*   19 specialia *K Phill.* 1831 (*non A*)   20 vocitata sunt
Cassiodorus : vocantur *K Phill.* 1831 (*non A*)   21 Merois] aeris *K
Phill.* 1831 : erois *A*   Syene] soynis *T* : soni *K Phill.* 1831 : soinis *C* :
somis *B* : sonis *A*   catagoras *K* : catacoras *B* : cathogoras *C* : catho-
coras *T*   23 mesopontum *om. K Phill.* 1831 (*non A*)   brustenus
ABKT Phill. 1831 : brutenus *C*

est.   Hemisphaerion supra terra est ea pars caeli quae a nobis
tota videtur; Hemisphaerion sub terra est quae videri non
potest, quam diu sub terra fuerit.

XLIV   DE QVINQVE CIRCVLIS CAELI.   Zonae caeli quinque sunt,
quarum distinctionibus quaedam partes temperie sua incoluntur, 5
quaedam inmanitate frigoris aut caloris inhabitabiles existunt.
Quae ideo zonae vel circuli appellantur, eo ·quod in circumdu-
2 ctione sphaerae existunt.   Quorum primus circulus ideo ἀρκτικὸς
appellatur, eo quod intra eum Arctorum signa inclusa pro-
spiciuntur.   Secundus circulus, θερινὸς qui τροπικὸς dicitur, quia 10
in eo circulo sol Aquilonis finibus aestatem faciens ultra eum
circulum non transit, sed statim revertitur; et inde τροπικὸς
3 appellatur.   Tertius circulus ἡμερινὸς, qui a Latinis ideo aequino-
ctialis appellatur, eo quod sol, cum ad eum orbem pervenerit,
aequinoctium facit.   Ἡμερινὸς enim Latine dies dicitur atque 15
nox, quo circulo dimidia sphaerae pars constituta prespicitur.
Quartus autem circulus ἀνταρκτικὸς vocatus eo quod contrarius
4 sit circulo, quem ἀρκτικὸν nominamus.   Quintus circulus χειμε-
ρινὸς τροπικὸς, qui a Latinis hiemalis sive brumalis appellatur,
ideo quia sol cum ad eum circulum pervenerit, hiemem his, 20
qui ad Aquilonem sunt, facit, et aestatem his, qui in Austri
partibus conmorantur.

XLV   DE ZODIACO CIRCVLO.   Zodiacus [autem] circulus [est],
qui ex linearum quinque angulis, [et] ex una linea constat.

XLVI   DE CANDIDO CIRCVLO.   Lacteus circulus via est, quae in 25
sphaera videtur, a candore dicta, quia alba est.   Quam aliqui

1 est (*prius*) om. K   terra KT: terras BC   3 fuerit] est 7
XLIV (*cf.* XIII. VI)   5 includuntur C¹   7 id. sonum circ. KC¹
9 arctorum (-rt-) BC: arcturi KT   10 ex eo terinos tropicos B¹T:
terinus (-nos C₁ qui tropicus C¹K   11 circulo] circuiens BC *fort. recte* :
circuens K   faciens] facit et BCK *fort. recte*   13 ἠμ.] emerinus (mer.)
A Col. : hism. C: imerinos T : intrinsecus B : isimerinos (*i.e.* ἰσημερινός)
K *fort. recte*   14 appellatur] est dictus K Phill. 1831 (*non A*)
17 qu. autem circ. A   ἀντ. . . . (§ 4) Quintus circulus *om.* KL Phill.¹
1831 C¹   19 quia latini T   20 circulum] locum *in ras.* T   21 fac.
aes. autem B   ad austri partes B   23 autem *hab.* ABU: *om.*
CKMT Phill. 1831   est *hab.* ABTU: *om.* CKM Phill. 1831   24 et
hab. K: *om.* BC¹TUM Phill. 1831   25 vias sunt C¹   26 quam] quia K
aliquid dicuntur C¹

dicunt viam esse qua circuit sol, et ex splendoris ipsius transitu
ita lucere.

De magnitvdine solis. Magnitudo solis fortior terrae XLVII
est, unde et eodem momento, quum oritur, et orienti simul et
5 occidenti aequaliter apparet. Quod vero tamquam cubitalis
nobis videtur, considerare oportet quantum sol distat a terris,
quae longitudo facit ut parvus videatur a nobis.

De magnitvdine lvnae. Magnitudo quoque lunae minor XLVIII
fertur esse quam solis. Nam dum sol superior sit a luna, et
10 tamen a nobis maior quam luna videtur, iam si prope nos acces-
sisset, multo maior quam luna conspiceretur. Sicut autem sol
fortior est terrae, ita terra fortior [est] lunae per aliquam quantitatem.

De natvra solis. Sol dum igneus sit, prae nimio motu XLIX
15 conversionis suae amplius incalescit. Cuius ignem dicunt
philosophi aqua nutriri, et e contrario elemento virtutem luminis
et caloris accipere. Vnde videmus eum saepius madidum atque
rorantem.

De cvrsv solis. Solem per se ipsum moveri, non cum L
20 mundo verti. Nam si fixus caelo maneret, omnes dies et noctes
aequales existerent ; sed quoniam alio loco cras occasurum, alio
occidisse hesterno videmus, apparet eum per se ipsum moveri,
non cum mundo verti. Spatiis enim inaequalibus orbes annuos
conficit propter temporum mutationes. Oriens diem facit,
25 occidens noctem inducit. Nam vadens longius ad meridiem **2**

1 qua] quae *K* : que *C*¹   splendoribus *K Phill.* 1831 : his splendoribus *C*¹   3 est terrae *K Phill.* 1831 *C*¹ (*non A*)   4 quum oritur et
om. K Phill. 1831 (*non A*) : oritur et *om. C*¹   6 nobis *om. K Phill.*
1831 *C*¹ (*non A*)   quantum *ABT* : qñm (*i.e.* quoniam) *K* : qm̄ (*i.e.*
quoniam) *C*¹ : quam *Phill.*¹ 1831   sol *om. K Phill.* 1831 *C*¹   8 quoque *om. K Phill.* 1831 *C* (*non A*)   9 solis] sol *TC*¹   dum *ABT* : cum
CK   et *om. K Phill.* 1831 *C*   10 tamen] non *A*   iam *BT* : nam *KC*¹
nos *BT* : nobis *KC*   11 autem *om. KC*¹   12 est *om. B*¹   terrae *BT* :
terra *ACK*   ita fort. (*om.* terra) *C* : ita et t. fort. *B*   est *hab. CK* :
om. ABT   lunae *BT* : luna *ACK*   17 atque *BT* : ac *CK*   18 rotan-
tem *C*   19 se *om. C*¹   21 quoniam *BT* : cum *CK*   22 occidisse̅
om. CK   esterno *K* : externo *BCT*   eum] enim *B*   24 conficeret
*C̣*¹   oriens . . . inducit *om. T* (*non V Col.*)   25 vadendo longe a
(*corr.* ad) meridie *C*

hiemem facit, ut hibernis humoribus ac pruinis terra pinguescat. Accedens propius ad septentrionem aestatem reddit, ut fruges maturitate durentur, et quae sunt in humidis incocta, fervefacta mitescant.

LI   DE EFFECTV SOLIS. Sol oriens diem facit, occidens noctem 5 inducit; nam dies est sol super terras, nox est sol sub terras. Ex ipso enim sunt horae: ex ipso dies, cum ascenderit: ex ipso etiam nox, cum occiderit: ex ipso menses et anni nume-2 rantur; ex ipso vicissitudines temporum fiunt. Quando autem per meridiem currit, vicinior terrae est; quando vero iuxta 10 septentrionem, sublimis attollitur. [Cui ideo Deus diversa cursus instituit loca et tempora, ne, dum semper in isdem moraretur locis, cottidiano vapore eius consumeret; sed ut Clemens ait: 'Cursus diversos accipit, quibus aeris temperies pro ratione temporum dispensatur, et ordo vicissitudinum per- 15 mutationumque servatur. Nam dum ad superiora conscenderit, ver temperat: ubi ad summum venerit, aestivos accendit calores: decedens rursus autumni temperiem reddit. Vbi vero ad inferiorem redit circulum, ex glaciali conpage caeli rigorem nobis hiberni frigoris derelinquit.'] (*sequitur figura circularis*, 20 *quae in medio habet* medium [est] mundi, *circa autem stationes solis sic inscriptas*: hic ortus solis in natale Domini; sexta hora diei; occasus in natale Domini; occasus in aequinoctio; occasus solis in natale Iohannis; semper media nox; ortus solis in natale Iohannis; hic ortus solis in aequinoctio.)   25

LII   DE ITINERE SOLIS. Sol oriens per meridiem iter habet. Qui postquam ad occasum venerit et Oceano se tinxerit,

---

1 et *C¹*   hiberni *CKL*   humoribus *ABCT*: geloribus *KL*   2 pro-prius *codd.*   statem *B*   reddat *C¹*   6 supra *B*   sub terra *K* 7 enim *om. T*   asc. et ex *C*   8 ip. enim m. *T*   enum. *K*   11 cui ideo . . . derel. (*Isid. Nat.* 17, 3) *hab. CHKM Phill.* 1831 : *om. B¹DTU* diversos *codd.*   12 constituit *H*   isdem oraretur *C¹*: his demoraretur *KM Phill.* 1831: hisdem moraretur *H*   15 post rationem t. dispensatum *C*   vicissitudinem *C¹*   16 servatur] accepit (-cip-) *CK*: accipitur *H* ad *om. C¹ (non H)*   ascenderit *H*   17 ubi autem ad sumum caeli ve. *H*   20 hiberni *CH*: hiemis *K*   *figuram om. CT (non A)*   21 est *om. K (non A)*   27 ad occ. ven. *om. C¹*   tinxerit *BDT Mon. Rem.*²: trinxerit *U*: inmerserit *CG²K Phill.* 1831: inex (*seq. spat.*) *A*: intinxerit *G¹ Rem.*¹

per incognitas sub terra vias vadit et rursus ad orientem recurrit.

DE LVMINE LVNAE. Lunam quidam philosophi dicunt LIII proprium lumen habere, globique eius unam partem esse luci-
5 fluam, aliam vero obscuram, [ita : *(sequitur figura)*] et paulatim se vertendo diversas formas efficere. Alii e contra aiunt lunam **2** non suum lumen habere, sed solis radiis inluminari. Vnde et eclipsim patitur, si inter ipsam et solem umbra terrae interveniat. [Sol enim illi loco superior est. Hinc evenit ut, quando
10 sub illo est, parte superiore luceat, inferiore vero, quam habet ad terras, obscura sit.]

DE FORMIS LVNAE. Prima figura lunae bicornis est, ita LIV (*sequitur figura*). Secunda sectilis [habet, ita] (*seq. figura*). Tertia dimidia [habet ita] (*seq. figura*). Quarta plena [ita] (*seq.*
15 *figura*). Quinta iterum dimidia [ex maiore] [ita] (*seq. figura*). Sexta iterum sectilis [ita] (*seq. figura*). Septima bicornis [ita] (*seq. figura*). Septima autem semis et vicesima secunda semis **2** in suo orbe mediae sunt (*seq. figura*). Ceterae [autem] pro portione sunt.

20 DE INTERLVNIO LVNAE. Interlunium lunae est tempus LV illud inter deficientem et nascentem lunam. Est autem trigesima dies, quo luna non lucet. Quae ideo tunc videri non potest, quia soli coniuncta obscuratur ; sed eodem momento renascens paulatim ab eo recedendo videtur.

1 terras *K Phill.* 1831   3 quidam *CKT Phill.* 1831 : quidem *AB*
4 esse] est est *C*¹   5 *figuram hab. A (post* ita) *K (ante* hinc evenit, § 2) :
om. BCT   pau. revertendo *C*¹   6 e contra *BT*: e contrario *K* :
contrario *C*   8 ecl. si intus pat. *C*¹   interveniat] se interponat *TV*
9 sol . . : sit (*Isid. Nat.* 18, 3) *hab. CHK : om. B*¹*T* : sol enim . . . est *bis*
*scripsit K*¹   illi] illo *C*   13 habet ita *hab. ACK : om. BTU*
14 media *K (non C)*   habet ita *hab. CK : om. BTU*   ita *hab.*
CK : om. BTU   15 demedia *K*   ex maiore *hab. ABTU : om.*
CK   ita *hab. CK : om. BTU*   16 ita *hab. CK : om. BTU*
ita *hab. CK : om. BTU*   17 autem *ABCK :* iterum *TU*   semis
. . . secunda *om. T* : et duodecima *U*   semis *om. U*   18 sui *B*
orbe *TUB :* ordine *CK*   autem *hab. CK : om. TUB*   proportionales *U :* pertionales *T :* proportiones *B :* praepositiones *C*   20 est
(*prius*) *om. C*¹   21 autem *BT* : enim *CK*   22 quo *BKT* : qua *C*
ideo nec vid. pot. *C*   23 eodem *ABT* : dinuo de *K* : denuo de *Phill.*
1831 : ideo de *C*¹

LVI DE CVRSV LVNAE. Luna amissi ac recepti luminis vicibus menstrua spatia moderat. Quae ideo obliquo incedit cursu et non recto, ut sol, scilicet ne incidat in centrum terrae et fre-
2 quenter patiatur eclipsim. Vicinus est enim eius circulus terrae. Crescens autem orientem cornibus spectat, decrescens occi- 5 dentem : merito, quia occasura et amissura est lumen.

LVII DE VICINITATE LVNAE AD TERRAS. Luna vicinior est terris quam sol. Inde et breviori orbe celerius peragit cursum suum. Nam iter, quod sol in diebus trecentis sexaginta quin-que peragit, ista per triginta dies percurrit. Vnde et antiqui 10 menses in luna, annos autem in solis cursum posuerunt.

LVIII DE ECLIPSI SOLIS. Eclipsis solis est, quotiens luna trige-sima ad eandem lineam, qua sol vehitur, pervenit, eique se obiiciens solem obscurat. Nam deficere nobis sol videtur, dum illi orbis lunae opponitur. 15

LIX DE ECLIPSI LVNAE. Eclipsis lunae est, quotiens in umbram terrae luna incurrit. Non enim suum lumen habere, sed a sole inluminari putatur, unde et defectum patitur si inter ipsam et
2 solem umbra terrae interveniat. Patitur autem hoc quinta decima luna eo usque, quam diu centrum atque umbram obstantis 20 terrae exeat videatque solem, vel a sole videatur.

LX DE DIFFERENTIA STELLARVM, SIDERVM, ET ASTRORVM. Stellae et sidera et astra inter se differunt. Nam stella est quaelibet singularis. Sidera vero sunt stellis plurimis facta, ut
2 Hyades, Pleiades. Astra autem stellae grandes, ut Orion, 25 Bootes. Sed haec nomina scriptores confundunt, et astra pro stellis et stellas pro sideribus ponunt.

2 mens. in centrum spa. C^1K moderat $ABDTU$: moderata K :
moderatur C quae ideo . . . centrum *om.* C^1KL *Phill.* 1831   obl.
inc. cu. et non rec. $BDTU$: non recto incedat cursu A 4 patitur C^1K
enim est A : enim C^1K 5 autem ABT : que K : quae C^1 spectat
K : expectat BCT 7 vic. est ter. T *ante corr.*   8 unde AT brevior
ABC 9 sol *ante* iter T : *post* quinque B 10 precurrit T 11 annos
ABT : non K : nona C^1 12 lu. tr. ABT : tr. lu. CK 13 qua] que T
s.v.] solvitur C^1 14 solem *om.* T dum illi *om.* C^1 16 est
ABT : *om.* C^1 : fit K 17 occurrit K (*non* C)   sed a so. inl. *om.* T
19 autem ABT : enim CK quarta CK 20 eo] et C umbra
obstanti K 21 vel] ve K 24 ut *om.* CK 25 au. sunt st. T
(*non* V)   27 stellas] stellis B : stillis K : stella C

DE LVMINE STELLARVM. Stellas non habere proprium LXI
lumen, sed a sole inluminari dicuntur, sicut et luna.

DE STELLARVM SITV. Stellae inmobiles sunt et cum caelo LXII
fixae perpetuo motu feruntur, neque cadunt per diem, sed solis
5 splendore obscurantur.

DE STELLARVM CVRSV. Sidera aut feruntur, aut moventur. LXIII
Feruntur, quae caelo fixa sunt et cum caelo volvuntur. Moventur
vero quaedam [sicut] planetae, id est erraticae, quae cursus suos
vagos certa tamen definitione conficiunt.

10   DE VARIO CVRSV STELLARVM. Stellae pro eo, quod per LXIV
diversos orbes caelestium planetarum feruntur, quaedam celerius exortae serius occidunt : quaedam tardius exortae citius
ad occasum perveniunt : aliae pariter oriuntur et non simul
occidunt : omnes autem suo tempore ad cursum proprium re-
15 vertuntur.

DE STELLARVM INTERVALLIS. Stellae inter se diversis inter- LXV
vallis distant a terra, propterea dispari claritate magis minusve
nostris oculis apparent. Nam multae maiores sunt his quas
videmus conspicuas, sed longius positae parvae videntur a nobis.

20   DE CIRCVLARI NVMERO STELLARVM. Numerus circularis LXVI
stellarum est, per quod cognosci dicitur in quanto tempore
circulum suum unaquaeque stella percurrat, sive per longitudinem, sive per latitudinem. Nam Luna totannis fertur explere 2
circulum suum, Mercurius annis XX, Lucifer annis IX, Sol annis
25 XIX, Vesper [annis] XV, Phaethon annis XII, Saturnus [annis]
XXX. Quibus peractis ad reversionem circuli sui isdem signis
et partibus revertuntur. Quaedam sidera radiis solis praepedita 3
anomala fiunt, aut retrograda, aut stationaria, iuxta quod et
poeta meminit dicens (Lucan. 10, 201):

4 feriuntur *T*   8 sicut *T* : s (*i.e.* sunt) *B* : *om. CK* : *fort.* scilicet
terradice *K*   9 vagos *om. T*   c. t.] certamen *B*¹ : certam *C*¹
conficiuntur *B*   10 que *C*¹   per *om. T*   12 cito *CK* (*non A*)
13 alia *CK*   17 a terra *om. C*¹*K* (*non A*)   minusve] minus suae *C*¹
19 positas (*corr.* -ta) minores vid. *C*   21 est *om. C*¹*K*   per quod *B* :
per quid *T* : per quem *CHK*   cognosci dicitur *BHT* : cognoscitur
(-nus-) *CK*   22 seu . . . seu *CK*   23 totannis] quotannis *B*² : octo
an. *dett.*   25 annis *hab. CK* : *om. BT*   Phaethontis (*fere*) *codd.*
saturni *CK*   annis *hab. KT* : *om. BC*   28 aut . . . aut] ad . . . ad *C*¹

Sol tempora dividit aevi :
mutat nocte diem, radiisque potentibus astra
ire vetat, cursusque vagos ratione moratur.

LXVII   DE STELLIS PLANETIS. Quaedam stellae ideo planetae
dicuntur, id est errantes, quia per totum mundum vario motu 5
discurrunt. Vnde pro eo, quod errant, retrograda dicuntur, vel
anomala efficiuntur, id est, quando particulas addunt et detrahunt. Ceterum quando tantum detrahunt, retrograda dicuntur ;
stationem autem faciunt, quando stant.

LXVIII   DE PRAECEDENTIA ET ANTEGRADATIONE STELLARVM. Prae- 10
cedentia vel antegradatio stellarum est, dum stella motum suum
agere videtur, et aliquid praeter consuetudinem praecedit.

LXIX   DE REMOTIONE VEL RETROGRADATIONE STELLARVM. Remotio vel retrogradatio stellarum est, in quo stella, dum motum
suum agat, simul et retrorsum moveri videtur.   15

LXX   DE STATV STELLARVM. Status stellarum est, qua dum
stella semper movetur, tamen in aliquibus locis stare videntur.

LXXI   DE NOMINIBVS STELLARVM, QVIBVS EX CAVSIS NOMINA
ACCEPERVNT. Sol appellatus eo quod solus appareat, obscuratis
2 fulgore suo cunctis sideribus. Luna dicta quasi Lucina, ablata 20
media syllaba. De qua Vergilius (Ecl. 4, 10) :

Casta fave Lucina.

Sumpsit autem nomen per derivationem a solis luce, eo quod
3 ab eo lumen accipiat, acceptum reddat. Stellae dictae a stando,
quia fixae stant semper in caelo nec cadunt. Nam quod 25
videmus [e] caelo stellas quasi labi, non sunt stellae, sed igniculi
ab aethere lapsi ; qui fiunt, dum ventus altiora petens aethereum

---

1 dividit . . . diem *om. C*¹*KM*   2 noctem diem *T* : noctem *B*
5 motu *BT* : modo *CK*   6 retr. dic.] retrogradantur *BT* : retrograta
dicunt *K*   7 anomalae *C*   8 retrogra *C*   9 rationem *C*¹   autem *om.*
*C*¹*K* (*non A*)   11 motum *BT* : cursum *CK*   suum *K* : consuetum
T : suum consuetum *BC*   12 videatur *C*¹   14 stellarum *om. CK*
dum *om. T*   modum *BC*   15 agit *B*   16 qua *T* : qui *K* : quae *C*¹ :
quia *B*   17 stellas *K*   movetur (mob-) *BT* : moveri (mob-) videtur
*C*¹*K*   videtur *B*   19 eo] et *T*   24 ab ipso lu. *K* (*non A*)
acceptum reddat *om. K* (*non A*)   25 quia *ABT* : quod *K* : eo quod *C*
stant *ABT* : sint *CK*   26 e (ae) *hab. BT* : *om. ACK*   27 aethere]
vestere *C*¹   ventus *om. K* (*non A*)

ignem secum trahit, qui tractu suo imitatur stellas cadentes.
Nam stellae cadere non possunt : inmobiles enim, ut praedictum
est, sunt, et cum caelo fixae feruntur. Sidera dicta, quod ea **4**
navigantes considerando dirigunt ad cursum consilium, ne falla-
5 cibus undis aut ventis alibi deducantur. Quaedam autem stellae
idcirco signa dicuntur, quia ea nautae observant in gubernandis
remigiis, contemplantes aciem fulgoremque eorum, quibus rebus
status caeli futurus ostenditur. Sed et omnes homines ea **5**
intendunt ad praevidendas aeris qualitates per aestatem et
10 hiemem vernalemque temperiem. Ortu enim vel occasu suo
certis stationibus temporum qualitatem significant. Signorum **6**
primus Arcton, qui in axe fixus septem stellis in se revolutis
rotatur. Nomen est Graecum, quod Latine dicitur ursa ; quae
quia in modum plaustri vertitur, nostri eam Septentrionem dixe-
15 runt. Triones enim proprie sunt boves aratorii, dicti eo quod **7**
terram terant, quasi teriones. Septentriones autem non occidere
axis vicinitas facit, quia in eo sunt. Arctophylax dictus, quod **8**
Arcton, id est Helicem Vrsam, sequitur. Eundem et Booten
dixerunt, eo quod plaustro haeret : signum multis spectabile
20 stellis, inter quas Arcturus est. Arcturus sidus est post caudam **9**
maioris ursae posita in signo Bootae. Vnde Arcturus dictus
est, quasi ἄρκτου οὐρὰ, quia Bootis praecordiis conlocata est.
Oritur autem autumnali tempore. Orion austro ante Tauri **10**
vestigia fulget, et dictus Orion ab urina, id est ab inundatione

1 secum ignem K (*non A*)   tactu K (*non A*)   suo imitatur] solvitur
K : suo solvitur C^1 (*non A*)   2 stillae cad. K sunt ut pr. est T :
ut praediximus sunt K (*non A*)   3 cum *om.* CK (*non A*)   nav. ea
CK (*non A*)   4 cons. iter dirigunt KC(-gant)   7 earum K 8 ost.
fut. CK (*non A*)   et *om.* CK 9 praevidendum K : praevidas C^1
qualitatem K qu. significant prestantem et iemen vern. T 10 verna-
lique temperiae K suo vel occ. CK 11 qualitate K : -tes B 12 axem
fixas K *fort.* -tus   13 quae C^1 quae quia ABT : quique K : quaeque C^1 14 nostri] nomini C^1 15 arctorii C^1 : arcturi K (*non A*)
17 vicinitate C^1 dictus BT^2 : dicitus T^1 : dicitur CK 18 lincem
C^1K eundem] unde T : eadem C^1 19 plaustris K haberet C^1K
pectabiles C^1 20 inter] in C^1 Arcturus (*alt.*) *om.* C^1K situs C^1
21 unde et arct. CK dictus est T : dicta est AB : dicitur CK 22 pr.
socia conl. K 23 au. arcturus au. AB austro *scripsi* : austrum C^1 :
austru K : austri BT : astrum *dett.*   24 inviatione C^1

aquarum. Tempore enim hiemis obortus mare et terras aquis
11 ac tempestatibus turbat. Hunc Latini Iugulam vocant, quod
sit armatus, ut gladius, et stellarum luce terribilis atque claris-
simus ; in quo si haec fulgent omnia, serenitas portenditur, si
12 obscuratur his acies, tempestas cernitur inminere. Hyades 5
dictae ἀπὸ τοῦ ὕειν, id est a suco et pluviis. Nam pluviae Graece
ὑετός dicitur. Ortu quippe suo efficiunt pluvias. Vnde et eas
Latini suculas appellaverunt, quia, quando nascuntur, pluviarum
signa monstrantur. De quibus Vergilius (Aen. 1, 744):

       Arcturum pluviasque Hyadas.   10

Sunt autem septem in fronte Tauri, et oriuntur tempore vernali.
13 Pliades a pluralitate dictae, quia pluralitatem Graeci ἀπὸ τοῦ
πλεῖστον appellant. Sunt enim stellae septem ante genua Tauri ;
ex quibus sex videntur, nam latet una. Has Latini Vergilias
dicunt a temporis significatione, quod est ver, quando exo- 15
riuntur. Nam occasu suo hiemem, ortu aestatem, primaeque
14 navigationis tempus ostendunt. Canicula stella, quae et Sirius
dicitur, aestivis mensibus in medio centro caeli est : et dum sol
ad eam ascenderit, coniuncta cum sole duplicatur calor ipsius,
et dissolvuntur corpora et vaporantur. Vnde et ex ipsa stella 20
dies caniculares dicuntur, quando et molestae sunt purgationes.
15 Canis autem vocatur propter quod corpora morbo afficiat, vel
propter flammae candorem, quod eiusmodi sit ut prae ceteris
lucere videatur. Itaque quo magis eam cognoscerent, Sirion
16 appellasse. Cometes stella est dicta eo quod comas luminis ex 25
se fundat. Quod genus sideris quando apparuerit, aut pesti-
17 lentiam, aut famem, aut bella significat. Cometae autem Latine

1 abortus C^1 aquasque temp. K : aquasquettemp. C^1 4 haec
fulgeant B : effulgent T serena CK si obsc. his BT : obscuratis
his C^1K 5 tempestate C^1 : tempestatis T^2 6 ἀπὸ τοῦ ὕειν om.
C^1K et a pl. CK nam pluvia K 7 dicitur KT : dicuntur BC
8 siculas T pluvia sig. C^1 12 a] ad K quia] qua T app.
ἀ. τ. π. CK 13 ianuam C^1K 15 quod est quando C^1 : quod vere B
oriuntur CK 16 que om. C^1K 17 st. est quae K 18 caeli est]
celesti T dum] cum K 19 conscenderit C calore B 20 ex
om. T 21 dicitur C^1 : om. T 22 mor. cor. CK (non A)   vel CK :
sive B : aut T : Sirius $Arev.$ 23 quod eiusmodi sit BT : quod eiusmodi
A : quem emittit CK 24 eam] et C^1 25 dicta om. CK (non A)

crinitae appellantur, quia in modum crinium flammas spargunt; quas Stoici dicunt esse ultra triginta, quarum nomina et effectus quidam Astrologi scripserunt. Lucifer dictus eo quod inter **18** omnia sidera plus lucem ferat; est autem unus ex planetis. 5 Hic proprie et iubar dicitur eo quod iubas lucis effundat, sed et splendor solis ac lunae et stellarum iubar vocatur, quod in modum iubae radii ipsorum extendantur. Vesperus stella [est] occi- **19** dentalis, quam cognominatam perhibent ab Hespero Hispaniae rege. Est autem et ipsa ex quinque stellis planetis, noctem du- 10 cens et solem sequens. Fertur autem quod haec stella oriens luciferum, occidens vesperum facit. De qua Statius (Theb. 6, 241):

Et alterno dependitur unus in ortu.

Planetae stellae sunt quae non sunt fixae in caelo, ut reliquae, **20** sed in aere feruntur. Dictae autem planetae ἀπὸ τῆς πλάνης, id 15 est ab errore. Nam interdum in austrum, interdum in septentrionem, plerumque contra mundum, nonnumquam cum mundo feruntur. Quarum nomina Graeca sunt Phaethon, Phaenon, Pyrion, Hesperus, Stilbon. Has Romani nominibus deorum **21** suorum, id est Iovis, Saturni, Martis, Veneris, atque Mercurii 20 sacraverunt. Decepti enim et decipere volentes in eorum adulationem, qui sibi aliquid secundum amorem praestitissent, sidera ostendebant in caelo, dicentes quod Iovis esset illud sidus et illud Mercurii: et concepta est opinio vanitatis. Hanc opinionem erroris diabolus confirmavit, Christus evertit. Iam vero **22** 25 illa, quae ab ipsis gentilibus signa dicuntur, in quibus et animantium imago de stellis formatur, ut Arcton, [ut] Aries, Taurus, Libra et huiusmodi alia; hi, qui sidera perviderunt, in nume-

---

2 et *om.* T   3 quidem K   4 lucem ferat *ABT*: lucis habeat *K*: lucis habet C   est . . . proprie *om.* CK (*non A*)   5 et (*prim.*) *om.* B (*non A*)   effundit B¹   6 vocantur BT   in *om.* C¹K   7 iubar T extenduntur B   est *hab.* CK; *om.* BT   8 ab espere C¹: avesperae K: avespero BT   9 autem BT: *om.* C¹: enim K   10 solem] noctem T   haec *om.* T   11 de quo K   12 -perd- B: -prend- *Stat.* 15 in aus. . . . ple. *om.* C¹   17 phenonta BCT: fenonta K   18 phiriona BCT: firiona K   nom.] in omnibus C¹   19 atque BT: et CK 21 sibi] in T   secus C¹   22 quod *om.* T   23 unitatis C¹   hanc] ac T 24 formavit K: formabit C¹   26 ut *hab.* BT: *om.* CK   27 eius modi T   praeviderunt K

rum stellarum speciem corporis superstitiosa vanitate permoti
finxerunt, ex causis quibusdam deorum suorum et imagines
23 et nomina conformantes. Nam Arietem primum signum, cui,
ut Librae, mediam mundi lineam tradunt, propter Ammonem
Iovem ideo vocaverunt, in cuius capite, qui simulacra faciunt, 5
24 arietis cornua fingunt. Quod signum gentiles ideo inter signa
primum constituerunt, quia in Martio mense, qui est anni principium, solem in eo signo cursum suum agere dicunt. Sed et
Taurum inter sidera conlocant, et ipsum in honorem Iovis, eo
quod in bovem sit fabulose conversus, quando Europam trans- 10
25 vexit. Castorem quoque et Pollucem post mortem inter notis-
26 sima sidera constituere: quod signum Gemini dicunt. Cancrum
quoque inde dixerunt, eo quod cum ad id signum mense Iunio
sol venerit, retrograditur in modum cancri, brevioresque dies
facit. Hoc enim animal incertam habet primam partem, deni- 15
que ad utramque partem gressum dirigit, ita ut prior pars sit
27 posterior et posterior prior. Leonem in Graecia ingentem Hercules occidit, et propter virtutem suam hunc inter duodecim
signa constituit. Hoc signum sol cum adtigerit, nimium calorem
28 mundo reddit, et annuos flatus Etesias facit. Virginis etiam 20
signum idcirco intra astra conlocaverunt, propter quod isdem
diebus, in quibus per eum sol decurrit, terra exusta solis ardore
29 nihil pariat. Est enim hoc tempus canicularium dierum. Libram
autem vocaverunt ab aequalitate mensis ipsius, quia VIII kal.
Octobres sol per illud signum currens aequinoctium facit. Vnde 25
et Lucanus (4, 58):

Ad iustae pondera librae.

2 ex] et C^1K deorum suorum suorum imagines T 3 confirman-
tes T sig. iobi cui T 4 ut lib. BC: et lib. KT pr. amonem
iobis C^1: propter amore is K 8 solem *om.* C^1K signum T:
om. B   suum *om. T*   dicuntur T 10 qu. et europ. T 12 constituerunt BT geminum C^1K 13 inde *om. B*   cum ad id CK:
ad eum BT iulio sol dum ve. T 14 breviterque C^1K 15 hoc]
hi C^1 16 dirigat C^1 18 hunc] inc T 20 annos K: annus
C^1 et vestias C^1 21 hisdem BCT: his K 22 exausta K:
exhausta B 24 qui ab C^1K 25 sol per] super T currens
signum aequinoctii C^1K (*non A*)   27 pondere T

Scorpium quoque et Sagittarium propter fulgura mensis ipsius **30** appellaverunt. Sagittarius vir equinis cruribus deformatus, cuius sagittam et arcum adiungunt, ut ex eo mensis ipsius fulmina demonstrarentur. Vnde et sagittarius est vocatus. Capricorni **31** figuram ideo inter sidera finxerunt, propter capr[e]am Iovis nutricem ; cuius posteriorem partem corporis in effigiem piscis ideo formaverunt, ut pluvias eiusdem temporis designarent, quas solet idem mensis plerumque in extremis habere. Porro Aqua **32** rium et Piscem ab imbribus temporum vocaverunt, quod hieme, quando in his signis sol vehitur, maiores pluviae profunduntur. Et miranda dementia gentilium, qui non solum pisces, sed etiam arietes et hircos et tauros, ursas et canes et cancros et scorpiones in caelum transtulerunt. Nam et aquilam et cignum propter Iovis fabulas inter caeli astra eius memoriae causa conlocaverunt. Perseum quoque et uxorem eius Andromedam, **33** posteaquam sunt mortui, in caelum receptos esse crediderunt ; ita ut imagines eorum stellis designarent, eorumque appellare nominibus non erubescerent. Aurigam etiam Ericthonium in **34** caeli astra conlocaverunt, propter quod vidissent eum primum quadrigas iunxisse. Mirati sunt enim ingenium eius ad imitationem Solis accessisse, et propter hoc nomen eius post mortem inter sidera posuerunt. Sic Callisto, Lycaonis regis filia, dum **35** a Iove compressa et fabulose a Iunone in ursae fuisset speciem versa, quae Graece ἄρκτος appellatur, post interfectionem ipsius nomen eius Iovis cum filio in stellis Septentrionalibus transtulit, eamque Arcton, filium autem eius Arctophylax appellavit. Sic **36**

1 Scorpionum *T*   prae fulgore *C¹K* (*non A*)   ipsium *T*   2 deformatur *CK* : formatus *T*   3 adiungunt] decurrunt *T*   ipsius *om.*
C¹K (*non A*)   fulmine *C¹*   4 demonstrentur *AB*   5 fixerunt *C*
6 figiem *T*   7 deformaverunt *C*   temporibus *C¹*   quem so. isdem
(hi-) *C¹K*   8 in *om.* *C¹K*   9 pisces *C*   yema *T*   10 in hisdem
signis *T* : insignis *A*   sol vehitur *A* : sol vertitur *BDHT* : sol veitur
corr. solvitur *K* : solvitur *C¹*   perfunduntur *C¹*   13 nam aq. *CK*
14 Io. pr. *C* (*non DH*) *K*   ei. mem. cau. *om.* *C¹K* (*non A*)   15 locaverunt
C¹   Perseum] per eum *T*   16 postquam *C¹K*   17 eorum appellarent
C¹   19 conlocarent *C¹K*   20 quadricam *K*   ad] ut aut *C¹*
23 conprehessa *T*   fabulose *om.* *C¹*   arse *C¹*   fu. sp. ver.
ABT : sp. fu. versam (-sa) *CK*   24 gr. arcton dicitur *C¹K*   25 eius
om. *C¹K*   26 arct. fil. au. eius *om.* *T*   filio *C¹*

Lyra pro Mercurio in caelum locata; sic Centaurus Chiron,
propter quod nutrierit Aesculapium et Achillem, inter astra
37 dinumeratus est. Sed quolibet modo superstitionis haec ab
hominibus nuncupentur, sunt tamen sidera quae Deus in mundi
principio condidit, ac certo motu distinguere tempora ordinavit. 5
38 Horum igitur signorum observationes, vel geneses, vel cetera
superstitiosa, quae se ad cognitionem siderum coniungunt, id
est ad notitiam fatorum, et fidei nostrae sine dubitatione contraria sunt, sic ignorari debent a Christianis, ut nec scripta esse
39 videantur. Sed nonnulli siderum pulcritudine et claritate per- 10
lecti in lapsus stellarum caecatis mentibus conruerunt, ita ut
per subputationes noxias, quae mathesis dicitur, eventus rerum
praescire posse conentur: quos non solum Christianae religionis
doctores, sed etiam gentilium Plato, Aristoteles, atque alii rerum
veritate conmoti concordi sententia damnaverunt, dicentes con- 15
40 fusionem rerum potius de tali persuasione generari. Nam sicut
genus humanum ad varios actus nascendi necessitate preme-
rentur, cur aut laudem mereantur boni aut mali legum perci-
piant ultionem? Et quamvis ipsi non fuerint caelesti sapientiae
dediti, veritatis tamen testimonio errores eorum merito percu- 20
41 lerunt. Ordo autem iste septem saecularium disciplinarum ideo
a Philosophis usque ad astra perductus est, scilicet ut animos
saeculari sapientia implicatos a terrenis rebus abducerent, et in
superna contemplatione conlocarent.

1 pro] post C^1 2 inter] in K 3 quodlibet T 4 nuncupantur
ACK 5 ac certo motu ABT: hec (haec C^1) ergo motu (-ta C^1) certo
C^1K tempore C^1 6 geneses ABT: generes C^1: genera K vel ce.
sup.] vel ceteras res superstitiosas C^1: et ctas (cetas $m.$ 2) res supraes-
titiosas K 7 se $om.$ C^1 cognitiónem] coiunctionem K: iunctionem
C^1 9 debet K a $om.$ T nec] ne K 11 lapsu BK: laudem C
cecati T 12 per $om.$ C^1K dicuntur K eventum CK 13 nescire
T: praecipere C conantur C^1 14 aristotelesque (-lique K) CK
15 varietate T concordi] cordis C^1 16 sicut] si C^2($non\ DH$): sicut
dicunt T ($?pro$ si, ut dicunt)   17 genus (gens C^1) hominum CK
var. hiactos T premitur T: promoverentur (-mob-) C^1K 18 cur
autem C^1 percipiunt T 22 perductus est] pervenit T 23 ad-
ducerent T: abduceret BC: abducat K 24 conlocaret ABC: attollat
K $Phill.$ 1831

LIBER IV

DE MEDICINA

DE MEDICINA. Medicina est quae corporis vel tuetur vel I
restaurat salutem : cuius materia versatur in morbis et vulneribus. Ad hanc itaque pertinent non ea tantum quae ars eorum 2
exhibet, qui proprie Medici nominantur, sed etiam cibus et
5 potus, tegmen et tegumen. Defensio denique omnis atque
munitio, qua [sanum] nostrum corpus adversus externos ictus
casusque servatur.

DE NOMINE EIVS. Nomen autem Medicinae a modo, II
id est temperamento, inpositum aestimatur, ut non satis, sed
10 paulatim adhibeatur. Nam in multo contristatur natura, medio-
criter autem gaudet. Vnde et qui pigmenta et antidota satis
vel assidue biberint, vexantur. Inmoderatio enim omnis non
salutem, sed periculum affert.

DE INVENTORIBVS MEDICINAE. Medicinae autem artis III
15 auctor ac repertor apud Graecos perhibetur Apollo. Hanc
filius eius Aesculapius laude vel opere ampliavit. Sed postquam 2
fulminis ictu Aesculapius interiit, interdicta fertur medendi cura;
et ars simul cum auctore defecit, latuitque per annos pene
quingentos usque ad tempus Artaxerxis regis Persarum. Tunc
20 eam revocavit in lucem Hippocrates Asclepio patre genitus in
insula Coo.

DE TRIBVS HAERESIBVS MEDICORVM. Hi itaque tres viri IV
totidem haereses invenerunt. Prima Methodica inventa est ab
Apolline, quae remedia sectatur et carmina. Secunda Enpirica,

1 quae] vel K   2 moribus C¹ (*non DH*)   vulnera BCDT (*non H*)
fort. in morbos et vulnera   5 tegimen et tegumen T : tigmen et
tegumen K : tegmen et H (*non D*)   6 monitio (-cio) HK   q. sanum
corpus nostrum C : q. nostrorum corpus B : q. sanum corpus K : q. nostrum corpus TD *Vercellensis* 202 : quantum corpus H   7 cursusque K
servetur T   9 est a temp. C   ut... adhib. *om.* T¹   10 in multum
BC   natura *om.* K   mediocri B¹   13 effert K   15 ac repertor
repp-) BCDHT : aut inventor K   hac C¹ : ac T   18 pene *om.* T :
fere *Vercellensis* 202

id est experientissima, inventa est ab Aesculapio, quae non
indiciorum signis, sed solis constat experimentis. Tertia Logica,
2 id est rationalis, inventa ab Hippocrate. Iste enim discussis
aetatum, regionum, vel aegritudinum qualitatibus, artis curam
rationabiliter perscrutatus est, infirmitatum per quam causas 5
ratione adhibita perscrutetur, [curam rationabiliter perscrutatus
est]. Enpirici enim experientiam solam sectantur : Logici ex-
perientiae rationem adiungunt : Methodici nec elementorum
rationem observant, nec tempora, nec aetates, nec causas, sed
solas morborum substantias.   10

V   De qvattvor hvmoribvs corporis. Sanitas est integritas
corporis et temperantia naturae ex calido et humido, quod est
2 sanguis; unde et sanitas dicta est, quasi sanguinis status. Morbi
generali vocabulo omnes passiones corporis continentur ; quod
inde veteres morbum nominaverunt, ut ipsa appellatione mortis 15
vim, quae ex eo nascitur, demonstrarent. Inter sanitatem autem
et morbum media est curatio, quae nisi morbo congruat, non
3 perducit ad sanitatem. Morbi omnes ex quattuor nascuntur
humoribus, id est ex sanguine et felle, melancholia et phlegmate.
[Ex ipsis enim reguntur sani, ex ipsis laeduntur infirmi. Dum 20
enim amplius extra cursum naturae creverint, aegritudines
faciunt.] Sicut autem quattuor sunt elementa, sic et quattuor
humores, et unusquisque humor suum elementum imitatur :
sanguis aerem, cholera ignem, melancholia terram, phlegma
aquam. Et sunt quattuor humores, sicut quattuor elementa, 25
4 quae conservant corpora nostra. Sanguis ex Graeca etymologia
vocabulum sumpsit, quod vegetetur et sustentetur et vivat.
Choleram Graeci vocaverunt, quod·unius diei spatio terminetur ;
unde et cholera, id est fellicula, nominata est, hoc est, fellis

  1 experimentissima *BDHK* : experimentis simul *T*   3 His etenim *T*
4 regionum *om K*   qualitatibus *om. K*   5 prescrutatus *TUC*[1]
infirm. . . . perscr. est *om. BCDH*   inf. p. q. c. *TUV*: p. q. c. inf. *K*
6 prescrutetur *TU*   curam rationabiliter prescrutatus est *hab. UV*:
om. KT (*a n.l.*)   9 nec causas *om. T* (sed solas *in ras.*)   14 quod]
quo *Schwarz*   16 quae] quod *K*   20 ex ipsis . . . faciunt (*ex* § 7) *hab.*
BCDH : *om. KMTU*   sa. et ex *C*   22 sic quat. *T*   25 et sunt] haec
sunt *C*   hum. sic. quat. *om. C*   27 qui viget et sustinet *K*   28 col.
enim gr. *T*   29 hoc est] hec *K*

effusio. Graeci enim fel χολὴν dicunt. Melancholia dicta eo 5 quod sit ex nigri sanguinis faece admixta abundantia fellis. Graeci enim μέλαν nigrum vocant, fel autem χολὴν appellant. Sanguis Latine vocatus quod suavis sit, unde et homines, quibus 6 5 dominatur sanguis, dulces et blandi sunt. Phlegma autem dixe- 7 runt quod sit frigida. Graeci enim rigorem φλεγμονήν appellant. Ex his quattuor humoribus reguntur sani, ex ipsis laeduntur infirmi. Dum enim amplius extra cursum naturae creverint, aegritudines faciunt. Ex sanguine autem et felle acutae passio- 10 nes nascuntur, quas Graeci ὀξέα vocant. Ex phlegmate vero et melancholia veteres causae procedunt, quas Graeci χρόνια dicunt.

DE ACVTIS MORBIS. Ὀξεῖα est acutus morbus qui aut cito VI transit aut celerius interficit, ut pleurisis, phrenesis. Ὀξὺ enim acutum apud Graecos et velocem significat. Χρονία est prolixus 15 corporis morbus qui multis temporibus remoratur, ut podagra, pthisis. Χρόνος enim apud Graecos tempus dicitur. Quaedam autem passiones ex propriis causis nomen acceperunt. Febris 2 a fervore dicta; est enim abundantia caloris. Frenesis appel- 3 lata sive ab inpedimento mentis; Graeci enim mentem φρένας 20 vocant; seu quod dentibus infrendant. Nam frendere est dentes concutere. Est autem perturbatio cum exagitatione et dementia ex cholerica vi effecta. Cardia(ca) vocabulum a corde 4 sumpsit, dum ex aliquo timore aut dolore afficitur. Cor enim Graeci καρδίαν vocant. Est enim cordis passio cum formidabili 25 metu. Lethargia a somno vocata. Est enim oppressio cerebri 5 cum oblivione et somno iugi, veluti stertentis. Synanchis a con- 6 tinentia spiritus et praefocatione dicta. Graeci enim συνάγχειν continere dicunt. Qui enim hoc vitio laborant, dolore faucium praefocantur. Fleumon est fervor stomachi cum extensione 7

2 adm. et habund. K   4 vocatus BT: vocatur CK   5 du. ac bl. B
6 frigorem C   9 autem] enim B   11 vetere ausae B¹   12 qui] quae K
15 podagra tisis BCT: podagricis K   16 post dicitur seq. § 7 in BCDH
18 app. ab inp. K   19 gr. enim men. KT: quia gr. men. BC   22 Cardian
K   23 dum BCT: cum K   27 συνάγχειν] sinancis (-nac-) codd.:
συνέχειν Cael. Aureliani edd.   § 7 et post dicitur (§ 1) et hoc loco in BCDH,
sed priore loco ita   Fleumon est (om. H) inquietum (qu. D) cum rubore
(ro- DH) et dolore et tensione (-nt- H et duritia et vastitate. Nam cum
coeperit fieri fleumone et inquietudo febris consequitur. Vnde ... accepit

atque dolore [sive φλεγμονὴ est inquietudo cum rubore et dolore
et tensione et duritia et vastitate]. Quae cum coeperit fieri, et
febris consequitur. Vnde et dicta est φλεγμονή, ἀπὸ φλέγει,
id est inflammans. Sic enim sentitur et inde nomen accepit.

8 Pleurisis est dolor lateris acutus cum febre et sputo sanguino-
lento. Latus enim Graece πλευρὰ dicitur, unde [et] pleuritica
9 passio nomen accepit. Peripleumonia est pulmonis vitium cum
dolore vehementi et suspirio. Graeci enim pulmonem πλεύμονα
10 vocant, unde et aegritudo dicta est. Apoplexia est subita effusio
sanguinis, qua suffocati intereunt. Dicta autem apoplexia, quod
ex letali percussu repentinus casus fiat. Graeci enim percus-
11 sionem ἀπόπληξιν vocant. Spasmus Latine contractio subita
partium aut nervorum cum dolore vehementi. Quam passionem
a corde nominatam dixerunt, qui in nobis principatum vigoris
habet. Fit autem duobus modis, aut ex repletione, aut ex
12 inanitione. Tetanus maior est contractio nervorum a cervice
13 ad dorsum. Telum lateris dolor est. Dictum autem ita a
14 medicis, quod dolore corpus transverberet, quasi gladius. Ileos
dolor intestinarum. Vnde et ilia dicta sunt. Graece enim
†ilios† obvolvere dicitur, quod se intestinae prae dolore in-
volvant. Hi et turminosi dicuntur, ab intestinarum tormento.

15 Ὑδροφοβία, id est aquae metus. Graeci enim ὕδωρ aquam,
φόβον timorem dicunt, unde et Latini hunc morbum ab aquae
metu lymphaticum vocant. Fit autem [aut] ex canis rabidi
morsu, aut ex aeris spuma in terra proiecta, quam si homo
vel bestia tetigerit, aut dementia repletur aut in rabiem vertitur.

16 Carbunculus dictus, quod in ortu suo rubens sit, ut ignis, postea
17 niger, ut carbo extinctus. Pestilentia est contagium, quod dum

1 sive . . . vast. *om. codd.* (*cf. supra*)　　3 φλέγει] flegi *CKT*: fleci *B*
5 Fleoresis *K*: Fleoris *M*　　6 et *hab.* *BK*: *om.* *CTU*　　pleorica *K*
7 accipit *C*　　10 qua] quia *TC*[1]　　14 qui *CK*: quia *B*: que *T*
15 au. ex du. *B*　　mo. et repl. *C*[1]　　16 a *om.* *T*　　18 Yleos *BC*:
Hyleos *T*: Ilius *K*　　19 enim *om.* *B*　　20 ilea subvolvere *K*: εἰλύειν
obv. *Otto*: εἰλεῖν obv. *Arev.*: εἰλίσσειν obv. *alii*　　22 ὕδωρ] ydro (idro)
CKT　　23 φόβον] fobis *KT*: fobi *B*: fobin *C*　　unde . . . vocant *om.*
T (*non V*)　　ob aque motum *B*　　24 aut *hab.* *BC*: *om.* *KT*　　25 fuma *K*
28 et tinctus *T*

unum adprehenderit, celeriter ad plures transit. Gignitur enim
ex corrupto aere, et in visceribus penetrando innititur. Hoc etsi
plerumque per aerias potestates fiat, tamen sine arbitrio omni-
potentis Dei omnino non fit. Dicta autem pestilentia, quasi **18**
5 pastulentia, quod veluti incendium depascat, ut (Virg. Aen.
5, 683):

> Toto descendit corpore pestis.

Idem et contagium a contingendo, quia quemquem tctigerit,
polluit. Ipsa et inguina ab inguinum percussione. Eadem et **19**
10 lues a labe et luctu vocata, quae tanto acuta est ut non habeat
spatium temporis quo aut vita speretur aut mors, sed repentinus
languor simul cum morte venit.

DE CHRONICIS MORBIS. Chronia est prolixus morbus qui VII
multis temporibus remoratur, ut podagra, pthisis. Χρόνος enim
15 apud Graecos tempus dicitur. Cephalea ex causa vocabulum **2**
habet. Capitis enim passio est, et Graeci caput κεφαλὴν vocant.
Scothomia ab accidenti nomen sumpsit, quod repentinas tenebras **3**
ingerat oculis cum vertigine capitis. Vertigo autem est quotienscumque ventus consurgit, et terram in circuitum mittit.
20 Sic et in vertice hominis arteriae et venae ventositatem ex **4**
resoluta humectatione gignunt, et in oculis gyrum faciunt.
Vnde et vertigo nuncupata est. Epilemsia vocabulum sumsit, **5**
quod mentem adpendens pariter etiam corpus possideat. Graeci
enim adpensionem ἐπιληψίαν appellant. Fit autem ex melan-
25 cholico humore, quotiens exuberaverit et ad cerebrum conversus
fuerit. Haec passio et caduca vocatur, eo quod cadens aeger
spasmos patiatur. Hos etiam vulgus lunaticos vocant, quod **6**
per lunae cursum comitetur eos insidia daemonum. Item et

---

1 enim *KT*: autem *BC*   4 omnino *om.* *K*   non *om.* *C*[1]   qu.
postulentia *C*[1]: qu. postulantia *B*   8 idem *BT*: ideo *C*[1]*K*   conti-
nendo *K*   quemquem *K*: quemque *CT*: quem *B*   9 ead. lues *B*
10 labe *BCT*: leue *T*   tantum *K*   13 Cronica *K*   prolixius *T*
14 pod. tisis *BCT*: podagrisis *K*   χρόνος] cronon *codd.*   16 et . . .
vocant *om.* *K*   17 accedente *K*: accidendo *T*   18 autem *om.* *T*[1]
21 gignent *K*   23 adprehendens . . . adprehensionem *dett.*   26 pas.
cad. *K*   voc.] dicitur *C*   27 patitur *K*   28 insidia *BCD*: insidiae
II : insania *T*: insandia *K*   item *CK*: idem *BT*

larvatici. Ipse est et morbus comitialis, id est maior et divinus, quo caduci tenentur. Cui tanta vis est ut homo valens concidat

7 spumetque. Comitialis autem dictus, quod apud gentiles cum comitiorum die cuiquam accidisset, comitia dimittebantur. Erat autem apud Romanos comitiorum dies sollennis in kalendis 5

8 Ianuarii. Mania ab insania vel furore vocata. Nam Graecorum vetustas furorem μανικήν appellabant, sive ab iniquitate, quam Graeci †manie† vocaverunt, sive a divinatione, quia divinare

9 Graece μανεῖν dicitur. Melancholia dicta est a nigro felle. Graeci enim nigrum μέλαν vocant, fel autem χολὴν appellant. 10 Epilemsia autem in phantasia fit; melancholia in ratione;

10 mania in memoria. Typi sunt frigidae febres, qui abusive tipi appellantur ab herba quae in aqua nascitur. Latine forma atque status dicitur. Est enim accessionum vel recessionum revolutio

11 per statuta temporum intervalla. Reuma Graece, Latine eruptio 15 sive fluor appellatur. Catarrhus est fluor reumae iugis ex naribus, quae dum ad fauces venerit, βράγχος vocatur ; dum ad thoracem

12 vel pulmonem, πτύσις dicitur. Coryza est quotiens infusio capitis in ossa venerit narium, et provocationem fecerit cum

13 sternutatione; unde et coryza nomen accepit. Branchos est 20 praefocatio faucium a frigido humore. Graeci enim guttur βράγχος dicunt, circa quem fauces sunt, quas nos corrupte

14 brancias dicimus. Raucedo amputatio vocis. Haec et arteriasis vocatur, eo quod vocem raucam et clausam reddat ab arteriarum iniuria. Suspirium nomen sumpsit, quia inspirationis difficultas 25

15 est, quam Graeci δύσπνοιαν dicunt, id est praefocationem. Peripleumonia a pulmonibus nomen accepit. Est enim pulmonis

16 tumor cum spumarum sanguinearum effusione. Haemoptois

---

1 barbatici ipse C^1: larvaticipse K: iarvatio ipse B: barbatio ipse T idem $Arev.$ diutinus CT 2 quod T 3 dicitur C 4 accedisset codd.   5 comitialis K III Kal. $Arev.$ 6 greci K 7 μαντικὴν $Arev.$: μανίαν Otto (cum Cael. Aureliani edd.)   appellant K ab inanitate $Arev.$ 9 an μανὴν voc.?   11 inrationale T 12 ma. in me. om. T^1 Typi C: Tipi BKT 13 appellabantur BC forme T 18 πτύσις $Arev.$: tisis codd. (i.e. φθίσις)   19 praefocationem dett. (non DH)   21 enim] autem T 22 qua nos T 23 dicitur C^1 vo. est hanc et TV 24 ab art. ini. om. T 25 spirationis T 26 disnoan (-am?) T: dissonam C^1K (B^1 u. l.): disnam Bern. 224   vocant K 27 enim om. C^1

emissio sanguinis per ora, unde et nomen accepit. Αἷμα enim
sanguis dicitur. Tisis est ulceratio et tumor in pulmonibus, **17**
qui in iuvenibus facilius venire solet. Φθίσις autem apud
Graecos dicta, quod sit consumtio totius corporis. Tussis **18**
5 Graece ab altitudine vocatur, quod a profundo pectoris veniat.
Cuius contraria est superior in faucibus, ubi uva titillat. Apo- **19**
stoma a collectione nomen accepit. Nam collectiones Graeci
apostomas vocant. Enpiis dicta ab apostoma intrinsecus vel **20**
in latere vel in stomacho cum dolore et febribus et tussi et
10 abundantibus spumis et purulentiis. Hepaticus morbus e **21**
iecoris passione nomen accepit. Graeci enim iecur ἧπαρ vocant.
Lienosis ab splene vocabulum sumpsit. Graeci enim σπλὴν **22**
lien dicunt. Hydropis nomen sumpsit ab aquoso humore cutis. **23**
Nam Graeci ὕδωρ aquam vocaverunt. Est enim humor subcu-
15 taneus cum inflatione turgente et anhelitu foetido. Nefresis **24**
a renum languore nomen accepit. Renes enim Graeci νεφροὺς
dicunt. Paralesis dicta a corporis inpensatione, facta ex multa **25**
infrigidatione, aut in toto corpore, aut in parte. Cacexia nomen **26**
sumpsit a corporis iniuria [vel habitu]. Καχεξίαν enim malam
20 vexationem Graeci vocaverunt. Fit autem haec passio intem-
perantia aegrotantis, vel curatione mala medicaminis ; aut post
aegritudinem tarda resumptio. Atrofia nomen accepit a dimi- **27**
nutione corporis. Nam Graeci nutrimenti cessationem ἀτροφίαν
dicunt. Est enim tenuitas corporis ex causis latentibus et
25 paulatim convalescentibus. Sarcia est superfluum carnis incre- **28**
mentum, quo ultra modum corpora saginantur. Graeci enim

---

1 per ora] pectorum *K*   accepit] sumsit *T*   emath (-at) *codd.*
3 φθίσις] tisis *codd.*   4 consummatio *KT*   6 superius *K*   titillat
BCK: distillat *T*   Apostuma *K*   8 aposiumas *K*: ἀποστήματα *edd.*
apostuma *K*   vel lat. *K*   9 vel stom. *B*   10 spumis] sputis
Arev.   purulentis *T*: putulentis *K*   Ipaticus *T*: Ypaticus *BCK*
11 ἧπαρ] ipaten (-em) *codd.*   13 dicunt] vocant *C*   14 nam . . . voc.
om. K   ὕδωρ] ydros (id-) *BCTU*   est enim] nam est *K*   15 inflam-
matione *K*   16 languore] dolore *K*   νεφροὺς] nefretin *codd.*
17 Par. . . . facta *om. K*   inpesione *T*   19 inuria *C¹T*: habitu *K*:
iniuria vel habitu *BC²*: in. alambitu *D*: in. ambitu *H*   21 cur. male *T*:
mala curatione *C*   22 egritudinis *C*   tarda] danda *K*   24 in-
tentibus *T*   25 Sarcian *BCK*: Sarcina *T*

29 carnem σάρκα vocant. Sciasis vocata a parte corporis, quam
vexat. Nam vertebrorum ossa, quorum summitas iliorum initio
terminatur, Graeci ἰσχία vocant. Fit autem de phlegma quotiens
30 descenderit in recta ossa, et efficitur ibi glutinatio. Podagram
Graeci a retentione pedum dicunt nominatam, et a ferali dolore. 5
Siquidem omne, quod inmite fuerit, abusive agreste vocamus.
31 Artriticus morbus ab articulorum passione vocabulum sumpsit.
32 Cauculus petra est quae in vesica fit, unde et nomen accepit.
33 Gignitur autem ex materia phlegmatica. Stranguria dicta est,
34 eo quod stringat urinarum difficultatem. Satiriasis iuge deside- 10
rium Veneris cum extensione naturalium locorum. Dicta passio
35, 36 a Satyris. Diarria iugis ventris cursus sine vomitu. Disinteria
est divisio continuationis, id est ulceratio intestini. Dis enim
divisio est, intera intestina. Fit autem antecedente fluore, quem
37 Graeci διάρροιαν vocant. Lienteria dicta, quod cibum tamquam 15
38 per lenia intestinae nullis obstantibus faciat prolabi. Colica
passio nomen sumpsit ab intestino, quem Graeci κῶλον appel-
39 lant. Ragadiae dicuntur, eo quod fissurae sint rugis collectae
circa orificium. Haec et emorroidae a sanguinis fluore dictae.
Graeci enim sanguinem αἷμα dicunt. 20

VIII DE MORBIS QVI IN SVPERFICIE CORPORIS VIDENTVR. Alo-
picia est capillorum fluor circumscriptis pilis fulvis, aeris qualitatem habentibus : vocata hoc nomine a similitudine animalis
2 vulpeculae, quam Graeci ἀλώπεκα vocant. Parotidae sunt
duritiae vel collectiones, quae ex febribus aut ex aliquo alio 25
nascuntur in aurium vicinitates, unde et παρωτίδες sunt appel-

---

1 σάρκα] sarcian *BT* : sargian *K* : sarcinan *C*   2 verteblorum *C*¹ :
vertebulorum *T*   quorum] quam *C*¹   3 ἰσχία] scia *BC* : socian *T* :
ascia *K*   4 ibi *om. K*   5 retentatione *C*   et fer. *C*   7 Artericus
BCT : Artiticus *K*   8 accepit] sumsit *T*   10 eo *om. K*   quo
distringat *C*   § 34 *quae hic in familia tertia codicum inserta sunt require
ad IX. 11. 88*   12 veneris *K*   currus *C*¹ : fluxus *TV*   Dis.
div. *K*   13 intestinis *BT*   14 intera *B* : intra *T* : terra *C*¹ : enteria *K* :
ἔντερα *edd.*   15 dic. est qu. *K*   16 lenia *BCET* : lineam *K*   intestinae
BCK : intestina *T* : intestini *E*   obrestantibus *ut vid. K*   20 αἷμα]
emat (-ath) *codd.*   22 circumscriptus *C*   fulvis] fulvi falvi *B*   23 animalium *T*   24 ἀλώπεκα] alopiciam (-cium *B*, -giam *T*) *codd.*   25 aliquo alio *C* : alio aliquo *K* : aliquid aliud *BE* : aliquid aut *T*   26 vicinitate
K   παρ.] parotidas *BCE* : da *T* : -de *K*   sunt app.] appellantur *K*

latae. *Ωτα enim Graece auricula dicitur. Lentigo est vestigia 3
macularum parvula in rotunditatem formata, ab specie lenti-
culae dicta. Erisipela est quem Latini sacrum ignem appellant, 4
id est execrandum per antiphrasim. Siquidem in superficie
5 rubore flammeo cutes rubescunt. Tunc mutuo rubore quasi ab
igni vicina invaduntur loca, ita ut etiam febris excitetur. Ser- 5
pedo est rubor cutis cum pustularum extantia, et nomen sumpsit
a serpendo, eo quod serpiat membra. Inpetigo est sicca 6
scabies prominens a corpore cum asperitate et rotunditate
10 formae. Hanc vulgus sarnam appellant. Prurigo vocata est 7
a perurendo et ardendo. Nyctalmos est passio, quae per diem 8
visus patentibus oculis denegatur et nocturnis inruentibus tene-
bris redhibetur, aut versa vice, ut plerique volunt, die redditur,
nocte negatur. Verrucae aliud sunt: satiriasis aliud. Verru- 9
15 cae singulatim sunt, satiriasis vero una fortior, et circa ipsam
plures inveniuntur. Scabies et lepra. Vtraque passio asperitas 10
cutis cum pruritu et squamatione, sed scabies tenuis asperitas
et squamatio est. Hinc denique nomen accepit, quae ita veluti
purgamenta amittat. Nam scabies quasi squamies. Lepra 11
20 vero asperitas cutis squamosa lepidae herbae similis, unde et
nomen sumpsit: cuius color nunc in nigredinem vertitur, nunc
in alborem, nunc in ruborem. In corpore hominis ita lepra
dinoscitur: si variatim inter sanas cutis partes color diversus
appareat, aut si ita se ubique diffundat, ut omnia unius coloris
25 quamvis adulteri faciat. Elefantiacus morbus dicitur ex simili- 12
tudine elephanti, cuius naturaliter dura pellis et aspera nomen
morbo in hominibus dedit; quia corporis superficiem similem
facit elephantorum cuti, sive quia ingens passio est, sicut animal

3 dicte *T*   quam *K*   5 rubor flammeus cutes *BD*: ruborem
flammeus cute *C¹*: rubor flammeus cute *T*: rubor flammam eius cutes *H*
mutuo] motu *C¹K*: moto *C²T*: multo *B*   7 stantia *C¹*   8 serpat
per membra *C*   10 sarnam *BCET*: sarmam *KM*   appellat *EK*
11 perundo *B*   qua *C*   12 visu *T*: visum *B*: visibus *K*   dene-
gat *B*   13 redibitur (ret-) *C¹KT*   14 Ver. alia s. *C*   19 amittit *K*;
admittat *BT*   scamies (-ani-) *BCT*   20 sutis *C¹*   *i.e.* lepidi (-dii):
lepide *T*: lapide *C¹*   23 varietatem *K*   div. col. *K*   24 aut si] ut *T*
25 adulterini *dett.*   26 elefantis *CT*   27 in omnibus *T*   quia] quam *K*
similem *om. K*

13 ipsud ex quo derivatum ducit nomen. Hicteris Graeci appellant a cuiusdam animalis nomine, quod sit coloris fellei. Hunc morbum Latini arcuatum dicunt, a similitudine caelestis arcus. Auriginem vero Varro appellari ait a colore auri. Regium autem morbum inde aestimant dictum, quod vino bono et 5
14 regalibus cibis facilius curetur. Cancer a similitudine maritimi animalis vocatum. Vulnus sicut medici dicunt nullis medicamentis sanabile. At ergo praecidi solet a corpore membrum, ubi nascitur, ut aliquantum diutius vivat : tamen inde mortem,
15 quamlibet tardius, adfuturam. Furunculus est tumor in acutum 10 surgens, dictus quod fervet, quasi fervunculus ; unde et Graece
16 ἄνθραξ dicitur, quod sit ignitus. Ordeolus est parvissima ac purulenta collectio in pilis palpebrium constituta, in medio lata et ex utroque conducta, hordei granum similans : unde et
17 nomen accepit. Oscedo est qua infantum ora exulcerantur, 15
18 dicta ex languore oscitantium. Frenusculi ulcera circa rictum oris, similia his quae fiunt iumentis asperitate frenorum.
19 Vlcus putredo ipsa ; vulnus, quod ferro fit, quasi vi. Et ulcus,
20 quod olet, quasi olcus, unde et ulcera. Pustula est in super-
21 ficie corporis turgida veluti collectio. Papula est parvissima 20 cutis erectio, circumscripta cum rubore ; et ideo papula, quasi
22 pupula. Syringio. Sanies dicta, quia ex sanguine nascitur. Excitato enim calore vulneris sanguis in saniem vertitur. Nam sanies non fit in quocumque loco, nisi ubi sanguis advenerit ; quia omne, quod putrescit, nisi calidum et humidum fuerit, 25 quod est sanguis, putrefieri non potest. Sanies autem et tabes sibi differunt. Fluere enim sanie vivorum est, tabe mortuorum.

1 dirivatur C   nomen om. T   2 a om. K   3 dicunt om. K
4 auriconem K : auruginem B   appellare K   a om. B   calore C¹
5 existimant T   6 regali K   8 at K : aut BCT   9 ut] aut T
diutius om. B   11 dicitur K   ferveat BC   ferinculus T
graeci T   § 16 post § 7 K : ante § 15 BCDH   13 pilis CK : capillis BT
palfebrarum C   14 utraque T   similis K   16 c. ictum T : c. ictu BD :
circuitu H   17 qui T   18 Vulnus putrido K   sit B   vim K
19 dolet K   Pust. . . . corp. om. B Bern. 224   20 turgit C Bern. 224 :
turget B   21 et ideo . . . pupula om. B Bern. 224   22 Sirimpio BT
Rem. Mon. : om. CK : corr. Schwarz   quia] quod C   25 fuerit]
fieret ex fierit K ut vid.

Cicatrix est obductio vulneris, naturalem colorem partibus **23**
servans : dicta quod obducat vulnera atque obcaecat.

DE REMEDIIS ET MEDICAMINIBVS.   Medicinae curatio IX
spernenda non est.   Meminimus enim et Esaiam Ezechiae
5 languenti aliquid medicinale mandasse, et Paulus apostolus
Timotheo modicum vinum prode esse dixit.   Curatio autem **2**
morborum tribus generibus constat : Pharmacia, quam Latini
medicamina vocant : Chirurgia, quam Latini manuum opera-
tionem appellant ; manus enim apud Graecos χείρ vocatur :
10 Diaeta, quam Latini regulam nuncupant ; est enim observatio
legis et vitae.   Sunt autem omni curationi species tres : primum
genus diaeticum, secundum pharmaceuticum, tertium chirurgi-
cum.   Diaeta est observatio legis et vitae.   Pharmacia est **3**
medicamentorum curatio.   Chirurgia ferramentorum incisio ;
15 nam ferro exciduntur quae medicamentorum non senserint
medicinam.   Antiquior autem medicina herbis tantum et sucis **4**
erat.   Talis enim medendi usus coepit, deinde ferro et ceteris
medicamentis.   Omnis autem curatio aut ex contrariis aut ex **5**
similibus adhibetur.   Ex contrariis, ut frigidum calido, vel
20 humido siccum ; sicut et in homine superbia sanari non potest,
nisi humilitate sanetur.   Ex similibus vero, sicut ligamentum **6**
vulneri rotundo rotundum, vel oblongo oblongum adponitur.
Ligatura enim ipsa non eadem membris et vulneribus omnibus,
sed similis simili coaptatur, quae duo etiam ipsa adiutoria
25 nominibus suis significant.   Nam antidotum Graece, Latine **7**
ex contrario datum dicitur.   Contraria enim contrariis medicinae
ratione curantur.   At contra ex simili, ut πικρὰ, quae interpre-

2 obducet K : abducat BC¹   obsecat B   4 enim om. T   eze-
chihel B   6 dixerunt C¹   7 latinae med. K   9 manus . . . voc.
om. K   χείρ] ciros (cy-) BCETU   vocantur B   10 dictam CKT
11 omnes curationes K   13 legis acutae K   14 ferr.] medicamentorum K   15 exciditur T   16 medicinam BCET : disciplinam K
§ 4 post § 11 K   18 contrario K   aut . . . contrariis om. K   ex his
milibus C¹   19 frigida calidis T   20 sanare BC¹   21 sanet C¹
Ex similitudinis vero T   22 vulneri rotundo K : vel rotundo T : vel
rotundo vulneri (-re H : -rum C¹) BCHV : vulnere D   23 edem T :
eadem de K   25 Graece om. C¹K¹ : quod gr. TK²   27 ratione
om. K   similibus B

tatur amara, quia gustus eius amarus est. Ex convenienti enim
nomen accepit, quia amaritudo morbi amaritudine solvi solet.
8 Omnia autem medicamenta ex propriis causis habent vocabula.
Hiera enim dicta quasi divina. Arteriaca, quod apta sint
gutturis meatui, et tumores faucium et arteriarum leniant. 5
Tiriaca est antidotum serpentinum quo venena pelluntur, ut
pestis peste solvatur. Catartica Graece, Latine purgatoria
9 dicuntur. Catapotia, eo quod modicum potetur, seu inglu-
tiatur. Diamoron a suco morae nomen sumpsit, ex quo conficitur; sicut diacodion, quia ex codia, id est ex papavere fit; 10
10 sicut diaspermaton, quia ex seminibus conponitur. Electuarium
vocatum eo quod molle sorbeatur. Trociscos dictus quia in
modum rotulae deformatur; τροχὸς enim Graece rota dicitur.
Collyria Latinum sonat, quod vitia oculorum detergant. Epi-
tima, eo quod superponatur aliis adiutoriis praecedentibus. 15
11 Cataplasma, eo quod inductio sola sit. Inplastrum, eo quod
inducatur. Malagma, quod sine igne maceretur et conprehendatur. Enema Graece, Latine relaxatio dicitur. Pessaria
12 dicta quod intus iniciantur. Medicinam iumentorum Chiron
quidam Graecus invenit. Inde pingitur dimidia parte homo, 20
dimidia equus. Dictus autem Chiron ἀπὸ τοῦ χειρίζεσθαι,
13 quia chirurgus fuit. Creticos dies medici vocant, quibus,
credo, ex iudicio infirmitatis hoc nomen inpositum est, quod
quasi iudicent hominem, et sententia sua aut puniant aut
liberent. 25

X   DE LIBRIS MEDICINALIBVS. Aforismus est sermo brevis,
2 integrum sensum propositae rei scribens. Prognostica prae-
visio aegritudinum, vocata a praenoscendo. Oportet enim

---

1 gurdus C¹ : gurtus *ut vid.* K¹   eius] est K   2 qui C¹   morbi
om. B   4 Hiera] Gera BCK *et ipse Isid.* : Genera T   diurna T
acta C¹   sit KT   5 liniat K   6 serpentium B   quo] quae BC¹
8 dicunt B   9 ex quo vinum conf. K : eo quod conf. T   10 qui ex
co. K   11 similibus (*ex* simli-) K   12 trociscus est d. K   dictos
BCT   13 deformantur BCT   15 precentibus ut T   19 inleciantur
K : imitiantur B   20 pingitur *om.* K   21 dicta C¹   χειρ.]
cirizeite BCET : cyrize id est K   22 fuisset B : fuit dicitur appellatus
K   *i. e.* Criticos : Credicos K   24 puniat B

medicum et praeterita agnoscere, et praesentia scire, et futura praevidere. Dinamidia, potestas herbarum, id est vis et pos- 3 sibilitas. Nam in herbarum cura vis ipsa δύναμις dicitur; unde et dinamidia nuncupatur, ubi eorum medicinae scri- 4 5 buntur. Butanicum herbarum dicitur quod ibi herbae notentur.

DE INSTRVMENTIS MEDICORVM. Enchiridion dictum quod XI manu adstringatur, dum plurima contineat ferramenta; χείρ enim Graece manus vocatur. Phlebotomum ab incisione vocatum; 2 10 nam incisio Graece τομή dicitur. Similaria. Angistrum. 3 Spatomele. Guva, quae a Latinis a similitudine cucurbita, a suspirio ventosa vocatur. Denique animata spiritu per igni- culum, dehinc praeciso corpori superposita omne, quod intra cutem vel altius aestuat, sive humorem, sive sanguinem, 15 evocat in superficiem. Clistere. Pila a pisendis seminibus, 4 id est terendis. Hinc et pigmenta, eo quod in pila et pilo aguntur, quasi piligmenta. Est enim pila vas concavum et medicorum aptum usui, in quo proprie ptisanae fieri et pig- menta concidi solent. Varro autem refert Pilumn[i]um quendam 5 20 in Italia fuisse, qui pinsendis praefuit arvis, unde [et] pilumni et pistores. Ab hoc igitur pilum et pilam inventam, quibus far pinsitur, et ex eius nomine ita appellata. Pilum autem est unde contunditur quidquid in pila mittitur. Mortarium, quod 6 ibi iam semina in pulverem redacta et mortua condiantur.

---

1 cognoscere *B* · 2 Dinamedia *codd.* pot. est herb. *C* id est] idem *B* 3 earum *Schwarz* 4 dinamedia *BCK* 5 But. autem h. *T* erbarium *C* 8 contineant *B* χείρ] ciron *ET*: chiron *K*: cyro *B*: cyron *C* 9 vocatur *BCET*: dicitur *K* Fle- botomum *B*: Fleuthomum *C*¹: Fleothomum *K*: Fleotomum *T* 10 τομή] tomum (tho-) *codd.* 11 spatomele *B*: spatumele *C*: spathumele *K*: sapatomele *T* guva *BET*: gura *C*¹: cura *K* cocurbite *K* 12 anima *K* 13 prociso *K* corporis *C*¹ 14 aestuat] aest *K*¹ 15 vocat *B*: evacuat *T* clisterem *T* pisendi *K* 17 qu. pilagmenta *T* enim *BCET*: autem *K* 18 abtu *T* qua *BCE* et *om. K* 20 pensendis *BC*¹*E*: pisendi *K*: pinsandis *T* et *hab. BCE*: *om. KT* 21 pila inventa est quis *K* 22 far pisetur *K*: far pinsatur *T*: per- pensitur *E* appellatur *T* est *om. K* 23 quidquid] quod *K* 24 seminum *T* condiantur *BCT*: conterantur *K*

7 Coticula est in qua circumducta collyria resolvuntur. Erit
enim lenis. Nam aspera frangi potius quam resolvi collyrium
facit.

XII   DE ODORIBVS ET VNGVENTIS. Odor vocatus ab aere.

2 Thymiama lingua Graeca vocatur, quod sit odorabile. Nam 5
thymum dicitur flos qui odorem refert. De quo Vergilius
(Georg. 4, 169):

　　　　Redolentque thymo.

3 Incensum dictum quia igne consumitur, dum offertur. Te-
4 traidos formulae incensi in longitudinem porrectae, quae 10
fiunt ex quattuor pigmentis. Quattuor enim Graece τέτταρα,
5 formula εἶδος dicitur. Stacten est incensum quod ex pressura
manat, dictum a Graecis παρὰ τὸ στάζειν στακτή, id est obtritum.

6 Mirobalanum, quia fit ex glande odorata. De quo Horatius
(C. 3, 29, 4):   15

　　　　　　　　　　Et
　　　　Pressa tuis balanus capillis.

Oleum est purum nullique rei admixtum. Vnguentum vero
est omne quod ex communi oleo confectum aliarum specierum
conmixtione augetur, odoris iucunditatem sumens et longius 20
7 redolens. Vnguenta autem quaedam dicuntur a locis, ut
telinum, cuius Iulius Caesar meminit, dicens:

　　　　Corpusque suavi telino unguimus.

Hoc conficiebatur in insula Telo, quae est una ex Cycladibus.

8 Sunt et quaedam ab inventorum nomine, ut amaracinum. 25
Nam quidam tradunt regium quendam puerum Amaracum
nomine complura unguentorum genera ferentem casu pro-

1 Conticula K: Citicula BCT   circumdata K   2 frangit B
3 fit D (non E)   5 odorabilis B (non DE)   6 thimum K: timo
BDET: thymo C   de quo ... thymo om. K (non DE)   11 τέτταρα]
tetra codd.   12 forma idos T: idos furmula K   13 obtritum TUV:
obtimum (opt-) BCDEK   16 et pressa] expressa T   17 tui BC: ui T
§§ 7–10 post XIII. 5 CDE Rem.¹ (non Mon.)   21 au. et qu. K (non DE)
dicantur C¹   23 suabi MTUV: suatita B   teli non U (non VX)
unguemus K (non L): unguinus M   24 hoc ex ho T: haec DE   con-
ficebatur K: conficiebantur DETUV   in insula om. KL   telo
BCDETUV: tela KL   ex cicladibus insulis K (non DE)   26 quidam]
quaedam DE

lapsum esse, et maiorem ex commixtione odorem creasse.
Vnde nunc optima unguenta amaracina dicuntur : sunt autem
ex genere florum. Item aiia quae [a] materiae suae quali- 9
tate dicuntur, ut rosaceum a rosa, quiprinum a flore quipro ;
5 unde et propriae materiae odorem referunt. Ex his quae- 10
dam simplicia unguenta sunt, quae ex una tantum specie
existunt, unde et sui nominis referunt odoratum, ut anetinum :
est enim sincerum ex oleo et aneto tantum. Conposita
autem sunt quae pluribus admixtis fiunt ; unde et nominis
10 sui odorem non habent, quia obtinentibus aliis, quae ad-
miscentur, incertum odorem ducunt. Cerotum. Calasticum.
Marciatum.

DE INITIO MEDICINAE. Quaeritur a quibusdam quare XIII
inter ceteras liberales disciplinas Medicinae ars non contineatur.
15 Propterea, quia illae singulares continent causas, ista vero
omnium. Nam et Grammaticam medicus scire debet, ut
intellegere vel exponere possit quae legit. Similiter et Rhe- 2
toricam, ut veracibus argumentis valeat definire quae tractat.
Necnon et Dialecticam propter infirmitatum causas ratione
20 adhibita perscrutandas atque curandas. Sic et Arithmeticam
propter numerum horarum in accessionibus et periodis dierum.
Non aliter et Geometriam propter qualitates regionum et 3
locorum situs, in quibus doceat quid quisque observare oporteat. Porro Musica incognita illi non erit, nam multa sunt
25 quae in aegris hominibus per hanc disciplinam facta leguntur ;
sicut de David legitur, qui ab spiritu inmundo Saulem arte
modulationis eripuit. Asclepiades quoque medicus phreneti-
cum quendam per symphoniam pristinae sanitati restituit.
Postremo et Astronomiam notam habebit, per quam contem- 4

2 s. au. gen. T : s. ex gen. B : sicut au. ex gen. C^1 3 florum *om.* C^1
a *hab.* BCE : *om.* KT qualitatis C^1T 4 *i.e.* cypro : quae propriae
K 5 unde *om.* K 7 unde . . . odoratum *om.* T 8 ol. anetum K
9 admixti K 10 quia] qui C 11 dicunt C^1 cirotum C^1K clasti-
cum K 12 martiacum K : martiatum BC 16 debetur B^1 : iubetur C
17 leget K 21 numer. hor.] numerorum B 22 pr. numerum qual.
T et] vel K 23 oporteat BCT : debeat K 25 quae] qui B
29 habet K contemplatur C

pletur rationem astrorum et mutationem temporum. Nam
sicut ait quidam medicorum, cum ipsorum qualitatibus et
5 nostra corpora commutantur. Hinc est quod Medicina secunda Philosophia dicitur. Vtraque enim disciplina totum
hominem sibi vindicat. Nam sicut per illam anima, ita per 5
hanc corpus curatur.

1 mutationes *BC* nam . . . medicorum *om. T* 4 totum *BCK*:
doctum *TV* 6 hanc *BCDET*: ista *K*

LIBER V

DE LEGIBVS ET TEMPORIBVS

De avctoribvs legvm. Moyses gentis Hebraicae primus **1**
omnium divinas leges sacris litteris explicavit. Phoroneus rex
Graecis primus leges iudiciaque constituit. Mercurius Trime- **2**
gistus primus leges Aegyptiis tradidit. Solon primus leges
5 Atheniensibus dedit. Lycurgus primus Lacedaemoniis iura ex
Apollinis auctoritate confinxit. Numa Pompilius, qui Romulo **3**
successit in regno, primus leges Romanis edidit ; deinde cum
populus seditiosos magistratus ferre non posset, Decemviros
legibus scribendis creavit, qui leges ex libris Solonis in Latinum
10 sermonem translatas duodecim tabulis exposuerunt. Fuerunt **4**
autem hi : Appius Claudius, Genucius, Veterius, Iulius, Manlius,
Sulpicius, Sextius, Curatius, Romilius, Postumius. Hi Decem-
viri legum conscribendarum electi sunt. Leges autem redigere **5**
in libris primus consul Pompeius instituere voluit, sed non
15 perseveravit obtrectatorum metu. Deinde Caesar coepit [id]
facere, sed ante interfectus est. Paulatim autem antiquae leges **6**
vetustate atque incuria exoleverunt, quarum etsi nullus iam usus
est, notitia tamen necessaria videtur. Novae a Constantino **7**
Caesare coeperunt et reliquis succedentibus, erantque per-

1-xxvii *De fontibus et verbis Isidori in hac parte libri cf. Kuebler* (*Herm.*
25, *pp.* 505 *sqq.*)   1 hebreicae *C* : aebraeicae *K* : hebreae *B* : ebree *7*
2 legis *KM*   3 iudiciaque (-iti-) *BTU Bern.* : iudicia *KM* : iudicavit *C*
4 legem At. *B*   5 atheniensium *C*[1]   lac. *ABT* : lacedemonibus *CKM*
ex] legum regis *KM* (*non A*)   6 appollonis *B*: apollonii *K* (*non M*)
7 Rom. le. *CKM* (*non A Bern.*)   dedit *K* (*non AM*)   8 populos *A* :
populis *T* : se popolus (-pul-) *KM*   seditiosus *B*   possit *BKM*
9 creavit (-bit) *AB ante corr. T* : decrevit (-bit) *B ex corr. CMK* (*ex decrea-
vit ut vid.*)   Solonis] salomonis *T*   11 vicerius *KM* : Veturius
edd.   Iul. Cur. Rom. Post. Man. Sulp. Sex. *CKM*   manilius *BCT*
12 sectius *B* : sextus *CKM*   curatus *CM* : curacus *K* : Curiatius *edd.*
romelius *BM* : rumelius *CK* (*non UV*)   potamius *C*[1]*K* : putamius *M*
13 autem *om.* *C*[1]*KM*   14 constituere *C*   15 id *B* : ita *T* : *om. CKM*
17 exsoluerunt *CKT*[1] *et fort. Isid.*   18 videt *K*   Novem *C*[1]   19 erant
queppe (qui-) mixtae *KM* : erant quippe perm. *C*[1]

mixtae et inordinatae. Postea Theodosius minor Augustus ad similitudinem Gregoriani et Hermogeniani codicem factum constitutionum a Constantini temporibus sub proprio cuiusque imperatoris titulo disposuit, quem a suo nomine Theodosianum vocavit. 5

II DE LEGIBVS DIVINIS ET HVMANIS. Omnes autem leges aut divinae sunt, aut humanae. Divinae natura, humanae moribus constant; ideoque haec discrepant, quoniam aliae 2 aliis gentibus placent. Fas lex divina est, ius lex humana. Transire per alienum fas est, ius non est. 10

III QVID DIFFERVNT INTER SE IVS, LEGES ET MORES. Ius generale nomen est, lex autem iuris est species. Ius autem dictum, quia iustum [est]. Omne autem ius legibus et moribus 2 constat. Lex est constitutio scripta. Mos est vetustate probata consuetudo, sive lex non scripta. Nam lex a legendo 15 3 vocata, quia scripta est. Mos autem longa consuetudo est de moribus tracta tantundem. Consuetudo autem est ius quoddam moribus institutum, quod pro lege suscipitur, cum deficit lex: nec differt scriptura an ratione consistat, quando et legem ratio 4 commendet. Porro si ratione lex constat, lex erit omne iam 20 quod ratione constiterit, dumtaxat quod religioni congruat, quod disciplinae conveniat, quod saluti proficiat. Vocata autem consuetudo, quia in communi est usu.

IV QVID SIT IVS NATVRALE. Ius autem naturale [est], aut civile, aut gentium. Ius naturale [est] commune omnium 25

2 factarum *Schwarz*   3 proprio] priori C^1 4 deposuit C^1M 6 autem] enim KM (*non A*)   7 divina n. *B*   naturae KM humanis *B*   8 constat *B*   9 est *post* Fas CKM (*non A*)   10 aliena *M*: aliam C^1K (*non A*)   fas ius K (*non AM*)   11 Ius gen. nom. est *om. B* 12 ius] iustum K (*non M*)   autem] ad C^1 13 est *hab.* CKM : *om.* BT § 2 (*cf.* II. x. 1)   15 sive] vel KM (*non A* : C^1 *n. l.*)   16 vocata *om.* C^1KM (*non A Bern.*)   § 3 (*cf.* II. x. 2)   17 monuribus C^1 tractata *T*   tandem C^1 quoddam] que *Bern.* : quod KM : *om.* C^1 18 deficit CKM 19 ratione] ratio C^1 20 commendat CKM § 4 (*cf.* II. x. 3) 21 quid disc. *T*   23 quia BT *Bern.* : quod CKM 24 autem] ad C^1: aut $AKMUX$: *om. D* : autem aut *Bern.*   est *hab. B Bern.* TUX : *om.* $ACKM$ 25 naturale] naturae (·re) CM est *hab* A^1 *Bern.* CKT^2 : *om.* A^2BDT^1M com. om. nat. BDI *Bern.* TUX : com. om. rationum *A ut vid. Rem.* : communi ratione C^1KM, *fort. recte*: communium (*ut vid.*) rationum *Mon.*[1]

nationum, et quod ubique instinctu naturae, non constitutione
aliqua habetur; ut viri et feminae coniunctio, liberorum successio et educatio, communis omnium possessio, et omnium
una libertas, adquisitio eorum quae caelo, terra marique
5 capiuntur. Item depositae rei vel commendatae pecuniae **2**
restitutio, violentiae per vim repulsio. Nam hoc, aut si quid
huic simile est, numquam iniustum [est], sed naturale aequum-
que habetur.

QVID SIT IVS CIVILE. Ius civile est quod quisque populus V
10 vel civitas sibi proprium humana divinaque causa constituit.

QVID SIT IVS GENTIVM. Ius gentium est sedium occu- VI
patio, aedificatio, munitio, bella, captivitates, servitutes, postli-
minia, foedera pacis, indutiae, legatorum non violandorum
religio, conubia inter alienigenas prohibita. Et inde ius
15 gentium, quia eo iure omnes fere gentes utuntur.

QVID SIT IVS MILITARE. Ius militare est belli inferendi VII
sollemnitas, foederis faciendi nexus, signo dato egressio in hostem vel commissio. Item signo dato receptio; item flagitii
militaris disciplina, si locus deseratur; item stipendiorum mo-
20 dus, dignitatum gradus, praemiorum honor, veluti cum corona
vel torques donantur. Item praedae decisio, et [pro] persona- **2**
rum qualitatibus et labori iusta divisio; item principis portio.

QVID SIT IVS PVBLICVM. Ius publicum est in sacris et VIII
sacerdotibus, in magistratibus.

---

1 et quod *ITU* : atque *Bern.* : eo quod *BCDKMX* instinctu naturae
(-re) *BDITUX* : instinctum naturale est *C¹K* : instructu naturales *M* :
institutum natura *Bern.* non con. *om. C¹KM (non A Bern. DI Rem.)*
2 aliaque (-ae) habetur (hau-) *C¹KM* : naturam aliquam habet *Bern.*
aut vi. aut fe. *M* iunctio *K (non AM)* succ. educ. *KM* : susceptio
et educ. *Arev.* 4 qui *CKM* 5 capiunt *K* : cupiunt *M (non A Bern.)*
Item] id *C¹* 6 pervenire pulsio *M* hoc *BT* : haec (hec) *C¹KM* 7 est
hab. CKM : om. BT ae quacumque *M* 9 quo (*corr.* quod) quique
populis (*corr.* -lus) *T* 10 sibi] sive *C¹* 11 occupatium *C¹* 12 servitutes *om. T* 13 paces *T* 14 convibia (-via) *C¹KM* 15 quia *BT* :
quod *CKM* 17 fatiendi *K* : patiendi *C¹* : spatiendi *M* signo
dato (*prius*) *om. CKM* 18 vel incommissio iter *C¹M* praeceptio
CKM iter *C¹* flagelli *BCK* : flagellis *M (non D)* 20 honorum
uti *KM* : honorum utique *C¹* 21 pro *hab. T : om. BCK* 22 qualitas
B ex corr. labori *T* : laboris *BCK* item *BT* : aut *CK* 23 sacr.
sace. *K* 24 in *BTV* : et *CK*

IX   Qvid sit ivs Qviritvm. Ius Quiritum est proprie Romanorum, quo nulli tenentur nisi Quirites, id est Romani, tamquam
de legitimis hereditatibus, de cretionibus, de tutelis, de
usucapionibus; quae iura apud alium nullum populum reperiuntur, sed propria sunt. Romanorum et in eosdem solos 5
2 constituta. Constat autem ius Quiritum ex legibus et plebiscitis, constitutionibus principum et edictis, sive prudentium
responsis.

X   Qvid sit lex. Lex est constitutio populi, qua maiores
natu simul cum plebibus aliquid sanxerunt.   10

XI   Qvid scita plebivm. Scita sunt quae plebes tantum
constituunt; et vocata scita quod ea plebs sciat, vel quod
sciscitatur et rogatur ut fiat.

XII   Qvid senatvsconsvltvm. Senatusconsultum, quod tantum senatores populis consulendo decernunt.   15

XIII   Qvid constitvtio et edictvm. Constitutio vel edictum,
quod rex vel imperator constituit vel edicit.

XIV   Qvid responsa prvdentvm. Responsa sunt quae
iurisconsulti respondere dicuntur consulentibus; unde et
responsa Pauli dicta. Fuerunt enim quidam prudentes et 20
arbitri aequitatis, qui institutiones civilis iuris conpositas ediderunt, quibus dissidentium lites contentionesque sopirent.

XV   De legibvs consvlaribvs et tribvnitiis. Quaedam
etiam leges dicuntur ab his qui condiderunt, ut consulares,
tribuniciae, Iuliae, Corneliae. Nam [et] sub Octaviano 25

---

2 quo n. tenentur T: quo n. teneantur V: quod (quae C^1) nulli tenent
$BCHKD$ (seq. spat.)   tamquam TH: quam ABD: qui C^1 Bern.: om. K
3 creditionibus C^1K (non Bern.)   4 alium om. A: post nullum B (non
Bern.) TUV 6 constitutum T plebis (-vis) scitis BUV: plebium
scitis M: plebibus scitis T: plebibus sanctis K: plebibus sicut C^1:
plebibus Bern.: plebiscitis senatusconsultis Kuebler (ex Gai. Inst. 1, 2)
9 qua] quo KT: qui B 10 nati K 12 et voc. ABT: vocataque CK
quod ... quod] que ... que C^1 13 sciscitat (-ssi-) BT rogatur fiat
C^1K: rogat ut f. BDT: corr. Kuebler.   15 consolendum K: consolendam
C^1 decernunt $BDTUV$: decerunt A ut vid.: dedicarunt decernunt K:
dederunt decernunt C 16 ed. est quae C 17 constituet et vel edicet T
19 unde ... dicta om. CKM (non ADU)   21 arbitrii T: arbitres C^1K
veritatis K iure C^1K reddiderunt C^1 22 desidentium C^1K
sopirentur CK 24 consules B 25 et hab. BT: om. CK octavio
(-bio) B^1C^1 ut vid. T

Caesare suffecti consules Papius et Poppaeus legem tulerunt,
quae a nominibus eorum appellatur Papia Poppaea, continens
patrum praemia pro suscipiendis liberis. Sub eodem quoque **2**
imperatore Falcidius tribunus plebis legem fecit, ne quis plus
5 [in] extraneis testamento legaret quam ut quarta pars superesset
heredibus. Ex cuius nomine lex Falcidia nuncupata est.
Aquilius quoque [legem condidit, quae hactenus Aquilia
nuncupatur.]

DE LEGE SATVRA. Satura vero lex est quae de pluribus XVI
10 simul rebus eloquitur, dicta a copia rerum et quasi a saturitate ;
unde et saturas scribere est poemata varia condere, ut Horatii,
Iuvenalis et Persii. Lex novella.

DE LEGIBVS RHODIIS. Rhodiae leges navalium conmer- XVII
ciorum sunt, ab insula Rhodo cognominatae, in qua antiquitus
15 mercatorum usus fuit.

DE PRIVILEGIIS. Privilegia autem sunt leges privatorum, XVIII
quasi privatae leges. Nam privilegium inde dictum, quod in
privato feratur.

QVID POSSIT LEX. Omnis autem lex aut permittit aliquid, XIX
20 ut : 'Vir fortis petat praemium,' aut vetat, ut : 'Sacrarum
virginum nuptias nulli petere liceat,' aut punit, ut : 'Qui
caedem fecerit, capite plectatur.' Eius enim praemio aut
poena vita moderatur humana.

QVARE FACTA EST LEX. Factae sunt autem leges ut XX
25 earum metu humana coerceatur audacia, tutaque sit inter
inprobos innocentia, et in ipsis inpiis formidato supplicio
refrenetur nocendi facultas.

1 appius *C*   Poppaeus] pompeius *codd.*   2 Poppaea] pompeia
CK   3 patruum *K*   5 in *hab. BT Bern.* : *om.* C¹*K*   6 Falcidia]
placida *T*   7 Aq. qu. . . . nuncup. *Bern. Rem.* : Aq. qu. varia . . . persii
(*ex* XVI) *TUV* : alii (aliqui *C*) qu. caria . . . pe. *CKL* : *om. AB¹D Mon.*¹
9 est *om. T* (*non U*)   10 et qu. *om.* C¹*K* : et quos *Bern.*   a *om.* B
11 u. et satura scr. *BCT* : u. traitur (*ex* tratur) scripta *Bern.*   ut . . .
novella *om. K* (*non AD Bern.*)   15 fuit] est *CT ut vid.*   17 quod]
quae *C*¹   XIX (*cf.* II. x. 4)   19 premittit *T* (*non U*) : promittit *KM*
21 aut (*ult.*) *BCTU* : et *KM*   23 moderetur *T*   xx (*cf.* II. x. 5)
25 coerceretur *BT*   tutaque] tantaque C¹*K*   26 probos *dett.*   inpiis]
inprobis *BCT*

XXI   QVALIS DEBEAT FIERI LEX. Erit autem lex honesta, iusta, possibilis, secundum naturam, secundum consuetudinem patriae, loco temporique conveniens, necessaria, utilis, manifesta quoque, ne aliquid per obscuritatem in captionem contineat, nullo privato commodo, sed pro communi civium 5 utilitate conscripta.

XXII   DE CAVSIS. Πρᾶγμα Graecum est, quod Latine dicitur causa, unde et pragmatica negotia dicuntur, et actor causarum et negotiorum pragmaticus nuncupatur.

XXIII   DE TESTIBVS. Testes [sunt quibus veritas quaeritur in 10 iudicio]. Hos quisque ante iudicium sibi placitis alligat, ne cui sit postea liberum aut dissimulare aut subtrahere se ; unde et alligati appellantur. Item testes dicti quod testamento adhiberi solent ; sicut signatores, quod testamentum signant.

XXIV   DE INSTRVMENTIS LEGALIBVS. Voluntas generale nomen 15 omnium legalium instrumentorum; quae quia non vi, sed
2 voluntate procedit, ideo tale nomen accepit. Testamentum vocatum quia, nisi testator mortuus fuerit, nec confirmari potest nec sciri quid in eo scriptum sit, quia clausum et obsignatum est ; et inde dictum testamentum, quia non valet 20 nisi post testatoris monumentum, unde et Apostolus (Hebr. 9, 17), 'Testamentum,' inquit, 'in mortuis confirmatur.'
3 Testamentum sane in Scripturis sanctis non hoc solum dicitur, quod non valet nisi testatoribus mortuis, sed omne pactum et placitum testamentum vocabant. Nam Laban et Iacob testa- 25 mentum fecerunt, quod utique etiam inter vivos valeret, et in Psalmis legitur (82, 6) : 'Adversum te testamentum disposue-

xxi (cf. II. x. 6)   5 contingat K   nullo ex nullu K : nulli B   communi]
omni K   xxii post xxiii T¹   7 quod] quae C¹   8 pragmatia T : pragmata
C¹K   neg. et caus. K   10 Testes (-tis) quisque AB¹DH : Hos quisque
TU : Testes (-te M) sunt...iudicio (-cium C) hos quisque CKM   11 sibi]
sive M   placidis K (non M)   alligant T (non U)   12 insimulare
T : insimula U   detrahere C¹   13-14 testes ... sig.] (cf. X. 265)
14 adhibere C   testamenta T   16 quae om. CK   18 quia (prim.)]
quod K : que C¹   20 dict. est test. B   21 post] per C   24 quod]
quae C¹   25 vocabant ABT : vocatur CK   nam et Lab. et K (non A)
26 quod] quae C¹   valeret CKT : valuerit AB   27 adversum BT :
-sus ACK   te om. ACK   test. tuum disp. K

runt,' hoc est, pactum; et innumerabilia talia. Tabulae 4
testamenti ideo appellatae sunt, quia ante chartae et membranarum usum in dolatis tabulis non solum testamenta, sed
etiam epistolarum alloquia scribebantur; unde et portitores
5 earum tabellarii vocabantur. Testamentum iuris civilis est 5
quinque testium subscriptione firmatum. Testamentum iuris 6
praetorii est septem testium signis signatum : sed illud apud
cives fit, inde civile ; istud apud praetores, inde iuris praetorii.
Testamentum autem signare notare est, id est ut notum sit
10 quod scriptum est. Holographum testamentum est manu 7
auctoris totum conscriptum atque subscriptum ; unde et
nomen accepit. Graeci enim ὅλον totum, γραφήν litteram
dicunt. Inritum testamentum est, si is qui testavit capite 8
diminutus est, aut si non rite factum sit. Inofficiosum testa- 9
15 mentum est, quod frustra liberis exheredatis sine officio
naturalis pietatis in extraneas personas redactum est. Ruptum 10
testamentum inde vocatur, eo quod nascente postumo, neque
exheredato nominatim, neque herede instituto, disrumpitur.
Suppressum testamentum est, quod in fraude heredum vel 11
20 legatariorum seu libertorum non est palam prolatum : quod si
non latet, tamen si praedictis personis non proferatur, supprimi
tamen videtur. Nuncupatio est, quam in tabulis cerisque 12
testator recitat, dicens : 'Haec ut in his tabulis cerisque
scripta sunt, ita dico, ita lego : itaque vos, cives Romani,
25 testimonium mihi perhibete,' et hoc dicitur nuncupatio :
nuncupare est enim palam nominare et confirmare. Ius 13
liberorum est coniugum sine liberis invicem pro loco pignorum
hereditatis alterna conscriptio. Codicillum, ut veteres aiunt, 14

2 ideo *CKT*: inde *B*   3 testamentum *C*   4 scribebantur *ABCT*:
habebantur *K*   5 tabularii *AC* (*non D*): tabularios *H*   vocantur
ABD : vocabant *H*   civile *T*   9 id est *om. B*   10 quod] quae *C*[1]
12 enim *om. T*   ὅλον] olo *codd.*   13 qui testatus est aut (*om.* cap.
dim.) *C*[1]   14 recte *KC*[2]: recta *C*[1]   factus *K*   15 quae fr. lilucris *C*[1]
exereditatis *K*   16 reductum *T*   17 vocatum *B*   18 excreditato
C[1]*K*   21 non feratur (-ter ?) subpraemit non videtur *C*[1]   23 recitat . . . cerisque *om. B*[1]   in *om. CK* (*non DH*)   24 dico] do *Gaius*
Inst. 2, 104   25 praebete *CK*   27 coniugium *K*   28 Codice
illum est ut *C*[1]

sine dubio ab auctore dictum, qui hoc scripturae genus
instituit. Est autem scriptura nullam indigens sollemnitatem
verborum, sed solam testatoris voluntatem qualicumque scripturae significatione expressam. Cuius beneficio voluntatibus
defunctorum constat esse subventum propter legalium verbo- 5
rum difficultatem, aut certe propter necessitatem adhibendorum
sollemnium, ita ut qui scribit titulum eiusdem scripturae
codicillum vocet. Sicut autem codicillus fit vice testamenti,
15 ita epistola vice codicillorum. Cretio est certus dierum
numerus, in quo institutus heres aut adit hereditatem, aut 10
finito tempore cretionis excluditur, nec liberum illi est ultra
16 capiendae hereditatis. Cretio autem appellata quasi decretio,
id est decernere vel constituere, ut puta : ' ille heres mihi esto ' :
additurque, ' cernitoque infra dies tot.' Adeundarum autem
hereditatum centesimus statutus erat dies, quibus non esset 15
17 cretio addita. Fideicommissum dictum, ut fiat quod a defuncto committitur. Nam fides dicta eo quod fiat; quod
tamen non in directis verbis, sed precativis exposcitur.
18 Pactum dicitur inter partes ex pace conveniens scriptura,
legibus ac moribus conprobata ; et dictum pactum quasi ex 20
19 pace factum, ab eo quod est paco, unde et pepigit. Placitum
quoque similiter ab eo, quod placeat. Alii dicunt pactum
esse quod volens quisque facit ; placitum vero etiam nolens
conpellitur, veluti quando quisque paratus sit in iudicio ad
respondendum ; quod nemo potest dicere pactum, sed placi- 25
20 tum. Mandatum dictum, quod olim in commisso negotio

1 qui] quia C^1K 2 nulla ind. sollemnitate CK 4 sign.] pronuntiatione C expressa (-prae-) BCK 7 ita autem et qui T
scribet tit. CT : scribit et tit. B scripturae *om.* T 10 adit] ad C^1K
11 secluditur A illic K^1 : illis K^2 (*non A*) : *fort.* illi ius   12 quasi]
id est K 13 id est] quasi K mihi *om.* T 14 auditorque C intra
edd.   15 statutis C^1 16 quod] quae C^1 a] ad T^1 17 nam . . .
exposcitur *om.* C^1L 18 in *om.* T 19 Partum C^1 (*non L*)   21 paco
BT : pago D : pango CKL pepcgit foedus CKL (*non D*)   Placidum K
(*non L*)   22 quoque *om.* CKL qu. pl. CKL : quod placet B : quo
placet T 23 quisque $CKLT$: quis B vero *om.* CKL 25 quod]
quae C^1 (*non L*)   26 quod] quae C^1 (*non L*)   commisso *om.*
C^1KL (*non A*)

alter alteri manum dabat. Ratum vero, quasi rationabile et **21** rectum, unde et qui pollicetur dicit: 'Ratum esse profiteor', hoc est, firmum atque perpetuum. Rite autem esse non recte, **22** sed ex more. Chirographum. Cautio. Emtio et venditio **23** 5 est rerum commutatio atque contractus ex convenientia veniens. Emtio autem dicta, quod a me tibi sit: venditio quasi venun- **24** datio, id est a nundinis. Donatio est cuiuslibet rei transactio. **25** Dictam autem dicunt donationem quasi doni actionem, et dotem quasi do item. Praecedente enim in nuptiis donatione, 10 dos sequitur. Nam antiquus nuptiarum erat ritus quo se **26** maritus et uxor invicem emebant, ne videretur uxor ancilla, sicut habemus in iure. Inde est quod praecedente donatione viri sequitur dos uxoris. Donatio usufructuaria ideo dicitur, **27** quod donator ex ea usum fructum adhuc retinet, servato cui 15 donatum est iure. Donatio directa ideo nuncupatur, quia et **28** iure et usu statim transit in alterum, nec ultra aliquid inde ad ius donatoris retorquetur. Condiciones proprie testium sunt, **29** et dictae condiciones a condicendo, quasi condiciones, quia non ibi testis unus iurat, sed duo vel plures. Non enim in 20 unius ore, sed in duorum aut trium testium stat omne verbum. Item condiciones, quod inter se conveniat sermo testium, quasi condictiones. Stipulatio est promissio vel sponsio; unde et **30** promissores stipulatores vocantur. Dicta autem stipulatio ab stipula. Veteres enim, quando sibi aliquid promittebant, 25 stipulam tenentes frangebant, quam iterum iungentes sponsiones suas agnoscebant [sive quod stipulum iuxta Paulum iuridi-

2 qui] que *T*   ra. me esse *LK*   3 est enim fir. *C*[1] (*non L*) recte] certe *T*   4 mo.] more captio *C*[1] (*pro* m. Cautio, § 23) (*non L*) Cautio *hab. ABKTUV Bern.*: *om. DLC* (*sed vide supra*)   6 ve-nundinatio *B*   7 cuilibet *BT*   actio *T*   9 praecedentem *B* 10 antiquitus *C*[1]*KL*   11 mar. inv. et ux. *CKL*   12 sicut] sed *B* in *om. L*   quod] quae *C*[1] (*non L*)   don.] done *L*   14 servat *L* 15 recta *C*[1]*KL*   18 qu. condiciones *T* (*i.e.* condīciones?): qu. condictiones *K*[2]: qu. conditiones *B*[1]*C*[1]*K*[1]   19 sed vel duo vel *CT*   en. un. *C*   20 sed du. *K*   aut] ad *C*[1]   21 quod] quae *C*[1]   qu. condi-tiones *BC*   22 vel sponsio *om. K* (*non A*)   23 promissores *ABTU*: sponsores *CK*   voc.] dicuntur *K*   26 sive . . . app. *add. in marg. BT*: *om. D*   quod] per *C*   stipulam *CKU* (*non M*)   iuxta Paulum *om. T* (*non U*)   ·   Paulum *om. K* (*non M*)   loriticum *C*

31 cum firmum appellaverunt]. Sacramentum est pignus sponsionis; vocatum autem sacramentum, quia violare quod quisque promittit perfidiae est.

XXV   DE REBVS. Hereditas est res quae morte alicuius ad quempiam pervenit, vel legata testamento, vel possessione 5 retenta. Dicta autem hereditas a rebus aditis, sive ab aere, **2** quia qui possidet agrum et censum solvit; †inde et res.† Res sunt quae in nostro iure consistunt. Iura autem sunt quae **3** a nobis iuste possidentur nec aliena sunt. Dicta autem res a recte habendo, ius a iuste possidendo. Hoc enim iure possi- 10 detur quod iuste, hoc iuste quod bene. Quod autem male possidetur, alienum est. Male autem possidet qui vel sua male utitur vel aliena praesumit. Possidet autem iuste qui non inretitur cupiditate. Qui autem cupiditate tenetur, **4** possessus est, non possessor. Bona sunt honestorum seu 15 nobilium, quae proinde bona dicuntur, ut non habeant turpem **5** usum, sed ea homines ad res bonas utantur. Peculium proprie minorum est personarum sive servorum. Nam peculium est quod pater vel dominus filium suum vel servum pro suo tractare patitur. Peculium autem a pecudibus dictum, in 20 **6** quibus veterum constabat universa substantia. Bonorum possessio est ius possessionis, certo ordine certoque titulo **7** adquisita. Intestata hereditas est quae testamento scripta non **8** est, aut, si scripta sit, iure tamen nequaquam est adita. Caduca **9** inde dicitur, quia eius heredes ceciderunt. Familia herciscunda 25 est divisio hereditatis inter heredes. Herciscunda enim apud **10** veteres divisio nuncupabatur. Communi dividendo est inter eos quibus communis res est, quae actio iubet postulanti- **11** bus his arbitrum dari, cuius arbitratu res dividatur. Finium

4 more C^1 5 quodpiam C^1 legato *codd.*   possessiones et emta C^1 6 additis K ab aere] habere CT 7 inde et heres *Arev.*   Res *om.* K 9 iuste] iure K (*etiam* A^1?) (*non* D)   Res au. dic. K (*non A*)   11 iuste . . . iuste] recte . . . recte BCD 18 servorum] servum C^1 19 suo iure tr. CK 20 pec. alium au. T 24 sit] est T adita K (*teste Kueblero*): edita BCT 25 dicuntur BCT heres K Familiae K erciscunde CT: heriscundae K 26 erciscunde BCT: heriscundae K 27 nuncupatur T 28 iubat C^1 29 arbitrium CT^2

regundorum actio dicta eo quod per eam regantur fines utrique,
ne dissipentur, dummodo non angustiore quinque pedum loco
ea controversia sit. Locatio est res ad usum data cum defini- 12
tione mercedis. Conductio est res in usum accepta cum con- 13
5 stituta mercede. Res credita est quae in obligationem ita 14
deducta est, ut ex tempore, quo contrahebatur, certum sit eam
deberi. Vsura est incrementum fenoris, ab usu aeris crediti 15
nuncupata. Commod⟨at⟩um est id quod nostri iuris est et ad 16
alterum temporaliter translatum est cum modo temporis, quam-
10 diu apud eum sit, unde et commod⟨at⟩um dictum est. Precarium 17
est dum prece creditor rogatus permittit debitorem in possessione fundi sibi obligati demorari, et ex eo fructus capere. Et
dictum precarium quia prece aditur, quasi precadium, R pro D
littera commutata. Mutuum appellatum est quia id, quod 18
15 a me tibi datur, ex meo tuum fit. Depositum est pignus com- 19
mendatum ad tempus, quasi diu positum. Deponere autem
quis videtur, cum aliquid metu furti, incendii, naufragii, apud
alium custodiae causa deponit. Interest autem in loquendi 20
usu inter pignus et arram. Nam pignus est quod datur propter
20 rem creditam, quae dum redditur, statim pignus aufertur. Arra
vero est, quae primum pro re bonae fidei contractu empta, ex
parte datur, et postea conpletur. Est enim arra conplenda, 21
non auferenda ; unde qui habet arram non reddit sicut pignus,
sed desiderat plenitudinem ; et dicta arra a re, pro qua traditur.
25   Item inter pignus, fiduciam et hypothecam hoc interest.
Pignus enim est quod propter rem creditam obligatur, cuius rei 22
possessionem solam ad tempus consequitur creditor. Ceterum

1 regundorum *ex* regum duorum *T*   regnantur *K*   utriusque
T   5 obligatione *BCK*   6 eam d. *Arev.* : eam (ea *teste Kueblero*)
debere *K* : eas deferre (*i.e.* differre ?) *BCDT* : eam deferri *A*   7 eris
credita *T* : crescere *K* (*non A*)   8 Commodum *codd.* : *corr. Arev.*
est id est quod *A* : est quod *K*   nostre *T*   9 alterum *CKT* : alios
ABDH   com modo (commodo) *CT* (*A ex corr.* ?) : commodum *ABK*
quamdio *T*   10 commodum *codd.*   12 et (*alt.*) *om. C*   13 quia] quod
K   audiatur *K*   preceadium *BCT* : praecaudium *K*   14 quia]
quando *K*   18 causae *C*[1]   loquendo *T ante corr.*   20 quod dum *K*
21 bono *T*   23 reddet *C ex corr. T* (*i.e.* -dit ?)   24 a re pro qua
re tr. *T*   25 pig. et fid. *B*   26 enim *om. K*

23 dominium penes debitorem est. Fiducia est, cum res aliqua
sumendae mutuae pecuniae gratia vel mancipatur vel in iure
24 ceditur. Hypotheca est, cum res commodatur sine depositione
25 pignoris, pacto vel cautione sola interveniente. Momentum
dictum a temporis brevitate, ut [quam cito] quam statim salvo 5
negotio reformetur, nec in ullam moram produci debeat quod
repetitur; sicut nec ullum spatium est momenti, cuius tam
brevis est temporis punctus ut in aliquam moram nullo modo
26 producatur. Instrumentum est unde aliquid construimus, ut
27 cultrus, calamus, ascia. Instructum, quod per instrumentum 10
28 efficitur, ut baculus, codex, tabula. Vsus, quem in re instructa
utimur, ut in baculo innitere, in codice legere, in tabula ludere;
sed et ipse fructus agrorum, quia eo utimur, usus vocatur. Haec
29 sunt illa tria. Vsusfructus autem vocatus quia solo usu habe-
30 tur eius fructus, manente apud alium iure. Vsucapio est adeptio 15
dominii per continuationem iustae possessionis, vel biennii aut
31 alicuius temporis. Mancipatio dicta est quia manu res capitur.
Vnde oportet eum, qui mancipio accipit, conprehendere id
32 ipsum, quod ei mancipio datur. Cessio est propriae rei concessio, sicut est illud : 'Cedo iure propinquitatis.' Cedere enim 20
dicimus quasi concedere, id est, quae propria sunt ; nam aliena
restituimus, non cedimus. Nam cedere proprie dicitur, qui
contra veritatem alteri consentit, ut Cicero (Ligar. 7, 22): 'Cessit'
33 inquit 'amplissimi viri auctoritati, vel potius paruit.' Inter-
dictum est quod a iudice non in perpetuum, sed pro reformando 25
momento ad tempus interim dicitur, salva propositione actionis
34 eius. Pretium vocatum eo quod prius eum damus, ut pro eius

1 debitores *K*   3 creditur *CDK*   commendatur *C¹T*   5 quam
cito *hab. BDHKT* : *om. C*   salvo] solo *K*   6 in nullam *KT*   7 nec
nullum *KT*   huius *K*   10 cultrus *etiam M*   arcia *C¹*   11 quem
B : que *T* : quod *K* : qua *C*   13 quia in eo *B* : ex quo *K*   vocatur
KT   15 ademptio (-mt-) domini *codd.*   17 quia manus *T* : quae manus
K   18 unde et op. *T*   mancipium *BK*   accepit *K*   id *om. C¹*
19 e manc. *C*   20 propinq.] proprietatis *Schwarz*   21 concedere] condere *T¹*   id quae pr. s. nam *C¹* : idque proprie nam *T¹*   nam si al.
CK   22 quia *B*   23 alter *K*   24 auctoritate *BKT*   Int. enim
est *A ex corr.*   25 quod *ABKT* : quia *C*   pro *om. K (non A)*
27 vocatum *om. T*

vice rem, quam adpetimus, possidere debeamus. Commercium **35**
dictum a mercibus, quo nomine res venales appellamus. Vnde
mercatus dicitur coetus multorum hominum, qui res vendere
vel emere solent. Integri restitutio est causae vel rei reparatio. **36**
5 Causa redintegratur, quae vi potestatis expleta non est. Res **37**
redintegratur, quae vi potestatis ablata atque extorta est.

DE CRIMINIBVS IN LEGE CONSCRIPTIS. Crimen a carendo **XXVI**
nomen : ut furtum, falsitas et cetera, quae non occidunt, sed
infamant. Facinus dictum a faciendo malum, quod noceat **2**
10 alteri. Flagitium a flagitando corruptelam libidinis, qua noceat **3**
sibi. Haec sunt duo genera omnium peccatorum. Vis est **4**
virtus potestatis, per quam causa sive res vel aufertur vel ex-
torquetur. Vis privata est, si quisque ante iudicium armatis **5**
hominibus quemquam a suo deiecerit vel expugnaverit. Vis **6**
15 publica est, si quis civem ante populum vel iudicem vel regem
appellantem necaverit, aut torserit sive verberaverit vel vinxerit.
Dolus est mentis calliditas, ab eo quod deludat. Aliud enim **7**
agit, et aliud simulat. Petronius aliter existimat dicens : 'Quid
est, iudices, dolus ? Nimirum ubi aliquid factum est quod legi
20 dolet. Habetis dolum, accipite nunc malum.' Calumnia est **8**
iurgium alienae litis, a calvendo, id est decipiendo dicta. Fal- **9**
sitas appellata a fando aliud quam verum est. Iniuria est **10**
iniustitia. Hinc est apud Comicos (? Plaut. Mil. 436): 'Iniuria's';
qui audet aliquid contra ordinem iuris. Seditio dicitur dis- **11**
25 sensio civium, quod seorsum alii ad alios eunt. Nam hi
maxime turbatione rerum et tumultu gaudent. Sacrilegium **12**
proprie est sacrarum rerum furtum. Postea et in idolorum

2 unde et merc. *C*   3 coitus *T*   em. vel vend. *B*   4 Integris *B*
5-6 vi (*bis*) *om. B*¹   res (*eras.*) redintegrantur *T*   6 exhorta *C*¹ :
exorta *BK*   9 ad faciendum *B*   12 sive] si vi *B*   13 quisque] quis
*B*¹   16 negaverit *K*   aut torserit *om. T*¹ : *add. in fine T*²   aut vinx. *K*
17 est *om. B*   eludat *K*   alia enim *K ex corr.*   18 existimans dicit *K*
19 lege *B*   20 nunc] non *K*   21 est a dicipiendo *K*   22 alium quam
versum est *T*   23 iniuria's] iniurias *AC*¹*TUV Rem. Mon.*¹ : iniurias
iniustitia *Bern.* : inuria est *BDKM* : iniurius *I codd. Servii ad Aen.* 9, 107
24 audit *AM Bern.* : tudit *D*   ordinis *D* (*non A Bern.*)   25 eunt] se
aiunt *B*   27 est *ABCT* : esse *K*   sacrum *T*   idol. cul. *om. K (non A)*

13 cultu haesit hoc nomen. Adulterium est inlusio alieni coniugii,
quod, quia alterius torum commaculavit, adulterii nomen ac-
14 cepit. Stuprum. Raptus proprie est inlicitus coitus, a conrum-
15 pendo dictus ; unde et qui ' rapto potitur,' stupro fruitur. Homicidii vocabulum conpositum est ex homine et caede. Qui enim 5
caedem in hominem fecisse conpertus erat, homicidam veteres
16 appellabant. Parricidii actio non solum in eum dabatur qui
parentem, id est vel patrem vel matrem interemisset, sed et in
eum qui fratrem occiderat ; et dictum parricidium quasi paren-
17 tis caedem. Internecivum iudicium in eum dabatur qui falsum 10
testamentum fecerat et ob id hominem occiderat. Accusa-
torem eius possessio bonorum sequebatur. Internecivi autem
significatio est, quasi quaedam hominis enectio. Nam prae-
positionem inter pro e ponebant. Naevius (trag. 52) : ' Mare
interbibere '; et Plautus (frag. 87) : ' Interluere mare ': id est, 15
18 ebibere et eluere. Furtum est rei alienae clandestina con-
trectatio, a furvo, id est fusco vocatum, quia in obscuro fit.
Furtum autum capitale crimen apud maiores fuit ante poenam
19 quadrupli. Pervasio est rei alienae manifesta praesumptio.
Furtum autem earum rerum fit, quae de loco in locum trans- 20
ferri possunt : pervasio autem et earum quae transferuntur et
20 earum quae inmobilia sunt. Infitiatio est negatio debitae rei,
cum a creditore deposcitur. Idem et abiuratio, id est rei cre-
21 ditae abnegatio. Ambitus iudicium in eum est, qui largitione
honorem capit et ambit, amissurus dignitatem, quam munere 25

1 inhesit *K* : cultum esset *A* : cultaesit *C*¹   2 adulterii] -rium *K* (-rii
teste Kueblero)   nomen] non *C*   3 Stuprum. Lenocinium. Raptus *T*
(*non UV*)   est *om. T*   inlicitus *ex* -tis *T* : -ti *BK*   4 dictum *K*
petitur *BT*   5 ex nomine *T*   8 id est vel pa. vel ma. *T* : vel pa. vel
ma. *K* : id est qui pa. *A* : id est qui pa. vel ma. *BD* : id est qui parentem aut ma. *C*   9 fratrem] parentem *A*   10 Internecium *K* : -civi
BT : -cii *C*   *codd. Pauli Fest.* 114, 8 *partim* internecibum test., *partim*
internecidum test. *praebent*   11 testimonium *B* (*non D*)   12 bonorum
operum seq. *C*¹*K*   internecium *CK*   13 enectio *T* : enecatio (-ega-)
*C*¹ *ut vid. K* : necatio *B Bern.*   14 in. praeponebant *BC*¹*K*   neus *T* :
ne huius *K*   16 contractio *K*   17 furvo] furum *T*   furco *C*¹   sit *K*
19 Prevasio *T*   al. rei *K* (*non A*)   20 earundem (-md-) rer. fit *ABC* :
om. K   21 prevasio *T*   autem ear. *A* : vero et ear. *K*   22 inmobiles *A*   23 cum] quam *C*¹   item *B*   id est] idem *K*   24 Ab-
bitus *T*¹   qui a larg. *B*   25 ambita amissuris *T*   quam *om. K*

invadit. Peculatus iudicium in eos datur qui fraudem aerario **22**
faciunt, pecuniamque publicam intervertunt. Nam a pecunia
peculatum esse dictum. Non autem sic iudicatur furtum rei
publicae, sicut rei privatae. Nam ille sic iudicatur ut sacrilegus,
5 quia fur est sacrorum. Repetundarum accusatur, qui pecunias **23**
a sociis cepit. In hoc iudicio reus si ante moriatur, in bona
eius iudicium redditur. Incesti iudicium in virgines sacratas vel **24**
propinquas sanguine constitutum est. Qui enim talibus mi-
scuntur incesti, id est incasti habentur. Maiestatis reatu tenentur **25**
10 hi qui regiam maiestatem laeserunt vel violaverunt, vel qui
rempublicam prodiderunt vel cum hostibus consenserunt. Piacu- **26**
lum dictum pro eo quod expiari potest; commissa sunt enim
quae erant quoquo ordine expianda.

DE POENIS IN LEGIBVS CONSTITVTIS. Dupliciter malum XXVII
15 appellatur : unum, quod homo facit, alterum, quod patitur.
Quod facit, peccatum est; quod patitur, poena. Malum autem
tunc plenum est, cum et praeteritum est et inpendet, ut sit et
dolor et metus. Poena dicta quod puniat. Est autem epithetum **2**
nomen, et sine adiectione non habet plenum sensum: adicis
20 poena carceris, poena exilii, poena mortis, et inples sensum.
Supplicium proprie dictum non qui quoquo modo punitur, sed **3**
ita damnatur ut bona eius consecrentur et in publico redigantur.
Nam supplicia dicebantur supplicamenta. Et supplicium dicitur, de cuius damnatione delibatur aliquid Deo ; unde et sup-
25 plicare. Octo genera poenarum in legibus contineri Tullius **4**
scribit: id est damnum, vincula, verbera, talionem, ignominiam,
exilium, servitutem et mortem. His namque poenis vindicatur
omne perpetratum peccatum. Damnum a diminutione rei voca- **5**

---

1 eo K^1 eratio T 2 a *om.* T^1K (*non A*)   3 pec. est ABT :
puplica pec. est K dicta K : dictum iudicium A rei publ. . . . .
iudicatur *add. in marg.* T 5 pecuniam K 6 in hoc *om.* C^1
oriatur T^1 10 vel voluerunt K qui *om.* K 12 commissa
om. K (*non A*)   enim *om.* T 13 expiandi K (*non A*)   17 plenum
quum T sit dolor et B^1 ; sit hodorem U *ut vid.*   19 adice K
20 p. mortis *om.* K (*teste Kueblero*)   inplenscensum T 21 dicitur T
quomodo BKT *ante corr.*   punitur] patitur C^1 22 redicantur K
23 supplicitor cuius damnatio K (*non A*)   24 Deo] de eo TK (*non*
A)   25 continere K 28 a *om.* T

6 tum. Vincula a vinciendo, id est artando dicta, eo quod con-
7 stringant atque retineant.; vel quia vi ligant. Conpedes dicti
8 quia continent pedes. Peducae sunt laquei quibus pedes in-
9 laqueantur, dictae a pedibus capiendis. Catenae autem, quod
capiendo teneant utraque vestigia, ne progrediantur. Item 5
10 catenae, quod se capiendo teneant plurimis nodis. Manicae
sunt vincula quibus manus capiuntur ; licet et manicae tuni-
11, 12 carum sunt. Nervi. Boia est torques damnatorum, quasi iugum
13 in bove ex genere vinculorum est. Carcer, in quo custodiuntur
noxii. Et dictus carcer quod eo homines coerceantur inclu- 10
danturque, quasi arcer, ab arcendo scilicet. Locum autem in
quo servantur noxii, carcerem dicimus numero tantum singulari ;
unde vero emittuntur quadrigae, carceres vocamus numero tan-
14 tum plurali. Verbera dicta, quia cum agitantur, aerem ver-
berant. Hinc flagra et plagae et flagella, quia cum flatu et 15
strepitu in corpore sonant. Nam plagae, quasi flagae ; sed
plagae et flagra primae positionis sunt, flagella autem per diminu-
15 tionem dicta. Anguilla est qua coercentur in scholis pueri,
16 quae vulgo scotica dicitur. Fustes sunt quibus iuvenes pro
criminibus feriuntur, appellati quod praefixi in fossis stent ; 20
17 quos palos rustici vocant. Vectes dicti quod manibus vecten-
tur, unde ostia saxaque velluntur ; sed hi ad poenas legum non
18 pertinent. Virgae sunt summitates frondium arborumque, dictae
quod virides sint, vel quod vim habeant arguendi ; quae si lenis
fuerit, virga est ; si certe nodosa vel aculeata, scorpio rectissimo 25
19 nomine, quia arcuato vulnere in corpus infigitur. Ictus proprie

1 vincendo *K*   constringat *B*   2 quia vigilant vel sciunt *K*
dictae *C*   3 Peduces *BCK*   4 Catena ... teneat *C*   6 Mani-
ces *BC*   7 manus] manicae *K*   8 Nervi *om. C*   Boia
sive nervicula est *C*   iugus *BTV*[1] : iuga *C*   9 est *om. K*   in
quo ... carcer *om. K (non A)*   10 quo eo *T*   11 arcer] a carcere
K (non A)   si licet *T*   12 diximus *B*   tant. num. sing. *T*: num.
sing. *B*   14 agitatur *C*[1]   verberent *T*   15 plage *corr. in ras. T*
17 sed plage *T*[2] : set flage *ut vid. T*[1]   per dirivationem *K*   18 scola
K   19 inscotica *C*[1]   20 astent *C*   22 ostea *CT* : et ostea *U* :
ostea (ho-) vectea *KM (non A), unde Kueblerus versum fingit* ostia vecte|
Saxaque velluntur   hi *om. T*   24 viride *T*   sunt *B*
habent *T*   urguendi *Schwarz*   qui si *B*   25 urga *T*   certe
BCT : autem *K*   26 acuato *K*

flagellorum sunt, ab agitando vocati. Vngulae dictae quod **20**
effodiant. Haec et fidiculae, quia his rei in eculeo torquentur,
ut fides inveniatur. Eculeus autem dictus quod extendat. Tor- **21, 22**
menta vero, quod torquendo mentem inveniant. Est et latomia **23**
5 supplicii genus ad verberandum aptum, inventum a Tarquinio
Superbo ad poenam sceleratorum. Iste enim prior latomias,
tormenta, fustes, metalla atque exilia adinvenit, et ipse prior
regibus exilium meruit. Talio est similitudo vindictae, ut tali- **24**
ter quis patiatur ut fecit. Hoc enim et natura et lege est insti-
10 tutum, ut 'laedentem similis vindicta sequatur.' Vnde et illud
est legis (Matth. 5, 38) : ' Oculum pro oculo, dentem pro dente.'
Talio autem non solum ad iniuriam referendam, sed etiam pro
beneficio reddendo ponitur. Est enim communis sermo et
iniuriae et beneficentiae. Ignominium, eo quod desinat habere **25**
15 honestatis nomen is qui in aliquo crimine deprehenditur. Dictum est autem ignominium quasi sine nomine, sicut ignarus sine
scientia, sicut ignobilis sine nobilitate. Hoc quoque et in- **26**
famium, quasi sine bona fama. Fama autem dicta quia fando,
id est loquendo, pervagatur per traduces linguarum et aurium
20 serpens. Est autem nomen et bonarum rerum et malarum.
Nam fama felicitatis interdum est, ut illud, 'inlustris fama,'
quod laus est : malarum, ut Vergilius (Aen. 4, 174) :

> Fama, malum qua non aliud velocius ullum.

Fama autem nomen certilocum non habet, quia plurimum men- **27**
25 dax est, adiciens multa vel demutans de veritate : quae tamdiu
vivit, quamdiu non probat. At ubi probaveris, esse cessat, et

---

1 vocata *T ante corr.*   2 ficulae *C*¹   aculeo *BK*   3 autem *om. K*   4 inveniat *K*   La. est sup. *K*   lautumnum *BKT* :
lautumium *C* : latumnum *A*   6 poenas *BC*   lautumnas *CK* : latu-
mnas *T* : lautumna *B*   7 met. fus. *K*   prior regibus *ABT* : prior
ex regibus *C* : prior regum *K fort. recte*   9 et naturae lege *K* (teste
Kueblero)   10 unde ill. *T*   11 legis *om. K*   12 autem *om. K*
14 Ign. dictum eo *T*   15 aliquo crimen *KT* : aliquod crimen *BC*
17 sci. et sicut *T*   et *om. T*   18 b. fame *C*¹   19 provocatur *B*
21 nam fame *T*   felicitatis *K*² ⟨*K*¹ *n. l.* ; *sed* felicius *teste Kueblero*⟩
22 malorum et virg. *K*   23 quo *B* : quia *T*   illum *T* : illud *C*¹
24 Fama *K* : Famae (-me) *BCT*   Fama, nomen incerti, locum non
habet *Tertull. Apolog.* 7   26 ubi probavit, cessat esse *Tertull.*

28 exinde res nominatur, non fama. Exilium dictum quasi extra solum. Nam exul dicitur qui extra solum est. Vnde postli-minium redeuntibus, hoc est de exilio reducendis, qui sunt eiecti in iniuria, id est extra limen patriae. Dividitur autem exilium in **29** relegatis et deportatis. Relegatus est, quem bona sua sequun- 5 **30** tur : deportatus, quem non sequuntur. Proscriptio exilii procul damnatio, quasi porro scriptio. Item proscriptus, quia palam **31** scriptus. Metallum est ubi exules depo⟨r⟩tantur ad eruendam **32** venam marmoraque secanda in crustis. Servitus a servando vocata. Apud antiquos enim qui in bello a morte servabantur, 10 servi vocabantur. Haec est sola malorum omnium postrema, quae liberis omni supplicio gravior est ; nam ubi libertas periit, **33** una ibi perierunt et omnia. Mortium vero diversi casus, ex quibus crux vel patibulum, in quo homines adpensi cruciantur **34** vel patiuntur ; unde et nomina habent. Patibulum enim vulgo 15 furca dicitur, quasi ferens caput. Suspensum enim et strangui-latum ex eo exanimat ; sed patibuli minor poena quam crucis. Nam patibulum adpensos statim exanimat, crux autem subfixos diu cruciat ; unde et in Evangelio latronibus, ut morerentur et de ligno ante sabbatum deponerentur, crura confracta sunt, 20 **35** quia ligno suspensi cito mori non poterant. In ipso quoque genere necis differt. Crudelius est enim in aqua spiritum tor-quentes extingui, ignibus uri, frigore et fame necari, canibus et bestiis exponi. Nam ferro mori aetas quoque maior optavit. Gladius enim sine graviore cruciatu conpendiosa morte vitam 25 **36** finire novit. Culleum est parricidale vasculum ab occulendo,

---

1 Ex. autem dic. *K*   2 sol. est nam *K ante corr.*   qui] quia *C* postliminio *BT*   3 reducentibus *K* (*non A*)   sint *T*   eiectis *T ante corr.*   4 in iniuriam *B* (*non A*) : iniuria *C*[1]   6 dep. . . . seq. *om. C*[1]   exilio *C*   7 qu. por. scr. *om. T*   scripto *K* quia] quasi *C*   8 depotantur *K* : deputantur *BCT* : *corr. dett.* 9 Ser. a vocando *K ante corr.*   11 servi voc. *om. T*   sola *om. T*[1] : summa *K* (*non A*)   13 pereunt omnia *C*   div. sunt ca. *C*   in q. *CK* (*ex* ex q.)   14 omnes *T*   16 str. ex eo *K* : str. haec ex eo *BD* : instr. et ex eo *C*[1] : str. eo *T*   17 examinat *C*[?]*T*   18 examinat *C*[1]*T*[1] 22 spiritu (spū) *B* : ipsum *C*   torquente *Arev.*   23 negari *C*[1]*K* 24 aetas] et has *T*   aptavit *K* : optaverit *Tertull. Apol.* 9   25 graviore (-ri) *BCK* : maiore *T*   26 masculum *ut vid. T*

id est claudendo dictum. Est autem uter ex corio factus, in quo parricidae cum simio et gallo et serpente inclusi in mare praecipitantur. Omnium autem istarum mortium genus animadversio nominatur. Animadversio enim est, quando iudex **37** 5 reum punit ; et dicitur animadvertere, id est animum illuc advertere, intendere utique ad puniendum reum, quia iudex est. Ideo **38** autem Romani aquam et ignem interdicebant quibusdam damnatis, quia aer et aqua cunctis patent et omnibus data sunt ; ut illi non fruerentur quod omnibus per naturam concessum est.

10   DE CHRONICAE VOCABVLO. Chronica Graece dicitur quae XXVIII Latine temporum series appellatur, qualem apud Graecos Eusebius Caesariensis episcopus edidit, et Hieronymus presbyter in Latinam linguam convertit. Χρόνος enim Graece, Latine tempus interpretatur.

15   DE MOMENTIS ET HORIS. Tempora autem momentis, horis, XXIX diebus, mensibus, annis, lustris, saeculis, aetatibus dividuntur. Momentum est minimum atque angustissimum tempus, a motu siderum dictum. Est enim extremitas horae in brevibus inter- **2** vallis, cum aliquid sibi cedit atque succedit. Hora Graecum 20 nomen est, et tamen Latinum sonat. Hora enim finis est temporis, sicut et ora sunt finis maris, fluviorum, vestimentorum.

DE DIEBVS. Dies est praesentia solis, sive sol supra terras, XXX sicut nox sol sub terris. Vt enim dies aut nox sit, causa est aut supra terram sol, aut sub terris. Dies legitimus viginti quattuor 25 horarum, usque dum dies et nox spatia sui cursus ab oriente usque ad alium orientalem solem caeli volubilitate concludat. Abusive autem dies unus est spatium ab oriente sole usque ad occidentem. Sunt autem diei spatia duo, interdianum atque **2**

4 est (*prius*) *om. T*   6 ad *om. T*   7 aquam et ignem C^1K^2: aqua et ignem K^1: aqua et igni *BT*   quibus dam. *B*   8 et *om. C*^{1} patet *BCT*   data est *BT*   10 quae *ABKT*: quia C^1: *om. L* 17 menimum C^1K a mo. si. dic. *om. KL* (*non A*)   21 ora] orae *dett.*   finis *BKL*: fines *CT*   22 prescientia *T*   supra] super (*corr. ex* sup ?) *T*   23 si. non sol *C*: si. nox B^1T 24 leginus T^1: legitimus est *B*   25 hor. est us. *K*   26 orientalem *ex* orientem *K* vol. concl.] volventem K^1 (*L n. l.*)   27 abusive . . . sole *om. K*^{1} (*non AD*) (*L. n. l.*)

nocturnum; et est dies quidem horarum viginti quattuor, spa-
3 tium autem horarum duodecim. Vocatus autem dies a parte
meliore. Vnde et in usu est ut sine commemoratione noctis
numerum dicamus dierum, sicut et in lege divina scriptum est
4 (Genes. 1, 5) : 'Factum est vespere et mane dies unus.' Dies 5
secundum Aegyptios inchoat ab occasu solis : secundum Persas
ab ortu solis : secundum Athenienses a sexta hora diei ; secundum Romanos a media nocte. Vnde et tunc gallicinium est,
quorum vox diei ostendit praeconium, quando et mesonyctius
5 afflatus fit. Dies dicti a diis, quorum nomina Romani quibusdam 10
sideribus sacraverunt. Primum enim diem a Sole appellaverunt,
qui princeps est omnium siderum, sicut et idem dies caput est
6 cunctorum dierum. Secundum a Luna, quae Soli et splendore
et magnitudine proxima est, et ex eo mutuat lumen. Tertium
ab stella Martis, quae Vesper vocatur. Quartum ab stella 15
7 Mercurii, quam quidam candidum circulum dicunt. Quintum
ab stella Iovis, quam Phaethontem aiunt. Sextum a Veneris
stella, quam Luciferum asserunt, quae inter omnia sidera plus
lucis habet. Septimus ab stella Saturni, quae sexto caelo locata
8 triginta annis fertur explere cursum suum. Proinde autem ex 20
his septem stellis nomina dierum gentiles dederunt, eo quod
per eosdem aliquid sibi effici existimarent, dicentes habere a
Sole spiritum, a Luna corpus, a Mercurio ingenium et linguam,
a Venere voluptatem, a Marte sanguinem, a Iove temperantiam,
a Saturno humorem. Talis quippe extitit gentilium stultitia, 25
9 qui sibi finxerunt tam ridiculosa figmenta. Apud Hebraeos
autem dies prima una sabbati dicitur, qui apud nos dies dominicus est, quem gentiles Soli dicaverunt. Secunda sabbati se-

---

1 spatium] spatia *K*   5 factum est *om.* T^1 8 ˙tunc *om. K*
9 quando . . . fit *om. K*   10 sit *BV*   §§ 5–7 *iterum in fine lib.* xv *hab. D*
quib. Rom. ·*T*   12 quia *Isid. nat. rer.* 3, 2   cap. cunct. *K*   13 soli et
CK : solis et *B* : solis est *T*   15 Vesper] vespa *T*   16 quidam] quam *B*
19 septimum *BC*   sexto] septimo *dett.*   20 fertur] ferunt *K (L n. l.)*
suum *om. K (L n. l.)*   21 dierum *BCT*: diebus *K (L n. l.)*   22 aliquid *om. K(L n. l.)*   a sole habere *B*   24 a Mar. sang. *ante*
a Merc. *K*   27 dicibatur *K (non D)*   28 quem . . . dic. *om. KL*
quam *T ut vid. (non U)*   secunda feria *om. K (non L)*

cunda feria, quem saeculares diem Lunae vocant. Tertia
sabbati tertia feria, quem diem illi Martis vocant. Quarta
sabbati quarta feria, qui Mercurii dies dicitur a paganis. Quinta
sabbati quinta feria est, id est quintus a die dominico, qui apud **10**
5 gentiles Iovis vocatur. Sexta sabbati sexta feria dicitur, qui
apud eosdem paganos Veneris nuncupatur. Sabbatum autem
septimus a dominico dies est, quem gentiles Saturno dicaverunt
et Saturni nominaverunt. Sabbatum autem ex Hebraeo in
Latinum requies interpretatur, eo quod Deus in eo requievisset
10 ab omnibus operibus suis. Melius autem in vocabulis dierum **11**
de ore Christiano ritus loquendi ecclesiasticus procedit. Tamen
si quem forte consuetudo traxerit, ut illud exeat ex ore quod
inprobat corde, intellegat illos omnes, de quorum nominibus
appellati sunt hi dies, homines fuisse : et propter beneficia quae-
15 dam mortalia, quia plurimum potuerunt et eminuerunt in hoc
saeculo, delati sunt eis ab amatoribus suis divini honores et in
diebus et in sideribus ; sed primum a nominibus hominum
sidera nuncupata, et a sideribus dies sunt appellati. A fando **12**
autem feriae nuncupatae sunt, quod sit in eis nobis tempus
20 dictionis, id est in divino vel humano officio fari. Sed ex his
festos dies hominum causa institutos, feriatos divinorum sacrorum. Partes diei tres sunt : mane, meridies et suprema. Mane **13, 14**
lux matura et plena, nec iam crepusculum. Et dictum mane
a mano ; manum enim antiqui bonum dicebant. Quid enim
25 melius luce ? Alii mane aestimant vocari a Manibus, quorum
conversatio a luna ad terram est. Alii putant ab aere, quia

---

1 quem . . . vocant *om. KL*   dies *A (non D)*   tertia . . . (§ **10**)
nuncupatur] sic tertia quarta et (*om. L*) quinta et sexta sabbati
sexta feria *KL*   3 qui mercuris *T* : quemorcoris *U* : qui mercoris
B : qui mercories *A*   dicitur *om. A (non D*   6 Sabbatus
K (non L)   7 dies est *CU* : die est *ABDT* : id est *KL*   quem . . .
autem] a primo qui *KL*   quam *C*   8 et Sat. nom. *om. T*   saturnis
ABCDU   9 Deus *om. K*   13 de quorum] decorum *B*   14 propter
beneficia *CK* : per ben. *D* : pro ben. *T (et fort. Isid.)* : pro beneficiis *B*
15 eminuerunt *BCDT* : invenerunt *K*   16 ei *K*   divino honore sed in
T   17 a nom.] hominibus *K*   18 app.] nuncupati *K*   19 appellatae
K   eos *T*   21 catsas *K*   24 mano] manu *codd.*   25 aestimant *K* :
exstimant (ext-) *B¹T* : existimant *C*   26 conversio *B*   a terra *B*
ab ea re *K* : habere *C¹T*

15 manus, id est rarus, est atque perspicuus. Meridies dicta quasi
medidies, hoc est medius dies ; vel quia tunc purior dies est.
Merum enim purum dicitur. In toto enim die nihil clarius
meridie, quando sol de medio caelo rutilat et omnem orbem
16 pari claritate inlustrat. Suprema est postrema pars diei, quando 5
sol cursum suum in occasum vertit : dicta quod superest ad
17 partem ultimam diei. Serum vocatum a clausis seris, quando
18 iam nox venit, ut unusquisque somno tutior sit. Hodie quasi
19 hoc die ; et quotidie, non cotidie, ut sit quot diebus. Cras quod
20 est postea. Hesternum est pridie ; et dictum hesternum ab 10
eo quod iam dies ipse sit a nobis extraneus et praetereundo
21, 22 alienus. Pridie autem quasi priori die. Perendie, id est per
ante diem, vel in antecessum, id est prius.

XXXI DE NOCTE. Nox a nocendo dicta, eo quod oculis noceat.
Quae idcirco lunae ac siderum lucem habet, ne indecora esset, 15
et ut consolaretur omnes nocte operantes, et ut quibusdam
animantibus, quae lucem solis ferre non possunt, ad sufficien-
2 tiam temperaretur. Noctis autem et diei alternatio propter
vicissitudinem dormiendi vigilandique effecta est, et ut operis
3 diurni laborem noctis requies temperet. Noctem autem fieri, 20
aut quia longo itinere lassatur sol, et cum ad ultimum caeli
spatium pervenit, elanguescit ac tabefactus efflat suos ignes ;
aut quia eadem vi sub terras cogitur qua super terras pertulit
lumen, et sic umbra terrae noctem facit. Vnde et Vergilius
(Aen. 2, 250) : 25

Ruit Oceano nox,

involvens umbra magna terramque polumque.

4 Noctis partes septem sunt, id est vesper, crepusculum, conti-

---

1 *vel* μανός   rarus *BT* : clarus *CK*   2 hoc . . . dies *om. K* (*non A*)
purius *K* : prior *T*   est *om. B*   4 de medio *KT* : medio *B* : in
medio *C*   et . . . inl. *om. K* (*non A*)   6 a parte ultima *T*
7 clausis *ex* claris *K*   8 ut] et *T*   Hodie] Die *T*   9 non cot.
om. T   sit *om. C¹*   10 postera *Arev.* (*cf. Aug. ioc. hept.* 3, 12,
p. 572, 29)   Externum *codd.* (*et Isid.*)   externum (-no) *ABCT* : sternum
K   13 in *om. B*   14 eo *om. T*   15 inde contra *T*   16 con-
solarentur *CK*   20 temperaret *CK*   21 lassatus *C*   22 pervenerit *C²K* : pervenent *C¹*   labefactus *dett.* : labefactos *Arev.* (*ex*
Lucr. 5, 651)   23 qui *C¹*   vis *K*   quia *C¹* : qui *T*   protulit *K*

cinium, intempestum, gallicinium, matutinum, diluculum. Ve- 5
sperum ab stella occidentali vocatum, quae solem occiduum
sequitur et tenebras sequentes praecedit. De qua Vergilius
(Aen. 1, 374):

5   Ante diem clauso conponit vesper Olympo.

Tenebras autem dictas, quod teneant umbras. Crepusculum 6, 7
est dubia lux. Nam creperum dubium dicimus, hoc est
inter lucem et tenebras. Conticinium est quando omnes 8
silent. Conticescere enim silere est. Intempestum est medium 9
10 et inactuosum noctis tempus, quando agi nihil potest et omnia
sopore quieta sunt. Nam tempus per se non intellegitur, nisi per
actus humanos. Medium autem noctis actum caret. Ergo intem- 10
pesta inactuosa, quasi sine tempore, hoc est sine actu, per quem
dinoscitur tempus; unde est: 'Intempestive venisti.' Ergo intem-
15 pesta dicitur quia caret tempora, id est actum. Gallicinium pro- 11
pter gallos lucis praenuntios dictum. Matutinum est inter absces- 12
sum tenebrarum et aurorae adventum ; et dictum matutinum
quod hoc tempus inchoante mane sit. Diluculum quasi iam inci- 13
piens parva diei lux. Haec et aurora, quae solem praecedit.
20 Est autem aurora diei clarescentis exordium et primus splendor 14
aeris, qui Graece ἠώς dicitur; quam nos per derivationem auroram
vocamus, quasi eororam. Vnde est illud (Virg. Aen. 2, 417):

        et laetus Eoos

      Eurus equis.

25 et (Virg. Aen. 1, 489):

        Eoasque acies.

DE HEBDOMADA. Hebdomada dicta a numero septem XXXII
dierum, quorum repetitione et menses et anni et saecula pera-

---

2 quae] quod B   3 sequuntur B   5 clausum K   conponet Virg.
(et Isid.?)   § 7 ante § 5 BTD (et Isid.)   8 omnia C   9 silet C¹
10 o. sapore C¹: omni opere A   11 nisi act. B¹   12 caret actum K
(non A)   intempestas C: tempestas B   13 haec est B   14 intem-
pestiva K¹   ergo . . . actum om. K   in tempestate T   15 quia]
quae A   tempore B   Gallicinius . . . dictus K   16 est om. K
accessum T   17 aurorae] lucis K (non A)   18 in quo ante C   maniscit
K   19 precidit T   21 quam] quem CK   22 qu. eurorum K
23 eoos BT¹: eous KT²: eois C   24 eusus C¹   25 et] et iterum
CK: om. BDT

guntur ; ἑπτὰ enim Graeci septem dicunt.   Hanc nos septimanam vocamus, quasi septem luces.   Nam mane lux est. Octavus autem dies idem primus est, ad quem reditur et a quo rursus hebdomadae series orditur.

XXXIII   DE MENSIBVS. Mensis nomen est Graecum de lunae 5 nomine tractum.   Luna enim μήνη Graeco sermone vocatur ; unde et apud Hebraeos menses legitimi non ex solis circulo, sed ex lunae cursu enumerantur, quod est de nova ad novam.

2 Aegyptii autem primi propter lunae velociorem cursum, et ne error conputationis eius velocitate accideret, ex solis cursu 10 diem mensis adinvenerunt ; quoniam tardior solis motus facilius

3 poterat conprehendi.   Ianuarius mensis a Iano dictus, cuius fuit a gentilibus consecratus ; vel quia limes et ianua sit anni. Vnde et bifrons idem Ianus pingitur, ut introitus anni et exitus

4 demonstraretur.   Februarius nuncupatur a Februo, id est Plu- 15 tone, cui eo mense sacrificabatur.   Nam Ianuarium diis superis, Februarium diis Manibus Romani consecraverunt.   Ergo Februarius a Februo, id est Plutone, non a febre, id est aegritudine

5 nominatus.   Martius appellatus propter Martem Romanae gentis auctorem, vel quod eo tempore cuncta animantia agantur ad 20

6 marem et ad concumbendi voluptatem.   Idem appellatur et mensis novorum, quia anni initium mensis est Martius.   Idem et novum ver ab indiciis scilicet germinum, quia in eo viridan-

7 tibus fructibus novis transactorum probatur occasus.   Aprilis pro Venere dicitur, quasi Aphrodis ; Graece enim ᾿Αφροδίτη Venus 25 dicitur ; vel quia hoc mense omnia aperiuntur in florem, quasi

8 Aperilis.   Maius dictus a Maia matre Mercurii ; vel a maioribus

1 enim *om.* K   grece s. dicitur T   3 oct. . . . ord. *om. C*   prim.
ad K   4 ebdomadis T   5 gr. no. est C : no. gr. A   de . . . trac.
om. T   6 grece C   7 circulos C]   8 numerantur K   qui est *dett.*
11 dies K : duodecim *Schwarz*   12 cui CK   13 gentibus K (*non A*
14 biformis K (*non A*)   et *om.* T   15 demonstretur BT   a februa
codd. (*etiam Trin.*)   16 cui neominiae sacrificabantur K   17 februarius
K   cons. Rom. K   18 a februa *codd.* (*etiam Trin.*)   febre egr. T
20 actorem T   21 marem] martem C¹   concubendi KT   22 initio
K   23 novum ver T² : november BDT¹A (*ex*-bris) *Trin.* : primum (*ex*-us
C) ver CK   24 praebetur K   25 afrodis CK : afrondis ABT   greci
K   enim *om. A*   ᾿Αφροδίτη] afrodis *codd.*   26 hoc in mense K (*non
A*)   aperientur K (*non A*)   27 a moribus maioris na, K (*non A*)

natu, qui erant principes reipublicae. Nam hunc mensem
maioribus, sequentem vero minoribus Romani consecraverunt.
Vnde et Iunius dicitur. Antea enim populus in centurias **9**
seniorum et iuniorum divisus erat. Iulius vero et Augustus **10**
5 de honoribus hominum, Iulii et Augusti Caesarum, nuncupati
sunt. Nam prius Quintilis et Sextilis vocabantur: Quintilis,
quia quintus erat a Martio, quem principem anni testantur
esse Romani; Sextilis similiter, quod sextus. September nomen **11**
habet a numero et imbre, quia septimus est a Martio et imbres
10 habet. Sic et October, November atque December ex numero
et imbribus acceperunt vocabula; quem numerum decurrentem
December finit, pro eo quod denarius numerus praecedentes
numeros claudit. Kalendas autem, Nonas et Idus propter festos **12**
dies Romani instituerunt; vel propter officia magistratuum. In
15 his enim diebus conveniebatur in urbibus. Quidam autem **13**
Kalendas a colendo appellari existimant. Apud veteres enim
omnium mensuum principia colebantur, sicut et apud Hebraeos.
Idus autem plerique Latinorum ab edendo dictum putant, quod
hi dies apud veteres epularum essent. Nonae a nundinis **14**
20 vocatae. Nundinae enim sunt publicae conventiones sive
mercimonia.

DE SOLSTITIIS ET AEQVINOCTIIS. Solstitium dictum quasi **XXXIV**
solis statio, quod tunc sole stante crescant dies vel noctes.
Aequinoctium appellatum quod tunc dies et nox horarum
25 spatio aequali consistunt. Duo sunt autem solstitia: unum **2**
aestivum, VIII Kal. Iul., de quo tempore remeare sol ad
inferiores incipit circulos; aliud hiemale, VIII Kal. Ian., quo
tempore sol altiores incipit circulos petere. Vnde hiemalis
solstitii dies minimus, sicut aestivi maximus invenitur. Item **3**

---

3 ante *CT ex corr.*   centuria *CKT*   4 div. est *K*   et *om.*
*C*¹   8 romanis *C*¹   quod sit se. *K*   9 et imb. ha. sic et *om.*
K (non A)   11 decurrente decembre *K*   12 num. praec. *om. T*
18 dictos *K*   19 apud] quod *B*   Nonas *K*: non (*del.*) ea (*del.*)
nonae *C*   21 metcimonia *C*¹   23 statium *K*   crescat *C*: crescunt *K*
24 nox] noctes *KT ante corr.*   25 spatia aequalia *K*   solicia *K*¹
26 estuum *C*¹: est iunium *T*   de *om. K*   28 temp. alt. *K*   hiemales
... minores ... maiores inveniuntur *K*   29 solistiis *T*

duo sunt aequinoctia, unum vernale et aliud autumnale, quae
Graeci ἰσημερίας vocant.   Sunt autem haec aequinoctia die VIII
Kal. Apr. et VIII Kal. Oct., quia annus olim in duas tantum
partes dividebatur, hoc est in aestivum et hiemale solstitium, et
in duo hemisphaeria.   5

XXXV   DE TEMPORIBVS ANNI. Tempora anni quattuor sunt : ver,
aestas, autumnus et hiems.   Dicta sunt autem tempora a com-
munionis temperamento, quod invicem se humore, siccitate,
calore et frigore temperent.   Haec et curricula dicuntur, quia
2 non stant, sed currunt.   Constat autem post factum mundum 10
ex qualitate cursus solis tempora in ternos menses fuisse divisa.
Quorum temporum talem veteres faciunt discretionem, ut primo
mense ver novum dicatur, secundo adultum, tertio praeceps.
3 Sic [et] aestas in suis tribus mensibus, nova, adulta et praeceps.   Sic [et] autumnus, novus, adultus et praeceps.   Item 15
hiems, nova, adulta et praeceps sive extrema.   Vnde est illud
(Virg. Georg. 1, 340) :
                    Extremae sub casu hiemis.
Ver autem dictum quod viret.   Tunc enim post hiemem vesti-
4 tur tellus herbis, et in florem cuncta rumpuntur. Aestas dicitur ab 20
aestu, id est a calore ; et aestas quasi usta, id est exusta et arida.
5 Nam calor aridus est.   Autumnus a tempestate vocatus quando
6 et folia arborum cadunt et omnia maturescunt.   Hiemem ratio
hemisphaerii nuncupavit, quia tunc breviori sol volvitur circulo.
Vnde et hoc tempus bruma dicitur, quasi βραχύς, id est brevis ; 25
vel a cibo, quod maior sit tunc vescendi appetitus.   Edacitas
enim Graece βρῶμα appellatur ; unde et inbrumarii dicuntur

2 octabo kalendarum octubrium et octabo kalendarum aprilium T^1
3 tan. ol. in du. T 4 in hiem. BC 6 sunt qu. C 7 aut. hi. K
autem om. K 8 quod] quo K 11 fuisset T 12 tales K discr.
fac. B primum mensem K 13 secundum . . . tertium BK 14 et
hab. BK : om. ACT 15 et hab. BT : om. ACK adul. praec. K
($non\ A$)   item . . . praec. om. A 16 adul. praec. K unde et
illud A : unde et est illud B : om. K : casum C 19 vertitur
B 21 usta id est om. K : id est exusta om. T 22 Aut. autem a K
vocatur C 25 βραχύς] brachin C : braxin B : bracin K : brasin T
quasi βραχὺ ἦμαρ id est brevis dies $Serv.\ ad\ Aen.$ 2, 472   27 βρῶμα]
bruma (-mo C) $codd.$ inbrumari C^1 : inbruniarii $ut\ vid.$ T :
brumarii K : brumatici B : brumati $Gloss.$

quibus fastidium est ciborum. Hibernus autem inter hiemem **7**
et vernum est, quasi hievernus; qui plerumque a parte totum,
hiemem, significat. Haec tempora singulis etiam caeli partibus
adscribuntur. Ver quippe orienti datur, quia tunc ex terris **8**
5 omnia oriuntur; aestas vero meridiano, eo quod pars eius
calore flagrantior sit; hiems septemtrioni, eo quod frigoribus
et perpetuo gelu torpet; autumnus occiduo, propter quod graves
morbos habet, unde et tunc omnis folia arborum defluit. Vt
autem autumnus abundet morbis, facit hoc confinium frigoris
10 et caloris, et conpugnantia inter se contrariorum aerum.

De annis. Annus est solis anfractus, cum peractis tre- **XXXVI**
centis sexaginta quinque diebus ad eadem loca siderum redit.
Annus autem dictus quia mensibus in se recurrentibus volvitur.
Vnde et anulus [dicitur], quasi annuus, id est circulus, quod in
15 se redeat; [ut] Vergilius (Georg. 2, 402):

Atque in se sua per vestigia volvitur annus.

Sic enim apud Aegyptios indicabatur ante inventas litteras **2**
picto dracone caudam suam mordente, quia in se recurrit.
Alii annum dicunt ἀπὸ τοῦ ἀνανεοῦσθαι, id est ab innova-
20 tione; renovatur enim semper. Tria sunt autem genera an- **3**
norum. Aut enim lunaris annus est triginta dierum; aut
solstitialis, qui duodecim continet menses; aut magnus, o-
mnibus planetis in eundem locum recurrentibus, qui fit post
annos solstitiales plurimos. Aera singulorum annorum est con- **4**
25 stituta a Caesare Augusto, quando primum censu exagitato
Romanum orbem descripsit. Dicta autem aera ex eo, quod
omnis orbis aes reddere professus est reipublicae.

De olympiadibvs et lvstris et ivbileis. Olympias **XXXVII**
apud Graecos constituta apud Elidem Graeciae civitatem, Eliis

1 hieme et verno *BT*: hiemen et verno *C¹*: hiemem et verem *K*
2 hivernus *C*   tota *K*   5 mer. quod *K*   6 hiems ... torpet *in fine*
paragraphi T   8 omnes *K*   folio *T*   defluet *KT*   10 intra se *B*
12 eandem *KT*   sid. loca *K*   13 currentibus *K*   14 dicitur *hab.*
BK: *om. CT*   anuus *K*: annus *T*   15 ut hab. *CK*: *om. BT*
18 mordentem *codd.*   quia] qui *K*   19 alii] illi *K*   id est *om. B*
a renovatione *K*   20 genera] tempora *BC*   26 romanorum urbem
A   dicta ... reip *om. B¹*   au. est era *T*   ex *om. A*   29 apud]
apoto *K*   eolys ag. *K*: clisangentibus *C¹*

agentibus agonem et quinquennale certamen, quattuor mediis
annis vacantibus ; et ob hoc Elidum certaminis tempus olym-
piadem vocaverunt, quadriennio in una olympiade supputato.
2 Lustrum vero est πεντετηρίς, id est quinquennium, quod quinto
anno dicitur condi propter olympiadas a Romanis ; adhuc enim 5
consules, adhuc aera nondum erat. Est enim quinquennale
tempus. Ideo vero sic vocatum, eo quod censu per quin-
3 quennium in republica peracto urbs Roma lustrabatur. Iubileus
interpretatur remissionis annus. Est enim Hebraicus et sermo
et numerus, qui septenis annorum hebdomadibus, id est, qua- 10
draginta novem annis texitur ; in quo clangebantur tubae, et ad
omnes revertebatur antiqua possessio, debita absolvebantur,
4 confirmabantur libertates. Hunc numerum etiam in diebus
Pentecosten et ipsi celebramus post Domini resurrectionem,
remissa culpa et totius debiti chirographo evacuato, ab omni 15
nexu liberi suscipientes advenientem in nos gratiam Spiritus
sancti.

XXXVIII   DE SAECVLIS ET AETATIBVS. Saecula generationibus constant ; et inde saecula, quod se sequantur : abeuntibus enim
aliis alia succedunt. Hunc quidam quinquagesimum annum 20
2 dicunt, quem Hebraei iubileum vocant. Ob hanc causam et
ille Hebraeus, qui propter uxorem et liberos amans dominum
suum aure pertusa servitio subiugatus, servire iubetur in saecu-
3 lum, hoc est usque ad annum quinquagesimum. Aetas plerumque dicitur et pro uno anno, ut in annalibus, et pro septem, 25
ut hominis, et pro centum, et pro quovis tempore. Vnde et
aetas tempus, quod de multis saeculis instruitur. Et dicta

2 eolydum *K* : Eliorum *Schwarz*   4 πεντετηρίς] pentesin *CK* : pen-
teteresin *BT*   6 nondum] non *T*   7 sic *om. K*   censum . . .
peractum *K*   8 orbis *C¹* : urbis *KT*   9 sermone et numeru *K*
11 texitur *om. K* (*non A*)   12 omnem hominem rev. *K*   adsolveban-
tur *T* : solvebantur *B*   13 libertas *C*   etiam *om. K*   14 pentecostes
dett.   cebramus *K*   Domini *om. T*   15 cyrografum deb. evacuatum
K   XXXVIII-IX *Pleniorem apparatum in editione Mommseniana
chronicorum Isidori invenies*   19 se *om. BT*   20 aliis alii *BC* : ali *T*
23 a serv. subiugatis *C* : *om. K* (*non A*)   24 hoc est id est us. *K*
25 et *om. K* (*non A*)   in *om. B*   amnalibus *C¹* : animalibus *K* :
annualibus *T*   26 certum *C¹*   unde etas *T*

aetas, quasi aevitas, id est similitudo aevi. Nam aevum est 4
aetas perpetua, cuius neque initium neque extremum noscitur,
quod Graeci vocant αἰῶνας ; quod aliquando apud eos pro
saeculo, aliquando pro aeterno ponitur. Vnde et apud Latinos
5 est derivatum. Aetas autem proprie duobus modis dicitur : 5
aut enim hominis, sicut infantia, iuventus, senectus : aut mundi,
cuius prima aetas est ab Adam usque ad Noe ; secunda a Noe
usque ad Abraham ; tertia ab Abraham usque ad David ; quarta
a David usque ad transmigrationem Iuda in Babyloniam ; quinta
10 deinde [a transmigratione Babylonis] usque ad adventum Salvatoris in carne ; sexta, quae nunc agitur, usque quo mundus
iste finiatur. Quarum decursus per generationes et regna ita 6
inspicitur.

DE DESCRIPTIONE TEMPORVM. Prima aetas in exordio sui XXXIX
15 continet creationem mundi. Primo enim die Deus [in] lucis
nomine condidit angelos ; secundo in firmamenti appellatione
caelos ; tertio in discretionis vocabulo speciem aquarum et
terrae ; quarto luminaria caeli ; quinto animantia ex aquis ;
sexto animantia ex terra et hominem, quem appellavit Adam.

20 **Prima aetas.** Adam ann. ccxxx genuit Seth, a quo filii 2
Dei. [ccxxx]. Seth ann. ccv genuit Enos, qui coepit invo-
care nomen Domini. [ccccxxxv]. Enos ann. cxc genuit Cainan. [dcxxv]. Cainan ann. clxx genuit Malalehel. [dccxcv].
Malalehel ann. clxv genuit Iareth. [dcccclx]. Iareth ann. 3
25 clxii genuit Enoc, qui translatus est. [mcxxii]. Enoc ann.
clxv genuit Matusalam. [mcclxxxvii]. Matusalam ann. 4
clxvii genuit Lamech. [mcccliv]. Lamech ann. clxxxviii
genuit Noe. Arca aedificatur. [mdcxlii]. Noe autem ann.

---

9 Iuda in *om.* K (*non A*)   babillonis K (*non A*)   10 deinde *om.*
K   a transm. Bab. *hab.* K : *om.* ABCT   Salv. *ABCT* : Christi K
11 in carne *om.* K (*non A*)   agitur *om.* K¹   14 aet. est in C¹
15 rationem mun. K   in *hab.* K : *om.* B¹CT   § 2 sqq. *Numeros
annorum mundi hab.* (*inter textum*) *ATU* : *om. BCK. Eos dedi inter
textum uncinis inclusos, neglecta in apparatu critico discrepantia codicum*
20 ccxxx] cxxx C   22 clxxxx] cxl K : clxv T   25 Enoch autem
a. K   26 clxv]clxvi C   28 arca aed. *om.* K   Noe autem . . .
diluvium *BTU* : Noe vero . . . catacl. an. iimccxlii CK

ᴅᴄ factum est diluvium. [ɪɪᴍᴄᴄxʟɪɪ] [Noe vero ᴅ cum esset
annorum genuit tres filios, Sem, Cham et Iaphet. Cuius sex-
centesimo vitae anno factum est diluvium. Sunt autem ab
Adam usque ad cataclismum anni ɪɪᴍᴄᴄʟɪɪ]. **Secunda aetas.**

5 Sem [cum esset annorum ᴄ] ann. ɪɪ post diluvium genuit 5
Arfaxat, a quo Chaldaei. [ɪɪᴍᴄᴄxʟɪᴠ]. Arfaxat ann. ᴄxxxᴠ
genuit Sala, a quo Samaritae et Indi. [ɪɪᴍᴄᴄᴄʟxxɪx]. Sala

6 ann. ᴄxxx genuit Heber, a quo Hebraei. [ɪɪᴍᴅɪx]. Heber
ann. ᴄxxxɪᴠ genuit Falec. Turris aedificatur [hoc tempore
divisae sunt linguae et per orbem terrae facta est dispersio in 10
aedificatione turris]. [ɪɪᴍᴅᴄxʟɪɪɪ]. Falec ann. ᴄxxx genuit
Ragau. Dii primum adorantur. [ɪɪᴍᴅᴄᴄʟxxɪɪɪ]. Ragau ann.
ᴄxxxɪɪ genuit Seruc. Regnum inchoat Scytharum. [ɪɪᴍᴅᴄᴄᴄᴄᴠ].

7 Seruc ann. ᴄxxx genuit Nachor. Regnum Aegyptiorum nascitur. [ɪɪɪᴍxxxᴠ]. Nachor ann. ʟxxɪx genuit Thara. Regnum 15
Assyriorum et Siciniorum exoritur. [ɪɪɪᴍᴄxɪᴠ]. Thara ann. ʟxx
genuit Abraham. Zoroastres magicam repperit. [ɪɪɪᴍᴄʟxxxɪᴠ].

8 **Tertia aetas.** Abraham ann. ᴄ genuit Isaac et Ismahel, a quo
Ismahelitae. [ɪɪɪᴍᴄᴄʟxxxɪᴠ]. Isaac ann. ʟx genuit Iacob. Argi-
vorum regnum inchoat. [ɪɪɪᴍᴄᴄxʟɪᴠ]. Iacob ann. xᴄ genuit 20
Ioseph. Phoroneus Graeciae leges dedit. [ɪɪɪᴍᴄᴄᴄxxxɪᴠ].

9 Ioseph ann. ᴄx. Graecia segetes habere coepit. [ɪɪɪᴍᴅxʟɪᴠ].
Hebraeorum [in Aegypto] servitus ann. ᴄxʟɪᴠ. Athlans astrologiam invenit. [ɪɪɪᴍᴅᴄʟxxxᴠɪɪɪ]. Moyses ann. xʟ. Hebraei

10 litteras habere coeperunt. [ɪɪɪᴍᴅᴄᴄxxᴠɪɪɪ]. Iosue ann. xxᴠɪɪ. 25
Ericthonius in Troia [primus] quadrigam iunxit. [ɪɪɪᴍᴅᴄᴄʟᴠ].
Gothonihel ann. xʟ. Catmus litteras Graecis dedit. [ɪɪɪᴍᴅᴄᴄxᴄᴠ].

5 cum es. an. ᴄ *hab.* CK: *om.* BTU   post dil. *om.* T (*non* U)
7 Sala] cainan K   a quo ... Indi *om.* B: cainan cum esset annorum
ᴄxxx genuit salam a quo ... Indi ′K   9 turr. aed. BCU: tunc turr. aed.
T: hoc temp. ... in aed. turr. K   11 Falec autem an. B   12 tunc
primum dii adorantur K² (*om.* K¹)   Ragau ... Scyth. *om.* K¹   13 ᴄxxxᴠ
K²   reg. tunc inc. CK²   inquoatus citharum C¹   14 Ser. ...;
nasc. *om.* K¹   nascitur] incoat T *ante corr.*   17 Zor. artem mag. K
18 quo et Ism. C   19 Arg. reg. in. *om.* AK (*non Bern. extr.*)   20 xᴄ]
ʟx̀ʟ U: xʟ T: ʟxᴠ CK   22 ᴄx] cᴠɪɪɪɪ K   capit C¹   23 in Aeg. *hab.*
KU: *om.* BCT   servitutis C   24 xʟ rexit populum Hebr. *Bern. extr.*
non AU)   25 xxᴠɪɪ] xᴄᴠɪɪ K   26 primus *hab.* CK: *om.* BT

Aoth ann. LXXX. Fabulae fictae [sunt]. [IIIMDCCCLXXV].
Debbora ann. XL. Apollo [medicinae artem invenit] citharam
repperit. [IIIMDCCCCXV]. Gedeon ann. XL. Mercurius lyram 11
condidit. [IIIMDCCCCLV]. Abimelech ann. III. Chorus in
5 Graecia inventus. [IIIMDCCCCLVIII]. Tola ann. XXIII. Priamus
regnavit in Troia. [IIIMDCCCCLXXXI]. Iair ann. XXII. Carmentis Latinas litteras repperit. [IVMIII]. Iepte ann. VI.
Hercules flammis se iniecit. [IVMIX]. Abessa ann. VII. Alexander Helenam rapuit. [IVMXVI]. Abdon ann. VIII. Troia 12
10 capta est. [IVMXXIV]. Samson ann. XX. Ascanius Albam
condidit. [IVMXLIV]. Eli [sacerdos] ann. XL. Arca testamenti
capitur. [IVMLXXXIV]. Samuhel et Saul ann. XL. Homerus
fuisse putatur. [IVMCXXIV]. **Quarta aetas.** David ann. XL. 13
Carthago a Didone conditur. [Gad, Nathan et Asaph pro-
15 phetaverunt.] [IVMCLXIV]. Salomon ann. XL. Templum
Hierosolymis aedificatur. [IVMCCIV]. Roboam ann. XVII. 14
Regnum Israhel et Iuda dividitur. [IVMCCXXI]. Abia ann. III.
Sub quo Abimelech pontifex fuit. [IVMCCXXIV]. Asab ann.
XLI. Achias, Amos, Ieu, Iohel [et Azarias] prophetaverunt.
20 [IVMCCLXV]. Iosaphat ann. XXV. Prophetavit Helias, Abdias 15
et Micheas. [IVMCCXC]. Ioram ann. VIII. Prophetavit Helias
et Heliseus. [IVMCCXCVIII]. Ochozias ann. I. Helias rapi-
tur. [IVMCCXCIX]. Athalia ann. VII. Ionadab sacerdos claruit.
[IVMCCCVI]. Ioas ann. XL. Heliseus moritur. [IVMCCCXLVI]. Ama- 16
25 sias ann. XXIX. Carthago condita. [IVMCCCLXXV]. Ozias ann.
LII. Olympias a Graecis instituitur. [IVMCCCCXXVII]. Ioathan
ann. XVI. Romulus nascitur. [IVMCCCCXLIII]. Acaz ann. XVI. 17

---

1 sunt *hab. CKU* : *om. BT*   2 medic. art. inv. *hab. B* : *om. C¹KTU*
(Ap. . . . Gedeon ann. XL *om. Bern. extr.*)   3 libram *T¹*   5 XXIII]
XXII *B*   6 regnavit *BCT* : regnat *KU*   7 VI] VII *K*   8 abessa
KT : esebon *BC*   9 Labdon *B*   11 sacerdos *hab. BC* : *om. KTU*
12 et Saul *om. KU*   14 Gad . . . proph. *hab. BC* : *om. KT*   prophe-
tabant *B*   15 XL *om. K*   17 Israhel] roboam *T*   19 XLI] XLII *T*
et Az. *hab. B (ante* proph.) *C (post* proph.) : *om. KTU*   20 XXV] XXVI
T   prophetaverunt *K*   Prophetavit . . . Ioram ann. VIII *om. T¹*
(*non U*)   21 Ioram] Ioas *K*   Helias prophetavit et Heliseus *K*
(*non U*)   23 Atalia *T* : Otholia *K* : Gotolia *BC*   24 Ioas] Iosias
K (non U)

Roma conditur. [IVMCCCCLIX]. Ezechias ann. XXIX. Senatus
Romae fit. [IVMCCCCLXXXVIII]. Manasses ann. LV. Sibylla
Samia claruit. [IVMDXLIII]. Amon ann. XII. Census primum
18 agitur. [IVMDLV]. Iosias ann. XXXII. Thales philosophus
agnoscitur. [IVMDLXXXVII]. Ioachim ann. XI. Nabuchodo- 5
nosor Iudaeam capit. [IVMDXCVIII]. Sedechias ann. XI. Templum Hierosolymis incensum est. [IVMDCIX]. **Quinta aetas.**
19 Hebraeorum captivitas ann LXX. Iudith historia conscribitur.
[IVMDCLXXIX]. Darius ann. XXXIV. Iudaeorum captivitas solvitur. [IVMDCCXIII]. Xerxes ann. XX. Sophocles et Euri- 10
pides tragoedi celebrantur [celeberrimi ac insignes habentur].
20 [IVMDCCXXXIII]. Artaxerxes ann. XL. Esdras incensam legem
renovat. [IVMDCCLXXIII]. Darius [qui et Nothus] ann. XIX.
Haec aetas habuit Platonem [IVMDCCXCII]. Artarxerxes ann.
21 XL. Hester historia expletur. [IVMDCCCXXXII]. Artarxerxes 15
[qui et Ochus] ann. XXVI. Demosthenes et Aristoteles praedi-
cantur. [IVMDCCCLVIII]. Xerxes [Ochi filius] ann. IV. Xeno-
crates inlustris habetur. [IVMDCCCLXII]. Darius [Arsami filius]
ann. VI. Alexander Hierosolymam cepit. [IVMDCCCLXVIII].
22 Alexander [Macedo] ann. V. [Alexander] Asiam obtinuit. 20
[IVMDCCCLXXIII]. Ptolomaeus ann. XL. Macchabaeorum liber
inchoat primus. [IVMDCCCCXIII] Philadelphus ann. XXXVIII.
Septuaginta interpretes agnoscuntur. [IVMDCCCCLI]. Euergetes ann. XXVI. Iesus Sapientiae librum conponit.
23 [IVMDCCCCLXXVII]. Philopater ann. XVII. Macchabaeorum 25
secundi libri historia. [IVMDCCCCXCIV]. Epiphanes ann.

1 Roma cond.] senatus rome fit *T*   Ez. a. XXIX *om. T¹* : *add. T²*
4 Iosias] Ioas *B*   6 cepit *T*   8 conscripsit *T* (*non U*)   9 XXXIIII]
XXXVII *CK*   11 celebrantur *BCT* : celebratur *U* : celeberrimi . . . haben.
K   13 renovavit (*ex* renno-) *C* : renovat *ex* revocat *A*   qui et
No. *hab. KU* (est) : *om. BCT*   16 qui et Och. *hab. B* (*ante* Art.) *K* :
om. CTU Bern. extr.   qui . . . Xerxes *om. A*   XXVI] XXXVI *Bern.
extr.*   17 Xerxes] Arses *K*   Ochi fil. *hab. K* : *om. BCTU Bern.* 611
18 Ars. fil. *hab. K* : *om. ABCTU Bern. extr.*   20 Macedo *hab. C* (*ex*
-dos) *KU* : *om. BT Bern. extr.*   Alexander *hab. CTU Bern. extr.* : *om.
B* : qui et *K*   obt. Deinc alexandrie (-lax-) reges incipiunt Photlomeus
(Ptol-) *UT marg.*   23 agnoscuntur] habentur *T* (*non U*)   24 XXVI]
XXVII *CT¹*   26 secundus liber scribitur *K* : secundi libri storiam *T* :
secundi libri storia (hist-) conponitur *BC*: secundi libri storia scribitur *U*

XXIV. Romani Graecos obtinuerunt. [vmxviii]. Philometer
ann. xxxv. Scipio Africam vicit. [vmliii]. Euergetes ann. **24**
xxix. Brutus Hispaniam subegit. [vmlxxxii]. Soter ann. xvii.
Thraces Romanis subiciuntur. [vmxcix]. Alexander ann. x.
5 Syria [a] Romanis subiecta est. [vmcix]. Ptolomaeus ann. **25**
viii. Rhetorica ars Romae coepit. [vmcxvii]. Dionysius ann.
xxx. Pompeius Iudaeam capit. [vmcxlvii]. Cleopatra ann.
ii. Aegyptus Romanis subditur. [vmcxlix]. Iulius [Caesar]
ann. v. Hic prior monarchiam tenuit. [vmcliv]. **Sexta aetas.**
10 Octavianus ann. lvi. Christus nascitur. [vmccx]. Tiberius **26**
ann. xxiii. Christus cruci figitur. [vmccxxxiii]. Gaius Caligula
ann. iv. Matthaeus Evangelium [suum] scripsit. [vmccxxxvii].
Claudius ann. xiv. Marcus Evangelium edidit. [vmccli]. Nero **27**
ann. xiv. Petrus et Paulus necantur. [vmcclxv]. Vespasia-
15 nus ann. x. Hierosolyma a Tito subvertitur. [vmcclxxv].
Titus ann. ii. Hic facundus et pius fuit. [vmcclxxvii]. **28**
Domitianus ann. xvi. Iohannes in Pathmos relegatur.
[vmccxciii]. Nerva ann. i. Iohannes Ephesum redit.
[vmccxciv]. Traianus ann. xix. Iohannes apostolus requiescit.
20 [vmcccxiii]. Hadrianus ann. xxi. Aquila interpres habetur. **29**
[vmcccxxxiv]. Antoninus [Pius] ann. xxii. Valentinus et
Marcion agnoscuntur. [vmccclvi]. Antoninus [Verus] ann.
xix. Cataphrygarum haeresis oritur. [vmccclxxv]. Commo- **30**
dus ann. xiii. Theodotion interpres habetur. [vmccclxxxviii].
25 Helius Pertinax ann. i. Nihil habet historiae. [vmccclxxxix].
Severus ann. xviii. Symmachus interpres habetur. [vmccccvii].
Antoninus ann. vii. Quinta editio Hierosolymis invenitur. **31**

---

2 africanus C^1 **3** xxix] xviiii C **4** traces *ex* siriisa T subiecta est T **5** siriis T a *hab.* CT: *om. BK*   **6** romam cepit T
8 Caesar *hab. BK*: *om. CT*   **9** v] vi K prior $BKTU$: primus C
10 lvi] lii *ex* lv K **12** Ev. suum scr. K (*non A*)   scribit B
13 marcus christum evangelizat U **18** rediit KT **19** xix] xviii K
apostolus *om.* U requiebit T **21** antonius KTU Pius
hab. CKT^2: *om.* BT^1U **22** agnoscitur KT (*non U*)   Ant. . . .
oritur *om.* T^1 antonius $CKUT^2$ Verus *hab.* K: *om. BCU*:
minor T^1 **23** xviii T^2 (*cum Isid. Chronic. codd.*)   **27** Antonius
KTU Ant. sueri T^2 edictio C^1 iherosolimis *(sim.)* TU:
in hierusolimis K

[vmccccxiv]. Macrinus ann. i. Huius brevitas vitae nihil gestorum habet. [vmcccccxv]. Aurelius ann. iii. Sabellius

32 oritur. [vmccccxviii]. Alexander ann. xiii. Origenes insignis habetur. [vmccccxxxi]. Maximus ann. iii. Iste Germanos vicit. [vmccccxxxiv]. Gordianus ann. vii. Hic de Par- 5

33 this et Persis triumphavit. [vmccccxli]. Philippus ann. vii. Hic primus Christianus imperator fuit. [vmccccxlviii]. Decius ann. i. Antonius monachus claruit. [vmccccxlix]. Gallus ann. ii. Novatus haeresim condidit. [vmcccccli]. Valerianus

34 ann. xv. Cyprianus martyrio coronatur. [vmcccclxvi]. Clau- 10 dius ann. ii. Iste Gothos ab Illyrico expulit. [vmcccclxviii]. Aurelianus ann. v. Iste Christianos persequitur. [vmcccclxxiii].

35 Tacitus ann. i. [Nihil memorabile egit.] [vmcccclxxiv]. Probus ann. vi. Manichaeorum haeresis orta est. [vmcccclxxx]. Carus ann. ii. Iste de Persis triumphat. [vmcccclxxxii]. 15 Diocletianus ann. xx. Iste divinis libris adustis, martyria facit. [vmdii]. Galerius ann. ii. [Nihil dignum historiae contulit].

36 [vmdiv]. Constantinus ann. xxx. Nicaena synodus congregatur. [vmdxxxiv]. Constantius ann. xxiv. Anthropomorphitarum haeresis oritur. [vmdlviii]. Iulianus ann. ii. Hic 20

37 ex Christiano paganus efficitur. [vmdlx]. Iovianus ann. i. Iste iterum Christianus effectus est. [vmdlxi]. Valentinianus ann. xiv. Gothi haeretici efficiuntur. [vmdlxxv]. Gratianus ann. vi. Priscillianus agnoscitur. [vmdlxxxi]. Valentinianus ann. ix. Hieronymus in Bethleem praedicatur. [vmdxc]. 25 Theodosius ann. iii. Iohannes Anachoreta claruit. [vmdxciii].

38 Arcadius ann. xiii. Iohannes Chrysostomus floruit. [vmdcvi]. Honorius ann. xv. Augustinus Episcopus claruit. [vmdcxxi].

2 gestorum habet] habet storie T (non U)   Aurelius aurelianus B
(non A)   iii] iiii B   3 orig. alexandrie insig. U   5 vii] vi B
8 Antoninus B   Gallerius T (non U)   9 condit B   12 v] vi K
13 nihil memorabile egit CK: huius vitae brebitas prenotatione (-notione)
caret T²U : haec vita brevitas natāl (i.e. natalis) prenotat H : om. ABT¹
14 vi] vii K   16 xx] xxv K   17 nihil ... cont. CU : nil historiae
gessit K: om. ABT   20 ann. ii] secundus B   21 ex] et C¹
22 Valens (-lcs) KU   24 vi ambrosius mediolanus et martinus turonensis insignis habetur priscill. B   Valentianus K (non U)   25 ix]
vii BC   26 iii] e.v iiii ut vid. K   27 floruit] claruit K (non U

Theodosius ann. XXVII. Nestorius haeresiarches extitit.
[VMDCXLVIII]. Marcianus ann. VI. Chalcedonensis synodus **39**
agitur. [VMDCLIV]. Leo maior ann. XVI. Aegyptus errore
Dioscori latrat. [VMDCLXX]. Zenon ann. XVII. Acephalorum
5 haeresis orta est. [VMDCLXXXVII]. Anastasius ann. XXVII. Ful- **40**
gentius Episcopus praedicatur. [VMDCCXIV]. Iustinus ann. VIII.
Acephalorum haeresis abdicatur. [VMDCCXXII]. Iustinianus
ann. XXXIX. Wandali Africa extinguntur. [VMDCCLXI]. Iustinus
ann. XI. Armeni fidem Christi suscipiunt. [VMDCCLXXII].
10 Tiberius ann. VII. Langobardi Italiam capiunt. [VMDCCLXXIX]. **41**
Mauricius ann. XXI. Gothi catholici efficiuntur. [VMDCCC].
Phocas ann. VII. Romani caeduntur a Persis [VMDCCCVII].
Heraclius septimum decimum agit annum. [VMDCCCXXIV]. [Huius **42**
quinto et quarto religiosissimi principis Sisebuti] Iudaei [in] Hi-
15 spania Christiani efficiuntur. [Colligitur omne tempus ab exordio
mundi usque in praesentem gloriosissimi Recesvinti principis
annum X, qui est aera DCXCVI, ann. VMDCCCLVII]. Residuum
sextae aetatis tempus Deo soli est cognitum.

1 XXVII] III K (non U) haer.] arce K¹ : heresis arce K² existit
B 5 XXVII] XXVIII K 6 Episcopus om. K (non AU) Iustinus . . .
abd. om. K Iustinus maior U (non A) 7 Aceph. haer. abd. hab.
BCTW : om. U 8 XXIX T (cum Isid. Chronic. codd. parte) extinguitur
T (non W) 11 effecti sunt C 12 VII] VIIII T (non W) 13 Er.
XVII ann. agit K : Er. ann. XVII MX Par. extr. : Er. XVII nunc agit imperii
annum V : Er. septimum decimum nunc agit annum U : Er. XVII decimum
aget (-it) annum TW Bern. extr. : Er. XXVII (ann. XXVII) BCD Trin. :
Er. ann. XXII G : Er. XIIII (ut vid.) annum agit imperii sui A : Er. annus
XVIII agit H huius . . . Sisebuti hab. CDGIIIX Trin. : om. AKM Bern.
extr. TUVW : huius (cetera huius libri desunt) B : huius imperii XIIII anno
Par. extr. 14 in hab. AGTVWX Trin. : om. CDHIKMU ispania
(sp-) iudei CDI : iudes hispania H : iudaei ab ispanis Par. extr. : iudaeam
hispania Bern. extr. 15 Christ. effic.] baptizantur CDGIX Trin. Colligitur omne etc. hab. C (marg.) DH : om. AGIKM Par. extr. Bern. extr.
Trin. TUVWX 16 glor. . . . qui] diem seculi secessu temporum
annorum quae D : annum recessuinthin prin annus X qui H 17 ae.
DCXCVI] ae. DCLXVI annus C marg. : ae. DCLXVI D : eracli XVIII H
18 soli] solio Bern. extr. cogn. est XH (non I Trin.) : est cogn.
hav initio mundi usque ad septimo decimo eraclii annum sunt ann.
·V·DCCCXIIII M

LIBER VI

DE LIBRIS ET OFFICIIS ECCLESIASTICIS

1 DE VETERI ET NOVO TESTAMENTO. Vetus Testamentum
ideo dicitur, quia veniente Novo cessavit. De quo Apostolus
meminit dicens (Corinth. ii. 5, 17): 'vetera transierunt, et ecce
2 facta sunt nova.' Testamentum [autem] Novum ideo nuncupatur, quia innovat. Non enim illud discunt nisi homines 5
renovati ex vetustate per gratiam, et pertinentes iam ad Testa-
3 mentum Novum, quod est regnum caelorum. Hebraei autem
Vetus Testamentum, Esdra auctore, iuxta numerum litterarum
suarum in viginti duos libros accipiunt, dividentes eos in tres
4 ordines: Legis scilicet, Prophetarum et Hagiographorum. Primus 10
ordo Legis in quinque libris accipitur, quorum primus est
Bresith, quod est Genesis; secundus Veelle Semoth, quod est
Exodus; tertius Vaiicra, quod est Leviticum; quartus Vaie-
dabber, quod est Numerus; quintus Elleaddebarim, quod est
5 Deuteronomium. Hi sunt quinque libri Moysi, quos Hebraei 15
Thora, Latini Legem appellant. Proprie autem Lex appellatur,
6 quae per Moysen data est. Secundus ordo est prophetarum,
in quo continentur libri octo, quorum primus Iosuae Benun:
qui latine Iesu Nave dicitur; secundus Sophtim, quod est
Iudicum; tertius Samuel, qui est Regum primus; quartus 20
Malachim, qui est Regum secundus; quintus Esaias; sextus
Ieremias; septimus Ezechiel; octavus Thereazar, qui dicitur
Duodecim Prophetarum, qui libri, quia sibi pro brevitate adiuncti

---

3 et *om.* C   4 autem *hab.* CKW: *om.* BT   9 xx duobus libris
K (*non* A)   eos scilicet in K (*non* A)   10 le. vidilicet K (*non* A)
11 accipiuntur K   12 bresith BCK: bresit T   elesmoth BT:
ellesmoth C: hellesmoth K   13 vaiecra B: baiegra C¹: vagegra K:
vagrecra T   leviticus K   vaiaetaber B: baietaber C¹: vaiedaber
K: bagetaber T   14 elladabarim BT: elladaberin C: addabarim K
16 torat B: thora C: thorat K: torath AT   Latini] id est K   19 dic.
hiesunave K   sobtim BC: sopthim K: soptim T¹: sophtim T²
21 malachim BK: malacim C¹T   22 taresta *ex* tarisra *ut vid.* B:
taresra C¹T: thareara K: Sene asar *Schwarz*   23 quia sibi AB:
sibi C¹K: quasi T

sunt, pro uno accipiuntur. Tertius [est] ordo Hagiographorum, **7**
id est sancta scribentium, in quo sunt libri novem, quorum
primus Iob ; secundus Psalterium ; tertius Masloth, quod est
Proverbia Salomonis ; quartus Coheleth, quod est Ecclesiastes ;
5 quintus Sir hassirim, quod est Canticum canticorum ; sextus
Daniel ; septimus Dibre haiamim, quod est verba dierum, hoc
est Paralipomenon ; octavus Esdras ; nonus Hester ; qui simul
omnes quinque, octo et novem fiunt viginti duo, sicut superius
conprehensi sunt. Quidam autem Ruth et Cinoth, quod Latine **8**
10 dicitur Lamentatio Ieremiae, Hagiographis adiciunt, et viginti
quattuor volumina Testamenti Veteris faciunt, iuxta viginti quattuor seniores qui ante conspectum Dei adsistunt. Quartus est **9**
apud nos ordo Veteris Testamenti eorum librorum qui in canone
Hebraico non sunt. Quorum primus Sapientiae liber est ;
15 secundus Ecclesiasticus ; tertius Thobias ; quartus Iudith ; quintus et sextus Macchabaeorum ; quos licet Iudaei inter apocrypha
separant, ecclesia tamen Christi inter divinos libros et honorat
et praedicat. In Novo autem Testamento duo sunt ordines. **10**
Primus evangelicus, in quo sunt Matthaeus, Marcus, Lucas et
20 Iohannes. Secundus apostolicus, in quo sunt Paulus in quattuordecim Epistolis, Petrus in duabus, Iohannes in tribus,
Iacobus et Iudas in singulis, Actus Apostolorum, et Apocalypsin
Iohannis. Summa autem utriusque Testamenti trifarie di- **11**
stinguitur : id est in historia, in moribus, in allegoria. Rursus
25 ista tria multifarie dividuntur : id est quid a Deo, quid ab angelis,
vel ab hominibus gestum dictumque sit ; quid a prophetis
nuntiatum de Christo et corpore eius ; quid de diabolo et mem-

---

1 sunt ideoque pro *K* (*non A*)   accipitur T^1 est *hab. BC* :
om. KTU   3 *post* secundus *add.* saphertallim id est T^2 masloth
BCK : maloth *T*   quod] id *K*   4 adcoeleth BKT^1 : adceolet C^1 :
adcoheleth T^2 5 sirasirin *BCT* : sirasirim *K*   cantica cant. *BC*
6 dabraeiamin *B* : dabreiamin *CT* : dabriiamin *K*   7 Paral. qui et
Chronicon oct. *B*   9 cinoth *BCT* : cynoth *K*   quod] qui *B*
14 non sunt hebr. *K*   15 tobi *codd.*   16 quo scilicet *DT* : quos scilicet
C^1 : quo licet *B* : quos etiam *H* (*non Trin.*)   17 separent *K*   Christi
om. K (*non A*)   19 Luc. Ioh. *T*   22 Apost. Apoc. *CK*   23 Iohannis *om. BC*   24 mor. et in all. *K*   25 ista tria] historia *K*   ad deo
B^1 ad ang. C^1 26 vel] quit *T* (*i. e.* quid)   dictum sit *T*   27 nunt.]
pronuntiantur *T*

bris ipsius ; quid de veteri et novo populo ; quid de praesenti
saeculo et futuro regno atque iudicio.

II DE SCRIPTORIBVS ET VOCABVLIS SANCTORVM LIBRORVM.
Veteris Testamenti secundum Hebraeorum traditionem hi
perhibentur auctores. Primus Moyses divinae historiae cosmo- 5
graphiam in quinque voluminibus edidit, quod Pentatichum
2 nominatur. Pentateuchus autem a quinque voluminibus dicitur ; πέντε enim Graece quinque, τεῦχος volumen vocatur.
3 Genesis liber inde appellatur, eo quod exordium mundi et
4 generatio saeculi in eo contineatur. Exodus vero exitum ab 10
Aegypto, vel egressum populi Israelis digerit, et ex ea causa
5 nomen accepit. Leviticus appellatus eo quod Levitarum ministeria et diversitatem victimarum exequitur, totusque in eo ordo
6 Leviticus adnotatur. Numerorum liber vocatur eo quod in eo
egressae de Aegypto tribus dinumerantur, et quadraginta dua- 15
7 rum per eremum mansionum in eo discriptio continetur. Deuteronomium Graeco sermone appellatur, quod Latine interpretatur
secunda lex, id est repetitio et evangelicae legis praefiguratio ;
quae sic ea habet quae priora sunt, ut tamen nova sint omnia
8 quae in eo replicantur. Iosue liber nomen accepit a Iesu filio 20
Nave, cuius historiam continet ; scriptorem vero eius eundem
Iosue Hebraei adseverant ; in cuius textu post Iordanis transi-
tum regna hostium subvertuntur, terra populo dividitur et per
singulas urbes, viculos, montes atque confinia Ecclesiae caele-
9 stisque Hierusalem spiritalia regna praefigurantur. Iudicum 25
nominatur a principibus populi, qui praefuerunt in Israel post
Moysen et Iosue, antequam David et ceteri reges existerent.
Hunc librum edidisse creditur Samuel. Liber Samuel eiusdem
Samuelis nativitatem et sacerdotium et gesta describit ; idcirco
10 et ab eo nomen accepit. Et quamvis hic liber Saul et David 30

2 regno] rego T ante corr. : om. K   4 Hebr. trad. ABCT : hebreos
K   5 probentur B   7 Pent. . . . vocatur ABCT (om. a) U : penta
enim grece a quinque voluminibus vocatur K   10 cont.] coronatur C¹
11 regressum K   12 appellatur K (T incert.)   14 levitici adn. C¹
18 et om. T   19 quae sic B : qui sic CK : qui sic in T   21 eius
eundem] eiusdem B   22 adserunt B   textum B   24 viculos ex
vicos T   29 discribit K : discripsit T

historiam contineat, utrique tamen ad Samuel referuntur, quia
ipse uncxit Saul in regnum, ipse David in regem futurum.
Cuius libri primam partem conscripsit idem Samuel, sequentia
vero eius usque ad calcem scripsit David. Malachim liber **11**
5 proinde appellatur, eo quod reges Iudae et Israeliticae gentis
gestaque eorum per ordinem digerat temporum. Melachim
enim Hebraice, Latine Regum interpretatur. Hunc librum
Ieremias primus in unum volumen coegit. Nam antea sparsus
erat per singulorum regum historias. Paralipomenon Graece **12**
10 dicitur, quod nos praetermissorum vel reliquorum dicere possumus, quia ea, quae in lege vel regum libris vel omissa vel non
plene relata sunt, in isto summatim ac breviter explicantur.
Librum Iob quidam Moysen scripsisse arbitrantur, alii unum ex **13**
prophetis, nonnulli vero eundem Iob post plagam suae passionis
15 scriptorem fuisse existimant, arbitrantes ut, qui certamina spiritalis
pugnae sustinuit, ipse narraret quas victorias expedivit. Principia **14**
autem et fines libri Iob apud Hebraeos prosa oratione contexta
sunt, media autem ipsius ab eo loco, quo ait (3, 3): 'pereat
dies in qua natus sum,' usque ad eum locum (42, 6): 'idcirco
20 ego me reprehendo et ago poenitentiam,' omnia heroico metro
discurrunt. Psalmorum liber Graece psalterium, Hebraice nabla, **15**
Latine organum dicitur. Vocatus autem Psalmorum [liber] quod,
uno propheta canente ad psalterium, chorus consonando respon-
deret. Titulus autem in psalmis Hebraicus ita est, Sepher The-
25 hilim, quod interpretatur volumen hymnorum. Auctores autem **16**
psalmorum qui ponuntur in titulis: Moyses scilicet et David et
Salomon, Asaph, Ethan et Idithun et filii Core, Eman, Ezraithae
et reliquorum, quos Esdras uno volumine conprehendit. Omnes **17**

---

4 usque calcem *T*   librum *K*   6 malat *B* : malac *C* : malach
K : malacie *T*   8 primum *K*   ante *K*   9 storias regnum (*corr.*
regn. stor.) *T*   15 exstimant *T* : extimant *B*¹   16 narret *K*
17 finis *K*   texta sunt *BC* : contexta est *K* (*non A*)   18 quo] ubi
K   19 qua] quo *C*   eum] eundem *K*   21 librum *K* (*non A*)
nabla] safartallim *T*² (*non W*)   22 vocatur *K*   liber *hab. ABC* :
om. KTW   23 una *B*   chorus (co-, -ros) *ABCTW* : cantus *K*
24 ebraicis *T*   isphirthallim *BCW* : isphirtallim *K* : isphirthaillim *T*
25 autem] vero *K*   27 et asaph et edithun *K*   ezrahelitae (-ael-)
BT : ezrahlite *C*¹ : ezdra *K*   28 uno *om. B*¹

autem psalmi apud Hebraeos metrico carmine constant esse
conpositi. Nam in more Romani Flacci et Graeci Pindari,
nunc alii iambo currunt, nunc Alcaico personant, nunc Sapphico
18 nitent trimetro, vel tetrametro pede incedentes. Salomon, filius
David, rex Israel iuxta numerum vocabulorum suorum tria 5
volumina edidit, quorum primus est Masloth : quem Graeci
Parabolas, Latini Proverbiorum nominant, eo quod in ipso sub
conparativa similitudine figuras verborum et imagines veritatis
19 ostenderit. Ipsam autem veritatem ad intellegendum legentibus
reservavit. Secundum librum Coheleth vocavit, qui Graece 10
Ecclesiastes dicitur, Latine Contionator, eo quod sermo eius
non specialiter ad unum, sicut in Proverbiis, sed ad universos
generaliter dirigatur, docens omnia, quae in mundo cernimus,
20 caduca esse et brevia, et ob hoc minime adpetenda. Tertium
librum Sir hassirim praenotavit, qui in Latinam linguam vertitur 15
Canticum canticorum, ubi per epithalamium carmen coniunctionem Christi et Ecclesiae mystice canit. Dictum autem Canticum canticorum, eo quod omnibus canticis praeferatur, quae in
Scripturis sacris habentur, sicut quaedam in lege dicuntur sancta,
21 quibus maiora sunt sancta sanctorum. Horum autem trium 20
librorum carmina hexametris et pentametris versibus apud suos
conposita perhibentur, ut Iosippus Hieronymusque scribunt.
22 Esaias, evangelista potius quam propheta, edidit librum suum,
cuius omne textum eloquentiae prosa incedit. Canticum vero
23 hexametro et pentametro versu discurrit. Hieremias similiter 25
edidit librum suum cum threnis eius, quos nos Lamenta vocamus, eo quod in tristioribus rebus funeribusque adhibeantur ;
in quibus quadruplicem diverso metro conposuit alphabetum,

2 et *om. B* 3 alcaico] alco *A* : eroico *K* 4 incendentes *T*
5 rex in Isr. *K* : regis Isr. *ABC* 6 masloth *codd.* 8 conp. ut
simil. *C¹* 9 ostenderet *B* 10 coeleth *ABKT* : coelet *C¹* voc.
om. K¹ 12 ad un. spec. *K (non A)* 14 menime *K* : menine *C¹* :
nomine *B* 15 sirasirim *BCK* : sisarim *T* vert. cantica *C*
18 quae] qui *C* 19 sacris] sanctis *K* 20 autem] igitur *T* 21 suos]
hebreos *K* 24 tex. vel eloq. *T* eloq. suae inc. *C* verum *T*
25 discurrunt *C* 26 eius et quos *C* : sed quos *B¹* : eius quas *K (non A)*
nos *om. K (non A)* 27 tristitioribus *C* 28 quadrubla cum *C¹* :
quatruplex *K*

quorum duo prima quasi Sapphico metro scripta sunt, quia tres
versiculos, qui sibi nexi sunt et ab una tantum littera incipiunt,
heroicum comma concludit. Tertium alphabetum trimetro **24**
scriptum est, et a ternis litteris iidem terni versus incipiunt.
5 Quartum alphabetum simile primo et secundo habetur. Eze- **25**
chiel et Daniel a viris quibusdam sapientibus scripti esse perhibentur, quorum Ezechiel principia et fines multis habet obscuri-
tatibus involuta. Daniel vero claro sermone regna orbis pronuntiat et tempus adventus Christi manifestissima praedicatione
10 adnotat. Hi sunt quattuor prophetae qui Maiores vocantur, **26**
quia prolixa volumina condiderunt. Libri duodecim prophetarum auctorum suorum nominibus praenotantur ; qui propterea
dicuntur Minores, quia sermones eorum breves sunt. Vnde et **27**
conexi sibimet invicem in uno volumine continentur, quorum
15 nomina sunt : Osee, Iohel, Amos, Abdias, Ionas, Micheas,
Naum, Abacuc, Sophonias, Aggeus, Zacharias et Malachias.
Esdra liber auctoris sui titulo praenotatur, in cuius textu eius- **28**
dem Esdrae Nehemiaeque sermones pariter continentur. Nec
quemquam moveat quod unus Esdrae dicitur liber, quia secun-
20 dus, tertius et quartus non habentur apud Hebraeos, sed inter
apocryphos deputantur. Hester librum Esdras creditur con- **29**
scripsisse. In quo eadem regina sub figura Ecclesiae Dei populum a servitute et morte eripuisse scribitur, atque, interfecto
Aman, qui interpretatur iniquitas, diei celebritas in posteros
25 mittitur. Liber Sapientiae apud Hebraeos nusquam est, unde **30**
et ipse titulus Graecam magis eloquentiam redolet. Hunc
Iudaei Philonis esse adfirmant, qui proinde Sapientiae nominatur, quia in eo Christi adventus, qui est sapientia Patris, et
passio eius evidenter exprimitur. Librum autem Ecclesiasticum **31**
30 certissime Iesus filius Sirach, Hierosolymita, nepos Iesu sacer-

2 tantum] tamen *K* (*non A*)   3 eroici *B*   conclusit *K* (*non A*)
4 litt. item tamen ver. *K*   9 praedictione *Schwarz*   11 liber
codd.   12 praenotatur (pre-) *CT*   14 sibi *AK*   inv. . . . vol
om. K   qu. no. sunt *om. T*   17 Ezdrae *K*   19 movet *B*
23 discribitur *K*   int. hoste aman *K*   26 greca ma. eloquentia *K*
29 autem *om. K*

dotis magni, conposuit, de quo meminit et Zacharias, qui liber
apud Latinos propter eloquii similitudinem Salomonis titulo
32 praenotatur. Dictus autem Ecclesiasticus eo quod de totius
Ecclesiae disciplina religiosae conversationis magna cura et ratione sit editus. Hic et apud Hebraeos reperitur, sed inter 5
33 apocryphos habetur. Iudith vero et Tobiae, sive Machabaeo-
rum libri quibus auctoribus scripti sunt minime constat. Habent autem vocabula ex eorum nominibus, quorum gesta scri-
34 bunt. Quattuor libros Evangeliorum quattuor Evangelistae singu-
35 lariter conscripserunt. Primus Matthaeus conscripsit Evangelium 10
litteris Hebraicis et sermonibus in Iudaea initians evangelizare
ab humana Christi nativitate dicens (1, 1): 'Liber generationis
Iesu Christi filii David, filii Abraham': significans descendisse
corporaliter ex semine patriarcharum Christum, sicut promissum
36 erat in prophetis per Spiritum sanctum. Secundus Marcus 15
plenus sancto Spiritu scripsit Evangelium Christi eloquio
Graeco in Italia, secutus Petrum ut discipulus. Is initium ab
spiritu prophetali fecit dicens (1, 3): 'Vox clamantis in deserto,
parate viam Domino': ut ostenderet Christum post adsumptionem carnis Evangelium praedicasse in mundo. Ipse enim 20
Christus et propheta dictus est, sicut scriptum est (Ierem. 1, 5):
37 'Et prophetam in gentibus posui te.' Tertius Lucas, inter omnes
evangelistas Graeci sermonis eruditissimus, quippe ut medicus
in Graecia, Evangelium scripsit Theophilo Episcopo, initians a
sacerdotali spiritu dicens (1, 5): 'Fuit in diebus Herodis regis 25
Iudaeae sacerdos Zacharias,' ut manifestaret Christum post
nativitatem carnis et praedicationem Evangelii hostiam fuisse
38 effectum pro salute mundi. Ipse est sacerdos de quo dictum

1 et om. K . 3 de om. K 6 apocr.] agiographus K tobi
codd. sive] sibi B 7 lib. a qu. T² scripta T sint BC
constant T habet T : habemus K 8 exorum C scribuntur
T (ex corr. ?) Trin. 11 ebreis K Iudaea] dea T¹ 14 exeminae
T 15 erat] est K 16 eloquio] sermone K (non A) 17 sequens
K non A) is om. K (non A) 19 par. vi. dom. om. K (non A)
osteret T¹ 20 carn. et evang. B¹C in om. K enim ipse T
23 ut] et K 24 greciam T initiens BC¹ : initians evangelium T
a om. K 26 iudae BC sac. quidam nomine za. C 27 praedi-
ctionem C¹ 28 est] enim B : est enim C

est in Psalmis (110, 4) : 'Tu es sacerdos in aeternum secundum ordinem Melchisedech.' Vbi enim Christus advenit, sacerdotium Iudaeorum obmutuit, lex et prophetia cessavit. Quartus **39** Iohannes scripsit Evangelium ultimus in Asia, incipiens a Verbo,
5 ut ostenderet eundem Salvatorem, qui pro nobis dignatus est nasci et pati, ipsum ante saecula Dei Verbum esse, ipsum a caelo venisse, et post mortem ad caelum iterum remeasse. Hi **40** sunt quattuor Evangelistae, quos per Ezechielem Spiritus sanctus significavit in quattuor animalibus. Propterea autem quattuor
10 animalia, quia per quattuor mundi partes fides Christianae religionis eorum praedicatione disseminata est. Animalia autem **41** dicta sunt quoniam propter animam hominis praedicatur Evangelium Christi. Nam et oculis plena erant intus et foris, quoniam praevident Evangelia quae dicta sunt a prophetis, et
15 quae promiserit in priori. Crura autem eorum recta, quia nihil **42** pravum in Evangeliis est ; et alas senas, tegentes crura et facies suas ; revelata sunt enim quae tegebantur in adventum Christi. Evangelium autem interpretatur bona adnuntiatio. Graece **43** enim εὖ bonum, ἀγγελία adnuntiatio dicitur. Vnde et angelus
20 nuntius interpretatur. Paulus Apostolus suas scripsit Epistolas **44** quattuordecim, e quibus novem septem ecclesiis scripsit, reliquas discipulis suis Timotheo, Tito et Philemoni. Ad Hebraeos **45** autem Epistola plerisque Latinis eius esse incerta est propter dissonantiam sermonis, eandemque alii Barnaban conscripsisse,
25 alii a Clemente scriptam fuisse suspicantur. Petrus scripsit **46** duas nominis sui Epistolas, quae Catholicae ideo nominantur, quia non uni tantum populo vel civitati, sed universis gentibus

2 sacerdotum *C*   3 propheta *BK*   4 a *om. C*[1]   5 est et nas. et *T*   6 a] e *B*   7 evenisse *T*   et post mortem] ipsum *K* (*non A*) 9 propt. au. qu. an. *om. K* : quattuor *om. A*   10 partibus *K*   Christi fides in rel. *K*   11 eorum praed. eorum *C ante corr.*   12 quoniam] quia *K*   13 erant] sunt *K* : er *C*[1]   14 pervident *T* : praevisunt *K* Evangelia *om. K*   15 promiserunt (*ex* -iss-) *C*   17 velatas *C*[1] : velate *T*   quae *om. K* (*non A*)   18 autem *om. K*   Graece . . . interp. *om. K* (*non A*) : Graece . . . dicitur *om. B*[1]   19 ἀγγελία] angelium *codd.* 21 quatt. *om. K* (*etiam A ut vid.*)   novem et septem *T*   23 a pl. lat. *K* : pl. a lat. *BC* (*ex* pl. ex)   24 scripsisse *K*   26 nom. sui ep. *om. K* (*A n. l.*)   27 unius *T*   civitatis *C*[1]   sed univ. *om. C*[1]

47 generaliter scriptae sunt. Iacobus et Iohannes et Iudas suas
48 scripserunt Epistolas. Actus Apostolorum primordia fidei
Christianae in gentibus et nascentis Ecclesiae historiam digerit.
Actuum Apostolorum scriptorem Lucam esse evangelistam, in
quo opere nascentis Ecclesiae infantia texitur, et apostolorum 5
49 historia retinetur. Vnde et Actus Apostolorum dicitur. Apocalypsin librum Iohannes evangelista scripsit eo tempore, quo
ob evangelii praedicationem in insulam Pathmon traditur relegatus. Apocalypsin autem ex Graeco in Latinum revelatio interpretatur. Revelatio enim dicitur manifestatio eorum quae 10
abscondita erant, iuxta quod et ipse Iohannes dicit (1, 1): 'Apocalypsin Iesu Christi, quam dedit illi Deus palam facere servis
50 suis.' Hi sunt scriptores sacrorum librorum, qui per Spiritum
sanctum loquentes ad eruditionem nostram et praecepta vivendi
51 et credendi regulam conscripserunt. Praeter haec alia volu- 15
mina apocrypha nuncupantur. Apocrypha autem dicta, id est
secreta, quia in dubium veniunt. Est enim eorum occulta
origo nec patet Patribus, a quibus usque ad nos auctoritas vera-
cium scripturarum certissima et notissima successione pervenit.
52 In iis apocryphis etsi invenitur aliqua veritas, tamen propter 20
multa falsa nulla est in eis canonica auctoritas; quae recte a
prudentibus iudicantur non esse eorum credenda, quibus ad-
53 scribuntur. Nam multa et sub nominibus prophetarum, et
recentiora sub nominibus apostolorum ab haereticis proferuntur, quae omnia sub nomine apocryphorum auctoritate canonica 25
diligenti examinatione remota sunt.

III   DE BIBLIOTHECIS. Bibliotheca a Graeco nomen accepit,
eo quod ibi recondantur libri. Nam βιβλίων librorum, θήκη
2 repositio interpretatur. Bibliothecam Veteris Testamenti Esdras

---

4 in quo opera nasc. ec. texit *T*   5 tegitur *C*¹   6 unde act. *C*
8 ob *om. BKO*   praedicatione (pre-) *KO*   insula *codd.*   pathmos
(-tm-) *BCK*   *fort.* in insula Pathmo   religatus *BC* (-tas *C*¹) *T* :
alligatus *KO*   11 ipsa *C*¹   12 quem *C*¹   13 libr. sacr. libr. *T*
14 ad *om. K*   15 credenti *C*¹   17 earum *BCK*   occulta *om. B*
18 patet] pat *C*¹   a] e *B*   22 eorum *om. T*   23 proph. . . . nom.
om. B   24 rectiora *K*   26 examinatione *C*¹   28 recondeantur
*C*¹*T*   29 Bibl. *om. K*

scriba post incensam Legem a Chaldaeis, dum Iudaei regressi
fuissent in Hierusalem, divino afflatus Spiritu reparavit, cuncta-
que Legis ac Prophetarum volumina quae fuerant a gentibus
corrupta correxit, totumque Vetus Testamentum in viginti duos
5 libros constituit, ut tot libri essent in Lege quot habebantur et
litterae.   Apud Graecos autem bibliothecam primus instituisse **3**
Pisistratus creditur, Atheniensium tyrannus, quam deinceps ab
Atheniensibus auctam Xerxes, incensis Athenis, evexit in Persas, longoque post tempore Seleucus Nicanor rursus in Grae-
10 ciam rettulit.   Hinc studium regibus urbibusque ceteris natum **4**
est conparandi volumina diversarum gentium, et per interpretes
in Graecam linguam vertendi.   Dehinc magnus Alexander vel **5**
successores eius instruendis omnium librorum bibliothecis animum intenderunt; maxime Ptolomaeus cognomento Philadel-
15 phus omnis litteraturae sagacissimus, cum studio bibliothecarum
Pisistratum aemularetur, non solum gentium scripturas, sed
etiam et divinas litteras in bibliothecam suam contulit.   Nam
septuaginta milia librorum huius temporibus Alexandriae inventa
sunt.

20   DE INTERPRETIBVS.   Hic etiam et ab Eleazaro pontifice **IV**
petens Scripturas Veteris Testamenti, in Graecam vocem ex
Hebraica lingua per septuaginta interpretes transferre curavit,
quas in Alexandrina bibliotheca habuit.   Siquidem singuli in **2**
singulis cellulis separati ita omnia per Spiritum sanctum inter-
25 pretati sunt, ut nihil in alicuius eorum codice inventum esset
quod in ceteris vel in verborum ordine discreparet.   Fuerunt et **3**

1 scriba] scribta *C*¹   2 in] et *T*   cunctamque legem *K*   4 totum
vetus *K*   5 libros] volumina *K* (*non A*)   in lege *om. K*   habebatur
*B*¹ : habentur *K* (*non A*)   8 auct. Xer.] artaxerses *C*¹   9 longo et *B*
13 eius] eorum *BCT*   instituendis *K*   bibliothecas *K*   15 omnes litera-
tores sagacissimos *K*   17 etiam div. *K*   18 temporis *B*   20 Hinc *AB*
et *om. C* (*non A*)   22 transferre curavit *BT* : ferre curabit (-vit) *C*¹*D* :
perferre curabit *A ut vid.* : ferre (*ex* perferre) curavit *Trin.* : procuravit *K*
23 quas] quam *AK*   in *om. K*   singuli in *om. T*   24 celluis *T* :
celulis *U*   25 esset *BCTU* : est *A* : sit *K*   26 *post* discreparet *add. in
marg.* sanctissimus ieronimus de LXX interpretes dicit et eos divisos fuisse
negat (*ex* fu. neg. di.) et multa addisse vel ademisse refert *T* (*etiam V*,
praefixo Aliter) (*non U*)

alii interpretes, qui ex Hebraea lingua in Graecum sacra eloquia
transtulerunt, sicut Aquila, Symmachus et Theodotion, sicut
etiam et vulgaris illa interpretatio, cuius auctor non apparet et
ob hoc sine nomine interpretis Quinta Editio nuncupatur.
4 Praeterea sextam et septimam editionem Origenes miro labore 5
5 repperit, et cum ceteris editionibus conparavit. Presbyter quoque Hieronymus trium linguarum peritus ex Hebraeo in Latinum
eloquium easdem Scripturas convertit, eloquenterque transfudit.
Cuius interpretatio merito ceteris antefertur ; nam [est] et verborum tenacior, et perspicuitate sententiae clarior [atque, ut- 10
pote a Christiano, interpretatio verior].

V   DE EO QVI PRIMVM ROMAM LIBROS ADVEXIT. Romae
primus librorum copiam advexit Aemilius Paulus, Perse Macedonum rege devicto ; deinde Lucullus e Pontica praeda. Post
hos Caesar dedit Marco Varroni negotium quam maximae 15
2 bibliothecae construendae. Primum autem Romae bibliothecas publicavit Pollio, Graecas simul atque Latinas, additis
auctorum imaginibus in atrio, quod de manubiis magnificentissi-
mum instruxerat.

VI   QVI APVD NOS BIBLIOTHECAS INSTITVERVNT. Apud nos 20
quoque Pamphilus martyr, cuius vitam Eusebius Caesariensis
conscripsit, Pisistratum in sacrae bibliothecae studio primus
adaequare contendit. Hic enim in bibliotheca sua prope tri-
2 ginta voluminum milia habuit. Hieronymus quoque atque
Gennadius ecclesiasticos scriptores toto orbe quaerentes ordine 25
persecuti sunt, eorumque studia in uno voluminis indiculo con-
prehenderunt.

VII   QVI MVLTA SCRIPSERVNT. Marcus Terentius Varro apud

1 grega K (*i. e.* Graecam)   § 4 *om.* K¹ : *add. in marg.* K²   6 cum
om. K²   editionibus *om.* T   8 eandem T   9 est et BC : et
KT¹ : est T²U   10 clarior est KM   atque . . . verior *hab.* TU :
om. BCK   ut postea T   13 macedonio T¹ : -nium T²   15 quam
A : cum B : eum C : quam *an* quum *inc.* T : etiam K   16 instituendae
K (*non* A)   17 publiabit pollio hinc gr. C¹   greca C¹T   addedis
K   18 de] diis K² (K¹ *n. l.*)   manibus BKT   magnificentissime K
21 cuius] cui BT   22 pississtrarum in A : pisis orator K   23 enim]
autem K (*non* A)   in *om.* K (*non* A)   tregenta K   25 ecclesiasticus C¹

Latinos innumerabiles libros scripsit. Apud Graecos quoque
Chalcenterus miris attollitur laudibus, quod tantos libros edide-
rit quantos quisque nostrum alienos scribere propria· manu vix
possit. De nostris quoque apud Graecos Origenes in scriptu- **2**
5 rarum labore tam Graecos quam Latinos operum suorum numero superavit. Denique Hieronymus sex milia librorum eius
legisse fatetur. Horum tamen omnium studia Augustinus in- **3**
genio vel scientia sui vicit. Nam tanta scripsit ut diebus ac
noctibus non solum scribere libros eius quisquam, sed nec le-
10 gere quidem occurrat.

DE GENERIBVS OPVSCVLORVM. Opusculorum genera esse **VIII**
tria. Primum genus excerpta sunt, quae Graece scholia nuncupantur ; in quibus ea quae videntur obscura vel difficilia summatim ac breviter praestringuntur. Secundum genus homiliae **2**
15 sunt, quas Latini verbum appellant, quae proferuntur in populis. Tertium tomi, quos nos libros vel volumina nuncupamus.
Homiliae autem ad vulgus loquuntur, tomi vero, id est libri,
maiores sunt disputationes. Dialogus est conlatio duorum vel
plurimorum, quem Latini sermonem dicunt. Nam quos Graeci
20 dialogos vocant, nos sermones vocamus. Sermo autem dictus **3**
quia inter utrumque seritur. Vnde in Vergilio (Aen. 6, 160):

Multa inter se serebant.

Tractatus est * * .

Differt autem sermo, tractatus et verbum. Sermo enim alteram **4**
25 eget personam ; tractatus specialiter ad se ipsum est ; verbum
autem ad omnes. Vnde et dicitur : 'Verbum fecit ad populum.' Commentaria dicta, quasi cum mente. Sunt enim in- **5**

1 scripsit] scripserunt K   2 calciterus BT : calciteris C¹ : calcidorus K
6 librorum eius ABCT : eius volumina K   add. in marg. hos sex milia
librorum iheronimus in libris contra rufinum datos se negat legisse V
8 sua dett.   10 occurrant K : occurrunt C¹   11 tria esse C   12 nuncupatur T
14 perstringuntur CK   15 verba dett.   quae] qui C¹   16 vel om. T
17 vulgas C¹   18 maioris BC   disputationis BCT   vel in plur. C¹
19 sermones K   quos om. C¹   grece T   21 quia] quod K   22 se]
se esse T²U   23 Tractatus est om. C : Tr. est unius (universae T²)
rei multiplex expositio eo quod trahat sensum in multa sentiendi con-
tractando secum UT² : Tr. est seq. trium versuum spatio V   27 quasi]
quia K   commente B¹KT   enim om. K

6 terpretationes, ut commenta iuris, commenta Evangelii. Apo-
logeticum est excusatio, in quo solent quidam accusantibus
respondere. In defensione enim aut negatione sola positum
7 est ; et est nomen Graecum. Panegyricum est licentiosum et
lasciviosum genus dicendi in laudibus regum, in cuius conposi- 5
tione homines multis mendaciis adulantur. Quod malum a
Graecis exortum est, quorum levitas instructa dicendi facultate
et copia incredibili multas mendaciorum nebulas suscitavit.
8 Fastorum libri sunt in quibus reges vel consules scribuntur, a
fascibus dicti, id est potestatibus. Vnde et Ovidii libri Fasto- 10
9 rum dicuntur, quia de regibus et consulibus editi sunt. Prooe-
mium est initium dicendi. Sunt enim prooemia principia librorum, quae ante causae narrationem ad instruendas audientium
aures coaptantur. Cuius nomen plerique latinitatis periti sine
translatione posuerunt. Hoc autem vocabulum apud nos inter- 15
10 pretatum praefatio nuncupatur, quasi praelocutio. Praecepta
sunt quae aut quid faciendum aut quid non faciendum docent.
Quid faciendum, μt : ' Dilige [Dominum] Deum tuum,' et :
' honora patrem tuum et matrem tuam.' Quid non faciendum,
11 ut : ' Non moechaberis,' ' Non furtum facies.' Similiter et genti- 20
lium praecepta vel iubent vel vetant. Iubent faciendum, ut
(Virg. Georg. 1, 299) :

> Nudus ara, sere nudus.

Vetant, ut (Virg. Georg. 2, 299) :

> Neve inter vites corylum sere, neve flagella   25
> summa pete.

12 Primus autem praecepta apud Hebraeos Moyses scripsit ; apud
Latinos Marcius vates primus praecepta conposuit. Ex quibus
est illud (1) :

> Postremus dicas, primus taceas.

2 ad causantibus C^1 3 enim *om.* C^1 7 levitas] brevitas *B*
dictendi *K*   8 copio *B*   suscitabit C^1 : suscitant *K*   9 reges *om.*
K^1 scribebantur *T*   a *om. K*   10 unde ovidii *K*   13 causa *K*
15 interpretatur *K*   16 nuncupatur *om. K*   17 quid (*prius*) *supra*
lin. T   fac. docet *T* : fac. sit docent *C*   18 diliges *C*   Dominum
hab. CK : *om. BT*   21 iubendi *K*   vetandi *K*   24 vetent *B* :
vetat *K* ·   ut et neve *C*   25 corillum *codd.*

Parabolae et problemata nominibus suis indicant altius se per- 13
scrutari oportere. Parabola quippe alicuius rei similitudinem
prae se gerit. Quod licet sit vocabulum Graecum, iam tamen
pro Latino usurpatur. Et notum est quod in parabolis quae
5 dicuntur rerum similitudines rebus, de quibus agitur, con-
parant. Problemata autem, quae Latine appellantur proposi- 14
tiones, quaestiones sunt habentes aliquid quod disputatione
solvendum sit. Quaestio autem est quaesitio, cum quaeritur 15
an sit, quid sit, quale sit. Argumentum vero dictum quasi 16
10 argutum, vel quod sit argute inventum ad conprobandas res.
Epistolam proprie Graeci vocant, quod interpretatur Latine 17
missa. Στόλα enim sive στόλοι missa vel missi. Ante cartae 18
et membranarum usum in dedolatis ex ligno codicellis epistolarum alloquia scribebantur, unde et portitores earum tabellarios
15 vocaverunt.

DE CERIS. Cerae litterarum materies, parvulorum nutrices, IX
ipsae (Dracont. Satisf. 63):

> Dant ingenium pueris, primordia sensus.

Quarum studium primi Graeci tradidisse produntur. Graeci
20 autem et Tusci primum ferro in ceris scripserunt; postea
Romani iusserunt ne graphium ferreum quis haberet. Vnde 2
et apud scribas dicebatur: 'Ceram ferro ne caedito.' Postea
institutum ut cera ossibus scriberent, sicut indicat Atta in Satura
dicens (12):

25 Vertamus vomerem
in cera mucroneque aremus osseo.

3 prae (pre) *BCU*: per *KT*   iam *om. K*   4 quae dic. quasi per
rer. *K*   5 similitudinem *B*   conp. ag. *T* (*non U*)   6 au. sunt
qu. *K*   quae *om. B*   7 sunt *om. B*   8 quaesitio *om. K*
9 an sit an quid sit an quale sit *BDKTU*: an sit aut quid sit aut quale sit
dett.   10 vel ... argute *om. TU*   acute *K*   11 Epistola *BK*
grece vocatur *KM*   12 στόλα ... missi *scripsi* (*cf.* VII. ix. 1): stila (stula)
enim sive (vel *H*) stili missa vel missi *CH Trin. TU*: stili vel stili missa
KMO: *om. B*   Ante *om. KO* (*non A*): Arte *C*[1]   13 et *ABCTU*:
vel *KO*   usum (hu-) *ABCTU*: modo *KO*   ex ligno *B*[1]*C*: et
ligni *A*: et igni *T*: et igno *U*: ex ligneis *K*: et ligneis *O*   ep.
alloquia (adl-) *ABCTU*: prius epistolae (-ule) *KO*   18 ingenia *K*
19 creduntur *K*   22 caera ferro nec edita *K*   23 inst. est ut *C*
ceram *dett.*   25 vomere *K*   26 cera (cae-) *BCKO*: ceram (cae-) *TU*
Rem.   mucronique *Atta, ni fallor*: mucronemque *U*: mucrone quae *C*

Graphium autem Graece, Latine scriptorium dicitur. Nam γραφή scriptura est.

X DE CARTIS. Cartarum usum primum· Aegyptus ministravit, coeptum apud Memphiticam urbem. Memphis enim civitas est Aegyptiorum, ubi cartae usus inventus est primum, sicut ₅ ait Lucanus (4, 135):

> Conficitur bibula Memphitis carta papyro.

2 Bibulam autem papyrum dixit quod humorem bibat. Carta autem dicta quod carptim papyri tegmen decerptum glutinatur. Cuius genera quam plura sunt. Prima et praecipua Augustea ₁₀ regia, maioris formae in honorem Octaviani Augusti appellata.

3 Secunda Libyana, ob honorem Libyae provinciae. Tertia hieratica dicta [eo] quod ad sacros libros eligebatur, similis

4 Augusteae, sed subcolorata. Quarta Taeneotica, a loco Alexandriae qui ita vocatur, ubi fiebat. Quinta Saitica, ab oppido ₁₅

5 Sai. Sexta Corneliana, a Cornelio Gallo praefecto Aegypti primum confecta. Septima emporetica, quod ea merces involvuntur, cum.sit scripturis minus idonea.

XI DE PERGAMENIS. Pergameni reges cum carta indigerent, membrana primi excogitaverunt. Vnde et pergamenarum no- ₂₀ men hucusque tradente sibi posteritate servatum est. Haec et membrana dicuntur, quia ex membris pecudum detrahuntur.

2 Fiebant autem primum coloris lutei, id est crocei, postea vero

---

2 γραφή] grafia (-via) *codd.*   est *KTU* : dicitur *BC*   3 primus *BTU*   4 ap. memphicani ur. *T (non U)*   enim *om. K*   5 est *om. K*   primus *TU* : *om. C*   7 configet *C*[1]   memphiticis *K* 8 papyrum] papa *C*[1]   dixitur *K*   9 carptim *AB Trin.* : curtem *C*[1] : cortim *D* : cartim *TU* : coartet *KO*   papiro *C*[1]   glutinatur *ABCDTU* : glutino *KO*   10 cui *BTU*   plura (a *ex corr.*) *O*   11 reg. et mai. *CU* : reg. et maior *T*   octavit *T*   augustea *C*[1]   appellatur *K* : appellati *D*   12 luiana *ex* aluiana *ut vid. T (non U)* : liviana *M* in honore *KM* : honorem (*om. praep.*) *A*   livie *M*   Liviana ob hon. Liviae (*del.* prov.) *Arev.*   hieratica (ier-, &c.) *ABCTU* : sacratica *KO* 13 eo *hab. CK* : *om. BTU*   liberos *B*[1]*C*[1]   14 augustae *K* : aguste *U* teneotica *codd.*   15 qui ita . . . sexta (§ 5) *om. B*   qui] quae (que) *CT*   ubi *om. TU*   saltica *CTU* : salatica *K*   16 salo *CKTU* 17 empormica *K*   quod eam *TU* : qua *K*   18 scripturis *BCTU* : scriptoribus *K*   19 Pergamenae *K*   20 membranas *K*   21 tradentes *K*   22 ex] a *K*   23 autem *om. C*[1]   primi *T* : primie *K*[1] colores *B*   id est] ideo *C*[1]

Romae candida membrana reperta sunt; quod apparuit inha-
bile esse, quod et facile sordescant, aciemque legentium lac-
dant ; cum peritiores architecti neque aurea lacunaria ponenda
in bibliothecis putent neque pavimenta alia quam e Carysteo
5 marmore, quod auri fulgor hebetat et Carystei viriditas reficiat
oculos.   Nam et qui nummulariam discunt, denariorum formis **3**
myrteos pannos subiciunt, et gemmarum sculptores scarabaeo-
rum terga, quibus nihil est viridius, subinde respiciunt, et
pictores [idem faciunt, ut laborem visus eorum viriditate re-
10 creent].   Membrana autem aut candida aut lutea aut purpurea **4**
sunt. Candida naturaliter existunt. Luteum membranum bico-
lor est, quod a confectore una tinguitur parte, id est crocatur.
De quo Persius (3, 10):
    Iam liber et positis bicolor membrana capillis.
15 Purpurea vero inficiuntur colore purpureo, in quibus aurum et **5**
argentum liquescens patescat in litteris.

DE LIBRIS CONFICIENDIS.   Quaedam nomina librorum XII
apud gentiles certis modulis conficiebantur. Breviori forma
carmina atque epistolae.   At vero historiae maiori modulo
20 scribebantur, et non solum in carta vel membranis, sed etiam
et in omentis elephantinis textilibusque malvarum foliis atque
palmarum.   Cuius generis Cinna sic meminit (11):   **2**
    Haec tibi Arateis multum invigilata lucernis
    carmina, quis ignis novimus aerios,
25   levis in aridulo malvae descripta libello
    Prusiaca vexi munera navicula.
Circumcidi libros Siciliae primum increbuit.   Nam initio pumi- **3**
cabantur.   Vnde et Catullus ait (1, 1):

1 Romae *om. AK (non DH Trin.*)   4 alia quam *B* : aliquam *C¹T* :
aliaque *A* : aliqua quam *K*   e Car.] eticharisteo *K* : eucharisteo
(-ca-) *ABC*   5 habetat *C¹* : rehabeat *K (non A)*   et caristi (cha-)
KT : eucaristi (eoch-) *BC*   6 et *om. AK*   nummolariorum dicunt
K (non A)   fo. in m. *AK* : fo. inmusteo *B* : fo. in musteos *C¹*   7 subi-
cere *K (non A)*   9 idem . . . recreent *hab. C Trin. TU* : *om. BDHK*
visus] husus *T (i. e.* usus)   15 col. vero pu. *T*   aur. argentumque *K*
17 nomina *BCK* : genera *TU*   19 carmina *om. B*   23 tibi *om. K*
(*non A*)   aratis *BC* : areteis *K*   invigulata *K*   24 quas *K*
(*non A*)   25 discripta *CKT*   26 vexi] vix *K*   27 increpuit *C¹K¹*

Cui dono lepidum novum libellum
arido modo pumice expolitum ?

XIII   DE LIBRORVM VOCABVLIS.   Codex multorum librorum est ;
liber unius voluminis.   Et dictus codex per translationem a
codicibus arborum seu vitium, quasi caudex, quod ex se multi- 5
2 tudinem librorum quasi ramorum contineat.   Volumen liber
est a volvendo dictus, sicut apud Hebraeos volumina Legis,
3 volumina Prophetarum.   Liber est interior tunica corticis, quae
ligno cohaeret.   De quo Vergilius sic (Ecl. 10, 67) :

Alta liber haeret in ulmo.   10

Vnde et liber dicitur in quo scribimus, quia ante usum cartae
vel membranarum de libris arborum volumina fiebant, id est
conpaginabantur.   Vnde et scriptores a libris arborum librarios
vocaverunt.

XIV   DE LIBRARIIS ET EORVM INSTRVMENTIS.   Librarios antea 15
bibliopolas dictos.   Librum enim Graeci βίβλον vocant.   Librarii autem iidem et antiquarii vocantur : sed librarii sunt
qui et nova scribunt et vetera ; antiquarii, qui tantummodo
2 vetera, unde et nomen sumpserunt.   Ab scribendo autem scriba
3 nomen accepit, officium exprimens vocabuli qualitate.   Instru- 20
menta scribae calamus et pinna.   Ex his enim verba paginis
infiguntur ; sed calamus arboris est, pinna avis ; cuius acumen
in dyade dividitur, in toto corpore unitate servata, credo propter
mysterium, ut in duobus apicibus Vetus et Novum Testamentum signaretur, quibus exprimitur verbi sacramentum san- 25
4 guine Passionis effusum.   Dictus autem calamus quod liquorem
5 ponat.   Vnde et apud nautas calare ponere dicitur.   Pinna

1 duno *K*   inlepidum *C*[1]   novo libello *K*   2 pomice *K* : pumici
B   polito *K* (*non A*)   3 libr. est et dic. co. li. un. vol. per *T*
4 codex] quod ex *C*[1]   5 corticibus *K*   vicitium *C*[1] : *fort.* vitio. *Certe
illud* quod ex *ad* codex *alludere videtur*   in se *C* : ex *T*   multitudine *K*   7 dictum *C*[2]   9 sic *om. K*[1]   10 alta] ait *K*   11 quia] qui *B*
12 fiebant] faciebant *K*   13 un. et et scr. *K*   15 Liber an. bibliopula
dictus *K*   ante *BC* (*non A*)   16 librariis iid. *C*[1]   17 iidem *om. K* (*non A*)
antiquarium *C*[1]   18 quae et *C*[1]   quia tan. *C*[1]   19 Adscribendo *C*[1]
autem] his *ut vid. C*[1]   21 calamum et pinnam *K*   paginis *om. B*
22 ac.] eumen *C*[1]   23 diade *BCT* : duo *K*   umitate *K*   25 sacr.
signaretur sang. *T*[2]   26 autem] his *C*[1]   27 Pi. his apud a *C*[1]

autem a pendendo vocata, id est volando. Est enim, ut diximus,
avium. Foliae autem librorum appellatae sive ex similitudine **6**
foliorum arborum, seu quia ex follibus fiunt, id est ex pellibus,
qui de occisis pecudibus detrahi solent; cuius partes paginae
5 dicuntur, eo quod sibi invicem conpingantur. Versus autem **7**
vulgo vocati quia sic scribebant antiqui sicut aratur terra.
A sinistra enim ad dexteram primum deducebant stilum, deinde
convertebantur ab inferiore, et rursus ad dexteram versus; quos
et hodieque rustici versus vocant. Scheda est quod adhuc **8**
10 emendatur, et necdum in libris redactum est; et est nomen
Graecum, sicut et tomus.

DE CANONIBVS EVANGELIORVM. Canones Evangeliorum XV
Ammonius Alexandriae primus excogitavit, quem postea Eusebius Caesariensis secutus plenius conposuit. Qui ideo facti
15 sunt, ut per eos invenire et scire possimus qui reliquorum
Evangelistarum similia aut propria dixerunt. Sunt autem **2**
numero decem, quorum primus continet numeros in quibus
quattuor eadem dixerunt: Matthaeus, Marcus, Lucas, Iohannes.
Secundus, in quibus tres: Matthaeus, Marcus, Lucas. Tertius,
20 in quibus tres: Matthaeus, Lucas, Iohannes. Quartus, in
quibus tres: Matthaeus, Marcus, Iohannes. Quintus, in **3**
quibus duo: Matthaeus, Lucas. Sextus, in quibus duo:
Matthaeus, Marcus. Septimus, in quibus duo: Matthaeus,
Iohannes. Octavus, in quibus duo: Lucas, Marcus. Nonus,
25 in quibus duo: Lucas, Iohannes. Decimus, in quibus singuli **4**
eorum propria quaedam dixerunt. Quorum expositio haec est.
Per singulos enim Evangelistas numerus quidam capitulis ad-
fixus adiacet, quibus numeris subdita est aera quaedam mineo
notata, quae indicat in quoto canone positus sit numerus, cui

---

1 pindendo *T* est enim ... avium *add. in marg. T* 2 Folia *K*
autem] his *C*[1] sim.] multitudine *T* 5 coniungantur *K* (*non A*)
autem] his *C*[1] 6 vocant *K* 7 primum primum *K* 8 ad inferiorem
K : ad inferiora *T* inf. rurs. *C* q. et hodie *A* : quos sedocie *B*
13 amnius *K* 15 possemus *C* : possumus *T* 16 simili autem pr. *T*
25 in qui. sunt sing. *T* singulorum (-gol-) *C*[1]*K* 26 haec *om. C*[1]
27 num. quadam *T* 28 iacet *T*[1] quaedem in eo not. *C*[1]

5 subiecta est aera. Verbi gratia: Si est aera .ɪ., in primo
canone; si secunda, in secundo; si tertia, in tertio; et sic per
6 ordinem usque ad decimum perveniens. Si igitur, aperto quolibet Evangelio, placuerit scire qui reliquorum Evangelistarum
similia dixerunt, adsumes adiacentem numerum capituli, et 5
requires ipsum numerum in suo canone quem indicat, ibique
invenies quot et qui dixerint; et ita demum in corpore inquisita
loca, quae ex ipsis numeris indicantur, per singula Evangelia
de eisdem dixisse invenies.

XVI   DE CANONIBVS CONCILIORVM.   Canon autem Graece, 10
Latine regula nuncupatur.   Regula autem dicta quod recte
ducit, nec aliquando aliorsum trahit.   Alii dixerunt regulam
dictam vel quod regat, vel quod normam recte vivendi prae-
2 beat, vel quod distortum pravumque quid corrigat.   Canones
autem generalium conciliorum a temporibus Constantini coe- 15
perunt.   In praecedentibus namque annis, persecutione fervente,
3 docendarum plebium minime dabatur facultas.   Inde Chri-
stianitas in diversas haereses scissa est, quia non erat licentia
[episcopis] in unum convenire, nisi tempore supradicti imperatoris.   Ipse enim dedit facultatem Christianis libere congregare. 20
4 Sub hoc etiam sancti Patres in concilio Nicaeno de omni orbe
terrarum convenientes, iuxta fidem evangelicam et apostolicam,
5 secundum post Apostolos symbolum tradiderunt.   Inter cetera
autem concilia quattuor esse venerabiles synodos, quae totam
principaliter fidem conplectunt, quasi quattuor evangelia, vel toti- 25
6 dem paradisi flumina.   Harum prior Nicaena synodus trecento-
rum decem et octo episcoporum Constantino Augusto imperante
peracta est.   In qua Arianae perfidiae blasphemia condemnata,
quam de inaequalitate sanctae Trinitatis idem Arius adsere-

2 in sec. tert. *K*   3 pervenies *BT*   4 qui] quo *C*¹   5 adsumens
T   ad latentem *C*¹   7 quod et qui *T*: qui et quid *BC*: qui quod *K*
dexerunt *T*   9 eisdem] eis *B*   11 latina *C*   recto *BT*   12 nec] ne
*T*¹   14 quid *om. B*   15 a *om. T*¹   18 quia] quae *A*   19 episcopis
ACT: Christianis *K*: *om. B*   21 hoc] eo *K*   24 quae] quo *T*
25 quasi] quia si *C*¹   26 prior *BT*: prima *CK*   28 blasfemiae damnata
T: blapsphemia damnata *K*: condemnata (-mpn-) bl. *ABC*   29 inequi-
tate *T*

bat; consubstantialem Deo patri Deum filium †idem† sancta
synodus per symbolum definivit. Secunda synodus centum 7
quinquaginta Patrum sub Theodosio seniore Constantinopolim
congregata est, quae Macedonium, sanctum Spiritum Deum esse
5 negantem, condemnans, consubstantialem Patri et Filio sanctum
Spiritum demonstravit, dans symboli formam quam tota Graecorum et Latinorum [confessio] in ecclesiis praedicat. Tertia 8
synodus Ephesina prima ducentorum episcoporum sub iuniore
Theodosio Augusto edita, quae Nestorium duas personas in
10 Christo adserentem iusto anathemate condemnavit, ostendens
manere in duabus naturis unam Domini [nostri] Iesu Christi
personam. Quarta synodus Chalcedonensis sexcentorum tri- 9
ginta sacerdotum sub Marciano principe habita est, in qua
Eutychem Constantinopolitanum abbatem Verbi Dei et carnis
15 unam naturam pronuntiantem, et eius defensorem Dioscorum,
quondam Alexandrinum Episcopum, et ipsum rursum Nestorium
cum reliquis haereticis una Patrum sententia condemnavit;
praedicans eadem synodus Christum Dominum sic natum de
Virgine, ut in eo substantiam et divinae et humanae con-
20 fiteamur naturae. Haec sunt quattuor synodi principales, fidei 10
doctrinam plenissime praedicantes; sed et si qua sunt concilia
quae sancti Patres spiritu Dei pleni sanxerunt, post istorum
quattuor auctoritatem omni manent stabilita vigore, quorum
gesta in hoc opere condita continentur. Synodum autem ex 11
25 Graeco interpretari comitatum vel coetum. Concilii vero nomen 12
tractum ex more Romano. Tempore enim, quo causae age-
bantur, conveniebant omnes in unum communique intentione

---

1 cons. vero deo K (*non A*): cons. in deo B   eadem *dett.*:
fort. item   3 Constantinopoli *dett.*   4 spir. sa. A   5 spir. sa. A :
et sp. sa. B   6 simbolum T   totam C   7 lat. conf. in eccl. pr.
BCD Trin. : lat. ecclesia praed. et confitetur K: lat. confessio praed.
AH : lat. in eglesiis praedicat T   Tert. autem sin. B   9 quae]
quem T   duas personas ... provenerit in alium (xvii. 19) *om. D¹*
11 du. na.] duas naturas BT   Dom. no. Ie. Chr. B: domini iesu christi
CT: domini nostri A : dei christi K   13 maximiano K   abita *ex*
abta T (*non V*)   14 euthicium (*ex* eth-) K   17 condemnavit K : prae-
damnavit BCT   18 pedicans T   sinodus eadem K   Dominum] deum
BT   19 ut in eum C: et in eum B¹ : in cum T   confitemur K
21 doctissime K (*non A*)   22 ist.] ortorum T   23 omnium K
25 Concilium K   26 quo *om.* T (*non V*)

tractabant. Vnde et concilium a communi intentione dictum, quasi comcilium. Nam cilia oculorum sunt. Vnde et con-
13 sidium consilium, D in L litteram transeunte. Coetus vero conventus est vel congregatio, a coeundo, id est conveniendo in unum. Vnde et conventum est nuncupatum, sicut con- 5 ventus coetus vel concilium, a societate multorum in unum.

XVII   DE CYCLO PASCHALI. Paschalem cyclum Hippolytus episcopus temporibus Alexandri imperatoris primus conscripsit. Post quem probatissimi auctores Eusebius Caesariensis, Theophilus Alexandrinus, Prosper quoque natione Aquitanus atque 10 Victorius, amplificatis eiusdem festivitatis rationibus, multiplices
2 circulos ediderunt. Cuius quidem rationem beatissimus Cyrillus Alexandriae urbis episcopus in nonaginta quinque annos per quinquies decem novies calculans, quoto Kal. vel luna debeat
3 paschalis sollemnitas celebrari, summa brevitate notavit. Cy- 15 clum autem vocatum eo quod in orbe digestum sit, et quasi in circulo dispositum ordinem conplectat annorum sine varie-
4 tate et sine ulla arte. Vnde factum est ut cuiusque materiae carmina simplici formitate facta cyclica vocarentur. Hinc et laterculum dictum, quod ordinem habeat stratum annorum. 20
5 CYCLVS PRIMVS DECEMNOVENALIS.

			Lunae		
B.	Com. an. II. Idus	April.	xx.		
	C. VI. Kal.	April.	XVI.		
	Em. XVI. Kal.	Mai.	XVII.		25
	C. VI. Idus	April.	xx.		

1 unde conc. *C* intemptatione *M* 2 comcilium] concilium *MT*: conscilium *U*: consilium *BCKV*: communicilium *Arev.* considium consilium *BCMK*[1] *ut vid.* *V*: considium *T*: consilium consilium *K*[2] 5 si. a conventu coe. ita et conc. *K* (*non A*): si. conventus vel conc. *CT*: si. et con. coe. vel concilio *V*: *fort.* si. conventu coe. vel conc. 6 in unum *om.* *K* (*non A*) 11 victorinus *BCK* 13 alexandrinae urbis *BC*: alexandrinus *K* 14 quinquies] quies *K* (*non A*) 17 disposito *K* 18 cuique *B*: quique *T*: cuiuscumque *CK* 19 firmitate *K* cycla (ci-) *C*[1]*K* Hinc et *usque ad* Mai. xvi (xvii § 9 *ad fin.*) *desunt in K* (*ubi folium unum exscissum est*) *OC*[1]. *In M aliena substituta sunt.* §§ 5-9 *Codicum discrepantias in tabulae Paschalis numeris neglexi. Tabulam secundum Arevalum dedi*

	B.	C. IX. Kal.	April.	XV.
		E. II. Idus	April.	XVI.
		C. II. Non.	April.	XIX.
		F. VIII. Kal.	Mai.	XX.
5	B.	C. V. Idus	April.	XV.
		C. II. Kal.	April.	XVIII.
		E. XII. Kal.	Mai.	XIX.
		C. Non.	April.	XV.
	B.	C. V. Kal.	April.	XVII.
10		E. XVI. Kal.	Mai.	XVIII.
		C. VI. Idus	April.	XXI.
		C. IX. Kal.	April.	XVII.
	B.	E. XI. Idus	April.	XVII.
		C. II. Non.	April.	XX.
15		E. VIII. Kal.	Mai.	XXI.

SECVNDVS CYCLVS LVNAE.   6

		C. V. Idus	April.	XVIII.
	B.	C. II. Kal.	April.	XX.
		E. XII. Kal.	Mai.	XXI.
20		C. Non.	April.	XVII.
		C. V. Kal.	April.	XX.
	B.	E. XVI. Kal.	Mai.	XX.
		C. Kal.	April.	XVI.
		E. XI. Kal.	Mai.	XVII.
25		C. Idus	April.	XX.
	B.	C. V. Kal.	April.	XV.
		E. XV. Kal.	Mai.	XVI.
		C. V. Idus	April.	XIX.
		C. VIII. Kal.	April.	XV.
30	B.	E. Idus	April.	XV.
		C. Non.	April.	XVIII.
		C. V. Kal.	April.	XXI.
		E. IV. Idus	April.	XV.
	B.	C. Kal.	April.	XVII.
35		E. XI. Kal.	Mai.	XVIII.

7

	C. VIII. Idus	April.	XV.	
	C. IV. Kal.	April.	XVIII.	
B.	E. XV. Kal.	Mai.	XVIII.	
	C. V. Idus	April.	XXI.	5
	C. VIII. Kal.	April.	XVII.	
	E. XVIII. Kal.	Mai.	XVIII.	
B.	C. Non.	April.	XX.	
	E. VII. Kal.	Mai.	XVI.	
	C. IV. Idus	April.	XXII.	10
	C. VI. Non.	April.	XX	
B.	E. XI. Kal.	Mai.	XX.	
	C. VIII. Idus	April.	XVI.	
	C. IV. Kal.	April.	XIX.	
	E. XIV. Kal.	Mai.	XX.	15
B.	C. IV. Non.	April.	XV.	
	C. VIII. Kal.	April.	XVIII.	
	E. XVIII. Kal.	Mai.	XVIII.	

8

	C. III. Kal.	April.	XIX.	20
B.	E. XIV. Kal.	Mai.	XV.	
	C. II. Idus	April.	XIX.	
	C. VII. Kal.	April.	XV.	
	E. XVII. Kal.	Mai.	XVI.	
B.	C. VIII. Idus	April.	XVIII.	25
	C. IV. Kal.	April.	XXI.	
	E. III. Idus	April.	XV.	
	C. III. Non.	April.	XVIII.	
B.	E. X. Kal.	Mai.	XVIII.	
	C. XVIII. Kal.	Mai.	XXI.	30
	C. III. Kal.	April.	XVII.	
	E. XIII. Kal.	Mai.	XVIII.	
B.	C. IV. Idus	April.	XX.	

		April.	XVI.
	C. VII. Kal.	April.	XVI.
	E. XVII. Kal.	Mai.	XVI.
	C. VII. Idus	April.	XX.
B.	C. XI. Kal.	April.	XV.
	E. III. Idus	April.	XVI.
	C. III. Non.	April.	XIX.
	E. IX. Kal.	Mai.	XX.

QVINTVS CYCLVS LVNAE.   **9**

		April.	XVI.
B.	C. VII. Idus	April.	XVI.
	C. III. Kal.	April.	XIX.
	E. XIII. Kal.	Mai.	XX.
	C. II. Non.	April.	XVI.
B.	C. VII. Kal.	April.	XVII.
	E. XVIII. Kal.	Mai.	XIX.
	C. II. Kal.	April.	XV.
	E. XII. Kal.	Mai.	XVI.
B.	C. III. Idus	April.	XVIII.
	C. III. Non.	April.	XXI.
	E. XVI. Kal.	Mai.	XV.
	C. VI. Idus	April.	XVIII.
B.	C. III. Kal.	April.	XX.
	E. XIII. Kal.	Mai.	XXI.
	C. II. Non.	April.	XVII.
	C. VI. Kal.	April.	XX.
B.	E. XVII. Kal.	Mai.	XX.
	C. II. Kal.	April.	XVI.
	E. XII. Kal.	Mai.	XVI.

post cuius expletionem ad primum exordium recurrendum.

[A conditione mundi usque ad hunc novissimum cyclum con-
putantur anni.] Antiquitus Ecclesia pascha quarta decima luna 10

28 ad exord. est recurr. *K* (*non A Trin.*): ad primum recurr. *U*
29 a cond. . . . anni *hab.* *C¹C²GKO Mon.* (*sed ante* post cuius *C²G*) : a
constitutione . . . anni *hab.* (*ante* post expletionem) *H* : *om. ABTUW*
Rem. Trin. ciclum *K*: cycli (ci-) annum *C¹C²GH Mon.* (*O* ?) 30 anni]
anni VMDCCCCXXI *C¹* : anni VMDCCCCXX *GH Mon.* : anni VMDCCCCXX *C²* (*O* ?)

cum Iudaeis celebrabat, quocumque die occurreret. Quem
ritum sancti Patres in Nicaena synodo prohibuerunt, con-
stituentes non solum lunam paschalem et mensem inquirere,
sed etiam et diem resurrectionis Dominicae observare; et ob
hoc pascha a quarta decima luna usque ad vicesimam primam 5
11 extenderunt, ut dies Dominicus non omitteretur. Paschae
autem vocabulum non Graecum, sed Hebraeum est; nec a
passione, quoniam πάσχειν Graece dicitur pati, sed a transitu
Hebraeo verbo pascha appellata est, eo quod tunc populus Dei
ex Aegypto transierit. Vnde et in Evangelio (Ioann. 13, 1): 10
'Cum vidisset,' inquit, 'Iesus quia venit hora ut transiret de
12 mundo ad Patrem.' Cuius nox ideo pervigilia ducitur, propter
adventum regis ac Dei nostri, ut tempus resurrectionis eius nos
non dormientes, sed vigilantes inveniat. Cuius noctis duplex
ratio est: sive quod in ea et vitam tunc recepit, cum passus est; 15
sive quod postea eadem hora, qua resurrexit, ad iudicandum
13 venturus est. Eo autem modo agimus pascha, ut non solum
mortem et resurrectionem Christi in memoriam revocemus, sed
etiam cetera, quae circa eum adtestantur, ad sacramentorum
14 significationem inspiciamus. Propter initium enim novae vitae 20
et propter novum hominem, quem iubemur induere et exuere
veterem, expurgantes vetus fermentum, ut simus nova con-
sparsio, quoniam pascha nostrum inmolatus est Christus.
Propter hanc ergo vitae novitatem primus mensis novorum in
mensibus anni celebrationi paschali mystice adtributus est. 25
15 Quod vero tertiae hebdomadae die pascha celebratur, id est
qui dies occurrit a quarta decima in vicesimam primam, hoc

1 occurrerit diem K (*non A*)   quod ritum BT: quem primum K
5 ad *om. B*   8 pass. domini quam K (*non A*)   9 app. est] appellatur
K 10 ex *om.* C^1 11 hora eius ut K (*non A*)   transisset U 12 vox
T perv. dicitur BT: pervigil adicitur K: pervigilio celebratur
Lactant. inst. 7, 19. 3   13 Dei] Domini CK eius *om. C*   15 ea et
AC^1TU: eadem B: ea K respicet K (*non A*)   cum pas. est
om. K (*non A*)   16 seu K (*non A*)   eadem *om. B*   20 enim]
om. K: autem C 21 exure T 22 ferventum C^1 nova] nonia B
24 vitae *om. K*   in anni (-nis T) mensibus CT 26 celebrata C^1
27 occurrerit K quinta $ABCTU$ dec. luna in C

significat quia in toto tempore saeculi, quod septenario dierum numero agitur, nunc tertium tempus hoc sacramentum aperuit. Primum enim tempus est ante legem, secundum sub lege, 16 tertium sub gratia; ubi iam manifestatum est sacramentum 5 prius occultum in prophetico aenigmate: ideo et propter haec tria saeculi tempora resurrectio Domini triduana est. Quod 17 vero a quarta decima luna usque ad vicesimam primam per dies septem paschalis dies quaeritur, propter ipsum numerum septenarium, quo universitatis significatio saepe figuratur; qui 10 etiam ipsi Ecclesiae tribuitur propter instar universitatis, unde et Iohannes Apostolus in Apocalypsin ad septem scribit ecclesias. Ecclesia vero adhuc in ista mortalitate carnis constituta 18 propter ipsam mutabilitatem lunae nomine in Scripturis significatur. Varia autem observantia opinionum paschalis festivi- 19 15 tatis interdum errorem gignit. Latini namque a III Non. Mart. usque in III Non. Apr. primi mensis lunam inquirunt; et si quinta decima luna die Dominico provenerit, in alium Dominicum pascha protrahunt. Graeci primi mensis lunam ab VIII 20 Id. Mart. usque in diem Non. Apr. observant; et si decima 20 quinta luna die Dominico incurrerit, sanctum pascha celebrant. Huiusmodi ergo dissensio inter utrosque paschalem regulam turbat. Communis annus dicitur, qui duodecim tantum lunas, 21 hoc est dies CCCLIV habet. Dictus autem communis quia saepe duo ita coniuncti incedunt ut invicem se in paschali 25 sollemnitate sequantur. Nam embolismus annus semper solus est. Embolismus annus est qui tredecim menses lunares, id 22 est CCCLXXXIV dies habere monstratur. Ipse est annus sancto Moysi divinitus revelatus, in quo iubentur hi, qui longius habi-

1 quia *BCKTU*: quod *A*   quod *C*: qui *BKT*: que *U*   2 numerum *B*   temp. in sacramento *K*   apparuit *codd.*: *corr. dett.*   3 temp. an. *K*   4 manifestum *B*[1]   8 qu. hoc fit prop. *C*   9 quo] quod *B* 11 ad *om. K*   12 in ista adhuc *K*   15 latine *T*   17 quinta] quarta *dett.*   alio dominico *CKT*: alio die dominico *B*   18 lunam *om.* *C*[1]   20 sanc. paschae *K*   22 dicitur] est *K* (*ex* est est) (*non A*) 23 id est *K*   24 in *om. T*   25 nam ambolismus annus solus est (*om.* semper) *add. in marg. T*[2] (*om. T*[1])   27 sancto] cum *C*[1]*K*[1]   28 habitant *K*

23 tabant, in secundo mense pascha celebrare. Embolismus autem
nomen Graecum est, quod interpretatur Latine superaugmen-
tum ; eo quod expleat numerum annorum communium, quibus
24 undecim lunares dies deesse cernuntur. Embolismi autem
anni et communes sic inveniuntur. Si enim a quarta decima 5
luna paschae praecedentis usque ad quartam decimam sequentis
CCCLXXXIV dies fuerint, embolismus annus est ; si CCCLIV, com-
25 munis [est]. Bissextus est per annos quattuor unus dies
adiectus. Crescit enim per singulos annos quarta pars assis.
At ubi quarto anno assem conpleverit, bissextum unum facit. 10
26 Dictus autem bissextus quia bis sexies ductus assem facit,
quod est unus dies ; sicut et quadrantem propter quater ductum ; quod est bissextus quem super dierum cursum in anno
sol facit. [sive quod nequeat anno suo introduci, nisi bis sextum
nonas Martias conputaveris, hoc est et primo die sexto nonas 15
Martias et, addito bis sexto, alio die sexto nonas Martias itera-
27 veris.] A VI autem Non. Mart. usque in diem prid. Kal. Ian.,
28 in lunae cursu bissextus adponitur atque inde detrahitur. Inter-
calares autem dies idcirco vocantur, quia interponuntur ut
ratio lunae solisque conveniat. Calare enim ponere dicitur, 20
29 intercalare interponere. Epactas Graeci vocant, Latini adie-
ctiones annuas lunares, quae per undenarium numerum usque
ad tricenarium in se revolvuntur. Quas ideo Aegyptii adiciunt,
30 ut lunaris emensio rationi solis aequetur. Luna enim iuxta
cursum suum viginti novem semis dies lucere dinoscitur, et 25
fiunt in anno lunares dies CCCLIV ; remanent ad cursum anni

2 superamento T^1 4 Embolismus au. et comm. K 5 communis
B dec. qu. K 7 dies fuerunt T : fuerint dies K (*non A*)   8 est *hab.*
CK : *om.* BT per] post C 9 adiectus est C^1 : dictus K 10 unum
CT : annum BK 11 sex dies K : sextus C 12 quod] quo T *an* pr.
ter qu. ?   dictum CK^1 13 in annum $BCTU$: in annos K 14 sive
quod ... iteraveris *hab.* CTU : *om.* BD *Trin.* KM quod *om.* T intra-
duci T (*non U*)   sextum] sexto *codd.*   15 conputabis T (U ?)   16 et
add. . . . Martias (§ 27) *om.* U iteraveris *om.* T 17 nonas autem T
18 trahitur C^1 22 quae *om.* K duodenarium K 23 adici. ut]
dicunt quod K 24 lun. et emen. C^1 rationem so. sequitur K
enim *om.* C 25 cur. su.] cursuum T vig. no. enim sem. C^1
26 in annum BC^1T

solaris dies undecim, quos Aegyptii adiciunt. Vnde et adie- 31
ctiones vocantur: absque his non invenies luna quota sit in
quolibet anno et mense et die. Istae epactae semper xi Kal.
April. reperiuntur in eadem luna quae fuerit eo die. Con- 32
5 tinentur autem circulo decemnovenali; sed cum ad viginti
novem epactas pervenerint, qui est circulus nonus decimus,
iam sequenti anno non addes super viginti novem undecim,
ut decem adnunties detractis triginta, sed inde reverteris, ut
undecim pronunties.

10 DE RELIQVIS FESTIVITATIBVS. Festivitas dicta a festis XVIII
diebus, quasi festiditas, eo quod in eis sola res divina fit.
Quibus contrarii sunt fasti, in quibus ius fatur, id est dicitur.
Sollemnitas a sacris dicitur, ita suscepta ut mutari ob religionem
non debeat, ab † solito †, id est firmo atque solido nominata. [vel
15 ex eo, quod soleat fieri in anno.] Celebritas autem vocatur 2
quod non ibi terrena, sed caelestia tantum agantur. Pascha 3
festivitatum omnium prima est, de cuius vocabulo iam superius
dictum est. Pentecoste, sicut et pascha, apud Hebraeos cele- 4
bris dies erat, quod post quinque decadas paschae colebatur;
20 unde et vocabulum sumpsit. Πέντε enim Graece quinque, in
quo die secundum legem panes propositionis de novis frugibus
offerebantur. Cuius figuram annus iubileus in Testamento 5
Veteri gessit, qui nunc iterum per figuram repromissionis
aeternam requiem praefigurat. Epiphania Graece, Latine 6
25 apparitio [sive manifestatio] vocatur. Eo enim die Christus
sideris indicio Magis apparuit adorandus. Quod fuit figura

1 solis *K*   Vnde adi. *K*   2 his] as *T* (*i. e.* has)   lunam *CT*
4 qua *BK*   eo die] odie *T*   5 decemnovennalis cum *K*   6 perveniunt *C*: pervenerit *dett.*   8 detractos *BT*   10 a *om. B*   11 qu.
festid. *om. K* (*non A*)   12 in *om. T*   id est] *om. B*: vel ex eo quod
soleat fieri in anno *C*[1]   13 mutare *K*   14 ab sol.] absoluto *BKT*: a solo
dett. (*cf.* XI. 1. 115): *vix* ab sollo   vel ex . . . anno *hab. CTUV*: *om. ABD*
Trin. K   15 Caelebritas *BK*   16 quo *T*   aguntur *T*   18 Pentecostes
T: Pentecosten *BCK*   celeber *K*   19 quod] que *T*   colebatur
CT: caelebratur (cel-) *BD Trin.*: celebrantur *K*   20 πέντε . . . quinque
om. K (*non A*)   21 quem diem *K*: quo dies *T*   panis . . . offerebatur
K   panes *om. B*   23 qui *K*: quae *BCT*   per futuram *BC*
Trin. T   25 sive man. *hab. BC Trin.*: *om. KT*   26 indicia *K*

7 primitiae credentium gentium. Quo die [et] Dominici baptismatis sacramentum et permutatae in vinum aquae, factorum
8 per Dominum signorum principia extiterunt. Duae sunt autem
epiphaniae: prima, in qua natus Christus [et] pastoribus Hebraeorum angelo nuntiante apparuit; secunda, in qua ex gentium 5
populis stella indice praesepis cunabula Magos adoraturos ex-
9 hibuit. Scenopegia sollemnitas Hebraeorum, de Graeco in
Latinum tabernaculorum dedicatio interpretatur; quae celebrabatur a Iudaeis in memoriam expeditionis, cum ab Aegypto
promoti in tabernaculis agebant, et ex eo scenopegia. Σκηνὴ 10
enim Graece tabernaculum dicitur. Quae sollemnitas apud
10 Hebraeos Septembri mense celebrabatur. Neomenia apud
nos kalendae, apud Hebraeos autem, quia secundum lunarem
cursum menses supputantur, et Graece μήνη luna appellatur,
11 inde neomenia, id est nova luna. Erant enim apud Hebraeos 15
ipsi dies kalendarum ex legali institutione sollemnes, de quibus
in Psalterio dicitur (81, 4): 'Canite initio mensis tuba, in die
12 insigni sollemnitatis vestrae.' Encaenia est nova templi dedicatio. Graece enim καινὸν dicitur novum. Quando enim
aliquid novum dedicatur, encaenia dicitur. Hanc dedicationis 20
13 templi sollemnitatem Iudaei Octobri mense celebrabant. Dies
Palmarum ideo dicitur, quia in eo Dominus et Salvator noster,
sicut Propheta cecinit, Hierusalem tendens asellum sedisse
perhibetur. Tunc gradiens cum ramis palmarum multitudo
plebium obviam ei clamaverunt (Ioann. 12, 13): 'Osanna, bene- 25
14 dictus qui venit in nomine Domini rex Israel.' Vulgus autem
ideo hunc diem Capitilavium vocant, quia [in eo] tunc moris

1 primitivae *K* die *K*: diem *T*: die et *BC* dominicae
(-ce) *BC*[1]: dominico *K* 2 aquae in vino atque fac. *K* 3 au. sunt
K: sunt (*per compend.*) sunt au. *A* 4 na. est chr. pa. *T*: na. chr. pa.
BC 6 populo *CK* stellam indicem *K* magis adoraturis *dett.*
7 Scenophegia (-phi-, -fe-) *codd.* 9 cum] eius *B* 10 ex eo sc. dicta
K (*non A*) 12 celebratur *B*: celebrabantur *K* 13 nos] latinos *C*
quia *om. K* 15 enim] autem *K* 16 ex] et *K* 17 initium *T*: in
initio *C* 18 insignis *CK*: signis *B*[1] nostrae *T* est *om. K*
dedicatio *K*: aedificatio (ed-) *BCT* 21 celebant *B*: colebant *CT*
25 oviam (*vix* ovium) *T* 26 autem *om. K* (*non A*) 27 hunc] eum
T in eo *hab. CK*: *om. BT* mos *CK*

est lavandi capita infantium, qui unguendi sunt ne observatione quadragesimae sordidata ad unctionem accederent. Hoc autem 15 die symbolum conpetentibus traditur propter confinem Dominicae paschae sollemnitatem ; ut qui iam ad Dei gratiam 5 percipiendam festinant, fidem, quam confiteantur, agnoscant. Coena Dominica dicta est, eo quod in eo die Salvator pascha 16 cum suis discipulis fecerit ; quod et hodieque, sicut est traditum, celebratur, sanctumque in eo chrisma conficitur, atque initium novi et veteris testamenti cessatio declaratur. Sabbatum ab 17 10 Hebraeis ex interpretatione vocabuli sui requies nominatur, quod Deus in ipso, perfecto mundo, requievisset. Siquidem 18 et eo die requievit Dominus in sepulchro, ut quietis illius mysterium confirmaret ; quod Iudaeis observandum in umbra futuri praeceptum est. Sed postquam Christus in sepultura 15 sua eius figuram adinplevit, observatio eius quievit. Dominicus 19 dies proinde vocatur, quia in eo resurrectionis Domini nostri gaudium celebratur. Qui dies non Iudaeis, sed Christianis in resurrectionem Domini declaratus est, et ex illo habere coepit festivitatem suam. Illis enim solum celebrandum sabbatum 20 20 traditum est, quia erat antea requies mortuorum ; resurrectio autem nullius erat qui resurgens a mortuis non moreretur. Postquam autem facta est talis resurrectio in corpore Domini, 21 ut praeiret in capite Ecclesiae quod corpus Ecclesiae speraret in finem, iam dies Dominicus, id est octavus, qui et primus, 25 celebrari coepit.

DE OFFICIIS. Officiorum plurima genera esse, sed prae- XIX

1 labanda *B*   observationem *C¹K* : ob observationem *B*   2 sordata *K*   3 die *om. K*   confitentibus *K* (*non D Trin.*)   confinium *B Trin. T*   7 et eo die quae *C¹* : et odie *KT* : hodieque *B* : et usque hodie *Trin.*   8 sanct. . . . conf. *post* declaratur *T* : *post* agnoscant (§ 15) *C¹* (*non Trin.*)   atque . . . declar. *om. BDH Trin.* : atque *om. C*   9 cess. test. *CT*   10 nuncupatur *K*   11 perfectum mundum *K*   12 et *om. K* (*non A*)   in eo *K* : hoc *T*   13 misterio *K* : ministerium *B*   confirmare quem *T* : confirmare et quem *K* : confirmet quem *A* : confirmaret quem *B*   14 futurum *C*   in sepulchro suo *K* (*non A*)   15 qui.] cessavit *K* (*non A*)   18 resurrectione *BK*   dom. nostri iesu christi *K* (*non A*)   declaratum est *K* : declaratus *T*   19 fest. suam] sollemnitatem *K* (*non A*)   20 est *cm. C¹*   quia] qui *K*   23 quod corp. eccl. *om. T*   sper.] paret *K*

cipuum illud quod in sacris divinisque rebus habetur. Officium
autem ab efficiendo dictum, quasi efficium, propter decorem
sermonis una mutata littera ; vel certe ut quisque illa agat quae
2 nulli officiant, sed prosint omnibus. Vespertinum officium est
in noctis initio, vocatum ab stella Vespere, quae surgit oriente 5
3 nocte. Matutinum vero officium est in lucis initio, ab stella
Lucifero appellatum, quae oritur inchoante mane. Quorum
duorum temporum significatione ostenditur ut die ac nocte
4 semper Deus laudetur. Missa tempore sacrificii est, quando
catechumeni foris mittuntur, clamante levita : ' Si quis catechu- 10
menus remansit, exeat foras ' ; et inde missa, quia sacramentis
altaris interesse non possunt qui nondum regenerati noscuntur.
5 Chorus est multitudo in sacris collecta ; et dictus chorus quod
initio in modum coronae circum aras starent et ita psallerent.
Alii chorum dixerunt a concordia, quae in caritate consistit ; 15
quia, si caritatem non habeat, respondere convenienter non po-
6 test. Cum autem unus canit, Graece monodia, Latine sicinium
dicitur ; cum vero duo canunt, bicinium appellatur ; cum multi,
chorus. Nam chorea ludicrum cantilenae vel saltationes clas-
7 sium sunt. Antiphona ex Graeco interpretatur vox reciproca : 20
duobus scilicet choris alternatim psallentibus ordine commutato,
sive de uno ad unum. Quod genus psallendi Graeci invenisse
8 traduntur. Responsorios Itali tradiderunt. Quos inde responsorios cantus vocant, quod alio desinente id alter respondeat.
Inter responsorios autem et antiphonam hoc differt, quod in re- 25
sponsoriis unus versum dicit, in antiphonis autem versibus al-
9 ternant chori. Lectio dicitur quia non cantatur, ut psalmus
vel hymnus, sed legitur tantum. Illic enim modulatio, hic sola

1 in *om. T*   3 quisquis *K ante corr.*   5 initium *CT*   vocatis *C*[1]
nocte oriente *C*   6 est *om. T*   initium *codd.*   10 foras *K*
rem. cat. *C* : remanserit cat. *T*   11 sacramentum *T*[2]   13 collectus *BT*
14 chorone in modo *K*   15 consistat *K*[2] : consistunt *T*[2]   16 quae si ca.
non habet *add. in marg. K*   non *om. K*   17 sincinia *Paul. Fest.*
codd. p. 337 (*cf. tamen Gell.* 20, 3)   18 bic. dicitur *K*   19 coreas *BCT* :
choreae *dett.*   classium *suspectum*   20 ex Gr. int.] grece *K* (*non A*)
22 sive] sed *K* (*non A*)   grece *C*   adinvenisse *K*   24 id] it *T* : id
est *C*[1] : *om. K*   25 autem *om. K*   antiphonas *K*   26 un. ver.
dicitur *T* (*pro* unus versus dicitur?)   27 qui *C*[1]   28 tantum]
psalmus *C*[1]   illuc *BT*

pronuntiatio quaeritur. Canticum est vox cantantis in laetitiam. 10
Psalmus autem dicitur qui cantatur ad Psalterium, quod usum 11
esse David prophetam in magno mysterio prodit historia. Haec
autem duo in quibusdam Psalmorum titulis iuxta musicam
5 artem alternatim sibi adponuntur. Nam canticum Psalmi est, 12
cum id quod organum modulatur, vox postea cantantis eloquitur.
Psalmus vero cantici, cum quod humana vox praeloquitur, ars
organi modulantis imitatur. Psalmus autem a psalterio dicitur,
unde nec mos est ex alio opere eum conponi. Tres autem 13
10 gradus sunt in cantando : primus succentoris, secundus incen-
toris, tertius accentoris. Diapsalma quidam Hebraeum verbum 14
esse volunt, quo significatur semper ; id est, quod illa, quibus
hoc interponitur, sempiterna esse confirment. Quidam vero 15
Graecum verbum existimant, quo significatur intervallum psal-
15 lendi ; ut psalma sit quod psallitur, diapsalma vero interpositum
in psallendo silentium : ut quemadmodum synpsalma dicitur
vocis copulatio in cantando, ita diapsalma disiunctio earum,
ubi quaedam requies distincta continuationis ostenditur. Vnde 16
illud probabile est, non coniungendas sententias in psallendo,
20 ubi diapsalma interposita fuerit ; quia ideo interponitur, ut conversio sensuum vel personarum esse noscantur. Hymnus est 17
canticum laudantium, quod de Graeco in Latinum laus interpretatur, pro eo quod sit carmen laetitiae et laudis. Proprie autem
hymni sunt continentes laudem Dei. Si ergo sit laus et non sit
25 Dei, non est hymnus : si sit et laus et Dei laus, et non cantetur,
non est hymnus. Si ergo et in laudem Dei dicitur et cantatur,
tunc est hymnus. Cui contrarium est threnum, quod est car- 18
men lamenti et funeris. Alleluia duorum verborum interpre- 19
tatio est, hoc est laus Dei, et est Hebraeum. Ia enim unum est

---

1 laetitia *K*   2 ad] ut *C*[1]   quod usu *K* : quo usum *T*   4 autem
om. K   7 cantici cum *dett.* : canticum *BKT* : cantici *C*   proloquitur
B   9 mos] nos *C*[1]   10 gratus *K*   pr. sec. inc. succ. *K*   primus]
infimus *T*   11 hebraicorum *K*   12 quod *CK*   13 sempiternam *T*
14 quod *BK*   15 interposito . . . silentio *K*   16 dicitur *post* cantando *K*
(*non A*)   17 vocum *Aug. in Ps.* 4   eorum *CK*   18 disiunctae *Aug.*
continuatione *K*   Vnde et ille *C*[1]   21 noscatur *BC*   24 non sit]
non est *K* (*non A*)

ISIDORI

de decem nominibus, quibus apud Hebraeos Deus vocatur.
20 Amen significat vere, sive fideliter, quod et ipsud Hebraeum est.
Quae duo verba amen et alleluia nec Graecis nec Latinis nec
barbaris licet in suam linguam omnino transferre vel alia lingua
adnuntiare. Nam quamvis interpretari possint, propter san- 5
ctiorem tamen auctoritatem servata est ab Apostolis in his pro-
21 priae linguae antiquitas. Tanto enim sacra sunt nomina ut
etiam Iohannes in Apocalypsin referat se Spiritu revelante vidisse et audisse vocem caelestis exercitus tamquam vocem
aquarum multarum et tonitruum validorum dicentium : amen 10
et alleluia : ac per hoc sic oportet in terris utraque dici, sicut
22 in caelo resonant. Osanna in alterius linguae interpretationem
in toto transire non potest. Osi enim salvifica interpretatur ;
anna interiectio est, motum animi significans sub deprecantis
23 affectu. Integre autem dicitur osianna, quod nos corrupta media 15
vocali littera et elisa dicimus osanna, sicut fit in versibus cum
scandimus. Littera enim prima verbi sequentis extremam prioris
verbi veniens excludit, et dicitur Hebraice osanna, quod interpretatur salvifica, subaudiendo vel : populum tuum, vel : totum
24 mundum. Offertorium tali ex causa sumpsit vocabulum. Fer- 20
tum enim dicitur oblatio quae altari offertur et sacrificatur a
pontificibus, a quo offertorium nominatum, quasi propter fertum.
25, 26 Oblatio vocatur quia offertur. Dona proprie divina dicuntur,
27 munera hominum. Nam munera dicuntur obsequia, quae pau-
peres divitibus loco munerum solvunt. Itaque munus homini 25
datur, donum Deo. Vnde etiam in templis donaria dicimus.
Munera autem vocantur quia manibus vel accipiuntur vel dan-
28 tur. Duo sunt autem quae offeruntur : donum et sacrificium.
29 Donum dicitur quidquid auro argentoque aut qualibet alia
30 specie efficitur. Sacrificium autem est victima et quaecumque 30

2 quod ipsut ebreum que duo *T* 7 Tantum *K* 10 amen all. *K*
11 oportent *CT* 12 lingua *B* 13 totum *K* 14 anime *T*
15 affectum *BCT* corrupte *K* 16 vocabuli *C* li. elisa *K*
17 prioris ven. *C* 18 Hebraice *add. K²* osianna *T* 21 altario *K*
22 propter] prae *K* fertur *B* 23 divina *om. ADK* : *add. in marg.*
B : dī (*i. e.* Dei) *Trin., fort. recte* 24 hominum *om. A* quae] quo *T*
25 locum *KC¹* 27 vocatur *K* qua *C¹* 29 quelibet *C¹*

in ara cremantur seu ponuntur. Omne autem quod Deo datur,
aut dedicatur aut consecratur. Quod dedicatur, dicendo datur ;
unde et appellatur. Vnde errant qui consecrationem dedicationem putant significari. Immolatio ab antiquis dicta eo quod 31
5 in mole altaris posita victima caederetur. Vnde et mactatio
post immolationem est. Nunc autem immolatio panis et calicis
convenit, libatio autem tantummodo calicis oblatio est. Hinc 32
est illud (Eccles. 50, 17) : ' Et libavit de sanguine uvae.' Sicut
et saecularium quidam poetarum (Virg. Aen. 7, 133) : ' Nunc,'
10 inquit, 'pateras libate Iovi.' Libare ergo proprie fundere est,
sumptumque nomen ex Libero quodam, qui in Graecia usum
repperit vitis. Hostiae apud veteres dicebantur sacrificia quae 33
fiebant antequam ad hostem pergerent. Victimae vero sacrificia 34
quae post victoriam, devictis hostibus, immolabant. Et erant
15 victimae maiora sacrificia quam hostiae. Alii victimam dictam
putaverunt, quia ictu percussa cadebat, vel quia vincta ad aras
ducebatur. Holocaustum illud est, ubi totum igne consumitur 35
quod offertur. Antiqui enim cum maxima sacrificia admini-
strarent, solebant totas hostias in sacrorum consumere flamma,
20 et ipsa erant holocaustomata. Ὅλον enim Graece totum dicitur, καῦσις incensio, et holocaustum totum incensum. Caeri- 36
moniae apud Latinos dicuntur sacra omnia quae apud Graecos
orgia vocantur. Proprie autem visum est doctoribus a carendo
appellari caerimonias, quasi carimonias ; eo quod ea quae in
25 sacris divinis offeruntur, in suo usu id carerent homines ; quod
nomen etiam in usu est litterarum sanctarum. Alii caerimonias 37
proprie in observationibus Iudaeorum credunt ; abstinentiam
scilicet quarundam escarum secundum veterem legem, eo quod
observantes careant his rebus quibus se abstinuerunt. Sacrificium 38
30 dictum quasi sacrum factum, quia prece mystica consecratur in

3 erant *BK*[1]   dedicationem *om. T*   5 mola *K, vix recte*
7 labatio *B*   oblatio *om. K*   8 sicut] sic *T*   10 iovis *BT*
12 utis *B*   13 ad hostes *K*   sacrificium *B*   15 sacrificiae *BK*
17 ubi] ibi *T*   21 incensio holoc. *K*   22 quae *om. K*   23 proprium *K*   cerendo *T*   25 id] his *C*   26 in usum ⟨hu-⟩ *BCT*
sacrarum *K*   cerimonia *K*   29 car. in his *K*   absti-
nuerint *BC*   30 qu. sacri *K*   quia] quod *K*   consecratum *B*

memoriam pro nobis Dominicae passionis ; unde hoc eo iubente corpus Christi et sanguinem dicimus. Quod dum sit ex fructibus terrae, sanctificatur et fit sacramentum, operante invisibiliter Spiritu Dei ; cuius panis et calicis sacramentum Graeci Eucharistian dicunt, quod Latine bona gratia interpretatur. Et 5

39 quid melius sanguine et corpore Christi? Sacramentum est in aliqua celebratione, cum res gesta ita fit ut aliquid significare intellegatur, quod sancte accipiendum est. Sunt autem sacramenta baptismum et chrisma, corpus et sanguis [Domini]

40 Quae ob id sacramenta dicuntur, quia sub tegumento cor- 10 poralium rerum virtus divina secretius salutem eorundem sacramentorum operatur ; unde et a secretis virtutibus vel a

41 sacris sacramenta dicuntur. Quae ideo fructuose penes Ecclesiam fiunt, quia sanctus in ea manens Spiritus eundem sacra-

42 mentorum latenter operatur effectum. Vnde, seu per bonos seu 15 per malos ministros intra Dei ecclesiam dispensentur, tamen quia sanctus Spiritus mystice illa vivificat, qui quondam Apostolico in tempore visibilibus apparebat operibus, nec bonorum meritis dispensatorum amplificantur haec dona, nec malorum adtenuantur, quia (1 Cor. 3, 7): 'neque qui plantat est aliquid, neque qui 20 rigat, sed qui incrementum dat, Deus'; unde et Graece mysterium

43 dicitur, quod secretam et reconditam habeat dispositionem. Baptismum Graece, Latine tinctio interpretatur; quae idcirco tinctio dicitur, quia ibi homo spiritu gratiae in melius inmutatur, et

44 longe aliud quam erat efficitur. Prius enim foedi eramus de- 25 formitate peccatorum, in ipsa tinctione reddimur pulchri dealbatione virtutum ; unde et in Canticis scribitur canticorum (8,

45 5): 'Quae est ista quae ascendit dealbata?' Cuius mysterium

---

3 sacrificatur T : sanctificatus B 5 quod] que C 6 sanguine et corporis B : sanguini et corporis T : corpore et sanguine K
7 fit] sit K sign. inte intell. C^1 9 et chrisma *om.* K (*non A*) : et *om.* B sanguis BC : sanguini T : sanguis domini K (*non A*)   10 tegumen B 11 salute K cor. sacr. *secl.* Schwarz
12 vel sacris C 16 dispensetur TK (*non A*)   tamen] tunc K (*non A*)   18 visibiliter K 19 haec dona *om.* B^1 20 neque plantat C^1
neque rigat T^1 22 dispositionem A Trin. T : disponsionem B : dispensationem C : dispensionem D : repositionem K 24 quia] qui B^1
26 tinctio T : intinctione B

non aliter nisi sub Trinitatis designatione, id est Patris et Filii
et Spiritus sancti, cognominatione conpletur, dicente Domino
ad Apostolos (Matth. 28, 19): 'Ite docete omnes gentes, ba-
ptizantes eos in nomine Patris et Filii et Spiritus sancti.' Sicut **46**
5 enim in tribus testibus stat omne verbum, ita hoc sacramentum
confirmat ternarius numerus nominum divinorum. Quod autem **47**
per aquam baptismum datur, haec ratio est. ˙ Voluit enim Dominus ut res illa invisibilis per congruentem, sed profecto con-
trectabilem et visibilem inpenderetur elementum, super quem
10 etiam in principio ferebatur Spiritus sanctus. Nam sicut aqua **48**
purgatur exterius corpus, ita latenter eius mysterio per Spiritum
sanctum purificatur et animus. Cuius sanctificatio ita est. In- **49**
vocato enim Deo descendit Spiritus sanctus de caelis, et medicatis
aquis sanctificat eas de semetipso ; et accipiunt vim purgationis,
15 ut in eis et caro et anima delictis inquinata mundetur. Chrisma **50**
Graece, Latine unctio nominatur ; ex cuius nomine et Christus
dicitur, et homo post lavacrum sanctificatur. Nam sicut in ba- **51**
ptismo peccatorum remissio datur, ita per unctionem sanctificatio
spiritus adhibetur ; et hoc de pristina disciplina, qua ungui in
20 sacerdotium et in regnum solebant, ex quo et Aaron a Moyse
unctus est. Quae dum carnaliter fit, spiritaliter proficit ; quo- **52**
modo et in ipsa baptismi gratia visibilis actus, quod in aqua
mergimur, sed spiritalis effectus, quod delictis mundamur. Hoc **53**
significat illud unguentum, quod peccatrix mulier super pedes,
25 et ea quae dicitur non fuisse peccatrix, super caput Iesu fudisse
scribuntur. Manus inpositio ideo fit, ut per benedictionem ad- **54**
vocatus invitetur Spiritus sanctus. Tunc enim ille Paracletus

---

2 cognitione *K* (*non A*)   4 eas *K*   7 vol. deus ut *T*   8 congruen-
tiam sed prof. contractabilem vis. *K* : congruens et prof. contractabile et
vis. *C*¹ (*non Trin.*)   contractibilem *B*   9 invisibilem *BT*   inper-
tiretur *Schwarz*   elemento *K*   quem] quod *C* (*non D Trin.*) : quod
elementum *K*   11 misterium *K*   12 sanctum *om. C*   et *om. T*
anima *K*   13 de caelis *om. K*¹   15 eis caro *B*   17 babti-
smum (-pt-) *BCT*   18 ita et per *B*   tinctionem *T*   sanctifica-
tionis *K*   19 spiritalis *T*   qua] quia *KT*   20 sacerdotio et in
regno *K*   et *om. K*   21 uctus *T*   Quaedam *C* : et quae dum *B*
22 et ip. ba. *K* : et in babtismo *T*   23 mergitur *C* : merguntur *T ex
corr.*   spiritaliter *K*¹   mundantur *K*   25 fu. scribitur *K* : fudisse
discribuntur *T*   26 ideo] inde *T*   27 ille *om. K* (*non A*)

post mundata et benedicta corpora libens a Patre descendit, et
quasi super baptismi aquam tamquam super pristinam sedem
recognoscens quiescit. Nam legitur quod in principio aquis
55 superferebatur Spiritus sanctus. Exorcismus Graece, Latine coniuratio, sive sermo increpationis est adversus diabolum, ut dis- 5
cedat : sicut est illud in Zacharia (3, 1): 'Et ostendit mihi Iesum
sacerdotem magnum stantem coram angelo Dei, et Satan stabat a
dextris eius, ut adversaretur ei ; et dixit Dominus ad Satan : Increpet Dominus in te, Satan, et increpet in te Dominus, qui elegit
56 Hierusalem.' Hoc est exorcismus increpare et coniurare adver- 10
sus diabolum ; unde sciendum est quod non creatura Dei in in-
fantibus exorcizatur aut exsufflatur, sed ille sub quo sunt omnes
qui cum peccato nascuntur. Est enim princeps peccatorum.
57 Symbolum per linguam Graecam signum vel cognitio interpretatur. Discessuri enim Apostoli ad evangelizandum in gentibus 15
58 hoc sibi praedicationis signum vel indicium posuerunt. Continet autem confessionem Trinitatis et unitatem Ecclesiae et
omne Christiani dogmatis sacramentum. Quod symbolum fidei
et spei nostrae non scribitur in carta et atramento, sed in tabulis
59 cordis carnalibus. Oratio petitio dicitur. Nam orare est petere, 20
sicut exorare inpetrare. Constat autem oratio loco et tempore.
Loco, quia non ubique, cum prohibeamur a Christo in publico,
sed ubi opportunitas dederit aut necessitas inportaverit. Neque
enim contra praeceptum reputatur ab Apostolis factum, quia in
60 carcere audientibus custodibus orabant et canebant Deo. De 25
tempore vero dictum est (1 Thess. 5, 17): 'Sine intermissione
orate,' sed hoc [in] singularibus. Nam est observatio quarundam horarum communium, quae diei interspatia signant, tertia,

1 descendet C^1 2 per ba. T ta. prist. *Tertull. de bapt.* 8   3 se
cognoscens T quiescet T 4 sp. sa. sup. K (*non A*)   7 dei] domini
BC 9 Dom. in te] tibi dom. K Sat. et incr. *om.* B^1 Dom.
in te BC 10 exorcismum CKT 11 sci. quod BT 13 est enim]
et est K 14 vel] aut K (*non A*)   cogn.] collatio *Arev.*   15 de-
scensuri (di-) $BCAT$: discesserunt K 16 iudicium K Continent BT
17 et in un. T 18 omnem BT fidei spei T 21 si. et exor. T
autem *om.* K 22 in publicum BCT: in puplico orare K 24 quia]
qui BC 25 Deo *om.* C 27 in *om.* B^1CK: *ante* hoc T est]
et T 28 die KT signat K

sexta et nona ; similiter et noctis. Sed ideo haec orandi horae **61**
divisae sunt, ut si forte aliquo fuerimus opere detenti, ipsud nos
ad officium tempus admoneat ; quae tempora in Scripturis inveniuntur. Primum enim Spiritus sanctus congregatis discipulis **62**
5 hora tertia infusus est. Petrus, qua die visionem communica-
tionis in illo vasculo expertus est, sexta hora orandi gratia ascen-
derat. Idem etiam cum Iohanne hora nona templum adiit,
quando paralyticum sanitati reformavit. Sed et Danielum legi- **63**
mus haec tempora in oratione observasse, et utique ex Israelis
10 disciplina, ut ne minus quam ter die adoremus. Debitores enim
sumus trium, Patris et Filii et Spiritus sancti ; exceptis utique
et aliis legitimis orationibus, quae sine ulla admonitione debentur, ingressus lucis ac noctis sive vigiliarum ; sed et cibum non **64**
prius sumere quam interposita oratione. Priora enim habenda
15 sunt spiritus refrigeria, quia priora caelestia quam terrena. Qui
autem vult orationem suam volare ad Deum, faciat illi duas alas,
ieiunium et eleemosynam, et ascendet celeriter et exaudietur.
Ieiunium est parsimonia victus abstinentiaque ciborum, cui no- **65**
men est inditum ex quadam parte viscerum tenui semper et va-
20 cua, quod vulgo ieiunum vocatur. Vnde ieiunii nomen creditur
derivatum, quod sui inedia viscera vacua et exinanita existant.
Ieiunium autem et statio dicitur. Statio autem de militari ex- **66**
emplo nomen accepit, pro eo quod nulla laetitia obveniens castris stationem militum rescindit. Nam laetitia libentius, tristitia
25 sollicitius administrat disciplinam ; unde et milites numquam
inmemores sacramenti magis stationibus parent. Discernunt **67**

1 sex. no. C^1 2 aliquod T detempti C^1 : detempi (-npi ?) T
ipsud] id sud C^1 4 Primus BCT (cf. *Tertull. de orat.* 25)   enim
om. T congregatis *ex* congratis T 8 paraclitum K^1 san.
pristine ref. K (*A n. l.*)   9 et utique ex BC *Trin.* : utique ex K : ut
antique (*i. e.* -ae) T 10 disciplinam T ut ne] non K diei T :
in die K 11 ut. al. T 13 ingressu *Tertull. de orat.* 25   14 prius]
potius B interpositam orationem K 15 terrena] terrestria T
16 deum BT : dominum CT facit B^1 illi] ei T 17 ascendit
CK exauditur BCK 19 viscerum *om.* K (*non A*)   semp.
vac. C^1 20 ieiunum] ieiunium BCT 21 existat K 22 stadio K
23 lae. sive tristitia o. *Arev.* (*ex Tertull. de orat.* 19)   crastris T
24 letia T tristitias C^1 26 magis . . . inter ieiunium *om.* T

autem quidam inter ieiunium et stationem. Nam ieiunium est
indifferenter cuiuslibet diei abstinentia, non secundum legem,
sed secundum propriam voluntatem ; statio autem est observatio
68 statutorum dierum vel temporum.   Dierum, ut quartae feriae et
sextae feriae ieiunium ex veteri lege praeceptum : de qua statione 5
in Evangelio dixit ille (Luc. 18, 12) : 'Ieiuno bis in sabbato,' id
69 est quarta et sexta sabbati.   Temporum autem, quae legalibus
ac propheticis institutionibus terminatis temporibus statuta sunt,
ut ieiunium quarti, quinti, septimi, ac decimi mensis ; vel, sicut
in Evangelio (Matth. 9, 15), dies illi in quibus ablatus est sponsus ; 10
vel sicut observatio quadragesimae, quae in universo orbe
institutione Apostolica observatur circa confinium Dominicae
70 passionis.   His tertium genus quidam adiciunt quam Xero-
phagiam dicunt, abstinentiam scilicet ciborum humentium.
Vnde et nomen hoc datum, eo quod siccis quidam escis utantur. 15
71 Poenitentia appellata, quasi punitentia, eo quod ipse homo in se
poenitendo puniat quod male admisit.   Nam nihil aliud agunt,
quos veraciter poenitet, nisi ut id, quod male fecerunt, inpunitum
esse non sinant.   Eo quippe modo sibi non parcentibus ille par-
cit, cuius altum iustumque iudicium nullus contemptor evadit. 20
72 Perfecta est autem poenitentia, praeterita deflere et futura non
admittere.   Haec secunda in similitudine fontis est, ut si forte
inpugnante diabolo aliquod peccatum inrepserit, huius satisfa-
73 ctione purgetur.   Satisfactio autem est causas peccatorum et
74 suggestiones excludere et ultra peccatum non iterare.   Recon- 25
ciliatio vero est, quae post conplementum poenitentiae adhibetur.
Nam sicut conciliamur Deo, quando primum a gentilitate con-

1 nam *om. K*   2 secundum] per *K* (*A n. l.*)   3 sed sec. *om. T* :
sed per *K* (*A n. l.*)   4 statuorum *C¹* : istorum *T*   st. vel di. vel *B*
et sex. fer. *om. K¹*   5 ex *om. T*   legem *C¹*   7 au. quae] vel *B*
8 ac] et *K*   9 ac] et *K*   mensis *om. BT*   vel *om. K*   10 ille *B*
11 quae] qui *T*   12 apost.] evangelica *K* (*non A*)   13 tertium *om. K¹*
adiciunt] dicunt *K¹*   quam *BT* : quod *CK*   scenophigia dicitur *K*
14 scil.] quidem *K* (*non A*)   humectuum *K* (*A n. l.*)   15 quidam siccis
K   *fort.* quidem : *del. Schwarz*   utuntur *ut vid. T*   16 Penitentiam
KT   appellatam *K*   punientia *BK* : paenitentia *C¹*   17 punit *BCT*
aliud *om. T*   18 poenitet] punit *K*   20 evadet *K*   23 peccato *C¹*
24 purgentur *C¹*   25 suggestionum a se excl. *K*   § 74 *om. KMO* (*non
A Trin.*)   26 vero] autem *T*   27 nam … regredimur *om. T* (*non U Trin.*)

vertimur, ita reconciliamur, quando post peccatum poenitendo
regredimur. Exomologesis Graeco vocabulo dicitur, quod Latine **75**
confessio interpretatur, cuius nominis duplex significatio est.
Aut enim in laude intellegitur confessio, sicut est : ' Confitebor
5 tibi Domine Pater caeli et terrae ' : aut dum quisque confitetur
sua peccata ab eo indulgenda, cuius indeficiens est misericordia.
Ex hoc igitur Graeco vocabulo exprimitur et frequentatur exomo- **76**
logesis, qua delictum nostrum Domino confitemur; non quidem
ut ignaro, cuius cognitioni nihil occultum est; sed confessio
10 est rei scilicet eius quae ignoratur professa cognitio. Vtile **77**
enim sibi ac iucundum quisquam esse existimaverat rapere,
adulterare, furari; sed ubi haec aeternae damnationi obnoxia
esse cognovit, cognitis his, confitetur errorem. Confessio autem **78**
erroris professio est desinendi : desinendum ergo a peccatis est,
15 dum confessio est. Confessio autem antecedit, remissio sequitur.
Ceterum extra veniam est qui peccatum cognoscit nec cognitum
confitetur. Itaque exomologesis prosternendi et humilificandi **79**
hominis disciplina est, habitu atque victu, sacco et cinere incu-
bare, corpus sordibus obscurare, animum maeroribus deicere,
20 illa, quae peccant, tristi tractatione mutare. Litaniae autem **80**
Graeco nomine appellantur, quae Latine dicuntur rogationes.
Inter litanias vero et exomologesin hoc differt, quod exomologesis pro sola confessione peccatorum agitur; litaniae vero,
quae indicuntur propter rogandum Deum et inpetrandam in
25 aliquo misericordiam eius. Sed nunc iam utrumque vocabulum **81**

3 interpretatur . . . intellegitur *om. T*　　sign. aut *C*　　4 confiteor
BC　　6 indulgentia *B (non A)*　　7 Graeco *om. K*　　frequenter *B*
exomologis *K* (? *i. e.* ἐξομολογεῖς)　　8 qua] quia *CKT*　　9 ut] non *C*¹ :
om. K　　11 quisquam (*ex* quisque) ignoratur professa cognitio quam *T*
(*cf.* § 76)　　12 furare *BCT*　　hac *T*　　damnatione *C*¹　　noxia *C*¹*K*
13 esse *om. K*　　cognitus *K*　　14 desinendo ergo *K*　　pecc. dum
C　　15 antecedet *T*　　17 humiliandi hominibus *K*　　18 disciplin **
abitu *C*¹　　cineri *T*　　incurbare *T*　　19 animo *C*¹　　erroribus *T*
dedere *K (non A)*　　20 illi *K*　　peccanti *C*¹*K* : peccavit *C*² (*cum Tertull.*
de paenit. 9)　　tristitia tra. *C*¹　　autem *om. K*　　21 Latine] letanie
T　　22 exomologesis *B*¹ *ut vid. K*　　exomologesin *BT*　　23 pecc.
conf. *T*　　aguntur *BT* (? *pro* Inter. lit. ve. et exomologeses h. d. q.
exomologeses . . . aguntur)　　vero dicuntur *T*¹ : vero inde dicuntur *T*²
24 inpetrandum *BC*　　25 aliqua *C*¹　　iam] distat vulgo *T*

sub una designatione habetur, nec distat vulgo utrum litaniae an exomologesis dicantur.   Supplicationis autem nomen quodam-
82 modo nunc ex gentilitate retinetur.   Nam feriae aut legitimae erant apud eos aut indictae.   Indictae autem, quia paupertas antiqua Romanorum ex conlatione sacrificabat, aut certe de bonis 5 damnatorum.   Vnde supplicia dicuntur supplicationes, quae fiebant de bonis passorum supplicia.   Sacrae enim res de rebus execrandorum fiebant.

1 adsignatione B 2 exomologesin B^2CT : omologesin B^1 indi-cantur *ut vid.* B^1 3 fer. leg. T 5 sacrificabant T 6 unde a suppl. K : unde et suppl. *Serv. ad Aen.* 1, 632   7 passorum] possesso-rum CK (*non A*)   supplicia *om.* K (*non A*)   sacra B res *om.* KM 8 fiebat C^1 *Sequitur Hieronymi tractatus* DE FESTIS DIEBVS IN VETERI LEGE (*in una pagina*) *in* T

LIBER VII

DE DEO, ANGELIS ET SANCTIS

De Deo. Beatissimus Hieronymus, vir eruditissimus et 1
multarum linguarum peritus, Hebraeorum nominum interpretationem primus in Latinam linguam convertit. Ex quibus pro
brevitate praetermissis multis quaedam huic operi adiectis
5 interpretationibus interponenda studui. Vocabulorum enim 2
expositio satis indicat quid velit intellegi. Habent enim quaedam ex propriis causis nominum rationem. In principio autem
decem nomina ponimus, quibus apud Hebraeos Deus vocatur.
Primum apud Hebraeos Dei nomen El dicitur; quod alii 3
10 Deum, alii etymologiam eius exprimentes ἰσχυρὸς, id est fortem
interpretati sunt, ideo quod nulla infirmitate opprimitur, sed
fortis est et sufficiens ad omnia perpetranda. Secundum nomen 4
Eloi. Tertium Eloe, quod utrumque in Latino Deus dicitur. 5
Est autem nomen in Latinum ex Graeca appellatione transla-
15 tum. Nam Deus Graece δέος, φόβος dicitur, id est timor, unde
tractum est Deus, quod eum colentibus sit timor. Deus autem 6
proprie nomen est Trinitatis pertinens ad Patrem et Filium et
Spiritum sanctum. Ad quam Trinitatem etiam reliqua quae
in Deo infra sunt posita vocabula referuntur. Quartum nomen 7
20 Dei dicitur Sabaoth, quod vertitur in Latinum exercituum sive
virtutum, de quo in Psalmo ab angelis dicitur (23, 10): 'Quis
est iste rex gloriae? Dominus virtutum.' Sunt enim in huius 8
mundi ordinatione virtutes multae, ut angeli, archangeli, principatus et potestates, cunctique caelestis militiae ordines, quorum
25 tamen ille Dominus est. Omnes enim sub ipso sunt eiusque

---

1 Beatus K   5 studii T   enim] autem CK (non A)   6 vellint
(velint) ABC   9 eli B   10 deum et alii T   11 nulli de firmitate T
12 est om. K   perpetrata T   13 quod om. K (non A)   latinum BCT
14 nom. latinum C   15 δέος] theos codd.   foebos CT : febos B : fibos
A : om. K   16 est nomen deus K   eum] enim B   18 ad quam] aliqua
in K (non A)   20 dei dicitur BT : est K : est dei dicitur C¹   21 quo]
quod C¹   psalmis K   qui es T¹   22 huiusmodi K   23 ordinationes
C¹ : observatione K (non A)   24 et om. K (non A)   25 illi B   est om. C¹

9 dominatui subiacent. Quintum Elion, quod interpretatur in Latinum excelsus, quia supra caelos est, sicut scriptum est de eo (Ps. 113, 4): 'Excelsus Dominus; super caelos gloria eius.' Excelsus autem dictus pro valde celsus. Ex enim pro valde

10 ponitur, sicut eximius, quasi valde eminens. Sextum Eie, id $_5$ est, qui est. Deus enim solus, quia aeternus est, hoc est, quia exordium non habet, essentiae nomen vere tenet. Hoc enim

11 nomen ad sanctum Moysen per angelum est delatum. Quae-renti enim quod esset nomen eius, qui eum pergere praecipiebat ad populum ex Aegypto liberandum, respondit (Exod. 3, 14): $_{10}$ 'Ego sum, qui sum: et dices filiis Israel: Qui est, misit me ad vos'; tamquam in eius conparatione, qui vere est, quia in-commutabilis est, ea, quae commutabilia, facta sunt quasi non

12 sint. Quod enim dicitur fuit, non est: et quod dicitur erit, nondum est. Deus autem esse tantum novit, fuisse et futurum $_{15}$

13 esse non novit. Solus enim Pater cum Filio et Spiritu sancto veraciter est. Cuius essentiae conparatum esse nostrum non esse est. Vnde et in conloquio dicimus: 'Vivit Deus,' quia

14 essentia vita vivit, quam mors non habet. Septimum Adonai, quod generaliter interpretatur Dominus, quod dominetur crea- $_{20}$ turae cunctae, vel quod creatura omnis dominatui eius deserviat. Dominus ergo et Deus, vel quod dominetur omnibus, vel quod

15 timeatur a cunctis. Octavum Ia, quod in Deo tantum ponitur,

16 quod etiam in alleluia in novissima syllaba sonat. Nonum Tetragrammaton, hoc est quattuor litterarum, quod proprie $_{25}$ apud Hebraeos in Deo ponitur, iod, he, iod, he, id est, duabus ia, quae duplicata ineffabile illud et gloriosum Dei nomen

1 eloin *B*   3 super] supra *BCK*   5 ei ei *K* : ei *B* : ei ei ĕ (*i.e.* est) *C* : eifie *A* : ehie *T*¹ : ei ei e *T*²   6 qui est] qui est qui est *T*² deus enim solus q. exord. (*cett. om.*) *A*   quia *om. K (non D Trin.)* hoc est] et ob hoc *C*   qui *K (non D Trin.*¹)   7 ess. enim nom. *K*   tenebit *K* : retinet *B* : tenit *D*¹   9 percipiebat *T*   11 dicis *K*   14 Qui *B*   non est et *om. K*   15 deus] dum *K (non A)* tantum esse *K (non A)*   16 enim] autem *K*   18 dicitur *K*   deus *BT* : dominus *CK*   19 quam] quod *K*   21 vel quo *C*   dominatu *T*   serviat *K*¹ (*non A*)   23 in deo] inde *T*   24 Novum *B* 26 iod he iod he *T* : iode iode *BC*² : ioe ioe *C*¹*K*   27 quae] quod *K* : *om. T*

efficiunt. Dicitur autem ineffabilis, non quia dici non potest,
sed quia finiri sensu et intellectu humano nullatenus potest ; et
ideo, quia de eo nihil digne dici potest, ineffabilis est. Deci- **17**
mum Saddai, id est, omnipotens. Vocatus autem omnipotens
5 eo quod omnia potest, sed a faciendo quod vult, non a patiendo quod non vult. Quod si ei accideret, nequaquam esset
omnipotens ; facit enim quidquid vult, et inde omnipotens.
Item omnipotens, quia ipsius sunt omnia quae ubique sunt ; **18**
solus enim totius mundi habet imperium. Dicuntur autem et
10 alia quaedam in Deum substantialiter nomina, ut inmortalis,
incorruptibilis, incommutabilis, aeternus. Vnde et merito
cunctae praeponitur creaturae. Inmortalis, sicut de eo scri- **19**
ptum est (1 Timoth. 6, 16) : 'Qui solus habet inmortalitatem' :
quia in eius natura nulla est commutatio. Nam omnis muta-
15 bilitas non inconvenienter mortalitas dicitur ; secundum quam
et anima dicitur mori, non quia in corpus vel in aliquam alteram substantiam mutatur et vertitur, sed in ipsa sua substantia
quidquid alio modo nunc est aut fuit, secundum id quod
destitit esse quod erat, mortalis utique deprehenditur ; ac per
20 hoc solus Deus dicitur inmortalis, quia solus incommutabilis.
Incorruptibilis appellatur quia corrumpi et dissolvi non potest **20**
nec dividi. Quidquid enim capit divisionem et interitum capit.
Ille nec dividi potest nec interire ; inde incorruptibilis est.
Incommutabilis est quia semper manet et mutari nescit. Nec **21**
25 proficit, quia perfectus est, nec deficit, quia aeternus est.
Aeternus est, quia sine tempore est. Non enim habet initium **22**

1 ineffabile C^1 2 potest ideo quia (qui ?) A 3 eo] deo C
4 autem *om.* K (*non A*)   5 ad faciendum . . . ad patiendum K : ad
faciendum . . . a patiendo A non a pat. . . . vult *om.* B 6 quod
non vult *om. AK*   ei aliquid accederet A 7 quidquid] quod K
(*non A*)   inde] ideo K (*non A*)   8 Idem K omnia *om.* C (*non
A*)   9 autem *om.* K (*non A*)   10 in deo qu. K (*non A*)   11 incomm.] inconsummabilis T 13 solum C^1 15 mortalitas CK :
mortalis BT quam] quod K (*non A*)   16 aliqua altera substantia
K 17 sed in ipsa sua subst. quidquid (*deletum*) mutatur et vertitur sed
ipsa sua substantia quidquid alio K (*non A*)   18 alium modo B aut]
ac *Schwarz*   20 deus solus K incomm. est K 21 appellatur
om. K (*non A*)   22 nec dividi *om. C*   quidquid] quid C^1 23 inde]
unde K est *om.* K^1

neque finem. Hinc et sempiternus, eo quod sit semper aeternus. A quibusdam autem aeternus ab aethere creditur dictus,
quoniam caelum sedes eius habetur. Vnde est illud (Ps. 114,
16): 'Caelum caeli Domino': et haec ista quattuor unum
significant, nam una eademque res dicitur, sive dicatur aeternus 5
Deus, sive inmortalis, sive incorruptibilis, sive inmutabilis.

23 Invisibilis, quia numquam per substantiam suam apparuit oculis
mortalium Trinitas, nisi per speciem subiectae creaturae eademque corporeae. Nam nemo potest ipsam manifestationem
essentiae Dei videre et vivere, sicut et dictum est Moysi; unde 10
et Dominus in Evangelio dicit (Ioann. 1, 18): 'Deum nemo
vidit umquam.' Res est enim invisibilis, ideoque non oculo,
24 sed corde quaerendus est. Inpassibilis, quia nullis perturbatio-
nibus afficitur, quibus fragilitas humana subcumbit. Non enim
adtingunt eum ullae passiones, ut libido, iracundia, cupiditas, 15
timor, maeror, invidia, et cetera quibus mens humana turbatur.
25 Sed cum dicitur Deum irasci aut zelare aut dolere, nostro usu
dicitur. Apud Deum enim perturbatio nulla est, apud quem
26 tranquillitas summa est. Simplex autem dicitur sive non
amittendo quod habet, seu quia non aliud est ipse et aliud 20
quod in ipso est, sicut in homine, cuius aliud [est] esse, [et] aliud
27 sapere. Nam et esse potest, et sapiens non esse; Deus autem
habet essentiam, habet et sapientiam; sed quae habet, hoc et
est, et omnia unus est; ac proinde simplex est, quia non in
eo aliquid accidentis est, sed et quod est, et quod in ipso est, 25
essentialiter est, excepto quod relative ad quamcumque per-

1 hic et C : hinc est et A   2 ab aethere] habere AK   creditur
om. B   3 habetur] est K (non A)   4 caelum om. AK   Domino]
deo vel domino K   haec om. K (non A)   5 unam eandemque B
6 inmut.] incommutabilis T (non V)   7 per] secundum K   8 trinitatis
T (non V)   eiusdemque dett.   10 sicut dic. T (non V)   11 dixit T
(non V)   12 res enim K   non om. B¹   oculos C¹   14 subcumbit ex -bat T   16 maeror] memoria T (non V)   17 zelari B¹
dolore B¹   nostro] non K (non A) : in C¹   18 enim om. K (non A)
nulla pert. nulla C¹   quem om. B¹   19 autem] enim T (non V)
20 quia] qui A   21 quod ipso T (non V)   est hab. CKV : om. BT
et hab. CTV : om. BK   22 Nam esse T (non V)   23 habet sapientiam
(-ia) B¹K   sed om. K (non A)   quod dett.   hab. hoc et est om.
K (non A)   26 quemcumque C¹TV

sonam est. Summe bonus, quia incommutabilis est. Creatura **28**
vero bonum, sed non summum est, quia mutabilis est. Et dum
sit quidem bonum, non tamen esse potest et summum. In- **29**
corporeus autem vel incorporalis ideo dicitur Deus, ut spiritus
5 credatur vel intellegatur esse, non corpus. Nam dum dicitur
spiritus, eius significatur substantia. Inmensus, quia cuncta **30**
concludit, ipse a nullo concluditur ; sed omnia intra eius omni-
potentiam coartantur. Perfectus dicitur quia nihil ei possit **31**
adici. Adtamen de consummatione alicuius facti perfectio dici-
10 tur. Deus autem, qui non est factus, quomodo est perfectus ?
Sed hoc vocabulum de usu nostro sumpsit humana inopia, **32**
sicut et reliqua verba, quatenus id quod ineffabile est utcumque
dici possit, quoniam de Deo nihil digne humanus sermo dicit,
sicut sunt et alia. Creator dictus pro totius mundi rebus ab **33**
15 ipso creatis. Nihil enim est quod non originem a Deo traxerit.
Ipse et unus, quia dividi non potest, vel quia nihil aliud esse
potest quod tantundem capiat potestatis. Haec igitur, quae **34**
de Deo dicta sunt, ad totam pertinent Trinitatem propter unam
et coaeternam substantiam, sive in Patre, sive in Filio eius uni-
20 genito in forma Dei, sive in Spiritu sancto, qui unus Spiritus est
Dei Patris et Filii eius unigeniti. Sunt et quaedam vocabula **35**
ex usu nostro ad Deum sumpta, de membris nostris, sive de
inferioribus ; et quia in propria natura invisibilis et incorporeus
est, pro efficientiis tamen causarum in ipso rerum species adscri-
25 buntur, ut more locutionis nostrae facilius se ipsum insinuet : ut
quia omnia videt, dicatur oculus ; et propter quod audit omnia,
dicatur auris ; pro eo autem quod avertitur, ambulat ; pro eo
quod spectat, stat. Sic et in ceteris horum similibus ab huma- **36**

---

1 creature *T* (*non V*) 2 summum quia *C* 3 quidem] qui *T*[1]
(*non V*) potest esse *K* 4 Deus *om. K* 5 credatur] dicatur *K*
dic. est (*delet.*) spir. est sign. substantiam *K* 7 potentiam *K* (*non A*)
8 coartatur *T* (*non V*) quia] quod *C* (*non A*) ei *om. C*[1] 9 ut
tamen *K* 10 est perf.] inperfectus *K* 12 qu. in id *K* effabile
T: ineffabilis *K*[1] 13 quoniam] quae *B* 15 trax. et ipse et *T*[2] (*non
V*) 16 es. al. po. *TV* 19 eius *om. K* unigen. for. *K* 20 qui]
quia *T* (*non V*) Spiritus *om. B*[1] 22 sive] vel *K* 24 efficientis *T*
ante corr. (*non V*) : efficientes *K* adscribentur *C*[1] 28 expectat *K* ˙
Sicut et *K*

nis mentibus trahitur similitudo ad Deum, sicut est obliviscens
et memorans. Hinc est quod et Propheta dicit (Ierem. 51, 14):
'Iuravit Dominus exercituum per animam suam': non quod
37 Deus animam habeat, sed hoc nostro narrat affectu. Nam et
facies Dei in Scripturis sanctis non caro, sed divina cognitio 5
intellegitur, eadem ratione qua per faciem conspectam quisque
cognoscitur. Hoc enim in oratione dicitur Deo (Psalm. 80, 4):
'Ostende nobis faciem tuam': ac si dicatur: 'Da nobis cogni-
38 tionem tuam.' Sic et vestigia Dei dicuntur, quia nunc Deus
per speculum agnoscitur, ad perfectum vero omnipotens repe- 10
ritur, dum in futurum facie ad faciem quibusque electis prae-
sentabitur, ut ipsam speciem contemplentur, cuius nunc vestigia
conprehendere conantur, hoc est, quem videre per speculum
39 dicitur. Nam et situs et habitus et locus et tempus in Deum
non proprie, sed per similitudinem translate dicuntur; quippe 15
(Psalm. 99, 1) 'sedere super Cherubin' dicitur, quod est ad
situm; et (Psalm. 104, 6): 'Abyssum tamquam vestimentum
amictus,' quod est ad habitum; et (Psalm. 102, 28): 'Anni tui
non deficient,' quod ad tempus pertinet; et (Psalm. 139, 8):
40 'Si ascendero in caelum, tu ibi es,' quod ad locum. Nam et 20
in Propheta (Amos 2, 13): 'Plaustri portantis fenum' species
ad Deum dicitur. Et haec omnia per figuram Deus, quia nihil
est horum ad proprietatem substantiae eius.

II   DE FILIO DEI. Multis etiam modis Christus appellari in
scripturis invenitur divinis. Nam ipse Dei Patris Vnigenitus 25
filius, dum esset aequalis Patri, propter salutem nostram formam
servi accepit. Proinde quaedam nomina in illo ex divinitatis
substantia, quaedam ex dispensatione susceptae humanitatis
2 adsumpta sunt. Christus namque a chrismate est appellatus,

2 est quod *om.* K   et *om.* T[1] (*non* V)   4 sed hoc BTV: sed
quod K: sed que C[1]   nostrum na. affectum K   5 sanctis *om.*
K[1]   6 eandem C[1]   qua] quia BCT   10 reppcrietur C   12 ut
in ipsa specie contempletur K   14 dicuntur C   in deo K (*non* A)
17 abyssum] ab ipso K (*non* A): ad ipsum C[1]   18 quod est] quidem K
(*non* A)   ab habitu K (*non* A)   20 ibi BTV: illic CK   loc. manet
in proph. BCD   27 nomina ... eius nomen (viii. 22) *desunt in* M
in illo] illa B   29 esse appellatus K

hoc est unctus. Praeceptum enim fuerat Iudaeis ut sacrum
conficerent unguentum, quo perungui possent hi qui vocabantur ad sacerdotium vel ad regnum : et sicut nunc regibus indu-
mentum purpurae insigne est regiae dignitatis, sic illis unctio
5 sacri unguenti nomen ac potestatem regiam conferebat ; et inde
Christi dicti a chrismate, quod est unctio. Nam chrisma 3
Graece, Latine unctio nuncupatur, quae etiam Domino nomen
adcommodavit facta spiritalis, quia Spiritu unctus est a Deo
Patre, sicut in Actibus (4, 27) : 'Collecti sunt enim in hac
10 civitate adversus sanctum Filium tuum, quem uncxisti': non
utique oleo visibili, sed gratiae dono, quod visibili significatur
unguento. Non est autem Salvatoris proprium nomen Christus, 4
sed communis nuncupatio potestatis. Dum enim dicitur
Christus, commune dignitatis nomen est ; dum Iesus Christus,
15 proprium est vocabulum Salvatoris. Christi autem nomen 5
nusquam alibi omnino nec in aliqua gente fuit, nisi tantum in
illo regno ubi Christus prophetabatur, et unde venturus erat.
Messias autem Hebraice dicitur, Graece Christus, Latina autem 6
locutione unctus. Iesus Hebraice, Graece σωτήρ, Latine autem 7
20 salutaris sive salvator interpretatur, pro eo quod cunctis gentibus salutifer venit. Etymologiam autem nominis huius etiam 8
Evangelista significat, dicens (Matth. 1, 21) : 'Vocabis nomen
eius Salvator, quia ipse salvum faciet populum suum.' Sicut
enim Christus significat regem, ita Iesus significat salvatorem.
25 Non itaque nos salvos facit quicumque rex, sed rex Salvator. 9
Quod verbum Latina lingua antea non habebat, sed habere
poterat, sicut potuit, quando voluit. Emmanuel ex Hebraeo 10

2 unguentum] unctum C^1 possint KT 3 regibus] Romanis
Lactant. inst. 4, 7, 6   4 sic] sed K 5 et exinde K 6 dicti *om.*
K unctionem K 9 actibus KT^1 *ut vid.* V : actibus dicitur B^1 :
actibus apostolorum legitur C : actibus apostolorum scribitur T^2 enim
om. K 11 qu. invisibili K 12 autem BKV : ergo CT propr.
Salv. K 14 commune . . . Christus *om.* K (*non* A)   Iesus *om.* A
15 propr. vocab. TV 18 autem loc. *om.* K 19 Ies. autem hebr.
T^2 (*non* V)   20 pro eo . . . venit *om.* B 21 sal. venit] saluti pre-
venit T (*non* V)   autem] enim BC huius] eius B 22 dicens
om. K 23 Salvator] salvatorem B quia] quod B 24 significans
re. C regem . . . sign. *om.* T^1 (significat *om.* T^2)

in Latinum significat 'nobiscum Deus,' scilicet quia per
Virginem natus Deus hominibus in carne mortali apparuit,
ut terrenis viam salutis ad caelum aperiret. Ad divinitatis
11 substantiam quae pertinent ista sunt: Deus, Dominus. Deus
autem dictus propter unitam cum Patre substantiam. Dominus 5
12 propter servientem creaturam. Deus autem et homo, quia Verbum et caro. Vnde et bis genitus dicitur, sive quia Pater eum
genuit sine matre in aeternitate, sive quia mater sine patre in tem-
13 pore. Vnigenitus autem vocatur secundum divinitatis excellentiam, quia sine fratribus; Primogenitus, secundum susceptionem 10
hominis, in qua per adoptionis gratiam fratres habere dignatus est,
14 quibus esset primogenitus. Homousion Patri ab unitate substantiae appellatur. Substantia enim vel essentia Graece οὐσία
dicitur, ὁμο- unum. Vtrumque igitur coniunctum sonat una substantia. Hoc enim vocatur Homousion, quod est (Ioann. 10, 15
30): 'Ego et Pater unum sumus,' hoc est, eiusdem cum Patre
15 substantiae. Quod nomen etsi scriptum in sanctis litteris non
inveniatur, in assertione tamen totius Trinitatis defenditur, quia
datur ratio unde recte dici ostendatur; sicut et Pater in illis
libris nusquam Ingenitus legitur, sed tamen dicendus esse atque 20
16 credendus non dubitatur. Homoeusion, similis substantiae,
quia qualis Deus, talis est et imago eius. Invisibilis Deus et
17 imago invisibilis. Principium, eo quod ab ipso sint omnia, et
18 quia ante eum nihil. Finis, vel quia dignatus est in fine temporum humiliter in carne nasci et mori, et iudicium novissimum 25
ipse suscipere, vel quia quidquid agimus ad illum referimus. Et
cum ad eum pervenerimus, ultra quod quaeramus non habemus.
19 Os Dei est, quia Verbum eius est. Nam sicut pro verbis, quae
per linguam fiunt, saepe dicimus illa et illa lingua, ita et pro

---

1 latinam *K*   4 quae] quem *C*¹   5 unitatem *T*: unicam *dett.*
7 bis gen.] virginitus *C*¹   9 vocatus *ut vid. C*   exc. et quia *T*²
11 adoptionem (-obt-) gratiae (-tie) *BCT*   13 appellatus *ut vid. T*
14 ὁμο-] homo (omo) *codd.*   utraque *C*¹   21 Homousion *codd.: corr.*
dett.   22 et (*prius*)] etiam *K*: om. *T*   23 ab om. *T*¹   sunt *T*
24 Finis om. *K*   dignatu *T*   temporum] saeculorum *K*   25 in carne
om. *K*   26 quia om. *T*   28 dei quia *K*   29 fiunt *ex* fuerunt *ut*
vid. T   pro verbo dei *C*: verbum *K*

Dei verbo os ponitur, quia mos est ut ore verba formentur. Verbum autem ideo dicitur, quia per eum Pater omnia condidit, **20** sive iussit. Veritas, quia non fallit, sed tribuit quod promisit. **21** Vita, quia creavit. Imago dicitur propter parem similitudinem
5 Patris. Figura est, quia suscipiens formam servi operum vir- **22** tutumque similitudine Patris in se imaginem atque inmensam magnitudinem designavit. Manus Dei est, quod omnia per **23** ipsum facta sunt. Hinc et dextera propter effectum operis totius creaturae, quae per ipsum formata est. Brachium, quia
10 ab ipso omnia continentur. Virtus, pro eo quod omnem **24** potestatem Patris in semetipso habeat, et omnem caeli terrae- que creaturam gubernet, contineat atque regat. Sapientia, pro **25** eo quod ipse revelet mysteria scientiae et arcana sapientiae. Sed tamen cum sit Pater et Spiritus sanctus sapientia et virtus
15 et lumen et lux, proprie tamen his nominibus Filius nuncu- patur. Splendor autem appellatur propter quod manifestat. **26** Lumen, quia inluminat. Lux, quia ad veritatem contem- plandam cordis oculos reserat. Sol, quia inluminator. Oriens, **27** quia luminis fons et inlustrator est rerum, et quod oriri
20 nos faciat ad vitam aeternam. Fons, quia rerum origo est, vel **28** quod satiat sitientes. Ipse quoque A et Ω. Alpha enim litteram nulla praecedit; prima est enim litterarum, sicut et Filius Dei; ipse enim se principium Iudaeis interrogantibus esse respondit. Vnde et Iohannes in Apocalypsi proprie ipsam litteram ponens
25 ait (22, 13): 'Ego sum A et Ω, primus et novissimus.' Primus, quia ante eum nihil est. Novissimus, quia iudicium novissi- mum ipse suscepit. Mediator, quia inter Deum et hominem **29** medius constitutus est, ut hominem ad Deum perduceret; unde

---

1 ora verba *T*   3 tribuet *CT*   promittit *K*   4 quia a *T*
ante corr.   parem] patrem *T*: *om. K*   6 similitudinem *codd.*
8 hunc *T*   10 ab ipso] per ipsum *K*   11 semetipsum *BCT*: se
ipso *K*   creat. cae. ter. *K*   13 mist. sap. et arch. sci. *K*   14 virtus
lum. *C*   15 tamen] in *K*   omnibus *B*[1]   16 nuncupatur *K* (*non
A*)   17 quia (*prim.*)] quod *K* (*non A*)   18 inl. est *K* : inluminatur
C[1]*T*   21 quod] quia *CK* (*non A*)   litera nulla *K* : litterarum
nulla *C*   22 est lit. *K*   sicut fil *B*   24 unde ioh. *K*   in Apoc.
om. K (*non A*)   26 iud. novissimus *K*   27 suscipiet *Arev.*

30 et illum Graeci μεσίτην vocant. Paracletus, id est advocatus,
quia pro nobis intercedit apud Patrem, sicut de eo dicit
Iohannes (1 Ep. 2. 1): 'Advocatum habemus apud Patrem Iesum

31 Christum iustum.' Paracletus autem Graecum est, quod Latine
dicitur advocatus. Quod nomen et Filio et Spiritui sancto 5
adscribitur, iuxta quod et Dominus in Evangelio ait (Ioann.
14, 16): 'Rogabo Patrem, et alium paracletum dabit vobis.'

32 Intercessor autem ideo vocatur, quia pro culpa nostra remo-
venda curam gerit, et pro abluendis nostris criminibus curam

33 inpendit. Sponsus, quia descendens de caelo adhaesit Eccle- 10

34 siae, ut pace Novi Testamenti essent duo in carne una. Angelus dicitur propter adnuntiationem paternae ac suae voluntatis.
Vnde [et] apud Prophetam (Esai. 9, 6) 'magni consilii angelus'

35 legitur, dum sit Deus et Dominus angelorum. Missus dicitur
eo quod apparuit huic mundo Verbum caro factum, unde et 15
idem dicit (Ioann. 16, 28): 'Ego a Patre exii, et veni in hunc

36 mundum.' Homo autem dicitur quia natus est. Propheta,
quia futura revelavit. Sacerdos, quia pro nobis hostiam se
obtulit. Pastor, quia custos. Magister, quia ostensor. Nazarenus
vero a loco. Nazareus a merito, id est sanctus sive mundus, 20

37 quia peccatum non fecit. Siquidem et de aliis inferioribus
rebus nominum species ad se trahit Christus, ut facilius intelle-

38 gatur. Dicitur enim Panis, quia caro. Vitis, quia sanguine
ipsius redempti sumus. Flos, quia electus. Via, quia per
ipsum ad Deum imus. Ostium, quia per ipsum ad Deum in- 25
gredimur. Mons, quia fortis. Petra, quia firmitas est creden-

39 tium. Lapis angularis, vel quia duos parietes e diverso, id est
de circumcisione et praeputio, venientes in unam fabricam
Ecclesiae iungit, vel quod pacem in se angelis et hominibus

1 Paraclitus autem grecum est id est B (ex § 31)   2 sicut et de BC
4 Par. au. grece latine adv. K   5 adv. dicitur B   nomine et fi. K
6 adscivitur K   8 ideo] idem T   movenda K¹ (pro amov. ?)
10 inpendet KT   de K : ae BC¹ : e T   13 et hab. CK : om. BT
mag. cons. om. T   16 dicit] dicitur T   18 qui fut. B   se hostiam
(ost-) CT   19 tulit T   nazarenus B : -reus CKT   21 de om.
K   22 traxit C   23 enim] autem BK   qu. ex sang. K   24 via
qui per C : via per B¹   25 ipsum (prius)] eum T   ad dominum
ingr. B   28 de om. T

facit. Lapis ` offensionis, quia veniens humilis offenderunt in **40**
eum increduli homines, et factus est petra scandali, sicut dicit
Apostolus (1 Corinth. 1, 23) : ' Iudaeis quidem scandalum.'
Fundamentum autem ideo vocatur, quia fides in eo firmissima **41**
5 est, vel quia super eum catholica Ecclesia constructa est. Nam **42**
et Christus Agnus pro innocentia ; et Ovis propter patientiam ;
et Aries propter principatum ; et Haedus propter similitudinem
carnis peccati ; et Vitulus pro eo quod pro nobis est immolatus ; **43**
et Leo pro regno et fortitudine ; et Serpens pro morte et sa-
10 pientia ; idem et Vermis, quia resurrexit ; Aquila, propter quod **44**
post resurrectionem ad astra remeavit. Nec mirum si vilibus
significationibus figuretur, qui usque ad nostrarum passionum
seu carnis contumelias descendisse cognoscitur. Qui dum sit **45**
Dei Patris coaeternus ante saecula Filius, postquam venit pleni-
15 tudo temporis, propter salutem nostram formam servi accepit,
et factus est Filius Dei hominis filius. Vnde et quaedam de **46**
illo in Scripturis secundum formam Dei, quaedam secundum
formam servi dicuntur. Quorum, exempli gratia, duo quaedam
commemorantur, ut singula ad singula referantur. Secundum
20 formam enim Dei de se ipso dixit (Ioann. 10, 30) : ' Ego et
Pater unum sumus ': secundum formam servi (Ioann. 14, 28) :
' Quoniam Pater maior me est.' Homines autem minus intelle- **47**
gentes quid pro quid dicatur, ea quae propter formam servi
dicta sunt volunt transferre ad formam Dei ; et rursus ea quae
25 dicta sunt ut ad se invicem personae referantur, volunt nomina
esse naturae atque substantiae, et faciunt errorem in fide. Sic **48**
autem Dei filio coniuncta est humana natura, ut ex duabus sub-
stantiis fieret una persona. Solus igitur homo pertulit crucem,

---

2 dixit *AK*   4 autem *om. K* (*non A*)   5 Nam agnus et ovis pro
inn. et aries prop. pri. *KO* (*non A*)   Nam chr. agn. *T*[1]   8 et
(*prim.*) *om. K* (*non A*)   10 idem] item *C* (*non A*)   propter *om. CT*
quod] qui *C*[1] (quia *C*[2])   12 figuratur *K*   qui usque] cuius *K* (*non A*)
13 seu] sue *T* (*i.e.* suae)   Qui cum *B* : Quia dum *C*[1]   16 fil. dei hom.
fi. *AB* : fil. hom. *K* : hom. fil. *CT*   Inde qu. *BT*   19 ad singulare
C[1]   20 enim *om. AK* : *ante* form. *T*   dei deus de *T*[2]   de ipso
B[1]*K*[1]   23 quid pro quo *A*   dicitur *T*   24 *fort.* et rursus ea
quae Dei sunt   25 nomine *K*   26 Sic . . . persona *om. K*
28 fieret] fuerit *A*

49 sed propter unitatem personae et Deus dicitur pertulisse. Hinc
est quod scribitur (1 Corinth. 2, 8): 'Si enim cognovissent,
numquam Dominum gloriae crucifixissent.' Filium ergo Dei
crucifixum fatemur, non ex virtute divinitatis, sed ex infirmitate
humanitatis: non ex suae naturae permansione, sed ex nostra 5
susceptione.

III   DE SPIRITV SANCTO. Spiritus sanctus ideo praedicatur
Deus, quia ex Patre Filioque procedit, et substantiam eius habet.
Neque enim aliud de Patre procedere potuit quam quod ipse
2 est Pater. Spiritus autem dictus secundum id quod ad aliquid 10
refertur spiratus; et spirans utique spiritu inspirans est, et ex eo
appellatus Spiritus est. Proprio autem modo quodam dicitur
Spiritus sanctus secundum quod refertur ad Patrem et Filium,
3 quod eorum spiritus sit. Nam et hoc nomen, quod Spiritus
dicitur, non secundum id quod refertur ad aliquid, sed secun- 15
4 dum id quod aliquam naturam significat. Omnis enim incor-
porea natura spiritus in Scripturis sacris appellatur, unde non
tantum Patri et Filio et Spiritui sancto, sed omni rationali
5 creaturae et animae hoc vocabulum congruit. Ideo igitur
Spiritus Dei sanctus vocatur, quia Patris et Filii sanctitas est. 20
Nam cum sit et Pater spiritus et Filius spiritus, et Pater sanctus
et Filius sanctus, proprie tamen ipse vocatur Spiritus sanctus,
tamquam sanctitas coessentialis et consubstantialis amborum.
6 Spiritus sanctus ideo non dicitur genitus, ne duo in Trinitate
Filii suspicentur. Ideo non praedicatur ingenitus, ne duo 25
7 Patres in ipsa Trinitate credantur. Procedens autem dicitur
testimonio Domini dicentis (Ioann. 16, 12): 'Multa adhuc

---

1 et de. di. et pert. *K* (*non A*)   Hinc quod scribitur *A*: Hinc
scriptura *K*   3 ergo] enim *AK*   4 sed ex ... permans. *om. K*
(*non A*): sed ex ... human. *om. B*[1]   5 permansiones (*in ras.*) *T*[2]
(*in marg.* perferens)   7 Ideo praed. sp. sa. *K* (*non A*)   8 quia]
qui *T*   eius] eorum *BC* (*non A*)   10 Spir. sanctus au. *BC*   dicitur
C: dictus est *K*   id *om. T*   ad *om. B*[1]*C*[1]   11 spirans et spirans
C (*non A*): spirans *T*   12 spir. propr. *K* (*non A*): spir. sanctus est
propr. *C*   15 non semper sec. *B* (*marg.*) *C*   id quod ... secundum
om. C   ad *om. T*   sed *om. T*   17 unde et non *T ante corr.*   20 sanctitatis *T*   22 vocatus *K*   25 suscipiantur *K*   ne] non *B*
26 credamus *C*   27 Domini] dei *K*

habeo quae vobis loquar, sed non potestis illa modo audire.
Veniet autem Spiritus veritatis, qui a Patre procedit, et de meo
accipiet : ille vobis indicabit omnia.' Hic autem non solum
natura procedit, sed semper ad peragenda opera Trinitatis in-
5 desinenter procedit. Hoc autem interest inter nascentem 8
Filium et procedentem Spiritum sanctum, quod Filius ex uno
nascitur, Spiritus sanctus ex utroque procedit ; et ideo dicit
Apostolus (Rom. 8, 9) : ' Qui autem Spiritum Christi non
habet, hic non est eius.' Spiritus sanctus ex opere etiam et 9
10 angelus intellegitur. Dictum est enim de illo (Ioann. 16, 13) :
' Et quae ventura sunt adnuntiabit vobis ' ; et utique angelus
Graece, Latine nuntius interpretatur. Vnde et duo angeli
apparuerunt Loth, in quibus Dominus singulariter appellatur,
quos intellegimus Filium et Spiritum sanctum, nam Pater num-
15 quam legitur missus. Spiritus sanctus, quod dicitur Paracletus, 10
a consolatione dicitur ; παράκλησις enim Latine consolatio
appellatur. Christus enim eum Apostolis lugentibus misit,
postquam ab eorum oculis ipse in caelum ascendit. Consolator 11
enim tristibus mittitur, secundum illam eiusdem Domini sen-
20 tentiam (Matth. 5, 4) : ' Beati lugentes, quoniam ipsi consola-
buntur.' Ipse etiam dixit (Matth. 9, 15) : ' Tunc lugebunt filii
sponsi, cum ab eis ablatus fuerit sponsus.' Item Paracletus, 12
pro eo quod consolationem praestet animabus, qui gaudium
temporale amittunt. Alii Paracletum [dicunt] Latine oratorem
25 vel advocatum interpretantur. Ipse enim Spiritus sanctus dicit ;
ipse docet ; per ipsum datur sermo sapientiae ; ab ipso sancta
Scriptura inspirata est. Spiritus sanctus ideo septiformis nun- 13
cupatur, propter dona quae de unitatis eius plenitudine par-

---

1 modo illa C 2 procedet T 3 autem] enim C 4 procedet T
sed *om.* T^1 5 procedet T : precedit K^2 12 int. nunt. K (*non A*)
duo] hi K *In marg.* non naturaliter apparuerunt sed per subiectam
creaturam figurate T^2 13 appellatur] est K 17 eum *om.* T lug.
apost. B 19 enim] autem K (*non A*)   mittetur T eiusdem
om. K (*non A*)   22 ablatus CKT : sublatus AB abl. fu. ab eis K
(*non A*)   23 praestat (pre-) AK qui] quae CK 24 tem-
poralem BKT par. dicunt lat. BC latini K 25 dicet
ipsetocet (*corr.* ipse docet) T 27 Ideo Spir. sa. BK^2 : Ideo Spir.
K^1 28 unitas C^1 : unita B

ticulatim quique, ut digni sunt, consequi promerentur. Ipse
enim Spiritus sapientiae et intellectus : Spiritus consilii et
fortitudinis : Spiritus scientiae et pietatis : Spiritus timoris
14 Domini.   Spiritus autem principalis in Psalmo quinquagesimo
legitur, ubi quia tertio spiritus repetitur, nonnulli Trinitatem 5
intellexerunt ideo quia scriptum est (Ioann. 4, 24) : 'Deus
Spiritus est.' Quod enim non est corpus, et tamen est, videtur
restare ut spiritus sit.   Intellegunt enim ibi nonnulli Trinitatem
significari : in Spiritu principali Patrem : in Spiritu recto Filium :
15 in Spiritu sancto Spiritum sanctum.   Spiritus sanctus ideo 10
donum dicitur, eo quod datur.   A dando enim donum est nuncupatum. Notissimum est enim Dominum Iesum Christum,
cum post resurrectionem a mortuis ascendisset in caelum,
dedisse Spiritum sanctum, quo credentes inpleti linguis omnium
16 gentium loquebantur.   In tantum autem donum Dei est, in 15
quantum datur eis qui per eum diligunt Deum.   Apud se
autem Deus est : apud nos donum est ; sed sempiterne Spiritus
sanctus donum est, distribuens singulis, prout vult, gratiarum
17 dona.   Nam et prophetias quibus vult inpertit, et peccata quibus
vult dimittit.   Nam peccata sine Spiritu sancto non donantur. 20
18 Spiritus sanctus inde proprie caritas nuncupatur, vel quia naturaliter eos, a quibus procedit, coniungit et se unum cum eis esse
ostendit, vel quia in nobis id agit ut in Deo maneamus, et ipse
19 in nobis.   Vnde et in donis Dei nihil maius est caritate, et nul-
20 lum est maius donum Dei quam Spiritus sanctus.   Ipse est et 25
gratia, quae quia non meritis nostris, sed voluntate divina gratis
datur, inde gratia nuncupatur.   Sicut autem unicum Dei Ver-

1 digne *T*   sint *C¹*   ipse *ex corr.* *T*   4 Domini] dei *K* (*non A*)
autem *om.* *B*   6 ideo] in deo *K* : in domino *B*   Deus] dominus
C¹   7 enim] hic erit *T¹* : autem *K*   videtur] unde *T²*   8 sit]
est *T¹*   intellegent *K* : ita agunt *T*   enim] ergo *C*   11 don.
dei dic. *K* (*non A*)   enim *om.* *K* (*non A*)   nunc.] appellatum *K*
(*non A*)   12 enim *om.* *K*   13 asc. ad cae. *K*   14 quo] quod *T*
15 autem *om.* *T¹* : enim *K*   16 eis] ei *K*   Deum] eum *K¹T²*
17 autem] enim *T²*   nos autem do. *BCT*   sed *om.* *B*   19 vult
om. *B¹*   20 vult] volet *T*   21 inde *om.* *K*   car. propr. *K* (*non
A*)   22 et se *ex corr.* *T*   esse *om.* *K* (*non A*)   23 deum *T* (*non
A*)   24 in (*prius*) *om.* *T¹*   nullum] nihi *K* (*non A*)   25 maius
est *K* (*non A*)   27 verbum] verum *C¹*

bum proprie vocamus nomine Sapientiae, cum sit universaliter
et Spiritus sanctus et Pater ipse sapientia, ita Spiritus sanctus
proprie nuncupatur vocabulo Caritatis, cum sit et Pater et Filius
universaliter caritas.   Spiritus sanctus Digitus Dei esse in libris **21**
5 Evangelii apertissime declaratur.   Cum enim unus Evangelista
dixisset (Luc. 11, 20): 'In digito Dei eicio daemonia': alius
hoc idem ita dixit (Matth. 12, 28): 'In spiritu Dei eicio daemonia.'   Vnde et digito Dei scripta est lex, data die quinquagesimo ab occisione agni, et die quinquagesimo venit Spiritus
10 sanctus a passione Domini nostri Iesu Christi.   Ideo autem **22**
digitus Dei dicitur, ut eius operatoria virtus cum Patre et Filio
significetur.   Vnde et Paulus ait (1 Cor. 12, 11): 'Haec autem
omnia operatur unus atque idem Spiritus, dividens singulis prout
vult.'   Sicut autem per baptismum in Christo morimur et re-
15 nascimur, ita Spiritu signamur, quod est digitus Dei et spiritale
signaculum. Spiritus sanctus idcirco in columbae specie venisse
scribitur, ut natura eius per avem simplicitatis et innocentiae
declararetur. Vnde et Dominus (Matth. 10, 16): 'Estote,' inquit,
'simplices sicut columbae.'   Haec enim avis corporaliter ipso
20 felle caret, habens tantum innocentiam et amorem.   Spiritus **23**
sanctus inde nomine ignis appellatur, pro eo quod in Apostolorum Actibus per divisionem linguarum ut ignis apparuit, qui
et insedit super unumquemque eorum.   Propterea autem diver- **24**
sarum linguarum gratiam apostolis dedit, ut idonei efficerentur
25 fidelium eruditioni populorum.   Quod vero supra singulos **25**
sedisse memoratur, id causa est, ut intellegatur per plures non
fuisse divisus, sed mansisse in singulis totus, sicut fere ignibus
mos est.   Hanc enim habet naturam ignis accensus, ut quanti **26**

2 ita BT: et K: ita et C **3** karitatis T **5** evang. . . . cum
om. C^1 **7** idem ita CK: identidem T *ex corr.*: idem B **8** lex est
BCT **10** autem *om.* A **11** Dei *om.* AK operaria K (*non
A*)   **12** significatur C^1 unde pau. K (*non A*)   autem *om.* K
(*non A*)   **13** omnia] eadem K (*non A*)   **14** renascimur] resurgimur
K (*non A*)   **15** Spir. sancto sign. B qui est K **18** declaretur
B unde et Dom. *om.* T^1 *post* inquid *add.* prudentes sicut
serpentes et T^2 **19** avis] ab his C^1 ipso *om.* K **21** pro eo]
propter CT **23** Propter T **25** eruditione BCT **26** id] hec T
causae C intelligamus K **28** ignis T

ad eum, quanti ad 'crinem purpurei splendoris' aspexerint, tantis visum suae lucis inpertiat, tantis ministerium sui muneris
27 tribuat, et ipse nihilominus in sua integritate permaneat. Spiritus sanctus nomine aquae appellatur in Evangelio, Domino clamante et dicente (Ioann. 7, 38) : 'Si quis sitit, veniat ad me et bibat. 5 Qui credit in me, flumina aquae vivae fluent de ventre eius.' Evangelista autem exposuit unde diceret. Secutus enim ait : 'Hoc enim dicebat de Spiritu, quem accepturi erant credentes
28 in eum.' Sed aliud est aqua sacramenti, aliud aqua quae significat Spiritum Dei. Aqua enim sacramenti visibilis est : aqua 10 Spiritus invisibilis est. Ista abluit corpus, et significat quod fit in anima : per illum autem Spiritum sanctum ipsa anima
29 mundatur et saginatur. Spiritus sanctus ideo unctio dicitur, Iohanne testante apostolo, quia sicut oleum naturali pondere superfertur omni liquori, ita in principio superferebatur Spiritus 15 sanctus aquis. Vnde et Dominus oleo exultationis, hoc est
30 Spiritu sancto, legitur fuisse unctus. Sed et Iohannes apostolus Spiritum sanctum unctionem vocat dicens (1 Ep. 2, 27): 'Et vos,' inquit, 'unctionem quam accepistis ab eo, permaneat in vobis ; et necesse non habetis ut aliquis doceat vos : sed sicut 20 unctio eius docet vos de omni re.' Ipse est enim Spiritus sanctus unctio invisibilis.

IV   DE TRINITATE. Trinitas appellata quod fiat totum unum ex quibusdam tribus, quasi Triunitas ; ut memoria, intellegentia et voluntas, in quibus mens habet in se quandam imaginem 25 divinae Trinitatis. Nam dum tria sint, unum sunt, quia et
2 singula in se manent et omnia in omnibus. Pater igitur et Filius et Spiritus sanctus trinitas et unitas. Idem enim unum,

1 quam. crin. purpure splend. *T*   crinen *ex* crimen *B*   2 tant. vis. . . . inp. *om. B*[1]   misterium *T*   sui mun. tr.] luminis prebeat *K (non A)*   3 suae int. *B*   6 flum. de ven. eius fluent aq. vi. *K* 7 enim] vero *K (non A)*   8 quam *T*   11 invis. ista *K*   abluet *T* sanctificat *B*   12 san. spir. *B*   13 et sag. *om. AK*   15 loquori *B*[1] 17 fuisse legitur *CT*   18 san. spir. *CT*   19 vos inquit *om. K*   quam *om. T*   21 ipse enim *AK*   22 unct. est inv. *K (non A)*   23 appellatur *B*   24 quasi trinitas *B*: quasi unitas *C*[1]   int. vol. *K*   25 habens *K*   in sequendam im. *T*   26 dum] dua *C*[1]   sint *om. B* : sunt *T*[1] quia sing. se *B*[1]

idem [et] tria. In natura unum, in personis tria. Vnum propter maiestatis communionem, tria propter personarum proprietatem. Nam alius Pater, alius Filius, alius Spiritus sanctus: **3**
sed alius quidem non aliud, quia pariter simplex pariterque
5 incommutabile bonum et coaeternum. Pater solus non est de **4**
alio; ideo solus appellatur ingenitus. Filius solus de Patre est
natus; ideo solus dicitur genitus. Spiritus sanctus solus de
Patre et Filio procedit; ideo solus amborum nuncupatur
spiritus. In hac Trinitate alia appellativa nomina, alia propria **5**
10 sunt. Propria sunt essentialia, ut Deus, Dominus, Omnipotens,
Inmutabilis, Inmortalis. Et inde propria, quia ipsam substantiam significant qua unum sunt. Appellativa vero Pater et **6**
Filius et Spiritus sanctus, Ingenitus et Genitus et Procedens.
Eadem et relativa, quia ad se invicem referuntur. Cum enim
15 dicitur Deus, essentia est, quia ad se ipsum dicitur. Cum vero
dicitur Pater et Filius et Spiritus sanctus, relative dicuntur,
quia ad se invicem referuntur. Nam Pater non ad se ipsum, **7**
sed ad Filium relative dicitur, quia est ei filius: sic et Filius
relative dicitur, quia est ei pater: sic et Spiritus sanctus, quia
20 est Patris Filiique spiritus. His enim appellationibus hoc si- **8**
gnificatur, quod ad se invicem referuntur, non ipsa substantia
qua unum sunt. Proinde Trinitas in relativis personarum
nominibus est; deitas non triplicatur, sed in singularitate est;
quia si triplicatur, deorum inducimus pluralitatem. Nomen **9**
25 autem deorum in angelis et sanctis hominibus ideo pluraliter
dicitur, propter quod non sint merito aequales. De quibus **10**
Psalmus (81, 6): 'Ego dixi: Dii estis.' De Patre autem et
Filio et Spiritu sancto propter unam et aequalem divinitatem

1 idem et tria *K* : idem tria *CT* : idem et *B*¹   in nat. . . . tria *om.*
*K*¹   personis] persona *T*²   4 qu. pater simp. *K*   5 est *om.*
*T*¹   de alio] et *K* (*non A*)   6 ideo *om. A*   ing.] 'unigenitus *T*
7 ideo . . . genitus *om. T*   sanct. de *T*   9 al. sunt propria *B*
10 dom. deus dom. *T*   11 inde] ideo *K*   12 qua] quia *CK*   13 in-
gen. gen. *K*   14 qui ad se *C*¹   18 quia est ei . . . dicitur *om. K*
(*non A*)   19 quia] quod *K* (*non A*)   sic spir. *AB*   20 patri
filioque *T*: patris filii quia *C*   21 referantur *K*   22 qua] quia *CT*
23 sed in . . . tripl. *om. C*¹   24 indicimus *T*

non nomen deorum, sed Dei esse ostenditur, sicut ait Apostolus
(1 Cor. 8, 6) : 'Nobis tamen unus Deus,' vel sicut voce divina
dicitur (Marc. 12, 29) : 'Audi Israel, Dominus Deus tuus Deus
unus est,' scilicet ut et Trinitas sit, et unus Dominus Deus sit.

11 Fides apud Graecos de Trinitate hoc modo est : una οὐσία, ac 5
si dicat una natura aut una essentia : tres ὑποστάσεις, quod
12 resonat in Latinum vel tres personas vel tres substantias. Nam
Latinitas proprie non dicit de Deo nisi essentiam ; substantiam
vero non proprie dicit, sed abusive ; quoniam vere substantia
apud Graecos persona intellegitur, non natura.   10

V   DE ANGELIS. Angeli Graece vocantur, Hebraice mala-
choth, Latine vero nuntii interpretantur, ab eo quod Domini
2 voluntatem populis nuntiant. Angelorum autem vocabulum
officii nomen est, non naturae. Semper enim spiritus sunt,
3 sed cum mittuntur, vocantur angeli. Quibus ideo pictorum 15
licentia pinnas faciunt, ut celerem eorum in cuncta discursum
significent, sicut et iuxta fabulas poetarum venti pinnas habere
dicuntur, propter velocitatem scilicet. Vnde et Scriptura sacra
dicit (Psalm. 104, 3) : 'Qui ambulat super pinnas ventorum.'
4 Novem autem esse ordines angelorum sacrae Scripturae testan- 20
tur, id est angeli, archangeli, throni, dominationes, virtutes, principatus, potestates, cherubim et seraphim. Quorum officiorum
5 vocabula cur ita dicta sint, interpretando exequimur. Angeli
vocantur propter quod de caelis ad adnuntiandum hominibus
6 mittuntur. Angelus enim Graece, Latine nuntius dicitur. Arch- 25
angeli Graeca lingua summi nuntii interpretantur. Qui enim
parva vel minima adnuntiant, angeli ; qui vero summa, archangeli nuncupantur. Archangeli dicti eo quod primatum

4 scilicet *om.* K   et ut trin. K   6 ipostasis C : ippostasis B :
ipotasis KT   7 personas vel *om.* T¹   8 dicitur T   essentia
KT   9 non *om.* C¹   dici BT : dicitur C   vere *ex* vero C   10 ap.
Gr. *secl. Schwarz*   11 hebraice *ex* hebrei B   he. dicuntur ma. T
malaoth BCT : molooth K   13 nuntient K   vocabula BC   16 facit
C   17 significet C   18 scilicet *om.* K (*non* A)   20 sac. et scrip. C¹ :
sacra scriptura K   testatur B¹K   21 princ. et pot. C   23 ita] it K
dicta CT : distincta BK   sunt T   exequemur T¹ : exsequamur
K²   Ang. vero vo. K *ante corr.*   25 mittantur C   *vel* Ἄγγελος enim
26 Gr. ling. *om.* K (*non* A)   27 summa T   28 archangeli dicti
. . . cognovisset (§ 8) *desunt in* K (*in quo novus quaternio a* § 9 *incipit*)

teneant inter angelos; ἀρχός enim Graece, Latine princeps
interpretatur. Sunt enim duces et principes, sub quorum ordine
unicuique angelorum officia deputata sunt. Nam quia arch- **7**
angeli angelis praesunt Zacharias propheta testatur dicens (2, 3):
5 'Ecce angelus, qui loquebatur in me, egrediebatur, et angelus
alius egrediebatur in occursum eius, et dixit ad eum: Curre,
loquere ad puerum istum dicens: Absque muro habitabitur
Hierusalem.' Si enim in ipsis officiis angelorum nequaquam **8**
potestates superiores inferiores disponerent, nullo modo hoc,
10 quod homini diceret angelus, ab angelo cognovisset. Quidam **9**
autem archangelorum privatis nominibus appellantur, ut per
vocabula ipsa in opere suo quid valeant designetur. Gabriel **10**
Hebraice in linguam nostram vertitur fortitudo Dei. Vbi enim
potentia divina vel fortitudo manifestatur, Gabriel mittitur.
15 Vnde et eo tempore, quo erat Dominus nasciturus et trium- **11**
phaturus de mundo, Gabriel venit ad Mariam, ut illum adnun-
tiaret qui ad debellandas aerias potestates humilis venire dignatus est. Michael interpretatur, Qui sicut Deus. Quando **12**
enim aliquid in mundo mirae virtutis fit, hic archangelus mitti-
20 tur. Et ex ipso opere nomen est eius, quia nemo valet facere
quod facere potest Deus. Raphael interpretatur curatio vel **13**
medicina Dei. Vbicumque enim curandi et medendi opus
necessarium est, hic archangelus a Deo mittitur; et inde medicina Dei vocatur. Vnde et ad Tobiam idem archangelus **14**
25 missus oculis eius curationem adhibuit, et caecitate detersa
visum ei restituit. Nominis enim interpretatione et angeli
officium designatur. Vriel interpretatur ignis Dei, sicut legimus **15**
apparuisse ignem in rubo. Legimus etiam ignem missum
desuper, et inplesse quod praeceptum est. Throni autem et **16**
30 dominationes et principatus et potestates et virtutes, quibus

5 al. ang. *C*   7 habitatur *T*   10 dicerent *C*¹   11 privatis] supra
vatis *T*   12 suo *om. T*   valeat *T*   13 convertitur *B* (*non A*)
14 manifestabitur *TB* (*non A*)   15 quod *T*   dom.] Iesus *K* (*non A*)
16 venit] mittitur *K*   19 mira eius virt. sit *B*   20 ex *om. T*   23 hic]
huic *K* (*non A*)   25 missus] mittitur *AK*   oculos *C*¹   adhibet *K*
26 ei *om. BT*   int. ex ang. officio *K*

universam caelestem societatem Apostolus conplectitur, ordines
angelorum et dignitates intelleguntur ; et pro hac ipsa distri-
butione officiorum alii throni, alii dominationes, alii principatus,
alii potestates dicuntur, pro certis dignitatibus quibus invicem
17 distinguntur.   Virtutes angelicae quaedam ministeria perhiben- 5
tur, per quos signa et miracula in mundo fiunt ; propter quod
18 et Virtutes dicuntur.   Potestates sunt, quibus virtutes adversae
subiectae sunt, et inde Potestatum nomine nuncupantur, quia
maligni spiritus eorum potestate coercentur, ne tantum mundo
19 noceant quantum cupiunt.   Principatus sunt hi qui angelorum 10
agminibus praesunt.   Qui pro eo, quod subditos angelos ad
explendum ministerium divinum disponunt, principatus vocabulum acceperunt.   Nam alii sunt qui administrant, alii qui
adsistunt, sicut et per Danielum dicitur (7, 10) : ' Milia milium
ministrabant ei, et decies milies centena milia adsistebant ei.' 15
20 Dominationes sunt ii qui etiam Virtutibus et Principatibus
praeeminent, qui pro eo, quod ceteris angelorum agminibus
21 dominantur, Dominationes vocantur.   Throni sunt agmina
angelorum, qui Latino eloquio sedes dicuntur ; et vocati Throni
quia illis conditor praesidet, et per eos iudicia sua disponit. 20
22 Cherubin autem et ipsi sublimes caelorum potestates et angelica
ministeria perhibentur ; qui ex Hebraeo in linguam nostram
interpretantur scientiae multitudo.   Sunt enim sublimiora agmina
angelorum, qui pro eo, quod vicinius positi divina scientia
ceteris amplius pleni sunt, Cherubin, id est plenitudo scientiae, 25
23 appellantur.   Ipsa sunt illa duo animalia super propitiatorium
arcae ficta ex metallo, propter significandam angelorum prae-
24 sentiam, in quorum medio ostenditur Deus.   Seraphin quoque
similiter multitudo est angelorum, qui ex Hebraeo in Latinum
ardentes vel incendentes interpretantur.   Qui idcirco ardentes 30

1 ordines] ordinationes *T*   § 17 *om. T*¹   5 angelica *B*   9 eor.
potestatibus *K*   mundum *B*   13 nam et al. *B*   14 sicut per *K*
15 ei *om. C*¹   ei] illi *C*   17 praeeminent (prem-) *BKT*   20 quia
in illis *K*   21 cael. subl. *K*(*non A*)   et evangelica *C*¹   22 misteria
*T*¹   in lingua nostra *K* (*non A*)   23 interpretatur *C*¹*K*   enim]
autem *K*   24 vicinis *T*   25 sunt pleni *K*   26 duo an. il.
C   supra *K*   propitiatorum *B*   27 ficata *T*   29 quia ex *C*¹

vocantur, quia inter eos et Deum nulli angeli consistunt ; et
ideo quanto vicinius coram eo consistunt, tanto magis luminis
claritate divini inflammantur. Vnde et ipsi velant faciem et **25**
pedes sedentis in throno Dei ; et idcirco cetera angelorum turba
5 videre Dei essentiam plene non valent, quoniam Cherubin eam
tegit. Haec igitur vocabula agminum angelorum ita sunt **26**
specialia ordinum singulorum, ut tamen sint ex parte communia
omnium. Nam dum Throni sedes Dei in quorundam angelorum ordine specialiter designentur, tamen per Psalmistam
10 (79, 2) : 'Qui sedes super Cherubin,' dicitur. Sed ideo isti **27**
ordines angelorum privatis nominibus appellantur, quia hoc
ipsud officium in proprio ordine plenius acceperunt. Et cum
sint omnibus communia, proprie tamen haec nomina suis ordinibus deputantur. Vnicuique enim, sicut praedictum est, **28**
15 propria officia sunt iniuncta, quae promeruisse eos in mundi
constat exordio. Nam quia angeli et locis et hominibus praesunt, per Prophetam testatur angelus dicens (Daniel. 10, 13) :
'Princeps regni Persarum restitit mihi.' Vnde apparet nullum **29**
esse locum cui angeli non praesint. Praesunt enim et auspiciis
20 operum omnium. Hic est ordo vel distinctio angelorum, qui **30**
post lapsum malorum in caelesti vigore steterunt. Nam postquam apostatae angeli ceciderunt, hi perseverantia aeternae
beatitudinis solidati sunt. Vnde et post caeli creationem in
principio reperitur (Genes. 1, 6, 8) : 'Fiat firmamentum, et
25 vocatum est firmamentum caelum.' Nimirum ostendentis quod **31**
post ruinam angelorum malorum hi, qui permanserunt, firmi-
tatem aeternae perseverantiae consecuti sunt, nullo iam lapsu

---

1 nul. alii ang. *AB*   2 quantum *A¹BK*   vicinus *C*   cons.] sita
sunt *K* (*non A*) · 4 sedentes *K*   5 dei ess. vid. *K* (*non A*)   videri
B   valet *BCK*   6 teget *TC¹*   ita sunt. . . singulorum *om.*
K   8 dum ad t. *K¹*   9 ordines *BCT*   10 sedet *T*: sedit
C   13 omnibus] omnia *C*   propria *dett.*   haec] et *C*   nomina]
omnia *T*   14 enim] etiam *C* (*non A*)   est *om. T*   16 exordium
BCT   17 per *om. T*   dic. ang. *K* (*non A*)   19 cui non pr. *K¹*: cui non
pr. ang. *K²* (*non A*)   et auspiciis *BT*: ut auspicent *K* : et aspicent *C¹*
20 distinctio] dictio *K*   22 perseverantiam *K*   23 solidati] vocati *T*
et post cae. cre. *om. T*   24 princ. . . . firm. et *om. B¹*   repetitur *CT*
25 ostendentes *codd.*   26 malorum *om. K*   remanserunt *T*

aversi, nulla superbia cadentes, sed firmiter in Dei amore et
contemplatione manentes, nihil aliud dulce habent nisi eum a
32 quo creati sunt. Quod autem duo Seraphim in Esaia (6, 2)
leguntur, figuraliter Veteris et Novi Testamenti significationem
ostendunt. Quod vero faciem et pedes Dei operiunt, quia 5
praeterita ante mundum et futura post mundum scire non
possumus, sed media tantum eorum testimonio contemplamur.
33 Singuli senas alas habent, quia de fabrica tantum mundi, quae
in sex diebus facta sunt, in praesenti saeculo novimus. Quod
clamat ter Sanctus alter ad alterum, Trinitatis in una divinitate 10
demonstrat mysterium.

VI   DE HOMINIBVS QVI QVODAM PRAESAGIO NOMEN ACCEPE-
RVNT. Plerique primorum hominum ex propriis causis originem nominum habent. Quibus ita prophetice indita sunt vocabula, ut aut futuris aut praecedentibus eorum causis conveniant. 15
2 In quibus tamen manente spiritali sacramento, nunc tantum ad
litteram intellectum historiae persequimur. Vbi autem etymologiae interpretationem non attigimus, solam ipsam in Latino
3 etymologiam posuimus. Quod autem unum nomen Hebraicum
aliter atque aliter interpretatur, hoc secundum accentuum et 20
litterarum evenit diversitatem, ut in variis significationibus no-
4 mina commutentur. Adam, sicut beatus Hieronymus tradit,
homo sive terrenus sive terra rubra interpretatur. Ex terra
enim facta est caro, et humus hominis faciendi materies fuit.
5 Eva interpretatur vita sive calamitas sive vae. Vita, quia origo 25
fuit nascendi: calamitas et vae, quia praevaricatione causa extitit moriendi. A cadendo enim nomen sumpsit calamitas.

2 dulce *corr. ras.* duce T : ducem K 5 vero *om.* K^1 Dei] ei
dett.   6 et fut. . . . non poss. *om.* T 7 testimonia KT conpro-
bamur B 8 quae sex K 10 clamat ter] clamantes C 11 demonstrant ministerium C^1 13 hominum] omnium C^1 ex *om.* T
16 nuc B tantum] tamen T 17 persequemur CT 18 adtingimus
(att-) BCK latinum *codd.*   20 accentum (adc-) C^1KT 21 diversitate BT 23 sive (*alt.*)] vel K 24 homini fac. materiae K
25 sive] si K^1 sive] aut K (*non A*)   vae *om.* C^1 Vita . . .
vae *om.* K (*non A*)   26 vae] aciae C^1 quia *ex* quae A prevarica-
tionem BC : per prefaricationem T : praevaricationis A 27 A cad. . . .
cal. *om.* K (*non A*)

Alii autem dicunt: ob hoc Eva vita et calamitas appellata, quia **6**
saepe mulier viro causa salutis est, saepe calamitatis et mortis,
quod est vae. Cain possessio interpretatur, unde etymologiam **7**
ipsius exprimens pater eius ait (Genes. 4, 1): 'Cain, id est, Pos-
5 sedi hominem per Deum.' Idem et lamentatio, eo quod pro
interfecto Abel interfectus sit, et poenam sui sceleris dederit.
Abel luctus interpretatur, quo nomine praefigurabatur occiden- **8**
dus. Idem et vanitas, quia cito solutus est atque subtractus.
Seth interpretatur resurrectio, eo quod post fratris interfe- **9**
10 ctionem natus sit, quasi resurrectionem fratris ex mortuis susci-
taret. Idem et positio, quia posuit eum Deus pro Abel. Enos **10**
iuxta propriae linguae varietatem homo vel vir dicitur. Et con-
grue hoc vocabulum habuit. De eo enim scriptum est (Genes.
4, 26): 'Tunc initium fuit invocandi nomen Domini'; licet
15 plerique Hebraeorum arbitrentur quod tunc primum in nomine
Domini et in similitudine eius fabricata sint idola. Enoch **11**
dedicatio. In ipsius enim nomine civitatem postea aedificavit
Cain. Cainan lamentatio vel possessio eorum; sicut enim Cain **12**
possessio, ita derivatum nomen, quod est Cainan, facit possessio
20 eorum. Matusalam interpretatur mortuus est. Evidens etymo- **13**
logia nominis. Quidam enim eum cum patre translatum fuisse,
et diluvium praeterisse putaverunt. Ob hoc signanter transfertur: mortuus est, ut ostenderetur non vixisse eum post diluvium, sed in eodem cataclysmo fuisse defunctum. Soli enim
25 octo homines in arca diluvium evaserunt. Lamech percutiens. **14**
Iste enim percussit et interfecit Cain: quod etiam ipse postea
perpetrasse uxoribus confitetur. Noe requies interpretatur, pro **15**
eo quod sub illo omnia retro opera quieverunt per diluvium.

1 cal. est app. *K*   3 vae] evae *B*   4 cain id est *BK*: canet id est
*C*¹*T*²: canet *T*¹: *om. A*   5 per interfectionem abel *K* (*non A*)
6 dedit *B*   7 quo nom.] quomine *B*¹   8 unitas *C*¹   quia] qui *T*
9 Sedh *B*: Sed *C*   interpretatur *om. K* (*non A*)   10 quasi] quia
si *C*¹   susc.] repararet *K* (*non A*)   16 sint] sunt *BT*   18 vel]
et *K*   19 dirivativum *K*   est *om. AK*   20 *fort.* mortuus est. Est
evidens   21 cum patre *om. AK*   22 put. et ob hoc *B*   24 cataclismum *C*¹*T*   25 dil. in arca evas. *B*   26 iste] ipse *BC*   28 omnia
om. K (*non A*)   opere *T*

Vnde et pater eius vocans nomen eius Noe dixit (Genes. 5, 29):

16 'Iste requiescere nos facit ab omnibus operibus nostris.' Sem dicitur nominatus, quod nomen ex praesagio posteritatis accepit. Ex ipso enim patriarchae et apostoli et populus Dei. Ex eius quoque stirpe et Christus, cuius ab ortu solis usque ad occasum 5

17 magnum est nomen in gentibus. Cham calidus, et ipse ex praesagio futuri cognominatus. Posteritas enim eius eam terrae partem possedit, quae vicino sole calentior est. Vnde et Aegyptus

18 usque hodie Aegyptiorum lingua Kam dicitur. Iapheth latitudo. Ex eo enim populus gentium nascitur ; et quia lata est ex genti- 10 bus multitudo credentium, ab eadem latitudine Iapheth dictus

19 est. Canaan filius Cham interpretatur motus eorum. Quod quid est aliud nisi opus eorum ? Pro motu enim patris, id est

20 pro opere eius, maledictus est. Arfaxat sanans depopulationem.

21 Chus Hebraice Aethiops interpretatur ; a posteritate sui generis 15

22 nomen sortitus. Ab ipso enim sunt progeniti Aethiopes. Nembroth interpretatur tyrannus. Iste enim prior arripuit insuetam in populo tyrannidem, et ipse adgressus est adversus Deum

23 impietatis aedificare turrem. Heber transitus. Etymologia eius mystica est, quod ab eius stirpe transiret Deus, nec perseveraret 20 in eis, tralata in gentibus gratia. Ex ipso enim sunt exorti

24 Hebraei. Phaleg divisio, cui pater propterea tale nomen inposuit, quia tunc natus est, quando per linguas terra divisa est.

25 Thara exploratio ascensionis. Melchisedech rex iustus. Rex, quia ipse postea imperavit Salem. Iustus, pro eo quod dis- 25 cernens sacramenta Legis et Evangelii, non pecudum victimas,

26 sed oblationem panis et calicis in sacrificio obtulit. Loth declinans. Factis enim Sodomorum non consensit, sed eorum

---

4 patr. prophetae et apost. *C*   5 et] est *C*   6 nomen est *T* : est nomen eius *B*   ex *om.* *K*   7 eius *om.* *C*¹   9 hodie] die *C*¹ aegyptorum *K*   linguam *T*   kam *B* : cam *CT* : chaam *K*   10 eo] quo *K*   enim *om.* *T*   11 ab] iafeth latitudo *T* 14 opera *T*   15 ezobs *T*   16 eziopes *T*   18 populos *BT* adgressus est *om.* *K*¹   20 quod] quo *T*   nec] ne *B*   21 sunt enim *AC*   22 Fares *C*   posuit *K*   24 accensiones *C*¹   iustus (*prius*)] ductus *C*¹   26 Evang.] egelii *C*¹   27 panem *K*   sacrificium *BC* : sacrificio primum *T*   28 declinas *C*¹   consentit *K*

inlicita carnis incendia declinavit. Moab ex patre. Et totum **27**
nomen etymologiam habet. Concepit enim eum primogenita
filia de patre. Ammon, cuius causa nomen redditur filius **28**
populi mei, sic derivatur, ut ex parte sensus nominis, ex parte
5 ipse sit sermo. Ammi enim, a quo dicti sunt Ammonitae,
vocatur populus meus. Sarai interpretatur princeps mea, eo **29**
quod esset unius tantummodo domus materfamilias. Postea
causa nominis inmutata, ablata de fine I littera, dicitur Sara,
id est princeps. Omnium quippe gentium futura princeps
10 erat, sicut et Dominus pollicitus fuerat ad Abraham (Gen. 17,
16) : 'Dabo tibi ex Sara filium, et benedicam ei, et erit in gentes,
et reges populorum erunt ex ea.' Agar advena, vel conversa. **30**
Fuit enim. [conplexui Abrahae advena causa generandi data,
quae post contemptum, angelo increpante, conversa est ad
15 Saram.] Cethura thymiama. Ismahel interpretatur auditio **31.32**
Dei ; sic enim scriptum est (Genes. 16, 11) : 'Et vocavit nomen
eius Ismahel, quia exaudivit eum Deus.' Esau trinomius est, **33**
et ex propriis causis varie nuncupatur. Dicitur enim Esau, id
est rufus, ob coctionem scilicet rufae lentis ita appellatus, cuius
20 edulio primogenita perdidit. Edom autem ob ruborem corporis
dictus est, quod Latine sanguineus dicitur. Seir vero, quod
fuerit hispidus et pilosus ; quando enim natus est, totus sicut
pellis pilosus erat. Atque idem tribus nominibus appellatur : **34**
Esau, id est rufus : Edom, id est sanguineus : Seir, id est pilo-
25 sus, quia non habuit lenitatem. Rebecca patientia, sive quae **35**
multum acceperit. Lia laboriosa, utique generando. Plurimos **36**
enim dolores quam Rachel fecunditate pariendi experta est.
Rachel interpretatur ovis. Pro ea enim Iacob pavit oves Laban. **37**

1 inl. ca. *om.* T^1 3 de] ex K nominis *Arev.*   5 Ammi] amon
CK 6 voc. pop. m. *om. K* (*non A*)   vocantur C^1 7 po. cau. *om. K*
(*non A*)   8 I] una K 10 sicut dom. C 11 tibi *ex* ti K filium]
semen K (*non A*)   gente C^1 13 conpl. . . . ad Saram *hab. CTU* :
om. ABDK : aegyptia H 14 cont. ab ang. U 15 Ce. th. interpretatur K (*non A*)   int. *om. K* (*non A*)   16 vocabit C : voca B
18 nuncupatus BT 20 roborem KT 22 spidus T totus *om. K*
(*non A*)   23 erat *om. K* (*non A*)   idem *om. K* (*non A*) : *fort.*
inde   trinominibus A 24 id est (*tert.*) *om. K* (*non A*)   25 qui B

38 Zelpha os hians. Bala inveterata. Dina transfertur in causam.
39 Iurgii enim in Sichimis causa extitit. Thamar amaritudo pro
viris mortuis. Item et commutans. Mutavit enim se in habitu
40 meretricis, quando cum socero suo concubuit. Phares divisio,
ab eo quod diviserit membranula secundarum, divisoris, id est 5
phares, sortitus est nomen. Vnde et Pharisaei, qui se quasi
41 iustos a populo separabant, divisi appellabantur. Zara frater
eius, in cuius manu erat coccinum, interpretatur oriens; sive
quia primus apparuit, sive quod plurimi ex eo iusti nati sunt, ut
in libro Paralipomenon continetur, Zara, id est oriens, appella- 10
42 tus est. Iob in Latinum vertitur dolens; et recte dolens, propter percussionem carnis et passiones dolorum. Calamitates
43 enim suas nominis etymologia praefiguravit. Pharao nomen
est non hominis, sed honoris, sicut et apud nos Augusti appellantur reges, cum propriis nominibus censeantur. Exprimitur 15
autem in Latino Pharao denegans eum, utique Deum, sive dis-
44 sipator eius. Populi enim Dei fuit afflictor. Iannes marinus,
sive ubi est signum. Cessit enim et defecit signum eius coram
signis Moysi; unde et dixerunt magi (Exod. 8, 19): 'Hic digi-
45 tus Dei est.' Mambres mare pellicium sive mare in capite. 20
46 Denique Moyses interpretatur sumptus ex aqua. Invenit
eum ad ripam fluminis expositum filia Pharaonis, quem colli-
gens adoptavit sibi; vocavitque nomen eius Moysen, eo quod
47 de aqua sumpsisset eum. Aaron mons fortitudinis interpretatur, propter quod turibulum accipiens in medio supersti- 25
tum et interemptorum obviam stetit, et ruinam mortis quasi

---

1 os iens *BCT*: oriens *K*   3 idem *BT*: eadem *C*   5 membra
nullam *C¹*   divisioris *T*: divisionis *Hieronymus*   id est] inde et
B   6 faris *B*: fares *CKT*   unde far. *B*   7 apopolos *K*: apostolo
C¹   9 ut] et *T*   10 in *om. K (non A)*   Zara .. app. est *om.*
K (non A)   11 est *om. T*   dolens (*alt.*) *om. CT*   12 perc. carn.
et passionem carnis et passiones dolorem *K (non A)*   passionis *B¹*
calamitatis *B¹C*   14 sicut enim et *T*: sicut *K*   angusta *C¹*
16 autem] enim *B*   den.] denudans *Arev.*   17 marinus] marsus *K*
(*non A*)   18 sig. eius cor. enim signis Moy. ces. et def. signum eius *K*
(*non A*)   19 hic *om. B*   20 pellicosum *K* (*pro* perliquosum ?):
pellucidum *Arev.*   21 inv. enim eum *B*   23 adportavit *T*   eo]
ego *C¹*   25 superstitutum *B*: supraestitum (subp-, -pre-) *C¹KT*
26 obiam (ovi-) *TC*

quidam mons fortis exclusit. Eleazar Dei adiutorium. Balac 48
praecipitans, sive devorans. Balaam vanus populus. Phinees 49
ori parcens. Transfixit enim pugione Zambri cum scorto
Madianitide, et Domini furorem placavit, ut parceret. Zambri 50
5 iste lacessiens vel amaricans. Proprie enim nomen ab
amaritudine figuratum, quod peccando amaricaverit populum.
Raab latitudo, vel fames, sive impetus. Iosue interpretatur 51
salvator. Ipse enim in figura Christi populum a deserto
salvavit, et in terram repromissionis induxit. Caleph quasi 52
10 cor, aut canis. Othoniel tempus eius Deus, vel responsio 53
Dei. Aoth gloriosus. Barach fulgurans. Debbora apis vel
loquax. Apis, quia fuit ad bellum promptissima, dimicans
adversus Sisaram, quo perempto cecinit canticum; inde loquax. Iahel ascensio. Gedeon experimentum iniquitatis 54
15 eorum. Frequentibus enim documentis informatus est quali
praesagio contra hostes futuram victoriam expediret, ex quo
futuro experimento etymologiam nominis sumpsit. Abimelech pater meus rex. Tola vermiculum, vel coccinum. Iair 55
inluminans. Iephte aperiens, vel apertus. Esebon cogita-
20 tio, sive vinculum maeroris. Abdo servus eius. Samson sol 56
eorum, vel solis fortitudo. Fuit enim virtute clarus, et liberavit Israel de hostibus. Dalila paupercula, vel situla. Booz in
fortitudine, [sive] in quo robur. Noemi, quam interpretare 57
possumus consolatam, eo quod marito et liberis peregre mortuis,
25 nurum Moabitidem in consolatione sua tenuit. Ruth inter- 58
pretatur festinans. Alienigena enim erat ex populo gentili,

1 mons *om. T*   2 deforans *T*   3 pugionem *C¹KT*: pugioni *B*
scortu *KT*: scurtu *C¹*   4 Zambri stella cessiens *B*: Zambri stela-
cescens *C¹*   5 iste *om. K*   nom. amaritudinis figuratur *K*   6 peccato
K   amaricavit (*add. in marg.* populum dei) *B*   7 famis *BKT*
seu *K*   interp. *om. K* (*non A*)   8 figuram *BT*   11 Bar. fulg.
om. K (*non A*)   Deborra apix *K*   12 quia] quod *B*   14 adcensio
C¹   16 quo *om. B*   17 nominis *om. T*   18 Tola ... inlum. *om. B¹*
20 memoris *B*: messoris *K*   21 eorum *om. K* (*non A*) *U²* (*non V*)
enim *om. B*   22 Dalila ... robur *om. K* (*non A*)   23 sive *hab.*
BCU: *om. T*: vel *A*   qua *K*   24 possimus *B*   quod a marito *C*
25 interp. *om. K* (*non A*)

quae relicta patria festinavit transire in terram Israel, dicens
socrui suae (Ruth 1, 16): 'Quocunque perrexeris, pergam.'

59 Anna gratia eius interpretatur, quia, dum prius esset sterilis
natura, postremo Dei gratia fecundata est.   Heli Deus meus.

60 Ophni discalciatus.   Filius enim fuit Heli electus in ministerium 5
sacerdotii, cuius amissionem suo expressit vocabulo.   Apostolus
enim ait (Ephes. 6, 15): 'Calciati pedes in praeparationem

61 Evangelii pacis.'   Et Propheta (Isai. 52, 7): 'Quam speciosi
pedes qui adnuntiant pacem!'   Iste ergo discalciatus interpretatur, ut eius nomine Veteris Testamenti sacerdotium a veteri 10

62 populo significaretur ablatum.   Phinees frater Ophni os mutum
interpretatur, quo significatur sacerdotii veteris et doctrinae
silentium.   Samuel nomen eius Deus.   Iessai insulae sacrifi-

63 cium, vel incensum.   Saul petitio [interpretatur].   Notum est
enim quomodo Hebraeorum populus eum sibi regem petierit, 15
et accepit non secundum Deum, sed secundum suam volunta-

64 tem.   David fortis manu, utique quia fortissimus in proeliis fuit.
Ipse et desiderabilis, in stirpe scilicet sua, de qua praedixerat
Propheta (Agg. 2. 7): 'Veniet desideratus cunctis gentibus.'

65 Salomon tribus nominibus fuisse perhibetur.   Primum vocabu- 20
lum eius Salomon dicitur, id est pacificus, eo quod in regno
eius pax fuerit.   Secundum nomen Ididia, eo quod fuerit dilectus et amabilis Domino.   Tertium vocabulum eius Coheleth,
quod Graece appellatur Ecclesiastes, Latine Contionator,

66 quod ad populum loqueretur.   Ionathan columbae donum. 25

67 Absalon patris pax per antiphrasin, eo quod bellum adversus

1 rel. patr. sua *AC* : relicto patre *K*   transire *om. K (non A)*
2 socrus *T*: socerae *K (non A)*   4 postremum *B*   5 Heli fuit *K*
(non A)   ministerio *K*   6 sacerdotis *C*   apostolorum *B*   7 pre-
paratione *BK*   9 adnuntient *C*   ergo] enim *BC*   11 fratre
C¹T   motum *C¹*   12 quod *C¹TK (non A)*   significat *K*   vet.
testamenti et *B*   13 Samuel ... Deus *om. K (non A)*   insule *K* : in
sole *ABCT*   14 interp. *om. K (non A)*   interp. pet. *T*   15 quo-
modo] quoniam *K (non A)*   petiit *K*   16 non] nomen non *B*
17 for. ma.] fortissimum *T*   quia] quod *B*   fortis mum *T*   19 veniat
K   20 trib. nom.] trinomius *K (non A)*   23 voc. eius *om. K (non*
A)   25 a populo *B¹*   26 patrie *C¹*   pax] vox *K*   adversum *T*

patrem gessisset, sive quod in ipso bello David pacatum fuisse
legitur filio, adeo ut etiam magno cum dolore extinctum plangeret.
Roboam latitudo populi, et ipsud per antiphrasin, quod decem **68**
tribubus ab eo separatis, duae tantum ei relictae sint. Abia **69**
5 pater Dominus, vel pater fuit. Asa tollens, sive sustollens.
Iosaphat Domini iudicium. Ioram, qui est excelsus. Achazias
adprehendens Dominum. Athalia tempus Domini. Ioas **70**
spirans, vel Domini robur. Amasias populum tollens. Ozias **71**
fortitudo Domini. Azarias auxilium Domini. Ozias autem
10 ipse est qui Azarias duplici nomine. Iste est qui, inlicitum
sibi sacerdotium vindicare conatus, lepra in fronte percussus
est. Ioatham est perfectus. Pulchram etymologiam nominis. **72**
Fecit enim rectum in conspectu Domini, et portam templi
aedificavit excelsam. Achaz adprehendens. Ezechias fortis **73**
15 Dominus. Manasse obliviosus. Per multa enim scelera et
sacrilegia reliquerat et oblitus fuerat Deum. [sive quod oblitus
est Deus peccatorum illius.] Amon fidelis vel onustus. Iosias, **74**
ubi est incensum Domini, propria etymologia nominis. Iste
[est] enim qui simulacra conbussit. Ioachaz robustus. Ioachim, **75**
20 ubi est praeparatio. Eliachim Dei resurrectio. Ieconias praeparatio Domini. Sedechias iustus Domini. Ieroboam iudica- **76**
tio sive causa populi, vel, ut quidam aiunt, divisio interpretatur,
pro eo quod in regno eius divisus sit populus Israel, et praecisus a regno stirpis David. Divisionis enim populi causa iste
25 extitit. Zambri psalmus vel canticum meum. Omri crispans **77**

---

1 egisset K   ipso] illo C   David] dixerunt K (*pro* dd, *i. e.*
David)   pactum C¹ : peccatum K   2 plangerent C¹ : plangerit
K   3 quod] ut K (*non A*)   4 tribubus C (*non A*)   eo] eis K
(*non A*)   sep.] set parentis C¹   sunt ABC¹   Abia . . .
fort. Domini (§ 71) *om.* K   5 tolles C : dolens AB   sust.] sustinens
C (*non A*)   7 deprehendens C (*non A*)   8 robur *ex* rubor AT :
solus C¹   9 Ozias autem . . . Azarias *om.* K   autem *om.* B (*non
A*)   10 est *om.* K (*non A*)   inlicitus B : inlicite K (*non A*)
12 pulchre K   14 Achaz] Achazias (Aca-) BK   15 domini K
per] prae K   *vel* permulta   deliquerat *Schwarz, fort. recte*   16 dei
TU   sive . . . illius *hab.* CT²U : *om.* BKT¹   17 sit C   honestus
(on-) *codd.*   18 Domini] dei K   19 est *om.* BK : *hab.* CT   qui
om. K   20 Eliachim Dei] hebraice in deo K (*non A*)   22 veluti
B : vel T   24 reg. in stir. C¹   25 Za. vel ps. K   meum BT : vel
hymnum (ym-) CK   ombri C : umbri K

78 meus. Achab frater patris. Iezabel fluxus sanguinis, vel fluens
sanguinem: sed melius, ubi est sterquilinium. Praecipitata enim
deorsum comederunt carnes eius canes, sicut praedixerat Helias
(4 Reg. 9, 37): 'Et erunt,' inquit, 'carnes Iezabel sicut stercus
79 super faciem terrae.' Ochozias adprehendens Deum. Iehu 5
ipse, vel est. Ioatha robustus. Sella umbra eius, vel petitio.
80 Manahem consolans. Paceas aperiens. Nabuchodonosor
prophetia lagunculae angustae, sive prophetans istiusmodi signum, pro somnio scilicet futurorum quod vidisse narratur, et
Daniel interpretatus est; sive sessio in agnitione angustiae, pro 10
81 his qui in captivitatem ab eo ducti sunt. Zorobabel apud Hebraeos ex tribus integris nominibus traditur esse conpositus:
zo iste, ro magister, babel proprie Babylonium sonat; et efficitur nomen Zorobabel, iste magister de Babylone. In Babylone
enim ortus est, ubi et princeps gentis Iudaeae extitit. 15

VII DE PATRIARCHIS. Quorundam patriarcharum etymologiae
notandae sunt, ut sciamus quid in suo vocabulo resonant. Nam
plerique eorum ex causis propriis nomina acceperunt. Patriarchae interpretantur patrum principes. Ἀρχός enim Graece
2 princeps est. Abram primum vocatus est pater videns populum, 20
propter Israel scilicet tantum. Postea appellatus est Abraham,
quod transfertur pater multarum gentium, quod erat adhuc per
fidem futurum. Gentium autem non habetur in nomine, sed
subauditur, iuxta illud (Genes. 17, 5): 'Erit nomen tuum
3 Abraham, quia patrem multarum gentium posui te.' Isaac ex 25
risu nomen accepit. Riserat enim pater, quando ei promissus
est, admirans in gaudio. Risit et mater, quando per illos tres
viros promissus est, dubitans in gaudio. Ex hac ergo causa
4 nomen accepit Isaac; interpretatur enim risus. Sciendum

2 sed] sicut *B*   praecipitat *K*   3 canes] carnes *C*[1]   8 labuncule
C[1]   9 somnium *K*   10 sensio *C*[1]   11 Zor. proprie aput *T*
12 conpositum *K*   13 zo iste robabel (*delet.*) ro ma (*sic*) babil propr. *K*:
zo sterobus magister. Babel propr. *T*   efficiatur *B*   14 in bab. est
ortus ubi *K* (*non A*) ·   15 iude ext. *T* : iudex ext. *B*   17 quod *C*[1]*T*
Nam *om. B*   18 propr. cau. *C*   patriarcha interpretatur pa. princeps *K*   21 appellatur *C*   23 autem] hoc *B*   24 subaudiatur *T*
25 pater *K*   26 acc. et ris. *C*[1]   pater] mater *KT*[1]

autem quod quattuor in Veteri Testamento absque ullo
velamine nominibus suis, antequam nascerentur, vocati sunt:
Ismahel, Isaac, Salomon et Iosias. Lege Scripturas. Iacob sub- 5
plantator interpretatur, sive quod in ortu plantam nascentis fra-
5 tris adprehenderit, sive quod postea fratrem arte deceperit.
Vnde et Esau dixit (Genes. 27, 36) : 'Iuste vocatum est nomen
eius Iacob, subplantavit enim me ecce secundo.' Israel vir 6
videns Deum. Tunc enim hoc nomen accepit, quando tota
nocte luctatus vicit in certamine angelum, et oriente lucifero
10 benedictus est. Inde propter visionem Dei Israel appellatus
est, sicut et ipse ait (Genes. 32, 30): 'Vidi Dominum et salva
facta est anima mea.' Ruben interpretatur visionis filius. Sic 7
enim, quando eum peperit Lia, vocavit nomen eius Ruben dicens
(Genes. 29, 32) : 'Quia vidit Deus humilitatem meam.' Simeon 8
15 interpretatur auditio. Sic enim dixit Lia, quando peperit eum
(Genes. 29, 33) : 'Quia exaudivit me Deus.' Levi additus. Dixit 9
enim Lia, quando peperit eum, non ambigens de amore viri
(Genes. 29, 34) : 'Nunc mecum erit vir meus, quia peperi ei
tres filios.' Iudas confessio dicitur. Quando enim peperit eum 10
20 Lia, laudem Domino rettulit dicens (Genes. 29, 35): 'Nunc super
hoc confitebor Domino,' et ob id vocatus est Iudas. A confessione itaque nomen eius [est] dictum, quod est gratiarum actio.
Issachar interpretatus est merces. Is quippe dicitur est, sachar 11
merces. Hoc autem ideo, quia mandragoris filii Ruben introi-
25 tum viri, qui Racheli debebatur, ad se emerat Lia. Vnde et
dum natus est, dixit Lia (Genes. 30, 18): 'Dedit Deus mercedem meam.' Zabulon interpretatur habitaculum. Sextum enim 12
hunc filium genuerat Lia : propterea iam secura dixit (Genes.
30, 20) : 'Habitabit mecum vir meus.' Vnde et filius eius vo-

1 autem] enim C^1 3 et ozias BT : ozias K leges C^1 4 quod]
quae B in horta (*corr.* ortu) suo plan. C 7 ecce *om.* K 10 app.
Isr. sicut K 13 peperit *om.* T^1 14 quia] quod B : *om.* C
16 quia] quod B 18 quia] quod B 21 id] hoc K 22 est *hab.*
BK : *om.* CT 23 int. *om.* K (*non A*): -tur *Arev.*   is (his) quippe di.
est (*om.* B) isacar (-ch-) $ABCT$: hachar quoque di. saca K 24 hoc
au. id.] propter hoc K (*non A*)   quia] quod B 25 qui] quia C^1
28 generat K Lia gen. B iam *om.* T 29 habitavit (ab-) BKT

13 catus est habitaculum. Nephtalim. De conversione, sive conparatione causa nominis eius est. Vnde et dixit Rachel, cum
eum peperisset ancilla eius Bala (Genes. 30, 8): 'Habitare me
14 fecit Deus habitationem cum sorore mea.' Dan interpretatur
iudicium. Bala enim dum eum peperisset, dixit Rachel domina 5
eius (Genes. 30, 6): 'Iudicavit me Dominus, et exaudiens
dedit mihi filium.' Causam nominis expressit, ut ab eo quod
15 iudicasset Dominus, filio ancillae iudicii nomen inponeret. Gad
ab eventu, sive procinctu vocatus est. Quando enim peperit
eum Zelpha, dixit domina eius Lia : In fortuna, id est quod 10
16 dicitur, in procinctu vel eventu. Aser beatus dicitur. Dum
enim peperisset eum Zelpha, dixit Lia (Genes. 30, 13): 'Beata
ego, et beatificant me mulieres' : et ab eo, quod beata dicatur,
17 ex etymologia nominis beatum vocavit. Ioseph ab eo, quod
sibi alium addi mater optaverat, vocavit augmentum. Hunc 15
Pharao Zaphanath appellavit, quod Hebraice absconditorum
repertorem sonat, pro eo quod obscura somnia revelavit et
18 sterilitatem praedixit. Tamen, quia hoc nomen ab Aegyptio
ponitur, ipsius linguae debet habere rationem. Interpretatur
ergo Zaphanath Aegyptio sermone salvator mundi, eo quod 20
19 orbem terrae ab inminenti famis excidio liberarit. Beniamin
interpretatur filius dexterae, quod est virtutis. Dextera enim
appellatur iamin. Mater quippe eius moriens vocaverat nomen
eius Benoni, id est filius doloris mei. Pater hoc mutavit, filium
20 dexterae nominans. Manasses dictus ab eo, quod sit pater 25
eius oblitus laborum suorum. Ita enim Hebraice vocatur ob-
21 livio. Ephraim, eo quod auxerit eum Deus ; et ex hoc vocabulo in linguam nostram transfertur augmentum.

VIII   DE PROPHETIS. Quos gentilitas vates appellant, hos no-

1 conversatione *K*   2 est *om. K*   3 anc. balla *B*   4 habitatione
BCT   6 et exaudivit et de. *K* (*non A*)   8 iudicansset *C* : iudicasset
se *T*   9 seu *K* (*non A*)   10 fortune *T*   quod dic. *om. K* (*non A*)
13 dicatur] dicitur *K*   14 ex *om. K*   beatam *B*   17 sonant *C*[1]
18 Tamen] Nam et tunc non *K* (*non A*)   quia] quod *B*   20 ergo]
enim *B*   sal. mun. aeg. serm. *K*   21 terrae] mundi *K* (*non A*)
liberaret *BK*   22 quod virt. *B*[1]   23 matre quia pro eo mor. *K* (*non A*)
vocavit *K*   24 Benoni] beniamin *C*[1]*K*   27 ex] ab *B*   29 Quod
T   gentiles *K* : gentilitates *corr.* -litas *A*   appellat *B*

stri prophetas vocant, quasi praefatores, quia porro fantur et de
futuris vera praedicunt. Qui autem [a] nobis prophetae, in
Veteri Testamento videntes appellabantur, quia videbant ea
quae ceteri non videbant, et praespiciebant quae in mysterio
5 abscondita erant. Hinc est quod scriptum est in Samuele **2**
(1 Reg. 9, 9): 'Eamus ad videntem.' Hinc Esaias (Esai.
6, 1): 'Vidi,' inquit, 'Dominum sedentem super thronum
excelsum et elevatum.' Et Ezechiel (1, 1): 'Aperti sunt caeli
et vidi visiones Dei.' Quorundam autem prophetarum etymo- **3**
10 logiae nominum adnotandae sunt. Vocabula enim eorum satis
ostendunt quid in futuris factis dictisque suis praenuntiassent.
Helias interpretatur Dominus Deus. Ex futuri igitur praesagio **4**
sic vocatus. Nam dum altercaretur in sacrificio cum quadringentis sacerdotibus Baal, invocato nomine Domini descendit de
15 caelo ignis super holocaustum. 'Quod cum vidisset omnis
populus, cecidit in faciem suam et ait: Dominus ipse est Deus'
(3 Reg. 18, 39). Ex hac igitur causa tale prius nomen accepit, **5**
pro eo quod per eum postea cognoverit populus Dominum
Deum. Idem et fortis Dominus interpretatur, vel propter quod
20 interfecit eosdem sacerdotes, vel propter quod Achab adversi-
tatem toleravit. Helisaeus Domini salus interpretatur; voca- **6**
bulum autem et idem ex futuri praesagio suscepit. Denique et
multas virtutes fecit et famem pellens populum a morte salvavit.
Nathan dedit, sive dantis. Esaias interpretatur salvator Domini. **7**
25 Et merito; Salvatorem enim universarum gentium eiusque
sacramenta amplius quam ceteri praedicat. Ieremias excelsus **8**
Domini, pro eo quod dictum est ei (Ierem. 1, 10): 'Constitui
te super gentes et regna.' Ezechiel fortitudo Dei. Daniel **9**

1 prevatores T: prof. *dett.*   quia] quod BK fantur *om.* K^1 2 a
hab. CK: *om.* BT prophetae *om.* K (*non A*)   3 appellantur K
quia] quod B 4 ceteri... quae *om.* C praespiciebant B: prospicie-
bant T: praesciebant K ministerio BC^1T 5 Hic T 6 hinc et
es. T 9 etymologiam nom. adnotanda K 11 qui in futurum K
pronuntiassent C 13 sicut vocatur C 16 cecidit] cedet K
18 Dominum *om.* K (*non A*)   20 interficet K: interfecet C eodem
C^1 21 sal. int.... sancti spiritus (§ 36) *desunt in D* (*folio amisso*)
22 au. idem B 23 morte] fame T sanavit K 24 salus dom. int.
K Dom. et mer. *om.* A 25 eius sacr. K 26 predicant B

iudicium Dei, sive quia in presbyterorum iudicio sententiam
divinae examinationis exhibuit, dum reperta eorum falsitate
Susannam ab interitu liberavit; sive quod visiones et somnia,
quibus per singula quaedam et aenigmata futura monstrabantur,
sagaci mente discernens aperuit. Hic et desideriorum vir appel- 5
latus est, quia panem desiderii non manducavit et vinum con-
10 cupiscentiae non bibit. Ozee salvator, aut salvans. Dum
enim iram Dei in populum Israel ob crimen idolatriae prophe-
tasset, domui Iudae salutem pronuntiavit. Propter quod Ezechias rex Iuda, sublatis idolis, quos praecedentes reges consecra- 10
verant, templum Domini purgasse ac purificasse monstratur.
11 Iohel Dominus Deus, sive incipiens Deo, vel fuit Dei. Haec
12 enim eius vocabulum resonat etymologia incerta. Amos populus avulsus. Prophetia enim eius ad populum fuit Israel, quia
iam avulsus erat a Domino, et aureis vitulis serviebat, sive avulsus 15
13 a regno stirpis David. Nahum gemens, sive consolator. In-
crepat enim civitatem sanguinum, et post eversionem illius
consolatur Sion dicens (Nahum 1, 15): 'Ecce super montes
14 pedes evangelizantis et adnuntiantis pacem.' Habacuc am-
plexans; qui vel ex eo, quod amabilis Domini fuit, vocatur 20
amplexatio, vel quod in certamen cum Deo congreditur, ample-
xantis, id est luctantis, sortitus est nomen. Nullus enim tam
audaci voce ausus est Deum ad disceptationem iustitiae provocare, cur in rebus humanis et mundi istius tanta rerum versatur
15, 16 iniquitas. Micheas, quis hic, vel quis iste? Sophonias specu- 25

1 iud. sive K^1 quia] quod K in] inter T iudicium K
4 singula] signa C^2 (non H) : sigla Arev., fort. recte   aen.] ignota K
monstrabatur K 5 hic des. BK · 6 quia] quod B 9 iudaea C^1
10 consegraverunt C^1 : conservaverunt K 11 Domini om. K ac] et
K demonstratur B 12 hoc K 13 vocabolo K 14 a popolo K :
a populum C^1 quia] quod B 16 gemens] gemen T ante corr. :
germen T ex corr. BCK consolatus B 18 consolatus B
19 evang. pacem et adnuntis (sic) bona T (non H): evangelizantium
pacem K 20 qui vel T: quia (? qui) vel quod A : quia vel BCK
domino K 21 congr.] ingrederetur K 22 sort. nom. K 23 post
deum eras. est vidisse in T 24 versatur BCT: versetur AK § 15 In
fine add. comminatur Samariae ob causam simulacrorum illo modo, quod
(leg. quo) Eliu dicitur, quis (qui U) est iste involvens sententias CT^2U:
om. $ABKT^1$ ob hanc cau. C mo. de quo Hel. C 25 specula
Arev.

lum, vel arcanum Domini interpretatur. Vtrumque ad prophetam convenit ; ipsi enim sciunt mysteria Dei. Vnde et ad
Ezechiel dicitur (3, 17): 'Speculatorem te posui.' Et alibi
(Amos 3, 7): 'Non faciet Dominus quicquam, nisi revelaverit
5 servis suis prophetis.' Abdias servus Domini. Sicut enim 17
Moyses famulus Domini et apostolus servus Christi, ita iste
legatus ad gentes missus venit et praedicat, quae prophetali
digna sunt ministerio et servitute : inde servus Domini. Ionas 18
interpretatur columba, sive dolens. Columba pro gemitu,
10 quando in ventre ceti triduo fuit. Dolens autem vel propter
tristitiam, quam habuit de salute Ninivitarum, vel propter hede-
ram subito arescentem, cuius umbraculo tegebatur contra solis
ardorem. Ipse est et Amathi, Sareptanae viduae filius, ut 19
Iudaei adfirmant, quem resuscitavit Helias, matre postea ad
15 eum dicente (3 Reg. 17, 24): 'Nunc cognovi quia vir Dei es
tu, et verbum Dei in ore tuo est veritatis.' Ob hanc causam
ipsum puerum Amathi vocitatum. Amathi enim ex Hebraeo in
Latinam linguam veritas dicitur ; [et] ex eo quod verum Helias
locutus est, ille, qui suscitatus est, filius nuncupatus est veritatis.
20 Zacharias memoria Domini. Septuagesimo enim anno desola- 20
tionis templi conpleto, Zacharia praedicante, memoratus est
Dominus populum suum, iussuque Darii reversus est Dei populus, et reaedificatum est et urbs et templum. Aggaeus in Latino 21
festinus et laetus resonat. Destructum enim templum aedifi-
25 candum prophetat, et post luctum captivitatis regressionis laetitiam praedicat. Malachias interpretatur angelus Domini, id est 22
nuntius. Quidquid enim loquebatur, quasi a Domino essent

2 ipse B   misterium K   inde T   ad Ez. KT : ezechiel
C : ezechieli B   4 facit K   5 Domini] dei K   enim] et K
6 Domini] dei B   is. leg.] intellegatus C¹   7 venit C¹K : videt BHT
8 misterio T : in misterio K   10 fuit] fecit C¹   au. quando vel prop. T
13 est Ama. K   ut] et B   15 quia] quod K (non A)   16 veritas B
(non A)   ob hanc . . . vocit. om. K : Am. voc. om. A   18 dic. et ex
BK   19 veritas B   20 enim om. T   22 populo suo BT : populi sui
C   23 reedif. urbs T¹ : reedif. est urbs T² : reaedificata urbis (ut vid.) C¹
24 festivus B   25 prophetet T   laet. pred. reversionis K (non A)
26 ang. Dom. int. K (non A)   id est nun. om. K (non A)

mandata, ita credebantur; et inde ita eius nomen Septuaginta
transtulerunt dicentes (Malach. 1, 1): 'Adsumptio verbi Domini
23 super Israel in manu angeli eius.' Esdras adiutor. Nehemias
consolator a Domino. Quodam enim praesagio futuri nomina
ista sortiti sunt. Fuerunt enim in adiutorium et consolationem 5
omni illius populo redeunti ad patriam. Nam et templum
Domini iidem reaedificaverunt, et murorum ac turrium opus
24 ipsi restauraverunt. Ananias gratia Dei. Idem et Sidrac lin-
25 gua Chaldaea, quod interpretatur decorus meus. Azarias
auxilium Domini. Idem et Abdenago, quod in Latinum ver- 10
26 titur serviens taceo. Misahel, qui populus Domini. Ipse et
27 Misac, quod interpretatur risus vel gaudium. Ahia frater meus.
Semeia audiens Dominum. Asaph [congregans]. Ethan [ro-
28 bustus sive ascensus]. Idithun transiliens eos, sive saliens eos.
Quosdam enim inhaerentes humo, curvatos in terram, et ea 15
quae in imo sunt cogitantes, et in rebus transeuntibus spem
29 ponentes transilivit canendo iste, qui vocatur transiliens. Eman
accipiens, vel formido eorum. Ethan robustus. Barachia
benedictus Domini, vel benedictus Dominus. Olda districtio, sive
diverticulum. Iudith laudans, vel confitens. Hester absconsa. 20
30 Zacharias [memoria Domini, ob hoc quod canit (Luc. 1, 72):
31 'Memorare testamenti sancti sui']. Iohannes [baptista, Domini
gratia, eo quod sit limes prophetiae, praenuntius gratiae, sive ini-
32 tium baptismatis, per quod gratia ministratur]. Hi sunt prophetae
Veteris Novique Testamenti, quorum finis Christus, cui dicitur 25
a Patre (Ierem. 1, 5): 'Et prophetam in gentibus posui te.'
33 Prophetiae autem genera septem sunt. Primum genus ecstasis,
quod est mentis excessus; sicut vidit Petrus vas illud summissum

2 adsumpto verba T 4 futurorum K 6 illi CK redeuntis BT
8 item B 11 quia pop. C^1 12 Ahia] Azarias B 13 congregans
hab. CT (vel T^2): om. ABK rob. si. asc. hab. CT (vel T^2): om. ABK
14 sive] vel K 15 humo] homo C^1 16 ima T^1 18 Eth. rob. om.
K Ethan] eman $ABCT$ 19 Dominus om. K^1 20 confidens BK
21 mem. Dom. hab. $CKOT^2U$: om. AB^1T^1 ob hoc . . . sui hab.
CT^2U: om. $ABKOT^1$ 22 bapt. (baptisma A) hab. $ABCHOT^2U$: om.
KT^1 Domini gratia (gratia dei K) hab. $CKOT^2U$: om. ABT^1 23 eo
quod . . . prophetiae hab. COT^2U: om. $ABKT^1$ praenunt. . . . mini-
stratur hab. CT^2U: om. $ABKOT^1$ 25 fines Christi T: finis Christus
est C 26 et om. K 28 excelsus T

de caelo in stupore mentis cum variis animalibus. Secundum **34**
genus visio; sicut apud Esaiam dicentem (Esai. 6, 1): 'Vidi
Dominum sedentem super solium excelsum.' Tertium genus
somnium; sicut Iacob subnixam in caelo scalam dormiens
5 vidit. Quartum genus per nubem; sicut ad Moysen et
ad Iob post plagam loquitur Deus. Quintum genus vox de **35**
caelo; sicut ad Abraham sonuit dicens (Genes. 22, 12):
'Ne inicias manum tuam in puerum.' Et ad Saulum in via
(Act. 9, 4): 'Saule, Saule, quid me ' persequeris?' Sextum **36**
10 genus accepta parabola; sicut apud Salomonem in Proverbiis,
et apud Balaam, cum evocaretur a Balac. Septimum genus
repletio sancti Spiritus; sicut pene apud omnes prophetas.
Alii tria genera visionum [esse] dixerunt. Vnum secundum **37**
oculos corporis; sicut vidit Abraham tres viros sub ilice Mambre,
15 et Moyses ignem in rubo, et discipuli transfiguratum Dominum
in monte inter Moysen et Heliam, et cetera huiusmodi. Alterum **38**
secundum spiritum, quo imaginamur ea quae per corpus senti-
mus; sicut vidit Petrus discum illum submitti de caelo cum
variis animalibus, et sicut Esaias Deum in sede altissima non
20 corporaliter, sed spiritaliter vidit. Non enim Deum forma cor- **39**
porea circumterminat, sed quemadmodum figurate, non proprie
multa dicuntur, ita etiam figurate multa monstrantur. Tertium **40**
autem genus visionis est, quod neque corporeis sensibus, neque
illa parte animae qua corporalium [rerum] imagines capiuntur,
25 sed per intuitum mentis quo intellecta conspicitur veritas
sicut Daniel praeditus mente vidit quod Balthasar viderat corpore, sine quo genere illa duo vel infructuosa sunt, vel etiam in
errorem mittunt. Omnia tamen haec genera Spiritus sanctus

---

3 exelselsum *T*   4 in caelum *C*   5 ad] per *T*   · 6 ad *om. K*
8 puero *BK*   11 evoc.] expelleretur *T*[1]   12 spir. san. *C*   13 Alia *C*[1]
esse *hab. BCT*[2]: *om. AKT*[1]   14 Abr. tr. vidit *A*   viros *om. K*[1]
15 rubro *B*[1]   17 quo] quod *C*[1]   imaginantur *K* (*non A*): imaginarum
T   per] secundum *K* (*non A*)   18 subm.] committi *T*   cum var.
an. *om. K* (*non A*)   19 Deum] dominum *CK*   20 spiriliter *T*   22 et.
figurati *K*   23 quo *Schwarz*   24 ulla *K*   qua] quae *C*[1]: neque *K*
rerum *hab. CK*[2]*T*: *om. BK*[1]   25 quod *BC*[1]: *secl. Schwarz*   conspiciun-
tur *B*[1]*T*   26 praedictus (pre-) *C*[1]*T*   27 influctuosa *C*[1]   28 spiritu
sancto moderantur *K*

41 moderatur. Habere autem prophetiam non solum bonus, sed
etiam et malus potest. Nam invenimus Saulem regem prophetasse. Persequebatur enim sanctum David, et inpletus Spiritu
sancto prophetare coepit.

IX DE APOSTOLIS. Apostoli missi interpretantur. Hoc enim 5
eorum nomen indicat. Nam sicut Graece ἄγγελοι, Latine nuntii
vocantur, ita Graece Apostoli, Latine missi appellantur. Ipsos
enim misit Christus evangelizare per universum mundum, ita ut
quidam Persas Indosque penetrarent docentes gentes, et facientes
in nomine Christi magna et incredibilia miracula, ut adtestanti- 10
bus signis et prodigiis crederetur illis in his quae dicebant et
viderant. Habent autem plerique ex his causas suorum voca-
2 bulorum. Petrus a petra nomen accepit, hoc est a Christo,
super quem est fundata Ecclesia. Non enim a Petro petra, sed
Petrus a petra nomen sortitus est, sicut non Christus a Christiano, 15
sed Christianus a Christo vocatur ; ideoque ait Dominus (Matth.
16, 18) : 'Tu es Petrus, et super hanc petram aedificabo
ecclesiam meam,' quia dixerat Petrus : 'Tu es Christus filius
Dei vivi'; deinde ei Dominus : ' Super hanc,' inquit, 'petram,'
quam confessus es, 'aedificabo ecclesiam meam.' Petra enim 20
erat Christus, super quod fundamentum etiam ipse aedificatus
3 est Petrus. Cephas dictus eo quod in capite sit constitutus
Apostolorum ; κεφαλή enim Graece caput dicitur, et ipsud no-
4 men in Petro Syrum est. Simon Bar-iona in lingua nostra
sonat filius columbae, et est nomen Syrum pariter et Hebraeum. 25
Bar quippe Syra lingua filius, Iona Hebraice columba ; utroque
5 sermone dicitur Bariona. Alii simpliciter accipiunt, quod Simon,

---

1 prophitia *K* bonos *K*¹ 2 etiammet *T* malos *C*¹ 4 sancto
om. T *Post* proph. coep. *sequuntur in T (non UA) haec fere :* Invenitur
siquidem spiritus prophetiae in Anna sacerdote pro Christo dixisse :
'Expedit unum mori quam ut tota gens pereat.' Et in uxore Pilati :
'Multa passa sum hac nocte pro viro.' Licet in alia comparetur parte,
id est in diaboli astutiis, ut Christum subtraheret a mortis patibulo.
6 ind. grece *K* nam . . . appellantur *om. K* : nuntii . . . Latine *om. A*
7 *vel* Graece ἀπόστολοι 10 incred.] inaudita *K (non A)* 11 docebant
K (non A) et viderent *T* : *om. K (non A)* 12 causis *T* 14 sed a
petra petrus *K (non A) : om. B*¹ 16 sed christiano *T* 19 pet. ad
quam *B* 20 es] erat *K* 26 Syra lingua *om. K (non A)* 27 acc.]
accipiunt dici *T*² *in ras.*

id est Petrus, filius sit Iohannis, iuxta illam interrogationem
(Ioh. 21, 15): 'Simon Iohannis, diligis me?' et volunt scriptorum
vitio depravatum, ut pro Bar-Iohannem, hoc est filium Iohannis,
Barione scriptum sit, una detracta syllaba. Iohanna autem
5 interpretatur Domini gratia. Et fuisse Petrum trinomium: **6**
Petrum, Cephan, et Simon Bariona : Simon autem Hebraice
interpretatur audiens. Saulus Hebraeo sermone temptatio dici- **7**
tur, eo quod prius in temptatione Ecclesiae sit versatus. Persecutor enim erat : inde nomen habet istud, quando perseque-
10 batur Christianos. Postea mutato nomine de Saulo factus est **8**
Paulus, quod interpretatur mirabilis, sive electus. Mirabilis,
vel quia multa signa fecit, vel quia ab oriente usque ad occasum
evangelium Christi in omnibus gentibus praedicavit. Electus, **9**
sicut in Actibus apostolorum Spiritus sanctus dicit (13, 2) :
15 'Segregate mihi Barnaban et Paulum ad opus, quod elegi eos.'
Latino autem sermone Paulus a modico dictus, unde et ipse ait
(1 Cor. 15, 9) : 'Ego autem sum minimus omnium apostolorum.' Quando enim Saulus, superbus, elatus ; quando Paulus,
humilis, modicus. Ideo sic loquimur : 'paulo post videbo te,' **10**
20 id est post modicum. Nam quia modicus factus est, ipse dicit :
' Ego enim sum novissimus [omnium] apostolorum,' et (Eph.
3, 8) : 'Mihi minimo omnium sanctorum.' Cephas autem et
Saulus ideo mutato nomine sunt vocati, ut essent etiam ipso
nomine novi, sicut Abraham et Sarra. Andreas frater Petri **11**
25 carne, et cohaeres gratia. Secundum Hebraeam etymologiam
interpretatur decorus, sive respondens ; sermone autem Graeco
a viro virilis appellatur. Iohannes quodam vaticinio ex merito **12**

2 scripturam vi. depravatam B 3 pro *om.* K : per T bario-
hanna B : vario iohannam T filius B 4 bariona BK 5 trin.
Petrum *om.* T 6 petrus caephas K et Simon *om.* B 7 dictus B :
dictus est K (*non* A)   8 ecclesia B conversatus B (*non* A)
persecutorem B^1 9 inde] ideo A habebat C 12 qui ab T ad
om. K 14 sanc. spir. T dicitur B^1 15 quod] ad quod B 16 a] ad
B dictus] appellatus K 19 De eo AK loquitur K 20 nam . . .
sanctorum *om.* K (*non* A)   21 enim sum] minimus T omnium *hab.*
CT : *om.* AB 22 autem] enim T (*non* A)   24 novi *om.* K^1 : nivi K^2
25 carnes C^1 gratiae C 26 interpretatur *om.* K^1 (*non* A)
27 app.] vocatur K (*non* A)   quidam B

nomen accepit. Interpretatur enim, In quo est gratia, vel
Domini gratia. Amplius enim eum ceteris Apostolis dilexit

13 Iesus. Iacobus Zebedaei a patre cognominatur, quem relinquens cum Iohanne verum patrem secuti sunt. Hi sunt
filii tonitrui, qui etiam Boanerges ex firmitate et magnitudine 5
fidei nominati sunt. Hic est Iacobus filius Zebedaei, frater
Iohannis, qui post ascensionem Domini ab Herode manifesta-

14 tur occisus. Iacobus Alphaei ob distinctionem prioris cognominatus, qui dicitur filius Zebedaei, sicut iste filius Alphaei.

15 Cognomentum igitur ambo a patre sumpserunt. Iste est Iaco- 10
bus minor, qui in Evangelio frater Domini nominatur, quia
Maria uxor Alphaei soror fuit matris Domini, quam Mariam
Cleophae Iohannes evangelista cognominat, a patre, sive a gen-
tilitate familiae, aut quacumque alia causa ei nomen inponens.
Alphaeus autem Hebraeo sermone in Latino exprimitur millesi- 15

16 mus, sive doctus. Philippus os lampadarum, vel os manuum.
Thomas abyssus, vel geminus, unde et Graece Didymus appellatur. Bartholomeus filius suspendentis aquas, vel filius suspen-

17 dentis me. Syrum est, non Hebraeum. Matthaeus in Hebraeo
donatus exprimitur. Idem et appellatus Levi ex tribu a qua 20
ortus fuit. In Latino autem ex opere publicani nomen accepit,
quia ex publicanis fuit electus et in apostolatum translatus.

18 Simon Cananeus ad distinctionem Simonis Petri, de vico
Galileae Cana, ubi aquas Dominus mutavit in vinum. Ipse
est qui in alio evangelista scribitur Zelotes. Cana quippe zelum 25

19 interpretatur. Iudas Iacobi, qui alibi appellatur Lebbaeus, figuratum nomen habet a corde, quod nos diminutive corculum
possumus appellare ; ipse in alio evangelista Thaddaeus scribitur, quem ecclesiastica tradit historia missum Edessam ad Ab-

20 garum regem. Iudas Iscariotes vel a vico in quo ortus est, vel 30

---

1 nomine *K*   5 ex infirmitate *C*¹   6 iac. alfei (*eras.*) fi. zeb.
fratre *T*   9 filius (*prius*) *om. B*¹   10 cognominatum ig. *T*   ambo *ex*
ab eo *T*   11 nuncupatur *K*   12 quem maria cl. *K*   14 qualicumque
K   16 velox manum *T*   18 filius (*prius*) *om. T*¹   aquis *B*   susp.
si me *C*¹   19 non Hebr. *om. K* (*non A*)   in] ex *K*   20 et *om. T*
Levi] pre *ut vid. K*¹ : *del. K*²   quo *CK*   21 op. puplico *K*   22 tr.
est *B*   24 ubi *om. B*¹   29 missum *om. K*¹   30 natus est vel a tr. *K*

ex tribu Issachar vocabulum sumpsit, quodam praesagio futuri in condemnationem sui. Issachar enim interpretatur merces, ut significaretur pretium proditoris quo vendidit Dominum, sicut scriptum est (Matth. 27, 9) : '[Et] acceperunt mercedem
5 meam, triginta argenteos, pretium quod adpretiatus sum ab eis.'
Matthias, qui inter Apostolos sine cognomine solus habetur, in- **21** terpretatur donatus, ut subaudiatur pro Iuda. Iste enim in locum eius electus est ab Apostolis, cum pro duobus sors mitteretur. Marcus excelsus mandato, utique propter Evange- **22**
10 lium Altissimi, quod praedicavit. Lucas ipse consurgens, sive **23** ipse elevans [eo quod elevaverit praedicationem Evangelii post alios]. Barnabas filius prophetae, vel filius consolationis. **24**

De reliqvis in Evangelio nominibvs. Maria inlumi- **x** natrix, sive stella maris. Genuit enim lumen mundi. Sermone
15 autem Syro Maria domina nuncupatur ; et pulchre ; quia Domi- num genuit. Elisabeth Dei mei saturitas, vel Dei mei iura- **2** mentum. Magdalena turris. Martha inritans, [vel] provocans. **3** Sermone autem Syro interpretatur dominans. Nathanael donum **4** Dei [quia dolus, id est simulatio, dono Dei in eo non fuit].
20 Zebedaeus donatus, sive fluens iste. Zacchaeus iustus, sive iustifi- **5** catus, aut iustificandus. Syrum est nomen, non Hebraeum. Lazarus adiutus [eo quod sit a morte resuscitatus]. Herodes **6** pellicius, gloriosus. Caiphas investigator, aut sagax, aut vomens **7** ore. Inique enim ore suo iustum condemnavit, quamvis hoc
25 mysterio prophetali adnuntiasset. Pontius declinans consilium, **8** utique Iudaeorum. Accepta enim aqua lavit manus suas dicens (Matth. 27, 24) : 'Innocens ego sum a sanguine iusti huius.'

---

3 quo] quod C^1 Dominum] Deum B 4 et hab. BC: om. KT
5 argenteis K 6 qui interpretatur apostolus K: om. C: qui om. B^1
8 duabus T 9 excelso K (non A)   11 ipse om. B levans
C eo quod . . . alios hab. CT: om. BDK 14 enim om. K (non A)
15 Maria om. K (non A)   17 vel hab. CK: om. B^1T 19 quia . . . fuit
hab. CTU: om. BDK dono dei om. U 21 aut . . . Hebraeum
om. K 22 eo . . . resusc. hab. CTU: om. BK sit] se C^1 suscitatus T 23 pell. glor. clara ethimologia C: pellis gloria K in-
vestigatus T aut (alt.)] vel K 24 iniquo C 25 ministerio
K ad adnuntiassent T 27 innocens om. K^1 iusti om. K
(non A)

9 Pilatus os malleatoris [quia dum Christum ore suo et iustificabat
10 et condemnabat, more malleatoris utraque ferit]. Barabba filius
magistri eorum ; absque dubio Iudaeorum magistri, qui est
diabolus, homicidiorum auctor, qui usque hodie regnat in eis.

XI   DE MARTYRIBVS. Martyres Graeca lingua, Latine testes 5
dicuntur, unde et testimonia Graece martyria nuncupantur.
Testes autem ideo vocati sunt, quia propter testimonium Christi
passiones sustinuerunt, et usque ad mortem pro veritate certa-
2 verunt. Quod vero non testes (quod Latine utique possemus),
sed Graece martyres appellamus, familiarius Ecclesiae auribus 10
hoc Graecum verbum sonat, sicut multa Graeca nomina quae
3 pro Latinis utimur. Martyrum primus in Novo Testamento
Stephanus fuit, qui Hebraeo sermone interpretatur norma, quod
prior fuerit in martyrio ad imitationem fidelium. Idem autem
ex Graeco sermone in Latinum vertitur coronatus ; et hoc 15
prophetice ut, quod sequeretur in re, vaticinio quodam futuri
prius in vocabulo resonaret. Passus est enim, et quod vocabatur
accepit. Stephanus enim corona dicitur ; humiliter lapidatus,
4 sed sublimiter coronatus. Duo sunt autem martyrii genera,
unum in aperta passione, alterum in occulta animi virtute. Nam 20
multi hostis insidias tolerantes, et cunctis carnalibus desideriis
resistentes per hoc, quod se omnipotenti Deo in corde macta-
verunt, etiam pacis tempore martyres facti sunt, qui etiam si
persecutionis tempus existeret, martyres esse potuerunt.

XII   DE CLERICIS. Cleros et clericos hinc appellatos, quia 25
Matthias sorte electus est, quem primum per Apostolos legimus
ordinatum. Κλῆρος enim Graece sors vel hereditas dicitur.

1 malleatorum K   quia . . . ferit hab. CTU : om. BDK   more
TU   et iustificat et condempnat C (non U)   2 fierit T (non U)
3 Iud. magister K   4 homicidii (ex homm-) K   6 et om. C
vel Graece μαρτύρια   7 vocantur quod pr. K (non A)   9 Quod . . .
app. om. K (non A)   possimus A : possumus B   10 hoc Gr. ver. Eccl.
aur. K   11 si. et mu. BC   12 Martir T   13 serm. Hebr. K   15 ex]
et BCT   16 prophetico T   quidam B¹   17 in voc. . . . . passus
om. T   sonaret B   et] ut C¹   19 sed] et C   21 multas C¹
(non A)   hostis om. K (non A)   carnibus B¹   22 per] pro K
23 qui . . . potuerunt om. T¹   24 per resurrectionis tempore ut vid. T²
existerent C¹ : exteterit A : extetissent K   potuissent K (non A)
26 apostolum T¹ ut vid.

Propterea ergo dicti clerici, quia de sorte sunt Domini, vel **2**
quia Domini partem habent. Generaliter autem clerici nuncupantur omnes qui in ecclesia Christi deserviunt, quorum gradus
et nomina haec sunt: ostiarius, psalmista, lector, exorcista, **3**
5 acolythus, subdiaconus, diaconus, presbyter, episcopus. Ordo **4**
episcoporum quadripertitus est, id est in patriarchis, archi-
episcopis, metropolitanis atque episcopis. Patriarcha Graeca **5**
lingua summus patrum interpretatur, quia primum, id est apo-
stolicum, retinet locum ; et ideo, quia summo honore fungitur,
10 tali nomine censetur, sicut Romanus, Antiochenus et Alexandrinus. Archiepiscopus Graeco vocabulo quod sit summus **6**
episcoporum. Tenet enim vicem apostolicam et praesidet tam
metropolitanis quam episcopis ceteris. [Metropolitani autem **7**
a mensura civitatum vocati.] Singulis enim provinciis prae-
15 eminent, quorum auctoritati et doctrinae ceteri sacerdotes
subiecti sunt, sine quibus nihil reliquos episcopos agere licet.
Sollicitudo enim totius provinciae ipsis commissa est. Omnes **8**
autem superius designati ordines uno eodemque vocabulo episcopi nominantur, sed inde privato nomine quidam utuntur,
20 propter distinctionem potestatum quam singulariter acceperunt.
Patriarcha pater principum. Ἄρχων enim princeps. Archiepi- **9, 10**
scopus princeps episcoporum. Metropolitanus. Episcopatus **11**
autem vocabulum inde dictum, quod ille, qui superefficitur,
superintendat, curam scilicet subditorum gerens. Σκοπεῖν enim
25 Latine intendere dicitur. Episcopi autem Graece, Latine specu- **12**
latores interpretantur. Nam speculator est praepositus in Ec-

1 quia] quod *BC*   2 Deum partem *C*   6 quadripertita *C*[1]
7 metropolitis *BCT*   10 tal. nom.] talione *T*   11 Gr. voc.] Greca lingua
K (*non AD*)   sit *om. D*   12 arceepiscoporum *C*[1]   13 Metrop. . . .
voc. hab. *CTU Mon.*: *om. BDGKO Rem.*   14 vocantur *C Mon.* (*non U*)
singuli *C* (*non U*)   enim *om. T* (*non U*)   preminet (prae-) *B Voss.* 82
15 auctoritate et doctrina *K*   16 reliquis episcopis nil *K* (*non A*)
18 autem *om. K* (*non A*)   19 inde] ideo *BC*   21 *vel* ἀρχός : arcon
(-ch-) *codd.*   Arciepiscopi principes *K*   22 *post* episc. *add.* patriarcha
et archiepiscopus et alii cr̄ (*i. e.* clerici?) episcopi *Trin.*   Metr. *AKT*
Rem. Trin. : sicut metr. *BDGO* : metr. a mensura civitatum *C Mon.* (*om.*
a) : metr. mensura civitatem *U*   Episcopus *O*   23 autem *om. K*
(*non A*)   i. ductum *T ante corr.* : inductum *A*   24 en. in lat. *T*
25 autem *om. K* (*non A*)

clesia ; dictus eo quod speculatur, atque praespiciat populorum
13 infra se positorum mores et vitam. Pontifex princeps sacerdotum est, quasi via sequentium. Ipse et summus sacerdos,
ipse pontifex maximus nuncupatur. Ipse enim efficit sacerdotes
atque levitas : ipse omnes ordines ecclesiasticos disponit : ipse 5
14 quod unusquisque facere debeat ostendit. Antea autem pontifices et reges erant. Nam maiorum haec erat consuetudo, ut
rex esset etiam sacerdos vel pontifex. Vnde et Romani impe-
15 ratores pontifices dicebantur. Vates a vi mentis appellatos,
cuius significatio multiplex est. Nam modo sacerdotem, modo 10
16 prophetam significat, modo poetam. Antistes sacerdos dictus
ab eo quod ante stat. Primus est enim in ordine Ecclesiae, et
17 supra se nullum habet. Sacerdos autem nomen habet conpositum ex Graeco et Latino, quasi sacrum dans ; sicut enim
rex a regendo, ita sacerdos a sacrificando vocatus est. Consecrat 15
18 enim et sanctificat. Sacerdotes autem gentilium flamines dicebantur. Hi in capite habebant pilleum, in quo erat brevis virga
desuper habens lanae aliquid. Quod cum per aestum ferre
19 non possent, filo tantum capita religare coeperunt. Nam nudis
penitus eos capitibus incedere nefas erat. Vnde a filo, quo 20
utebantur, flamines dicti sunt, quasi filamines. Verum festis
diebus filo deposito pilleum inponebant pro sacerdotii eminentia.
20 Presbyter Graece, Latine senior interpretatur, non pro aetate, vel
decrepita senectute ; sed propter honorem et dignitatem, quam
21 acceperunt, presbyteri nominantur. Ideo autem et presbyteri 25
sacerdotes vocantur, quia sacrum dant, sicut episcopi, qui licet
sint sacerdotes, tamen pontificatus apicem non habent ; quia
nec chrismate frontem signant, nec Paracletum Spiritum dant,
quod solis deberi episcopis lectio Actuum apostolorum demon-

1 eq *om.* K   speculator *AB*¹*KT* : speculetur C   perspiciat
A : praesciat K   2 pos. infra se K (*non A*)   3 et *om.* B¹ : est
T   8 vel] et K   10 modo (*alt.*) *om.* T   proph. modo po. sign.
K (*non A*)   12 enim est K (*non A*)   15 sanctificando B   est
om. K   16 enim *om.* K   18 laneum C¹K   19 possent BC : possint
K : possunt T   capite relegare BK   coeperint B   20 eos pen.
eos K   penitus *in ras.* T² *ut vid.*   22 depositum B   23 non modo
pro C   24 hon. vel dignitate K   25 nuncupantur B   26 si. et epi. K
quia lic. T   29 epi. deb. K (*non A*)

strat. Vnde et apud veteres idem episcopi et presbyteri fuerunt,
quia illud nomen dignitatis est, hoc aetatis. Levitae ex nomine **22**
auctoris vocati. De Levi enim levitae exorti sunt, a quibus
in templo Dei mystici sacramenti ministeria explebantur. Hi
5 Graece diacones, Latine ministri dicuntur, quia sicut in sacerdote
consecratio, ita in diacono ministerii dispensatio habetur. Hypo- **23**
diacones Graece, quos nos subdiaconos dicimus, qui ideo sic
appellantur, quia subiacent praeceptis et officiis levitarum.
Oblationes enim in templo Dei a fidelibus ipsi suscipiunt, et
10 levitis superponendas altaribus deferunt. Hi apud Hebraeos
Nathanei vocantur. Lectores a legendo, psalmistae a psalmis **24**
canendis vocati. Illi enim praedicant populis quid sequantur,
isti canunt ut excitent ad conpunctionem animos audientium ;
licet et quidam lectores ita miseranter pronuntiant, ut quosdam
15 ad luctum lamentationemque conpellant. Idem etiam et pro- **25**
nuntiatores vocantur, quod porro adnuntiant. Tanta enim et
tam clara erit eorum vox, ut quamvis longe positorum aures
adinpleant. Cantor autem vocatus quia voce modulatur in **26**
cantu. Huius duo genera dicuntur in arte musica, sicut ea
20 docti homines Latine dicere potuerunt, praecentor et succentor.
Praecentor scilicet, qui vocem praemittit in cantu. Succentor **27**
autem, qui subsequenter canendo respondet. Concentor autem **28**
dicitur, quia consonat ; qui autem consonat nec concinit, nec
concentor erit. Acolythi Graece, Latine ceroferarii dicuntur, **29**
25 a deportandis cereis, quando legendum est Evangelium, aut
sacrificium offerendum. Tunc enim accenduntur luminaria ab **30**
eis et deportantur, non ad effugandas tenebras, dum sol eodem
tempore rutilet, sed ad signum laetitiae demonstrandum, ut sub

---

1 unde . . . aet. *post* § 20 *U*   2 quia et illud *K* (*non A*)   est *om. A*
hoc *ABT* : non *CK*   3 de levi enim *BT* : de nomine levi *CK²* : de
nomine *K¹*   4 misteria exp. *K*   7 quos] quod *C*   quia id. *T*
10 superponendis *K*   12 canendo *B*   13 canent *BC¹T*   14 quedam
T   ut quodam *B ante corr.*   17 aure *T*   18 quod *K*   vocem *C*
21 quia *B*   voce *K*   22 qui subs. . . . Conc. autem *om. B*   sub-
sequen*·* *K¹*   23 quia] qui *K*   cons.] *an* concinit ?   au. non
cons. *BCK*   24 cerofararii *T* : cerofarii *C¹K*   25 ad *AT*   depor-
tando *K* (*non A*)   qu. Evan. legitur *K* (*non A*)   26 offertur *K* (*non
A*)   acceduntur *B*   27 effugendas *T*

typo luminis corporalis illa lux ostendatur de qua in Evangelio
legitur (Ioh. 1, 9): 'Erat lux vera, quae inluminat omnem homi-
31 nem venientem in hunc mundum.' Exorcistae ex Graeco in
Latino adiurantes sive increpantes vocantur. Invocant enim
super cathecumenos, vel super eos qui habent spiritum in- 5
mundum, nomen Domini Iesu, adiurantes per eum ut egrediatur
32 ab eis. Ostiarii idem et ianitores, qui in Veteri Testamento electi
sunt ad custodiam templi, ut non ingrederetur eum inmundus
in omni re. Dicti autem ostiarii, quod praesint ostiis templi.
33 Ipsi enim tenentes clavem omnia intus extraque custodiunt, 10
atque inter bonos et malos habentes iudicium fideles recipiunt,
respuunt infideles.

XIII   DE MONACHIS. Monachus Graeca etymologia vocatus, eo
quod sit singularis. Μονάς enim Graece singularitas dicitur.
Ergo si solitarius interpretatur vocabulum monachi, quid facit 15
in turba qui solus est? Plura sunt autem genera monachorum.
2 Coenobitae, quos nos In commune viventes possumus appellare.
3 Coenobium enim plurimorum est. Anachoritae sunt qui post
coenobialem vitam deserta petunt et soli habitant per deserta;
et ab eo, quod procul ab hominibus recesserunt, tali nomine 20
nuncupantur; sed anachoritae Heliam et Iohannem, coenobitae
4 Apostolos imitantur. Eremitae hi sunt, qui et anachoritae, ab
hominum conspectu remoti, eremum et desertas solitudines ap-
5 petentes. Nam eremum dicitur quasi remotum. Abba autem
Syrum nomen, significat in Latino pater, quod Paulus Romanis 25
scribens exposuit dicens (8, 15): 'In quo clamamus: Abba pater':
in uno nomine duabus usus linguis. Dicit enim abba Syro
nomine patrem, et rursus Latine nominat itidem patrem.

XIV   DE CETERIS FIDELIBVS. Christianus, quantum interpretatio

3 Exorcista *K*   4 adiuratores *B*   6 eum et egrediebatur *C*[1]
8 egrederetur *B*   eum] in eo *K*   9 presunt *T*[1]   ostii *T*
10 int. ex utraque *B*   15 si singularis vel sol. *K* (*non A*)   16 sol. est]
singolaris esse debet *K* (*non A*)   17 Cynobitarum *K*   21 sed . . .
imit. *om. B*[1]   Heliam . . . Graecum est (XIV. 10) Liber VIII Finit
in folio interposito hab. A   22 cynobitae *del. ante* an. *K*   24 autem
om. T   25 quod *om. B*   27 dicit . . . patrem *om. K* (*non A*)
28 patrem *secl. Schwarz*   itidem *CT* : idem *B* : id est *A*

ostendit, de unctione deducitur, sive de nomine auctoris et creatoris. A Christo enim Christiani sunt cognominati, sicut a Iuda Iudaei. De magistri quippe nomine cognomen sectatoribus datum est. Christiani autem olim a Iudaeis quasi oppro- 2
5 brio Nazaraei vocabantur, pro eo quod Dominus noster atque Salvator a vico quodam Galileae Nazaraeus sit appellatus. Non 3 se autem glorietur Christianum, qui nomen habet et facta non habet. Vbi autem nomen secutum fuerit opus, certissime ille est Christianus, quia se factis ostendit Christianum, ambulans
10 sicut et ille ambulavit a quo et nomen traxit. Catholicus 4 universalis sive generalis interpretatur. Nam Graeci universale καθολικόν vocant. Orthodoxus est recte credens, et ut credit 5 [recte] vivens. Ὀρθῶς enim Graece recte dicitur, δόξα gloria est : hoc est vir rectae gloriae. Quo nomine non potest vocari,
15 qui aliter vivit quam credit. Neophytus Graece, Latine novellus 6 et rudis fidelis, vel nuper renatus interpretari potest. Catechu- 7 menus dictus pro eo, quod adhuc doctrinam fidei audit, necdum tamen baptismum recepit. Nam κατηχούμενος Graece auditor interpretatur. Conpetens vocatus, quia post instructionem fidei 8
20 conpetit gratiam Christi ; inde et a petendo conpetentes vocati. Laicus popularis. Λαός enim Graece populus dicitur. Pros- 9, 10 elytus, id est advena et circumcisus qui miscebatur populo Dei, Graecum est.

1 ded.] dicitur *BK*   4 ol. iudei *K*   qu. ob obproprio *B*
7 factum *CK*   9 est *om. K : post* Chr. *B*   ostendet *KT*   11 gr.
universalem *C* : grece universe *T*   13 recte *hab. CK* : *om. BT*
ortho (-to) *codd.*   doxo *codd.*   gloriae (-ie) *codd.*   16 et] est *C*
17 dictus *CT* : dicitur *BK*   audet *K*   18 recipit *B* : percepet *C*¹
Graece *om. K* (*non A*)   19 int. vel instructus *K* (*non D*)   Conpetentes vocantur qui *K*   20 conpetet *T* : conpetunt *K*   unde *B*
conpetens *T*   vocantur *K*

LIBER VIII

DE ECCLESIA ET SECTIS

1 DE ECCLESIA ET SYNAGOGA. Ecclesia Graecum est, quod
in Latinum vertitur convocatio, propter quod omnes ad se
vocet. Catholica, universalis, ἀπὸ τοῦ καθ' ὅλον, id est secundum totum. Non enim sicut conventicula haereticorum in
aliquibus regionum partibus coartatur, sed per totum terrarum 5
2 orbem dilatata diffunditur. Quod etiam Apostolus adprobat
ad Romanos dicens (1,8): 'Gratias ago Deo meo pro omnibus
vobis, quia fides vestra adnuntiatur in universo mundo.' Hinc
et universitas ab uno cognominata est, propter quod in unitatem
colligitur. Vnde Dominus in Evangelio (Luc. 11, 23): 'Qui 10
3 mecum non colligit, spargit.' Cur autem Ecclesia cum una sit,
a Iohanne septem scribuntur, nisi ut una catholica septiformi
plena Spiritu designetur? Sicut [et] de Domino novimus dixisse
Salomonem (Proverb. 9, 1): 'Sapientia aedificavit sibi domum
et excidit columnas septem,' quae tamen septem una esse non 15
ambigitur, dicente Apostolo (1 Timoth. 3, 15): 'Ecclesia Dei
4 vivi, quae est columna et firmamentum veritatis.' Inchoavit
autem Ecclesia a loco ubi venit de caelo Spiritus sanctus, et
5 inplevit uno loco sedentes. Pro peregrinatione autem praesenti
Ecclesia Sion dicitur, eo quod ab huius peregrinationis longi- 20
tudine posita promissionem rerum caelestium speculetur; et
6 idcirco Sion, id est speculatio, nomen accepit. Pro futura vero
patriae pace Hierusalem vocatur. Nam Hierusalem pacis visio
interpretatur. Ibi enim absorpta omni adversitate pacem, quae
7 est Christus, praesenti possidebit obtutu. Synagoga Graece con- 25
gregatio dicitur, quod proprium nomen Iudaeorum populus

---

3 convocet *K* : vocat *Harl. extr.*   4 in *om. B*[1]   5 coartantur *T*
6 dilatatam *C*   Quo *C*[1]   8 vobis *om. C*   adn.] praedicatur *K*
Harl. extr. (*non A*)   11 Cur] Quomodo *K* (*non A*)   12 ad iohannes
T   13 et *hab. BT* : *om. CK*   18 a *om. K*   20 ecclesiae *K*   di.
pro eo *K*   21 speculatur *K* speculeretur *C* (*non Harl. extr.*)   23 voc.
Nam Hier. *om. KC*[1] (*non A Harl. extr.*)   24 aborta *T ante corr. B*
25 obtutum *CT* : obtutus *A* (*non Harl. extr.*)   Gr. latine cong. *B*

tenuit. Ipsorum enim proprie synagoga dici solet, quamvis et ecclesia dicta sit. Nostram vero Apostoli numquam synagogam **8** dixerunt, sed semper ecclesiam, sive discernendi causa, sive quod inter congregationem, unde synagoga, et convocationem, 5 unde ecclesia nomen accepit, distet aliquid ; quod scilicet congregari et pecora solent, quorum et greges proprie dicimus ; convocari autem magis est utentum ratione, sicut sunt homines.

DE RELIGIONE ET FIDE. Dogma a putando philosophi II nominaverunt, id est, 'hoc puto esse bonum,' 'hoc puto esse 10 verum.' Religio appellata, quod per eam uni Deo religamus **2** animas nostras ad cultum divinum vinculo serviendi. Quod verbum conpositum est a relegendo, id est eligendo, ut ita Latinum videatur religio sicut eligio. Tria sunt autem quae **3** in religionis cultu ad colendum Deum in hominibus perqui-15 runtur, id est fides, spes, caritas. In fide, quid credendum ; in spe, quid sperandum ; in caritate, quid sit amandum. Fides **4** est qua veraciter credimus id quod nequaquam videre valemus. Nam credere iam non possumus quod videmus. Proprie autem nomen fidei inde est dictum, si omnino fiat quod dictum est aut 20 promissum. Et inde fides vocata, ab eo quod fit illud quod inter utrosque placitum est, quasi inter Deum et hominem ; hinc et foedus. Spes vocata quod sit pes progrediendi, quasi **5** 'est pes.' Vnde et e contrario desperatio. Deest enim ibi pes, nullaque progrediendi facultas est ; quia dum quisque peccatum 25 amat, futuram gloriam non sperat. Caritas Graece, Latine **6** dilectio interpretatur, quod duos in se liget. Nam dilectio a duobus incipit, quod est amor Dei et proximi ; de qua Apostolus

1 ipso *T*   et *om. BC*   2 Nostram] Nam *CDKO* (*non A Harl. extr.*) vero *om. CK* (*non OA Harl. extr.*)   3 disc. cau. inter sin. et conga-tionem unde et sinagoga convocata aeclesia nom. acc. *O*   4 inter] in *B* unde est sin. *T* : sin. *K* (*non A*)   5 distat *K*   6 proprium *T*   7 uten-dum *codd.*   hom. sunt *A* (*non O Harl. extr.*)   8 a ※ put. *T¹* : a disput. *T²*   9 hoc . . . bonum *om. KO* (*non A*)   12 religando *B*   id est a ligendo *T*   14 ad colendo Deo *K* : a colendo Deum *B¹*   omnibus *T* 17 quia *B*   id est quod *K*   18 non *om. K*   19 ductum *T*   20 fit] sit *K*   22 spes progr. *T*   23 pes (*pr.*) *om. B¹*   et *om. T* e *om. C*   24 progreendi ibi fac. *B*   est *om. K*   25 amat] manat *C¹*   26 liget] inliget *T²* : inligit *B*

7 (Rom. 13, 10) 'Plenitudo', inquit, 'legis dilectio.' Maior est
autem haec omnibus, quia qui diligit et credit et sperat. Qui
autem non diligit, quamvis multa bona faciat, frustra laborat.
Omnis autem dilectio carnalis non dilectio, sed magis amor dici
solet. Dilectionis autem nomen tantum in melioribus rebus 5
accipi solet.

III   DE HAERESI ET SCHISMATE. Haeresis Graece ab electione
vocatur, quod scilicet unusquisque id sibi eligat quod melius
illi esse videtur, ut philosophi Peripatetici, Academici, et Epicurei et Stoici, vel sicut alii qui perversum dogma cogitantes 10
2 arbitrio suo de Ecclesia recesserunt. Inde ergo haeresis, dicta
Graeca voce, ex interpretatione electionis, qua quisque arbitrio
suo ad instituenda, sive ad suscipienda quaelibet ipse sibi elegit.
Nobis vero nihil ex nostro arbitrio inducere licet, sed nec eligere
3 quod aliqui de arbitrio suo induxerit. Apostolos Dei habemus 15
auctores, qui nec ipsi quicquam ex suo arbitrio, quod indu-
cerent, elegerunt, sed acceptam a Christo disciplinam fideliter
nationibus adsignaverunt. Itaque etiamsi angelus de caelis
4 aliter evangelizaverit, anathema vocabitur. Secta a sequendo
et tenendo nominata. Nam sectas dicimus habitus animorum, 20
ac instituta circa disciplinam vel propositum, quem tenendo
sequuntur, longe alia in religionis cultu opinantes quam ceteri.
5 Schisma ab scissura animorum vocata. Eodem enim cultu,
eodem ritu credit ut ceteri ; solo congregationis delectatur dis-
cidio. Fit autem schisma cum dicunt homines, 'nos iusti 25
6 sumus,' 'nos sanctificamus inmundos,' et cetera similia. Superstitio dicta eo quod sit superflua aut superinstituta observatio.
Alii dicunt a senibus, quia multis annis superstites per aetatem

1 legis caritas id est dil. *K* (*non A*)   2 haec] his *A*   3 faciat b.
K : b. faciet *A*   9 illi] sibi *O*   est vid. *K*   Ac. Ep. St. *K*   10 alii
per. *B* : aliqui perversa *K*   11 dic. Gr. dicta vel voce *A*   12 quas
T : quia *BK*   13 sive susc. *C* : *om. T*   qu. et ipse *B*   eligit *BT*
14 el. et quod *K*   15 aliquid *T* : aliquis *CK*   16 quod induerunt *T*
18 caelo *K*   19 a sectando *CK*   21 praepositum *C*   22 sequitur
B   23 eundem *T ante corr.*   en. cul. eod. *om. C*   24 creditur
cet. *K*   25 nos iussimus nos sa. *T* : nos sa. *K* : sa. *B*[1]   27 super-
statuta *B*

delirant et errant superstitione quadam, nescientes quae vetera
colant aut quae veterum ignari adsciscant. Lucretius autem **7**
superstitionem dicit superstantium rerum, id est caelestium et
divinorum quae super nos stant; sed male dicit. Haereti-
5 corum autem dogmata ut facile possint agnosci, causas eorum
vel nomina demonstrare oportuit.

DE HAERESIBVS IVDAEORVM. Iudaei confessores inter- **IV**
pretantur. Multos enim ex his sequitur confessio, quos antea
perfidia possidebat. Hebraei transitores dicuntur. Quo nomine **2**
10 admonentur ut de peioribus ad meliora transeant, et pristinos
errores relinquant. Pharisaei [negant Christum venisse nec **3**
nulla in rebus praedictis communicant] [Pharisaei et Saducaei
inter se contrarii sunt. Nam Pharisaei ex Hebraeo in Latinum
interpretantur Divisi, eo quod traditionum et observationum,
15 quas illi δευτερήσεις vocant, iustitiam praeferunt. Vnde et divisi
vocantur a populo, quasi per iustitiam.] Saducaei [negant resur- **4**
rectionem, dicentes dictum esse in Genesi (3, 19): 'Dudum
terra es, et in terram ibis.'] [Sadducaei interpretantur iusti.
Vindicant enim sibi quod non sunt, corporis resurrectionem
20 negant, et animam interire cum corpore praedicant. Hi quinque
tantum libros Legis recipiunt, Prophetarum vaticinia respuunt.]
Essei dicunt ipsum esse Christum qui docuit illos omnem **5**
abstinentiam. [Galilaei dicunt Christum venisse et docuisse eos
ne dicerent dominum Caesarem neque eius monitis uterentur.]
25 Masbothei dicunt ipsum esse Christum qui docuit illos in **6**
omni re sabbatizare. Genistae [praesumunt quoniam de genere **7**

1 vera *B*[1]   2 colunt *K*   adsciscunt *K*   3 superstantiam *C*
5 dogma *K*: docma *T*   possit *BC*   agnosci *om. K*   §§ 1-2 *om.*,
ceteris sic dispositis, 5, 6, 3, 4, 7-10 *KM* (*non A*)   8 sequetur *D ante*
corr.   9 quae *B* (*non ADG*)   11 negant ... communicant *hab. KM*:
om. ABCDGT   12 et Sad. ... per iustitiam *hab. ABCDGT*: *om. KM*
13 intra *C*[1] (*non D*)   14 traditionem et observationem *D*   15 deuterosis
BDT: deuterosis *C*   16 negant ... ibis *hab. KM*: *om. ABCDGT*
18 interp. ... respuunt *hab. ABCDGT*: *om. KM*   19 sint *A* (*non D*)
20 quique *C*[1]: qui *D*   21 vatitionio *D*   22 Prima efnei d. Chr. docuisse
i. o. a. *K* (*non AD*)   efnei *BKTU Mon.*: ephnei *Rem.*: esnei *D*: esenei *C*
23 Gal. ... uter. *hab. KM*: *om. ABCDGTU*   25 Masbonei *AK*:
Marbonei *BCDTU*   26 praes. ... sunt *hab. KM*: *om. ABCDTU*

Abrahae sunt] [dicti eo quod de genere Abrahae esse glorientur. Nam cum in Babyloniam venisset populus Dei, plerique relinquentes uxores suas Babylonicis mulieribus adhaeserunt : quidam autem Israeliticis tantum coniugiis contenti, vel ex eis geniti, dum reversi essent de Babylonia, diviserunt se ab omni 5

8 populo et adsumserunt sibi hoc nomen iactantiae.] Meristae appellati eo quod separent Scripturas, non credentes omnibus Prophetis, dicentes aliis et aliis spiritibus illos prophetasse.

9 [Meris enim Graece.] Samaritae [qui in locum, Israhel captivo abducto in Babyloniam, translati sunt, venientes in terram 10 regionis Samariae, ex parte Israhelitarum consuetudinem, quam per sacerdotem reductum didicerunt, tenent, ex parte gentilem, quam in nativitatis suae terra habuerunt. Nam in observationibus suis a Iudaeis omnino separantur, quorum superstitio proculdubio omnibus nota est.] [Samaritae dicti quod Legem 15

10 solam custodiant. Nam Prophetas non recipiunt.] [Herodiani. Haec haeresis temporibus Salvatoris surrexit. Hi Herodem

11 magnificabant, dicentes ipsum esse Christum]. Hemerobaptistae [qui cotidie corpora sua et domum et supellectile lavant] [eo quod cotidie vestimenta sua et corpora lavent.] 20

V   DE HAERESIBVS CHRISTIANORVM. Quidam etiam haeretici, qui de Ecclesia recesserunt, ex nomine suorum auctorum nuncupantur; quidam vero ex causis quas elegentes instituerunt.

2 Simoniani dicti a Simone magicae disciplinae perito, cui Petrus in Actibus apostolorum maledixit, pro eo quod ab Apostolis 25 Spiritus sancti gratiam pecunia emere voluisset. Hi dicunt creaturam non a Deo, sed a virtute quadam superna creatam.

3 Menandriani a Menandro mago, discipulo Simonis nuncupati ;

---

1 dicti ... iactantiae *hab. ABCDTU* : *om. KM*   esse se gl. *CD* (*non U*)   4 coniugibus *T*   contemti (-mpti) *BCDU* (*T incert.*) vel ex *om. B*¹   7 app. eo quod *om. K* (*non DU*)   separant *K* (*non DU*)   9 meris enim Graece (*nihil amplius*) *hab. ABCDTU* : *om. K* : μέρος enim Gr. portio dicitur *dett.*   qui in ... nota est *hab. KM* : *om. ABCDTU*   15 dicti ... recipiunt *hab. ABCDTU* : *om. KM* solam legem *B* : l. solem *C*¹   16 Herodiani ... Christum *hab. KM* : *om. ABCDTU*   19 qui ... lavant *KM* : eo quod ... lavent *ABCDTU* 22 qui *om. T*   24 magie (-ae) *CT*   25 eo *om. C*¹   26 cmereri *K* 27 sed a virtute ... non a Deo (§ 3) *om. B*¹

qui mundum non a Deo, sed ab angelis factum asserunt. Basi- 4
lidiani a Basilide appellati, qui inter reliquas blasphemias passum
Iesum abnegavit. Nicolaitae dicti a Nicolao, diacono ecclesiae 5
Hierosolymorum, qui cum Stephano et ceteris constitutus est
5 a Petro ; qui propter pulchritudinem relinquens uxorem, ut qui
vellet eam uteretur, versa est in stuprum talis consuetudo, ut
invicem coniugia commutarentur. Quos Iohannes in Apocalypsi inprobat dicens (2, 6): 'Sed hoc habes, quod odisti facta
Nicolaitarum.' Gnostici propter excellentiam scientiae se ita 6
10 appellare voluerunt. Animam naturam Dei esse dicunt, bonum
et malum Deum suis dogmatibus fingunt. Carpocratiani a Car- 7
pocrate quodam vocantur, qui dixit Christum hominem fuisse
tantum, et de utroque sexu progenitum. Cerinthiani a Cerintho 8
quodam nuncupati. Hi inter cetera circumcisionem observant ;
15 mille annos post resurrectionem in voluptate carnis futuros prae
dicant. Vnde et Graece Chiliastae, Latine Miliasti sunt appellati. Nazaraei dicti, qui dum Christum, qui a vico Nazaraeus 9
est appellatus, filium Dei confiteantur, omnia tamen veteris Legis
custodiunt. Ophitae a colubro nominati sunt. Coluber enim 10
20 Graece ὄφις dicitur. Colunt enim serpentem, dicentes ipsum in
paradiso induxisse virtutis cognitionem. Valentiniani a Valen- 11
tino quodam Platonico sectatore vocati, qui αἰῶνας, id est saecula
quaedam, in originem Dei creatoris induxit ; Christum quoque
de Virgine nihil corporis adsumpsisse, sed per eam quasi per
25 fistulam transisse adseruit. Apellitae, quorum Apelles princeps 12
fuit, qui, creatorem angelum nescio quem gloriosum superioris
Dei faciens, Deum legis Israhel illum igneum adfirmans, dixit
Christum non Deum in veritate, sed hominem in phantasia

13 apparuisse. Archontiaci a principibus appellantur, qui uni-
versitatem, quam Deus condidit, opera esse archangelorum de-
14 fendunt. Adamiani vocati, quod Adae imitentur nuditatem;
unde et nudi orant, et nudi inter se mares feminaeque con-
15 veniunt. Caiani proinde sic appellati, quoniam Cain adorant. 5
16 Sethiani nomen acceperunt a filio Adam, qui vocatus est Seth,
17 dicentes eundem esse Christum. Melchisedechiani vocati pro
eo, quod Melchisedech sacerdotem Dei non hominem fuisse,
18 sed virtutem Dei esse arbitrantur. Angelici vocati, quia angelos
19 colunt. Apostolici hoc sibi nomen ideo praesumpserunt, quod 10
nihil possidentes proprium, nequaquam recipiunt eos qui ali
20 quid in hoc mundo utuntur. Cerdoniani a Cerdone quodam
21 nominati; qui duo contraria principia adserunt. Marcionistae
a Marcione Stoico philosopho appellati, qui Cerdonis dogma
secutus, alterum bonum, alterum iustum Deum adseruit, tam- 15
22 quam duo principia creatoris et bonitatis. Artotyritae ab obla-
tione vocati. Panem enim et caseum offerunt, dicentes primis
hominibus oblationem a fructibus terrae et a fructibus ovium
23 fuisse celebratam. Aquarii appellati, eo quod aquam solam
24 offerunt in calice sacramenti. Severiani a Severo exorti vinum 20
non bibunt: Vetus Testamentum et resurrectionem non re-
25 cipiunt. Tatiani a Tatiano quodam vocati, qui et Encratitae
26 dicti, quia carnes abominantur. Alogii vocantur tamquam sine
Verbo. Λόγος enim Graece verbum dicitur. Deum enim
Verbum non credunt, respuentes Iohannis evangelium et Apo- 25
27 calypsin. Cataphrygiis nomen provincia Phrygia dedit, quia
ibi extiterunt. Auctores eorum Montanus, Prisca et Maximilla
fuerunt. Hi adventum Spiritus Sancti non in Apostolis, sed
28 in se traditum adserunt. Catharoe propter munditiam ita se

1 quia CT 2 quam] quod K 3 adtae C^1 4 orant] erant B
6 nomen] nominati K^1 8 melch. hunc sac. K 9 arbitrabantur B^1
qui T: quod K 11 recipientes eos K 13 nominato C^1 adseruit C 16 creatoris] creationis $Arev.$ Artoteritae (-co-, -te)
codd.   ab ob.] ablatione C^1 17 primus T 18 omnibus C^1 et
fr. ov. T^1 23 dicte C^1 quia] quod K abuminant K
tamquod K 24 enim *om.* C^1 25 ioanne C^1 26 Catafrigis
K (*pro* -ges ?)   pr. afragia B: provinciae a frigia K quia]
quod K 27 maxilla T^1 28 fuerunt *om.* K

nominaverunt. Gloriantes enim de suis meritis, negant paeni-
tentibus veniam peccatorum : viduas, si nupserint, tamquam
adulteras damnant: mundiores se ceteris praedicant. Qui nomen
suum si cognoscere vellent, mundanos se potius quam mundos
5 vocarent. Pauliani a Paulo Samosateno exorti sunt, qui dixit **29**
non semper fuisse Christum, sed a Maria sumpsisse initium.
Hermogeniani ab Hermogene quodam vocati, qui materiam **30**
non natam introducens, Deo non nato eam comparavit, matrem-
que elementorum et deam adseruit ; quos Apostolus inprobat,
10 elementis servientes. Manichei a quodam Persa extiterunt, qui **31**
vocatus est Manes. Hic duas naturas et substantias introduxit,
id est bonam et malam, et animas ex Deo quasi ex aliquo fonte
manare adseruit. Testamentum Vetus respuunt: Novum ex
parte recipiunt. Anthropomorphitae dicti pro eo, quod simpli- **32**
15 citate rustica Deum habere humana membra, quae in divinis
libris scripta sunt, arbitrantur ; ἄνθρωπος enim Graece, Latine
homo interpretatur: ignorantes vocem Domini, qui ait (Ioh.
4, 24) : 'Spiritus est Deus.' Incorporeus est enim, nec membris
distinguitur, nec corporis mole censetur. Heraclitae ab Hera- **33**
20 clio auctore exorti. Monachos tantum recipiunt, coniugia
respuunt, regna caelorum parvulos habere non credunt. Nova- **34**
tiani a Novato Romae urbis presbytero exorti, qui adversus
Cornelium cathedram sacerdotalem conatus invadere, haeresim
instituit, nolens apostatas suscipere, et rebaptizans baptizatos.
25 Montani haeretici dicti, quod tempore persecutionis in montibus **35**
latuerunt ; qua occasione se a catholicae Ecclesiae corpore
diviserunt. Ebionitae ab Ebione dicti. Hi semiiudaei sunt, **36**

2 viduas] in duas K   3 nomen] in omnem T : non K   4 sic co. T
6 Chr. non sem. fu. B   7 quadam B   8 non natatam K
natu de eum corporavit T   10 extiterant B[1]   13 adserunt et test.
AK   14 post recipiunt add. Canomiani (leg. An-) id est qui (quia B)
latine sine lege dicuntur BD (non AU)   18 spir. sanctus est incorp.
nec mem. K   19 distinguntur K   ab om. T   Hieracitae ab
Hieraca Arev. (ex Aug. de haeres. 47), recte, nisi Isidori error subest
22 urbis romae K   exorti om. K   23 conatur BT ut vid.   25 quod
in temp. K   26 quo K   27 post dicti add. sive a paupertate. Christum
enim per profectum solum virum iustum putant effectum. Vnde conpetenter ebionei pro paupertate intellegentiae appellati (conp- C) sunt
CUT[2] (non AD)

et ita tenent Evangelium ut Legem carnaliter servent : adversus
37 quos ad Galatas Apostolus scribens invenitur. Photiniani a
Photino Gallograeciae Sirmiae episcopo nuncupati, qui Ebioni-
tarum haeresim suscitans adseruit Christum a Maria per Ioseph
38 nuptiali coitu fuisse conceptum. Aeriani ab Aerio quodam 5
nuncupati sunt. Hi offerre sacrificium pro defunctis spernunt.
39 Aetiani ab Aetio sunt vocati. Idemque Eunomiani, ab Eunomio
quodam dialectico, Aetii discipulo, ex cuius nomine magis innotuerunt : dissimilem Patri asserentes Filium et Filio Spiritum
sanctum. Dicunt etiam nullum inputari peccatum in fide 10
40 manentium. Origeniani Origene auctore exorti sunt, dicentes
quod non possit Filius videre Patrem, nec Spiritus sanctus
Filium. Animas quoque in mundi principio dicunt peccasse,
et pro diversitate peccatorum de caelis usque ad terras diversa
corpora quasi vincula meruisse, eaque causa factum fuisse 15
41 mundum. Noetiani a quodam Noeto vocati, qui dicebat
Christum eundem esse et Patrem et Spiritum sanctum, ipsamque Trinitatem in officiorum nominibus, non in personis accipiunt. Vnde et Patripassiani vocantur, quia Patrem passum
42 dicunt. Sabelliani ab eodem Noeto pullulasse dicuntur, cuius 20
discipulum perhibent fuisse Sabellium, ex cuius nomine maxime
innotuerunt ; unde et Sabelliani vocati sunt. Hi unam per-
43 sonam Patris et Filii et Spiritus sancti astruunt. Ariani ab
Ario Alexandrino presbytero orti sunt, qui coaeternum Patri
Filium non agnoscens, diversas in Trinitate substantias adseruit, 25
contra illud quod ait Dominus (Ioh. 10, 30) : ' Ego et Pater
44 unum sumus.' Macedoniani a Macedonio Constantinopolitano
episcopo dicti sunt, negantes Deum esse Spiritum sanctum.

1 ut] et T^1 2 invehitur *Tertull. de praescr. haer.* 33   4 adseruit
BCT : addidit (-ded-) AK Chr. maria C^1 : Chr. amari T^1
5 Arriani ab arrio K 6 sacri sacrificium T 7 ab eunominio K :
ab unomio T 8 etio K 9 patrias B filios sp. B : filius sp.
K : filium (*corr.* -io) spiritu T 10 inputare BK fidei B 11 Orig.
ab Orig. B 12 filium C^1 pat. vid. K san. Spir. CT 14 de K :
a T : ae C^1 : e B divisa T 16 Noetani B a *om.* C^1
17 in ipsamque T 18 non pers. CT 19 quia] quod K 21 discipulus K 23 astr.] adserunt K (*non A*)   Arriani *codd.*   25 adserunt
KT 26 contra] non T 27 Pacedoniani T

Apollinaristae ab Apollinare vocati sunt, dicentes Christum **45** corpus tantummodo sine anima suscepisse. Antidicomaritae **46** appellati sunt pro eo, quod Mariae virginitati contradicunt, adserentes eam post Christum natum viro suo fuisse conmixtam.

5 Metangismonitae ideo tale nomen acceperunt, quia ἄγγος Graece **47** vas dicitur. Adserunt enim sic esse in Patre Filium, tamquam vas minus intra vas maius. Patriciani a quodam Patricio nun- **48** cupati sunt, qui substantiam humanae carnis a diabolo conditam dicunt. Coluthiani a quodam Colutho nominati, qui dicunt **49** 10 Deum non facere mala, contra illud quod scriptum est (Isai. 45, 7): 'Ego Deus, creans mala.' Floriani a Florino, qui e **50** contrario dicunt Deum creasse male, contra id quod scriptum est (Genes. 1, 31): 'Fecit Deus omnia bona.' Donatistae a **51** Donato quodam Afro nuncupati, qui de Numidia veniens totam 15 pene Africam sua persuasione decepit, adserens minorem Patre Filium, et minorem Filio Spiritum sanctum, et rebaptizans catholicos. Bonosiaci a Bonoso quodam episcopo **52** exorti produntur, qui Christum filium Dei adoptivum, non proprium adserunt. Circumcelliones dicti eo, quod agrestes sint, **53** 20 quos Cotopitas vocant, supradictae haeresis habentes doctrinam. Hi amore martyrii semetipsos perimunt, ut violenter de hac vita discedentes martyres nominentur. Priscillianistae a Priscil- **54** liano vocati, qui in Hispania ex errore Gnosticorum et Manichaeorum permixtum dogma conposuit. Luciferiani a Lucifero **55** 25 Sirmiae episcopo orti, qui episcopos catholicos, qui Constantii persecutione perfidiae Arianorum consentientes erant, et postea correcti redire in catholicam delegerunt, damnantes, sive quod

2 Ante- *codd.*   3 contradicti sunt *T*   ads. . . . conm. *del. in T*
5 Metangisnominate *C*[1]*T* (*B*[1] *n. l.*) : Metangeosmonitae *K*   angeos
(-gios) *codd.* : ἀγγεῖον *Aug. de haeres.* 58   7 magis *B*   8 condida *K*
9 Colitiani . . . colito *codd.*   10 male *T*   11 Deus] Dominus *BCT*
Floriniani *dett.*   12 creans *T*   male *K* : mala *BCT*   id *om. B*
14 quodam *om. B*   totam] tam *B*[1]   15 africa suam *K*   17 Bonosiati
K   19 Circumciliones *CT* : Circoncilianes *B*   sunt *BT*   20 quoto-
pitas *K*   supradicti *BK*   23 agnosticorum *T*   24 permixto *BK*
25 sirm. ab episc. *AK*   Sirmiae] Sardiniae *Arev.*   episcopos]
episcopus *ut vid. C*   qui (*alt.*) *om. ABKT*   constantino *AK*
26 perfidiem *K*   consitientes *T*   27 damnatis *K*

crediderunt, sive quod se credidisse simulaverant ; quos Ecclesia
catholica materno recepit sinu, tamquam Petrum post fletum
negationis. Hanc illi matris caritatem superbe accipientes
eosque recipere nolentes ab Ecclesiae communione recesserunt
et cum ipso Lucifero auctore suo, qui mane oriebatur, cadere 5
56 meruerunt. Iovinianistae a Ioviniano quodam monacho dicti,
adserentes nullam nuptarum et virginum esse distantiam, nul-
lumque inter abstinentes et simpliciter epulantes esse discrimen.
57 Elvidiani ab Elvidio nominati, qui dicunt post natum Christum
58 alios Mariam filios de viro Ioseph peperisse. Paterniani a 10
Paterno quodam exorti [qui] inferiores corporis partes a diabolo
59 factas opinantur. Arabici nuncupati, eo quod in Arabia exorti
sunt, dicentes animam cum corpore mori, atque in novissimum
60 utrumque resurgi. Tertullianistae dicti a Tertulliano presbytero
Africanae provinciae, civitatis Carthaginensis, animam inmor- 15
talem esse, sed corpoream praedicantes, et animas hominum
61 peccatorum post mortem in daemones verti putantes. Tessa-
rescaedecatitae dicti, quia XIV luna pascha cum Iudaeis observandum contendunt. Nam τέσσαρες quattuor significat, et δέκα
62 decem. Nyctages a somno nuncupati, quod vigilias noctis 20
respuant, superstitionem esse dicentes iura temerari divina,
63 qui noctem ad requiem tribuit. Pelagiani a Pelagio monacho
exorti. Hi liberum arbitrium divinae gratiae anteponunt, di-
64 centes sufficere voluntatem ad inplenda iussa divina. Nestoriani
a Nestorio Constantinopolitano episcopo nuncupati, qui beatam 25
Virginem Mariam non Dei, sed hominis tantummodo adseruit
genetricem, ut aliam personam carnis, aliam faceret Deitatis :
nec unum Christum in verbo Dei et carne credidit, sed separatim

1 cred. sive quod *om. AK*   se *om. B (non A)*   simulaverunt
ABK   2 cath. in mat. *K (non A)*   recipit *B*   3 ancille
ma. *C¹*   superbi *K (B ex corr.)*   4 eos *B*   6 Iovianiste a
ioviano *T*   docti *C¹*   7 nuptiarum *codd.*   9 ab elvidiano *K*
(non A)   11 ex. qui inf. *om. AK* : qui *om. T*   inferis *T*   a *om.*
T   16 sed est cor. *K*   17 vervi *ut vid. T*   Tesseres quae
decaditae *K* : Tesseresdecatitae (-te, *T* -tiae *C*) *BCT*   21 respuunt *K*
iure *B*   temerare *BC¹ (T ante corr. ?)*   23 etorti *C¹*   24 sufficit
C¹   25 be. semper virg. *K (non A)*   26 adserunt *B¹*   27 facere *T*
28 tradidit *B*

atque seiunctim alterum filium Dei, alterum hominis praedicavit. Eutychiani dicti ab Eutyche Constantinopolitano abbate, **65**
qui Christum post humanam adsumptionem negavit adsistere de
duabus naturis, sed solam in eo divinam adseruit esse naturam.
5 Acephali dicti, id est sine capite quem sequuntur haeretici. **66**
Nullus enim eorum reperitur auctor, a quo exorti sunt. Hi
trium Chalcedonensium capitulorum inpugnatores duarum in
Christo substantiarum proprietatem negant, et unam in eius
persona naturam praedicant. Theodosiani et Gaianitae appel- **67**
10 lati a Theodosio et Gaiano, qui temporibus Iustiniani principis
in Alexandria populi perversi electione uno die sunt ordinati
episcopi. Hi errores Eutychis et Dioscori sequentes Chalcedo-
nense concilium respuunt: ex duabus unam in Christo naturam
adserunt, quam Theodosiani corruptam, Gaianitae incorruptam
15 contendunt. Agnoitae et Tritheitae a Theodosianis exorti sunt ; **68**
ex quibus Agnoitae ab ignorantia dicti, quia perversitati, a qua
exorti sunt, id adiciunt, quod Christi divinitas ignoret futura,
quae sunt scripta de die et hora novissima, non recordantes
Christi personam in Esaia loquentis (63, 4): 'Dies iudicii in
20 corde meo.' Tritheitae vero vocati, quod sicut tres personas
in Trinitate, ita quoque tres adstruunt Deos esse, contra illud
quod scriptum est (Deuteron. 6, 4): 'Audi, Israel; Dominus
Deus tuus Deus unus est.' Sunt et aliae haereses sine auctore et **69**
sine nominibus: ex quibus aliae triformem putant esse Deum:
25 aliae Christi divinitatem passibilem dicunt: aliae Christi de
Patre nativitati initium temporis dant: aliae liberationem hominum apud inferos factam Christi descensione [non] credunt:

1 se. in alt. *AK*   fil. Dei alt. *om. AB¹K*   2 ab auctice *C¹*
3 post] pro *K (non A)*   existere *B (non A)*   5 cap. dicti *B*
quem seq. haer. *secl. Arev.*   9 personam *BKT*   10 gaiani *K*
11 sunt *om. K*   12 euticesis *T*: euticetis *BC*   14 adseruit *T*
quem *B¹*: quae *K*   15 Gnoitae (·te) *BC²T*: Genoitae *C¹*: Cognoitae
K   tritoitae (·te) *codd.*   16 gnoitae (·te) *codd.*   ignobantia *T*
quia *om. K*   perversitate *CK*   dicti (*delet.*) a *K*   17 id *om. K*
divinas *K*   20 tritoitae *BCK*   21 adinstruunt *K*: adtrahunt *C¹*
22 au. Isr. *om. B¹*   25 Chr. de patris de patris nativitati (*corr.* -tem)
K: Chr. de patri nativitate *T*   26 hom.] omnium *Arev.*   27 de-
scensionem (disci-) *BK*   non *hab. BCK*: *om. T*

aliae animam imaginem Dei negant : aliae animas converti in
daemones et in quacumque animalia existimant : aliae de mundi
statu dissentiunt : aliae innumerabiles mundos opinantur : aliae
aquam Deo coaeternam faciunt : aliae nudis pedibus ambulant :
70 aliae cum hominibus non manducant. Haec sunt haereses 5
adversus catholicam fidem exortae, et ab Apostolis et a sanctis
Patribus vel Conciliis praedamnatae : quae dum in se multis
erroribus divisae invicem sibi dissentiant, communi tamen
nomine adversus Ecclesiam Dei conspirant. Sed et quicumque aliter Scripturam sanctam intellegit quam sensus Spiritus 10
sancti flagitat, a quo conscripta est, licet de Ecclesia non reces-
serit, tamen haereticus appellari potest.

VI   DE PHILOSOPHIS GENTIVM. Philosophi Graeca appellatione vocantur, qui Latine amatores sapientiae interpretantur.
Est enim Philosophus qui divinarum et humanarum [rerum] 15
scientiam habet, et omnem bene vivendi tramitem tenet.
2 Nomen Philosophorum primum a Pythagora fertur exortum.
Nam dum antea Graeci veteres sophistas, id est sapientes, aut
doctores sapientiae semetipsos iactantius nominarent, iste
interrogatus quid profiteretur, verecundo nomine philosophum, 20
id est amatorem sapientiae se esse respondit, quoniam sapien-
3 tem profiteri arrogantissimum videbatur. Ita deinceps posteris
placuit ut, quantalibet de rebus ad sapientiam pertinentibus
doctrina quisque vel sibi vel aliis videretur excellere, non nisi
philosophus vocaretur. Idem autem philosophi triplici genere 25
dividuntur : nam aut Physici sunt, aut Ethici, aut Logici.
4 Physici dicti, quia de naturis tractant. Natura quippe Graece
5 φύσις vocatur. Ethici, quia de moribus disputant. Mores

---

1 imaginem] in ignem *K*   Dei n.] denegant *B*   2 existunt *C*¹
3 innum.]in mirabilibus *K*   5 Haec erunt *C*¹   6 ab *om. B*   apos. vel
a *K*   7 praedamnante *C*¹: perdamnate *T*   8 dissentiunt *B*   14 *post*
interpetatur (*sic*) *iterum hab.* greca appellatione philosophi vocantur *K*
(*non A*)   15 rerum *hab.* (*post et*) *A* : (*post* hum.) *BCK*: *om. T*   18 ante
K   19 iantantius *T*¹   20 profeceretur *K* : profitetur *T*¹   21 qu.
sapientiem *K*   22 adrogantis simul *C*¹   23 ad *om. C*¹   24 vel
sibi aliis videtur *C*   26 .aut (*prim.*)] ad *C*¹   27 quippe *om. K* (*non A*)
28 ethis *codd.* (*etiam A*)

enim apud Graecos ἤθη appellantur. Logici autem, quia in **6**
natura et in moribus rationem adiungunt. Ratio enim Graece
λόγος dicitur. Divisi sunt autem et hi in haeresibus suis,
habentes quidam nomina ex auctoribus, ut Platonici, Epicurei,
5 Pythagorici : alii a locis conventiculorum et stationum suarum,
ut Peripatetici, Stoici, Academici. Platonici a Platone philo- **7**
sopho dicti. Hi animarum creatorem esse Deum, corporum
angelos asserunt ; per multos annorum circulos in diversa corpora redire animas dicunt. Stoici a loco dicti. Porticus enim **8**
10 fuit Athenis, quam ποικίλην στοὰν appellabant, in qua picta
erant gesta sapientium atque virorum fortium historiae. In
hac porticu sapientes philosophabantur, ex quo et Stoici dicti
sunt. Graece enim porticus στοὰ dicitur. Hanc sectam primus
Zenon instituit. Hi negant sine virtute effici quemquam beatum. **9**
15 Omne peccatum uniforme esse asserunt, dicentes : 'Sic ille
nocens erit qui paleas furaverit quam qui aurum ; qui mergum
occiderit quam qui equum. Non enim animal crimen, sed
animus facit.' Hi etiam animam cum corpore perire dicunt, **10**
animam quoque. Virtutem continentiae esse negant. Affectant
20 gloriam aeternam, cum se fateantur non esse aeternos. Acade- **11**
mici appellati a villa Platonis Academia Athenarum, ubi idem
Plato docebat. Hi omnia incerta opinantur ; sed, sicut faten-
dum est multa incerta et occulta esse, quae voluit Deus intelli-
gentiam hominis excedere, sic tamen plurima esse quae pos-
25 sint et sensibus capi et ratione conprehendi. Hanc sectam **12**
Arcesilaus Cyrenaicus philosophus repperit ; cuius sectator

1 appellatur *T*   Loica *K*   2 naturis *BCT*   3 autem *om. K* (*non A*)   et hi] ethici *CK* : et ethnici *Klussmann, excerpt. Tertull. p.* 19
4 habent *K* (*non A*)   auct. suis ut *K ante corr.* (*cum Tertull. apol.* 3)
7 corporeum *T*   8 a. et per *C* : a. post *dett.*   10 f. in Ath. *C*¹
quem *T* : *om. BK*   12 philosabantur *B* : filosophantur *K* : philopha-
bantur *C*   ex qua *K*   13 sextam *C*¹ : sentam *ut vid. T*   15 esse
om. K   16 quia pal. *T*   furatur *K*   18 fecit *T*   animum *BC*¹
18 an. quoque per. cum corp. *K* (*non A*)   corp. *om. D*   19 animam]
amant *Arev., fort. recte*   quoque *om. K* (*non A*)   virtute *K*   esse
negant (nec-) hab. *ABCDK* : *om. T* (*Arev.*)   20 fatentur *T*   21 appellantur *K*   22 dicebat *B*   23 Deus] Dominus *B*   24 si tamen *K*
possunt *B* : possent *K*   25 sensus *BK* (*non D*)   capi et ratio *D* : et
ratione *CK* : pie traditione *T* : penetratione *B*   26 cui *B* : *om. T*

fuit Democritus, qui dixit tamquam in puteo alto, ita ut
13 fundus nullus sit, ita in occulto iacere veritatem. Peripatetici
a deambulatione dicti, eo quod Aristoteles auctor eorum deam-
bulans disputare solitus esset. Hi dicunt quandam particulam
animae esse aeternam : de reliquo magna ex parte mortalem. 5
14 Cynici ab inmunditia inpudentiae nuncupati. Contra humanam
enim verecundiam in propatulo coire cum coniugibus eis mos
erat, censentes licitum honestumque esse palam cum uxore
concumbere, quia coniugium iustum est, publice id praedicantes agendum, ut canes in vicis vel plateis. Vnde et a cani- 10
bus, quorum vitam imitabantur, etiam vocabulum nomenque
15 traxerunt. Epicurei dicti ab Epicuro quodam philosopho ama-
tore vanitatis, non sapientiae, quem etiam ipsi philosophi porcum
nominaverunt, quasi volutans in caeno carnali, voluptatem corporis summum bonum adserens; qui etiam dixit nulla divina 15
16 providentia instructum esse aut regi mundum. Sed originem
rerum atomis, id est insecabilibus ac solidis corporibus adsigna-
vit, quorum fortuitis concursionibus universa nascantur et nata
sint. Adserunt autem Deum nihil agere : omnia constare corporibus : animam nihil aliud esse quam corpus. Vnde et 20
17 dixit : 'Non ero, posteaquam mortuus fuero.' Gymnosophistae
nudi per opacas Indiae solitudines perhibentur philosophari,
adhibentes tantum genitalibus tegmina. Gymnasium enim ex
eo dictum est, quod iuvenes nudi exercerentur in campo, ubi
pudenda sola tantum operiunt. Hi et a generando se cohibent. 25
18 Theologi autem idem sunt qui et Physici. Dicti autem Theologi, quoniam in scriptis suis de Deo dixerunt. Quorum varia
constat opinio, quid Deus esset dum quaererent. Quidam

1 fuit *om.* K^1 ut] et C^1 2 icculto K 4 particulae K 5 mortali K 6 nominati B 7 prop. ire coniug. K (*non A*)   9 iustum
om. K (*non A*)   10 vel] aut K (*non A*) : et in T et *om.* K (*non A*)
11 nomenque *om.* K (*non A*)   13 percum C^1 14 cenu (-na ?) T
corporum BC 16 origine BK 17 verum C^1 18 nota T
19 autem *om.* B 21 postquam K 23 gymnasium *Arev.* (*ex* XVIII.
XVII. 2) : gymno (gi-, ge-, -ne) *codd.*   24 dictum *om.* K (*non A*)
iubentus K (*non A*)   exercentur BC (*cum* XVIII. XVII. 2)   25 sula K
(*non A*)   26 dic. au. theol. *om.* CK (*non A*)   27 scripturis CK
28 csset quidam K^1 : esset et dum quaererent quidam K^2 queret *ut vid.* T

enim corporeo sensu hunc mundum visibilem ex quattuor elementis Deum esse dixerunt, ut Dionysius Stoicus. Alii vero
spiritaliter intellexerunt mentem esse Deum, ut Thales Milesius. Quidam animum in omnibus commanentem et lucidum, 19
5 ut Pythagoras. Quidam Deum sine tempore incommutabilem,
ut Plato. Quidam mentem solutam, ut Cicero. Quidam et
spiritum et mentem, ut Maro. Inventum enim solummodo
Deum, non ut invenerunt, exposuerunt, quia evanuerunt in
cogitationibus suis. Dicentes enim se esse sapientes stulti facti
10 sunt. [Item] Platonici quidem Deum curatorem et arbitrum et 20
iudicem asserunt. Epicurei otiosum et inexercitatum. De
mundo autem Platonici adfirmant incorporalem; Stoici corporalem; Epicurus atomis; Pythagoras ex numeris; Heraclitus
ex igni. Vnde et Varro ignem mundi animum dicit, proinde 21
15 quod in mundo ignis omnia gubernet, sicut animus in nobis.
Quam vanissime: 'Qui cum est,' inquit, ' in nobis, ipsi sumus:
cum exit, emorimur.' Ergo et ignis cum de mundo per fulgura
proficiscitur, mundus emoritur. Hi philosophorum errores 22
etiam et apud Ecclesiam induxerunt haereses. Inde αἰῶνες et
20 formae nescio quae, inde apud Arium Trinitas nominis, et apud
Valentinum Platonicus furor. Inde Marcionis Deus melior de 23
tranquillitate: ab Stoicis enim venerat; et ut anima interire
dicatur, Epicurus observatur; et ut carnis restitutio negetur, de
vana omnium philosophorum schola sumitur; et ubi materia
25 cum Deo aequatur, Zenonis disciplina est; et ubi quid de
igneo Deo legitur, Heraclitus intervenit. Eadem materia apud
haereticos et philosophos volutatur, idem retractatus inplicantur.

1 enim om. K (non A)   corporeum sensum AK   2 ut Dion.
Sto. om. T   4 animam K   commeantem Arev. (cf. Lact. inst. 1, 5,
17)   5 incomm. om. K (non A)   6 qu. spir. T   7 varo B¹ : varro B²
9 se om. B (non A)   10 Item hab. CK: om. B¹T   De. cur. qui. K :
quidam cur. A   et iud. ass. om. K (non A)   11 ass.] dixerunt T
13 Epic. ex at. dett.   15 gubernat B   16 quam . . . nobis add. in
marg. T   17 exiit C (cum codd. Tertull. ad nat. 2, 2)   per] pre T
18 emor.] et mor. T   20 inde] deinde B   trinis nomini T
22 ab histiciis C¹   et ut an.] ut an. K   23 et ut car.] ut car. K
24 vana] una Tert. praescr. haer. 7   et ubi] ut ubi C¹   27 idem et
retr. CK: id est retractus B   inplicatur BT: repplicantur K: om. A

VII   DE POETIS.   Poetae unde sint dicti, sic ait Tranquillus (de
poet. 2): 'Cum primum homines exuta feritate rationem vitae
habere coepissent, seque ac deos suos nosse, cultum modicum ac
sermonem necessarium commenti sibi, utriusque magnificentiam
2 ad religionem deorum suorum excogitaverunt. Igitur ut tem- ɛ
pla illis domibus pulchriora, et simulacra corporibus ampliora
faciebant, ita eloquio etiam quasi augustiore honorandos putaverunt, laudesque eorum et verbis inlustrioribus et iucundioribus
numeris extulerunt. Id genus quia forma quadam efficitur,
quae ποιότης dicitur, poema vocitatum est, eiusque fictores 10
3 poetae.' Vates a vi mentis appellatos Varro auctor est ; vel a
viendis carminibus, id est flectendis, hoc est modulandis : et
proinde poetae Latine vates olim, scripta eorum vaticinia dicebantur, quod vi quadam et quasi vesania in scribendo commo-
verentur ; vel quod modis verba conecterent, viere antiquis 15
pro vincire ponentibus. Etiam per furorem divini eodem erant
4 nomine, quia et ipsi quoque pleraque versibus efferebant. Lyrici
poetae ἀπὸ τοῦ ληρεῖν, id est a varietate carminum. Vnde et lyra
5 dicta. Tragoedi dicti, quod initio canentibus praemium erat
hircus, quem Graeci τράγος vocant. Vnde et Horatius (A. P. 220): 20
      Carmine qui tragico vilem certavit ob hircum.
Iam dehinc sequentes tragici multum honorem adepti sunt,
excellentes in argumentis fabularum ad veritatis imaginem
6 fictis. Comoedi appellati sive a loco, quia circum pagos agebant, quos Graeci κώμας vocant, sive a comisatione. Solebant 25
enim post cibum homines ad eos audiendos venire. Sed comici

1 sunt K (*non A*)   sicut ait K (*non A*) .   2 exutam K   veritate T : feritatem C¹K   3 nosse] non se T : se B¹   4 sermone K
utrique K : utrisque BC   5 regionem B¹   7 elo. quietam (*pro*
eloquioque etiam ?) quasi T : eloquium quasi K (*non A*)   angustiore
BC¹ : -rem K   8 inlustribus K   10 ποιότης] poetes ABCT : -tis K
vocatum B¹ (*non A*)   ei. victores T : eius quae fictoris B   11 appellatus A : appellantur K   12 videndis T : vientis B¹   carnibus B
plectendis *Goetz. et Schoell. ad Varr. L. L.* 7, 36   13 latini K   ol. est
(*pro* et ?) scr. T   14 vesania dicebantur in scrib. conmov. B   vesaniam
K   15 conecterentur (conn-) BC   antiqui K   16 vincere CK
per] super K : pro B¹   18 po. dicti apo T   ληρεῖν] lirin *codd.*
(*cf.* III. XXII. 8)   a *om.* K   21 vile certant ab hyrco K   22 sunt
et exc. B   23 ad] aut K : a T¹   imagine K   24 Comici C : Comihi
T *marg.*   26 cibos K (*non A*)   aud- *ex* stud· K

privatorum hominum praedicant acta ; tragici vero res publicas et regum historias. Item tragicorum argumenta ex rebus luctuosis sunt : comicorum ex rebus laetis. Duo sunt autem **7** genera comicorum, id est, veteres et novi. Veteres, qui et ioco 5 ridiculares extiterunt, ut Plautus, Accius, Terentius. Novi, qui et Satirici, a quibus generaliter vitia carpuntur, ut Flaccus, Persius, Iuvenalis vel alii. Hi enim universorum delicta corripiunt, nec vitabatur eis pessimum quemque describere, nec cuilibet peccata moresque reprehendere. Vnde et nudi pin- 10 guntur, eo quod per eos vitia singula denudentur. Saturici **8** autem dicti, sive quod pleni sint omni facundia, sive a saturitate et copia : de pluribus enim simul rebus loquuntur ; seu ab illa lance quae diversis frugum vel pomorum generibus ad templa gentilium solebat deferri ; aut a satyris nomen tractum, qui 15 inulta habent ea quae per vinolentiam dicuntur. Quidam **9** autem poetae Theologici dicti sunt, quoniam de diis carmina faciebant. Officium autem poetae in eo est ut ea, quae vere **10** gesta sunt, in alias species obliquis figurationibus cum decore aliquo conversa transducant. Vnde et Lucanus ideo in nume- 20 ro poetarum non ponitur, quia videtur historias conposuisse, non poema. Apud poetas autem tres characteres esse dicendi : **11** unum, in quo tantum poeta loquitur, ut est in libris Vergilii Georgicorum : alium dramaticum, in quo nusquam poeta loquitur, ut est in comoediis et tragoediis : tertium mixtum, ut est 25 in Aeneide. Nam poeta illic et introductae personae loquuntur.

1 pu. reg. K^1 : pu. et regnum T *ante corr.*　2 ex rebus ... genera (§ 7) *om.* T　4 id est *om.* K (*non A*)　veteris K　veteres *om.* K (*non A*)　iocu (-ca ?) rid. T : ioca redicultores B^1　5 ut] et B^1 Acc. et Ter. C　6 a] ex K : e BC　7 enim *om.* K (*non A*) 8 vetabatur B^1K　pessime B　9 colibet (*i. e.* quolibet) T : cuiuslibet C　prehendere C　10 vita T　denundentur B^1　11 dicuntur B　sunt BT　12 sef ab T^1 *ut vid.* : sed ab BK *ex corr.*　14 gentium K　solebant BKT　15 multa B　habente K　violenti**a T　Quaedam B^1　16 theologici CK : theologi BT 17 autem *om.* K　18 aliis B　oblicis quis fig. C^1　19 transducunt B : traducat *Lactantii inst.* 1, 11, 25 *codd. aliquot*　inun vero C^1 21 cataractes B^1　22 vergiliis T　23 numquam K　24 ut in Aen. B : est in Aen. T : ut est Aen. C　25 aedem B^1 : acneidos (en-) CK ill. intr. B^1　loquitur C^1

VIII   DE SIBYLLIS. Sibyllae generaliter dicuntur omnes feminae
vates lingua Graeca. Nam σιὸς Aeolico sermone deos, βουλὴν
Graeci mentem nuncupant, quasi dei mentem. Proinde igitur,
quia divinam voluntatem hominibus interpretari solebant,
2 Sibyllae nominatae sunt. Sicut enim omnis vir prophetans vel 5
vates dicitur vel propheta, ita omnis femina prophetans Sibylla
vocatur. Quod nomen ex officio, non ex proprietate vocabuli
3 est. Decem autem Sibyllae a doctissimis auctoribus fuisse
traduntur. Quarum prima de Persis fuit ; secunda Libyssa ;
tertia Delphica in templo Delphii Apollinis genita, quae ante 10
Troiana bella vaticinata est, cuius plurimos versus operi suo
4 Homerus inseruit. Quarta Cimmeria in Italia ; quinta Erythraea nomine Herophila in Babylone orta, quae Graecis Ilium
petentibus vaticinata est perituram esse Troiam, et Homerum
mendacia scripturum. Dicta autem Erythraea, quia in eadem 15
insula eius inventa sunt carmina. Sexta Samia, quae Phemonoe
5 dicta est, a Samo insula, unde fuit cognominata. Septima
Cumana, nomine Amalthea, quae novem libros adtulit Tarquinio
Prisco, in quibus erant decreta Romana conscripta. Ipsa est et
Cumaea, de qua Vergilius (Ecl. 4, 4) :   20
        Vltima Cumaei venit iam carminis aetas.
Dicta autem Cumana a civitate Cumas, quae est in Campania,
6 cuius sepulchrum in Sicilia adhuc manet. Octava Hellespontia
in agro Troiano nata, quae scribitur Solonis et Cyri fuisse temporibus ; nona Phrygia, quae vaticinata est Ancyrae, decima 25
7 Tiburtina, nomine Albunea. Quarum omnium carmina effe-
runtur, in quibus de Deo et de Christo et gentibus multa
scripsisse manifestissime conprobantur. Celebrior autem inter
ceteras ac nobilior Erythraea perhibetur.

2 Graeca *om. K*   sios] nos *K* : σιους *codd. Lactantii inst.* 1, 6, 7   deus
BCK   βουλὴν] belen (-em) *codd.*   3 deum *T* (*gen. plur.* ?)   5 enim
om. K   7 vocabulis *C¹ T*   8 sybyllis *K*   doctoribus *B*   9 libica *B*
10 Delphida (-is) *Lactantii codd. aliquot*   12 instituit *K*   erithriana mine
K : eritrimea nomine *A*   13 Herophile *Lactant.*   15 scripturarum
C¹   19 in *om. T*   erat *B¹*   con. Ro. dec. *K*   22 cumis *dett.*   in
camcapinia *T*   23 adhuc manet *om. B¹*   25 est *om. K*   26 tiburtim
BKT : -ti *C* : Tiburs (-tis ?) *Lactant.*   offeruntur *K* : et feruntur
Lactant.   27 in] ex *K*   28 au. erat int. *K*   in cet. hanc nob. *C¹*

DE MAGIS. Magorum primus Zoroastres rex Bactrianorum, IX quem Ninus rex Assyriorum proelio interfecit: de quo Aristoteles scribit quod vicies centum milia versuum ab ipso condita indiciis voluminum eius declarentur. Hanc artem **2** 5 multa post saecula Democritus ampliavit, quando et Hippocrates medicinae disciplina effloruit. Apud Assyrios autem magicae artes copiosae sunt testante Lucano (6, 427):

> Quis noscere fibra
> facta queat, quis prodat aves, quis fulgura caeli
> 10   servet, et Assyria scrutetur sidera cura?

Itaque haec vanitas magicarum artium ex traditione angelorum **3** malorum in toto terrarum orbe plurimis saeculis valuit. Per quandam scientiam futurorum et infernorum et vocationes eorum inventa sunt aruspicia, augurationes, et ipsa quae di- 15 cuntur oracula et necromantia. Nec mirum de magorum **4** praestigiis, quorum in tantum prodiere maleficiorum artes ut etiam Moysi simillimis signis resisterent, vertentes virgas in dracones, aquas in sanguinem. Fertur et quaedam maga **5** famosissima Circe, quae socios Vlixis mutavit in bestias. Le- 20 gitur et de sacrificio quod Arcades deo suo Lycaeo immolabant, ex quo quicumque sumerent in bestiarum formas converte- bantur. Hinc apparet non esse in toto dubium, quod nobilis **6** ille poeta scribit de quadam femina, quae magicis artibus ex- cellebat (Virg. Aen. 4, 487):

25   'Haec,' inquit, 'se carminibus promittit solvere mentes
quas velit, ast aliis duras inmittere curas;
sistere aquam fluminis, et vertere sidera retro;

---

1 Bac. fuit quem C^1 2 int. proc. K (*non A*)   3 scripsit K 4 in- dicibus *Plin. N.H.* 30, 4   5 po. sae. mu. K (*non A*)   6 magnae B 7 luca B^1 9 fata *Luc.*   quisque prod. C^1 10 servit K: eruet B^1 assurias C^1 11 traductione C^1 13 quendam B et invocationes B inf. evocationes. Eorum inventa *Arev.*   14 sunt astrologia et haruspicina et auguratio et ipsa *Lactant.* 2, 16, 1   16 prodire C^1T 17 simillibus C 18 mala K (*non A*)   19 circaea K: circee T: circacae B: circe et C^1 20 et *om. T*   imm. Lyc. B: Lyc. immolabat K 22 appareret T non *om. T*^{1} *vel* totum   23 scribit C: scribet K: scripsit BT 25 carm. se C 26 qu. vellet velle K: quam vellet C^1 alis du. in me inmit. K 27 fluviis *dett.* (*cum Virg.*)

nocturnosque ciet manes ; mugire videbis
sub pedibus terram, et descendere montibus ornos.'

7 Quid plura, si credere fas est, de Pythonissa, ut prophetae
Samuelis animam de inferni abditis evocaret, et vivorum prae-
sentaret conspectibus ; si tamen animam prophetae fuisse cre- 5
damus, et non aliquam phantasmaticam inlusionem Satanae
8 fallacia factam ? Prudentius quoque de Mercurio sic ait (1 con.
Symmach. 90) :

> Traditur extinctas sumpto moderamine virgae
> in lucem revocasse animas,   10
> ast alios damnasse neci.

Et post paululum adiecit :

> Murmure nam magico tenues excire figuras,
> atque sepulchrales scite incantare favillas.

> Vita itidem spoliare alios ars noxia novit.   15

9 Magi sunt, qui vulgo malefici ob facinorum magnitudinem nuncupantur. Hi et elementa concutiunt, turbant mentes hominum, ac sine ullo veneni haustu violentia tantum carminis
10 interimunt. Vnde et Lucanus (6, 457) :

> Mens hausti nulla sanie polluta veneni   20
> incantata perit.

Daemonibus enim adcitis audent ventilare, ut quisque suos
perimat malis artibus inimicos. Hi etiam sanguine utuntur
11 et victimis, et saepe contingunt corpora mortuorum. Necro-
mantii sunt, quorum praecantationibus videntur resuscitáti 25
mortui divinare, et ad interrogata respondere. Νεκρὸς enim
Graece mortuus, μαντεία divinatio nuncupatur : ad quos scisci-
tandos cadaveri sanguis adicitur. Nam amare daemones sanguinem dicitur. Ideoque quotiens necromantia fit, cruor aqua

2 subpendibus K discindere T 3 ut] aut B propheta
$C^1 T$: profetis A 4 presentare T 6 phantasmaticam (fa-) BCT :
-cum K inlusionem CK : -ne BT 7 fallacia (-tia) $BCKT$
facta K 9 tr. hic ex. KT^1 : tr. hinc ex. B 11 at C^1 alias K
damnassam T^1 12 adiecit] sic ait C 14 scite] istice T fabellas C^1
15 vitam K 18 s. nullo veni C^1 19 luca A 20 austa $ABCK$
22 adscitis T^2 23 perimit B^1 24 invictimis B 26 enim *om.* K
27 scissitando his cad. sanguinis T 28 cadaveris *dett.*   dicitur T
ex corr. : dicunt BK : dicuntur C 29 et ideo K

miscitur, ut cruore sanguinis facilius provocentur. Hydro- 12
mantii ab aqua dicti. Est enim hydromantia in aquae inspectione umbras daemonum evocare, et imagines vel ludifica-
tiones eorum videre, ibique ab eis aliqua audire, ubi adhibito
5 sanguine etiam inferos perhibentur sciscitari. Quod genus 13
divinationis a Persis fertur adlatum. Varro dicit divinationis
quattuor esse genera, terram, aquam, aerem et ignem. Hinc
geomantiam, hydromantiam, aeromantiam, pyromantiam dictam.
Divini dicti, quasi deo pleni : divinitate enim se plenos adsi- 14
10 mulant et astutia quadam fraudulenta hominibus futura coniectant. Duo sunt [autem] genera divinationis : ars et furor.
Incantatores dicti sunt, qui artem verbis peragunt. Arioli vocati, 15, 16
propter quod circa aras idolorum nefarias preces emittunt, et
funesta sacrificia offerunt, iisque celebritatibus daemonum re-
15 sponsa accipiunt. Haruspices nuncupati, quasi horarum in- 17
spectores : dies enim et horas in agendis negotiis operibusque
custodiunt, et quid per singula tempora observare debeat homo,
intendunt. Hi etiam exta pecudum inspiciunt, et ex eis futura
praedicunt. Augures sunt, qui volatus avium et voces inten- 18
20 dunt, aliaque signa rerum vel observationes inprovisas hominibus occurrentes. Idem et auspices. Nam auspicia sunt quae
iter facientes observant. Dicta sunt autem auspicia, quasi 19
avium aspicia, et auguria, quasi avium garria, hoc est avium
voces et linguae. Item augurium, quasi avigerium, quod aves
25 gerunt. Duo sunt autem genera auspiciorum : unum ad oculos, 20
alterum ad aures pertinens. Ad oculos scilicet volatus ; ad
aures vox avium. Pythonissae a Pythio Apolline dictae, quod 21
is auctor fuerit divinandi. Astrologi dicti, eo quod in astris 22

23 auguriantur. Genethliaci appellati propter natalium considerationes dierum. Geneses enim hominum per duodecim caeli signa describunt, siderumque cursu nascentium mores, actus, eventa praedicare conantur, id est, quis quale signo fuerit **24** natus, aut quem effectum habeat vitae qui nascitur. Hi sunt 5 qui vulgo Mathematici vocantur ; cuius superstitionis genus Constellationes Latini vocant, id est notationes siderum, quo- **25** modo se habeant cum quisque nascitur. Primum autem idem stellarum interpretes magi nuncupabantur, sicut de his legitur qui in Evangelio natum Christum adnuntiaverunt ; postea hoc 10 **26** nomine soli Mathematici. Cuius artis scientia usque ad Evangelium fuit concessa, ut Christo edito nemo exinde nativi- **27** tatem alicuius de caelo interpretaretur. Horoscopi dicti, quod horas nativitatis hominum speculantur dissimili et diverso fato. **28** Sortilegi sunt qui sub nomine fictae religionis per quasdam, 15 quas sanctorum sortes vocant, divinationis scientiam profitentur, aut quarumcumque scripturarum inspectione futura promittunt. **29** Salisatores vocati sunt, quia dum eis membrorum quaecumque partes salierint, aliquid sibi exinde prosperum seu triste signifi- **30** care praedicunt. Ad haec omnia pertinent et ligaturae execra- 20 bilium remediorum, quae ars medicorum condemnat, sive in praecantationibus, sive in characteribus, vel in quibuscumque **31** rebus suspendendis atque ligandis. In quibus omnibus ars daemonum est ex quadam pestifera societate hominum et ange- lorum malorum exorta. Vnde cuncta vitanda sunt a Christiano, 25 et omni penitus execratione repudianda atque damnanda. **32,33** Auguria autem avium Phryges primi invenerunt. Praestigium

---

1 Genetliatici *B* : Genethiatici *T* : Genetiati *K*   app.] dicti *B*[1]   con- siderationem di. *B* : consideratione siderum *K*   2 genus *K* (*non A*) hominum *om. T*   signa caeli *B* : signa *K* (*non A*)   4 praedicere *dett.*   8 habeat *BKT*   cumque na. *B*[1]   9 nuncupantur sed sicut *K*   10 qui *om. K*   nato Christo abnuntiaverunt *K*   12 edita *C*[1]*T*   14 orans *T ante corr.*   diversu *T*   fato *dett.* : fatu *BC*[1]*T* : factu *K*   16 quas] quam *C*[1] : *om. T*   vocantur *B*   prof.] proferunt *K* (*non A*)   17 ut qu. scripturam *T*   18 qu. m. *K* (*non A*) : m. quecum *B*[1]   19 salierent *C*[1]*K*   20 praedicant *C*[1]   Ad *om. T*   22 vel *om. T*   23 atque] aut *K*   alligandis *C*   25 ex. mal. *K* (*non A*)   evitanda *T*   26 pen. et ex. *C*[1]   rep.] vitanda *K* (*non A*)

vero Mercurius primus dicitur invenisse. Dictum autem praestigium, quod praestringat aciem oculorum. Aruspicinae **34** artem primus Etruscis tradidisse dicitur quidam Tages. Hic ex †toris† aruspicinam dictavit, et postea non apparuit. Nam **35**
5 dicitur fabulose, arante quodam rustico, subito hunc ex glebis exiluisse et aruspicinam dictasse, qua die et mortuus est. Quos libros Romani ex Tusca lingua in propriam mutaverunt.

DE PAGANIS. Pagani ex pagis Atheniensium dicti, ubi **X** exorti sunt. Ibi enim in locis agrestibus et pagis gentiles lucos
10 idolaque statuerunt, et a tali initio vocabulum pagani sortiti sunt. Gentiles sunt qui sine lege sunt, et nondum crediderunt. **2** Dicti autem gentiles, quia ita sunt ut fuerunt geniti, id est, sicut in carne descenderunt sub peccato, scilicet idolis servientes et necdum regenerati. Proinde gentiles primitus nuncupantur : **3**
15 ipsi dicuntur Graece Ethnici. Ethnici ex Graeco in Latinum interpretantur gentiles. ᾽Εθνος enim Graece gens dicitur. Post **4** fidem autem non debere vocari gentes sive gentiles eos qui ex gentibus credunt ; sicut post fidem dici iam non potest Iudaeus, testante Paulo Apostolo et dicente iam Christianis (1 Cor. 12,2) :
20 ' Quoniam cum gentes essetis,' hoc est, infideles. Apostatae **5** dicuntur, qui post baptismum Christi susceptum ad idolorum cultum et sacrificiorum contaminationem revertuntur. Est autem nomen Graecum.

DE DIIS GENTIVM. Quos pagani deos asserunt, homines **XI**
25 olim fuisse produntur, et pro uniuscuiusque vita vel meritis coli apud suos post mortem coeperunt, ut apud Aegyptum Isis,

2 prestingit *T*   acies *CT*   Aruspiciae *K*   3 ar. autem pr. *C*[1] tragis *K* : stages *BT* : targes *C*[1]   4 ex horis *C* : exoriens *Arev.* : ex ore *alii* : exortus *alii*   5 arantem *K* : rante *C*[1]   ex gl.] exilebi *T*   8 Ath.] ethenien *T*   dic. ubi orti *B* : dic. orti *K* (*non A*)   9 ibi *om. K* (*non, A*)   enim *om. B*   et opacis ubi gent. *K* (*non A*)   10 a *om. K* (*non A*)   voc. *om. K* (*non A*)   11 nondum] non *K*   12 quia] qui *T*   13 desc.] fuerunt *K* (*non A*)   14 gentilis *K*   primus *C*[1] nuncupatur *B*[1] *T* : nuncupababantur *C*   15 Ethnici ex ... dicitur *om. K* (*non A*)   17 vocare *B*   18 crediderunt *B*   iam *om. T*   19 ap. Pau. *T*   20 cum *om. K*[1] *T*[1]   22 cultu *K*   contaminatione revertuntur *T* contaminatione *KT* : -nes *C*   vertuntur *K*   24 Quos autem pa. *A* homines ... unius *om. A*   25 vitae *K*   vel *om. A*[1] *K*   26 ut ap. *om. A* : quia ap. *K*   isisis *T* : misis *ex* missis *K*

apud Cretam Iovis, apud Mauros Iuba, apud Latinos Faunus,
2 apud Romanos Quirinus. Eodem quoque modo apud Athenas
Minerva, apud Samum Iuno, apud Paphos Venus, apud Lemnos
Vulcanus, apud Naxos Liber, apud Delos Apollo. In quorum
etiam laudibus accesserunt et poetae, et conpositis carminibus 5
3 in caelum eos sustulerunt. Nam quorundam et inventiones
artium cultu peperisse dicuntur, ut Aesculapio medicina, Vulcano
fabrica. Ab actibus autem vocantur, ut Mercurius, quod merci-
4 bus praeest; Liber a libertate. Fuerunt etiam et quidam viri
fortes aut urbium conditores, quibus mortuis homines, qui eos 10
dilexerunt, simulacra finxerunt, ut haberent aliquod ex imagi-
num contemplatione solacium; sed paulatim hunc errorem
persuadentibus daemonibus ita in posteris inrepsisse, ut quos
illi pro sola nominis memoria honoraverunt, successores deos
5 existimarent atque colerent. Simulacrorum usus exortus est, 15
cum ex desiderio mortuorum constituerentur imagines vel effigies, tamquam in caelum receptis, pro quibus se in terris daemones colendi supposuerunt, et sibi sacrificari a deceptis et
6 perditis persuaserunt. Simulacra autem a similitudine nuncupata, eo quod manu artificis ex lapide aliave materia eorum 20
vultus imitantur in quorum honore finguntur. Ergo simulacra
vel pro eo quod sunt similia, vel pro eo quod simulata atque
7 conficta; unde et falsa sunt. Et notandum quod Latinus sermo sit in Hebraeis. Apud eos enim idolum sive simulacrum
Semel dicitur. Iudaei dicunt quod Ismael primus simulacrum 25
8 luto fecerit. Gentiles autem primum Prometheum simulacrum
hominum de luto finxisse perhibent, ab eoque natam esse
artem simulacra et statuas fingendi. Vnde et poetae ab eo

1 Fau. appellatur ap. K   3 pavos BT: paphum (-f-) CK   6 et]
ad K   7 cultum C   perisse B: reperisse K   8 actu K   9 et
om. T   10 orbium C[1]   mortales K   11 fixerunt T   12 sed] d∗∗
C[1]   13 persuadentes T   in] ut B   15 exorsus B   16 constituerunt B[1]: constituetur C[1]   18 col. . . . sacrif. om. B[1]   et sibi
ficari T   19 perfiditatis T   sim. sunt nunc. B   20 alia vero
mat. C[1]   22 pro om. K   sunt sim. om. T: sunt om. B[1]   24 enim
om. K   dolum B[1]   25 simulacro K   26 lutum K[1]   simulacra
hom. BC: simulacrum hominis Lactant. inst. 2, 10, 12   27 natum B
28 simula B[1]

homines primum factos esse confingunt figurate propter effigies.
Apud Graecos autem Cecrops, sub quo primum in arce oliva 9
orta est, et Atheniensium urbs ex Minervae appellatione nomen
sortita est. Hic primus omnium Iovem appellavit, simulacra 10
5 repperit, aras statuit, victimas inmolavit, nequaquam istiusmodi
rebus in Graecia umquam visis. Idolatria idolorum servitus 11
sive cultura interpretatur. Nam λατρεία Graece, Latine servitus
dicitur, quae quantum ad veram religionem adtinet, nonnisi uni
et soli Deo debetur. Hanc sicut inpia superbia sive hominum 12
10 sive daemonum sibi exhiberi vel iubet vel cupit, ita pia humilitas vel hominum vel angelorum sanctorum sibi oblatam recusat,
et cui debetur ostendit. Idolum autem est simulacrum quod 13
humana effigie factum et consecratum est, iuxta vocabuli interpretationem. Εἶδος enim Graece formam sonat, et ab eo per
15 diminutionem idolum deductum aeque apud nos formulam facit.
Igitur omnis forma vel formula idolum se dici exposcit. Inde 14
idolatria omnis circa omnem idolum famulatus et servitus.
Quidam vero Latini ignorantes Graece inperite dicunt idolum
ex dolo sumpsisse nomen, quod diabolus creaturae cultum
20 divini nominis invexit. Daemonas a Graecis dictos aiunt, quasi 15
δαήμονας, id est peritos ac rerum scios. Praesciunt enim futura
multa, unde et solent responsa aliqua dare. Inest enim illis 16
cognitio rerum plus quam infirmitati humanae, partim subtilio-
ris sensus acumine, partim experientia longissimae vitae, partim
25 per Dei iussum angelica revelatione. Hi corporum aeriorum
natura vigent. Ante transgressionem quidem caelestia corpora 17
gerebant. Lapsi vero in aeriam qualitatem conversi sunt, nec
aeris illius puriora spatia, sed ista caliginosa tenere permissi

1 figurae *C*   2 are ol. *T*: arte in oliba *C*[1]   3 o. est et haniensium
urbis *T*   4 sort. est *om. T*   5 istimodi *K*   7 sive *om. T*   nam
idolatria Gr. *C*[1]   8 quantum] quam *K*[1]   10 sibi] sive *C*[1]   11 sanct.
ang. *K* (*non A*)   12 autem *om. T*[1]   15 diminationem *C*[1]: divinationem
KM   idolorum *M*: idodum (*ex* -lum *ut vid.*) *T*[2]   dictum *KM*
atque (ad-) *CKM* (*non A*)   faciunt *KM*   16 Ideo *K* (*non A*)
19 quo diab. *B*   21 δαήμονας] demnaʼs *B* : demnas *C*[1]*K* : demonas *T*
praesciunt] sciunt *Lactant. inst.* 2, 14, 6   23 infirmitate *B*   sub-
tiliores (*pro* -ris ?) *K* : -ri *BCT*   26 vigente *K*   quidam *T*
28 priora *T*   permissi *CDT* : perpessi *BK*

sunt, qui eis quasi carcer est usque ad tempus iudicii. Hi sunt
18 praevaricatores angeli, quorum Diabolus princeps est. Diabolus
Hebraice dicitur deorsum fluens, quia quietus in caeli culmine
stare contempsit, sed superbiae pondere deorsum corruens cecidit. Graece vero diabolus criminator vocatur, quod vel crimi- 5
na, in qua ipse inlicit, ad Deum referat, vel quia electorum
innocentiam criminibus fictis accusat; unde et in Apocalypsi
voce angelica dicitur (12, 10): 'Proiectus est accusator fratrum
nostrorum, qui accusabat illos in conspectu Dei nostri die ac
19 nocte.' Satanas in Latino sonat adversarius, sive transgressor. 10
Ipse est enim adversarius, qui est veritatis inimicus, et semper
sanctorum virtutibus contraire nititur. Ipse et transgressor,
quia praevaricator effectus in veritate, qua conditus est, non
stetit. Idem et temptator, quia temptandam iustorum inno-
20 centiam postulat, sicut in Iob scribitur. Antichristus appella- 15
tur, quia contra Christum venturus est. Non, quomodo quidam
simplices intellegunt, Antichristum ideo dictum quod ante
Christum venturus sit, id est post eum veniat Christus. Non
sic, sed Antichristus Graece dicitur, quod est Latine contrarius
21 Christo. Ἀντὶ enim Graece in Latino contra significat. Christum 20
enim se mentietur, dum venerit; et contra eum dimicabitur;
et adversabitur sacramentis Christi, ut veritatis eius evangelium
22 solvat. Nam et templum Hierosolymis reparare, et omnes
veteris legis caerimonias restaurare temptabit. Sed et ille
Antichristus est qui negat esse Deum Christum. Contrarius 25
enim Christo est. Omnes enim, qui exeunt de Ecclesia et ab
23 unitate fidei praeciduntur, et ipsi Antichristi sunt. Bel idolum

1 ad] in *K*   hi sunt . . . pr. est *om.* *T*[1]   5 diabolus *om.*
K (*non A*)   6 inlicita *C*[1]*K*   ad Dominum *B*   vel] ut *B*
7 unde in *B*]   9 nostri *om. A*   10 sive . . . advers. *om. K* (*non A*)
11 ipse enim *A*   12 nititur *B*   14 inn. iust. *B*   15 appellatus *K*
16 vent. non *T*   vent.] futurus *K*[2] (*non A*)   18 veniet *T*   19 sed
om. B[1]   Antichr. . . . Chr. *om. K* (*non A*)   20 enim *om. K* (*non A*)
Graece *om. B*   in Lat.] latine *K* (*non A*)   21 enim se *BK*: se
enim *CT*   mentitur *K*   dum *BCT*: cum *K*   et contra verum
dimicabit *Lactant. inst.* 7, 19, 6   22 veritas *B*[1]   23 sonat *C*[1]   24 sed
ille *T*   25 Dominum *A*   26 enim *om. K* (*non A*)   est Chr. *K*:
Christi est *BT*   27 et ipsi *om. K* (*non A*)

Babylonium est, quod interpretatur vetus. Fuit enim hic Belus pater Nini, primus rex Assyriorum, quem quidam Saturnum appellant; quod nomen et apud Assyrios et apud Afros postea cultum est, unde et lingua Punica Bal deus dicitur. Apud 5 Assyrios autem Bel vocatur quadam sacrorum suorum ratione et Saturnus et Sol. Belphegor interpretatur simulacrum igno- **24** miniae. Idolum enim fuit Moab, cognomento Baal, super montem Phegor, quem Latini Priapum vocant, deum hortorum. Fuit autem de Lampsaco civitate Hellesponti, de qua pulsus **25** 10 est; et propter virilis membri magnitudinem in numero deorum suorum eum Graeci transtulerunt, et in numen sacraverunt hortorum; unde et dicitur praeesse hortis propter eorum fecunditatem. Belzebub idolum fuit Accaron, quod interpre- **26** tatur vir muscarum. Zebub enim musca vocatur. Spurcissi- 15 mum igitur idolum ideo virum muscarum vocatum propter sordes idolatriae, sive pro inmunditia. Belial * *. Behemoth **27** ex Hebraea voce in Latina lingua animal sonat, propter quod de excelsis ad terrena cecidit, et pro merito suo ut animal brutum effectus sit. Ipse est et Leviathan, id est serpens de 20 aquis, quia in huius saeculi mare volubili versatur astutia. Leviathan autem interpretatur additamentum eorum. Quorum **28** scilicet, nisi hominum quibus in paradiso semel culpam praevaricationis intulit, et hanc usque ad aeternam mortem cottidie persuadendo adicit vel extendit? Quaedam autem nomina **29** 25 deorum suorum gentiles per vanas fabulas ad rationes physicas conantur traducere, eaque in causis elementorum conposita esse interpretantur. Sed hoc a poetis totum fictum est, ut deos suos ornarent aliquibus figuris, quos perditos ac dedecoris infamia plenos fuisse historiae confitentur. Omnino enim fingendi 30 locus vacat, ubi veritas cessat. Saturnus origo deorum et totius **30**

1 hic *om. T*⁾ Belus] verus *C*¹ 2 primus *om. T* 3 numer *Schwarz* 5 autem *om. B*¹ quidam *B*¹ 8 mont. fogor *CKT* 9 autem] enim *B* pul. est propt. *K* 11 numen *Arev.* : nomine *codd.* 13 Belzebu *C*¹*KT* accaror *K* 14 zebul *BKT* 15 vir *K* 17 lingua *om. AK* . 19 sit ipse *om. K non A*⁾ 23 et hanc] ac *K* 24 persuadendum *K* 25 vanas *ex* unas *T* 27 interpretatur *K* 28 suos *om. B* dedecoros *K* in fama *T* 29 figendi *C*¹ 30 ut ver. cesset *K*

posteritatis a paganis designatur. Hunc Latini a satu appellatum ferunt, quasi ad ipsum satio omnium pertineat rerum, vel
31 a temporis longitudine, quod saturetur annis. Vnde et eum
Graeci Cronos nomen habere dicunt, id est tempus, quod filios
suos fertur devorasse, hoc est annos, quos tempus produxerit, 5
in se revolvit, vel quod eo semina, unde oriuntur, iterum re-
32 deunt. Hunc Caeli patris abscidisse genitalia dicunt, quia
nihil in caelo de seminibus nascitur. Falcem tenet, inquiunt,
propter agriculturam significandam, vel propter annos et tempora, quod in se redeant, vel propter sapientiam, quod intus 10
33 acuta sit. In aliquibus autem civitatibus Saturno liberos suos
apud gentiles inmolabant, quod Saturnum poetae liberos suos
34 devorasse solitum tradiderunt. Iovis fertur a iuvando dictus,
et Iuppiter quasi iuvans pater, hoc est, omnibus praestans.
Hunc et privato titulo Iovem Optimum dixerunt, dum fuisset 15
35 incestus in suis, inpudicus in extraneis. Quem modo taurum
fingunt propter Europae raptum ; fuit enim in navi cuius insigne erat taurus : modo Danaes per imbrem aureum appetisse
concubitum ; ubi intellegitur pudicitiam mulieris ab auro fuisse
corruptam : modo in similitudine aquilae, propter quod puerum 20
ad stuprum rapuerit : modo serpentem, quia reptaverit, et
36 cygnum, quia cantaverit. Et ideo non figurae istae sunt, sed
plane de veritate scelera. Vnde turpe erat tales deos credi,
37 quales homines esse non debeant. Ianum dicunt quasi mundi
vel caeli vel mensuum ianuam : duas Iani facies faciunt, propter 25
orientem et occidentem. Cum vero faciunt eum quadrifrontem
et Ianum geminum appellant, ad quattuor mundi partes hoc
referunt, vel ad quattuor elementa sive tempora. Sed dum hoc

---

1 designantur C^1 appellati fuerunt K (non A)   2 statio T^2 rer.
pert. K (non A)   vel temporum long. K 4 Κρόνος . . . qui est idem
χρόνος id est *Lactant. inst.* 1, 12, 9   nom. hab. di.] vocant K (non A)
5 deforasse T proxerit C^1 6 revolvit CK : resolvit BT oritur B^1T
10 redeant] credunt K 11 In aliquod (*i. e.* -quot) T 12 imm. aput
gent. K (non A)   quod] quo B^1 13 dictus] dici C^1 16 incertus C^1
18 fuerat C (non A)   Danaes] dans T^1 20 modo in . . . rap. *om.* B^1
sim. fuisse aq. K (non A)   21 ad stuprum *om.* AK 22 signum T
23 scelere T^1 unde et tur. K 24 debent K Ia. dictum T
25 vel (*alt.*) *om.* BT 26 quadriformem K^1

fingunt, monstrum, non deum faciunt. Neptunum aquas mundi 38
praedicant; et dictus ab eis Neptunus, quasi nube tonans.
Vulcanum volunt ignem; et dictus Vulcanus quasi volans can- 39
dor, vel quasi volicanus, quod per aerem volat. Ignis enim e
5 nubibus nascitur. Vnde etiam Homerus dicit eum praecipi- 40
tatum de aere in terras, quod omne fulmen de aere cadit. Idcirco autem Vulcanus de femore Iunonis fingitur natus, quod
fulmina de imo aere nascantur. Claudus autem dicitur Vulca- 41
nus, quia per naturam numquam rectus [est] ignis, sed quasi
10 claudus eiusmodi speciem motumque habet. Ideo autem in
fabrorum fornace eundem Vulcanum auctorem dicunt, quia
sine igne nullum metalli genus fundi extendique potest. Pluton 42
Graece, Latine Diespiter vel Ditis pater; quem alii Orcum
vocant, quasi receptorem mortium. Vnde et orca nuncupatur
15 vas quod recipit aquas. Ipse et Graece Charon. Liberum a 43
liberamento appellatum volunt, quod quasi mares in coeundo
per eius beneficium emissis seminibus liberentur; quod idem
Liber muliebri et delicato corpore pingitur. Dicunt enim mulieres ei adtributas et vinum propter excitandam libidinem.
20 Vnde et frons eius pampino cingitur. Sed ideo coronam viteam 44
et cornu habet, quia cum grate et moderate vinum bibitur,
laetitiam praestat; cum ultra modum, excitat lites, id est quasi
cornua dat. Idem autem et Lyaeus ἀπὸ τοῦ λύειν, quod multo
vino membra solvantur. Iste et Graece Διόνυσος a monte
25 Indiae Nysa, ubi dicitur esse nutritus. Ceterum est et Nysa
civitas, in qua colitur idem Liber, unde Nysaeus dictus est.

2 qu. subtonans *K*   4 qu. volucanus *C*¹   volet *CK*   5 prae-
citatam *C*¹: praecipitatum *K*   6 are *T*¹   terris *B*   flamen *T*
are *T*¹   candit *C*¹   8 flumina *T*   nascuntur *BT*   autem
om. T   9 est *hab. BK: om. C*¹*T*   10 specie notumque *T*: species
vel motus *K* (*non A*)   11 eundem *om. K* (*non A*)   augurem *A*
13 Dis pater *edd. Lactantii inst.* 1, 14, 6   al. Orc.] melior *K* (*non
A*)   14 vocant *om. K*¹ (*non A*)   preceptorem *T* (*non U*): rep-
torem *A*   orca] ossa *K*   15 recepit *CK*¹   a lib. dicunt quasi
K (*non A*)   16 in quo eunde *C*¹   17 sem. libenter *T*   id. libri
B   19 adtributa sed vinum excit. *C*¹   21 qu. congrate *K*   22 id
qu. *K*   23 cor invadat *C*¹*K*   λύειν] ilieim (-ein) *codd.*   24 solvuntur
C   25 nisa *C*¹: nisae (-se) *KT*: niso *B*   cet. est nisa *B*   26 dicitur
K (*non A*)

45 Mercurium sermonem interpretantur. Nam ideo Mercurius
quasi medius currens dicitur appellatus, quod sermo currat
inter homines medius. Ideo et Ἑρμῆς Graece, quod sermo, vel
interpretatio, quae ad sermonem utique pertinet, ἑρμηνεία dici-
46 tur. Ideo et mercibus praeesse, quia inter vendentes et ementes 5
sermo fit medius. Qui ideo fingitur habere pinnas, quia citius
verba discurrunt. Vnde et velox et'errans inducitur : alas eius
in capite et in pedibus significare volucrem fieri per aera ser-
47 monem. Nuntium dictum, quoniam per sermonem omnia
cogitata enuntiantur. Ideo autem furti magistrum dicunt, quia 10
sermo animos audientium fallit. Virgam tenet, qua serpentes
48 dividit, id est venena. Nam bellantes ac dissidentes interpre-
tum oratione sedantur ; unde secundum Livium legati pacis
caduceatores dicuntur. Sicut enim per fetiales bella indice-
49 bantur, ita pax per caduceatores fiebat. Hermes autem Graece 15
dicitur ἀπὸ τῆς ἑρμηνείας, Latine interpres ; qui ob virtutem
multarumque artium scientiam Trimegistus, id est ter maximus
nominatus est. Cur autem eum capite canino fingunt, haec
ratio dicitur, quod inter omnia animalia canis sagacissimum
50 genus et perspicax habeatur. Martem deum belli esse dicunt, 20
et Martem appellatum quia per viros pugnatur, ut sit Mars
mas ; licet et tria sint genera consuetudinum, sicut Scytharum,
ubi et feminae et viri in pugna eunt : Amazonum, ubi solae
feminae : Romanorum aliarumque gentium, ubi soli mares.
51 Item Martem quasi effectorem mortium. Nam a Marte mors 25
nuncupatur. Hunc et adulterum dicunt, quia belligerantibus
52 incertus est. Quod vero nudo pectore stat, ut bello se quisque

---

1 Mercurius sermo int. K (*non A*)   interpretatur A^1C^1K 2 quasi]
quia B qu. medicurrens quod K : dicitur appellatus quod A
currant C^1 3 medios K^1 qu. in sermone et interpretatione K
5 praeest K 7 discurrent K eius] enim B 8 aeras G^1 : aerem
B : aera enim K 10 nuntiantur T magistri B 11 animas
C^1 13 sedeantur K 14 praefecti ales B abella T (*pro* ad b. ?)
indicebantur *dett.* : induçebantur (-cib- K) *codd.*   15 per *om.* K fiebant
K dic. Gr. B 17 scientia *add.* K^2 ter *om.* K 18 est *om.*
K^1 cur] quare C 20 essent C 21 sit mas martis K (*non A*)
22 lic. tr. T : et lic. tr. K (*non A*)   sunt B^1 23 ubi fem. A 24 soli
om. K (*non A*)   26 et de ad. T 27 incertum T

sine formidine cordis obiciat. Mars autem apud Thracos
Gradivus dicitur, eo quod in bello gradum inferant qui pu-
gnant, aut quod inpigre gradiantur. Apollinem quamvis divina- **53**
torem et medicum vellent, ipsum tamen etiam Solem dixerunt,
5 quasi solum. Ipsum Titan, quasi unum ex Titanis, qui adversus Iovem non fecit. Ipsum Phoebum, quasi ephebum, hoc **54**
est adolescentem. Vnde et sol puer pingitur, eo quod cottidie
oriatur et nova luce nascatur. Pythium quoque eundem
Apollinem vocari aiunt a Pythone inmensae molis serpente,
10 cuius non magis venena quam magnitudo terrebat. Hunc **55**
Apollo sagittarum ictibus sternens nominis quoque spolia re-
portavit, ut Pythius vocaretur. Vnde et ob insigne victoriae
Pythia sacra celebranda constituit. Dianam quoque germanam **56**
eius similiter lunam et viarum praesidem aiunt. Vnde et vir-
15 ginem volunt, quod via nihil pariat. Et ideo ambo sagittas
habere finguntur, quod ipsa duo sidera de caelo radios usque
ad terras emittant. Dianam autem vocatam quasi Duanam,
quod luna et die et nocte appareat. Ipsam et Lucinam adse- **57**
verant, eo quod luceat. Eandem et Triviam, eo quod tribus
20 fungatur figuris. De qua Vergilius (Aen. 4, 511):

> Tria virginis ora Dianae,

quia eadem Luna, eadem Diana, eadem Proserpina vocatur.
Sed cum Luna fingitur (Prudent. 1 con. Symm. 363):   **58**

> Sublustri splendet amictu.

25   cum subcincta iacit calamos, Latonia virgo est:

> cum subnixa sedet solio, Plutonia coniux.

Latonia autem Diana, eo quod Latonae fuerit filia. Cererem, **59**

1 mors B   tracos T: gracos C¹: grecos BK   2 gradivus
an grand- *incert.* T: gradibus C¹   inferunt BT¹ *ut vid.*   3 domi-
natorem K (*non A*)   4 velint K   5 quasi] qua T   adversum BC   7 adulescentum T: quasi ad. K   9 Apoll. *om.* K
(*non A*)   voc. ai.] vocant K (*non A*)   10 veneria C¹   terrebatur
K (*non A*)   11 iactibus K: histibus A   huius nom. quo. C:
his quo. nomen et K (*non A*)   13 Pythia *om.* K (*non A*)   14 similiter *om.* K (*non A*)   varum T   aiunt *om.* K (*non A*)   virg.
eam vol. quia K (*non A*)   15 volunt *om.* B¹   ambas C¹T   16 fingunt CT   duo *om.* B¹   18 lu. die K   20 fingatur CK   22 quia]
qui CT   24 sublustris sp. C¹: cum lustri sp. B: sublustris pendet T
amictu] am B¹   26 sc. et so. C   27 latona T   qu. latonis K   fil. fu. B

id est terram, a creandis frugibus adserunt dictam, appellantes
eam nominibus plurimis. Dicunt etiam eam et Opem, quod
60 opere melior fiat terra : Proserpinam, quod ex ea proserpiant
61 fruges : Vestam, quod herbis vel variis vestita sit rebus, vel a
vi sua stando. Eandem et Tellurem et Matrem magnam fin- 5
gunt, turritam cum tympano et gallo et strepitu cymbalorum.
Matrem vocatam, quod plurima pariat ; magnam, quod cibum
gignat ; almam, quia universa animalia fructibus suis alit. Est
62 enim alimentorum nutrix terra. Quod simulacrum eius cum
clavi fingitur, quia tellus hieme clauditur, vere aperitur ut 10
fruges nascantur. Quod tympanum habet, significare volunt
63 orbem terrae. Quod curru vehi dicitur, quia ipsa est terra
quae pendet in aere. Quod sustinetur rotis, quia mundus
rotatur et volubilis est. Quod leones illi subiciunt mansuetos,
ut ostendant nullum genus esse tam ferum quod non subigi 15
64 possit aut superari ab ea. Quod in capite turritam gestat coronam, ostendit superpositas terrae civitates quasi insignitas turri-
bus constare. Quod sedes finguntur circa eam, quia cum om-
65 nia moveantur, ipsam non moveri. Quod Corybantes eius
ministri cum strictis gladiis esse finguntur, ut significetur omnes 20
pro terra sua debere pugnare. Quod gallos huic deae ut servi-
rent fecerunt, significant qui semine indigeant, terram sequi
66 oportere ; in ea quippe omnia reperire. Quod se apud eam
iactant, praecipitur, inquiunt, ut qui terram colunt ne sedeant ;
semper enim esse quod agant. Cymbalorum autem aereorum 25
sonitus, ferramentorum crepitus in colendo agro : sed ideo aere,
quod terram antiqui aere colebant, priusquam ferrum esset in-

2 Opem] operem *T*   3 oper *T*[1]   4 Vestitam *B*   qu. in erbis
T   vestia sit *T*[1] : vesta sit *T*[2]   a via *K*   6 gallis *Arev.*   et
strep. . . . voc. *om. B*   7 et matrem voc. *T*   8 alat *K*   est . . .
nutrix *om. K (non A)*   9 simulacri eius cla. *K*   10 figitur *BK* :
perfingitur *C*[1]   ver *B*   12 ve. di.] vehitur *K (non A)*   14 quo
leon. *B* : quia leon. *K*   15 cs. terrae tam *BC*   17 potestates
del. ante civitates *K*   quas ins. turr. constat *Serv. ad Aen.* 3,
113   18 constat *T*   sedens *T*   fingitur *B*   cum] ca *K*
19 Quod . . . min. *om. T*[1]   21 quod *om. K*   22 feminae *del. ante*
semine *K*   23 reperiri *dell.*   24 qui *om. C*[1]   ne deant *T*[1]
25 aereorum *om. B*[1]   26 co. argo *T* : colendos agros *B* : colendos est
agros *C*   et ideo *B*   27 quod . . . aere *om. K (non A)*   ant. quia ac. *B*

ventum. Eandem Vestam et ignem esse perhibent, quia terram **67**
ignem habere non dubium est, ut ex Aetna Vulcanoque datur
intellegi. Et ideo virginem putant, quia ignis inviolabile sit
elementum, nihilque nasci possit ex eo, quippe qui omnia quae
5 arripuerit absumat. Ovidius in Fastis (6, 291) : **68**

> Nec tu aliud Vestam quam vivam intellege flammam ;
> nataque de flamma corpora nulla vides.

Propterea et virgines ei servire dicuntur, eo quod sicut ex virgine, ita nihil ex igne nascatur. Iunonem dicunt quasi ianonem, **69**
10 id est ianuam, pro purgationibus feminarum, eo quod quasi
portas matrum natorum pandat, et nubentum maritis. Sed
hoc philosophi. Poetae autem Iunonem Iovis adserunt sororem et coniugem : ignem enim et aerem Iovem, aquam et terram Iunonem interpretantur ; quorum duorum permixtione
15 universa gignuntur. Et sororem dicunt quod mundi pars est ; **70**
coniugem, quod commixta concordat. Vnde et Vergilius
(Georg. 2, 325) :

> Tum pater omnipotens fecundis imbribus aether
> coniugis in gremium descendit.

20 Minerva apud Graecos Ἀθήνη dicitur, id est, femina. Apud **71**
Latinos autem Minervam vocatam quasi deam et munus
artium variarum. Hanc enim inventricem multorum ingenio-
rum perhibent, et inde eam artem et rationem interpretantur,
quia sine ratione nihil potest contineri. Quae ratio, quia ex **72**
25 solo animo nascitur, animumque putant esse in capite et cere-
bro, ideo eam dicunt de capite Iovis esse natam, quia sensus
sapientis, qui invenit omnia, in capite est. In cuius pectore **73**

---

1 Vestam] vero tam *K* (*non A*) quia] quam *K* 4 poscit *T*
5 adsumat *codd.* : *corr. dett.* 6 aliud] liat *T* intellegi *K* : in intel-
lige *B* 7 nata de *T* videns *C*¹ 8 eis *T* dicunt *BT* 9 nascitur *K* : nascuntur *T* Dicunt iononem *KM* (*non A*) iaionem
T 10 propug**ibus *B*¹ fem. et quod *dett.* 11 natorum *KMU* :
naturam *T* : notorum *B* : natura *C*¹ : *an* natis ? maritus *TM*
12 autem *om. B* 13 enim *om. K* 14 interpretatur *K* 15 pars sit *K*
16 concordat *C* : cordat *T* : cordatum dat *B ex corr.* : corda tundit *K* :
condat *D* 18 ait tum *C* : at tum *K* facundis imb. a terra *T* 20 athenas *codd.* 21 autem *om. K* manus *B ex corr. KT* 22 artiarum var.
T 23 interpretatur *K* 25 animum put. *K* cap. in cer. *K*

ideo caput Gorgonis fingitur, quod illic est omnis prudentia, quae confundit alios, et inperitos ac saxeos conprobat : quod et in antiquis Imperatorum statuis cernimus in medio pectore
74 loricae, propter insinuandam sapientiam et virtutem. Haec Minerva et Tritonia dicitur. Triton enim Africae palus est, 5 circa quam fertur virginali apparuisse aetate, propter quod Tritonia nuncupata est. Vnde et tanto proclivius dea credita,
75 quanto minus origo eius innotuit. Pallas autem dicta vel ab insula Pallene in Thracia, in qua nutrita est; vel ἀπὸ τοῦ πάλλειν τὸ δόρυ, id est ab hastae concussione ; vel quod Pallan- 10
76 tem gigantem occiderit. Venerem exinde dicunt nuncupatam, quod sine vi femina virgo esse non desinat. Hanc Graeci Ἀφροδίτην vocant propter spumam sanguinis generantem.
77 Ἀφρὸς enim Graece spuma vocatur. Quod autem fingunt Saturnum Caelo patri genitalia abscidisse, et sanguinem fluxisse 15 in mare, atque eo spuma maris concreta Venus nata est, illud aiunt quod per coitum salsi humoris substantia est ; et inde Ἀφροδίτην Venerem dici, quod coitus spuma est sanguinis, quae
78 ex suco viscerum liquido salsoque constat. Ideo autem Venerem Vulcani dicunt uxorem, quia Venerium officium nonnisi 20 calore consistit, unde est (Virg. Georg. 3, 97) :

Frigidus in Venerem senior.

79 Nam quod Saturnus dicitur patri Caelo virilia amputasse, quae in mare cadentia Venerem creaverunt, quod ideo fingitur quia
80 nisi humor de caelo in terram descenderit, nihil creatur. Cupi- 25 dinem vocatum ferunt propter amorem. Est enim daemon fornicationis. Qui ideo alatus pingitur, quia nihil amantibus levius, nihil mutabilius invenitur. Puer pingitur, quia stultus est et inrationabilis amor. Sagittam et facem tenere fingitur.

2 quod in K   3 statuisse C   4 loricam C   5 palus] pulsus C¹
6 quem T   7 procl.] cupidius K   8 vel ob T   12 vi] viro K
esse virgo AB   13 Ἀφρ.] afrodin BCK : anfrondin T   14 Ἀφρὸς]
afrodin BCK : anfrondin T·   16 mari codd.   eo om. K (non A) :
ex Arev.   ill. autem ai. K (non A) : ill. agunt C   17 coitus B :
coitu∗ (-s ?) T : coitos K (non A)   humeris A : maris K   18 Ἀφρ.]
afrodin codd.   19 liquodō B¹ : aliquo modo K (non A)   20 non sine
B   22 in venere frig. K (non A)   23 quem in ma. candentia T
28 notabilius T   29 falcem ... falcem C¹

Sagittam, quia amor cor vulnerat ; facem, quia inflammat. Pan **81**
dicunt Graeci, Latini Silvanum, deum rusticorum, quem in
naturae similitudinem formaverunt ; unde et Pan dictus est, id
est omne. Fingunt enim eum ex universali elementorum specie.
5 Habet enim cornua in similitudinem radiorum solis et lunae. **82**
Distinctam maculis habet pellem, propter caeli sidera. Rubet
eius facies ad similitudinem aetheris. Fistulam septem cala-
morum gestat, propter harmoniam caeli, in qua septem sunt
soni et septem discrimina vocum. Villosus est, quia tellus con- **83**
10 vestita est †agitventibus†. Pars eius inferior foeda est, propter
arbores et feras ut pecudes. Caprinas ungulas habet, ut solidi-
tatem terrae ostendat, quem volunt rerum et totius naturae
deum ; unde Pan quasi omnia dicunt. Isis lingua Aegyptiorum **84**
terra appellatur, quam Isin volunt esse. Fuit autem Isis regina
15 Aegyptiorum, Inachis regis filia, quae de Graecia veniens Aegyptios litteras docuit, et terras colere instituit ; propter quod et terram
eius nomine appellaverunt. Serapis omnium maximus Aegypti- **85**
orum deus. Ipse est Apis rex Argivorum, qui navibus transve-
ctus in Aegyptum, cum ibidem mortuus fuisset, Serapis appella-
20 tus est ; propterea quia arca, in qua mortuus ponitur, quam
sarcophagum vocant, σορὸs dicitur Graece, et ibi eum venerari sepultum coeperunt, priusquam templum eius esset instructum.
Velut σορὸs et Apis, Sorapis primo, deinde una littera commutata Serapis dictus est. Apis fuit apud Aegyptios taurus Serapi **86**
25 consecratus, et ab eo ita cognominatus, quem Aegyptus instar
numinis colebat, eo quod de futuris daret quaedam manifesta
signa. Apparebat enim in Menphis. Quem centum antistites

---

2 grece latine *K*   3 dictum *K*   5 cornu *K* (*non A*)   8 sept.
sint *C¹*   10 agita v. *A* : agitata v. *C* (*non D*)   *an* a viventibus ?   feta
B¹   11 ungules *T*   ut] et *C¹*   12 ostenderet *T*   14 dic... esse
om. K (*non A*)   15 egiptorum *T*   inachi *dett.* (*sed cf.* I. III. 5)   16 in
litt. *C¹*   §§ 85–9 *om. KM. Contuli ABCT*   17 maximum *T* (*non U*)
18 transsecutus *A*   in aepto *B*   20 propter quia *T*   qua] co (*i. e.* quo)
T   quam *om. A*   21 foros (*ex* so- ?) *A* : sacros *B*   ibi eum *CU* :
ibidem *A* (*B¹ n. l.*) : ibi cum *T*   23 soros *A* : soror *BC¹T*   et apiscor
aphis *T* : sed apis sorapis (-aph-) *ABC¹*   prima *A*   24 dic. est]
dicitur *A*   25 star numnis *A* : inly tar nominis *C¹*   27 in mensis *A*

prosequebantur et repente velut lymphatici praecanebant.
87 Huius capitis imaginem sibi in eremo Iudaei fecerunt. Fauni
a fando, vel ἀπὸ τῆς φωνῆς dicti, quod voce, non signis ostendere viderentur futura. In lucis enim consulebantur a paganis,
88 et responsa illis non signis, sed vocibus dabant. Genium autem 5
dicunt, quod quasi vim habeat omnium rerum gignendarum,
seu a gignendis liberis ; unde et geniales lecti dicebantur a
89 gentibus, qui novo marito sternebantur. Haec et alia sunt
gentilium fabulosa figmenta, quae interpretata sic habentur, ut
90 ea non intellecta damnabiliter tamen adorent. Fatum autem 10
dicunt esse quidquid dii fantur, quidquid Iuppiter fatur. A
fando igitur fatum dicunt, id est a loquendo. Quod nisi hoc
nomen iam in alia re soleret intellegi, quo corda hominum
nolumus inclinare, rationabiliter possumus a fando fatum appel-
91 lare. Non enim abnuere possumus esse scriptum in litteris 15
sanctis (Psalm. 61, 12): 'Semel locutus est Deus : duo haec
audivi,' et cetera. Quod enim dictum est, 'semel locutus est,'
intellegitur inmobiliter, hoc est incommutabiliter est locutus ;
sicut novit incommutabiliter omnia quae futura sunt, et quae
92 ipse facturus est. Tria autem fata fingunt in colo et fuso 20
digitisque filum ex lana torquentibus, propter tria tempora :
praeteritum, quod in fuso iam netum atque involutum est :
praesens, quod inter digitos neentis traicitur : futurum, in lana
quae colo inplicata est, et quod adhuc per digitos neentis ad
93 fusum tamquam praesens ad praeteritum traiciendum est. Parcas 25
κατ' ἀντίφρασιν appellatas, quod minime parcant. Quas tres
esse voluerunt : unam, quae vitam hominis ordiatur ; alteram,

1 persequebantur *A*   percanebant *T*   4 videretur *C*
enim *om. A*   consulabantur *B*   5 vocis *T*   6 quod] qui
B   quasi] si *T*   7 genitales *A*   8 qui] quo *C*[1]   9 fig.
fab. *C*   sic ... intellecta *om. T*   10 ea] eis *C*[1]: *om. A*
intellectis *C*[1]   11 effantur *K*   12 fando] fan *K*   est loq. *K*
13 solere *T* : solveret *CK*   14 possimus *B* : possemus *CK*   15 annuere
T   17 quod est dic. sem. *K (non A)*   18 inmob. hoc est *om. K (non
A)*   est loc. . . . incomm. *om. B*[1]*C*[1]   loc. est *K (non A)*   19 sicut]
sive *K (non A)*   20 colore fu. *B*   21 filo *CKT* : fila *B*   23 netentis
K : venientis *C*[1]   trahitur *B*   24 netentis *K*   25 praesens *om. K
(non A)*   ad] et *A*   26 quia min. *K (non A)*   27 hominib·
CK   ordinatur *K*

quac contexat; tertiam, quae rumpat.   Incipimus enim cum
nascimur, sumus cum vivimus, desiimus cum interimus.   For- **94**
tunam a fortuitis nomen habere dicunt, quasi deam quandam
res humanas variis casibus et fortuitis inludentem ; unde et
5 caecam appellant, eo quod passim in quoslibet incurrens sine
ullo examine meritorum, et ad bonos et ad malos venit.   Fatum
autem a fortuna separant : et fortuna quasi sit in his quae fortuitu veniunt, nulla palam causa ; fatum vero adpositum singulis et statutum aiunt.   Aiunt et tres Furias feminas crinitas **95**
10 serpentibus, propter tres affectus, quae in animis hominum
multas perturbationes gignunt, et interdum cogunt ita delin-
quere, ut nec famae nec periculi sui respectum habere permittant.   Ira, quae vindictam cupit : cupiditas, quae desiderat
opes : libido, quae appetit voluptates.   Quae ideo Furiae
15 appellantur, quod stimulis suis mentem feriant et quietam esse
non sinant.   Nymphas deas aquarum putant, dictas a nubibus. **96**
Nam ex nubibus aquae, unde derivatum est.   Nymphas deas
aquarum, quasi numina lympharum.   Ipsas autem dicunt et
Musas quas et nymphas, nec inmerito.   Nam aquae motus
20 musicen efficit.   Nympharum apud gentiles varia sunt vocabula. **97**
Nymphas quippe montium Oreades dicunt, silvarum Dryades,
fontium Hamadryades, camporum Naides, maris Nereides.
Heroas dicunt a Iunone traxisse nomen.   Graece enim Iuno **98**
Ἥρα appellatur.   Et ideo nescio quis filius eius secundum
25 Graecorum fabulam ἥρως fuit nuncupatus ; hoc videlicet velut
mysticum significante fabula, quod aer Iunoni deputetur, ubi
volunt heroas habitare.   Quo nomine appellant alicuius meriti
animas defunctorum, quasi ἀηρωας, id est viros aerios et caelo

2 desimus *KT* : desumus *BC* : desinimus *dett. (cum codd. Lactantii
inst.* 2, 10, 20)   4 casibus *om. K* (*non A*)   inducentem *K*
(*non A*)   6 et ad ma. et ad bo. *B*   8 veniant *C*   ven. ut nul. *T*
factum *T*   9 statum *C¹T*   aiunt *om. K*   10 effectus *BCT*
aff. qui *dett.*   13 ira] ita *K*   15 fer. men. *K* (*non A*)   17 nam ex
nub. *om. B¹* (*non A*)   18 nomina *BC¹*   19 quas et *BC* : quas *K* : quasi
T   namque mo. *C¹*   20 effecit *B*   22 camp. Ham. font. Nai.
Arev. (*non A*)   Ner.] naraides *K* : naides *BCT*   24 Ἥρα
om. K   25 fabolas *K* (*non A*)   velut] vel *C*   27 aeroas *Isid.*
quo minc *C¹*   28 quasi] quos *T*   ἀηρ.] eroas *codd.*

99 dignos propter sapientiam et fortitudinem. Penates gentiles dicebant omnes deos quos domi colebant. Et penates dicti, quod essent in penetralibus, id est in secretis. Hi dii quomodo 100 vocabantur, vel quae nomina habuerint, ignoratur. Manes deos mortuorum dicunt, quorum potestatem inter lunam et 5 terram asserunt ; a quibus et mane dictum existimant ; quos putant ab aere, qui μανός, id est rarus est, manes dictos, sive quia late manant per auras, sive quia mites sunt, inmanibus contrarii, nomine hoc appellantur. Apuleius autem ait eos κατ' ἀντίφρασιν dici manes, hoc est mites ac modestos, cum sint 10 101 terribiles et inmanes, ut Parcas, ut Eumenides. Larvas ex hominibus factos daemones aiunt, qui meriti mali fuerint. Quarum natura esse dicitur terrere parvulos et in angulis garrire 102 tenebrosis. Lamias, quas fabulae tradunt infantes corripere ac 103 laniare solitas, a laniando specialiter dictas. Pilosi, qui Graece 15 Panitae, Latine Incubi appellantur, sive Inui ab ineundo passim cum animalibus. Vnde et Incubi dicuntur ab incumbendo, hoc est stuprando. ·Saepe enim inprobi existunt etiam mulieri- bus, et earum peragunt concubitum : quos daemones Galli Dusios vocant, quia adsidue hanc peragunt inmunditiam. 20 104 Quem autem vulgo Incubonem vocant, hunc Romani Faunum ficarium dicunt. Ad quem Horatius dicit (C. 3, 18, 1) :

> Faune, Nympharum fugientium amator,
> per meos fines et aprica rura
> lenis incedas. 25

---

1 dig. quasi prop. *K* (*non A*)   fort. dicunt *C*[1] (*cf. ad* 4)   dic. gent. *K* (*non A*)   2 doli *C*[1]   3 penetrabilibus *codd.* qui voc. vel quo nom. *T*   4 ign. dicunt *A* (*cf. ad* 1, 5) : ignorantur *BT*   5 dicunt *om. A*   di. mort. *B*   7 ab aere] habere *codd.* est qui ra. *T*   9 contrario *BCK*   11 Par. autem enidas *T* 12 daem.] deos *K* (*non A*)   fuerunt *AK*   13 in *om. T*   gulos *B*[1] 14 Limias *K*   16 invii *BCK* : invia *T*   ad in. *K*   17 ad inc. *K* 18 enim *om. K*   19 pergunt *T*[1]   20 disios *C*[1]   vocant *KT* : nuncupant *ABC*   qui ads. *B*   inm. per. *K*   22 vicarium *K*   23 fugientum *Horat.*   24 africa *T*   rora *C*[1]

DE LINGVIS, GENTIBVS, REGNIS, MILITIA, CIVIBVS, AFFINITATIBVS

DE LINGVIS GENTIVM. Linguarum diversitas exorta est in I
aedificatione turris post diluvium. Nam priusquam superbia
turris illius in diversos signorum sonos humanam divideret
societatem, una omnium nationum lingua fuit, quae Hebraea
5 vocatur; quam Patriarchae et Prophetae usi sunt non solum in
sermonibus suis, verum etiam in litteris sacris. Initio autem
quot gentes, tot linguae fuerunt, deinde plures gentes quam
linguae; quia ex una lingua multae sunt gentes exortae. Lin- 2
guae autem dictae in hoc loco pro verbis quae per linguam
10 fiunt, genere locutionis illo quo is qui efficit per id quod efficitur nominatur; sicut os dici solet pro verbis, sicut manus pro
litteris. Tres sunt autem linguae sacrae: Hebraea, Graeca, 3
Latina, quae toto orbe maxime excellunt. His enim tribus
linguis super crucem Domini a Pilato fuit causa eius scripta.
15 Vnde et propter obscuritatem sanctarum Scripturarum harum
trium linguarum cognitio necessaria est, ut ad alteram recur-
ratur dum siquam dubitationem nominis vel interpretationis
sermo unius linguae adtulerit. Graeca autem lingua inter 4
ceteras gentium clarior habetur. Est enim et Latinis et omni-
20 bus linguis sonantior: cuius varietas in quinque partibus discernitur. Quarum prima dicitur κοινή, id est mixta, sive
communis quam omnes utuntur. Secunda Attica, videlicet 5
Atheniensis, qua usi sunt omnes Graeciae auctores. Tertia
Dorica, quam habent Aegyptii et Syri. Quarta Ionica, quinta
25 Aeolica, †quas Αἰολιστὶ locutos dixerunt.† Et sunt in obser-

3 dividerat *T* (*et Isid.* ?) 4 natione *K* 6 initio] itio *C*¹ 7 fu.
tot. lin. *K* (*non A*) 9 quae] quia *C* 10 illo quo . . . pro litteris *om.*
K (*non A*) per illud *B* : pro eo *Schwarz* 16 ut alt. *C*¹*T* 17 dum]
tum *dett.* siqua *B* 18 inter] in *K* (*non A*) 19 en. lat. *T* 20 de-
cernitur *T* 21 κοινή] coenedo (econedo *C*) *codd.* 24 quem hab.
BT Syri] phiri *C*¹ : Siculi *Arev.* 25 quas eolisti locutos dixerunt
*BC*¹*T* : qua se colistas locuti *corr. o*) s d. *K* (?locuti *K*¹, -tos *K*²) *fort.*
Ἰαστί et Αἰολιστί

vatione Graecae linguae eiusmodi certa discrimina ; sermo enim
6 eorum ita est dispertitus. Latinas autem linguas quattuor esse
quidam dixerunt, id est Priscam, Latinam, Romanam, Mixtam.
Prisca est, quam vetustissimi Italiae sub Iano et Saturno sunt
usi, incondita, ut se habent carmina Saliorum. Latina, quam 5
sub Latino et regibus Tusci et ceteri in Latio sunt locuti, ex
7 qua fuerunt duodecim tabulae scriptae. Romana, quae post
reges exactos a populo Romano coepta est, qua Naevius, Plautus, Ennius, Vergilius poetae, et ex oratoribus Gracchus et
Cato et Cicero vel ceteri effuderunt. Mixta, quae post im- 10
perium latius promotum simul cum moribus et hominibus in
Romanam civitatem inrupit, integritatem verbi per soloecismos
8 et barbarismos corrumpens. Omnes autem Orientis gentes in
gutture linguam et verba conlidunt, sicut Hebraei et Syri.
Omnes mediterraneae gentes in palato sermones feriunt, sicut 15
Graeci et Asiani. Omnes Occidentis gentes verba in dentibus
9 frangunt, sicut Itali et Hispani. Syrus et Chaldaeus vicinus
Hebraeo est in sermone, consonans in plerisque et litterarum
sono. Quidam autem arbitrantur linguam ipsam esse Chal-
daeam, quia Abraham de Chaldaeis fuit. Quod si hoc recipitur, 20
quomodo in Danielo Hebraei pueri linguam, quam non noverant,
10 doceri iubentur ? Omnem autem linguam unusquisque hominum sive Graecam, sive Latinam, sive ceterarum gentium aut
audiendo potest tenere, aut legendo ex praeceptore accipere.
Cum autem omnium linguarum scientia difficilis sit cuiquam, 25
nemo tamen tam desidiosus est ut in sua gente positus suae
gentis linguam nesciat. Nam quid aliud putandus est nisi
animalium brutorum deterior ? Illa enim propriae· vocis cla-
morem exprimunt, iste deterior qui propriae linguae caret
11 notitiam. Cuiusmodi autem lingua locutus est Deus in prin- 30

5 habet K^1 : habeant T 6 tusciae ceteri C^1 : tusciae ceteris K in
latino T 8 cepta K : gesta BCT 9 po. ex B 11 latius] latinus T
13 *vel* Orientes   et gutt. in ling. T 14 lingua K 15 mediterrenei C^1
16 Asiani] anani T *vel* Occidentes   18 serm. et cons. K 21 Hebraei
om. K 22 docere C^1 iubebantur K 24 audiendum po. teneri a.
legendum K 25 difficile sit c. nosse ne. K (*non A*)   26 nemo] nomen
B^1 27 putandum K 28 illa] ille (*i. e.* illac ?) B 30 autem *om.* K

cipio mundi, dum diceret : 'Fiat lux,' inveniri difficile est.
Nondum enim erant linguae. Item qua lingua insonuit postea
exterioribus hominum auribus, maxime ad primum hominem
loquens, vel ad prophetas, vel dum corporaliter sonuit vox
5 dicentis Dei : 'Tu es Filius meus dilectus'; ubi a quibusdam
creditur illa lingua una et sola, quae fuit antequam esset linguarum diversitas. In diversis quippe gentibus creditur quod
eadem lingua illis Deus loquatur quam ipsi homines utuntur,
ut ab eis intellegatur. Loquitur autem Deus hominibus non 12
10 per substantiam invisibilem, sed per creaturam corporalem, per
quam etiam et hominibus apparere voluit, quando locutus est.
Dicit etiam Apostolus (1 Cor. 13, 1) : 'Si linguis hominum
loquar et angelorum.' Vbi quaeritur qua lingua angeli loquantur; non quod angelorum aliquae linguae sint, sed hoc per
15 exaggerationem dicitur. Item quaeritur qua lingua in futurum 13
homines loquantur : nusquam reperitur. Nam dicit Apostolus
(1 Cor. 13, 8) : 'Sive linguae, cessabunt.' Ideo autem prius de 14
linguis, ac deinde de gentibus posuimus, quia ex linguis gentes,
non ex gentibus linguae exortae sunt.

20　DE GENTIVM VOCABVLIS. Gens est multitudo ab uno prin- II
cipio orta, sive ab alia natione secundum propriam collectionem
distincta, ut Graeciae, Asiae. Hinc et gentilitas dicitur. Gens
autem appellata propter generationes familiarum, id est a
gignendo, sicut natio a nascendo. Gentes autem a quibus 2
25 divisa est terra, quindecim sunt de Iaphet, triginta et una de
Cham, viginti et septem de Sem, quae fiunt septuaginta tres,
vel potius, ut ratio declarat, septuaginta duae ; totidemque
linguae, quae per terras esse coeperunt, quaeque crescendo
provincias et insulas inpleverunt. Filii Sem quinque singulari- 3

1 venire C^1　　diff. esset T *ante corr.*　　2 enim *om. BK*　　6 illam
linguam unam et solam K　　7 quippe] autem T　　8 quam ... ut. *om. T*
9 non *om. K*　　12 di. enim apostolis C^1　　13 loquerer T　　15 futuro
K　　17 autem *om. K* : au. et T　　18 dei. gen. CT　　*cap.* 11 (*Nominum
Semiticorum formae secundum Arev. plerumque sunt redditae codicum
discrepantia neglecta*)　　21 natio T^1　　22 distinctam K　　hic C^1
23 generationem K　　24 sicut ... nasc. *om.* B^1　　a quibusdam K^1

ter gentes singulas procreaverunt. Quorum primus Elam, a
quo Elamitae principes Persidis : secundus Assur, a quo Assyriorum pullulavit imperium : tertius Arphaxat, a quo gens
Chaldaeorum exorta est : quartus Ludi, a quo Lydii : quintus
4 Aram, a quo Syri, quorum metropolis fuit Damascus. Filii 5
Aram, nepotes Sem, quattuor : Hus et Vl et Gether et Mes.
Hus Traconitidis conditor, qui inter Palaestinam et Coelesyriam
tenuit principatum, unde fuit Iob, secundum quod scriptum est
(Iob 1, 1) : 'Vir erat in terra Hus' : secundus Vl, a quo
Armenii : tertius Gether, a quo Acarnanii sive Curiae : quartus 10
5 Mes, a quo sunt hi qui vocantur Maeones. Posteritas Arphaxat
filii Sem ; Heber nepos Arphaxat, a quo Hebraei ; Iectam filius
Heber, a quo Indorum orta est gens ; Sale filius Iectam, a quo
6 Bactriani, licet eos alii Scytharum exules suspicantur. Ismael
filius Abraham, a quo Ismaelitae, qui nunc corrupto nomine 15
7 Saraceni, quasi a Sarra, et Agareni ab Agar. Nabaioth filius
Ismael, a quo Nabathei, qui ab Euphrata in mare Rubrum
8 inhabitant. Moab et Ammon filii Loth, a quo Moabitae et
9 Ammonitae. Edom filius Esau, a quo Idumaei. Haec sunt
gentes quae de Sem stirpe descendunt, possidentes terram 20
10 meridianam ab ortu solis usque ad Phoenices. Filii Cham
quattuor, ex quibus ortae sunt gentes haec : Chus, a quo
Aethiopes progeniti ; Mesraim, a quo Aegyptii perhibentur
11 exorti. Phut, a quo Libyi. Vnde et Mauretaniae fluvius
usque in praesens Phut dicitur, omnisque circa eum regio 25
12 Phuthensis. Chanaam, a quo Afri et Phoenices et Chananaeo-
13 rum decem gentes. Item ex nepotibus Cham filii Chus,
nepotes Cham sex. Filii Chus : Saba et Hevila, Sabatha,

---

4 lidi T^1 (lidius *ut vid.* T^2) : ludia K : lud BC 5 quorum] quo C^1
6 ul gether C 7 inter] in T coelem (quo-) siriam *codd.* (siriae B :
syriamque K)   8 us nomine iob sec. *Bern. extr.*   10 carmeni *codd.*
(-mini *Bern. extr.*)   cariae (-ie) *codd.* (*etiam Bern. extr.*)   12 nepos]
filius T^2 14 suscipientur C 17 in mari rubro C 18 a quibus C
20 possident K 22 hae gentes *Bern. extr.* : haec *om.* T 23 primo-
geniti B 25 omnis autem ci. K 28 nepotes . . . Chus *om.* T : fil.
Chus *om.* K

Rhegma, Seba, Cuza. Saba, a quo progeniti et appellati 14
Sabaei, de quibus Vergilius (Georg. 2, 117) :

Solis est thurea virga Sabaeis.

Hi sunt et Arabes. Hevila, a quo Getuli in parte remotioris 15
5 Africae heremo cohaerentes. Sabatha, a quo Sabatheni, qui 16
nunc Astabari nominantur. Rhegma vero et Seba et Cuza 17
paulatim antiqua vocabula perdiderunt, et quae nunc a veteribus
habeant ignorantur. Filii Rhegma, Saba et Dadan. Hic Saba 18
per Sin litteram scribitur in Hebraeo ; ille autem superior Saba
10 per Samech, a quo appellatos Sabaeos : interpretatur autem
nunc Saba Arabia. Dadan, a quo gens est Aethiopiae in 19
occidentali plaga. Filii Mesraim Labaim, a quo Libyi, qui
quondam Phuthaei vocabantur. Casloim, a quo Philistiim, 20
quos veteres Ἀλλοφύλους, nos modo corrupte Palaestinos
15 vocamus. Ceterae sex gentes ignotae sunt, quia bello Aethio- 21
pico subversae usque ad oblivionem praeteritorum nominum
pervenerunt. Filii Chanaam undecim, ex quo Chananaeorum 2
decem gentes, quorum terram his expulsis Iudaei possiderunt.
Quorum primogenitus Sidon, a quo Sidones. Vnde et urbs
20 eorum in Phoenice Sidon vocatur. Secundus Cheth, a quo 23
Chetaei. Tertius Iebus, a quo Iebusaei, quorum fuit Hierusalem. Quartus Amorrhaeus, a quo Amorrhaei. Quintus
Gergesaeus, a quo Gergesaei. Sextus Hevaeus, a quo Hevaei.
Ipsi sunt Gabaonitae, a civitate Gabaon, qui supplices venerunt
25 ad Iesum. Septimus Aracaeus, qui Arcas condidit oppidum 24
contra Tripolim in radicibus Libani situm. Octavus Sinaeus,
a quo Sinaei. Nonus Aradius, a quo Aradii sunt, qui Aradum
insulam possiderunt angusto fretu a Phoenicis litore separatam.
Decimus Samareus, a quo Syriae nobilis civitas, quae vocatur 25
30 Coeles. Vndecimus Amathaeus. Haec sunt gentes de stirpe

---

1 seba cuza *T* : raba cuza *C* : caba caza *K* : sabacuta *B* : saba cuza
Rem. Mon. : Sabathaca *Arev.* (*cum Hieronymi edd.*)   4 partem
codd.   5 her. coh.] herimoque sedentes *K*   6 saba et c. *codd.* :
Sabathaca *Arev.* (*cum Hieronymi edd.*)   7 et] haec *C*[1]   a] pro
dett.   8 ignoratur *T*   et saba *T*   11 nunc *om. B*   est *om. K*
12 a quibus *B*   15 quinque g. ignoratae *K*   quia *CT* :
quae a *BK Bern. extr.*   18 decem *T* : XII. *K*   qu. ter] quibus *K*
pulsis *T*   29 aque voc. *T*

Cham, quae a Sidone usque ad Gaditanum fretum omnem
26 meridianam partem tenent. Item tribus filiorum Iafeth. Filii
igitur Iaphet septem nominantur : Gomer, ex quo Galatae, id
27 est Galli. Magog, a quo arbitrantur Scythas et Gothos traxisse
28 originem. Madai, a quo Medos existere putant. Iavan, a quo 5
29 Iones, qui et Graeci. Vnde et mare Ionium. Thubal, a quo
Iberi, qui et Hispani ; licet quidam ex eo et Italos suspicentur.
30 Mosoch, ex quo Cappadoces. Vnde et urbs apud eos usque
31 hodie Mazaca dicitur. Thiras, ex quo Thraces ; quorum non
32 satis inmutatum vocabulum est, quasi Tiraces. Filii Gomer, 10
nepotes Iaphet. Aschanaz, a quo Sarmatae, quos Graeci
33 Rheginos vocant. Riphath, a quo Paphlagones. Gotorna, a
34 quo sunt Phryges. Filii Iavan Elisa, a quibus Graeci Elisaei,
qui vocantur Aeolides. Vnde et lingua quinta Graece Αἰολίς
35 appellatur. Tharsis, a quo Cilices, ut Iosephus arbitratur. 15
36 Vnde et metropolis civitas eorum Tharsus dicitur. Cethim, a
quo Citii, id est Cyprii, a quibus hodieque urbs Citium nomina-
37 tur. Dodanim, a quo Rhodii. Haec sunt gentes de stirpe
Iaphet, quae a Tauro monte ad aquilonem mediam partem
Asiae et omnem Europam usque ad Oceanum Brittanicum 20
possident, nomina et locis et gentibus relinquentes ; de quibus
postea inmutata sunt plurima, cetera permanent ut fuerunt.
38 Nam multarum gentium vocabula partim manserunt, ita ut
hodieque appareat unde fuerant derivata, sicut ex Assur Assyrii,
ex Heber Hebraei : partim vero temporis vetustate ita mutata 25
sunt, ut vix homines doctissimi antiquissimas historias per-
scrutantes, nec omnium, sed aliquarum ex istis origines gentium
39 potuerunt reperire. Nam quod ex filio Cham, qui vocatur Mesraim, Aegyptii sunt exorti, nulla hic resonat origo vocabuli, sicut

2 tenit C^1 Item] Igitur K 3 igitur *om.* K (*non Ovet. extr.*)
5 existere] extiire *ut vid.* (*vix* extare) T (*non Ovet. extr.*)   putabant T
6 qui] quid K 7 et ex eo Ital. K 8 ex] a K 9 ex] a K 12 Coturna
K 14 grece eolis (greceoles K) *codd.*   16 eor. civ. T 17 hodie
urbs C^1 19 quae a] quia BT 21 loc. a gent. *Bern. extr.*   22 inmuta
T 24 odie app. T fuerunt BC 25 muta T 27 omnium]
hominum T 28 Nam quo K : Namque *Bern. extr.*   vocabatur B :
vacabatur *Bern. extr.*   29 nullis . . . vocabolis K

nec Aethiopum, qui dicuntur ad eum filium Cham pertinere
qui Chus appellatus est. Et si omnia considerentur, plura
tamen gentium mutata quam manentia vocabula apparent;
quibus postea nomina diversa dedit ratio. Namque Indi ab
5 Indo flumine dicti sunt, qui ab occidentali parte eos includit.
Seres a proprio oppido nomen sortiti sunt, gens ad Orientem **40**
sita, apud quos de arboribus lana contexitur. De quibus est
illud :

Ignoti facie, sed noti vellere Seres.

10 Gangaridae populi sunt inter Assyrios Indosque, habitantes **41**
circa Gangen fluvium. Vnde etiam Gangaridae nuncupati sunt.
Hircani dicti a silva Hircania, ubi sunt plurimae tigres. Ba- **42,43**
ctriani Scythae fuerunt, qui suorum factione a sedibus suis pulsi
iuxta Bactron Orientis fluvium consederunt, ex cuius vocabulo
15 et nomen sortiti. Huius gentis rex fuit Zoroastres, inventor
magicae artis. Parthi quoque et ipsi ab Scythis originem tra- **44**
hunt. Fuerunt enim eorum exules, quod etiam eorum vocabulo
manifestatur. Nam Scythico sermone exules 'parthi' dicuntur. Hi, similiter ut Bactriani, domesticis seditionibus Scythia
20 pulsi solitudines iuxta Hircaniam primum furtim occupaverunt,
deinde pleraque finium etiam virtute obtinuerunt. Assyrii ab **45**
Assur filio Sem vocati, gens potentissima, quae ab Euphrate
usque ad Indorum fines omnem in medio tenuit regionem. Medi **46**
a rege suo cognominati putantur. Namque Iason, Peliaci regis
25 frater, a Peliae filiis Thessalia pulsus est cum Medea uxore sua ;
cuius fuit privignus Medus rex Atheniensium, qui post mortem
Iasonis Orientis plagam perdomuit, ibique Mediam urbem condidit, gentemque Medorum nomine suo appellavit. Sed invenimus in Genesi quod Madai auctor gentis Medorum fuit, a quo
30 et cognominati, ut superius dictum est. Persae a Perseo rege **47**
sunt vocati, qui e Graecia Asiam transiens, ibi barbaras gentes

gravi diuturnoque bello perdomuit, novissime victor nomen
subiectae genti dedit. Persae autem ante Cyrum ignobiles
fuerunt, et nullius inter gentes loci habebantur. Medi semper
48 potentissimi fuerunt. Chasdei, qui nunc Chaldaei vocantur, a
49 Chased filio Nachor fratris Abrahae cognominati sunt. Sabaei 5
dicti ἀπὸ τοῦ σέβεσθαι, quod est supplicari et venerari, quia
divinitatem per ipsorum tura veneramus. Ipsi sunt et Arabes,
quia in montibus Arabiae sunt, qui vocantur Libanus et Antili-
50 banus, ubi tura colliguntur. Syri a Surim vocati perhibentur,
qui fuit nepos Abraham ex Cethura. Quos autem veteres 10
Assyrios, nunc nos vocamus Syros, a parte totum appellantes.
51,52 Hebraei vocati sunt ab Heber, qui pronepos fuit Sem. Israelitae
vero ab Israel filio Isaac. Nam patriarcham Hebraeorum
fuisse Israel, a quo duodecim Iudaeorum tribus Israelis vocabulum sortitae sunt. Iudaeis autem scissura decem tribuum 15
nomen inposuit. Nam antea Hebraei sive Israelitae nuncupa-
53 bantur. Ex quo autem in duo regna Dei populus est divisus,
tunc duae tribus, quae de stirpe Iuda reges habebant, Iudaeorum nomen sortitae sunt. Reliqua pars decem tribuum, quae
in Samaria regem sibi constituit, ob populi magnitudinem 20
54 pristinum nomen retinuit Israel. Samaritanorum gens sumpsit
exordium ab Assyriis, qui transmigrati habitaverunt in Samaria,
qui Latine interpretantur custodes, eo quod captivato Israel isti
55 in terram regionis eorum ad custodiam conlocati sunt. Phoenix,
Cadmi frater, de Thebis Aegyptiorum in Syriam profectus, apud 25
Sidonem regnavit, eosque populos ex suo nomine Phoenices,
56 eamque provinciam Phoeniciam nuncupavit. Sidones autem a

---

1 victor] doctor *T*   2 subiecto *B*   3 habeantur *T*   4 voc. fuerunt
a *K*   5 sunt *om. K*   6 supplicare *dett.*   7 ipsorum] suam *K* (*non
A Bern. extr.*)   8 quia] qui *T*   montes *BCT*   vocatur *BT*
9 colligitur *T*   12 voc. sunt *om. K* (*non A Bern. extr.*)   13 vero
om. K (*non A*)   filio . . . Israel *om. K* (*non A Bern. extr.*)   15 tribus *codd.*   16 no. inp. *B Bern. extr.* : inp. no. *K* : nomina inp. *AC* :
nominati inp. *T*   israel (srael) *BT*   nuncupantur *K*   17 Dei
om. K   pop. div. *T*   18 de] ex *K*   19 sortiti *BKT*   tribus *K*
quae Sam. *B¹*   23 latine *om. K* (*non A Bern. extr.*)   isti *om. K*
(*non A Bern. extr.*)   24 regionis *om. K* (*non A Bern. extr.*)   27 autem
om. K

civitate quae vocatur Sidon traxisse vocabulum perhibentur.
Saraceni dicti, vel quia ex Sarra genitos se praedicent, vel sicut **57**
gentiles aiunt, quod ex origine Syrorum sint, quasi Syriginae.
Hi peramplam habitant solitudinem. Ipsi sunt et Ismaelitae,
5 ut liber Geneseos docet, quod sint ex Ismaele. Ipsi Cedar a
filio Ismaelis. Ipsi Agareni ab Agar; qui, ut diximus, per-
verso nomine Saraceni vocantur, quia ex Sarra se genitos gloriantur. Philistaei ipsi sunt Palaestini, quia P litteram sermo **58**
Hebraeus non habet, sed pro eo Phi Graeco utitur. Inde
10 Philistaei pro Palaestinis dicuntur, a civitate utique sua. Idem
et Allophyli, id est alienigenae, ob hoc, quia semper fuerunt
inimici Israel, et longe ab eorum genere ac societate separati.
Chananei appellati de Chanaam filio Cham, quorum terram **59**
Iudaei possiderunt. Ex cuius origine fuit Emor, pater Sichem,
15 a quo Amorrhaei sunt nuncupati. Aegyptii ab Aegypto quo- **60**
dam rege vocati sunt. Nam antea Aerii dicebantur. Inter
pretantur autem lingua Hebraica Aegyptii adfligentes, eo quod
adflixerint Dei populum, priusquam divino auxilio liberarentur.
Armenius ex Thessalia unus de numero ducum Iasonis, qui ad **61**
20 Colchos profecti sunt, recollecta multitudine, quae amisso rege
Iasone passim vagabantur, Armeniam condidit, gentique ex
suo vocabulo nomen dedit. Limes est Persicus, qui Scythas ab **62**
eis dividit, Scytha cognominatus, a quo limite Scythae a quibusdam perhibentur vocati, gens antiquissima semper habita. Hi
25 Parthos Bactrianosque; feminae autem eorum Amazonum regna

2 dicti . . . praed. vel *om. K (non A Bern. extr.)* quia] quod *A*
(non Bern. extr.) geniti *C*[1] sicut] ut *K (non A Bern. extr.)*
3 quod *om. K (non A Bern. extr.)* sunt *K (non A Bern. extr.)*
4 hi per. sol. hab. *K (non A)*: hii perambulant sol. *Bern. extr.* Ipsi
sunt . . . gloriantur *om. K (non A Bern. extr.)* 8 ipsi sunt] quasi *K*
(non A) 9 ut utitur ut de Phil. *B* 10 item *B* 11 ad hoc *B*[1] : *om.*
K , 12 a soc. *C*[1] : et soc. *K* 13 horum *K* 14 pater] filius *K (non*
A) 15 quadam *B* : quondam *K (non A)* 16 reges voc. *C*[1] : rege
suo voc. *A* sunt *om. K (non A)* interpretabantur *T*
17 autem *om. K (non A)* hebrea *K* Aeg. *ante* interp. *K (non*
A) eo quod] quia *K (non A)* 18 adflixerunt *B* : adfligebant *K*
pop. Dei *K* liberaretur *dett.* 20 quia am. *B* 21 vagabatur *C* :
vaga *(sic) T* gentisque *T* ex *om. K* 23 cognominantur
C[1] 25 autem *om.* ·*B*

63 condiderunt.   Massagetae ex Scytharum origine sunt.   Et dicti
Massagetae quasi graves, id est fortes Getae.   Nam sic Livius
argentum grave dicit, id est massas.   Hi sunt, qui inter Scythas
64 atque Albanos septentrionalibus locis inhabitant.   Amazones
dictae sunt, seu quod simul viverent sine viris, quasi ἅμα ζῶν, 5
sive quod adustis dexterioribus mammis essent, ne sagittarum
iactus inpediretur, quasi ἄνευ μαζῶν.   Nudabant enim quam
adusserant mammam.   Has Titianus Vnimammas dicit.   Nam
hoc est Amazon, quasi ἄνευ μαζοῦ, id est sine mamma.   Has
iam non esse, quod earum partim ab Hercule, partim 10
ab Achille vel Alexandro usque ad internicionem deletae
65 sunt.   In partes Asiaticae Scythiae gentes, quae posteros
se Iasonis credunt, albo crine nascuntur ab adsiduis nivi-
bus ; et ipsius capilli color genti nomen dedit.   Et inde
dicuntur Albani.   Horum glauca oculis, id est picta, inest 15
pupilla, adeo ut nocte plus quam die cernant.   Albani autem
66 vicini Amazonum fuerunt.   Hugnos antea Hunnos vocatos,
postremo a rege suo Avares appellatos, qui prius in ultima
Maeotide inter glacialem Tanaim et Massagetarum inmanes
populos habitaverunt.   Deinde pernicibus equis Caucasi rupi- 20
bus, feras gentes Alexandri claustra cohibente, eruperunt, et
orientem viginti annis tenuerunt captivum, et ab Aegyptiis atque
67 Aethiopibus annuum vectigal exegerunt.   Troianorum gens
antea Dardana a Dardano nominata.   Nam Dardanus et Iasius
fratres e Graecia profecti ; ex his Iasius ad Thraciam, Dardanus 25
ad Phrygiam pervenit, ibique primus regnavit.   Post quem

2 libidus a. g. d. T : livies (i. e. Libyes) a. g. dicunt K (sed cf. Serv. ad
Aen. 6, 862, nisi revera haec a Servio aliena et ex Isidori codice sumpta)
3 massam K[1]   4 locis K : iugis BCTU   5 dic. sunt om. K (non A)
ζῶν] zoin codd.   7 ictus inpedirentur K   μαζον C : μαζο K : mazoi T
quam] quod B   8 has . . . mamma om. B[1]   titanus animam dic. C[1]
9 anes mazos codd.   10 ab Herc. part. om. K (non A)   11 delectae C[1]
12 posteris K   13 crediderunt K   ob ABT[1] : om. K   adsimiles K
17 amazonis BT   Vgnos ACT : ut nos B : hunos K   hunnos K :
unnos BT : unos AC   18 avares K : abares CT : albares B : aberes
A   app.] nuncupatos K (non A)   21 ubi fer. gen. Al. cl. cohibent
Arev. (ex Hieronym. Epist. 30, 8)   ruperunt T   22 vigintimannis T :
·xxi· annum K   capt. om. T   23 annum vectigales egerunt T
24 nominata om. K (non A)   nam] tam T   26 postquam B

filius eius Ericthonius, deinde nepos eius Tros, a quo Troiani nuncupati sunt. Galatae Galli esse noscuntur, qui in auxilium **68** a rege Bithyniae evocati, regnum cum eo parta victoria diviserunt; sicque deinde Graecis admixti primum Gallograeci, 5 nunc ex antiquo Gallorum nomine Galatae nuncupantur. Graeci **69** ante Thessali a Thessalo, postea a Graeco rege Graeci sunt nuncupati. Nam Graeci proprie Thessali sunt. Lapithas **70** autem gentem Thessaliae fuisse aiunt, circa Penion amnem olim inhabitantem, a Lapitha Apollinis filia nuncupatos. Sicyonii **71** 10 Graeci sunt nuncupati, a Sicyone rege. Hi primum Agialei vocabantur, a rege Agealeo, qui primus Sicyonis imperavit; a quo et Agealea civitas nuncupata est, quae nunc Peloponensis vocatur a Pelope rege suo. Ipsi sunt et Arcades, ab Arcade rege Iovis et Callistae filio dicti. Danai a Danao rege vocati. **72** 15 Idem et Argivi, ab Argo conditore cognominati. Postquam autem rex Graecorum Apis mortuus est, huic filius Argus successit in regnum, et ex eo Argivi appellati sunt; qui etiam ab eis post obitum [ut] deus haberi coepit, templo et sacrificio honoratus. Achaei, qui et Achivi, ab Achaeo Iovis filio dicti. **73** 20 Pelasgi nominati, quia cum velis passis verno tempore ad- **74** venisse Italiam visi sunt, ut aves. Primo enim eos Varro Italiam adpulisse commemorat. Graeci vero Pelasgos a Iovis et Larissae filio perhibent dictos. Myrmidones fuerunt Achilli **75** socii: Dolopes Pyrrhi. Dicti autem sunt Myrmidones propter 25 astutiam, quasi μύρμηκες, id est formicae. Eratosthenes autem dicit dictos Myrmidonas a Myrmidone duce, Iovis et Eurymedusae filio. Cecropi Atheniensium regi successit Cranaus, **76**

2 nunc. sunt *om. K* (*non A*)   qui] quibus *K*   3 parta *T*: peracta *BCK*   4 inde *B*   5 Gall.] grecorum *K*   6 tesalia (*corr.* tess-) a *T*   7 sunt The. *K* (*non A*)   8 autem] am *K*: hoc est *B*   pelion *CK*   10 nuncupati *K*: -tus *B¹*   a sicionio r. *ECT*: a sicioni origine *A* *i.e.* Aeg-: agalilei *T¹*   hi prim. . . . a rege *om. B¹*   11 vocabuntur *C*: *om. K* (*non A*)   agialeo *BK*   primum *K*   12 agilea nun. civ. quae *K* (*non A*)   13 voc. *post* suo *K* (*non A Bern. extr.*)   suo . . . rege *om. A*   16 autem *om. B*   17 ab ei *K*   18 ut *hab. CK*: *om. BT*   21 primos *T*   22 *an* vero a Pelasgo?   23 filios *BT*   perhibentur *B¹*   26 dicit dictos] dicit *ex* dicti *K*   eorimose *B*: eurimo *K*   27 Cecropis *B¹T* granus *codd.* (-nis *B*)

cuius filia Atthis nomen et regionis et gentis dedit. Et ex ea
77 Attici cognominati, qui sunt Athenienses. Ion, vir fortis, ex
78 suo nomine eosdem Athenienses vocavit Iones. Macedones a
nomine Emathionis regis antea Emathii nuncupati sunt : postea
79 Macedones dicti. Epirotae a Pyrrho Achilli filio prius Pyr- 5
rhidae, postea vero Epiro rege . . . ad Italiam transire prae-
80 sumpserunt. Dorus Neptuni et Ellepis filius fuit, unde Dori
et originem et nomen ducunt. Sunt autem pars Graeciae
gentis ; ex quibus etiam cognominata est tertia lingua Grae-
81 corum, quae Dorica appellatur. Lacedaemones a Lacedae- 10
mone Semelae filio dicti. Hi diu perseverantes in bellum
contra Messenios, veriti ne diuturnitate proelii spem prolis
amitterent, praeceperunt ut virgines eorum cum iuvenibus domi
relictis concumberent ; sicque ex promiscuo virginum concu-
bitu iuvenes de incertis parentibus nati ex nota materni pudoris 15
Spartani vocati sunt. Nam ipsos esse Spartanos, quos et
82 Lacedaemonios. Thraces ex filio Iaphet, qui vocatus est
Thiras, et orti et cognominati, ut superius dictum est, perhibentur ; licet gentiles eos ex moribus ita dictos existimant, quod
sint truces. Saevissimi enim omnium gentium fuerunt, unde 20
et multa de eis fabulosa memorantur : quod captivos diis suis
litarent, et humanum sanguinem in ossibus capitum potare
soliti essent. De quibus Vergilius (Aen. 3, 44) :

> Heu fuge crudeles terras, fuge litus avarum ;

83 quasi crudelium et avarorum. Istrorum gens originem a Col- 25

1 atetis *T*   2 actici *T*   3 Ath.] macedones *K*   4 emationis *C* :
macionis *BKT*   emaci *BC* : amati *T* : macci *K*   nun. sunt *om.*
K   5 Mac. dic. a Macedone rege Deucalionis materno (-ni *C¹U*) nepote
CU   prius *om. K* (*non A*)   6 epirro re. *A* : pyrro re. *K*
lacunam signavi   tr. pr.] transierunt *K* (*non A*)   7 Do. orig. *K*
8 autem *om. B*   11 diu] duo *B*   13 admitterent *K*   d. relictos
codd. (dormire lectos *B*)   14 virginu *K* : virginarum *B¹T* : virginum
et maritarum *C*   16 Spartani] Parthenii *Arev.*   17 Laced. affirmant
(*om. C Mon.*) Spartanos vero propter repentinos adversus Cadmum, quasi
de terra contractos et ex (et ex *om. U*) omni parte conflictos (-fluitos *C¹*
Mon.), ita vocatos *CU Mon.* : lacedemones nulli dubium est *Bern. extr.* (*non
Rem. Trin.*)   ex tira fil. *K* (*non A*)   qui . . . Th.] vocati *K* (*non A*)
18 et cogn. . . . perhib.] sunt *K* (*non A Bern. extr.*)   21 multas d.
e. fabulas *K*   captivorum *K*   22 portare *BT*   24 fugere *B*
25 quasi . . . avar. *om. K* (*non A*)   Col.] locis *T*

chis ducit, qui missi ad Argonautas persequendos, ut a Ponto
intraverunt Istrum fluvium, a vocabulo amnis, quo a mari recesserunt, appellati sunt.   Romani a Romuli nomine nuncupati, **84**
qui urbem Romam condidit gentique et civitati nomen dedit.
5 Hi antea a Saturno Saturnii, a Latino Latini vocati sunt. Nam
Latinus Italiae rex fuit, qui ex suo nomine Latinos appellavit,
qui postea Romani nuncupati sunt.   Hi et Quirites dicti, quia
Quirinus dictus est Romulus, quod semper hasta utebatur, quae
Sabinorum lingua curis dicitur.   Italus quoque et Sabinus et **85**
10 Sicanus fratres fuerunt, ex quibus nomina populis inposita et
regionibus sunt.   Nam ab Italo Itali, a Sabino Sabini, a Sicano
Sicani cognominati sunt, qui et Siculi, id est Sicilienses. Tusci **86**
Italiae gens est a frequentia sacrorum et turis vocata, id est ἀπὸ
τοῦ θυσιάζειν.   Vmbri Italiae gens, sed Gallorum veterum pro- **87**
15 pago, qui Appenninum montem incolunt ; de quibus historiae
perhibent eo quod tempore aquosae cladis imbribus super-
fuerint, [et ob hoc] Ὀμβρίους Graece nominatos.   Marsi gens **88**
Italiae dicta a comite Liberi Marsya, qui usum illis vitium
ostendit ; et ob hoc illi statuam fecerunt, quam postea Romani
20 victis Marsis tulerunt.   Marsos autem Graeci Oscos vocant,
quasi ὀφσκους, quod multas serpentes habeant, et ὄφις serpens
dicatur. Inlaesos autem esse carminum maleficiis. Inhabitant
autem plagam Appennini montis simul cum Vmbris. [Alex-
ander historiographus ait : ' Vulscos quidam appellatos aiunt a

2 Ist.] strum deum *ut vid. T*¹   am. qua mari concesserant *T*
3 a romolo nuncupantur *K* (*non A*)   4 quia *C*   ded. nom. *K* (*non
A*)   5 ante *BCK*   saturnii *K* : -ni *ACT* : nomine saturnii *B*   nam
om. K (*non A*)   7 post *ut vid. T*   nun. s. Rom. *K*   dic. sunt qu.
*T*²   8 quod semper] qu∗∗∗∗∗em *T*¹   9 cyris *K*   Italius *T*
quoque *om. K* (*non A*)   10 pop. et reg. inp. sunt *K*   11 nam *om. K* (*T*¹
n. l. : nam *T*² *in ras.*)   ab ab It. *T*   12 cogn. *om. K* (*non A*)   qui
et Sic. id est (idem et *B*) Sicil. *BK* : idem (idē *D*) et Sicil. *CDT*   13 gen
corr. gens *T*   14 θυσ.] tissiazin (-im, ticci-) *codd.*   genus *T*   15 qua
App. *T*   16 eo quo *C*¹   17 et ob hoc *hab. BDK* (*cf.* XIV. IV. 21) : *om.
CT*   18 dicti *K*(*non A*)   quia usum *ex* quia sum *K* (*non A*)   19 quem
propterea Rom. *K* (*non A*)   20 Oscos] uscos *T* : tuscos *BK* : *om. C*
21 Ὀφ.] οφεκοις *BK* : οθσκυς *C*¹ : οφικυς (*vix* οφσκυς) *T* : *vix* Ὀπικούς quasi
Ὀφικούς (*sed cf. codd. Servii ad Aen.* 7, 730)   23 Alex. . . . dictos *post*
IV. VII. 34 *hab. TUV* : *om.* BCKM.   *Huc dubitanter transtuli*

Vulsco Antiphatae Laestrygonis filio. Fabius quoque Sicolicis
89 profectos corrupto nomine Vulscos ait dictos '] Gothi a Magog
filio Iaphet nominati putantur, de similitudine ultimae syllabae,
quos veteres magis Getas quam Gothos vocaverunt; gens fortis
et potentissima, corporum mole ardua, armorum genere terri- 5
bilis. De quibus Lucanus (2, 54):

Hinc Dacus premat inde Getes occurrat Iberis.

90 Daci autem Gothorum soboles fuerunt, et dictos putant Dacos,
quasi Dagos, quia de Gothorum stirpe creati sunt. De quibus
ille (Paulinus ad Nicetam 17): 10

Ibis arctoos procul usque Dacos.

91 Bessi barbari fuerunt, qui a multitudine bovum sic vocati creduntur. De quibus quidam (Paulin. ad Nic. 243):

Qui colit terrae medio vel ille
divitis multo bove pilleatus 15
accola ripae.

92 Gipedes pedestri proelio magis quam equestre sunt usi, ex hac
93 causa vocati. Sarmatae patentibus campis armati inequitabant
prius quam eos Lentulus Danubio prohiberet; atque inde ob
94 studio armorum Sarmatae nuncupati existimantur. Lanus flu- 20
vius fertur ultra Danubium, a quo Alani dicti sunt, sicut et
populi inhabitantes iuxta Lemannum fluvium Alemanni vocantur. De quibus Lucanus (1, 396):

Deseruere cavo tentoria fixa Lemanno.

95 Langobardos vulgo fertur nominatos prolixa barba et numquam 25
96 tonsa. Vindilicus amnis ab extremis Galliae erumpens, iuxta

---

1 siccolcis (*pro* sic, Colcis?) *U*   2 vulsco *TUV*   §§ 89-114 *Contuli
etiam A*   a gog *T*[1]   3 put: dissimilitudine *A*   7 decus *BCT* :
deus *A*   inde geote succurrat (su *ex corr.*) *T* : intis occ. *A* : inde gentes
occ. *K* : indigentes occ. *C*   9 dagos] dacios *K* (*non Bern. extr.*)
quod et (*expunct.*) e Goth. *A*   11 arctos *codd.* (-us *K*)   12 a *om. K*
15 divitiis *C* : dividitis *T*   multi *A*   17 Gipides *codd.*   s. usu *T* :
usi s. *K* : usi *B*   et a cau. voc. sunt *A* : et ex hac cau. ita voc. *B* : et
ex ac cau. voc. *K* : ex hac (ac) causa ita voc. *CT*   18 petentibus *C*[1]
19 proiberent *CT*   ob] ab *A*   20 existimant *T*   24 deseruere]
servire *K* : *om. A*   cavo] coacto *K*   25 Languebardos *ABT* :
Langobardos *CK*   nusquam *A*[2]   26 Vindilicus *ABT* : Vandi-
licus *K* : uuandalicus *C*   galliis *T*

quem fluvium inhabitasse, et ex eo traxisse nomen Vandali
perhibentur. Germanicae gentes dictae, quod sint inmania **97**
corpora inmanesque nationes saevissimis duratae frigoribus;
qui mores ex ipso caeli rigore traxerunt, ferocis animi et semper
5 indomiti, raptu venatuque viventes. Horum plurimae gentes
variae armis, discolores habitu, linguis dissonae, et origine
vocabulorum incertae; ut Tolosates, Amsivari, Quadi, Tuungri,
Marcomanni, Bruteri, Chamavi, Blangiani, Tubantes; quorum
inmanitas barbariae etiam in ipsis vocabulis horrorem quendam
10 significat. Suevi pars Germanorum fuerunt in fine Septentrionis. **98**
De quibus Lucanus (2, 51):

  Fundit ab extremo flavos aquilone Suevos.
Quorum fuisse centum pagos et populos multi prodiderunt.
Dicti autem Suevi putantur a monte Suevo, qui ab ortu initium
15 Germaniae facit, cuius loca incoluerunt. Burgundiones quon- **99**
dam, a Romanis subacta interiori Germania, per castrorum
limites positi a Tiberio Caesare in magnam coaluerunt gentem,
atque ita nomen ex locis sumpserunt; quia crebra per limites
habitacula constituta burgos vulgo vocant. Hi postea rebelles
20 Romanis effecti plus quam octoginta milia armatorum ripae
Rheni fluminis insederunt, et nomen gentis obtinuerunt. Sa- **100**
xonum gens in Oceani litoribus et paludibus inviis sita, virtute
atque agilitate habilis. Vnde et appellata, quod sit durum et
validissimum genus hominum et praestans ceteris piraticis.
25 Franci a quodam proprio duce vocari putantur. Alii eos a **101**
feritate morum nuncupatos existimant. Sunt enim in illis
mores inconditi, naturalis ferocitas animorum. Brittones quidam **102**

---

1 et *om. A*   uuandali *BC*: uuandili *T*   2 Germaniae *ABCT*
quia s. minia co. *K*   3 sevissimi *K*   4 feroces *ABK*   5 ho. pl. gen.
*om. T*¹   7 tolerates *CT*: collorates *B*   amisi (*ex* -ci) vari *A*   tungi
A : turungri *C*T¹   8 Arcomanni *T*   bructeri *B*   camaso *T*²
blangiannii *B*: blanciani *K*   9 in *om. K*   errorem *T*: terrorem *C*
12 aquilene *T*   14 or. solis in. *K*   15 fecit *K*   quodam *K*
16 romanas *C*¹   germanie *T*   17 coalere *K*: caluerunt *A* : col- *BT*
19 vul. bur. *K*   postea] praeterea *KC*¹   20 romani *K*   21 et *om. A*
Saxorum *A*   22 genus *BCT*   occanum *K*   pal. invicta vir. *A*
24 val.] agilissimum *K*   pir. *om. A* (*non U*)   25 duce propriae (*i. e.*
-rie) *K*   26 nuncupari *K*   cnim *om. K*   27 Britones *A*
(*non Bern. extr.*)

Latine nominatos suspicantur, eo quod bruti sint, gens intra
Oceanum interfuso mari quasi extra orbem posita. De quibus
Vergilius (Ecl. 1, 67):

Toto divisos orbe Britannos.

103 Scotti propria lingua nomen habent a picto corpore, eo quod 5
aculeis ferreis cum atramento variarum figurarum stigmate
104 adnotentur. Galli a candore corporis nuncupati sunt. Γάλα enim
Graece lac dicitur. Vnde et Sibylla sic eos appellat, cum ait
de his (Virg. Aen. 8, 660):

Tunc lactea colla   10
auro innectuntur.

105 Secundum diversitatem enim caeli et facies hominum et colores
et corporum quantitates et animorum diversitates existunt.
Inde Romanos graves, Graecos leves, Afros versipelles, Gallos
natura feroces atque acriores ingenio pervidemus, quod natura 15
106 climatum facit. Galli autem Senones antiquitus Xenones dicebantur, quod Liberum hospitio recepissent; postea X in S
107 litteram commutata est. Vacca oppidum fuit iuxta Pyrenaeum,
a quo sunt cognominati Vaccei, de quibus creditur dixisse poeta
(cf. Virg. Aen. 4, 42):   20

Lateque vagantes Vaccei.

Hi Pyrenaei iugis peramplam montis habitant solitudinem.
Idem et Vascones, quasi Vaccones, C in S litteram demutata.
108 Quos Gnaeus Pompeius edomita Hispania et ad triumphum
venire festinans de Pyrenaei iugis deposuit et in unum oppi- 25
dum congregavit. Vnde et Convenarum urbs nomen accepit.
109 Hispani ab Ibero amne primum Iberi, postea ab Hispalo

---

1 gens sint *A* : sunt g. *BC* (*non Bern. extr.*)   4 totos *C¹ T*   brit-
tanos *codd.*   5 Scoti *K Bern. extr.* (*non M*)   a prop. *KM* (*non
Bern. extr.*)   habet *C¹*   a] e *T*   6 vario *K* (*non Bern. extr.*)
7 adnotantur *T*   sunt *om. K* (*non Bern. extr.*)   8 Sib.] Virgilius
Arev.   appella *A*   11 innecto *K*   12 enim] autem *B*   fac.
omninum *T*   15 feroces *in ras. T²*   pervidimus *AK*   quod]
quia *K*   16 Xen.] zenones (zo-) *codd.*   17 quod] quia *A*   hos-
pitium (osp-) *KT*   posteaque *C*   X] z *codd.*   21 lataque *A*
vacantes *AK*   22 *post* solit. *add.* Baceos invictos a nulla gente victos
T²   24 Quos geneus *C¹* : quod (*ex* quos *A*) genus *AT*   26 urbis *C*
accipit *A*   27 Spania ab *T¹*   a libero *K*   ab ispalno ispana
cog. *A*

Hispani cognominati sunt. Galleci a candore dicti, unde et **110**
Galli. Reliquis enim Hispaniae populis candidiores existunt.
Hi Graecam sibi originem adserunt. Vnde et naturali ingenio
callent. Siquidem post finem Troiani belli Teucrum morte **111**
5 Aiacis fratris invisum patri Telamoni, dum non reciperetur in
regnum, Cyprum concessisse, ibique urbem nomine antiquae
patriae Salamina condidisse, inde ad Galleciam profectus et
positis sedibus ex loco genti nomen dedisse. Astures gens His- **112**
paniae, vocati eo, quod circa Asturam flumen septi montibus
10 silvisque crebris inhabitent. Cantabri gens Hispaniae a voca- **113**
bulo urbis et Iberi amnis, cui insidunt, appellati. Horum animus pertinax et magis ad latrocinandum et ad bellandum, vel
ad perpetiendum verbera semper parati. Celtiberi ex Gallis **114**
Celticis fuerunt, quorum ex nomine appellata est regio Celti-
15 beria. Nam ex flumine Hispaniae Ibero, ubi considerunt, et
ex Gallis, qui Celtici dicebantur, mixto utroque vocabulo Celtiberi nuncupati sunt. Afri appellati ab uno ex posteris Abrahae, **115**
qui vocabatur Afer, qui dicitur duxisse adversus Libyam exercitum, et ibi victis hostibus considisse, eiusque posteros ex no-
20 mine atavi et Afros et Africam nuncupasse. Poeni autem **116**
Carthaginenses sunt a Phoenicibus nuncupati, qui cum Didone
profecti sunt. Tyrios vero a Tyria urbe Phoenicum nominatos, **117**
de qua profecti sunt et in Africae litus venerunt. Getuli Getae **118**
dicuntur fuisse, qui ingenti agmine a locis suis navibus conscen-
25 dentes, loca Syrtium in Libya occupaverunt, et quia ex Getis
venerant, derivato nomine Getuli cognominati sunt. Vnde

---

1 Galleti *A* : Calleti *K* : Gallecti *B*   3 et a natali (*corr.* -turali) *T*
4 gallum *corr.* vallent *A*   Siquidem *om. A*   belle *A*   mortem
codd.   5 invisum] invidiosum *T² marg.*   patre *ABT*   et
elamon *T*   tum non receperit *K*   6 orbem *C¹*   7 salamina
incond. *A* (*pro* -nam cond-)   galatiam *K*: gallentiam *A*   et p.]
expositis *ABT*: expositus *C*   9 voc. ab eo *K*   sturam *CT*:
isturiam *A* : histura *K*   secti *C¹*: serti *T*: septem *K*   10 inhabitant
AK   11 insident *Schwarz*   appellatur *AK*   12 pellandum *A*
13 perpediendum *BK*   Celt. et Gall. *A*   14 Celt. nam et *C¹T*:
celtiberiana ex *K*   16 qui] qua *C¹*   23 *post* qua *del.* dictum est *K*
25 gentis (*corr.* -ti *ut vid.*) ven. *T*: genti suae *K* (*non A*)   26 venerunt *C*
dirivativo *K* (*non A*)   cognominata *K¹*

et opinio est apud Gothos ab antiqua cognatione Mauros con-
119 sanguinitate propinquos sibi vocare. Africam autem initio ha-
buere Libyes, deinde Afri, post haec Getuli, postremum Mauri
120 et Numides. Mauri et Numidae, ut Afri putant, sic sumpserunt
exordium et vocabulum. Nam postquam in Hispania Hercules 5
interiit, et exercitus eius conpositus ex variis gentibus, amisso
duce, passim sibi sedes quaerebant, ex eo numero Medi et
Persae et Armenii navibus in Africam transvecti proxima mari
121 loca occupavere. Sed Persae, dum materiam in agris pro con-
struendis domiciliis non invenirent, et ignara lingua commer- 10
cium prohiberet, per patentes agros et diversas solitudines vagabantur, et a pabulationibus vagabundis semetipsos propria
lingua Numides appellaverunt, id est sine oppido vagos et
122 errantes. Medi autem cum Libyis se miscuerunt, qui proxima
Hispania inhabitabant ; quorum nomen paulatim Libyes corru- 15
pere, barbara lingua Mauros propter Medos appellantes, licet
Mauri ob colorem a Graecis vocentur. Graeci enim nigrum
μαῦρον vocant. Aestifero quippe calore afflati speciem atri
123 coloris ducunt. Massylia civitas Africae est, non longe ab
Atlante et hortis Hesperidum ; a qua civitate Massyli vocati 20
sunt, quos nos corrupte Massulos vocamus, de quibus Vergilius
(Aen. 4, 483) :

Hic mihi Massylae gentis monstrata sacerdos.

124 Gaulalum gentes sunt a meridie usque Oceanum Hesperium
pervagantes. His nomen Gauloe insula dedit, quae est iuxta 25
125 Aethiopiam, ubi nec serpens nascitur neque vivit. Garamantes
populi Africae prope Cyrenas inhabitantes, a Garamante rege
Apollinis filio nominati, qui ibi ex suo nomine Garama oppidum

---

1 ab aut. *om.* K (*non A*)   2 vocari K¹   initium habere K
4 su. et exord. et voc. T   6 int. ex. C   7 qu. sed ex B¹ : qu. et ex K
et persi *codd.* (et *om.* C)   8 et Ar.] meni T¹ : armeni C   10 invenis-
sent K : invenerunt T   11 vacabantur BK   vag. a pab. C   13 numi-
das K   14 qui] quia KT   proximi T   15 corrubte T   17 vocantur C (*fort. recte*)   18 quippe] quia propter K (*non A*)   19 dicunt B¹T
Massilia CK : Massila B : Masila K   24 hisperiam pervacantes
K   25 gauloen BC : gaulonem T : gaula K   28 garamina
opp. K

condidit. Sunt autcm proximi gentibus Aethiopum. De quibus
Vergilius (Ecl. 8, 44) :

Extremi Garamantes.

Extremi autem, quia saevi et a consortio humanitatis remoti.
5 Hesperii vero sunt, qui circa Hispaniam conmorantur. Nam 126
Hispania Hesperia. Aethiopes dicti a filio Cham, qui vocatus 127
est Chus, ex quo originem trahunt. Chus enim Hebraica lingua Aethiops interpretatur. Hi quondam ab Indo flumine con- 128
surgentes, iuxta Aegyptum inter Nilum et Oceanum, in meridie
10 sub ipsa solis vicinitate insiderunt, quorum tres sunt populi :
Hesperi, Garamantes et Indi. Hesperi sunt occidentis, Garamantes Tripolis, Indi orientis. Trochoditae gens Aethiopum, 129
ideo nuncupati, quod tanta celeritate pollent ut feras cursu pedum adsequantur. Pamphagi, et hi in Aethiopia sunt : quibus 130
15 esca est quidquid mandi potest et omnia fortuitu gignentia ;
unde et appellati. Icthyophagi, quod venando in mari valeant, 131
et piscibus tantum alantur. Hi post Indos montanas regiones
tenent, quos subactos Alexander Magnus piscibus vesci pro-
hibuit. Anthropophagi gens asperrima sub regione Siricum sita, 132
20 qui quia humanis carnibus vescuntur, ideo anthropophagi
nominantur.

Itaque sicut his, ita et ceteris gentibus per saecula aut a
regibus, aut a locis, aut a moribus, aut ex quibuslibet aliis causis
inmutata vocabula sunt, ita ut prima origo nominis eorum tem-
25 porum vetustate non pateat. Iam vero hi qui Antipodae dicun- 133
tur, eo quod contrarii esse vestigiis nostris putantur, ut quasi
sub terris positi adversa pedibus nostris calcent vestigia, nulla
ratione credendum est, quia nec soliditas patitur, nec centrum

1 proxime T   4 autem om. K   et om. C¹   a om. K
6 Hisp. Hesp. dicitur AB : Hispani (ispania C) ab Hesp. dicti C¹K
10 solis civitate T (Heliopolim dicit!)   11 Hesp. om. C¹   et indiae B
12 Trogodie B¹ : Trogoditae C : Trocoditae (-te) KT   16 u. et appellantur K : et u. appellantur C¹   quod] quia K   18 tenent] traent
C¹   quos] quod T : quo C   vesceri C¹   19 Serum A rev. (ex
Solin. 15, 4)   20 quia qui C¹   21 nominantur BCDT : dicuntur K :
vocantur A   22 vel a rcg. K   23 aliis] talibus K   27 sub
terris] subterius K   adversus T   28 centrum] gentium ut vid. T¹

terrae ; sed neque hoc ulla historiae cognitione firmatur, sed
134 hoc poetae quasi ratiocinando coniectant. Titanas autem quosdam in Graecia ferunt fuisse robustos et excellentes viribus
populos, quos ferunt fabulae ab irata contra deos terra ad eius
135 ultionem creatos. Vnde et Titanes dicti sunt ἀπὸ τῆς τίσεως, 5
id est ab ultione, quod quasi ulciscendae matris Terrae causa in
deos armati existerent, quos fabulae a Iove bello fuisse supera-
tos atque extinctos fingunt, propter quod e caelo iactis fulminibus
interierunt.

III   DE REGNIS MILITIAEQVE VOCABVLIS. Regnum a regibus 10
dictum. Nam sicut reges a regendo vocati, ita regnum a regi-
2 bus. Regnum universae nationes suis quaeque temporibus
habuerunt, ut Assyrii, Medi, Persae, Aegyptii, Graeci, quorum
vices sors temporum ita volutavit ut alterum ab altero solveretur.
Inter omnia autem regna terrarum duo regna ceteris gloriosa 15
traduntur: Assyriorum primum, deinde Romanorum, ut tem-
3 poribus, et locis inter se ordinata atque distincta. Nam sicut
illud prius et hoc posterius, ita illud in oriente, hoc in occidente
exortum est : denique in illius fine huius initium confestim fuit.
Regna cetera ceterique reges velut adpendices istorum habentur. 20
4 Reges a regendo vocati. Sicut enim sacerdos a sacrificando,
ita et rex a regendo. Non autem regit, qui non corrigit. Recte
igitur faciendo regis nomen tenetur, peccando amittitur. Vnde
et apud veteres tale erat proverbium : ' Rex eris, si recte facias :
5 si non facias, non eris.' Regiae virtutes praecipuae duae : 25
iustitia et pietas. Plus autem in regibus laudatur pietas ; nam
6 iustitia per se severa est. Consules appellati a consulendo,
sicut reges a regendo, sicut leges a legendo. Nam cum Romani

1 nulla h. c. firmantur C^1 3 robustas B^1 4 ab] ob K (*fort.
recte*) ad *om.* C^1 6 ulciscendo T 7 extiterent T^1 (*pro* -runt ?)   8 e
BC : de K : *om.* T 9 interierint K^1 12 quisque KC^1 13 persi *codd.*
14 temp. volitavit T 15 autem *om.* K duo *om.* K 16 *vel* primo
ut] aut T (*corr.* T^2?)   17 et] ita *Schwarz*   dist. sunt C sicut et ill.
K 18 or. et hoc T^2 19 den. ill. C confestim *om.* T^1 fuit ut reg.
C^1 21 sanctificando BCT 24 si recta T ficias B : facies A (*non* D)
25 facies ABC (*non* D)   26 plus . . . pietas *om.* B 27 per se vera C^1T
28 sicut . . . regendo *om.* K (*non* A)   sicut . . . legendo *om.* T^1

regum superbam dominationem non ferrent, annua imperia binosque consules sibi fecerunt. Nam fastum regium non benivolentia consulentis, sed superbia dominantis erat. Hinc igitur consules appellati, vel a consulendo civibus, vel a regendo
5 cuncta consilio. Quos tamen ideo mutandos per annos singulos 7 elegerunt, ut nec insolens diu maneret, et moderatior cito succurreret. Inde autem duo pares, quia unus rem civilem, alter rem militarem administrabant. Regnaverunt autem annis quadringentis sexaginta septem. Proconsules suffecti erant consulibus, 8
10 et dicti proconsules eo quod vicem consulis fungerentur, sicut procurator curatori, id est actori. Exconsules autem dicti, quod 9 iam a consulatu exierint, sive discesserint peracto vicis suae anno. Dictatores quinto anno post reges expulsos Romani sibi 10 creaverunt, dum gener Tarquinii ad iniuriam soceri vindicandam
15 ingentem adversus Romam collegisset exercitum. Hi quin- 11 quennii temporis imperio utebantur. Plus enim erant honore quam consules, qui annuas potestates tenebant. Et dicti dictatores, quasi principes et praeceptores. Vnde et magistri populi nominabantur. Vnde et edicta dicuntur. Caesarum nomen a 12
20 Iulio coepit, qui bello civili commoto primus Romanorum singularem optinuit principatum. Caesar autem dictus, quod caeso mortuae matris utero prolatus eductusque fuerit, vel quia cum caesarie natus sit. A quo et imperatores sequentes Caesares dicti, eo quod comati essent. Qui enim execto utero exime- 13
25 bantur, Caesones et Caesares appellabantur. Iulius autem dic- 13 tus, quia ab Iulo Aeneae filio originem duxit, ut confirmat Vergilius (Aen. 1, 288):

Iulius, a magno demissum nomen Iulo.

1 regem T: regnum C^1 superbiam C ferent C^1 2 sibi *om. K*   fastu regio K: festum regium T 3 boni volentia B^1T consules sed sup. dampnantis C^1 4 a rendo B^1 7 inde] in deo C^1 alte rem T^1: alteram C^1 8 administrabat BCT 10 fingerentur T: fugerentur C^1 11 curatoris id est actoris K 12 exierent C^1: exierunt K discesserent C^1: discesserunt K 14 ad iuriam C^1 15 Hi *om. C^1*   19 ed.] dicta T 20 commotus K romanum TC 22 vel quod BT 24 exacto *codd.*   26 qui BC^1 ab iulio BKT dixit C^1·   ut] et T 28 dimisso B^1 nomine K iulio T

14 Imperatorum autem nomen apud Romanos eorum tantum prius
fuit apud quos summa rei militaris consisteret, et ideo imperatores dicti ab imperando exercitui : sed dum diu duces titulis
imperatoriis fungerentur, senatus censuit ut Augusti Caesaris
hoc tantum nomen esset, eoque is distingueretur a ceteris gen- 5
tium regibus; quod et sequentes Caesáres hactenus usurpaverunt.

15 Solet enim fieri ut primi regis nomen etiam reliqui possideant,
sicut apud Albanos ex Silvii nomine omnes reges Albanorum
Silviii appellati sunt; sicut apud Persas Arsacidae : apud

16 Aegyptios Ptolomei ; apud Athenienses Cecropidae. Augustus 10
ideo apud Romanos nomen imperii est, eo quod olim augerent
rempublicam amplificando. Quod nomen primitus senatus
Octavio Caesari tradidit, ut quia auxerat terras, ipso nomine et

17 titulo consecraretur. Dum autem idem Octavianus iam Caesar
et imperator appellaretur, vel Augustus, postea vero dum ludos 15
spectaret, et pronuntiatum esset illi a populo ut vocaretur et
Dominus, statim manu vultuque averso indecoras adulationes
repressit et Domini appellationem ut homo declinavit, atque in-
sequenti die omnem populum gravissimo edicto corripuit, Domi-
numque se post haec appellari ne a liberis quidem suis permisit. 20
Fuit autem filius A[c]tiae, quae nata est de sorore Iulii Caesaris.

18 Reges autem ob hanc causam apud Graecos βασιλεῖς vocantur,
quod tamquam bases populum sustinent. Vnde et bases co-
ronas habent. Quanto enim quisque magis praeponitur, tanto

19 amplius pondere laborum gravatur. Tyranni Graece dicun- 25
tur. Idem Latine et reges. Nam apud veteres inter regem et
tyrannum nulla discretio erat, ut (Virg. Aen. 7, 266) :

Pars mihi pacis erit dextram tetigisse tyranni.

---

1 Imperatorem C^1 autem *om.* K   2 ap. quod C^1 res *A*
3 exerc. summa rei militaris sed K (*non A*)   diu duces] iudices K
5 eo quod KB   6 quia et K   8 luanos (*corr.* al-) exiluii T : Alb. exilbi
C^1 9 si. et ap. Pers. K   12 primus BT   13 octaviano (*ex* hoct-) C
auserat KT : auserant B   16 expectaret *codd.* (*etiam A*)   illi esset
K (*non A*)   praenuntiatum B   18 app.] vocationem K (*non A*)
19 edicto] dictu B : dicto C   20 appellari (*ex* -ti) *post* suis K (*non A*)
praemisit B^1 21 actiae (-ie) *codd.*   23 cor. habent BCK : coronabant
T   24 quisquis K   25 prodere C^1 26 inter] enim K   28 pacis
om. B^1 erat B

Fortes enim reges tyranni vocabantur. Nam tiro fortis. De
qualibus Dominus loquitur dicens (Proverb. 8, 15) : 'Per me
reges regnant et tyranni per me tenent terram.' Iam postea in 20
usum accidit tyrannos vocari pessimos atque inprobos reges,
5 luxuriosae dominationis cupiditatem et crudelissimam dominationem in populis exercentes. Princeps et dignitatis modo 21
significatur et ordinis, sicut est illud Vergilianum (Aen. 9, 535) :

Princeps ardentem coniecit lampada Turnus,

pro primus. Dictus autem princeps a capiendi significatione,
10 quod primus capiat, sicut municeps ab eo quod munia capiat.
Dux dictus eo quod sit ductor exercitus. Sed non statim, qui- 22
cumque principes vel duces sunt, etiam reges dici possunt. In
bello autem melius ducem nominari quam regem. Nam hoc
nomen exprimit in proelio ducentem. Vnde et Vergilius (Aen.
15 10, 370) :

Ducis Evandri.

Sallustius (Hist. 4, frag. 7 M.) : 'Quo cupidius in ore ducis se
quisque bonum.' Non dixit 'in ore consulis.' Monarchae 23
sunt, qui singularem possident principatum, qualis fuit Alexander
20 apud Graecos, et Iulius apud Romanos. Hinc et monarchia
dicitur. Μονὰς quippe singularitas Graeco nomine, ἀρχὴ principatus est. Tetrarchae sunt quartam partem regni tenentes : 24
nam τέτταρα quattuor sunt ; qualis fuit apud Iudaeam Philippus.
Patricii inde vocati sunt, pro eo quod sicut patres filiis, ita pro- 25
25 videant reipublicae. Praefecti dicti, quod praetoria potestate 26
praesint. Praetores, idem qui et praefecti, quasi praepositores. 27
Praesides vero dicti, qui alicuius loci tutelam praesidialiter 28
tenent. Tribuni vocati, quod militibus sive plebibus iura tri- 29
buunt. Chiliarchae sunt qui mille praesunt, quos nos millenarios 30

2 per me regnant et B^1 3 per metent terr. C 5 damnationem
B^1 6 exercendis B^1 7 illud om. K 8 contegit lampadam
turnos K 9 primos K autem om. K capiendis C^1 : capiendo K 10 pr. accipiat C m. capiunt C^1 : muni accipiat K
11 non om. K 12 princeps KT 17 sese BCK 20 Gr. Iul. K
21 monos codd.   arcia (-ch-) codd.   22 est om. K tenens B^1
23 tetra codd. (terra C^1)   24 filios K providente T 25 Perfecti K^1
26 perfecti K 27 quia C^1 28 quot T tribuant C

31 nuncupamus; et est Graecum nomen. Centuriones dicti, eo
quod centum praesint militibus; sicut quinquagenarii, quia in
capite sunt quinquaginta militum; sicut decani, ab eo quod
32 decem militibus praeferuntur. Miles dictus, quia mille erant
ante in numero uno, vel quia unus est ex mille electus. Romu- 5
lus autem primus ex populo milites sumpsit et appellavit. Liber
33 vero primus militiae ordinem docuit. Miles aut ordinarius
dicitur, aut extraordinarius. Ordinarius est, qui per ordinem
militat, nec adhuc aliquem consecutus est gradum honoris. Est
enim gregarius, id est humilis militiae. Extraordinarius vero, 10
34 qui ob virtutem promovetur ex ordine. Emeriti dicuntur veterani
solutique militia, qui iam in usu proelii non sunt, et quia mereri
militare dicitur, ab stipendiis scilicet quae merentur. Idem et
veterani dicuntur, quia iam in usu proelii non sunt, sed post
35 multos militiae labores quietis suffragium consequuntur. Eque- 15
stres milites dicti quod equo sedeant. Item militat ille in
36 equestri ordine. Tirones dicuntur fortes pueri, qui ad militiam
delegantur atque armis gerendis habiles existunt. Hi enim non
ex sola professione nativitatis, sed aspectu et valitudine corporis existimantur. Vnde et tirones dicti, quique antequam sacra- 20
37 mento probati sint, milites non sunt. Romanae autem militiae
mos fuit puberes primos exercere armis. Nam sexto decimo
anno tirones militabant, quo etiam solo sub custodibus agebant,
de quibus Vergilius (Aen. 7, 162):

Et primo flore iuventus. 25

38 Servos sane numquam militasse constat, nisi servitute deposita,
excepto Hannibalis tempore, cum post Cannense proelium in
tanta necessitate fuissent Romani, ut ne liberandorum quidem

1 et... nom. *om.* K(*non A*) nom. Gr. T 2 ce. praesunt *ABC*:
praesunt ce. K qui in K 3 ab *om.* K 4 dicitur C 5 antea B
7 Mil. autem ord. K 12 solitique T militiae (-tie) C¹KT
13 dicuntur C¹ stip. licet C¹ 14 quia ... sunt *om.* T qui K
iam *corr. ex* quam B 16 equos K: ego C¹ idem K militant C¹
17 quia militiam C¹ 18 regendis K 19 sed ab asp. K: sed ex asp. BT
20 quique] qui C: quia *Schwarz* 21 pr. sunt B¹T sint C¹
22 primos] plurimos B exerceri BC 23 quo] quod C¹: quos K
solo *om.* K 25 primefores T primaevo fl. *Virg.* 26 nisi] si C¹
28 ut nec K

servorum daretur facultas. Desertores vocati eo, quod desertis 39
militaribus officiis evagantur. Hi in alios numeros militiae nomen dare prohibentur, sed si non magni temporis culpam con-
traxerint, caesi numeris suis restituuntur. Sed et qui deserunt
5 exercitum ad hostes transeuntes et ipsi desertores vocantur.
Conscripti milites dicuntur, quia in tabulis conferuntur ab eo 40
qui eos ducturus est, sicut transcripti vocantur cum de alia in
aliam legionem transeunt; et inde transcripti, quia nomina dant,
ut transcribantur. Obtiones dicti, quod sint electi. Nam 41
10 optare eligere est, sicut est illud (Virg. Aen. 3, 109):

Optavitque locum regno,

id est elegit. Excubitores dicuntur, pro eo quod excubias sem- 42
per agunt. Sunt enim ex numero militum et in porticibus excu-
bant propter regalem custodiam. Excubiae autem diurnae sunt,
15 vigiliae nocturnae. Vnde et vigiles. Velites erant apud Ro- 43
manos genus militiae, a volitando vocati. Lecti enim agilitate iuvenes cum armis suis post terga equitum consedebant,
et mox cum ad hostes ventum esset, equis desiliebant, et continuo pedites ipsi, ex alia parte equitibus, per quos advecti
20 fuerant, dimicantibus, hostem perturbabant. Ab his igitur
velitibus elephanti quondam Hannibalis retro acti, cum regi iam
a suis non possent, fabrili scalpro inter aures adacto necabantur.
Castra sunt ubi miles steterit. Dicta autem castra quasi casta, 44
vel quod illic castraretur libido. Nam numquam his intererat
25 mulier. Militia autem a militibus dicta; aut a multis, quasi 45
multitia, quasi negotium multorum; aut a mole rerum, quasi
moletia. Legio sex milium armatorum est, ab electo vocata, 46

---

1 darentur C^1 desertus C^1 2 evacantur K: evagabantur C
3 nomen mag. T 4 traxerint C sui C^1 sed qui T 7 docturus
T 8 transeant B 11 regnum KT 13 aiunt T sunt enim ex
T^2 *in ras.*   14 diurn. vig. (*om.* sunt) K 17 c. a. s. posterga eq. cum
armis suis cons. K (*non* A)   18 cum] u (*sic*) A (*pro* ut ?): *om.* K
hostem *Orosii* (4, 18, 10) *codd.*   esset] fuisset BC 19 per *om.* C^1
20 proturb. *Orosii codd.*   21 velitibus *ex* vel ictibus B^1 cum rege a suis
T 22 possint K negabantur K 23 milites CK steterunt K
24 vel] eo B 25 militibus BK: milibus C^1T 26 negotio K qu.
moleatia B: qu. moleatica CK 27 Leg. ex militum K^1 a
delectu *Arev.*

quasi lecti, id est armis electi. Proprie autem Macedonum
47 phalanx, Gallorum caterva, nostra legio dicitur. Legio habet
sexaginta centurias, manipulos triginta, cohortes duodecim, tur-
48 mas ducentas. Centuria est pars exercitus in centenos milites
49 divisa. Vnde et qui his praesunt centuriones dicuntur. Sub- 5
centuriati vero sunt, non qui in prima, sed qui in secunda centuria sunt, quasi sub prima centuria : tamen structi etiam ipsi
et in speculis positi in bello sunt ; ut si prima defecerit, isti,
quos sub se diximus, laborantibus primis subveniunt. Vnde
et ad insidiandum ponitur subcenturiatus, quasi armis dolosis 10
50 instructus. Manipulus ducentorum est militum. Manipuli
autem dicti sunt milites, sive quia bellum primo manu incipie-
bant, sive quod antequam signa essent, manipulos sibi, id est
fasciculos stipulae vel herbae alicuius pro signis faciebant, a
quo signo manipulares milites cognominati sunt. De quibus 15
Lucanus (1, 296):
> Convocat armatos extemplo ad signa maniplos.

51 Turma triginta equites sunt. Romani enim equites in una tribu
trecenti fuerunt. De singulis enim centuriis decem dabantur
52 et fiebant turma. Cohors quingentos milites habet. Tria sunt 20
53 militiae genera : sacramentum, evocatio, coniuratio. Sacramentum, in quo post electionem iurat unusquisque miles se non
recedere a militia, nisi post conpleta stipendia, id est, militiae
tempora ; et hi sunt qui habent plenam militiam. Nam viginti
54 et quinque annis tenentur. Evocatio, dum ad subitum bellum 25
non solum miles sed et ceteri evocantur. Vnde etiam consul solebat dicere : 'Qui rempublicam salvam esse vult, me sequatur.'
55 Coniuratio, quae fit in tumultu, quando vicinum urbis periculum singulos iurare non patitur, sed repente colligitur multitudo

1 au. lingua Mac. K^2C 2 Leg. autem hab. C : Leg. hoc hab. K (non
A)   4 centones mil. B^1 7 qu. supprema cent. K stricti BCT
9 sub se] subesse K : sub secunda C^1 primus C^1 subveniant C
10 insuandum C^1 11 ante militum del. numerus K 12 milites del.
Schwarz   primum K accipiebant K 13 manibus si. id est fasculos
K 14 pro signis] pronis T 17 vocat K exemplo KT 18 aequitas
C^1 19 dabuntur C^1 20 fiebat B : fiebantur T 25 tenetur C^1T
26 vocantur K 27 salvam om. T^1 28 orbis C^1

et tumultuosa in ira conflatur. Haec et tumultuatio dicitur.
In acie autem istae fere formae sunt : exercitus, classis, nodus, 56
cuneus, alae, cornua, agmen ; quae formas et nomina ab ipsis
rebus, de quibus translata sunt, mutuantur. Acies dicta, quod 57
5 ferro armata sit et acumine gladiorum. Exercitus multitudo ex 58
uno genere, ab exercitatione belli vocata. Cuneus est collecta 59
in unum militum multitudo. Vnde propter quod in unum coit,
ipsa coitio in unum cuneus nominatus est, quasi couneus, eo
quod in unum omnes cogantur. Classes dictae propter divi- 60
10 sionem exercitus, qui postea manipuli dicti sunt. Vnde et
Vergilius (Aen. 2, 30) :

    Classibus hic locus, hic acies certare solebant.

Iam postea et classica navium dicta. Nodus proprie est densa 61
peditum multitudo, sicut turma equitum. Nodum autem dic-
15 tum pro difficultate, quod vix possit resolvi. Alae in exercitu 62
triginta equites esse dicuntur. Alae autem equites ob hoc dicti,
quia tegunt pedites alarum vice. Cornua vocantur extremitas 63
exercitus, quod intorta sit. Agmen dicitur cum exercitus iter 64
facit, ab agendo vocatum, id est eundo. Plautus (Most. 562):
20 ' Quo te agis ? ' Ipse est enim exercitus ambulans. Nam agmen
dicitur, quod in longitudine directum est, quale solet esse
cum exercitus portis procedit. Quidquid fuerit aliud, abusive
dicitur.

    DE CIVIBVS. De imperiis militiaeque vocabulis ex parte IV
25 dictum est ; deinceps civium nomina summatim subiungimus.
Cives vocati, quod in unum coeuntes vivant, ut vita communis 2

1 tumultuose *Schwarz*   2 In agatiae *A*   3 *ante* cuneus *del.* fumus
ut vid. T   quae forma sed (formas ed *C*[1]) no. *AC*[1] : sed omnia *K*
4 mutantur *AK*   5 et] ad *K*   mult. unde propter quod ex *K* (*non
A*) (*cf.* § 59)   7 coit et in ip. *A*   8 coitio] collectio *K* (*non A*)   in
unum *om. K* (*non A*)   nom.] nuncupatus *corr.* vocatus *A*   coneus
KT   10 quae *B*   12 lo. est hic *BT*   13 classica] classis *Arev.*
14 eq. tur. *K* (*non A*)   15 propter difficultatem *B*   16 ob] sub *K* : ab *T*
18-21 cum ex. . . . dicitur *post* solet esse *K* (*non AD*)   19 vocatur *T*
(*non U*)   20 *malim* quo tu agis ? (*cf. Class. Rev.* 19, 110)   ag. et ipse *B*
21 qu. in long. . . . .esse *bis scripsit K* (*primum* quia in long., *deinde* quod
in long.)   22 portis protis proc. *C*[1]   aliud] tali ut *K* (*non A*)   ab.
dic. *om. A*   25 deinde *T*   subiungemus *C*

3 et ornatior fiat et tutior. Domus unius familiae habitaculum
est, sicut urbs unius populi, sicut orbis domicilium totius
generis humani. Est autem domus genus, familia, sive coniunctio
viri et uxoris. Incipit autem a duobus, et est nomen Graecum.
4 Nam familia est liberi ex liberis legibus suscepti, a femore. 5
Genus aut a gignendo et progenerando dictum, aut a definitione
certorum prognatorum, ut nationes, quae propriis cognationibus
5 terminatae gentes appellantur. Populus est humanae multitudinis, iuris consensu et concordi communione sociatus. Populus
autem eo distat a plebibus, quod populus universi cives sunt, 10
connumeratis senioribus civitatis. [Plebs autem reliquum vul-
6 gus sine senioribus civitatis.] Populus ergo tota civitas est;
vulgus vero plebs est. Plebs autem dicta a pluralitate ; maior
est enim numerus minorum quam seniorum. Populus vero
† σουχναμοις † dicitur, id est † σιτοασις †. Vnde et populus dic- 15
tus est. Graece autem populus λαòς dicitur, a lapidibus. Vulgus
7 est passim inhabitans multitudo, quasi quisque quo vult. Tribus dicuntur tamquam curiae et congregationes distinctae populorum, et vocatae tribus ab eo quod in principio Romani trifarie
fuerunt a Romulo dispertiti: in senatoribus, militibus et plebibus. 20
Quae tamen tribus nunc multiplicatae nomen pristinum retinent.
8 Senatui nomen aetas dedit, quod seniores essent. Alii a sinendo
dictos accipiunt senatores. Ipsi enim agendi facultatem dabant.
9 Senatusconsultus a consulendo et tractando est dictus, quod sic
10 fit ut consuleat et nocere non possit. Patres autem, ut Sallustius 25
(Cat. 6) dicit, a curae similitudine vocati sunt. Nam sicut

1 fuit C^1 totior C^1 : tuitior T 5 nam *om.* K : nam δώματα greci
tecta dicunt C liberis B^1 ex liberi K suscepta f. T
6 aut] autem B : *om.* K ad gig. C^1 aut difinitione (diff.)
C^1K : aut a definitionum B : aut a divinatione T 7 ceterorum C :
castrorum B propugnatorum C^1 8 terminata K 9 consen-
sum et concordis C^1 sociatos C^1 10 universis K 11 connu-
meratus B^1 civitatis *om.* TC plebs . . . civ. *hab.* ABT : *om.*
C^1K 13 vero] ero C^1 15 σουχναμοις B : σουαναμο C^1 : συχναμοις K :
σουχναμους (*ex* -μος) T ducitur C σιτος ποασις B : cito σπολσις C :
cito aciae K : cito cito acie T dic. gr. C 16 autem] enim B 18 pop.
unde dicta tribus et voc. trib. B 21 quam tantum trib. K (*non A*)
pristinum *om.* K (*non A*)   22 aliasenendo dictus B^1 23 accipiunt
om. B 25 consoleat K

patres filios suos, ita illi rempublicam alebant. Patres con- 11
scripti, quia dum Romulus decem curias senatorum elegisset,
nomina eorum praesenti populo in tabulas aureas contulit,
atque inde patres conscripti vocati. Primi ordines senatorum 12
5 dicuntur inlustres, secundi spectabiles, tertii clarissimi. Iam
inferius quartum aliquod genus non est. Quamvis autem sena-
toria quisque origine esset, usque ad legitimos annos eques
Romanus erat ; deinde accipiebat honorem senatoriae dignitatis.
Censores apud veteres Romanos erant. Est enim nomen cen- 13
10 soris dignitas iudicialis. Censere enim iudicare est. Item
censores sunt patrimoniorum iudices, a censu aeris appellati.
Iudices dicti quasi ius dicentes populo, sive quod iure disceptent. 14
Iure autem disputare est iuste iudicare. Non est autem iudex,
si non est in eo iustitia. Praesides rectores provinciae sunt, 15
15 dicti quod praesunt. Praetores autem quasi praeceptores 16
civitatis et principes. Idem et quaestores quasi quaesitores, eo
quod quaestionibus praesunt. Consilium enim et causa apud
eos est. Proceres sunt principes civitatis, quasi procedes, quod 17
ante omnes honore praecedant. Vnde et capita trabium, quae
20 eminent extra parietes, proceres dicuntur, eo quod primo pro-
cedant. Hinc ad primores facta translatio, quod a cetera mul- 18
titudine prominent. Tribuni dicti quod plebi vel iura vel opem
tribuunt. Constituti sunt autem sexto anno post reges exactos.
Dum enim plebs a senatu et consulibus premeretur, tunc ipsa sibi
25 tribunos quasi proprios iudices et defensores creavit, qui eorum
libertatem tuerentur, et eos adversus iniuriam nobilitatis de-
fenderent. Vnde et defensores dicti, eo quod plebem sibi com-
missam contra insolentiam inproborum defendant. At contra

19 nunc quidam eversores, non defensores existunt. Numerarii
20 vocati sunt, quia publicum nummum aerariis inferunt. Functi,
    ab eo quod fungantur officio et honore aliquo dicti. Hinc et
    defunctos mortuos dicimus, qui conpleverunt vitae officia ; nihil
21 enim iam faciunt. Municipes sunt in eodem municipio nati, 5
    ab officio munerum dicti, eo quod publica munia accipiunt.
    Munia enim officia sunt. Vnde et inmunes dicuntur, qui
22 nullum gerunt officium. Municipales originales cives et in loco
23 officium gerentes. Decuriones dicti, quod sint de ordine curiae.
    Officium enim curiae administrant. Vnde non est decurio, qui 10
24 summam non intulit vel curiam participavit. Curiales autem
    idem et decuriones. Et dicti curiales, quia civilia munera pro-
25 curant et exequuntur. Principales, magistrati et duumvirales
    curialium officiorum ordines sunt. Principales dicti, quod primi
26 sint magistratibus. Magistrati vero, quod maiores sunt reliquis 15
27 officiis. Duumvirales ✱ ✱. Tabellio vocatus eo quod sit por-
    titor tabellarum. Idem exceptor, idem et scriba publicus,
28 quia ea tantum, quae gestis publicantur, scribit. Burgarii a
    burgis dicti, quia crebra per limites habitacula constituta bur-
    gos vulgo vocant. Vnde et Burgundionum gentis nomen in- 20
    haesit, quos quondam subacta Germania Romani per castra
29 disposuerunt, atque ita nomen ex locis sumpserunt. Collegiati
    dicuntur, quod ex eorum collegio custodiisque deputentur, qui
    facinus aliquod commiserunt. Est enim sordidissimum genus
30 hominum patre incerto progenitum. Privati sunt extranei ab 25
    officiis publicis. Est enim nomen magistratum habenti con-
    trarium, et dicti privati quod sint ab officiis curiae absoluti.

1 nunc] cum C^1 aversores K (*non A*)   Numinarii K (*non A*) :
Nunc aerarii B 2 n. aerarii K : numerarii C^1 3 fungatur KT
officii et h. T : officium exore (*suprascr.* h) K 6 munerum] numeri K
(*non A*)   eo quod *om.* K (*non A*)   publicam C^1 mu. enim pu. K (*non
A*)   accipiant B acc. mu. en. *om.* K : acc. mu. *om.* A 8 nullis g.
officiis T locum BCT 12 civilia] curialia *Schwarz*   13 exe-
guntur C^1 : exercuntur K dumvirales ex K : dum civiles B
14 ordine K 15 maiore B sint K (*non AU*)   16 Dumvirales
CT : *om.* K (*non AU*)   port.] fortior K 17 tabularum B
sceptor BKT et *om.* K 18 qui ea KT 20 burgundionorum
genti✱ (-tis K^2) K 22 ita *om.* K 26 magistrarum (*corr.* -orum) B
27 off. et curis soluti (*delet.*) abs. K

Mercennarii sunt qui serviunt accepta mercede. Idem et 31
barones Graeco nomine, quod sint fortes in laboribus. Βαρὺς
enim dicitur gravis, quod est fortis. Cui contrarius est levis, id
est infirmus. Publicani appellantur conductores vectigalium 32
5 fisci, vel rerum publicarum, sive qui vectigalia publica exigunt,
vel qui per negotia saeculi lucra sectantur. Vnde et cognominati sunt. Vilicus proprie villae gubernator est. Vnde et a 33
villa vilicus nomen accepit. Interdum autem vilicus non guber-
nationem villae, sed dispensationem universae domus Tullio
10 interpretante significat, quod est universarum possessionum et
villarum dispensatorem. Actores idem et curatores ab agendo 34
et curando vocati. Procuratores vero, eo quod vice curatoris 35
fungantur, quasi propter curatores, sicut proconsul pro consule.
Coloni sunt cultores advenae, dicti a cultura agri. Sunt enim 36
15 aliunde venientes atque alienum agrum locatum colentes, ac
debentes condicionem genitali solo propter agri culturam sub
dominio possessoris, pro eo quod his locatus est fundus. Coloni
autem quattuor modis dicuntur. Nam coloni aut Romani sunt,
aut coloni Latini, aut coloni auxiliares, aut coloni ruris privati.
20 Inquilini vocati quasi incolentes aliena. Non enim habent pro- 37
priam sedem, sed in terra aliena inhabitant. Differt autem 38
inter inquilinum et advenam. Inquilini enim sunt qui emigrant,
et non perpetuo permanent. Advenae autem vel incolae
adventicii perhibentur, sed permanentes ; et inde incolae, quia
25 iam habitatores sunt, ab incolendo. Indigenae sunt inde geniti, 39
et in eodem loco nati, ubi inhabitant. Incola autem non in- 40
digenam, sed advenam indicat. Peregrini dicti eo quod ignoran- 41

2 grece T   βαρύς] bare CK : bari T : baria B   3 est co. K :
co. (om. est) A   4 infirmis T   5 exeg*unt K   6 qui]
quia B   7 propriae BC¹K   villae] linguae C ante corr.   a
om. T¹   9 dispensationum T   10 interpretantes C¹   quod un.
. . . dispensator est (ē) B (B² ?)   possessionem C¹   12 eo quo C¹
13 funguntur BT   qu. pr. cur. om. K (non A) : qu. pro curatore
Schwarz   si. et consul pro consule K (non A)   14 Colones
K   enim] autem T   15 atque] et quia B   hanc deventes C¹ :
ac defendentes T   17 possessorum K   18 col. . . . sunt om. K (non
A)   19 aut lat. T (non A)   auxiliatores T : anxiliares C¹
20 alienam C¹   21 Defert B¹   22 inquili enim T¹   migrant K
24 adventii B¹   inde om. K   26 habitant K   27 dicti om. K (non A)

tur eorum parentes, a quibus orti existunt. Sunt enim de
42 longinqua regione. Vrbani vocabantur, qui Romae habitabant.
Qui vero in ceteris locis, oppidani. Nam sola urbs Roma,
43 cetera oppida. Famuli sunt ex propria servorum familia
orti. Servi autem vocabulum inde traxerunt, quod hi, qui 5
iure belli possint occidi a victoribus, cum servabantur, servi
44 fiebant, a servando scilicet servi appellati. Ancillae a susten-
taculo vocatae. Ἀγκών enim Graece cubitus dicitur. Vnde et
45 anconem dicimus. Mancipium est quidquid manu capi sub-
dique potest, ut homo, equus, ovis. Haec enim animalia 10
statim ut nata sunt, mancipium esse putantur. Nam et ea,
quae in bestiarum numero sunt, tunc videntur mancipium
46 esse, quando capi sive domari coeperint. Ingenui dicti,
quia in genere habent libertatem, non in facto, sicut liberti.
Vnde et eos Graeci εὐγενεῖς vocant, quod sint boni generis. 15
47 Libertus autem vocatus quasi liberatus. Erat enim prius iugo
servitutis addictus. Libertorum autem filii apud antiquos
libertini appellabantur, quasi de libertis nati. Nunc vero liber-
48 tinus aut a liberto factus, aut possessus. Manumissus dicitur
quasi manu emissus. Apud veteres enim quotiens manu mitte- 20
bant, alapa percussos circumagebant, et liberos confirmabant ;
49 unde et manumissi dicti, eo quod manu mitterentur. Dediticii
primum a deditione sunt nuncupati. Deditio enim dicitur
quando se victi aut vincendi hostes victoribus tradunt : quibus
haec origo nominis fuit. Dum quondam adversus populum 25
Romanum servi armis sumptis dimicassent, victi se dederunt,
50 conprehensique varia turpitudine affecti sunt. Ex his quidam
postea a dominis manumissi, propter suppliciorum notas, quas

1 exorti sunt *K*   3 urbs (*ex* urb) est Ro. *C*   6 occ. auctoribus
K   cum servantur *C¹* : conservabantur *BKT* (*non A*)   9 ancone
di. *codd.*   subdique] aut subdi *CK*   10 ovis *om. T*   enim] autem
K   11 nam ea q. *CT* (ea *ex* et)   13 ca. dominari *B¹* : ca. et domani *K*
ceperunt (*corr.* coep-) *C*   14 non *om. C¹*   liberi *C¹*   17 autem
om. K   18 de liberatis *T*   19 an poss. *B¹*   20 quasi] qui *K*
mittebantur *K*   21 al. perc. circ. *om. B¹*   23 deditio] dediticius
K   24 vincti aut vinciendi *Arev.*   25 quodam *B¹* : quando *K*
26 sumptis] victis *T* (vi- *ex corr.*)   vincti *Arev.*   se ded.] sederunt *C¹*
27 quidem *B*   28 ad hominis *C¹T*

manifeste perpessi sunt, ad dignitatem civium Romanorum non pervenerunt. Latini ante Romam conditam apud Latinos fie- 51 bant, numquam per testamentum, sed per epistolam libertatem sumentes. Inde quia per testamentum non fiebant, nec ex 5 testamento aliquid capere, nec suos heredes facere poterant, cives Romani postea sub consulibus per testamenta in urbe Romana effecti sunt. Dicti autem cives Romani, quia testa- 52 mento liberi effecti in numerum Romanorum civium rediguntur. His primum aditus erat in urbe Roma commorari ; ceteris 10 autem libertis prohibebatur ne vel in urbe Romana vel infra septimum ab urbe miliarium commanerent.

De adfinitatibvs et gradibvs. Heredis nomen inpo- V suit census aeris. Solvet enim tributum auctoris. In hoc enimvero vocabulo prima successio est hereditatis et generis, 15 ut sunt filii et nepotes. Proheres est, qui loco heredis fungitur, 2 quasi pro herede. Est enim aut institutus, aut substitutus. Pater est, a quo initium nascitur generis. Itaque is pater- 3 familias vocitatur. Pater autem dictus eo quod patratione per- acta filium procreet. Patratio enim est rei veneriae consum- 20 matio. Lucretius (4, 1129):

Et bene patra patrum.

Genitores autem a gignendo ; et parentes quasi parientes. 4 Idem et creatores. Crementum enim est semen masculi, unde 5 animalium et hominum corpora concipiuntur. Hinc creatores 25 parentes dicuntur. Mater dicitur, quod exinde efficiatur aliquid. 6 Mater enim quasi materia ; nam causa pater est. Pater familias 7 autem dictus, quod omnibus in familia sua positis servis tamquam pater filiis patria dilectione consulit, servorumque condicionem a filiorum affectu non discernit, sed quasi unum membrum

2 Lat.] Liberti K (*non A*) : Latini liberti *Arev.*   4 unde K   5 potue-
rant K   6 Rom. po. ci. A   8 rediicuntur K   9 additis K
10 ne vel ur. K   roma CT *ut vid.*   intra *dett.*   11 commanere K
13 solvit K   enim *om.* T¹   14 enimvero K : enim B¹CT : enim viri B²
15 ut sint C   Proheredis C¹K   heredis] heris K² (K¹ *n. l.*)
17 itaque patresfam. T : inde autem paterfam. K (*non A*)   18 dicitur
eo T¹   21 parta patrum *Lucr.*   23 cremtum K   un. et an. et
T   25 aliquid *om.* T¹   28 consuluit T   29 fil. affectio K

amplectit. Hinc enim exortum est nomen patri familias. Qui autem inique dominantur in servis, hoc se nomine nequaquam
8 reputent appellari. Matremfamilias inde vocari, quia per quandam iuris sollemnitatem in familiam transit mariti. Tabulae enim matrimoniales instrumenta emptionis suae sunt. Alias 5 sicut matrona est mater primi pueri, id est quasi mater nati, ita materfamilias illa est quae plures enixa est. Nam familia ex
9 duobus esse incipit. Avus patris pater est, ab aevo dictus, id est ab antiquitate. Proavus avi pater est, quasi prope avum. Abavus proavi pater [est], iam longe ab avo. Atavus abavi 10
10 pater. Tritavus atavi pater, quasi tetravus, id est quartus super avum. Sed tritavus ultimum cognationis nomen est. Familia
11 enim oritur a patre, terminatur in tritavo. Filius et filia a familia dicti sunt ; ipsi enim primi in ordine nascentium existunt. Vnde et Cornelia familia stirps ipsa omnis a Cornelio orta. 15
12 Familia autem a femore. Femore enim genus et stirps ostenditur. Nam familia pro servis abusive, non proprie dicitur.
13 Stirps ex longa generis significatione vocatur. Gnatus dictus quia generatus. Vnde et per G scribitur. Suboles eo quod
14 substitutio sit generis. Quadripertitus est autem ordo filiorum, 20 ita : unigenitus, primogenitus, medius, novissimus. Primogenitus, ante quem nullus. Vnigenitus, post quem nullus. Medius, inter omnes. Novissimus, post omnes. Idem et minimus, a monade. Novissimus autem propter quod novus,
15 quia ceteri praecedendo antiquiores existunt. Quattuor etiam 25 modis filii appellantur : natura, imitatione, adoptione, doctrina.

1 amplectitur *B* : amplectatur *K*   enim] autem *B* : *om. K* (*non A*) est ex. nom. *K* (*non A*)   patrisfamiliae *K*   2 in *om. B*   3 se putent *C*¹ : putent *BC*² : repetent *T*¹   4 iuris] auris *K*   maritim *C*¹   tabola en. matrimonialis *K*   5 alia *C*¹   6 est et ma. *C*   8 esse *om. T*   pater patris *K*   9 prope savum *T*   10 proavi] atavi *T* est *hab. CK* : *om. BT*   At. ab. pa. *om. T*¹   11 abavi *C*¹ tertavus *T*¹ : tretavus *C*¹*T*² : tritavus *K*   supra atavum *T*   12 triavus *T*   ultimus *K*   13 a (*pr.*) *om. T*   15 stirpis *codd.* (*etiam A*)   ip. st. *A*   16 femur en. *codd.* : *corr. Arev.*   et *ex* est *ut vid. T* : est et *K* : ex *B*   stirpis *codd.*   18 Stirpis *BT*   ex *om. T* teneris *C*¹   20 est *et* ordo *om. T*¹ (*non U*) : autem (*eras.*) est or. *A* 22 antequam *BT*   unig. . . . null. *om. A*¹*K*   postquam *B*¹*T* 23 idem] ideo *K*   24 menimu *K*   25 ceteris *T*   precidendo *T*

Natura, veluti quum dicuntur filii Abrahae Iudaei. Imitatione,
ut ipsius Abrahae fidem imitantes ex gentibus, dicente Evangelio (Luc. 3, 8) : 'Potens est Deus de lapidibus istis suscitare
filios Abrahae'; veluti sicut eosdem Iudaeos Dominus filios
5 esse dicit diaboli ; a quo non nati, sed quem fuerant imitati.
Adoptione quoque, quod humana consuetudine nulli licet ne- 16
scire, vel sicut nos Deo non natura, sed adoptione dicimus :
'Pater noster, qui es in caelis.' Doctrina, sicut Apostolus filios
suos appellat eos quibus Evangelium praedicavit. Filii autem 17
10 ideo in legibus liberi appellantur, ut isto vocabulo secernantur
a servis ; quia sicut servus in potestate est domini, sic filius in
potestate est patris. Inde etiam filio fit emancipatio, ut sit
liber a patre, sicut fit servo manumissio, ut sit liberatus a domino.
Item liberi dicti, quia ex libero sunt matrimonio orti. Nam 18
15 filii ex libero et ancilla servilis condicionis sunt. Semper enim
qui nascitur deteriorem parentis statum sumit. Naturales autem 19
dicuntur ingenuarum concubinarum filii, quos sola natura genuit,
non honestas coniugii. Idem et pueri a pube. Adoptivus 20
filius est, qui aut patre iusto, aut avo, aut proavo, cuius pote-
20 state per mancipationem est traditus in alienam potestatem, qui
utriusque fert nomen, ut Fabius Aemilius, vel Scipio Paulinus.
Gemini sunt non duo tantum simul nati, sed etiam plures. De 21
geminis autem uno aborto, alter, qui legitime natus fuerit, Vopi-
scus nominatur. Posthumus vocatur eo quod post humationem 22
25 patris nascitur, id est post obitum. Iste et defuncti nomen
accepit. Sic enim lex voluit, ut qui de defuncto nascitur, defuncti
nomine appelletur. Nothus dicitur, qui de patre nobili et de matre 23

1 quum om. KC¹   dicimus T   2 ipsi T   3 potens] potest C¹
4 vel uti (ut) . . . imitati om. K   eosdem om. A¹   5 esse om. A¹ :
post dicit A²   fuerant] sperant B   6 quod] quam B   nullus
T : nullius K   licet om. C¹   7 sed sola adopt. K : sed optione C
11 dom. sui sic B¹   12 fi**manc. K¹   14 dicti om. A¹   quia] qui
A ex corr. (ex quia?)   nam] libertini A¹K : nam lib. A²   15 ex
li. et om. A¹   16 deteriore parente K   20 per mancipatione KT
quia utr. T   21 Aem.] eusebius B : Aemilianus Arev.   paulus C
22 na. sim. BC   23 unum ab. B : uno abortu C¹K   25 istet d. C¹
26 de om. C   de def. no. T : def. nomen K   27 nob. et de patre (corr.
ma-) ign. K : nob. et nobili (corr. ign-) matre B : nob. et matre ign. C

ignobili gignitur, sicut ex concubina. Est autem hoc nomen
24 Graecum et in Latinitate deficit. Huic contrarius spurius, qui
de matre nobili et patre ignobili nascitur. Item spurius patre
incerto, matre vidua genitus, velut tantum spurii filius ; quia
muliebrem naturam veteres spurium vocabant ; velut ἀπὸ [τοῦ] 5
25 σπόρου, hoc est seminis ; non patris nomine. Eosdem et Favonios
appellabant, quia quaedam animalia Favonio spiritu hausto concipere existimantur. Vnde et hi, qui non sunt de legitimo
matrimonio, matrem potius quam patrem sequuntur. Latine
26 autem spurii quasi extra puritatem, id est quasi inmundi. Nepos 10
est, qui ex filio natus est. Dictus autem nepos quasi natus
post. Primum enim filius nascitur, deinde nepos. Gradus
enim substitutionis est. Hinc et posteritas, quasi postera aetas.
Nepos autem utriusque sexus est. Nam ut neptis dicamus in
27 iure est propter discretionem successionis admissum. Pronepos 15
est, qui ex nepote conceptus natusque est. Et dictus pronepos,
quasi natus porro post. Ex hoc quoque gradu incipit vocari et
progenies, quasi porro post geniti. Nam filii et nepotes non
28 sunt progenies, quia non est in eis longa posteritas. Sicut autem inferius longe editi progenies dicuntur, ita superius proavi, 20
atavi qui et progenitores appellantur, quasi porro generantes.
29 Pronepos dictus, quia prope nepotem. Abnepos, quia seiungitur
a nepote. Est enim inter illum et nepotem pronepos. Adnepos
30 abnepotis filius. Trinepos adnepotis filius, quia post nepotem
31 quartus in ordine est, quasi tetranepos. Minores autem non 25
dicimus, nisi quotiens graduum deficit nomen, ut puta filius,
nepos, pronepos, abnepos, adnepos, trinepos. Vbi isti gradus

3 ign. et nasc. B^1 idem K 4 quia] quam K 5 puriom K (*pro*
σπόριον ?)   velut *om. K*   τοῦ *hab. K* : *om. BCT.*   6 nomen T
Eosd. effabonios T 7 appellant K austu K cipere C^1
9 patrem] matrem C^1 latini B 10 quasi (*prius*) *om. K* (*non A*)
id est] vel T 11 qui] quasi K est *om. K*   12 pr. enim filium
K 13 substitioninis T 14 in *om. K*   15 amissam B^1 : amissum C^1
16 ex nep. natus est T 17 quoque] que A : *om. K*   18 quasi . . . gen.
om. C^1   20 inferi B^1 edit C^1 dic. prog. B 21 et avi q.
K : atavique *dett.*   22 dictos C^1 quasi B sei. ad nepotem C^1
23 atnepos K 24 adneptis C^1 : abneptis T 25 qu. tretanepos C^1
26 gradum K : gradu T 27 atnepus K : *om. C*   trinepotis T

defecerint, merito iam dicimus minores, sicut et maiores dicimus,
post patris, avi, proavi, abavi, atavi, tritavique vocabulum.

DE AGNATIS ET COGNATIS. Agnati dicti eo, quod acce- VI
dant pro natis, dum desunt filii. Qui ideo prius in gente agno-
5 scuntur, quia veniunt per virilis sexus personas, veluti frater
eodem patre natus, vel fratris filius neposve ex eo ; item patruus.
Cognati dicti, quia sunt et ipsi propinquitate cognationis 2
coniuncti. Qui inde post agnatos habentur, quia per feminini
sexus personas veniunt, nec sunt agnati, sed alias naturali iure
10 cognati. Proximus, propter proximitatem sanguinis appellatus. 3
Consanguinei vocati, eo quod ex uno sanguine, id est ex uno 4
patris semine sati sunt. Nam semen viri spuma est sanguinis
ad instar aquae in scopulos conlisae, quae spumam candidam
facit, vel sicut vinum nigrum, quod in calice agitatum spumam
15 albentem reddit. Fratres dicti, eo quod sint ex eodem fructu, 5
id est ex eodem semine nati. Germani vero de eadem genetrice 6
manantes ; non, ut multi dicunt, de eodem germine, qui tantum fratres vocantur. Ergo fratres ex eodem fructu, germani
ex eadem genetrice manantes. Vterini vocati, quod sint ex 7
20 diversis patribus, et uno utero editi. Nam uterus tantum mulieris est. Quattuor autem modis in Scripturis divinis fratres 8
dici : natura, gente, cognatione, affectu. Natura, ut Esau et
Iacob, Andreas et Petrus, Iacobus et Iohannes. Gente, ut
omnes Iudaei fratres inter se vocantur in Deuteronomio (15,
25 12): 'Si autem emeris fratrem tuum, qui est Hebraeus.' Et
Apostolus (Rom. 9, 3): 'Optabam,' inquit, 'ego Anathema
esse a Christo pro fratribus meis, qui sunt cognati mei secundum carnem, qui sunt Israhelitae.' Porro cognatione fratres 9

2 patres B   abavi om. K   3 accidant B   5 virili s. BT : virilem
sexum K   6 ve Gaius Inst. 1, 156 : vel codd.   it. patrus T
8 habetur K   femini C¹T   11 ex (alt.) om. BC   12 patri C¹   sati
K : nati BCT   sunt om. B   13 speculos consolis aequae C¹
16 semine om. C   veri T   18 fr. eodem fructus (corr. -tu) C   20 et]
ut C¹   nam om. K (non A)   22 dici T : dicti A (fr. d. in scr. div.)
BU : dicuntur CK   cognitione C¹   23 Iac. et Ioh. om. BK (non AU)
24 fratres om. B¹   25 tuum om. T   et paulus Apost. K : paulus et (expunct.) Apost. C (non A)   26 inquit ego om. K (non AU)   27 a Christo
usque carnem A : a Chr. p. f. m. (om. qui . . . car.) K   28 cognatio B¹

vocantur, qui sunt de una familia, id est patria ; quas Latini
paternitates interpretantur, cum ex una radice multa generis
turba diffunditur. Et in Genesi dixit Abraham ad Loth (13,
8) : ' Non sit rixa inter me et te et inter pastores tuos et pastores meos, quia omnes fratres nos sumus.' Et certe Loth non 5
10 erat frater Abrahae, sed filius fratris eius Aram. Quarto modo
affectu fratres dici, qui in duo scinduntur : spiritale et commune.
Spiritale, quo omnes Christiani fratres vocamur, ut (Psalm. 133,
1) : ' Ecce quam bonum, et quam iucundum habitare fratres in
unum.' In commune, cum et omnes homines ex uno patre 10
nati pari inter nos germanitate coniungimur, Scriptura loquente
(Isai. 66, 5) : 'Dicite his qui oderunt vos : Fratres nostri vos
11 estis.' Germana ita intellegitur ut germanus, eadem genetrice
12 manans. Soror autem, ut frater. Nam soror est ex eodem
semine dicta, quod sola cum fratribus in sorte agnationis ha- 15
13 beatur. Fratres patrueles dicti, eo quod patres eorum germani
14 fratres inter se fuerunt. Consobrini vero vocati, qui aut ex
sorore et fratre, aut ex duabus sororibus sunt nati, quasi con-
15 sororini. Fratrueles autem materterae filii sunt. Sobrini
16 consobrinorum filii. Tius Graecum est. Patruus frater patris 20
est, quasi pater alius. Vnde et moriente patre pupillum prior
17 patruus suscipit, et quasi filium lege tuetur. Avunculus est
matris frater, cuius nomen formam diminutivi habere videtur,
18 quia ab avo venire monstratur. Amita est soror patris quasi
alia mater. Matertera est soror matris, quasi mater altera. 25
19 Socer est, qui filiam dedit. Gener est, qui filiam duxit. Gener

1 vocabitur C^1 fam. una B pareria C^1 latine T 2 una rad.
multa radice mu. ge. C^1 3 turba *om.* B^1 4 te et int. meos et tuos quia
K (*non A*) : te et int. p. meos et p. tuos B : te et int. p. tu. et inter p. m.
C 5 omnes *om.* K (*non A*)   7 dici (*ex* diciti K) BCK : dicti AT
duos B : duoos C^1 scinditur K (*non A*)   9 hab . . . un.] et cetera K
(*non A*)   10 omnes *om.* K 11 pari] patri CT : *om.* K coniungimus
T 13 ita] igitur T 15 quod] quae B agnitionis C^1 habetur B^1
16 Fratres BT : Fratrum filii CK 17 quia aut C^1T : quia B ex
sor.] exorare C^1 18 et fr.] aut ex fr. T consoroni B : consubrini T :
consabrini C^1 19 exobrini KC^1 20 gr. nomen est C 21 mor.]
discedente B 22 suscepit B^1K est *om.* A 23 fr. ma. KC (mat)
(*non A*)   hab. vid.] habetur K^1 (*non A*)   25 alt. ma. AB : alia ma.
K 26 est *om.* K (*non A*)   de.] duxit B est *om.* K (*non A*)

autem dictus, quod adsciscatur ad augendum genus. Socer autem et socrus, quod generum vel nurum sibi adsocient. Vitricus [est], qui uxorem ex alio viro filium aut filiam habentem **20** duxit. Et dictus vitricus quasi novitricus, quod a matre super-
5 ducatur novus. Privignus est qui ex alio patre natus est ; et **21** privignus dici putatur quasi privigenus, quia prius genitus. Vnde et vulgo antenatus. Vocabula a gente haec videntur de- **22** clinata : genitor, genetrix, agnati, agnatae, cognati, cognatae, progenitores, progenetrices, germani, germanae. ITEM DE **23**
10 PRAEDICTIS AFFINITATIBVS. Auctor mei generis mihi patèr est, ego illi filius aut filia. Patris mei pater mihi avus est, ego illi nepos, aut neptis. Patris mei avus mihi proavus est, ego illi pronepos, aut proneptis. Patris mei proavus mihi abavus est, ego illi abnepos, aut abneptis. Patris mei abavus mihi
15 atavus est, ego illi adnepos, aut adneptis. Patris mei atavus mihi tritavus est, ego illi trinepos, aut trineptis. DE PATRVIS. **24** Patris mei frater mihi patruus est, ego illi fratris filius, aut filia. Patrui mei pater mihi pater magnus est, ego illi filii, aut filiae fratris filius, aut filia. Patrui mei avus mihi propatruus est, ego
20 illi filii, aut filiae aut nepos, aut neptis. Patrui mei proavus mihi adpatruus est, ego illi nepotis, aut neptis filius, aut filia. DE AMITIS. Patris mei soror mihi amita est, ego illi fratris filius, **25** aut filia. Amitae meae mater mihi amita magna est, ego illi filiae fratris filius, aut filia. Amitae meae avia mihi proamita
25 est, ego illi nepotis aut neptis filius, aut filia. Amitae meae proavia mihi abamita est, ego illi nepotis, aut neptis filius, aut filia. DE AVVNCVLIS. Matris meae frater mihi avunculus est, **26** ego illi sororis filius, aut filia. Avunculi mei pater mihi avunculus magnus est, ego illi filii sororis filius, aut filia. Avunculi

1 adisciscatur *T*   socerum socr. *K*[1]   2 adsociant *B* : adsociat *T* : adsociabit (*corr.* -vit) *C*   3 est hab. *BCU* : om. *AKT*   ex om. *K*[1]
4 novitricius *T*   5 et om. *K*[1] : ut *C*[1]   6 dictus put. *C*   quia] quasi *KT* : vel quasi *Arev.*   7 andenatus *B* : antea natus *C*   a gente om. *K* (*non A*)   §§ 23–29 *Varias lectiones codicum plerumque com-memorare nolui. Stemma I hab. A*[2] (*imperfect.*) *C* (*imperfect.*) *T*   *Stemma II hab. CKU*   *Stemmata II et I* (*hoc ordine*) *hab. BD*   *Stemmata I, II, III hab. G*

mei avus mihi proavunculus est, ego illi filii nepos, aut neptis. Avunculi mei proavus mihi abavunculus est, ego illi neptis filius, **27** aut filia.   DE MATERTERIS. Matris meae soror mihi matertera est, ego illi sororis filius, aut filia.   Materterae meae soror mihi matertera magna est, ego illi sororis nepos, aut neptis.   Aviae 5 meae soror mihi abmatertera est, ego illi pronepos sororis, aut pronepotis.   Proaviae meae soror mihi promatertera est, ego illi neptis filius, aut filia.

Stemmata dicuntur ramusculi, quos advocati faciunt in genere, **28**
cum gradus cognationum partiuntur, ut puta ille filius, ille pater,
ille avus, ille agnatus, et ceteri, quorum figurae haec :

STEMMA I

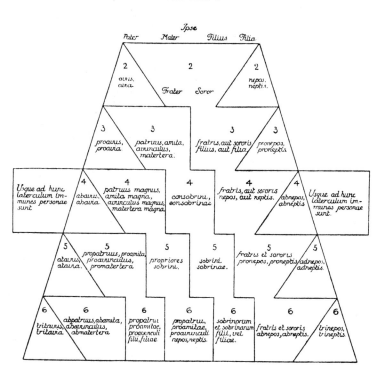

§ 28 St. . . . fig. haec *om.* *D*   1 quos] quod *C*   2 patiuntur *KT*
utpote *C* : puta (*om.* ut) *TU*   pat. avus ille agnatus et cognatus et
cet. *T*   3 cetera *CK*   fig. haec esse debent *CK* : figura est *T*

ISIDORI

STEMMA II

Degrees of consanguinity (paternal side left, maternal side right; direct line in centre):

7	6	5	4	3	2	(direct line)	2	3	4	5	6	7
						tritavi pater et mater 7 / tritaviae pater et mater 7						
tripatruus, triamita 7						tritavus 6 / tritavia 6						triavunculus, trimatertera 7
adpatrui, adamitae filii 7	adpatruus, adamita 6					atavus 5 / atavia 5					adavunculus, admatertera 6	adavunculi, admaterterae filii 7
abpatrui, abamitae nepotes 7	abpatrui, abamitae filii 6	abpatruus, abamita 5				abavus 4 / abavia 4				abavunculus, abmaterterae 5	abavunculi, abmaterterae filii 6	abavunculi, abmaterterae nepotes 7
propatrui, proamitae pronepotes 7	propatrui, proamitae nepotes 6	propatrui, proamitae filii 5	propatruus, proamita 4			proavus 3 / proavia 3			proavunculus, promatertera 4	proavunculi, promaterterae filii 5	proavunculi, promaterterae nepotes 6	proavunculi, promaterterae pronepotes 7
propatruelium proamitinorum pronepotes 7	propatruelium proamitinorum nepotes 6	propatruelium proamitinorum filii 5	propatruelis, proamitinus 4	patruus magnus, amita magna 3		avus 2 / avia 2		avunculus magnus, matertera magna 3	propior sobrinus, propior sobrina 4	prop. sobrini, prop. sobrinae filii 5	prop. sobrini, prop. sobrinae nepotes 6	prop. sobrini, prop. sobrinae pronepotes 7
patruelis amitini abnepotes 7	patruelis amitini pronepotes 6	patruelis amitini nepotes 5	patruelis amitini filii 4	frater, soror patruelis amiti. 3	patruus, amita 2	pater / mater — Ipse	avunculus, matertera 2	consobrinus, consobrina 3	consobrini, consobrinae filii 4	consobrini, consobrinae nepotes 5	consobrini, consobrinae pronepotes 6	consobrini, consororis abnepotes 7

Descendants of Ipse (direct line):

Male	Female
filius 2	filia 2
nepos 3	neptis 3
pronepos 4	proneptis 4
abnepos 5	abneptis 5
adnepos 6	adneptis 6
trinepotis filii 7	trineptis filiae 7
trinepotis nepos	trineptis neptis

Haec consanguinitas dum se paulatim propaginum ordinibus **29** dirimens usque ad ultimum gradum subtraxerit, et propinquitas esse desierit, eam rursus lex matrimonii vinculo repetit, et quodam modo revocat fugientem. Ideo autem usque ad sextum
5 generis gradum consanguinitas constituta est, ut sicut sex aetatibus mundi generatio et hominis status finitur, ita propinquitas generis tot gradibus terminaretur.

STEMMA III

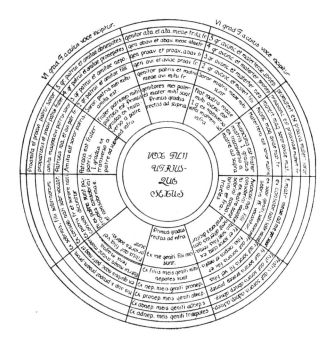

§ 29 Haec cons. . . . termin. *ante* § 23 *CK*   3 vinculum *CK* (*non A*)
repetet *B¹TU* (*non A*)   quodammodo] quemadmodum *C*   5 sicut
om. K

VII   De conivgiis. Vir sexum significat, non coniugium, nisi
2 adieceris vir eius. Maritus vero etiam sine adiectione coniugem
sonat ; et a mare maritus, quasi mas. Est enim nomen primae
positionís, quod facit in diminutione masculus, in derivatione
3 maritus. Sponsus ab spondendo vocatus. Nam ante usum 5
tabellarum matrimonii cautiones sibi invicem emittebant, in
quibus spondebant se invicem consentire in iura matrimonii,
4 et fideiussores dabant. Vnde admissum est ut sponsum dicamus virum, ab spondendo, et sponsam similiter. Ceterum proprie spondere velle est. Ergo sponsus non quia promittitur, 10
5 sed quia spondet et sponsores dat. Arrabo dicta, quasi arra
bona. Quod enim datur pro coniugio, bene datur, quia coniugium bonum est. Quod vero causa fornicationis aut adulterii
6 malum est, idcirco arrabo non est. Dicta autem arra a re, pro
qua traditur. Est autem arra non solum sponsio coniugalis, 15
sed etiam pro qualibet promissa re, ut aut reddatur aut con-
7 pleatur. Proci nuptiarum petitores, a procando et petendo
8 dicti. Pronuba dicta, eo quod nubentibus praeest, quaeque
nubentem viro coniungit. Ipsa est et paranympha. Nam
nympha sponsa in nuptiis ; et nympha pro lavationis officio, quod 20
9 et ad nomen nubentis adluditur. Coniuges appellati propter
iugum, quod inponitur matrimonio coniungendis. Iugo enim
nubentes subici solent, propter futuram concordiam, ne separentur. Coniuges autem verius appellantur a prima desponsa-
tionis fide, quamvis adhuc inter eos ignoretur coniugalis con- 25
cubitus ; sicut Maria Ioseph coniux vocatur, inter quos nec

2 coniugium *K*   3 a marte *T*   4 quod] quae *B*[1]   masc. et in der.
B : *om. T*   5 spondo *BK*   6 tabellarius *K*   cautionem *K*
emitabant *T* (*pro* im-?)   7 in] iu *T*[1]   ius *T*[2]   8 et fide et iussores *T*
10 sponderi puellae est *Serv. ad Aen.* 10, 79   promittit *K*   11 dat
sua voluntate *C* (*non AU*)   qu. ar. bo. *om. K* (*non A*)   quia si *C*[1]
12 enim] est *K* (*non A*)   14 ar. arra bono non *K* (*non A*) : arra bon *T*
(*non U*)   Di. est au. *B*   16 etiam et pro *AC*   re prom. *K* : prom.
(*om.* re) *CT* (*vid. infra*)   ut aut redd. aut co. *ACK* : data ut co. *B* :
reddant aut co. *T*   17 Proti nuptarum *B*[1]   a *om. C*[1]   procando *ut
vid. T*[1] (*cf.* X. 214) : precando (praec-) *CKT*[2] : pretando *B*[1]   19 virum
K   est] et *T ante corr.*   20 quod] quia *B*   21 ad *om. C*[1]   con-
iungentes *C*[1]   25 quaevis *C*[1] : quodvis *B*   int. eos adh. *T* ; adh. (*om.*
int. eos) *C*[1]

fuerat nec futura erat carnis ulla commixtio. Nuptae dictae, 10
quod vultus suos velent. Translatum nomen a nubibus, quibus
tegitur caelum. Vnde et nuptiae dicuntur, quod ibi primum
nubentium capita velantur. Obnubere enim cooperire est.
5 Cuius contraria innuba, hoc est innupta, quae adhuc vultum 11
suum non velat. Vxores vocatae, quasi unxiores. Moris enim 12
erat antiquitus ut nubentes puellae simul venirent ad limen
mariti, et postes, antequam ingrederentur, ornarent laneis vittis
et oleo unguerent. Et inde uxores dictae, quasi unxiores :
10 quae ideo vetabantur limina calcare, quod illic ianuae et coeant
et separentur. Matrona est quae iam nupsit, et dicta matrona, 13
quasi mater nati, vel quia iam mater fieri potest, unde et
matrimonium dictum. Distinguitur autem inter matronam et
matrem, et matrem et matremfamilias. Nam matronae, quia
15 iam in matrimonium convenerunt : matres, quia genuerunt :
matresfamilias, quia perquandam iuris sollemnitatem in familiam
mariti transierunt. Monogamus dictus, quia uni tantum nupsit. 14
Μόνον enim apud Graecos unum dicitur, γάμος nuptiae interpretantur. Digamus autem et trigamus a numero uxorum vo- 15
20 catus, quasi duabus, vel tribus maritus. Vidua vocata, quod 16
cum viro duo non fuerit, nec circa consortium alterius viri post
mortem coniugis primi adhaeserit. Nam quae alteri post mortem prioris viri nupserint, viduae non dicuntur. Item vidua

---

1 erat] est C^1 ulla] illa T dicuntur B di. eo quod K
2 translatus T 3 nuptae (-te) KT 4 velentur K 5 Cui K in-
nubiba C^1 6 velet T *ante corr.*   qu. uxiores T *ante corr.* : qu.
unxores *Servius ad Aen.* 4, 458   8 potes T *ante corr.*   ornarentur
B 9 et] e K 10 utebantur T limen K illae B
12 vel *om.* K iam *om.* K 14 et matrem *om.* BC^1K nam
om. K (*non A*)   15 iam *om.* BK (*non A*)   matrimonio K ma.
qu. gen. *om.* K (*non A*)   16 in familia matri K (*non A*)   17 unius
BCT 18 ap. Gr. *om.* B^1 γάμος n. i. *om.* K (*non A*)   19 Dicamus et
A : Bigammus au. vel K uxorem C^1 vocatur C^1K : vocantus
(*sic*) A 20 qu. . . . mar. *om.* K (*non A*)   maritis B^1 21 duo
non fu. T^2 *ut vid.* : duo fu. $ABCKT^1$ fuerit T^1 *ut vid.* : -int $ABCKT^2$
ut vid.   quae autem nec ci. K (*non A*)   vi. quae post K (*non*
A)   22 coni. . . . mortem *om.* K (*non A*)   adh.] deserit T^2 (T^1
n. l.)   23 nupserit T it. viduae vocatae K (*non A*)

dicta, quod sola sit, nec circa consortium viri coniugalia iura
17 custodiat. Fratris uxor fratrissa vocatur. Mariti frater levir
dicitur. Duorum inter se fratrum uxores ianetrices vocantur,
quasi eandem ianuam terentes, vel per eandem ianuam iter ha-
18 bentes. Viri soror galos appellatur. Sororis vir speciale nomen 5
19 non habet, nec uxoris frater. Matrimonium est nubilium
20 iusta conventio et condicio. Coniugium est legitimarum personarum inter se coeundi et copulandi nuptiae : coniugium
dictum quia coniuncti sunt, vel a iugo quo in nuptiis copu-
21 lantur, ne resolvi aut separari possint. Conubium autem non 10
a nupta, sed a nubendo formatum. Dicitur autem conubium,
cum aequales in nuptias coeunt, ut puta cives Romani, pari
utique dignitate. Conubium autem non est, cum civis Romanus
cum Latina iungitur. Quotiens autem conubium non est, filii
22 patrem non sequuntur. Hymenaeus dicitur a quodam Hy- 15
menaeo, qui primus prospere usus est nuptiis, vel ἀπὸ τοῦ ὑμένος,
23 quae membrana virginitatis est claustrum. Contubernium est
ad tempus coeundi conventio ; unde et tabernaculum, quod
24 modo huc, modo illuc praefigitur. Repudium est quod sub
25 testimonio testium vel praesenti vel absenti mittitur. Divortium 20
est quotienscumque dissoluto matrimonio alter eorum alteras
nuptias sequitur. Divortium autem dictum a flexu viarum, hoc
26 est, viae in diversa tendentes. Frivolum est cum eo animo
separantur, ut rursum ad se invicem revertantur. Nam frivolus
est velut quassae mentis et fluxae, nec stabilis. Proprie autem 25
27 frivola vocantur fictilia vasa inutilia. Tribus autem ob causis

1 solae sint K (*non A*)   circa] ira K (*non A*)   2 custodiant K
levis B^1 3 ianitrices K 5 glos *edd.*   app.] dicitur C 6 non
om. T   nobilium CKT 7 iuxta T int. se pers. B 8 dic.
coniug. T 9 vel] ve K quod C^1 : *om. T*   in *om. BU*
10 aut] et T 11 ad nubendo B *post* di. au. co. *seq.* formam
dim. *etc.* (VI. 17) *in A* (*non in D*)   12 in *om. T*   par utique *an*
paratique *inc. T*   13 non *om. T^1*   17 quem me. B^1 18 coeunde
T 20 vel abs. *om. K* (*non D*)   21 quotiens diss. T 22 autem *om.*
DK variarum B^1 hoc . . . tend. *om. K* (*non D*)   id est B
23 vias *codd.* (*et Isid.* ?)   diversos *ut vid. T^1* (*non D*)   24 separentur T fribulum K 25 ve. quasi se mentis T mentes BK
et fl. K : effluxae C^1 : et effl. BT stabiles BK 26 ob B^1TU : *om.*
C : e K : ab *dett.*

ducitur uxor : prima est causa prolis, de qua legitur in Genesi
(1, 28) : 'Et benedixit eos,' dicens : 'Crescite et multipli-
camini' : secunda causa adiutorii, de qua ibi in Genesi dicitur
(2, 18) : 'Non est bonum esse hominem solum ; faciamus ei
5 adiutorium simile' : tertia causa incontinentiae, unde dicit
Apostolus, ut (1 Cor. 7, 9) : 'Qui se non continet, nubat.' In **28**
eligendo marito quattuor spectari solent : virtus, genus, pulchritudo, sapientia. Ex his sapientia potentior est ad amoris
affectum. Refert haec quattuor Vergilius de Aenea, quod his
10 Dido inpulsa est in amorem eius (Aen. 4, 11–14) :

 Pulchritudine :

 Quam sese ore ferens !

 Virtute :

 Quam forti pectore et armis !

15 Oratione :

 Heu quibus ille
 iactatus fatis, quae bella exhausta canebat !

 Genere :

 Credo equidem, nec vana fides, genus esse deorum.

20 Item in eligenda uxore quattuor res inpellunt hominem ad **29**
amorem : pulchritudo, genus, divitiae, mores. Melius tamen si
in ea mores quam pulchritudo quaeratur. Nunc autem illae
quaeruntur, quas aut divitiae aut forma, non quas probitas
morum commendat. Ideo autem feminae sub viri potestate **30**
25 consistunt, quia levitate animi plerumque decipiuntur. Vnde
et aequum erat eas viri auctoritate reprimi. Proinde et veteres
voluerunt feminas innuptas, quamvis perfectae aetatis essent,
propter ipsam animi levitatem in tutela consistere.

1 dicitur C^1KT 3 sec. est cau. K (*non D*)   dicitur *om. K*
(*non D*)   4 fac. . . . sim. *om. K*   5 adiutorem D sim. sui B
causa *om. K* (*non D*)   incontinentia C 6 Ap.] paulus K (*non D*)
7 expectari *codd.*   8 ex his. . . Pulc. *om. D*   est pot. K 9 effectum
T ref. autem h. K 12 quem *dett.* (*non D*)   o. referens K
14 qua se forte B 16 eu BDT : e C^1K 17 iactus T^1 factis C^1
18 gen. ut cre. D 19 una C^1 20 uxore *om. K*   22 quaeritur K
(*non D*)   autem *om. KM* (*non D*)   23 querentur K (*non M*) : que feruntur T 24 conmendet C § 30 *om. M*   25 animi] enim T^1
27 volunt T

LIBER X

DE VOCABVLIS

1   Origo quorundam nominum, id est unde veniant, non
pene omnibus patet.   Proinde quaedam noscendi gratia huic
operi interiecimus.

De qvibvsdam vocabvlis hominvm.   Licet origo nominum, unde veniant, a philosophis eam teneat rationem, ut per 5
denominationem homo ab humanitate, sapiens a sapientia nomi-
netur, quia prius sapientia, deinde sapiens ; tamen claret alia
specialis in origine quorundam nominum causa, sicut homo ab
humo, unde proprie homo est appellatus.   Ex quibus exempli
gratia quaedam in hoc opere posuimus.   10

A

2   Aeros, vir fortis et sapiens.   Auctor ab augendo dictus.
Auctorem autem feminino genere dici non posse.   Nam quaedam sunt quae in feminino flecti non possunt, ut cursor.   Actor,
3 ab agendo.   Alumnus ab alendo vocatus, licet et qui alit et qui 15
alitur alumnus dici potest ; id est et qui nutrit et qui nutritur ;
4 sed melius tamen qui nutritur.   Amicus, per derivationem,
5 quasi animi custos.   Dictus autem proprie : amator turpitudinis, quia amore torquetur libidinis : amicus ab hamo, id est,
a catena caritatis ; unde et hami quod teneant.   Amabilis 20
autem, quod sit amore dignus.   Amasius, eo quod sit pronus
6 ad amorem.   Astutus ab astu vocatus, quod est callidi et cauti

---

1 Or. . . . interiec. *om. MC*[1]   2 nascendi *B*   huic] huius *K*
5 veniat *BCK*   philophilis *B*   teneant *C*   per den. *om. T*[1]
6 homo] hominum *K* (*non A*)   7 quia] quam *A*   claret] de re *A*
8 hominum *T*   10 gratia] causa *B*   12 Aeros . . . sap. *om. T*[1] (*non A*)
sap. et for. *T*[2]   13 autem *om. C*   14 Act. ab ag.] Auctor ab augendo
T[1] (*non W*) : *om. AIKT*[2]*U ut vid. V*   15 et qui alit *om. K* (*non A*)
16 di. al. pot. *A*   17 tam. mel. *B*   nutritur *BT*[1] : nutrit *CIK*
18 animi *ABC* : amicitiae (-ti-, -ie) *IKTW*   autem *om. A*   amator . . .
lib. *om. KC*[1]*A* (*non I*)   19 hamo] amore *T*[2]   20 a *om. A*   un. et ami
qu. *AKV* : un. et adimi qu. *C*[1] : un. etiam qu. *T* : un. et amicos *U* : inde
etiam hii qu. *W* : inde et ami qu. *BI*   teneat *B*   21 Amasius . . . ad
am. *om. AKUV* (*non W*)   22 vocatur *AC* (*non IUW*)   cati *K*
(*non AUVW*)

nominis, qui possit sine periculo fortiter aliquid facere. Argutus, quia argumentum cito invenit in loquendo. Acer, in unamquamque formam vegetus ac nimius. Alacer, a velocitate et cursu, quasi diceret aliger. Armiger, quod arma gerat. Alacris, 5 laetus : alacer, gestiens et [nullius] rei novitate turbatus. Agilis, ab agendo aliquid celeriter, sicut docilis. Aemulus, eiusdem 7 rei studiosus, quasi imitator et amabilis. Alias inimicus invenitur. Aequus est secundum naturam iustus dictus, ab aequitate, hoc est ab eo quod sit aequalis ; unde et aequitas appellata, ab 10 aequalitate quadam scilicet. Aequaevus, ab eo quod sit alteri aequalis aevo, id est coaetaneus. Adrogans, eo quod multum rogetur, et ille fastidiosus sit. Audax proprie pro adrogante ponitur. Animosus, quod sit animis et viribus plenus. Animatus, quasi animo auctus, quasi animo firmatus. Aelatus, pro 8 15 eo quod se ipsum super mensuram suam elevet, dum magnus sibi videtur de his quae agit. Adtollens, quod se elevet et erigat. Ambitiosus, quod honores ambiat. Avidus dictus ab 9 avendo ; avere enim cupere est. Hinc et avarus. Nam quid est avarum esse? progredi ultra quam sufficit. Avarus ex eo 20 dictus, quod sit avidus auri, et numquam opibus expleatur, et quantum plus habuerit tantum plus cupiat, Flacci super hoc concordante sententia, qui ait (Epp. 1, 2, 56) :

Semper avarus eget.

Et Sallustius (Cat. 11, 3) : 'quod neque avaritia e copia, neque 25 inopia minuatur.' Amarus a sapore translatum nomen habet. 10 Est enim insuavis, nec novit quemquam ad consortium suum aliqua invitare dulcedine. Adulter, violator maritalis pudoris, eo quod alterius torum polluat. Anceps, huc et illuc fluctuans 11

1 fortiter *om.* U (*non VW*)   aliquid *om.* T¹W (*non UV*)   2 qui arg. A (*non W*)   3 for. viget Iscanius alacer (*corr.* Al-) A   4 aliger] aliter T   Arm. . . . ger. *om.* T (*non AW*)   5 alarcter C¹ : alacriter *BIK* nullius *om.* T (*non I*)   8 aequitate] aequalitate *dett.*   10 Aequaevus . . . coaet. *om.* K   Aequus A   11 id est] idem A   12 rogatur A : roget B   13 animis] nimis T¹   virtutibus K   14 firmatur C¹ 15 eo *om.* C   supra B   suam *om.* K (*non A*)   16 vid. et de C¹   er. et el. B   adlevet K (*non A*)   20 auri] avari T 21 quanto amplius A   tanto AC   22 concordantes C¹   24 quod] quam B   *vel* avaritiac co. : avaritie co. T   27 dulc. *om.* A

ac dubius istud an illud capiat, et in qua parte declinet anxius.
Atrox, quod sit tetris moribus. Abstemius, a temeto, id est
vino, quasi abstinens a vino. [Adfinis.] Ablactatus, quod
12 sit a lacte ablatus. Aeger, quod agatur infirmitate vel tristitia
ad tempus. Aegrotus, quod sit aeger frequentius, sicut iratus 5
et iracundus. Aerumnosus a rumine dictus, quod per inopiam
13 miser factus esuriat et sitiat. Auspex, eo quod avium auspicia
intendat, sicut auceps quod aves capiat. Astrosus ab astro
14 dictus, quasi malo sidere natus. Aenormis, eo quod normam
et mensuram excedat. Abactor est fur iumentorum et peco- 10
15 rum, quem vulgo abigeium vocant, ab abigendo scilicet. Atra-
tus et albatus : ille a veste nigra, iste ab alba. Advena, eo
quod aliunde adveniat. Alienigena, quod alieni generis sit,
et non eius ubi est. [Item] Alienigena, qui ex alia gente
16 genitus est, et non ex ea ubi est. Accola, eo quod adveniens 15
terram colat. Agricola, a colendo agro, sicut silvicola. Ad-
17 secula, eo quod sequatur aliquem lucri causa. Assiduus dicebatur apud antiquos qui assibus ad aerarium expensum con-
ferendis erat, et in negotiis quoque publicis frequens ; unde et
18 per S, non per D scribendus est. Adparitor nominatus, quod 20
appareat et videatur et praesto sit ad obsequium. Adtentus,
19 ut aliquid audiens teneat. Adtonitus, veluti furore quodam
instinctus atque stupefactus ; dictus autem adtonitus a tonitruum strepitu, quasi tonitru obstupefactus et vicino fulgori

1 an illat C^1 capit K : cupit B declinat K anxius *om.* K :
nov. lemma ACTW   2 a temoto B : antemeto K 3 Adf. hab. C^1T :
om. BIK   quod] quia C 4 sit] est T^1 ablactatus C^1 Ager
C^1 5 quia sit B 6 iracundi B a rumen eo dic. A 7 Aruspex
(*ex* Al-) A 8 quod (*alt.*)] quo T Astrosius T 9 male T
10 excedit B (*non A*)   Abauctor C^1 11 ambigeum T : abieiunium A :
abiiec*** B : abilegium C : abiiecium *ut vid.* K Atram iste albatus
T^2 (T^1 *n. l.,* Atromus?) : Atramus et alb. BC^1I : Atraus et abatus A :
Atruus et alb. K 12 veste] verne C^1 13 Alien. . . . est *om.* C^1 al.
gen. T^1 : alienae gentis B : alienae regionis KT^2ID (*sed* aliene *ex* aliege)
14 item BIT^2 : iter C^1 : *om. AKT^1*   15 Accola . . . colat *om. AK*
(*non U*)   16 Agr. . . . silv. *post* obsequium (§ 18) T sivicula A
18 assibus] assiduus T^2 ad aestrium exp. A : ad aerarii expensam
recc.   conpendies (*corr.* -dis) erat A 20 scribendum B (*non A*)
quod app. *om.* A 21 praestus sit A 22 audiat K (*non A*)
23 tonitrum str. T : tonitruo str. B 24 tonitru obst. AK : tronitruo
obst. B : tonitruo obst. C : tonitru abst. T et] aut K (*non A*)

aut tactu proximus. Adlectus, quod sit palam electus. Abactus, **20**
quod sit ab actu remotus. Abortivus, eo quod non oriatur,
sed aboriatur et excidat. Adoptivus, quia est optatus palam
in filium. Ambo, ab eo quod est ἄμφω, nomen de Graeco **21**
5 Latinum factum, littera tertia demutata. Alius [e multis dici-
tur]. Alter [vero e duobus]. Aequimanus appellatur utraque
manu gladium tenens.

B

Beatus dictus quasi bene auctus, scilicet ab habendo quod **22**
10 vellet et nihil patiendo quod nollet. Ille autem vere beatus
est qui et habet omnia quae vult bona, et nihil vult male. Ex
his enim duobus beatus homo efficitur. Bonus a venustate **23**
corporis creditur dictus: postea et ad animum translatum nomen.
Eum autem dicimus bonum cui non praevalet malum : eumque
15 optimum qui peccat minimum. Benignus est vir sponte ad **24**
benefaciendum paratus et dulcis adloquio. Non autem multum
distat benignus a bono, quia et ipse ad benefaciendum videtur
expositus. Sed in eo differt quia potest bonus esse et tristior,
et bene quidem facere et praestare quod poscitur, non tamen
20 suavis esse novit consortio ; benignus autem sua cunctos novit
invitare dulcedine. Beneficus a benefaciendo alteri dictus ; unde **25**
et beneficientia vocatur, quae proximo prode est. Benivolus, **26**
quia bene vult. Non tamen dicimus benevolus, sicut nec male-
volus. Saepe enim ex duabus partibus conpositum nomen aut
25 priorem aut sequentem litteram corrumpit. Nam benevolentia
absurdum sonat. Blandus, dulcis et invitans ad familiaritatem **27**

1 aut] a *B*   priximus *C*¹   2 actu] aucto *A*   Abort. . . . fil.
*om. C*¹   3 ab. excedat *A*   quia] eo quod *B (non Reg.)*   est
ortatus in *K*: est exortatus in *T*² (*T*¹ *n. l.*) (*non AD Reg.*)   4 nomen
e gr. (*corr.* nomine gr.) *A*   5 in lat. *ABG Rem.*   fac. est *A (non
G)*   Alius . . . duobus *hab. CTU Mon.* : *om. K*: Alius alter (*cett. om.*)
ABDG¹I Reg. Rem.   e *(prius)*] de *ut vid. T*¹: et *ut vid. U*¹   6 du.
vocatur *CT²U Rem.*   Aequimanus . . . tenens *om. T*   app. qui
utraque manum (*corr.* -nu) gladium incunctanter utitur *C (non Reg. Rem.)*
10 vellet *AB²C¹IT*: velit *B¹C*² : vellit *K*   et ni. . . . no. *om. K*
nollet *ABI* : nolet *TC*¹ : nolit *C*²   11 qui et] et qui *C*   vult (*alt.*)
om. T   12 vestate *B*¹ : nustate *C*¹   13 ad *om. T*   18 quia]
quod *B*   tristitior *C*¹   20 novit esse *K* : est nobit *A*   21 ad
benefaciendum *B*   22 benefacientia *T*   23 dic. benovolus *C*¹

28 sui. Brutus, quasi obrutus, quia sensu caret. Est enim sine ratione,
sine prudentia. Vnde et ille Iunius Brutus ex sorore Tarquinii
Superbi genitus, cum eundem casum timeret quem frater inci-
derat, qui ob divitias et prudentiam ab avunculo fuerat occisus,
utilem temporis stultitiam simulavit. Vnde etiam Brutus est 5
29 cognominatus, dum vocaretur Iunius. [Burrus.] Balbus a
balando potius quam loquendo dictus. Verba enim non ex-
30 plicat. Inde et blaesus, quia verba frangit. Bucco, garrulus,
quod ceteros oris loquacitate, non sensu exsuperet. Biliosus,
31 quod sit semper tristis, ab humore nigro qui bilis vocatur. Ba- 10
burrus, stultus, ineptus. Biothanatus, quod sit bis mortuus.
Θάνατος enim Graeco sermone mors dicitur.

C

32 Clarus, a caelo, quod splendeat. Vnde et clara dies pro
splendore caeli. Celsus a caelo dictus, quod sit sublimis et 15
33 altus, quasi caelestis. Castus primum a castratione nuncupatus :
postea placuit veteribus etiam eos sic nominari qui perpetuam
34 libidinis abstinentiam pollicebantur. Caeles dictus, quia iter
sibi facit ad caelum. Caelebs, conubii expers, qualia sunt numina in caelo, quae absque coniugiis sunt. Et caelebs dictus 20
quasi caelo beatus. Caelicola, eo quod caelum colat ; est enim
35 angelus. Continens non solum in castitate dicitur, sed et in
cibo et potu, in ira quoque et vexatione mentis et detrahendi
libidine. Et continens, quod se a multis malis abstineat.
36 Clemens, misericors, ab eo quod cluat, id est protegat et tuea- 25
37 tur, sicut solet patronus clientem. Concors a coniunctione
cordis est appellatus. Nam sicut consors dicitur qui sortem

3 timerent *B*   4 ab. *om. T*   6 voca✱✱✱ *T*[1]   Burrus *C* : Burrus
rubus (*pro* rufus) et niger *T* : *om. BIK Reg.*   a balbando *B*[1] : ab aldo *A*
8 inde et *om. K* (*non A*)   9 quod] quia *B*   uris *B*[1] : orsi *K*
sexu *K*   exuperit *K*   10 Bobarrus *K* : Boburrus *M*   11 Botha-
natus *K*   quod sit *B* : quid sit *T* : quod est *CIK*   14 pro] propter *C*   16 pri. a cast. primum *B*   19 Caelebs ... beatus *post*
angelus *T*   qualia] quia *C*[1]   nomina *codd.*   20 qui *B*   coniugii
KT (*non I*)   cebs *B*   22 dicitur *om. C*   23 po. et ira *T*   24 ·libi-
dinem *KC*[1]   quia se *B*   abstineant *K*   26 Consors a coniu-
gatione *T* (*non I*)

iungit, ita ille concors dicitur qui corde iungitur. Contionator. 38
Consolator, adlocutor. Et inde dictus consolator, quod soli se
adplicat cui loquitur, et solitudinem levat adloquio suo. Hinc
et solacium. Consultus est qui consulitur ; cui contrarius est 39
5 inconsultus, qui non accipit consilium. Constans dictus quod 40
undique stat, nec in aliquam partem declinari potest. Confidens, quod sit in cunctis fiducia plenus. Vnde et Caecilius
(246):

Si confidentiam adhibes, confide omnia.

10 Cautus a cavendo dictus. Callidus, fraudulentus, quia celare 41
novit, et male peritus. Callidum autem veteres non pro astuto
tantum, sed etiam pro astute docto ponebant. Hunc et versu-
tum, ab eo quod animum cito vertat. Cupidus a capiendo mul- 42
tum, id est accipiendo, vocatus. Clamosus, quasi calamosus, a
15 calamo; scilicet quod sonet. Calumniator, falsi criminis accusator; a calvendo, id est frustrando et decipiendo, dictus. Calcu- 43
lator, a calculis, id est lapillis minutis, quos antiqui in manu
tenentes numeros conponebant. Conpilator, qui aliena dicta 44
suis praemiscet, sicut solent pigmentarii in pila diversa mixta con-
20 tundere. Hoc scelere quondam accusabatur Mantuanus ille
vates, cum quosdam versus Homeri transferens suis permiscuis-
set et conpilator veterum ab aemulis diceretur. Ille respondit :
' Magnarum esse virium clavam Herculi extorquere de manu.'
Contumax, ab eo quod contemnat. Chromaticus, quia non con- 45
25 funditur nec colorem mutat. Graece enim χρῶμα color vocatur.
Contumeliosus, quia velox est et tumet verbis iniuriae. Conten- 46

1 corde iun.] cor iungit *T* : sorte iungitur *B* (*non AI*)   Cont.
om. B¹K (*non AI*) : Cont. multitudinis adlocutor *CT²* (*non U*)   2 Cons.
unius (-nus) adl. *CT²* (*non U*)   3 cui] qui *BIT*   adloquia *K*
4 consolatur *B*   est *om. C*   5 inconsolutus *K*   quia *K*   non
om. T¹   dic. est qu. *C*   quod] qui *B*   7 cicilius *codd.* (civilius
A : cilicius *M*)   9 si *om. MT* (*non ADIU*)   adhibes (adi-) *ABCD* :
adhibens (adi-) *KM* : habes (ab-) *ITU*   10 a caute eundo *T²*   quia]
qui *B*   12 astuda et docto *K*   et *om. T*   13 ab *om. C*   cap.]
cupendo *K*   14 Cl. qu. clamosus *T¹*   15 quod] quia *B*   § 43 *om. K*
(*non A*)   17 quas *B* : quod *T*   19 permiscet et sicut *B*   solet
pigmenta *K*   21 homeris suis (*om.* transf.) *K*   permiscuis sed ut
conp. *C¹*   23 clavem *B*   24 quia] quod *B*   25 greci . . . vocant *K*
26 quia] quod *B*   tum. in ver. *K*

tiosus ab intentione vocatus, qui non ratione aliquid, sed sola
47 pertinacia vindicat. Contemptibilis, vel quia contemptui habilis,
48 vel quia contemptus et vilis, id est sine honore. Crudelis, hoc
est crudus, quem Graeci ὠμὸν appellant per translationem, quasi
49 non coctus nec esui habilis. Est enim asper et durus. Carni- 5
fex, quod carnem afficiat. Cruciarius, eo quod sit cruce dignus.
Collega a conligatione societatis et amicitiae conplexu dictus.
50 Coaetaneus, quasi conpar aetatis. Conplex, quia uno peccato
vel crimine alteri est adplicatus ad malum; ad bonum vero
51 numquam dicimus conplicem. Consors, eo quod ad eum pars 10
pertinet bonorum. Nam sortem veteres pro parte ponebant.
Consors ergo, quod sit communis sorte, sicut dissors dissimilis
52 sorte. Celer appellatus a celeritate, quia quod usus exigit velo-
cius facit. Confinalis, ab eo quod sit genere vel loco adfinis.
53 Colonus a colonia vel ab agro colendo dictus. Cognitor a cog- 15
noscendo causam dictus.

Curator, quod curam ferat pueris, qui adhuc eius aetatis sunt
ut negotia sua satis administrare non possint. Clientes prius
54 colientes dicebantur, a colendis patronis. [Captus.] Captivus
dicitur quasi capite deminutus; ingenuitatis enim fortuna ab 20
eo excidit, unde et ab iuris peritis capite deminutus dicitur.
55 Colomis a columna vocatus, eo quod erectus et firmissimus sit.
56 Comtus a coma dictus, quod sit formosus capillis, vel quia
57 comam nutrit. Calamistratus, a calamistro, id est aco ferreo in
calami similitudine facto, in quo crines obtorquentur, ut crispi 25

1 qui] quia *T*   2 Cont. id est *A*[1] : Cont. qui contemnet vilis id est
A[2] : Cont. vel quia contemptui abilis id est *C*[1] : Cont. vel quia contemtus
et vilis id est *K*   cont. hab.] contemnet viavilis *B* : contemtus avilus *D*
3 onere *K*   hoc] id *B*   5 erui abilis *C*[1] : est biabilis *B*   6 quod]
quia *B*   efficiat *A rev.* (*ex Don. ad Hec.* 441)   8 Conplexus *K*   quia]
quod *B*   9 ad bonum *om. T*   10 eum *om. A*   11 pertineret *C*[1]
12 consors ergo . . . diss. sorte *post* facit (§ 52) *ABCDIK*   discors *B*[1] :
discor *T*   13 sortis *T*   quia] qua *T*   quod] quam *B*[1·]   14 Conf.
eo *B*   18 Clien. . . . patro. *om. B*[1]   colientes prius *C*   19 Captus
hab. *A* (*in fine* § 53) *CI* : *om. B*[1]*KT*   20 dictus *AB*   fort. enim *BCI* :
enim *om. T*   ab eo *om. T*   21 ab] ad *KT*   peritus *BT*
22 colomna *C*[1]*K*   fortissimus *B*   §§ 56–57 *post* § 58 *T*
23 capillus *T*   24 a quo fer. *C*[1]   25 fecto *T* : facta *B*

sint : quem in cinere calefacere solent qui capillos crispant, ut
calamistrati sint. Corpulentus, quod sit corpore validus et lentis **58**
carnibus. Crassus, a sagina corporis, a creando carnes. Come-
sor, a comedendo satis. Est enim gulae ac ventri inmoderate
5 deditus. Caupo, pessimus de vino aquam faciens. Candidus **59**
[bonus, candens].

   Canus dictus a candido ; et candidus quasi candor datus.
Studio enim accedit candor. Nam album vocari natura est.
Crispus. Clodus. Curvus. Caecus appellatus, quod careat **60**
10 visum. Est enim luminibus amissis. Caecus est qui utroque
oculo non videt. Caducus a cadendo dictus. Idem lunaticus **61**
eo quod [certo lunae tempore patiatur]. Confusus a confessione sceleris appellatus. Inde et confusio. Convulsus dicitur, **62**
cui sua vi aliqua adimuntur. Vnde et convulsa navis, cui
15 eminentia vi tempestatis adimuntur, ut Vergilius (Aen. 1, 383) :
                    Vix septem convulsae undis,
quasi mutilatae. Consumptus, totus sumptus et devoratus. **63**
Conciliatrix ob societatem flagitiosae consensionis dicta, eo
quod intercurrat alienumque nundinet corpus. Hanc etiam et
20 lenonem vocant. Circumforanus, qui advocationum causa cir- **64**
cum fora et conventus vagatur. Collegiatus. Carpentarius.

D

   Dominus per derivationem dictus, quod domui praesit. Diser- **65**
tus, doctus, a disserendo dictus : disposite enim disserit. Doctus,
25 a dicendo. Inde et dictor. Docilis, non quod sit doctus, sed quia **66**

---

1 quem] quam *codd. (et in marg. scriba saec.* ix[1] *adscripsit* stram Varro
fingit *in K. Cf. Charis.* 1, 80, 12)   in crine *C*   quia cap. *ut
vid. T ante corr.*   3 Crassus . . . carn. *om. T*   5 facit *K (non A)*
Candidus *om. K (non A)*   6 bonus, candens *hab. T : om. ABCIK*
8 accedet *T* : accidit *B*   9 Crispus *om. T* : Crispus, Clodus, Curvus
om. K   caret *T*   10 visum *A* (-su *BCT*) : lumen *K*   est (*alt.*)
om. C   11 idem] id est *K*   12 eo quod . . . pat. *hab. CT : om.
K* : certo . . . pat. *om. BI*   confessione *BCI* : confusione *KT*
14 sua vi] suave *K* : sua *C*   cui] cuius *B*   15 ut]unde *B*   17 multi
late *K*   18 flagiosae *C*   19 quod *om. T*   alienum et nund. *B*
20 leonem *BC*[1]   21 circumforat *B*   vocatur *BK* : vagatus *C*
Coll. Carp. *om. K (non A)*   23 domui *om. C*[1]   25 dicendo *etiam AI*
inde et dictor do. *CKTI* (Do. *nov. lemm.*) : dictus inde et dicitur do. *A* :
dictus inde et dictor do. *B* : inde et doctor do. *Arev.*

doceri potest : est enim ingeniosus et ad discendum aptus. Disci-
67 pulus a disciplina dictus : disciplina autem a discendo vocata.
Dispensator vocatur, cui creditur administratio pecuniarum. Et
ideo dispensator quia prius qui dabant pecuniam non numera-
68 bant eam, sed adpendebant. Dives ab aere vocatus. Decorus, 5
perfectus, a decem. [Dulcis.] Decens, conpositus, a numero
69 decem dictus. Hinc et decorus et decibilis. Directus, eo quod
in rectum vadit. Dilectus a diligentia. Haec sunt enim signa
70 diligendi. Delibutus, de oleo unctus, ut athletae solent, vel
in cereumate pueri. Hinc et (Ter. Phorm. 856) 'delibutum 10
gaudio,' id est perfusum vel plenum. Delicatus, quod sit deliciis
71 pastus, vivens in epulis et nitore corporis. Defessus, semper
infirmus, quasi diu fessus. Debilis, quod per bilem factus sit
fragilis. Bilis enim humor est afficiens corpus. Decolor, quod
72 desit illi color. Desperatus vulgo vocatur malus ac perditus 15
nec iam ullius prosperae spei. Dicitur autem per similitudinem
aegrorum qui affecti et sine spe deponuntur. Consuetudo
autem erat apud veteres ut desperati ante ianuas suas conloca-
rentur, vel ut extremum spiritum redderent terrae, vel ut possent
a transeuntibus forte curari, qui aliquando simili laboraverant 20
73 morbo. Degener, aut ignobilis, aut quod sit inpari genere, aut
74 si dum sit genere optimo natus, inhoneste tamen vivit. De-
crepitus, quod morti propior quasi ad mortis tenebras vertat,
sicut crepusculum tempus noctis. Alii dicunt decrepitum non
qui senectute avulsus est, sed qui iam crepare desierit, id est 25
75 loqui cessaverit. Depretiatus, ab eo quod sit vilis nec aliquo
pretio dignus. Dirus, praeparcus et teter, quasi divina ira in
id actus. Nam dirum dicitur quod divina infertur ira. Alias

1 possit *B* est *om.* *T* dicendum *K* 2 discipla au. *T*
3 vocatus *K* 4 quia] pecuniarum *T* adnumerabant *B* 5 ab
aere] habere *T*¹ : ab habere *dett.* 6 Dulcis *om.* *BT* : *hab. CIK* 8 in
om. K sig. dil. Diligens *C*¹ 10 certamate *A* : certamine *dett.* :
ceromate *Arev.* 12 epula *T* Defensus *C*¹ 16 illius *K*
an dic. au. depositus per ? 18 ut disperanti *A* : ut dum disperati *K*
19 spiritum] usum *AK* 20 laboraverunt *CK* 22 opt. gen. *C*
23 quia *B* mortis propior *K* : mortis proprior *B*¹*C*¹*T fort. recte*
vertit *K* 25 qui (*alt.*)] si *C* id est ... cess. *om. T*

dirus, magnus. Dehiscens, valde hiscens. Hic enim 'de' au- **76**
gentis est, ut (Ter. Heaut. 825): 'deamo te, Syre.' Despiciens,
eo quod deorsum aspiciat vel contemptui habeat. Dolosus, in-
sidiosus vel malignus, ab eo quod deludat. Vt enim decipiat,
5 occultam malitiam blandis sermonibus ornat. Dubius, incertus; **77**
quasi duarum viarum. Delator dictus eo quod detegit quod
latebat. Dilator, quia differt ad proferendum. Desidiosus,
tardus, piger, a desidendo vocatus, id est valde sedendo. Idem
et resides a residendo. 'De' enim hic augentis est. Delerus, **78**
10 mente defectus per aetatem, ἀπὸ τοῦ ληρεῖν, vel quod a recto
ordine et quasi a lira aberret. Lira est enim arationis genus,
cum agricolae facta semente dirigunt sulcos, in quos omnis
seges decurrit. Demens, idem qui amens; id est sine mente, **79**
vel quod diminutionem habeat mentis. Desipiens, eo quod
15 minus sapere incipit quam quod solebat. Damnatus et dam- **80**
nabilis : quorum prior iam addictus est, sequens potest addici.
Degulator, quod gulae sit deditus.

E

Eloquens, profusus eloquio. Exertus, in loquendo expe- **81**
20 ditus. Exerere enim proferre vel expedire est. Eruditus, quia
non rudis, sed iam doctus. Expertus, multum peritus. 'Ex' **82**
enim hic pro valde ponitur. Expers vero, qui est extra peritiam
et intellectum. Exornatus, valde ornatus. 'Ex' enim pro
valde ponitur, sicut excelsus, quasi valde celsus, et eximius,
25 quasi valde eminens. Efficax dictus, quia nullam difficultatem **83**
habet in qualibet re facienda. Hinc et efficiens a faciendo

dictus. Exspes, quod sit sine spe. Expers, quia extra partem;
84 caruit enim partem. Exsors, quia extra sortem est. Exul,
quia extra solum suum est; quasi trans solum missus, aut extra
solum vagus. Nam exulare dicuntur, qui extra solum eunt.
85 Extorris, quia extra terram suam est; quasi exterris. Sed pro- 5
prie extorris, cum vi expulsus et cum terrore solo patrio eiectus;
86 et extorris, ex terra sua pulsus. Extorris, extra terram, aut
87 extra terminos suos, quia exterretur. Exterminator, non ille
qui vulgo dicitur ἀφανισθῆναι, sed qui deicit et expellit a ter-
minis civitatis. Exterminatus, ab eo quod sit extra terminos 10
suos eiectus. [Sic et] Externus, eo quod sit alienae terrae.
88 Egens et egenus, sine gente et sine genere indigentes. [Egenus.]
Exiguus, multum egens. 'Ex' enim pro valde ponitur. Exilis,
89 tenuis, quod possit quamvis per angustum exire. Exesus, quia
percomesus; est enim aridus, tenuis, exilis. Exhaustus, quia 15
consumptus est et inanis effectus. Exsanguis, quod sit extra san-
90 guinem. Exanimis est mortuus. Exanimis autem et exanimus
dicimus, sicut unanimus et unanimis, inermus et inermis, et hoc
91 nostro arbitrio subiacet. Exustus dicitur de quo nihil superest;
quasi valde ustus. 'Ex' enim pro valde ponitur. Exosus ab 20
odio dictus. Nam antiqui et odi dicebant et osus sum. Hinc
est exosus, quo utimur, licet iam osus non dicimus. Exitiosus,
eo quod multis exitio sit. Executor, ab exequendo. Idem et
92 exactor. Effractor, quod sit expugnator claustrorum. Effe-
ratus, mente ferina effectus et ultra humanum modum excedens. 25
Effrenatus, ab eo quod sit praeceps et pronus et sine freno
93 rationis. Eunuchus Graecum nomen est, quod est spado.

1 Expers *B*   sit] est *T*   2 quia] qui *B*   4 exul redicuntur *K*
6 pario *C¹*   7 *an* et exterris?   ex terra] exera *C¹*   8 quia] quae
K   11 sic et *hab. BCIU* : *om. KT*   12 et genus *C¹*   sine (*prius*)]
extra *K*   indigens *C* : eneas (*ut vid., pro* egenus) ind. *A* : indige**
lectionem *T¹*   Egenus *hab. CIT* (*de A cf. supra*) : *om. BK* : Eg.
inops *T²*   13 egenus *B* : gerens *C¹*   14 exire sive sine iliis *C*
quia] quasi *B*   15 ten. et ex. *TC* (-liis *C¹*)   quia] qui *T*
18 inermus et *om. K* (*non A*)   21 nam ant. *om. K* (*non A*)   odi
cebant *B¹*   et ossus sum *A* : eos usus *K*   22 lic. osus quo utimur licet
T   dicamus *BTCI*   Exostiosus *T*   23 et *om. KC*   24 Effrac. eo
quod *B*

Horum quidam coeunt, sed tamen virtus in semine nulla est.
Liquorem enim habent et emittunt, sed ad gignendum inanem
atque invalidum. Effeta ab eo, quod sit frequenti fetu exhausta. 94
Partus enim eam adsiduus debilem reddit.

5   F

Facundus dictus, quia facile fari possit. Facetus, qui iocos 95
et lusus gestis et factis conmendat, a faciendo dictus. Frugalis
a fruge nominatus, id est a fructu vel parsimonia, sive, ut alii
volunt, a modestia et temperantia. Fenerator, qui pecuniam 96
10 deponit apud debitorem, quasi fenoris actor : nam fenus pecunia
est. Fenerator autem Latine dicitur et qui dat mutuum et qui
accipit. Flamines, pontifices idolorum. Felix dicitur qui felici- 97
tatem dat, felix, qui accipit : et felix, per quem datur felicitas,
ut felix tempus, felix locus. Fidelis, pro eo quod fit ab eo id 98
15 quod dicit vel promittit bonum. Facilis, a faciendo, nec tardus.
Firmus, unde et formosus. Fortis, quia fert adversa vel quaecumque acciderint : sive a ferro, quod sit durus nec molliatur.
Formosus a forma dictus. Formum enim veteres calidum et 99
fervens dixerunt. Fervor enim sanguinem movet, [et] sanguis
20 pulchritudinem. Foedus nomen habet ab hirco et haedo, 100
F littera addita. Hunc veteres in gravi significatione ponebant,
ut (Virg. Aen. 2, 502) :

> Sanguine foedantem quos ipse sacraverat ignes.

Fragilis dictus eo quod facile frangi potest. Fessus, quasi fissus, 101
25 nec iam integer salute : est autem generale. Dicimus enim
fessus animo, ut (Virg. Aen. 8, 232) :

> Ter fessus valle resedit ;

et fessus corpore, quod magis est proprium ; et fessus rerum a

2 mittunt *KC*   3 Effecta *KC*[1]   4 partis *K*   6 Fecundus *ut*
vid. K   qu. ex fac. *C*[1]   qui] quia *T*   8 est fruc. *C*   9 modesti et
t. *K* : modestiae t. *BCI*   10 auctor *B*   12 Flam. pont. idol. *om. KUV*
(*non AI*)   14 ut] et *T*   fit pro eo quod dat vel *B*   id] in *T*   16
firmosus *C*[1]   § 99 *ante* Firmus (§ 98) *T*   18 formo·*Arev.*   formam *KT*
19 et hab. *BCIT*[2] *ut vid.* : *om. KT*[1] *ut vid.*   20 Foedus . . . ignes *om. T*[1]
et ab h. *BCI*   24 qu. a facile *C*[1]   27 ter] inter *B*   28 et fessus]
effessus *T*   quod] quia *B*   et fessus] efesus *C*[1]

102 casu venientium. Fatigatus, quasi fatis agitatus. Formidolosus
a formo, id est sanguine, dictus, cum se a cute vel a prae-
cordia fugiens contrahit sanguis. Nam timor sanguinem gelat,
qui coactus gignit formidinem, unde est illud (Virg. Aen. 3,
30) :   5

> Gelidusque coit formidine sanguis.

Formidolosus autem cum sit timidus, et timendum significat.
103 Fatuus ideo existimatur dictus, quia neque quod fatur ipse,
neque quod alii dicunt intellegit. Fatuos origine duci quidam
putant a miratoribus Fatuae, Fauni uxoris fatidicae, eosque 10
primum fatuos appellatos, quod praeter modum obstupefacti
104 sunt vaticiniis illius usque ad amentiam. Fautor, ab eo quod
faveat et consentiat. Fictor appellatus a fingendo et conpo-
nendo aliquid, sicut capillos mulierum lenit et pertractat, unguit
105 et nitidat. Fallax, quod fando, id est loquendo, decipiat. Fer- 15
vidus, iracundus. Ira enim inflammat. Frendens, quod mi-
nando frangat dentes et conprimat. Fremens. Ferox, ab eo
106 quod feritatem exerceat, ut bestia. Fur a furvo dictus est, id
est a fusco. Nam noctis utitur tempore. Factiosus, inter op-
probria, cum seditiosum accipi volumus : cum vero gratiosum 20
107 ac potentem et quasi magnae factionis. Facinorosus a facti
commisso nominatus : facit enim quod alteri noceat. [Femel-
larius, feminis deditus, quem antiqui mulierarium appellabant].
Flagitiosus, eo quod frequentius flagitet atque adpetat libi-
108 dinem. Furcifer dicebatur olim qui ob levi delicto cogebatur 25
ad hominis ignominiam, magis quam supplicii causa, furcam
circa viam ferre, praedicans peccatum suum, et monere ceteros

---

1 factis ag. *K* : satis ag. *T*   2 dictus *om.* *C*   6 genitusque *K*
9 originem *codd.*   dici *K* : ducere *dett.*   10 Fauni] fatu uni *T*
fatidici *K*   11 primo *K*   favos *B*   quod] qui *B*   14 capilli
codd.   lenit *om.* *T*[1]   15 fando *T* : faciendo *BIK* : fauciendo *C*[1]
17 Fremens *om.* *K* : Fremens prestrepens (*sic*) irascens *T* (pre. ir. *T*[2]?)
ab *om.* *B*   18 est (*prius*) *om.* *K*   19 u*titur *T*[1]   20 viro gratioso *K*
21 ac *om.* *C*   *an* est quasi ?   22 nocet *AB*   Femell. . . . appell.
hab. CT : *om. ABIKU*   *Eadem in marg. add. man. rec. in T* (*ad*
§ 96) *V* (*ad* § 101)   23 dedictus *C*[1]   24 Flagiosus *K* (*non A*)
25 levi *om.* *C*[1] : leve (*et* delictum) *dett.*   26 ab omnii gnominiam *K* : ad
omnis ignominiae *C*   magis *om.* *B*[1]   27 morere *K*

ne qui simile peccarent. Futilis, vanus, superfluus, loquax. **109**
Et est metaphora a vasis fictilibus, quae cassa et rimosa non
tenent quae inieceris. Fornicarius. Fornicatrix est cuius cor- **110**
pus publicum et vulgare est. Haec sub arcuatis prostrabantur,
5 quae loca fornices dicuntur, unde et fornicariae. Vergilius
(Aen. 6, 631):

Atque adverso fornice.

Fecunda a fetu dicta, quasi fetunda. Est enim partu frequens. **111**
Feta. Flens, quasi lacrimas fluens. Fugitivus nemo recte
10 dicitur nisi qui dominum fugit. Nam si parvulus puer a nutrice
aut ab schola discessit, fugitivus non est.

G

Gloriosus a frequentia claritatis dictus, pro C G littera **112**
conmutata. Gloriosus a laurea dictus quae datur victoribus.
15 Gnarus, sciens; cui contrarius ignarus, nesciens. Gravis,
venerabilis. Vnde et contemptibiles leves dicimus. Gravis
pro consilio et constantia dictus, quia non levi motu dissilit,
sed fixa constantiae gravitate consistit. [Grandis. Gracilis.] **113**
Grandaevus, quod sit grandis aevo. Gratus, gratiam servans.
20 Sed gratus tantum animo: gratissimus et animo et corpore
dicitur. Gratificus, ab eo quod gratis faciat bonum. Gratiosus,
quod plus unicuique quam meretur tribuit. Garrulus proprie **114**
dicitur, qui vulgo verbosus appellatur. Accedente laetitia nec
valentes nec volentes tacere. Sumtum nomen a graculis avibus,
25 qui inportuna loquacitate semper strepunt nec usquam quiescunt.
Ganeo, luxuriosus, et quamquam in occultis locis et subterraneis,
quae γάνεια Graeci vocant. Glutto, a gula, id est gulosus.

---

1 nequis *K*: neque *C*¹   similiter *B*   peccaret *K*   Fugilis
BKT   2 causa *T*¹   3 Fornicarius *om. BK (non AI)*   8 dic. est
qu. *C*   9 Feta *om. KT*¹ (*add. in marg. cum glossa T*²) : *hab. ABCIU*
11 discesserit *B*   fug. non est *om. K (non AU)*   13 dictus *om. K (non
A)*   15 ign. id est nesc. *B (non A)*   17 const.] substantia *B*
18 fixa] fida *B*   Grandis, Gracilis *hab. BCI : om. KT*¹   20 grat. est
(*del.*) et an. *K*   et corp. et an. *B*   21 quod] qui *K*   22 merentur
K, fort. recte   tribuet *KT*   23 nec valens nec volens *C*: nec valenter nec volenter *K*: nec volenter nec valenter *A (non I)*   24 sumtus *T*
a grac.] agricolis *K*   25 usque *B*   26 quemquam *T*   27 quae] quem
B   gantia *C*¹ : gangia *T* : gania *BK*   Gluttus *K*

D d 2

H

115 Humilis, quasi humo adclinis. Honorabilis, quasi honore
116 habilis, hoc est aptus. Honestus, quod nihil habeat turpitudinis. Nam quid est honestas nisi honor perpetuus, id est
quasi honoris status? Humanus, quod habeat circa homines 5
amorem et miserationis affectum. Vnde et humanitas dicta,
117 qua nos invicem tuemur. Habilis, quod sit ad habendum
commodus atque aptus. Honerosus plus est quam honeratus,
sicut scelerosus quam sceleratus. Hirsutus, ab eo quod sit
118 hirtus et pilis horridus. Hypocrita Graeco sermone in Latino 10
simulator interpretatur. Qui dum intus malus sit, bonum se
palam ostendit. Ὑπὸ enim falsum, κρίσις iudicium interpre-
119 tatur. Nomen autem hypocritae tractum est ab specie eorum
qui in spectaculis contecta facie incedunt, distinguentes vultum
caeruleo minioque colore et ceteris pigmentis, habentes simula- 15
cra oris lintea gipsata et vario colore distincta, nonnumquam
et colla et manus creta perungentes, ut ad personae colorem
pervenirent et populum, dum [in] ludis agerent, fallerent;
modo in specie viri, modo in feminae, modo tonsi, modo criniti,
anuli et virginali ceteraque specie, aetate sexuque diverso, ut 20
120 fallant populum, dum in ludis agunt. Quae species argumenti
translata est in his qui falso vultu incedunt et simulant quod
non sunt. Nam hypocritae dici non possunt, ex quo foras
121 exierint. Humatus, quod sit humo tectus, id est sepultus.

I
25
122 Ingeniosus, quod intus vim habeat gignendi quamlibet
artem. Inventor dictus [eo] quod in ea quae quaerit invenit.
Vnde et ipsa quae appellatur inventio, si verbi originem re-
tractemus, quid aliud resonat nisi quia invenire est in id venire

2 adclinus *B* honori *Arev., fort. recte* 6 dicta *om.* TC 7 ad
om. T 8 *i. e.* Onerosus . . . oneratus 9 sicut] sive *T* sceleratur
*C*¹ 10 pili sordidus *T* in *om. T* latinum *BCT* 11 bonus
K 12 pal. ost.] simulat *B* 13 illorum *B* 14 contexta *B* 16 et
var. col. dis. *om. K* (*non A*) varia *C*¹ 17 ut] et *T* 18 in l.
BCIK: laudis *T* 19 modo fem. *B* 20 anuli (*i. e.* anūli) *K*: anili *BI*:
anoli *CT* virginaria *C*¹ 21 argumentis *B* 23 foris *C* 26 quo
K (*non A*) 27 artem] rem *B* eo *hab. AK*: *om. BCIT* quod
ea *C* venit *B* 28 que appellaturque inv. *T* 29 quod al. *T*¹

quod quaeritur ? Interpres, quod inter partes medius sit **123**
duarum linguarum, dum transferet. Sed et qui Deum [quem]
interpretatur et hominum quibus divina indicat mysteria,
interpres vocatur [quia inter eam quam transferet]. Iuridicus **124**
5 [quia legum iura dicit]. Indoles proprie est imago quaedam
futurae virtutis. Iustus dictus quia iura custodit et secundum
legem vivit. Innox, quod non noceat : innocuus, cui nocitum **125**
non sit. Sed apud veteres utrumque indifferens est. Ilaris
Graecum nomen est. Iocundus, eo quod sit semper iocis
10 aptus et hilaritati ; a frequentia, sicut iracundus. Iocosus, iocis
usus. Inclitus Graecum nomen est. Nam κλυτὸν Graeci **126**
gloriosum dicunt. Inlustris nomen notitiae est, quod clareat
multis splendore generis, vel sapientiae, vel virtutis ; cuius
contrarius est obscure natus. [Idoneus.] Incolomis a columna **127**
15 nomen habet, quasi erectus, fortis et stabilis. Inmarcescibilis,
incorruptus et sempiternus ; quod sit sine marcore atque
languore. Intemeratus, incorruptus et nulla temeritate vio-
latus. Infirmus, quia sine forma. Inbecillus, quasi sine baculo **128**
fragilis et inconstans. Inanis, levis. Inconstans, quia non est
20 stabilis, sed quod placet ei rursus displicet. Iactans vel arro- **129**
gans est, quia maiorum institutis non adquiescit, sed propriam
quandam viam iustitiae et sanctitatis inquirit. Iracundus dictus
quia accenso sanguine in furorem conpellitur ; † ur † enim flamma
dicitur, et ira inflammat. Incentor, ab eo quod incendat atque **130**
25 inflammet. Incentor, quia prava suggestione ad vitia cor alio-

---

1 medium *T*   2 transfert *A fort. recte*   sed qui *A*   deum *K* :
deum quem *CT* (*pro* deumque?) : deum di quem *A* : inter deum quem *BI*
3 *vel* interpretator homines *B*   4 quia... trans. *hab. AKT* : *om. BCIUV*
transferret *A*   *an* ea qua (*i. e.* quae) tr. ?   4 Inridicus *U* : Iudicus
AK : *om. T¹* (*non V*)   5 quia... dicit *hab. CT²* (*marg.*) *UV* : *om. ABIKT¹*
6 qui iura *B*   7 leg. custodit (*eras.*) vivit *T*   nocet *T*   8 Ilas *K*
9 nomen (*om.* est) *T* : nominum *C¹*   Iucundus habeo *T* (*i. e.* ab eo)
10 ac freq. *B*   11 usur *C*   nomen *om. B*   nam *om. K*   12 claret *T*
13 cuius] cui *BC*   14 Idoneus *hab. BCI* : *om. KT*   17 Intemperatus *K*
18 quia] quasi *C* (*non A*)   formo *T¹* : formo id est sine calore *CT²*
Inbecillis *BC*   quasi] quia *A*   19 quia] quod *B* (*non A*)   22 dic.
quod *B*   23 πῦρ *recc.*   § 130 *post* purgetur (§ 131) *K* (*non A*)   24 In-
censor *Schwarz*   25 Incentor *om. A*   quia] qui *B*   ad]
ut *A*

131 rum succendit, et persuadendo inflammat. Inexpiabilis, quod
numquam expiatur, numquam purgetur. Inlaudabilis, non
quia laudatus non sit, sed quia laudari non meruit. Iratus,
132 ira actus. Impius, quia sine pietate religionis est. Iniquus
proprie dictus quia non est aequus, sed inaequalis est. Inter 5
impium autem et iniquum hoc distare nonnumquam solet,
quia omnis impius iniquus, non tamen omnis iniquus est impius.
Impius namque pro infideli ponitur : et dictus impius quod sit
a pietate religionis alienus. Iniquus vero dicitur pro eo quod
non est aequus sed pravis operibus maculatur, vel [si] Christiani- 10
133 tatis nomine censeatur. Inimicus, quia non amicus, sed adversarius. Duae autem res inimicos faciunt : fraus et terror.
134 Terror, quod timent. Fraudes, malum quod passi sunt. In-
vidus dictus ab intuendo felicitatem alterius. Invidiosus est
qui ab alio patitur invidiam. Invisus, odiosus, ob invidia et 15
135 zelo dictus. Intestabilis, cuius testimonium non valet et quod
dixerit inritum inprobatumque sit. Infamis, non bonae famae.
136 Inprobus dictus quod instat etiam prohibenti. Inportunus,
inquietus; quia non habet portum, id est quietem. Vnde et
inportuni quasi in naufragium cito feruntur. Infrenis, hoc est 20
qui frenis non regitur, ut (Virg. Aen. 4, 41) :

Numidae infreni.

137 Infrendens proprie est inter se conprimens dentes. Nam et
frendere significat dentibus frangere, unde nefrendes infantes,
qui necdum dentes habent. Ingluviosus a gula et voracitate 25
138 dictus. Ingloriosus, quod sit sine gloria, id est sine triumphis.
Item inglorius inmemor gloriae. Informis, ingens, non quod

3 quia (alt.)] qui C (non A)   meruit BK : meretur CT   4 quia]
qui BI   5 sed inaeq. inter C   6 numquam sol. B¹   9 pro quod A
10 maculatus B   vel I¹ : vel si CT (ex vel si ex) : ne BKI² 11 nomen
K   censeat T   qui B   inim. est sed B (non A)   12 inimicum
fa. B   13 terror om. T   fraudis codd. (-des A)   mali ACKT (non I)
14 ab invidendo felicitati B   est] dictus B   15 pat. iniuriam B
ab inv. C : obvidia B¹   16 cuius] cui K (non A)   non om. B
19 quia ex quod A   20 inopportuni C¹   Infr. . . . infreni post habent
(§ 137) T   21 qui non fr. non reg. B¹   reg. et humidae C¹
24 significant BC¹   nefrendens C¹   27 idem ingloriosus K

non habeat formam, sed quod ultra formam magnitudinem
habeat. Inveterator, eo quod sit multi veterisque usus in **139**
malitia. Inmanis, quia non bonus sed crudelis, [atque] terribilis.
Manum enim bonum dicitur. Vnde et κατ' ἀντίφρασιν dii
5 Manes, minime boni. Inmunis, minime munificus, ut est in **140**
proverbio veteri : ' Inmunem cives odere sui.' Item inmunis,
qui non facit munia, id est officio non fungitur. Est enim
omni privilegio vacuus. Indemnis, eo quod sine damno vivat, **141**
et sine ulla culpa atque periculo. Iners, sine arte, et ob hoc
10 ne operis quidem ullius. Inermis, vel sine arma, vel sine viribus. Nam semper arma pro viribus [accipiuntur]. Ignavus, **142**
ignarus viae, id est rationis et vitae. Ignarus, non gnarus, id
est inscius, id est sine naribus. Olfecisse enim veteres scisse
dicebant. Ignarus autem duo significat, vel qui ignorat, vel
15 qui ignoratur. Ignarus qui ignorat. Inmemor, qui oblitus **143**
est : perdidit enim memoriam. Inscius, quia sine scientia est.
Idiota, inperitus, Graecum est. Inperitus, sine peritia. In- **144**
consultus, ab eo quod non accipiat consilium. Inconsultus,
quia est sine consilio et inscius rerum atque ignarus. Ineptus,
20 apto contrarius est, quasi inaptus. Inops, qui sine terra est : **145**
opem enim terram intellegimus, quia opem fert fructificando.
Alii inopem intellegunt non sepultum, inhumatum, cui nec
inane absenti surrexit tumulum. Ignobilis, eo quod sit ignotus **146**
et vilis et obscuri generis, cuius nec nomen quidem scitur.
25 Ircosus, quia sudore corporis foetido putet. Ignotus, ignobilis,
vel ex inproviso veniens. Inprovisus dictus eo quod subito sit **147**
et non porro ante visus. Index, proditor ab indicando. Indi-

1 non *om.* T^1 sed ul. K (*non A*)   magn. habet AC 2 Inveteratus
K m. veteres quod A : multiferisque T 3 militia B quia] quod A
atque KT^2 : et BI : *om.* CT^1 *ut vid.*   6 it. inmanis K 9 et si ul. K
(*non A*)   10 operi TC ull. aptus (abt-) CT^2 *ut vid.*   sine armis B
11 accip. *hab.* ABC : *om.* KT 12 ignarus . . . vitae *om.* A (*non DI*)
et *om.* K non] nam T 13 insc. vel sine BDI (*non A*)   scire
A (*non DI*)   14 duos A (*non D*)   15 qui ignorat] autem (*del.*)
duo (*del.*) T (*non AD*)   16 perdit CK quia] qui K 18 accipit
A 19 qui est C 20 qu. inalitus T (*pro* -abt-)   21 ferat B
22 int. qui non sep. T 23 in. habenti B : inanem abs. K tumulus
BIK : -lis T 24 ne nom. T^1 25 pudet B^1 26 vel inp. C^1 dictus]
dicitur A sibito C^1

gena vocatus quod inde sit genitus, id est in eodem loco natus.
148 Inpudens, eo quod ab eo pudor et pudicitia procul abest.
Inpudicus a podice vocatus. Putorem enim foetorem dicit.
Incestus, propter inlicitam conmixtionem vocatus, quasi in-
castus; sicut qui virginem sacram, vel adfinitatis suae proxi- 5
149 mam stupraverit. Internicida est qui falsum testamentum fecit
et ob id hominem occidit. Infitiator, negator, quia non fatetur
150 sed contra veritatem mendacio nititur. [Inpostor.] Inter-
151 ceptor proprie dicitur qui inter duos de medio tollitur. In-
sidiosus, quod insidiat. Nam proprie insidere est dolose ali- 10
quem expectare. Vnde et insidiae nominatae sunt. Incincta,
id est sine cinctu; quia praecingi fortiter uterus non permittit.
152 Investis, id est sine veste; nondum enim habet stolam; quod
est signum maritalis virginitatis. Iscurra vocatur quia causa
escae quempiam consectatur. 15

K

153   Katholicus, universalis: Graecum enim est. Karus Graecum nomen est, sicut et caritas, unde et caristia.

L

154   Luculentus, ab eo quod sit lingua clarus et sermone splen- 20
didus. Lector dicitur a legendo, id est percurrendo. Vnde
et navis dicitur legere quicquid transit. Nam 'legit,' transit,
praeterit, ut (Virg. Aen. 3, 127):
        Crebris legimus freta concita terris.
Item lector, a colligendo animo quae legit, quasi collector: 25
sicut illud (Virg. Ecl. 3, 92):
        Qui legitis flores.

1 vocatur K   2 Imp. ab eo quod pud. B   procul] longe B
3 Inpudicus] Inputens K (non A)   potice K (non A): pudore BI
putorem ACK: poderem T: pudorem BI: paedorem Arev.   fedorem K
dicimus A   6 facit C   7 Infatsator (-tra- ?) T: Insidiator A
negotiator (-oci-) BK (non A)   qui AK   8 mendacium codd.
(etiam A)   Inpostor hab. BCIA (-terum): om. KT   10 insideat
C   dolorem K   12 praecincti A   for (sic) K   uter C¹
premittit T   13 Investus K   14 signo K   esci causa B
17 enim est om. T (non A)   18 sicut car. K   Karistia sacrificium K:
car. Karistia gratia CT²   23 praeterita chebris B   25 idem K
animo ex aimo T   27 legitus fl. ut vid. T¹: legis fl. T²

Loquax non est eloquens. Laetus ⌊a latitudine⌋. Locuples, **155**
quasi locis plenus, et possessionum plurimarum possessor,
quemadmodum docet Tullius de Republica in libro secundo
(16): 'multaque editione ovium et boum, quod tunc erat res
5 in pecore et in locorum possessionibus: ex quo pecuniosi et
locupletes vocabantur.' Liberalis dictus ab eo quod libenter **156**
donet nec murmuret. Largus. Longus a linea dictus, propter
quod sit porrectus. Longaevus, quasi longi aevi et longi
temporis. Longanimis, sive magnanimis, eo quod nullis pas- **157**
10 sionibus perturbatur sed ad universa sustinenda patiens est.
Cui contrarius est pusillanimis, angustus et in nulla tribulatione
subsistens, de quo scribitur (Proverb. 14, 17): 'Pusillanimis
vehementer insipiens.' Levis ob inconstantiam vagationis ap- **158**
pellatus, quia levi motu mentis nunc ista, nunc illa desiderat.
15 Lubricus, ab eo quod labitur. Labens, interdum velox, ut
(Virg. Aen. 11, 588):

> Labere, nympha, polo,

et (Virg. Aen. 4, 223):

> Labere pinnis.

20 Cursu enim lapsus celerior est. Latro, insessor viarum, a latendo **159**
dictus: Aelius autem 'latro est,'inquit, 'latero ob latere, insidiator
viae.' Lanista, gladiator, id est carnifex, Tusca lingua appellatus,
a laniando scilicet corpora. Lacessitor per translationem dictus **160**
a canibus vel a feris, quae solent lacerando provocare. Leno,
25 conciliator stupri, eo quod mentes miserorum blandiat et
deliniendo seducat. Libidinosus, ab eo quod facit quod libet.

---

1 non est elegens *K*: im (*sic*) est eligens *A*: *om. B*   a lat. *hab.*
CT: *om. ABIK*   4 multaeque dictione *Cic.* (*non ADIU*)   bovium
C: bovium *B*: bonum *KA* (*non DI*)   5 pectore *ADT*   7 Largus
om. K (*non A*): Lar. munificus humanus *T*[2]   a lin.] alienus *T*
8 qu. sit lon. *K*   long. ae.] longaevi *C*[1]: longivi *B*   9 magnanimis *C*   eo] et *CU*   10 perturbetur *C*   sustinendo *T*
11 cont. pus. *K*   ang.... pus. *om. B*[1]   in *om. TU*   12 pusillanimus *T*
13 vacationis *K*   20 lapsu *T*   innessor *K*: ins. est *C*   21 melius
B   ab *C* (*non A Rem.*),*fort. recte* latae *C* (*non A Rem.*)   23 alienando *K*
(*non A*)   Lacerisitor *C*[1]   24 laterando *C*[1]   Lenon *codd.*   25 qu.
aliorum men. mis. *A*   26 delinendo *C*[1]: deliendo *T*: liniendo (li. *ex*
corr.) *A*   quae lib. *B*

Libidinosus a Libero, qui puellarum [corpore pingitur]. Luxuriosus, quasi solutus in voluptate : unde et membra loco mota
luxa dicuntur. Lascivus, quod sit laxus, id est solutus et vanus.
161 Lymphaticus, quod aquam timeat, quem Graeci ὑδροφόβην
dicunt. Lymphaticus proprie dicitur qui vitium ex aqua con- 5
trahit, cuius vitium est huc atque illuc cursare, aut a fluore
162 aquae sumpto vitio. Sed poetae iam hoc genus nominis pro
furiosis usurpant. [Languidus.] Luridus, quod sit pallidus,
a loro dictus, quod huiusmodi habeat cutem. Leprosus a
pruritu nimio ipsius scabiae dictus, unde et per P scribi debet. 10
163 Luscus, quod lucem ex parte sciat, sicut luscitiosus, qui vesperi
nihil videt. Luscos coclites dixerunt antiqui, unde et Cyclopas
Coclites legimus dictos, quod unum oculum habuisse perhibentur. Lotus, lautus, id est mundus. Lupa, meretrix, a
rapacitate vocata, quod ad se rapiat miseros et adprehendat. 15

M

164   Misericors a conpatiendo alienae miseriae vocabulum est
sortitus : et hinc appellata misericordia, quod miserum cor
faciat dolentis aliena miseria. Non autem occurrit ubique haec
etymologia ; nam est in Deo misericordia sine ulla cordis 20
165 miseria. Mactus, magis auctus gloria ; et est nomen tractum
a sacris. Quotiens enim tus aut vinum super victimam fundebatur dicebant : ' Mactus est taurus vino vel ture '; hoc est
166 cumulata est hostia et magis aucta. Munificus dicitur vel quia
alicui multa munera dat, vel quia munus suum, id est officium 25
167 quod debet, adinplet : sic et munifex, quia munera fert. Ma-

1 liberos C^1D : -ris B corp. ping. *hab. TUXC* : *om. ABDK*
2 loca K 3 Lasc. . . . va. *om. K (non A)*   luxus (-xs-) *BCU*
4 idrophobam C : idrobobam B : ydropolam K : idprophobam T 5 di-
cunt] vocant X pro. dicunt (-tur ?) C^1 6 cursare (·sure ?) T : cursus
BC : currere K aut a fl. BC^1 7 hoc iam T 8 Lang. *hab.*
BC : *om. KT*   Ludus T^1 pallus C^1 9 lora K 10 debeat
T : debent B (*non A*)   11 lucet C lusciliosus BCT : lusco-
diosus K 12 lus. quos cocl. B 13 oculum *om. K (non A)*   14 lau.]
lauatus C^1 18 hic K appellatam misericordiam CT 19 alienam
miseriam CT autem *om. C*   haec *om. K* : *ante* ubique B
20 nam] non B 21 et nom. K 23 dicebatur CT magtus T
24 qui al. T^1BC 25 qui mun. B 26 quo deb. K qui mun. B
Magnus. Magnanimis C

gnanimis, ab eo quod sit magni animi et magnae virtutis. Cui
contrarius est pusillanimis. Magnificus a magna faciendo vocabulum traxit. Mansuetus, mitis vel domitus, quasi manu **168**
adsuetus. Modestus dictus a modo et temperie, nec plus quic-
5 quam nec minus agens. Mitis, lenis et mansuetus et cedens inpro-
bitatibus et ad sustinendam iniuriam tacens, quasi mutus. Mutus, **169**
quia vox eius non est sermo, nisi mugitus : vocalem enim spiritum per nares quasi mugiens emittit. Memor, vel qui memoria
tenet, vel quia memoria tenetur. Magister, maior in statione : **170**
10 nam †steron† Graece statio dicitur. Minister, minor in statione,
sive quia officium debitum manibus exequitur. Maximus, aut **171**
meritis, aut aetate, aut honore, aut facundia, aut virtute, aut
omnibus magis eximius. Maior. Minor, minimus, a numero
monadis, quod post eum non sit alter. Modicus, parvus, sed **172**
15 abusive ; ceterum rationabilis. Moderatus, a modo scilicet et
temperamento. Mediocris, quod modicum illi sufficiat. Miser **173**
proprie [dicitur] eo quod omnem felicitatem amiserit. Secundum
autem Ciceronem proprie mortuus, qui in Tusculanis (1, 5)
miseros mortuos vocat, propter quod iam amiserunt vitam.
20 Miserabilis, quod sit miseriae habilis. Mestus, naturaliter tristis, **174**
non casu. Est enim a natura animi et mentis, unde et mestus.
Mendicus dictus quia minus habet unde vitam degat : sive quia **175**
mos erat apud antiquos os claudere egenum et manum ex-
tendere, quasi manu dicere. Mendax, quod mentem alterius
25 fallat. Malignus, quia malitiae votum vel opus peragit. Malus **176**
appellatus a nigro felle, quod Graeci μέλαν dicunt : unde et

1 magnanimi *T*   et *BCI* : sed *T* : vel *K*   7 est nec sermoni
sed mu. *K* : sermonis in (*ut vid.*) mu. *A*   8 quia *T*   mcm. (*prius*)]
memoriam *B*   10 στερρόν *Arev., sed cf.* 15, 4, 5 †sterio† statio, *et fort.
Corp. Gloss. Lat.* 2, 187, 61 statio, †στητορα†   11 exsequatur *B*   Max.
. . . mag. exim. *post* alter *ABCIU* : *iterat. post* vitam (§ 173) *K*   Max.]
minimus *K* (*non AK iterat.*)   12 hon.] ore *K* (*non AK iterat.*)
aut om.] an (*ut vid.*) ominibus *A*   13 maius eximius *T* : magis et
maximus *A* (*ex* -me) *BKU* (*ex* -mis) : magis et eximius *C* (*non I*)   Maior.
Minor *om. T*   14 monadiis *K*   aliter *AK*   15 rationabile *C*¹
17 dic. eo *K* : ideo *B* (*pro* ·d· eo ?) : eo *CITU*   18 mort. est qui *K*   19
am. iam *K* (*non A*)   20 abilis *codd.*   21 mentis et animi *B*   22 dictus
om. B   habeat *T*   23 os claud. et *C* : ore laudare *K* : ducere *A* (*non I*)
manu ext. *K* (*non A*)   24 fall. alt. *B*   26 μέλαν . . . et *om. T*¹

melancholici appellantur homines qui et conversationem humanam refugiunt et amicorum carorum suspecti sunt. Malitiosus,
deterior malo, quia frequenter malus. A malo autem peior
177 dicitur: a bono deterior. Melior dictus quasi mollior: non
durus aut ferreus: nam melius quasi mollius. Minax, a facie 5
oculorum, quando furiose ardescunt, ut amplius videns perti-
mescat. Minator et monitor. Sed monitor dicitur cum prae-
178 nuntiat bona: minator, cum nuntiat adversa. Mulcator, eo
quod blandis verbis mulceat ad declinandum animum: translatio a mulso, id est quod acceptum lenire solet fauces dolentis 10
179 aut oppletum sordibus stomachum. Metatores appellantur qui
castra designant, a metiendo scilicet. Lucanus (1, 382):

Hesperios audax veniat metator in agros.

Mollis, quod vigorem sexus enerviati corpore dedecoret, et
180 quasi mulier emolliatur. Macer, a macie: et macies a moechia, 15
eo quod inmoderata libido macros faciat. Mancus, manu ancus.
181 Moribundus, morientis similis: sicut vitabundus, viventi
similis. Quando enim dicimus moriturus est, vere moriturus
est: moribundus autem non vere, sed veri similis morientis est.
182 Meretrix dicta eo quod pretium libidinis mereatur. Inde et 20
meritoriae tabernae: nam et milites, cum stipendia accipiunt,
183 mereri dicuntur. Morio [a morte vocatus, eo quod non vigeat
intellectu]. Mulio dictus a mulis, eo quod praesidet isdem
vehiculis.

N   25

184   Nobilis, non vilis, cuius et nomen et genus scitur. Nubilis,

1 melancolia *K*   quia et *K*: qui ad *B*: quia *CI*   4 dicitur *om. B*
bono] bo *K*   5 a facie *BCIT*: ab acie *K*   6 pert.] perardescant *K*
7 pronuntiat *BK*   9 a decl. *K*   12 designata mentiendo *T*
13 espericae *K*   aut advenitat *T*   14 quid *C¹*   enervati *B*   dedecore
BKT   15 muliere molliatur *T*   moechia *Arev.*: macia *BCIX*:
macie *TU*   16 fac. sive a maceratione *CUX*   17 morientis *ITU*: -ti
BCK   viventis *K*: -ti *BCITU*   18 morit.] moribundus *B*   vere mor.
est *om. K (non A)*   19 autem *om. K*   vere] vivere *K*   20 unde
BC   21 meretori *B*   stipendiis *K*   22 a morte . . . intell. *hab.*
CTUX: *om. ABDGIK*   23 praesit *K*   idem *T ante corr.*   24 Post
vehiculis *add.* Manifestum dicitur quod in manu est promptu (-ti *C*, -tum
X) *CUX (non ADG)*   26 et generis *T*: egenus *K*   scietur *C*

ad nubendum habilis. Nemo ab homine tractum, id est ne homo, quod est pro nullo ; nullus autem quasi ne ullus. Nullus, ne ullus. Nihili conpositum est ex nil et hilo. Hilum autem **185** Varro ait significare medullam eius ferulae quam Graeci ἀσφό-
5 δελον vocant ; et sic dici apud nos nihilum quomodo apud Graecos οὐδὲ γρῦ. Nequam a malo plerique distingunt, alium **186** perniciosum, alium nugam existimantes ; ut ait Munatius : ' Hic adulescens nequam, non malus,' id est nugax, non perniciosus. Alii confundunt, quasi utrumque unum idemque significent.
10 Nequam ex eo quod nec quicquam sit, id est ex eo quod nihil **187** sit, veteres dictum [esse] voluerunt. Neuter, neque ille neque iste ; quasi diceret ne uterque. Nefarius, non dignus farre, quo **188** primo cibi genere vita hominum sustentabatur. [Alias nefarius nec dicendus.] [Nutritor, quasi nutu eruditor.] Nefandus, id
15 est nec nominandus quidem. Nuntius est [et] qui nuntiat et **189** quod nuntiatur, id est ἄγγελος καὶ ἀγγελία. Sed nuntius ipse homo genere masculino : id vero, quod nuntiat, genere neutro, ut hoc nuntium et haec nuntia. Nazaraeus, id est sanctus **190** Dei. Nazaraeus olim dicebatur qui sanctam comam nutriebat
20 et nihil contaminatum conspiciebat, abstinens se a vino omnique sicera, quae mentem ab integra sanitate pervertit. Nugas **191** autem Hebraeum nomen est. Ita enim in Prophetis est expositum, ubi dicit Sophonias (3, 4) : 'Nugas, qui a lege recesserunt,' ut nosse possimus linguam Hebraicam omnium lingua-
25 rum esse matrem. Nugigerulus appellatus ab eo quod sit **192** turpis nuntius. Neglegens, [quasi] nec legens. Nepos dictus **193** a genere quodam scorpionum qui natos suos consumit, excepto

1 a nubendo *B*   tractus *KT*   2 Null. ne ull. *om. B*   3 Nicil *T* ex nehetilo *C¹*   illum au. *C¹*   4 feruntae *C¹*   quam . . . voc. *om. K* (*non A*)   5 et si *T*   6 οὐδὲ γρῦ *Arev.* : videtoi *KTU* : vedetoi *A* : videto *BI* : videtoti *C* : videton *X*   al. pern. *om. C¹*   7 nugacem *dett.* monatius *BIKM* : monantius *T* : monacius *C*   8 fugax *codd.*   non *om.* *BCIT¹*   10 Nequitiam *T²X*   11 esse *hab. BCIX* : est *T* : *om. AK* 12 nec ut. *BK*   13 sustinebatur *T* : sustinebantur *C¹*   Al. nef. nec dic. *hab. BCU* : *om. IKT*   14 Nutr. . . . erud. *hab. CTUVX* : *om. BIK* 15 nec] ne *T* (*non UV*)   quid. nec dicendus *X*   et *hab. BCT²* : *om. KT¹*   20 consp.] accipiebat *C*   22 est] et *C¹*   23 recesserant *BK*   24 possemus *K*   25 appellatur *K*   26 quasi *hab. CT* : *om.* *ABIK*   nec legens *om. ABI* : nec eligens *CT²*

eum, qui dorso eius insiderit ; nam rursus ipse qui servatus
fuerit consumit patrem : unde homines qui bona parentum per
luxuriam consumunt nepotes dicuntur. Hinc quoque nepotatio
194 pro luxuria ponitur, qua certe quaeque res consumuntur. Niger,
quasi nubiger : quia non serenus, sed fusco opertus. Vnde et 5
nubilum diem tetrum dicimus.

O

195 Orthodoxus, rectae gloriae. Orator ab ore vocatus, a pero-
196 rando nominatus, id est dicendo ; nam orare dicere est. Obau-
diens, ab aure, eo quod audiat imperantem. Ospes, quod 10
inferat ostio pedem. Ospes, facilis, aptus et ostio patens : unde
197 et ospitalis homo dicitur. Osor, inimicus, ab odio dictus, sicut
amator ab amore ; et est generis communis. Odibilis, odio
aptus. Obsitus, obsessus, id est undique insidiis convallatus.
198 Obscenus, inpurae libidinis, a vitio Obscorum dictus. Obtunsus, 15
hebetior et obclusior, quasi ex omni parte tunsus. Obnixus,
contranisus et conabundus. Obnexus, quia obligatus est nexi-
199 bus culpae. Oblectator, quasi cum lacte, cum fraude, ut
Terentius (Andr. 648) :

> Nisi me lactasses amantem. 20

Vnde et oblectare dictum est. Obtrectator, malignus et qui
obstringillando officiendoque non sinat quempiam progredi et
200 augescere. Orbus, quod liberos non habet ; quasi oculis
amissis. Opifex, quod opus faciat aliquod. Opilio [custos
ovium] [ovium pastor quasi ovilio]. 25

P

201 Prudens, quasi porro videns. Praespicax est enim et incer-

---

1 quo dor. *T*   dorsum *K* : -su *T*¹   2 consumet *CT*   quia *T*
3 quaque *B*   8 Orth. rec. glo. *post* dicere est *T*   periorando *T*   9 id
est] inde *T*   11 fac. apertus *B*   13 comm. Osor qui odit et ab aliis
oditur *C* (*non AIUVX*)   Odilis *K* : Odhbilis *A ut vid.*   14 habtus
K : habitus *C* : abitus *TI*   vallatus *B*   15 obscuro *BCIK*   dicitur
K   16 obcl.] obtunsior *B*   Obnixus] Obnexus *B*   17 contra-
nexus *B*   Obnexus] Obnixus *T* : Obnoxius *BCI*   est obl. *B* :
oblicatus (*om.* est) *K*   21 oblactere *C*   dictus *B*   qui *om. C*¹
22 efficiendo *non C*¹   sinant *ut vid. T*¹   pergredi *ut vid. T*
24 facit *T*   Opil. *ante* Opif. *B* (*non I*) : Obilio *A* : *om. K*   cus. ov.
hab. *A*   25 ov. pas. qu. ov. hab. *CTX*   qu. obilio *C*¹   27 perspicax *B*

torum praevidet casus. Patiens dictus a pavendo. Pavere
enim ferire est. Percutitur enim et tolerat. Perfectus, cui nihil **202**
iam adici potest. Huic nomini apud Grammaticos conparatio
non adicitur, quia si dixeris : ' Ille perfectior est,' iste perfectus
5 non erit. Pulcer ab specie cutis dictus, quod est pellis : postea **203**
transiit hoc nomen in genus. Nam pulchritudo hominis aut
in vultu est, ut (Virg. Aen. 1, 589) :

> Os humerosque deo similis.

aut in capillis, ut (Virg. Aen. 1, 589) :

10 > Namque ipse decoram
> caesariem.

aut in oculis, ut (Virg. Aen. 1, 591) :

> Laetos oculis adflarat honores.

aut in candore, ut (Virg. Aen. 1, 592) :

15 > Quale manus addunt ebori decus.

aut in lineamentis, ut (Cic. Verr. 2, 36) : ' Te multo plus figura
et lineamenta hospitis delectabant,' aut in proceritate, ut Turnus (Virg. Aen. 11, 683) :

> Vertitur in mediis, et tota vertice supra est.

20 Pellax a perliciendo. Perspicax, splendidus, eo quod perluceat. **204**
[Perpetuus]. Perennis, ab eo quod sit perpetuus annis. Prae- **205**
sul vocatus quia praeest sollicitudine. Praepositus appellatus
eo quod sit subiectorum ac famulantium ordinator vel rector.
Patroni a patribus dicti sunt, quod huiusmodi affectum clienti-
25 bus exhibeant ut quasi patres illos regant. Paedagogus est cui **206**
parvuli adsignantur. Graecum nomen est ; et est conpositum
ab eo quod pueros agat, id est ductet et lascivientem refrenet
aetatem. Praesens dictus quod sit prae sensibus, id est coram **207**

---

1 *an* pavens dic. a paviendo. Pavire enim ! 7 in vultus *T* : inultu *K*
8 humerisque d. *C*¹ : humeros quod eo *K ante corr.* similes *B*
11 cesaream *K ante corr.* 13 lae.] lectis *T* adflaret *K* 16 ut te]
ute *K* multum *B* 17 et niamenta *C*¹ ospitiis *T* : aspitiis *C*¹
declinabant *B* 19 medus *ut vid. T*¹ 20 perlicendo *codd.* Praespicax (Pre-) *CKT* 21 Perp. *hab. AB* (*ante* Persp.) *CI* : *om. KT*
annus *T*² 22 quia] quod *A* 23 qu. sub. ac fulantium ord. *A* : qu.
sit sub. hoc ordinantium famulator *K* vel] ac *T*² 25 exiebant *T*
qui parvulis ads. *T* : cui parvulus adsignatur *K* (*non A*) 27 agit *K*
(*non A*) ductet *CT* : ducit *K* : doceat *AB* 28 prae s.] presentibus *T*

oculis, qui sensus sunt corporis. Prior, quod primus sit ordine :
208 et primus quasi praeminens. [Primus. Postremus.] Potens,
rebus late patens : unde et potestas, quod pateat illi quaqua
velit, et nemo intercludat, nullus obsistere valeat. Praeopimus,
209 prae ceteris opibus copiosus. Pecuniosus : Tullius primum eos 5
dictos refert qui plurimam habuissent pecuniam, id est pecora.
Ita enim et antiqui eos appellabant ; paulatim autem per
210 abusionem nomen aliud devolutum est. Pervicax proprie
dicitur qui in proposito suo ad victoriam perseverat. Antiqui
enim vicam dicebant quam nos victoriam. Credo quod inde 10
211 dicatur herba vicia, id est victorialis. Pernix a pernitendo
tractum est : id est in conatibus perseverando. Alii pernicem
velocem intellegunt pedibus. Nam pernicitas pedum est, ut
(Virg. Aen. 11, 718):

Pernicibus ignea plantis :

15

sicut celeritas pinnarum est, ut (Virg. Aen. 3, 243):

Celerique fuga sub sidera lapsae.

212 Piger, quasi pedibus aeger. Est enim tardus ad incedendum :
quod nomen per usum transiit ad animum. Pernox, pervigi-
lans nocte. [Perseverans.] Pertinax, inpudenter tenens, quasi 20
213 pertinens. Petulans nunc quidem pro audace et inprobo ponitur : olim autem acerbi flagitatores et proprie argentariorum
[coactorum] pueri, quod pretia rerum crebrius et asperius
214 exigebant, a petendo petulantes vocati. Procax, proprie idem
quod petax. Nam procare est petere ; unde et petitores nu- 25
215 ptiarum proci dicuntur. Prodigus, sumtuosus atque consumtor,
qui omnia porro agit et quasi proicit. Profugus proprie dicitur
qui procul a sedibus suis vagatur, quasi porro fugatus. Pere-

---

1 ocolos K   2 Prim. Post. *hab. ABCI* : *om. KT*   3 qu. patet
T   qua vel. *K* : quaeque valet *B*   4 valet *T*   5 *vel* Pecuniosos
(*ita dett.*)   7 per ab. *om. K* (*non A*)   8 ab. in nom. *C* (*non A*)
Perficax *T*   9 praeposito *B*   10 vigam *T* : viciam *BCI* : vitia *K*
victoriam] vicam *B*   11 vitia *BK* : cia *T*[1]   pertinendo *K*
12 est (*prius*) *om. K*   17 fuga] figura *K*   18 Peger *K*   19 tr. et
animam *T*[1] : tr. et ad animam *C*   20 Persev. *hab. ABCI* : *om. KT*
qu. pert. *om. T*   21 pertenens *C*   23 coact. *hab. CIT* : *om. AB*
coact. . . . rerum *om. K* (*non A*)   quod] qui *B*   24 a *om. T*
petulanter *K*   25 petitiones pr. duntur (*corr.* dicuntur) *T*   27 qui]
quia *B*   28 vacatur *K*   fugatur *C*

grinus, longe a patria positus, sicut alienigena. Proiectus, **216**
quasi longe et procul iactatus ; sicut et produxit, quasi porro
illum duxit ; et provocavit, quasi porro illum vocavit. Proiectus,
porro eiectus ac proiactatus, unde et (Virg. Aen. 3, 699) :

5   Proiectaque saxa ;

id est porro iactata. Proscriptus, cuius bona palam et aperte **217**
scribuntur. Praescriptus ordinem significat, sicut et praescri-
ptiones apud iurisconsultos. Procinctus, expeditus et armatus ; **218**
unde et ' in procinctu ', id est cum belli causa arma sumebant.
10 Praecinctus, eo quod ante se ponat aliquid, quo praecingitur.
Vnde et de Domino dictum est (Iohann. 13, 5) : ' Praecinctus
est linteo, et lavit pedes discipulorum suorum.' Praedo est **219**
qui populando alienam provinciam invadit : praedo ab abigendo
praedas dictus ; et praedo qui praedam habet. Praedator, hoc
15 est cui de praeda debetur aliquid. Plagiator, ἀπὸ τοῦ πλαγίου, **220**
id est oblico, quod non certa via grassatur sed pelliciendo dolis.
Piratae sunt praedones maritimi, ab incendio navium transeun-
tium quas capiebant dicti. Nam πυρά ignis est. Pugillator, **221**
qui de manu in manu nummorum aliquid subtrahit. Peculator,
20 pro eo quod sit pecuniae publicae defraudator. Proditor,
pro eo quod detegit. Item proditor perditor, ut (Virg. Aen.
1, 252) :

                Vnius ob iram

            prodimur.

25 Perfidus, quia fraudulentus est et sine fide, quasi perdens fidem. **222**
Periurus, quia perpere iurat, id est male iurat. Periurus autem

---

1 aligena T^1: alienigenena C^1 2 prod. st quasi B^1 3 voc.] provocavit T 4 praeiactatus $BCIK$ 5 proiectaquexa C^1 6 cid est
C^1: quasi B (*non I*)   Proiectus *corr.* Praeiectus *ut vid. B*   cuius
. . . scrib. *om.* C^1 7 scribunt T (*non A*)   9 u. et procincto cum B
10 quo] pro B 13 inv. prov. T *fort. recte*   14 Praedator] *cf.*
Serv. ad Aen. 3, 222   15 cui] qui AK (*non I*)   *an* devehitur ?
16 obligo C^1K via] vi C^1 graditur K sed] et T
18 capiunt B (*non I*)   pira T: pyro (pi-) $BCIK$: πῦρ *recc.*   19 numm.]
unum horum K 20 pro eo *om.* C^1 : propter B (*non AI*)   21 de-
teget C^1 idem AK: et item T perditor] per K: *om. A*   24 pro-
dimus (*ex* per-) K 25 Perfides T *ante corr.*   quasi] quia T
26 Periurius qui T peiurus C^1

223 in verbo R non habet.   Nam peiuro et deiero dicimus.   Praevaricator, malae fidei advocatus, et qui vel in accusando nocitura,
vel in defendendo profutura praetereat aut inutiliter dubieque
ponat mercedis gratia licet corruptus.   Cicero : ' Quid enim
224 tam praevarum ?' id est valde varum.   Pellax, dolosus et fallax, 5
a pelle, id est vultu.   Foris enim, ut fallat, arridet, sed nequitiam intus gerit.   Profanus, quasi porro a fano.   Sacris enim
225 illi non licet interesse.   Parricida proprie dicitur interfector
parentis, quamvis quidam veteres hunc parenticidam dixerunt,
quoniam parricidium et homicidium quocumque intellegi possit, 10
226 cum sint homines hominibus pares.   Persecutor non semper
pro malo intellegitur ; unde et persecutus, perfecte secutus.
227 Publicanus est qui vectigalia publica exigit.   Vel qui per
publica negotia saeculi lucra sectantur, unde et cognominati
228 sunt.   Peccator a pelice, id est meretrice vocatus, quasi peli- 15
cator ; quod nomen apud antiquos tantum flagitiosum signifi-
cabat, postea transiit hoc vocabulum in appellationem omnium
229 iniquorum.   Prostitutae, meretrices a prosedendo in meritoriis
vel fornicibus.   Pelex apud Graecos proprie dicitur, a Latinis
concuba.   Dicta autem a fallacia, id est versutia, subdolositate 20
230 vel mendacio.   Procurvus, quasi per longum curvus.   Pavidus
est quem vexat trepidatio mentis.   Habet cordis pulsationem,
cordis motum.   Nam pavere ferire est, unde et pavimentum.
231 Petro autem et rupex a duritia saxorum nominantur.   Pusillanimis, pusillo animo.   Petulcus dictus ab adpetendo ; unde 25

1 peiero et degero *B* : peiioro et degero *T* : peiiuro et peiioro *K* : peigero
(*corr.* peg-) et degero *C*   Praev. a ma. *T*   2 advocatur *K*   quia
T   nocitur *K*   4 mercedes *ut vid. T* : -de *B* : -dem *IK*   scilicet
Arev. : *vix* liquet   orruptus *T* : obrutus *C* (*non I*)   5 idem va. va.
est *K*   Pallax *BIK*   6 fallat] fallax *T*   8 illi *om. K* (*non A*)   Parre-
K : Parra- *T* : Patri- *B* (*non I*)   9 parentum *B* (*non I*)   dixerint *BC*
10 hom. in quoc. *C*   11 partes *C¹*   12 persecutus] -tor *BI* : secutor
(*ex* -tur) *C¹*   perfecte *ex* prof- *K*   secutus *ex* -ti *K*   14 saec.]
scilicet *K* (*non A*)   sectatur *CK*   cognominatus est *K*   16 flagitio-
sos *K*   17 appellatione *codd.* (*etiam IU*)   18 presedendo *C ante corr.*
23 motum] metum *K*   pavire *recc.*   24 Petra *BCDGIX* (*non A*) :
Petrae (-re) *TW* (*non UV*)   rupes *ABCGIKWX* (*non UV*)   nominatur *CDI*   Pus. . . . . an. *om. C* (*non AUX*)   Pus. a pus. *B*
(*non I*)

etiam et meretrices petulcas vocamus. [Productus.] [Pisin-
nus.]

Q

Quaestor a quaerendo dictus, quasi quaesitor. Quaestuosus. **232**
5 Querimoniosus. Querulus, quia querellam infert. Quietus, **233**
quod sit ipse sibi animo securus, neminem tangens.

R

Religiosus ait Cicero (Deor. Nat. 2, 72) a relegendo appellatus; **234**
qui retractat et tamquam relegit ea quae ad cultum divinum per-
10 tineant. Hi sunt dicti religiosi ex relegendo, tamquam ex elegendo elegentes, ex diligendo diligentes, ex intellegendo intellegentes.
Rationator dictus vir magnus; quia de omnibus rebus, quas esse **235**
mirabiles constat, possunt reddere rationem. Retractator, repeti-
tor ; nam retractare est repetere quod omiseras. Resipiscens, eo **236**
15 quod mentem quasi post insaniam recipit, aut quia resapit qui
sapere desierat. Castigat enim se ipsum dementiae, et confirmat
animum suum ad rectius vivendum, cavens ne iterum corruat.
Repentinus, a repente. Repens autem et adverbium et nomen **237**
potest esse. Robustus, fortis, validus ; a fortitudine roboreae
20 arboris appellatus. Rapidus, velox pedibus. Raptor, eo quod
corruptor. Inde et rapta eo quod corrupta. Reus a re, de qua **238**
obnoxius est, et reatum a reo [est] nuncupatum. Reus maiestatis primum dictus qui adversus rempublicam aliquid egisset,
aut quicumque hostibus consensisset. Dictus autem reus ma-
25 iestatis, quia maius est laedere patriam quam civem unum.
Postea etiam et ii rei maiestatis dicti sunt qui adversus maiesta-

1 petuicas] -cus T   Prod. Pi. *hab. ABCIU*: *om.* **KMT**   Prod. quasi
porro ductus *CU*   Pirinus *A* : Pisinnus a pusione *CU* : Pisinus a posione
X   4 Questus *K* : Quaesitor *corr.* -st- *ut vid. A*   Quaest. Quer. *om. K*
(*non A*) : Quest. quer. *Schwarz*   6 sit *om. K*   8 ab elegendo *T*
appellatos *T*[1] (*non AU*)   9 tamq. velociter que ad *U*   10 tamq. ex
legendo *C* : *om. A* : tamq. ex el. el. *om. K*   12 quia] qui *B* (*non A*)
13 constant *K* (*non A*)   posse *C* (*non A*)   Retractor *B*[1]   14 omiserat
T   15 recepit *K*   quia] qua *T*   16 desiderat *BIT*   dementia *B*
18 a repetente *T*   19 robore *TC*   20 Rapt. . . . corr. *post* nuncupatum
(§ 238) *K*   21 corr. *C* : corr. est *BIT* : corr. sit *K*   re de] rete *K*
22 obnixius *K*   reatu *K*   est *hab. BIK* : *om. T* : *bis hab. C* (est a reo
est)   24 aut] ut *T*   25 maius eius l. *T*   26 maiestatem] -tes *B*

tem principis egisse viderentur, vel qui leges inutiles reipublicae
239 detulerant, vel utiles abrogaverant.   Rixosus a rictu canino
dictus.   Semper enim ad contradicendum paratus est, et iurgio
delectatur, et provocat contendentem.   Rusticus dictus quod
rus operetur, id est terram.   5

S

240   Sapiens dictus a sapore ; quia sicut gustus aptus est ad
discretionem saporis ciborum, sic sapiens ad dinoscentiam rerum
atque causarum ; quod unumquodque dinoscat, atque sensu
veritatis discernat.   Cuius contrarius est insipiens, quod sit 10
241 sine sapore, nec alicuius discretionis vel sensus.   Studiosus.
Sanctus a veteri consuetudine appellatus eo quod hi, qui purifi-
cari volebant, sanguine hostiae tangebantur, et ex hoc sancti
242 nomen acceperunt.   Sincerus, quasi sine corruptione, cui contrarius insincerus, vitiatus, corruptus.   Supremus, summus, ab 15
eo quod superemineat.   Vnde et 'Supreme Pater' dicimus.
[Suavis.]   Sublimis ab altitudine vocatus honoris.   Nam proprie sublime dicitur quod in alto est, ut (Virg. Aen. 1, 259) :

Sublimemque feres ad sidera caeli.

243 Speciosus, ab specie vel aspectu ; sicut formosus a forma. 20
Sollers, quod sit sollicitus in arte et utilis.   Sollers enim apud
antiquos dicebatur, qui erat omni bona arte instructus.   Terentius (Eun. 478) :

Adulescentem sollertem dabo.

244 Superstitiosos ait Cicero (Nat. Deor. 2, 72) appellatos 'qui totos 25
dies precabantur et inmolabant, ut sibi sui liberi superstites
essent.'   Sollicitus, quia sollers et citus atque inrequietus.

---

2 detulerunt *K*   adr. *C*[1] : abrogaverunt *K*   ritu (-to) *codd.*
5 id est] de *K*   7 aptus] apastus *T*[1] : a pastu *T*[2]   8 discritionis *K*
a dinuscentia *K*   9 quod] quo *BCI*   10 discernant *T*   11 sapore]
pare *T*[1]   alicui *KT*   discritioni vel sensu *K*   Studiosus *om. T* :
St. quasi studiis (ist-) curiosus *CUVX* (*non I*)   12 Sa. autem a *U* (*non
V'*)   purificare *IKT*   13 sancti nonem *C* : sanctionem *T*
14 Sinc. . . . corr. *post* dicimus *T*   15 insencerius *C*[1]   16 supremere
p. *T*[1] (s. partes *T*[2]) : supraemae (-ppr-) partes *BIK* : super me pater *X*
17 Suavis *hab. BCIX* : *om. KT*   19 feris *K* : ferens *BCIT*   20 Spcc.
. . . forma *om. T*[1]   25 Superstitiosus *BIT*   appellatur *B* : -tor *CI*
qui] quia *T*   26 precabatur *BI*   inmolabat *BI*   liberis *C*[1]
27 sollers et *om. K* (*non A*)   inrequitus *C*[1]

Sedulus familiare verbum Terenti; hoc est sine dolo: alias
adsiduus. Sodales dicuntur qui ad symbolum convenire con- **245**
sueverunt, quasi suadentes. Ipsi et socii dicuntur propter
periculi aut operis societatem, quasi in una caliga et in uno
5 vestigio manentes. Stultus, hebetior corde, sicut quidam ait **246**
(Afran. 416):

Ego me esse stultum existimo: fatuum esse non opino,

id est obtunsis quidem sensibus, non tamen nullis. Stultus est
qui per stuporem non movetur iniuria; saevitiam enim perfert
10 nec ultus est, nec ulla ignominia commovetur dolore. Segnis, **247**
id est sine igni, ingenio carens. 'Se' autem sine significat, ut
sedulus sine dolo. Securus, quasi sine cura; id est frigidus,
per quod inutiles accipimus. Stupidus, saepius stupens. Su- **248**
perbus dictus quia super vult videri quam est; qui enim vult
15 supergredi quod est, superbus est. Susurro de sono locutionis **249**
appellatus, quia non in facie alicuius, sed in aure loquitur de altero detrahendo. Seditiosus, qui dissensionem animorum facit et **250**
discordias gignit, quam Graeci διάστασιν dicunt. Severus, quasi
saevus verus; tenet enim sine pietate iustitiam. Simulator di- **251**
20 citur a simulacro; gestat enim similitudinem eius, quae non est
ipse. Suasor [a suadendo quem vult decipere]. [Studiosus.] **252**
Scrupulosus, animi minuti et asperi. Scrupo est enim arena
durior. Sacrilegus dicitur ab eo quod sacra legit, id est furatur.
Sicarius vocatur quia ad perpetrandum scelus telis armatus est.
25 Sica enim gladius est, a secando vocatus. Scaevus, sinister **253**
atque perversus, ἀπὸ τοῦ σκαιοῦ. Est enim pessimi et crudelis

2 simbola *T*   3 suad. alias quasi sedales quod simul sedeant *CT²UVX*
(*non AI*)   ipsi et *om. T*: et *om. I*   4 unam caligam (-ll-) *codd.*
5 et betior *T*: et ebetior *C¹*   ait] agit *T*   7 factuum *T¹* (*non UX*):
factum *KM* (*non ADI*)   opino *K*: opinor *ABCDIT* (*ex* -nior) *UX*
9 perferet *T*   10 ullo *B* (*non I*)   ignominiae *BKG* (*non I*)   14 quia]
quod *B*   videre *KT*   16 quia] qui *B* (*non I*)   17 detraendum *T*
18 quam] quem *B*   19 saevus] servus *B*: satis *CK* (*non I*)   20 e.
quae (que) *CIKTUV*: e. et usque *A*: e. quod *B*   21 a suad.... decip.
om. T¹ ut vid.: *hab. ABIKT²UV*: in sua sorte trahens *C* (*pro* in suam
sortem tr.)   Stud. *hab. T* (*add.* quasi studis curiosus *T²*) *UV*: *om.*
ABCIK   22 muniti *T*: nuti *B*   scrupor *A*: *an* scrupum?
23 dicitur *om. T¹*   furator *T*   24 vocatur *om. K* (*non A*)   quia
IT: qui *AC*: qua *K*: quod *B*   25 ad sec. *B*   26 ἀ. τ. σ. *om. IK*

animi. Scenicus, qui in theatro agit. Theatrum enim scena
est. Scorta, quod a Graecis quoque σκύτη vocabantur : quo
254 defricantur pelles quibus corruptela fit. Spurcus, quod sit in-
purus. Scelerosus, sceleribus plenus ; ut lapidosus locus et
255 arenosus. Plus est autem scelerosus quam sceleratus. Sator, 5
seminator vel pater, a semine. Scurra, qui sectari quempiam
solet cibi gratia. A sequendo igitur inde scurras appellatos.
Idem assecla, a sequendo. Satelles, quod adhaereat alteri, sive
256 a lateris custodia. Suffectus, in loco alterius suppositus, quasi
suffactus. Vnde et consulem suffectum dicimus eum qui pro 10
257 alio substituitur. Secundus, quia secus pedes : et tractus est
sermo a sequentibus servis pedisequis. Vnde et secunda fortuna dicitur, quod secundum nos est, id est prope nos. Inde
et res secundae, id est prosperae. Secundae autem a sequendo
258 sunt dictae. Stipulator, promissor. Stipulare enim promittere 15
259 est, ex verbis iurisperitorum. Sanus, a sanguine, quia sine pal-
260 lore est. [Sospes.] Subtilis ab extenuatione dictus. Sequester
dicitur qui certantibus medius intervenit, qui apud Graecos ὁ
μέσος dicitur, apud quem pignera deponi solent. Quod vocabulum ob sequendo factum est, quod eius, qui electus sit, 20
261 utraque pars fidem sequatur. Sessilis, quod non videtur stare,
sed sedere. Surdus, a sordibus humoris aure conceptis ; et
quamvis multis casibus accidat, nomen tamen aeger ex prae-
262 dicto vitio retinet. Siccus, quod sit exsucatus ; sive per anti-

2 quod] quo K (non A)   quodque T   σκύτη] scite (-thae,
-tae) codd.   vocabatur B¹ (non A)   qui efficantur B : quod efr.
AI   3 quibus] cuius ABK (non I)   5 plus au. T   6 Scur. . . .
ass. a seq. om. T   7 civi codd.   appellatas B   8 idem ad secula
C : idem saecula (se- ?) A : idem et saecula (se-) BI : id est et ad scelera K
a seq.] adsequendo K (non A)   adheret C   9 lateri cust. K
11 quia] qui A : quasi B(non I)   tractatus T   12 serv. ped.] equis pedis
equis K (non A)   13 quod] quia B (non A)   sec. non est TC¹ inde]
unde AB (non I)   16 iurisper. qui etiam stipulum firmum appellaverunt
UXC (non AI)   17 est om. K (non A)   Sospes hab. ABCIU : om.
KT¹ : Sospes colomis sanus T²   Inter Sosp. et Subt. add. Salus a sale
nomen accepisse putatur CUX (non AI)   17 extenutione K (non A)
18 certaminibus B (non I)   20 sequendum C¹   21 Sessilis . . . dictus
(§ 263) om. T   23 quamvis] quasnis K   24 tenet K   Sic.
quasi s. unctus A (non I)

phrasin, quod sit sine suco. Sepultus dictus est eo quod sit sine palpatione, vel sine pulsu, id est sine motu. Saio ab exi- **263** gendo dictus. Sutor a suendis pellibus nominatus. Subulcus, porcorum pastor ; sicut bubulcus, a cura boum.

5   **T**

Tutor, qui pupillum tuetur, hoc est intuetur ; de quo in con- **264** suetudine vulgari dicitur : 'Quid me mones? Et tutorem et paedagogum olim obrui.' Testes dici quod testamento adhi- **265** beri solent ; sicut signatores, quod testamentum signent. Te- **266** 10 tricus, mons in Sabinis asperrimus. Vnde et tristes homines tetricos dicimus. Taciturnus, in tacendo diuturnus. Trutina- **267** tor, examinator, ex iudicii libra perpendens recta ; translatione a trutina, quae est gemina ponderum lances. Tristis. Tenax, **268** nummi cupidior, quod teneat. Interdum et pertinax. [Tru- **269** 15 culentus.] Torvus, terribilis, eo quod sit torto vultu et turbu· lento aspectu, ut : 'torva leaena,' et (Virg. Aen. 3, 677) :

Cernimus adstantes nequiquam lumine torvo.

Turbidus, terribilis. Teter, ob obscura tenebrosaque vita. **270** Teterrimus, pro fero nimium. Tetrum enim veteres pro fero 20 dixerunt, ut Ennius (Ann. 607) : ' tetros elephantos.' Terri- bilis, quia terrorem habet et timetur. Tergiversator, quod **271** animum quasi tergum vertat huc et illuc, nec [facile] qualis sit intellegitur. Temulentus a temeto, id est vino, dictus. Ti- **272** midus, quod timeat diu, id est sanguine ; nam timor sanguinem 25 gelat, qui coactus gignit timorem. Turpis, quod sit informis et **273** torpeat.

                            V

Vir, a virtute. Vtilis, ab utendo bene sua, vel quod bene **274** quid utere possit ; sicut docilis, quod doceri possit. Verus, a **275**

---

1 sit *om.* C   2 vel pulsu K : v. s. p. est C   Salo B : Sagio *dett.* 3 a suendo K : abesuendis T   6 suetudine C¹   8 dicti C   10 in samnis B (*non I*)   11 diurnus K : diurnis (*corr.* -nus) C   12 ex] et K (*non A*)   13 laces C¹ (*non A*)   Tristis *om.* K (*non A*)   14 quod] quem B (*non I*)   Truc. *hab.* ABCIU : *om.* KT¹ : Truc. crudelis inmanis seuus T²   16 ut] et T   turba le. K   18 ob *om.* T : ab BCI 20 teros elevantos K (*non MAI*)   Terribilem KM (*non AI*)   22 facile *hab.* BIT : *om.* ACK   23 intellegatur K (*non A*)   autemeto id es T 24 diu *suspectum*   29 doc. qui do. T   docere C¹

veritate; hinc et verax. Maior est veritas quam verus,
276 quia non veritas a vero, sed verus a veritate descendit. Veri-
dicus, quia verum dicit et veritatis adsertor est. Verecundus,
277 quia verum factum erubescit. Venustus, pulcher, a venis, id
est sanguine. [Viridis, vi et suco plenus, quasi vi rudis.] 5
[Vivens, vivus.] Varius, quasi non unius viae, sed incertae
mixtaeque sententiae. Versutus, eo quod eius mens in quolibet actu ad quamlibet fraudem facile vertitur; unde et ver-
278 sutia dicitur contorta sententia. Plautus (Epid. 371):

> Versutior [est] quám rota figularis.   10

279 [Vilis, a villa; nullius enim urbanitatis est.] Versipellis, eo quod
in diversa vultum et mentem vertat. Inde et versutus et callidus.
Violentus, quia vim infert. Vecors, mali cordis et malae con-
280 scientiae. Vagus, quia sine via. Vanus a Venere etymologiam
trahit. Item vanus inanis, falsus, eo quod memoria evanescat. 15
281 Vesanus, non probe sanus. Vinolentus, qui et satis bibit et
difficile inebriatur. Vexatus, id est portatus; ab eo quod est
veho, vecto, vexo, ut vexasse sit portasse. Veneficus, eo quod
282 venenum mortis causa paravit, aut praestitit, aut vendidit.
Vector, quasi vehitor. Est autem vector et qui vehit et qui 20
vehitur. Venator, quasi venabulator, a venatione scilicet, quo
bestias premit. Quattuor autem sunt venatorum officia: vesti-
gatores, indagatores, alatores, pressores.

2 a viro *K*   Verid. . . . erub. *om. B* (*non I*)   Veridictus *C*[1]
5 est a sang. *K* (*non A*)   Viridis . . . rudis *hab. T* (qu. vi ru. *in ras.*)
UVW et (*post* vivus) *CX*: *om. ABIK*   vi rudis] viridis *C*   6 Vivens
vivus *hab. ABCIUV*: *om. KT*   7 huius *A*   9 torta *K* (*non A*)
10 est *hab. BCIT¹U²W*: *om. AKU¹V*   figuralis *AT*: figulalis *B*
(*non I*)   11 Vilis . . . urb. est *hab. C* (*ante* Varius, § 277) *T*: *om.*
ABIKUVX   urb. est Vivus *C*   13 vim] viam *T*   inferit *K*
mali consc. *T*   conscientia *K*   15 idem *K*   memoriae (-ie) ev.
KT: -riam ev. *B* (*non I*)   16 non prove *TI*: non pro *U*: porro
AC¹KB² (*B¹ n. l.*)   quia et *C*[1]   18 vecto *om. B* (*non I*)   19 paruit
T   20 qu. veitior *C*[1]   quia vehit *K*   21 quo] quod *K* (*non I*)
22 bectias *C*[1]   ventorum off. *C*[1]